주간리트

수능 국어의
질적 공부를 위한
리트 언어이해

orbibooks

Contents

교재 구매자분들을 위한 공지 사항, 질의응답, 상담 창구 공지

교재 구매자분들과 소통하는 창구로 네이버 카페 '조남희 국어'를 개설하였습니다.

교재 구매자분들은 공지 사항, 질의응답, 상담, 오타·오류 문의 등 해당 창구를 이용해주시면 감사하겠습니다.
원활한 소통을 위해 '조남희 국어' 카페를 가입해주시면 감사하겠습니다.

링크 : https://cafe.naver.com/jonamhi

QR 코드 – 모바일

해설편 _ 독서 태도 정리

코멘트
첫 문장, 첫 문단은 차분하게 독해하며, 글의 흐름과 핵심을 파악하려 한다.
cf) 20.06 개체성, 23.06 비타민 k

당겨 읽기
'이', '그', '저' 등의 지시어는 지시어가 의미하는 바를 정확하게 당겨 읽어야 한다.
cf) 17.09 법인격 부인론

관형절도 당겨 읽어라
관형절로 수식된 개념은 필히 확보하며 독해를 진행해야 한다.
cf) 23.06 (가) 육가의 사상

핵심은 당겨 읽으며 독해한다.
첫 문장에서 제시된 화제, 구체적으로 세팅된 개념, 특정 관점 등은 필히 확보하고 그에 맞춰 독해를 진행해야 한다.
cf) 17.11 보험, 17.11 지식의 구분(콰인 포퍼), 18.09 LP

다른 말 같은 뜻
겉으로 보기에 다른 표현이라도 사실상 지칭하는 것은 동일할 수 있다. 이는 수능 영어를 공부하면서 흔히 찾아볼 수 있는 '맥락상 동의어'를 떠올린다면 이해하기 쉬울 것이다. 즉 기표(記標)가 달라도 기의(記意)를 파악해야 한다. 이때 기의(記意)는 "문맥"을 통해 결정되는 것이다.
cf) 22.11 (가) 헤겔의 미학 / 22.11 트리핀 딜레마

구체적 예시, 그리고 연결
구체적 예시가 제시되면 예시 자체를 정리하며, 앞선 개념에 대응시키며 독해를 진행해야 한다.
cf) 21.11 예약, 22.06 (가) 인과

접속 부사는 문장의 의미를 결정한다.
그러나, 반면, 하지만, 그리고, 한편 등의 접속 부사는 문장의 의미를 결정한다. 접속 부사를 읽고 문장의 의미를 선제적으로 파악하여 문장을 읽으며 의미를 자연스럽게 파악해야 한다.

구체적 예시의 문제화
특정 구체적 예시가 제시되면 그 예시가 문제화될 수 있음을 인식해야 한다.
cf) 19.11 가능세계 "p이면 p이다." / 20.09 점유 소유 "동산의 종류는~" / 19.06 LIFA 키트 "직접 방식은 세균이나 분자량이 큰 단백질 등을 검출할 때 이용"

정보량이 많을 때

과정 서술 등과 같이 밀도가 높은 구간 등, 정보량이 많을 때는 어쩔 수 없다. 시간을 많이 소모할 수밖에 없음을 인지하고 차분하게 독해해야 한다.

cf) 22.06 PCR, 23.06 비타민 k

과정 서술

지문에서 특정 소재에 대한 일련의 과정을 제시하면, 필연적으로 단락(혹은 문장)의 밀도가 높아진다. 개인적으로 과정은 필기를 하는 것도 하나의 방법이라 생각한다. 과정을 정확하게 끊어 읽으며 어떤 과정에서 어떤 작용이 일어나는지 고려해야 한다.

한정어

보조사('-만' 등), 부사어('모든' 등)에 대한 민감한 반응은 필수적이다.

대립쌍

지문에서 단정/개연, 고정/유동, 이론/현실 등과 같이 대립적인 요소는 필히 그 대립쌍을 잡으며 독해해야 한다. 이러한 대립상은 기출 문제를 지속적으로 접하다 보면 무의식적으로 짚을 수 있게 된다. 우리가 기출 분석을 하는 이유는 (물론 여러 가지가 있지만) 바로 이러한 독해 태도의 확립에 있다.

어휘 자체를 통한 이해

지문에서 개념을 제시할 때 어휘 자체의 뜻을 생각하며 의미를 더욱 명확하게 파악할 수 있다. 특히 인문, 경제, 법 등에서 한자어로 구성된 어휘는, 어휘 자체의 의미를 통해 더욱 명확하게 개념을 파악할 수 있다.

cf) 22.11 트리핀 딜레마 '평가절상과 평가절하' ⇒ 평가절상이니까 가치 올림, 절하니까 가치 내림.

조건은 답을 결정한다.

지문에서 조건이 제시되면 필히 확보해야 한다. 조건은 답을 결정하는 경우가 빈번하기 때문이다. 비슷한 맥락으로 주장에 대한 근거, 수단과 목적에 대한 파악 역시 핵심적인 부분이다.

문제의 '원인' 그에 맞는 해결

문제 해결 구조가 제시되면 문제 상황과 해결을 파악하는 것은 당연하다. 그런데 우리가 핵심적으로 봐야 할 부분은 문제의 '원인'이다. 문제의 '원인'을 파악하면 당연히 그에 맞는 해결이 따라오게 되어 있다. 비슷한 느낌으로 주장에 대한 근거 확보, 수단과 목적 구분하여 확보 등을 들 수 있다.

cf) 14.11 CD 드라이브

비교·대조 쌍

- a와 b가 구분될 때 a를 독해할 때는 a를 잘 정리하고 이후 b를 독해할 때는 a vs b로 독해해야 한다. 만약 그게 어렵다면 최소한 각각 어디에 해당하는 정보인지는 파악해야 한다.
- 기준점을 잡고 두 대상을 구분해야 한다.
- 차이점은 당연한 핵심이고 공통점까지 확보하며 독해를 진행해야 한다.

돌아올 줄 아는 것도 실력이다.

- 지문에서 인물, 학파, 정보 등이 많이 제시되면 실전에서 이것을 100% 다 머리 속에 담고 간다고 장담할 수 없다. 이런 경우 돌아와서 확인할 수 있게 표시해두며 독해를 진행하는 것도 실전을 위한 방법이다.
- 단순 나열되며 개별적으로 제시되는 정보들을 모두 암기할 수는 없다. 이런 정보는 돌아와서 확인하는 것도 실력이다.

비례 관계 및 공식은 정리한다.

비례 관계나 공식은 정리하며 독해하는 것이 압도적으로 유리하다.

cf) 20.11 bis / 18.06 통화정책

고정값과 유동 값

고정된 값인지 변할 수 있는 값인지 파악하는 것은 중요하다. 관계식을 대할 때 '고정값과 유동 값'에 대한 인식을 갖추어야 한다.

인문 지문의 핵심은 관점 파악이다.

인문 지문의 핵심은 결국 지문에서 말하고자 하는 관점이다. 관점을 확보하고, 문맥적 의미를 파악하며 독해를 진행해야 한다.

법 지문의 핵심은 주체, 목적, 근거, 조건, 대상, 결과이다.

누가 법을 제정하는지, 법률이 제정되는 목적이 무엇인지, 법률이 적용될 수 있는 근거와 적용되기 위한 조건이 무엇인지, 법이 적용되는 대상이 누구인지, 법의 결과가 어떻게 적용되는지. 당연히 그러면 이에 해당되는 것과 예외적인 경우 등 구분이 필수적이게 된다.

경제의 핵심은 인과적 흐름 파악이다.

인과인 흐름을 파악해야 하며, 비례 관계는 정리해야 한다.

a→b, b→c ⇒ a→c 등을 파악할 수 있어야 한다. 단순하게 이렇게 연결되는 경우도 있지만, 난도를 높일 때 이 연결 관계를 직접적으로 제시해주지 않고 문맥을 통해 다른 말 같은 뜻을 파악해 스스로 파악할 수 있어야 한다.

과학, 기술의 핵심은 목적 파악과 정보 모델링이다.

기술의 목적은 필히 파악해야 한다. 그 목적이 기술의 핵심과 직결되기 때문이다. 또한 기술 지문에서 정보를 제시할 때, 혹은 생명 지문 등에서 세포 구조를 제시할 때 간단한 모델링(이미지화)을 통해 정보를 조금 더 확실하게 파악할 수 있다.

생명 지문 등에서 위치, 이동 방향은 핵심이다.

a에서 b로 이동, b에서 a로 이동 등에 대한 정보는 핵심입니다.

cf) 20.06 개체성, 리트 생명 지문들

자연스럽게 이해되는 부분은 납득하며 독해한다.

결국 글은 자연스럽게 납득하며 읽는 것이 가장 좋다. 이를 위해서는 기출에 나온 지식적 요인들을 챙겨놔야 한다.

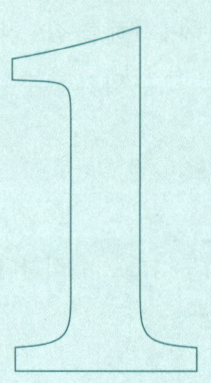

1

20학년도 **LEET** 언어이해

◇ 총평

- 핵심 확보
- 다른 말 같은 뜻
- 구체적 예시, 그리고 연결
- 법 지문의 핵심(예외, 근거)

매우 좋은 지문입니다. 지문 초반 제시된 핵심을 확보하고 그에 맞춰 독해를 진행하는 것이 핵심인 지문입니다. 지문 초반 핵심을 파악할 때 다른 말 같은 뜻을 파악하며 의미 확장이라는 핵심을 확보하고, 이후 제시되는 사례들 역시 핵심과 연결지어 다른 말 같은 뜻을 확보하며 독해를 진행했어야 합니다.
단순 구조적으로 형소법, 민소, 형법, 판례의 병렬적 구성으로 접근한 것과 지문의 핵심을 확보하고 그 핵심에 근거해 문맥적 의미를 파악하는 것의 차이를 느낄 수 있는 좋은 지문입니다.
추가적으로 법 지문의 전형적 핵심(예외, 근거 등)을 상기하기에도 좋습니다.

> 법률은 언어로 기술되어 있다. 따라서 법조문의 의미도 원칙적으로 그 사회의 언어 문법에 따라 이해되어야 한다.

상식적인 얘기입니다. 당연히 법이 언어로 쓰여있고, 법조문은 사회의 언어 문법에 따라 이해되어야겠죠. 여기서 핵심은 '원칙적'입니다. 기출에서 수도 없이 반복된 패턴이지만, '원칙'과 '현실'의 대립쌍은 주된 출제 포인트입니다. '원칙을 벗어난 예외적 경우가 있나?' 정도로 생각하고 독해를 시작했어야 합니다.

◇ tip 대립쌍

이는 법, 경제, 과학 등에서 빈번한 흐름입니다. 이론과 실제를 구분하는 것 이상적인 것과 현실적인 것을 구분하는 흐름은 하나의 대립쌍으로 기출에서 이미 자주 빈출된 표현입니다.

대립쌍에 대한 이해는 지문 이해와 문제 풀이 시 굉장히 핵심적으로 기능하는 부분입니다. 필히 민감한 반응을 갖추시길 바랍니다.

cf) 23.06 이중차분법 중 일부

⇒ '~ 실험적 방법이 이상적이다. 그러나 사람을 표본으로 하거나 사회 문제를 다룰 때에는 이 방법을 적용할 수 없는 경우가 많다.'

> 하지만 필요에 따라 법조문의 문법 단위들은 일반적 의미를 넘어서는 개념으로 나아가기도 한다.

역시 예상한 대로 지문이 전개됩니다. 여기서 원칙을 벗어난 예외적 경우는 일반적 의미(그 사회의 언어 문법에 따라 이해되는 의미와 유사한 맥락이죠.)를 '넘어서는' 개념입니다. 의미 확장이 일어난 것이죠. 지문의 핵심이 단어의 '의미 확장'이라는 점을 파악해야 합니다.

◇ 코멘트

모든 글에서 첫 문장, 첫 문단에서 화제를 파악할 수 있는 건 아니지만 많은 글에서 이와 같이 첫 문장과 첫 문단에서 글의 핵심 화제를 파악할 수 있습니다. 해당 부분 역시 '문법 단위의 의미 확장'이라는 핵심을 확보했다면, 이후 내용을 납득하는 것이 압도적으로 수월해집니다.

> '-물(物)'은 물건이나 물질이라는 사전적 의미를 갖는 형태소인데, '창문(窓門)'의 '창'이나 '문'같이 독자적으로 쓰일 수 있는 자립형태소가 아니라 '동화(童話)'의 '동'과 '화'처럼 다른 어근과 결합할 필요가 있는 의존형태소이다.

갑자기 '-물'의 예시를 제시합니다. 의존형태소 등의 얘기가 나와 당황했을 수 있지만, 예시는 항상 단독적으로 처리하는 것이 아닌, 문맥적 의미(앞선 내용)를 통해 파악해야 합니다. '-물'의 사전적 의미를 제시해준 것은 결국, 사전적 의미(원칙)와 다른 방향으로 '-물'이 사용되기 때문일 것이라며 문맥에 맞춰 독해를 진행했어야 합니다.

◇ 코멘트

+ '예시'는 그냥 제시하지 않습니다. 문맥적 의미를 통해 예시의 의미를 파악해야 합니다.
+ 본인이 언매 선택자가 아니라 실전에서 의존형태소와 같은 개념이 도저히 이해가 안 된다면 어떻게 해야 할까요? 저라면, 예시의 핵심(결국 문맥상 '의미 변화'에 대한 예시)을 확보하고 구체적인 내용은 문제에서 물어볼 때 돌아와서 판단한다는 인식을 갖추고 독해를 진행했을 겁니다.

> 이 '물'의 의미가 학설과 판례에서 그리고 입법에서도 새롭게 규정되어 가는 모습을 법의 세계에서 발견할 수 있다.

지문의 핵심을 명확하게 강조합니다. 학설, 판례, 입법에서 '물'

의 의미의 '변화'가 지문의 핵심이라는 것을 상기하고 본격적인 독해를 시작해야 합니다.

◇코멘트

+ 여기서 '변화'의 디테일까지 챙겨간다면, 이후 내용은 학설, 판례, 입법 등에 대한 구분만 진행되면 충분합니다. 지문 초반 제시된 변화는 '일반적 의미'를 넘어서는 변화입니다. 즉 의미 축소가 아닌 '의미 확장'이 이루어지는 것이죠.
+ 법 지문에서 '근거'를 확보하는 것은 핵심입니다. 그러니 우리는 '물'의 의미가 변화를 독해할 때, '법'에 근거한 것인지, '판례'에 근거한 것인지 등을 명확하게 구분하며 독해를 진행해야 합니다.

◇ tip 다른 말 같은 뜻

독서는 결국 '의미'를 파악하며 읽는 것입니다. 독해 시, 기표(記標)가 다르더라도, 같은 기의(記意)를 가지고 있으면 적극적으로 같은 의미라는 점을 판단해 주어야 합니다.

여기서도

[문법 단위들이 일반적 의미를 넘는다. = 물의 의미가 새롭게 규정되어 간다.]

와 같이 다른 말 같은 뜻을 잡으며 독해를 진행했어야 합니다.

이렇게 다른 말 같은 뜻을 잡아 지문의 핵심(의미 확장)을 파악했다면, 사실상 이후 제시되는 내용은 최소한의 구분 정도면 충분합니다.

cf) 23.09 아도르노의 미학

　　형사소송법은 압수의 대상을 "증거물 또는 몰수할 것으로 사료되는 물건"으로 정하고 "압수물"이라는 표현도 사용하고 있어서, 전통적으로 압수란 유체물(有體物)에 대해서만 가능한 것으로 이해되었다.

형사소송'법'의 경우를 제시합니다. 이 경우 압수가 '유체물'에 대해서만 가능한 것으로 '이해되었'습니다. 과거에 그랬다는 것이고, 지문의 핵심(의미 확장)을 상기하며 독해한다면, 당연히 압수가 가능한 대상에 대한 개념이 확장될 것임을 납득할 수 있습니다.

◇코멘트

핵심을 상기하며 독해하는 태도의 중요성을 느껴야 합니다.
cf) 17.11 보험
⇒ '보험은 "같은 위험"을 보유한 다수인이 위험 공동체를 형성~'
이후 제시되는 보험의 문제(위험 확률을 속인 사람이 침입)는 결국 '같은 위험'을 보유해야 한다는 초반에 제시된 개념에 근거

　　그런데 디지털 증거가 등장하고 그 중요성이 날로 높아짐에 따라 변화가 일게 되었다.

변화의 원인이 제시되었습니다. 디지털 파일은 유체물이 아니죠. 그러면 지문의 핵심(의미 확장)의 개념을 고려할 때, 유체물이 아닌 디지털 증거를 다루는 변화를 파악해야 합니다.

◇코멘트

문제 상황이 발생했을 때 '원인'을 파악하면 해결이 따라오는 것처럼, 원인은 핵심입니다. 여기서도 '디지털 증거의 중요성'이 변화의 원인이라는 정도는 파악했어야 합니다.

　　디지털 증거는 유체물인 저장 매체가 아니라, 그에 담겨 있으면서 그와 구별되는 무형의 정보 자체가 핵심이다. 또한 저장 매체 속에는 특정 범죄 사실에 관련된 정보 외에 온갖 사생활의 비밀까지 담긴 일도 많다.

당연히 디지털 파일이 중요하지 그것을 담고 있는 매체가 중요하지 않죠. 그리고 디지털 파일에는 중요한 내용도 많죠. 매우 상식적인 수준입니다. 가볍게 처리했으면 충분합니다.

◇코멘트

핵심을 계속 생각해야 합니다. 결국 '의미 확장'이 핵심입니다. '유체물만' 압수 가능한 대상이었지만, 이렇게 중요한 디지털 증거 역시 압수의 대상으로 '의미가 확장'될 것입니다.

　　그리하여 정보 그 자체를(무형의 정보 자체) 압수해야 한다는 인식이 생겨났고, 마침내 출력이나 복사도 압수 방식으로 형사소송법에 규정되었다.

디지털 증거가 중요하니 결국 정보 자체를 출력하거나 복사하는 방식이 형소법에 규정됩니다. 최소한 있는 그대로 '변화'를 파악하고 독해를 진행했어야 합니다.

민사소송에서 증거조사의 대상이 되는 문서는 문자나 기호, 부호로써 작성자의 일정한 사상을 표현한 유형물이라 이해된다. 이 때문에 문자 정보를 담고 있는 자기 디스크 등을 문서로 볼 수 있는지에 대한 논쟁이 일었다.

형사소송 이후 민사소송에 대해 얘기합니다. 여기서는 '증거'의 대상에 대한 얘기를 하고 있습니다. 이 역시 결국 문자 정보를 담고 있는 디스크 등을 문서로 보는지에 대한 인식의 '변화'를 핵심적으로 두고 독해를 진행해야 합니다.

이를 해결하기 위해 (디스크를 문서로 볼 수 있는지) 민사소송법 제374조에 "정보를 담기 위하여 만들어진 물건"에 대한 규정을 두게 되었지만, 여전히 매체 중심의 태도를 유지하고 있어서, 일찍이 정보 자체를 문서로 인정한 다른 여러 법률들과 대비된다. 최근에 제정된 법률에서는 위 조항에 대한 특칙을 두어 정보 자체를 문서로서 증거조사할 수 있는 근거도 마련되었다.

매체 중심(물건 중심)의 태도를 유지했지만, 법률을 통해 정보 자체에 초점을 두는 근거가 마련됩니다. 증거조사를 할 수 있는 범위가 '확장'된 것이죠. 결국, 이 역시 '의미 확장'이라는 다른 말 같은 뜻입니다.

형법은 문서, 필름 등 물건의 형태를 취하는 음란물의 제조와 유포를 처벌하도록 하고 있다. 판례는 음란한 영상을 수록한 디지털 파일 그 자체는 유체물이 아니므로 음란물로 볼 수 없다고 보았다.

이제는 형법'의 경우를 제시합니다. 여기서도 물건은 처벌하지만, '판례'에서는 디지털 파일 자체를 유체물로 보지 않아 음란물로 설정하지 않습니다. 그렇다면 지문의 핵심인 '의미 확장'을 고려하며 독해를 계속 진행합시다.

하지만 사회 문제로 대두된 아동 포르노그래피의 유포를 차단하기 위해 신설된 법령에서는 필름·비디오물·게임물 외에 통신망 내의 음란 영상에 대하여도 '아동·청소년 이용 음란물'로 규제한다.

'아동 포르노'라는 원인으로 인해 음란 영상 자체도 음란물로 봅니다. 역시 '확장'이 일어나고 있습니다.

비디오물과 게임물의 개념도 변화를 겪어 왔다. 과거에 게임 관계 법령에서 비디오물은 "영상이 고정되어 있는 테이프나 디스크 등의 물체"로 정의되었고, 게임물은 이에 포함되었다. 이후에 게임 산업이 발전하면서 새로운 법률을 제정하여 게임물에 대한 독자적 정의를 마련할 때, 유체물에 고정되어 있는지를 따지지 않는 영상물로 규정하기 시작하였다. 이 과정에서 게임물과 개념적으로 분리된 비디오물은 종전처럼 다루어질 수밖에 없었다.

이 역시 '변화'를 제시합니다. 비디오물과 게임 모두 '고정되어 있는 물체'로 정의되었지만, 게임의 발전으로 게임은 '고정 여부'를 따지지 않습니다. '변화'는 핵심이고 둘을 구분해주고 있다는 점을 파악해야 합니다.

하지만 곧이어 관련 법령이 정비되어 이 또한(게임물만이 아닌 비디오물 또한) "연속적인 영상이 디지털 매체나 장치에 담긴 저작물"이라 정의하게 되었다.

그런데 결과적으로 비디오물 역시 '저작물' 자체에 초점이 맞춰집니다. 최소한 결국 두 개념 모두 의미 확장이 일어났다는 것을 파악하고 독해를 진행했어야 합니다.

+ 지시어를 정확하게 당겨 읽었어야 합니다. 비디오물 또한 게임물과 같은 취급이 된 것으로, 이 역시 유체물에 고정되어 있지 않게 된 것입니다.

+ 지문의 핵심은 '의미 확장'이기에 문제 출제 역시(1번의 5번 선지) 핵심(의미 확장 양상)을 물어봅니다. 리트는 지문당 문제 수가 적기에 수능보다 더욱 핵심에 직결된 정보를 물어보는 경향이 강합니다.

만약 해당 지문이 수능이었다면, 시기별로(둘 다 같은 취급 시기, 게임만 변화한 시기, 둘 다 변화한 시기) 구분하는 약간은 지엽적인 내용이 출제될 수도 있습니다. 지문에서 구분해준 대상은 우리 역시 구분해 놓고 독해를 진행해야 합니다.

판례는 또한 재산 범죄인 장물죄에서 유통이 금지된 장물의 개념을 재물, 곧 취득한 물건 그 자체로 본다. 그러면서 전기와 같이 '관리할 수 있는 동력'은 장물이 될 수 있다고 한다.

이제 '판례'를 통해 내용을 전개합니다. 일단 앞선 흐름처럼 일반적으로 인정되는 대상, 즉 장물의 개념으로 인정되는 대상들을 제시해줍니다. 역시 이 대상이 변할 수 있다는 인식을 가지고 독해를 진행합시다.

그런데 동력에 대하여 재물로 간주하는 형법 제346조를 절도와 강도의 죄, 사기와 공갈의 죄, 횡령과 배임의 죄, 손괴죄에서는 준용*하고 있지만, 장물죄에서는 그렇지 않다. 판례는 위 조문*이 주의를 불러일으키는 기능을 할 뿐이라 보는 것이다.

다른 죄들은 동력을 재물로 간주하는 것을 표준으로 보지만 장물죄에서는 그렇지 않답니다. 여기서 나열된 죄들을 모두 외우고 가는 것은 현실적으로 어렵습니다. 나열된 정보는 돌아와서 확인한다는 인식으로, 장물죄에서는 동력을 재물로 간주하는 것이 표준이 아니라는 핵심은 최소한 챙겨갔어야 합니다.

[준용 : 표준으로 삼아 적용함]
[조문 : 규정이나 법령 따위에서 조목으로 나누어 적은 글]
실전이라면
준용 : 표'준'으로 삼아 적'용'함
조문 : '조'목으로 나누어 적은 '글(문)'.

정도로 생각할 수 있습니다. 법 지문에서 이렇게 어휘의 의미를 파악하는 경우가 많습니다.

21.11 예약 지문에서도 지문 초반 제시된 채'권' = '권'리 / 채'무' = 의'무'로 이해했을 때 개념 확보가 수월했다는 점을 고려한다면, 이처럼 어휘 자체의 의미를 고려하는 태도로 정보를 자연스럽게 납득할 수 있습니다.

리트가 이렇게 약간 어휘가 어려운 경우가 있습니다. 그런데 요즘 수능에서 물어보는 어휘 수준도 점점 올라오고 있으니, '이런 건 수능에 안 나와. 역시 평가원스럽지 못해!'라고 생각하기보단, 알아두고 간다는 마인드로 공부하는 것이 좋을 것 같습니다.

그런데 재물을 팔아서 얻은 무언가는 이미 동일성을 상실한 탓에 더 이상 장물이 아니라 하였다.

재물을 팔아서 얻은 것은 동일성이 없다는 원인으로 인해 장물이 아니라는 판단이 제시됩니다. 역시 '원인'이 제시된 것이니 원인을 확보하고 독해를 진행했으면 충분합니다.

또한 물건이 아닌 재산상 가치인 것을 취득했다고 해도 그 역시 장물은 아니라고 보았는데, 이에 대해서는 (물건이 아닌 재산상 가치를 지닌 취득된 대상이 장물이 아니라는 것에 대해) ㉠비판이 있다.

물건이 아닌 재산상 가치인 것을 취득해도 장물이 아니라네요. 이건 확실히 좀 이상합니다. 그러니 자연스럽게 비판이 따라옵니다. 지시어를 정확하게 당겨 비판의 내용을 파악했어야 합니다.

여기서 '이에 대해서는 = 물건이 아닌 재산상 가치를 지닌 취득된 대상을 장물로 안 함.'으로 정확하게 당겨 읽지 않은 사람들이 2번 문항에서 고민하는 경우가 발생합니다.

여기서 비판하고 있는 대상은 지시어에 명백하게 드러난 것처럼 위와 같은 대상(상황)을 장물로 보지 않는 것입니다.

항상 지시어에 해당하는 내용을 정확하게 파악해야 문장 자체를 정확하게 이해할 수 있다는 인식을 갖추고 독해를 진행해야 합니다.

cf) 17.09 사단과 법인격, 그에 대한 법인격 부인론 2번째 문항.

⇒ '~ 일인 주식회사에서는 일인 주주가 회사의 대표 이사가 되는 사례가 많다. 이처럼(일인 주주가 회사의 대표 이사가 됨) 일인 주주가 회사를 대표하는 기관이 되면 경영의 주체가 개인인지 회사인지 모호해진다.' = '대표 이사는 주식회사를 대표하는 기관이다.'

오늘날 금융 거래 환경에서 금전이 이체된 예금계좌 상의 가치가 유체물인 현금과 본질적으로 다르지 않다는 것이다.

'오늘날 금융 거래 환경~'이라는 예시를 제시합니다. 이렇게 비판되는 포인트에 대한 구체적 예시를 딱 제시해준 것은 이것이 문제화될 것이라는 의미일 겁니다.
구체적 예시는 앞선 개념과 연결해야 합니다.
'금전이 아닌 이체된 예금계좌상 가치가 유체물인 현금과 다르지 않다.'에서 유체물인 현금은 물건에 대응됩니다. 그러면 예금계좌상 가치는 물건이 재산상 가치일 겁니다.

◇ tip 구체적인 예시

이 지문에서 금융 환경에 대한 예시를 한 줄 딱 제시해줬을까요? 이런 경우 독해 시 이해를 돕기 위해, 그리고 문제로 출제하기 위해 쓰인 경우가 대부분입니다. 만약 지문에서 이렇게 특정 개념에 대해 구체적인 예시가 등장한다면 문제화될 것을 인식하고 독해하 시기를 권장합니다. 아주 사소하지만, 독해력 향상에 큰 도움이 되는 습관이라고 생각합니다.

cf) 19.11 가능세계 2번째 문항.

⇒ "만약 Q이면 Q이다."를 비롯한 필연적인 명제들은 모든 가능세계에서 성립한다.

"만약 다보탑이 개성에 있다면, 다보탑은 개성에 있다." = '만약 A면 A이다?' = "만약 Q이면 Q이다."

'이는 필연적 명제이니 모든 가능세계에서 성립한다.'

언어의 의미는 사전에 쓰인 정의대로 고정되어 있기만 한 것이 아니라, 사람들이 그것을 사용하기에 따라 항상 새롭게 규정되는 것이며, 언어를 통해 비로소 인식되는 법의 의미도 마찬가지라 할 수 있다.

지문의 핵심을 요약한 수준입니다. 언어가 가지는 의미는 변할 수 있습니다. 지문을 잘 읽었다면 여기서 제시되는 변화는 단순한 변화라기보단 의미 확장과 유사한 개념이라는 것을 파악하고 독해를 마무리할 수 있었을 겁니다.

01 윗글의 내용과 일치하는 것은?

① 디지털 정보는 그것을 담고 있는 매체와 결합되어 있다는 특성 때문에 저장 장치를 압수하는 방식으로 압수 절차가 이루어져야 한다는 한계가 있다.
② 전자적 형태의 문자 정보는 문자나 기호로 되어 있지 않은 문서이기 때문에 정보 자체만을 증거조사의 대상으로 삼을 수 없다.
③ 형법상 음란물은 유체물인 반면에 아동·청소년 이용 음란물은 무체물이란 점에서 양자의 차이가 있다.
④ 비디오물은 영상이 매체나 장치에 담긴 저작물이라 정의되면서 유체물에 고정되어 있는지를 따질 필요가 없게 되었다.
⑤ 게임물에 관한 입법의 변천 과정은 규제의 중심이 콘텐츠에서 매체로 옮겨갔음을 보여 준다.

답 ④
3문단에 제시된 것처럼 비디오물은 "영상이 고정되어 있는 테이프나 디스크 등의 물체"로 정의되었고 게임물은 이에 포함되었습니다. 이후 게임물은 독자적 정의가 등장해 유체물에 고정되어 있는지를 따지지 않는 영상물로 규정되었습니다. 그리고 관련 법령이 정비되어 이 또한(비디오물 또한) "연속적인 영상이 디지털 매체나 장치에 담긴 저작물"이라 정의하게 되었습니다.
따라서 비디오물은 영상이나 매체에 담긴 저작물이라 정의되면서 '비디오물 또한' 유체물에 고정되어 있는지 따질 필요가 없어졌습니다.
'이 또한'이라는 지시어를 정확하게 당겨 읽었어야 합니다.

오답 선지 분석

① : 2문단에 제시된 것처럼 디지털 정보는 정보 그 자체를 압수해야 한다는 인식이 생겨났고, 마침내 출력이나 복사도 압수 방식으로 형사소송법에 규정되었습니다. 즉 디지털 정보는 저장 장치 자체를 압수해야 한다는 한계에 국한되지 않습니다.

② : 2문단에 제시된 것처럼 최근에 제정된 법률에서는 정보 자체를 문서로서 증거조사할 수 있는 근거도 마련되었습니다.

③ : 3문단에 제시된 것처럼 형법의 판례에서는 음란한 영상을 수록한 디지털 파일 그 자체는 유체물이 아니므로 음란물로 볼 수 없었습니다. 하지만 신설된 법령에서는 필름·비디오물.게임물(유체물) 외에 통신망 내의 음란 영상에 대하여도 '아동·청소년 이용 음란물'로 규제합니다. 즉 신설된 법령에서는 필름·비디오물·게임물 등과 같은 유체물과 통신망 내의 영상까지도 음란물로 취급하므로, 아동·청소년 이용 음란물은 무체물이라 단정할 수 없습니다.

⑤ : 3문단에 제시된 것처럼 게임 산업이 발전하면서 새로운 법률을 제정하여 게임물에 대한 독자적 정의를 마련할 때, 유체물에 고정되어 있는지를 따지지 않는 영상물로 규정하였습니다. '유체물에 고정' 여부를 따지지 않는 변화이므로 규제의 중심이 콘텐츠에서 매체가 아닌 매체(유체물)에서 콘텐츠(영상물)로 규정되었음을 알 수 있습니다. 사실 지문의 전반적 흐름으로도 접근할 수 있는 선지입니다.

◇코멘트

+ 지시어를 정확하게 당겨 읽는 것은 핵심입니다.
+ 핵심에 맞춰 변화를 파악했어야 합니다.

02 ㉠의 대상으로 가장 적절한 것은?

① 장물을 팔아서 생긴 현금을 장물죄의 적용 대상으로 보지 않는다는 태도
② 장물의 개념을 범죄로 취득한 물건 그 자체로 한정하여서는 안 된다는 태도
③ 관리할 수 있는 전기도 현행 형법상 장물죄에서 규율하는 재물로 인정한다는 태도
④ 은행 계정에 기록된 자산 가치에 대해서 장물죄의 규정을 적용하지 않는다는 태도
⑤ 장물죄에서 형법 제346조의 준용이 없더라도 그 죄에서 규정하는 재물에는 동력이 포함된다는 태도

발문 분석
㉠ : 물건이 아닌 재산상 가치인 것을 취득했다고 해도 그 역시 장물은 아니라고 본 것에 대한 비판.
즉 비판의 대상인 것으로 '물건이 아닌 재산상 가치를 지닌 취득된 대상을 장물이 아니라 본 사례'를 찾아야 함.

답 ④
지문 해설에 제시한 것처럼 금전이 이체된 예금계좌상 가치가 유체물인 현금과 다르지 않다.'에서 유체물인 현금은 물건에 대응됩니다. 그러면 예금계좌상 가치는 물건이 아닌 재산상 가치일 겁니다.
따라서 은행 계정에 기록된 자산 가치(물건이 아닌 재산상 가치)에 대해 장물죄의 규정을 적용하지 않는 것이 ㉠의 대상으로 가장 적절하다 할 수 있습니다.
구체적으로 제시된 예시는 활용됩니다.

◇ 문제점, 비판 등의 선지 구성

글에서 문제점, 비판의 내용으로 적절한 것은~ 이런 문제가 나왔을 때 오답을 만드는 방식으로 아예 상관없는 얘기를 하거나, 문제점을 지적하거나 비판을 하는 것이 아닌 주장을 강화하거나 옹호하는 내용을 넣은 경우가 빈번합니다.
즉 비판 문제를 대할 때는
1. A가 주장한 내용이 맞는가? (허수아비 공격이 아닌가)
2. 비판이 맞는가?
이 두 가지를 꼭 생각하시길 바랍니다.

오답 선지 분석
① : 4문단에 제시된 것처럼 물건을 팔아서 얻은 무언가를 더 이상 장물이 아니라 하는 것은 동일성을 상실한 탓입니다. 현금 역시 유체물이므로 물건이 아닌 재산상 가치인 것을 취득한 것을 장물이 아니라 본 사례에는 해당되지 않습니다.

② : 장물의 개념을 물건 자체로 한정하여서는 안 된다는 것은 비판의 대상이 아닌, 비판 측의 주장과 가깝습니다.

③ : 관리할 수 있는 전기도 현행 형법상 장물죄에서 규율하는 재물로 인정한다는 것은 물건이 아닌 재산상 가치인 것을 취득한 것을 장물이 아니라 본 사례가 아닙니다.

⑤ : 장물죄에서 형법 제346조의 준용이 없더라도 그 죄에서 규정하는 재물에는 동력이 포함된다는 태도는 물건이 아닌 재산상 가치인 것을 취득한 것을 장물이 아니라 본 사례가 아닙니다.

◇코멘트

+ 지시어를 정확하게 당겨 읽는 것은 핵심입니다.
+ 구체적 예시는 문제화됩니다.

03 윗글을 바탕으로 <보기>를 설명할 때, 가장 적절한 것은?

> **보기**
>
> 형법 제129조 제1항은 "공무원 또는 중재인이 그 직무에 관하여 뇌물을 수수, 요구 또는 약속한 때에는 5년 이하의 징역 또는 10년 이하의 자격정지에 처한다."라고 규정한다. 이에 대한 근래의 판결에 "뇌물죄에서 뇌물(賂物)의 내용인 이익이라 함은 금전, 물품 기타의 재산적 이익뿐만 아니라 사람의 수요·욕망을 충족시키기에 족한 일체의 유형·무형의 이익을 포함하며, 제공된 것이 성적 욕구의 충족이라고 하여 달리 볼 것이 아니다."라는 판시가 있었다.

① '뇌물'에서의 '물'은 사전적 의미보다 축소된 개념으로 해석되는 문법 단위이다.
② '뇌물'과 '장물'에서의 '물'은 자립형태소와 결합하지 않았다는 점에서, '증거물'에서의 '물'과 차이가 있다.
③ '게임물'에서의 '물'은 물건에 한정되는 개념으로 변화함으로써 '뇌물'에서의 '물'보다 좁은 의미를 갖게 되었다.
④ '뇌물'로 보는 대상에는 재물뿐 아니라 광범위한 이익까지 인정되므로, '뇌물'에서의 '물'과 '장물'에서의 '물'은 동일한 의미를 가진다.
⑤ '압수물'의 개념 변화는 압수 방식을 새롭게 해석한 결과라는 점에서, '뇌물'에서 '물'의 의미 변화가 입법으로 규정한 결과라는 것과 차이가 있다.

답 ②

'뇌물'과 '장물'에서 '뇌-'와 '장-'은 단독으로 사용될 수 없는 의존형태소입니다. 하지만 '증거물'의 '증거'는 단독으로 사용될 수 있는 자립형태소입니다. 그러니 이들은 차이가 있다 볼 수 있습니다.
이는 문법 지식이 필요한 문항입니다. 개인적으로 언어와 매체 선택자들은 2번 선지를 보고 바로 맞췄어야 하고, 화법과 작문 선택자라 할지라도, 2번 선지에 대한 판단을 유보한 뒤, 오답 선지 분석들에 대한 판단으로 '답'은 고를 수 있었어야 하는 문항입니다.

오답 선지 분석

① : 뇌물(賂物)의 내용인 이익이라 함은 금전, 물품 기타의 재산적 이익'뿐만 아니라' 사람의 수요, 욕망을 충족시키기에 족한 일체의 유형·무형의 이익을 포함하며, 제공된 것이 성적 욕구의 충족이라 하여 달리 보지 않습니다. 즉 '뇌물'에서 '물'은 물건이나 물질이라는 사전적 의미를 갖는 '-물(物)'에 비해 의미가 확장된 개념으로 해석됩니다.

③ : '게임물'은 게임 산업이 발전하면서 새로운 법률을 제정하여 게임물에 대한 독자적 정의를 마련할 때, 유체물에 고정되어

있는지를 따지지 않는 영상물로 규정되었습니다. 유체물에 고정되어 있는지를 따지지 않는다는 점에서 물건에 한정되는 개념으로 변화하였다 볼 수 없습니다.

④ : '뇌물'에서의 물은 <보기>에 제시된 대로 재물을 넘어 광범위한 이익까지 인정됩니다. 하지만, 장물의 개념은 재물, 곧 취득한 물건 그 자체와, 전기와 같이 '관리할 수 있는 동력'까지만 인정됩니다.

⑤ : 압수물의 개념 변화는 형사소송법에 규정된 근거를 통해 진행된 것입니다. 또한 <보기>에 제시된 것처럼 '뇌물'의 '물'의 의미는 근래의 판결에 의해 규정된 결과입니다. 법지문에서 입법, 판례 등을 구분하는 것은 근거를 구분하는 것으로 핵심적인 포인트입니다.

> ◇코멘트
>
> + 문법 문항이 나와서 답을 못 골랐다고 하면 안 됩니다. 오답 선지 분석들이 크게 어렵지 않아서 '답'은 고를 수 있어야 합니다.
> + 법 지문에서 근거는 핵심입니다.

2020 언어이해 [4~6] 처첩 구분을 통한 상속 구분 및 상복 구분

◇ 종평

- 변화는 핵심이다. (변화, 유지)
- 주장, 근거 확보
- 돌아올 줄 아는 것도 실력이다.

해당 지문은 초반에 제시된 기준에 맞춰 시기와 주장을 구분하며 정보가 나열되고 있습니다. 주장과 근거를 파악하는 것이 핵심이라는 인식을 가지고 이렇게 글에서 정보가 '단순 나열'되며 진행될 때 어떤 식으로 독해해야 하는지(주장-근거 확보 / 정보 구분), 그에 대한 본인만의 틀을 해당 지문을 통해 만드시길 바랍니다.

특히 이 지문은 조금 극단적으로 정보의 정리, 나열을 요구합니다. 정도의 차이가 있지만, 이해를 요구하는 지문에서도 특정 부분은 정리를 요구할 때가 있고, 이해를 요구하지만 다양한 인물이 등장해 체크하고 돌아오는 과정이 필요한 지문이 있습니다. 해설 역시 이런 지문을 대하는 태도를 중점적으로 서술되어 있습니다.

지문의 전체적인 흐름이 이와 유사한 지문이 많지 않더라도, 특정 부분에서는 나열된 정보 혹은 다양한 인물들로 인해 돌아오는 과정이 필요할 수 있기에 해당 지문을 통해 그에 대한 본인만의 틀을 만드시길 다시금 권장합니다.

고려 말에는 관료들이 동시에 여러 처를 두는 경우나 처와 첩의 구분이 모호한 경우가 많았다. 이 때문에 토지나 봉작(封爵) 등을 누가 받을 것인가를 두고 친족 사이에 소송이 빈번하였다.

여러 처, 처 첩의 구분이 모호해 상속 시 갈등이 발생합니다. 즉 어떤 상황인지에 따라(처, 첩 상황) 상속받을 수 있는 토지나 봉작이 달라지는 것이겠죠. 일단 처 첩 관련 개념이 모호하였다는 상황을 확보하고 독해를 시작합시다.

이러한 분쟁(처 첩 관련 모호함)을 해결하고 성리학적 가족 윤리를 확립하기 위해 조선 태종 때부터 본격적으로 중혼 규제 방침을 정하였다.

처 첩 관련 모호함을 해결하고, 성리학적 윤리를 위해 중혼 규제 방침을 정합니다. 결국 처 첩 관련 내용 정립을 통해 문제를 해결하는 것이죠. 그렇다면 이후 지문 독해 시 우리도 '처 첩 관련 규정'을 확보하며 독해를 진행한다는 인식을 갖춰야 합니다.

◇ 코멘트

지문 초반 내용에서 핵심을 파악하고 독해를 진행하는 것은 매우 중요합니다. 해당 지문 역시 결국 '처 첩 관련 내용 정립'을 기준으로 내용이 구분되고 있습니다. 핵심을 상기한 상태로 독해를 진행하는 것의 중요성을 인식하시면 좋겠습니다. 추가로 법 지문에서 '목적'은 핵심입니다. 이 역시 법의 '목적'이라는 점을 파악하고 독해를 진행했어야 합니다.

1413년(태종 13)에 사헌부에서는, "부부는 인륜의 근본이니 적처와 첩의 분수를 어지럽히면 안 됩니다. 전 왕조 말에 이러한 기강이 무너졌으니 이제라도 바로잡아야 합니다. 앞으로는 혼서(婚書)의 유무와 혼례식 여부로 처와 첩을 구분하고, 처와 첩의 지위를 바꾼 경우에는 처벌 후 원래대로 바꾸며, 처가 있는데도 다시 처를 취한 자는 처벌 후 후처를 이혼시키십시오.

1413년 사헌부의 입장이 제시됩니다. 처, 첩 구분의 '기준'과 그에 근거한 규정이 제시됩니다.
- 혼서, 혼례식으로 처·첩 구분 / 기준점
- 처·첩 지위 유지, 변경 불가, 처 복수 불가 / 처첩 관련 규정
이처럼 제시된 내용을 정리하고 독해를 진행했어야 합니다.

◇ 코멘트

정리된 내용에 대한 구분(비교·대조)이 핵심적인 지문일 경우 이처럼 처음 등장한 내용에 대해서는 '정리'하고 가는 것이 최선입니다.

첨언하자면 해당 지문은 이해보다는 초반에 제시된 기준에 맞춘 정리에 포커스가 맞춰진 지문입니다. 수능 국어와 리트 언어이해는 본질적으로 '이해'를 요구하지만, 이처럼 이해의 비중보다 '정리'의 비중이 높은 지문 역시 종종 출제됩니다. 수능 날 어떤 지문이 우리 앞에 등장할지는 모릅니다. 이렇게 '정리'의 비중이 높은 글을 어떻게 읽어야 할지 고민해보는 기회가 되기를 바랍니다.

만약 당사자가 이미 죽어 바꾸거나 이혼할 수 없는 경우에는 선처(先妻)를 적처로 삼아 봉작하고 토지를 지급해야 할 것입니다."라고 아뢰었다. 이것이 받아들여져 ⊙규제가 시작되었다.

당사자가 사망, 혹은 이혼 불가인 경우는 '선처'가 적처가 되고 토지가 지급됩니다. 사망이라는 '조건'에서는 '선처'가 선정된다는 결과를 구분했어야 합니다.

+ 법 관련된 지문이니 '조건'에 해당하는 경우가 출제될 가능성이 높다는 생각 정도는 할 수 있습니다.
+ 예외적인 상황에 대해 다루는 정보가 선지에 등장함은 필연적입니다. 지문에서 다루는 규정은 조선시대의 정책이고 정책은 항상 예외적인 상황까지 다루어야 완결성이 있습니다. 이는 현대의 법, 정책 지문에도 일관되게 드러나는 특징입니다.

그런데 다음 해인 1414년(태종 14)에 대사헌 유헌 등은 위 규제를 기본으로 다음과 같이 몇 가지 ⓒ수정 보완 기준을 제시하였다.

1414년으로 시기가 변했습니다. 이때 몇 가지 수정 보완 기준이 제시됩니다. 당연히 시대가 변했고, 그에 따른 변화가 있음이 제시되었으니 앞선 시기와의 변화를 파악하는 것이 핵심입니다.

◇ tip 변화는 핵심이다.

이 흐름처럼 시기가 제시되고 각 시기의 특징을 제시해주고 있는 경우의 핵심은 각 시기의 '변화'된 점과 '공통점' 즉 '변화의 구체적 내용 + 유지되는 내용'을 정확하게 확보하며 독해하는 자세가 핵심적인 독해 태도입니다. 특히 여기서 '변화'에만 신경을 써 모든 내용이 변화되었다고 착각하거나, 유지되는 내용을 놓치는 경우가 빈번합니다. '변화'가 있을 시 유지되는 부분이 있을 수 있다는 인식 역시 갖춰야 합니다. 이러한 인식은 지문 이해는 물론 이후 문제 풀이 시에도 상당히 중요한 포인트로 작용합니다.

cf) 20.11 BIS 지문 : 바젤 1, 2, 3 협약의 공통점과 차이점을 능동적으로 짚으며 읽었어야 함.

"세월이 많이 지나 증빙 자료가 많지 않습니다. 이제 은의(恩義)가 깊고 얕음과 동거 여부를 고려하여, 선처와는 은의가 약하고 후처와 종신토록 같이 살았다면, 후처라도 작첩(爵牒)과 수신전(守信田)을 주고 노비는 자식에게 균분(均分)하게 하십시오.

앞서는 선처를 적처로 삼아 봉작하고 토지를 지급해야 했습니다. 하지만 여기서는 '은의'를 '기준(조건)'으로 제시하며 은의에 따라 작첩과 수신전을 주고, 노비는 자식에게 '균분'함을 제시합니다. 이전과의 차이(은의를 기준으로, 노비는 자식 균분)를 파악하며 독해를 진행했으면 베스트입니다.

만약 처첩의 자식들 사이에 적통을 다투는 경우에는 신분, 혼서 및 혼례를 조사하여 판결하며, 처인지 첩인지에 따라 그 자식에게 노비를 차등 분급하게 하고,

케이스가 다르다는 걸 파악해야 합니다. '처첩 자식 간' 갈등입니다. 이 경우 신분 혼서를 통해 처첩을 판단하고, 그에 따라 노비가 '차등' 분급됩니다. 선처 후처 상황과는 다르다는 것을 파악해야 합니다.

◇코멘트

여기서 처첩 자식 간 적통을 다투는 것은 신분, 혼서 및 혼례를 조사합니다. 이는 앞서 제시된 혼서와 혼례 유무로 처첩을 구분한 것에서 '유지되는' 내용입니다. 해당 내용이 유지된다는 사실을 놓쳤다면, <보기> 문항의 답을 고르기가 상당히 까다로워집니다.

세 명의 처를 둔 경우에는 선후를 논하지 말고, 그중 종신토록 같이 산 자에게 작첩과 수신전을 주되 노비는 세 처의 자식에게 균분하게 하십시오.

또 다른 케이스라는 것을 파악해야 합니다. 세 명의 처를 둔 경우는 선후를 따지지 않지만, 이 역시 결국 '종신토록 같이 산자 = 은의'에 맞춰 나누어지고, 노비는 균분합니다. 사실 선처, 후처만 있는 경우와 거의 같은 기준(조건/은의)과 결과(은의 좋으면 주고, 노비는 균분)를 가지고 있음을 파악했다면 체감 정보량을 조금은 줄이고 독해를 진행할 수 있었습니다.

영락 11년(태종 13) 3월 11일 이후부터 처가 있는데 또 처를 얻은 자는 엄히 징계하여 후처와 이혼시키되, 그중 드러나지 않다가 아버지가 죽은 후 자손들이 적통을 다투면 선처를 적통으로 삼으십시오."

영락 11년 = 태종 13 = 1413입니다. '그 이후'부터 처를 들여오거나, 적통 관련 문제에 대한 내용이 제시됩니다. 계속 일관되게 우리는 기준(조건)에 대해 결과를 정리(중혼하면 이혼 / 선처가 적통)하며 독해를 진행해야 합니다.

실전에서 우리가 지문에 있는 모든 내용을 암기하고 내려갈 수 있을까요? 실전이 아니라도 이렇게 정보가 '나열'된 경우에 각각의 개념어들을 모두 '외워서' 독해를 진행한다는 것은 몇몇 타고난 천재들 외에는 불가능한 경지입니다.

개인적으로 해당 지문은 수능 비문학과 리트 언어이해 지문 중 이해보다 정리의 비중이 압도적으로 높은 몇 안 되는 지문입니다.

실전에서 이런 지문을 만난다면 어떻게 해야 할까요? 결국 뻔한 말이지만, 각 시기(각 조건) 구분을 진행하고 선지에서 물어볼 때 해당 부분으로 빠르게 돌아와서(이를 위해 지문에 표기 역시 필요) 일치 수준에서 선지 판단을 빠르게 진행하는 태도 역시 필요합니다.

물론 압축적 서술, 이해를 더욱 요구하는 최근의 트렌드와 조금 다르다고 생각하여 풀기 싫을 수 있지만, 수능에 어떤 지문이 나올지는 모르는 것이니 이런 지문에 대한 경험 역시 필요한 부분입니다.

cf) 18.11 오버 슈팅

지문 초반 네 가지 특성 나열된 부분.

17.06 음악의 아름다움

마지막에서 두 번째 문단, '음악적 요소'들에 대한 병렬 제시

◇ 코멘트

조금 치사하다 느낄 수 있지만, 영락 11년 = 태종 13년 = 1413년입니다. 지문 독해 시 판단하지 못했어도, 실전에서 문제 풀이 시 영락 11년, 태종 13년을 배경지식으로 요구하지는 않았을 겁니다. 분명 지문에 근거가 있다고 생각했으면 2문단 처음 1413 태종 13년을 찾을 수 있었을 겁니다.

이상의 기준은 이후 「육전등록」에도 수록되어 실시되었다. 그런데 이제 자식이 아버지의 다른 처와 어떤 관계로 설정되어야 하는지에 논란이 발생하였다. 세종 때 이담 아들의 사례가 대표적이었다.

이제는 또 다른 경우가 제시됩니다. 아버지의 다른 '처'와 자식의 관계를 두고 논쟁이 발생합니다. 그렇다면 당연히 우리도 '기준'에 맞춰 구분을 진행해야 합니다.

◇ 코멘트

+ 논쟁의 초점이 바뀌었음을 파악해야 합니다. 이제 '자식이 아버지의 다른 처'와 어떤 관계인지 판단하는 겁니다. 초점이 바뀌었음을 파악하지 못하면 5번 문제를 푸는 것이 까다로워집니다.
+ '그런데'와 같은 접속 부사가 제시되면 세모 표시만 하는 것이 아닌 이전까지 제시된 내용과는 반대되는, 혹은 다른 내용이 나올 것이라는 점을 인식해야 합니다. 조금 더 구체적으로 '뭐가 달라질까?'에 대한 의문을 가지고 그를 파악하기 위해 독해를 진행하는 태도를 가지면 베스트입니다.
몇 번을 말해도 부족함이 없지만, 접속 부사의 의미를 통해 스스로 문장의 의미를 파악하고, 생각하며 독해를 진행해야 합니다.

이담은 백 씨와 혼인한 상태에서 다시 이 씨에게 장가들었다. 이는 태종 13년 이전의 일이어서 처벌의 대상은 아니었으나, 1448년(세종 30) 이 씨가 사망하면서 새로운 문제가 발생하였다. 백 씨의 아들인 이효손이 이 씨를 위한 상복을 입지 않자, 이 씨의 아들인 이성손이 사헌부에 고발한 것이다. 이효손이 상복을 어떻게 입어야 하는지를 두고 다음과 같이 조정 관료들의 의견이 갈렸다.

예시 상황이 제시됩니다. 처와 아들의 관계에 대한 기준이 제시될 것이므로 일단 예시 상황을 정리하는 것이 필요합니다.
[백 씨 아들 – 이효손 / 이 씨 아들 – 이성손] 인물 이름이 비슷하니 이에 대해 구분하고 독해를 진행합시다.

ⓐ집현전에서 아뢰기를, "예에는 두 명의 처를 두지 않는 것이 정도(正道)이지만, 전 왕조 말에 여러 명의 처를 두는 것이 너무 일반적이었으므로 한시적으로 모두 적처로 인정하였습니다. 「육전등록」에서 이미 여러 처를 인정하였으니 이효손은 이 씨를 위해서도 상복을 3년 입어야 합니다."라고 하였다.

집현전의 주장이 제시됩니다. 주장이 제시되면 근거를 확보하는 것은 당연합니다. 「육전등록」에서 이미 여러 처를 인정하였다는 근거로 상복을 3년 입어야 한다고 주장하고 있습니다.

◇ 코멘트

지문에서 조건이 제시되면 필히 확보해야 합니다. 조건은 답을 결정하는 경우가 빈번하기 때문이죠. 비슷한 맥락으로 주장에 대한 근거, 수단과 목적에 대한 파악 역시 핵심적인 부분입니다.

ⓑ예조에서 아뢰기를, "「육전등록」에서 여러 처를 모두 인정하기는 하였으나 국가에서 주는 작첩과 수신전은 한 사람에게 그쳤습니다. 이는 국가가 정도를 지향하였음을 보여주는 것입니다. 백 씨는 선처이고 이담과 평생 동거하였으니 그 의리가 이 씨와 같지 않습니다. 이효손이 이 씨를 위해 친모와 똑같이 한다면 친모를 내치는 꼴이 될 것이므로 상복은 1년 입어야 합니다.

예조의 주장이 제시됩니다. 이들은 '의리'를 근거로 상복을 1년만 입을 것을 주장합니다. 주장과 근거를 계속 구분하며 독해를 진행해야 합니다.

이렇게 한다고 해서(상복 1년 입기) 이 씨를 첩모로 대우하는 것에 이르지는 않을 것입니다."라고 하였다.

상복을 1년 입어도 이 씨를 첩으로 대우하는 것은 아닙니다. 지금 상복에 대해서만 얘기하고 있는데, 추가적으로 문단 끝에 첩모가 아니라는 점을 제시합니다. 이렇게 문단 끝에 붙은, 잉여성이 떨어지는 정보에 해당하죠. 문단, 지문의 끝마다 학생들의 집중력이 떨어지는 것을 공략하여 출제하는 경우가 많습니다. 따라서 정보량이 많고 정보의 잉여성이 떨어지는 지문이라고 판단될 때, 우리는 끝에서 더 정신력을 갖고 집중해야 합니다.

◇ tip **문단의 마지막, 글의 마지막에서 굳이?**

공신력 있는 기관에서 출제한 지문은 불필요한 내용을 넣지 않습니다. 그러면 굳이 저 내용은 왜 넣었을까요? 당연히 문제화를 위해 넣은 것이죠. 저렇게 음? 하는 부분에서 문제 출제가 되는 경우가 상당히 많습니다.

cf) 18.06 DNS 스푸핑 중 일부

'한편, 인터넷에 직접 접속은 안 되고 내부 네트워크에서만 서로를 식별할 수 있는 사설 IP 주소도 있다.'

ⓒ이조판서 정인지는 아뢰기를, "예에는 두 명의 처를 두지 않는데, 「육전등록」에서 은의와 동거 여부를 고려함으로써 문란함을 방기하게 되었습니다. 이를 항구적인 법식으로는 삼을 수는 없으니, 두 아내의 아들들은 각각 자기 어머니에 대해서만 상복을 입게 해야 할 것입니다."라고 하였다.

이조판서 정인지는 예와 문란함을 근거로 자식 각자의 어머니에 대해서만 상복을 입을 것을 주장합니다. 지금 주장과 근거가 모두 다르다는 것을 파악해야 합니다. 그리고 이 근거들은 나열되고 있습니다. 이럴 경우 각각에 대해 체크 정도를 하고 돌아

와서 판단하는 것 역시 실전적인 방법이라는 점을 고려해야 합니다. 결국 기출을 푸는 이유는 실전에서 이런 상황에 내가 글을 어떻게 읽을지 생각하는 것이기 때문입니다.

ⓓ경창부윤 정척은 아뢰기를, "이 씨가 이효손에게 계모가 되는 것은 아니지만, 「육전등록」상 선처·후처의 법에 의거해서 이를 계모에 견주어 상복을 3년 입고, 훗날 백 씨의 상에는 이성손이 3년을 입게 하는 것이 좋겠습니다."라고 하였다.

경창부윤 정척은 계모는 아니지만, 육전등록에 근거해 상복을 3년 입고, 이후 이성손도 3년을 입으라 주장합니다. 진짜 말이 다 다르고, 단순 정보 나열 수준으로 진행되고 있습니다.

ⓔ어떤 이는 "이제라도 이 씨를 강등하여 첩모로 대우하여 첩모를 위한 상복을 입는 것이 마땅합니다."라고 하였다.

어떤 이는 이 씨를 아예 '첩'으로 봐야 한다고 주장합니다. 앞 주장과 상복을 입어야 한다는 공통점은 있지만, 지금까지 사람들과 아예 다르게 '첩'으로 규정해버린다는 확연한 차이는 확보하고 독해를 진행했어야 합니다.

◇ tip **다양한 인물 / 개념어의 등장?**

인간의 뇌는 한계가 있기 때문에 절대적인 정보량이 적더라도 다양한 인물과 개념어가 나오면 그 나름대로 독해 시 부담감이 있을 수밖에 없습니다. 이렇게 다양한 인물이 등장한 지문이라면 지문 내용을 완벽하게 구조화해서 독해하는 것은 한계가 있고 필연적으로 다시 지문으로 돌아오는 과정이 수반됩니다.

이때 돌아왔을 때 빠르게 정보를 찾기 위해 독해 시 인물 / 개념어에 잘 보이게 인물이름 표시하든, △ ○ ☆로 표시하든 자신이 편한 방법으로 표시하시면서 독해를 하시는 것을 권장합니다. 독해 시 밑줄을 남발하거나 기호를 남발하여 독해보다 기호가 주가 되는 상황은 발생하면 안 되지만, 기호의 단순 남발이 아닌 본인이 틀에 맞는 기호 사용은 문제 풀이의 효율성을 올려준다고 생각합니다.

물론 이상적으로는 글을 100% 완벽하게 독해해서 지문으로 돌아오지 않고 글을 읽는 것이지만, 그것이 힘들다는 것은 우리도 모두 알고 있습니다. 그렇다면 그에 대한 자신의 대비책을 잡는 것도 '시험'을 보기 위한 본인의 능력입니다.

04 윗글의 내용과 일치하는 것은?

① ㉠에서는 처와 첩을 구분할 때 생사 여부를 기준으로 하였다.

② ㉡에서는 처인지 첩인지에 따라 그 자식들에게 노비를 차등 분급하였다.

③ ㉠과 달리 ㉡에서는 처를 첩으로 바꾸거나 첩을 처로 바꾸면 처벌을 받았다.

④ ㉡과 달리 ㉠에서는 다처일 경우 모든 처와 이혼해야 하였다.

⑤ ㉠과 ㉡ 모두에서 영락 11년 3월 11일 이후부터 은의와 동거 여부를 중혼 허용의 기준으로 삼았다.

답 ②

3문단에 제시된 것과 같이 처인지 첩인지에 따라 그 자식에게 노비를 차등 분급함을 알 수 있습니다.

오답 선지 분석

① : 2문단에 제시된 것과 같이 혼서(婚書)의 유무와 혼례식 여부로 처와 첩을 구분하는 겁니다.

③ : 2문단에 제시된 것과 같이 ㉠에서 역시 처가 있는데도 다시 처를 취한 자는 처벌 후 후처를 이혼시킵니다.

④ : 2문단에 제시된 것과 같이 ㉠에서 역시 처가 있는데도 다시 처를 취한 자는 처벌 후 모든 처가 아닌 후처를 이혼시킵니다.

⑤ : 영락 11년은 태종 13년으로 1413년입니다. ㉠은 1413년에 시행된 방침으로 처가 있는데도 다시 처를 취한 자는 처벌 후 후처를 이혼시키라고 제시되어 있습니다. 즉 ㉠은 중혼이 되지 않습니다. 또한 ㉡ 역시 처를 얻은 자는 엄히 징계하여 후처와 이혼시키라는 것을 통해 중혼이 되지 않음을 알 수 있습니다.

◇ 코멘트

내용 이해를 묻기보다는 서칭에 가까운 선지들입니다.

05 ⓐ~ⓔ에 대한 설명으로 적절하지 않은 것은?

① ⓐ의 논리에 따르면 이성손은 백 씨 사후에 백 씨를 위해 3년간 상복을 입어야 한다.

② ⓑ의 논리에 따르면 아버지의 적처라도 경우에 따라 어머니로서의 대우에 대한 판단이 달라야 한다.

③ ⓑ와 ⓒ 중 어느 쪽의 논리를 따르더라도 백 씨와 이 씨는 모두 적처로 인정된다.

④ ⓒ와 ⓓ 중 어느 쪽의 논리를 따르는지에 따라 이효손이 이 씨를 위해 상복을 입는 여부가 달라진다.

⑤ ⓓ와 ⓔ 중 어느 쪽의 논리에 따르더라도 이효손은 이 씨를 위해 상복을 입지 않아도 된다.

답 ⑤

ⓓ는 「육전등록」상 선처·후처의 법에 의거해서 이를 계모에 견주어 상복을 3년 입게 해야 한다 주장했고, ⓔ는 첩모를 위한 상복을 입는 것이 마땅하다 주장했습니다. 즉 둘 다 '상복'을 입어야 한다는 주장은 공통됩니다.

오답 선지 분석

① : ⓐ는 전 왕조 말에 여러 명의 처를 두는 것이 너무 일반적이었으므로 한시적으로 모두 적처로 인정해야 한다며 이효손은 이 씨를 위해서도 상복을 3년 입어야 한다고 주장했습니다. 이 논리는 결국 모두를 적처로 인정한 것이고, 모두가 적처이니 이성손 역시 백 씨 사후에 백씨를 위해 3년간 상복을 입어야 합니다.

② : ⓑ는 의리를 근거로 상복을 1년 입어야 한다고 주장했습니다. 즉 근거가 '의리'이므로 적처라도 의리라는 경우에 따라 어머니로서의 대우에 대한 판단이 달라야 함을 알 수 있습니다.

③ : 우선 ⓐ~ⓔ 중 처, 첩에 대한 구분을 얘기한 것은 ⓔ밖에 없습니다. 나머지는 모두 '자식과 아버지의 다른 처'라는 초점을 두고 이야기하고 있습니다. 그러니 애초에 ⓔ를 제외하면 두 여인 모두 '처'라는 사실에는 이견이 없는 것입니다.

개인적으로 매우 판단이 까다로운 선지이고 실전에서 명확한 근거를 잡기 힘든 선지였다고 생각합니다. 이런 선지의 경우 실전에서는 보류한 뒤, 명확한 선지들을 판단한다는 태도 역시 필요합니다.

구체적으로 ⓑ는 백 씨는 선처이고 이담과 평생 동거하였다는 의리를 근거로 주장을 전개합니다. 하지만 이렇게 한다고 해서 이 씨를 첩모로 대우하는 것에 이르지는 않을 것이라는 추가 정보를 제시했습니다. 즉 ⓑ의 경우 둘 모두가 처로 인정됨을 알 수 있습니다. 한편 ⓒ는 예에는 두 명의 처를 두지 않는데, 「육전등록」에서 은의와 동거 여부를 고려함으로써 문란함을 방기하게 되었음을 근거로 제시했습니다. 이 역시 처, 첩에 대한 구분을 이야기하지 않습니다. 즉 ⓒ도 둘 모두를 적처로 인정할 것입니다.

④ : ⓒ는 두 아내의 아들들은 각각 자기 어머니에 대해서만 상복을 입게 해야 함을 주장합니다. 하지만 ⓓ는 이효손이 상복을 3년 입어야 한다고 주장합니다. 즉 ⓒ를 따르면 이효손이 상복을 입지 않지만 ⓓ를 따르면 이효손은 상복을 입게 됩니다.

06 윗글을 바탕으로 <보기>에 대해 추론할 때, 적절하지 않은 것은?

| 보 기 |

1415년(태종 15) 박일룡은 자신의 어머니를 적처로 인정하고 자신을 적자로 인정해달라며 소(訴)를 제기하였다. 그의 아버지 박길동은 이조판서를 지낸 인물로, 1390년(고려 공양왕 2) 상인(商人) 노덕만의 서녀(庶女)인 노 씨를 혼례 없이 들여 박일룡을 낳았다. 이후 박길동은 1395년(태조 4) 현감 김거정의 딸인 김 씨와 혼서를 교환하고 혼례를 거친 후 그 사이에 박이룡을 낳았다. 한편 김 씨와 혼인한 상태에서 1402년 대사헌 허생의 딸인 허 씨와 혼서를 교환하고 혼례를 거친 후 그 사이에 박삼룡을 낳았다. 김 씨는 친정인 창녕에 거주하였으며, 박길동은 허 씨와 한양에서 평생 동거하였다. 박이룡과 박삼룡 모두 어려서, 집안의 큰일은 첫아들인 박일룡이 실질적으로 도맡았다. 1413년 5월 박길동이 죽었는데, 이때에 이르러 박일룡이 소를 제기한 것이었다.

<보기> 정리
노 씨 : 서녀, 혼례 없음 – 박일룡 출생 / 집안일 함
김 씨 : 현감, 혼서, 혼례 – 박이룡 출생 / 친정 거주
허 씨 : 사헌, 혼서, 혼례 – 박삼룡 출생 / 동거

답 ⑤
노 씨는 혼례를 진행하지 않았습니다. 1413년 제시된 혼서(婚書)의 유무와 혼례식 여부로 처와 첩을 구분한다는 것은 몇 가지 수정 보완 기준에서 처첩의 자식들 사이에 적통을 다투는 경우에는 신분, 혼서 및 혼례를 조사하여 판결하며, 처인지 첩인지 판단하라는 것을 통해 변하지 않고 유지되있음을 알 수 있습니다.
즉 노 씨는 첩이므로, 해당 소송은 두 명의 처를 둔 규정을 적용할 것입니다.

오답 선지 분석
① : 박길동은 1413년 5월에 사망했습니다. 그 해는 수정 보완 기준이 제시되기 전으로 당사자가 이미 죽어 바꾸거나 이혼할 수 없는 경우에는 선처(先妻)를 적처로 삼아 봉작하고 토지를 지급해야 할 것입니다. 노 씨는 첩이므로 선처인 김 씨에게 작첩과 수신전이 주어졌을 겁니다.

② : 소가 제기된 시기는 1415년입니다. 이는 수정 보완 기준이 적용된 시기입니다. 이 시기는 '영락 11년(태종 13) 3월 11일 이후부터 처가 있는데 또 처를 얻은 자는 엄히 징계하여 후처와 이혼시킬' 것을 주장합니다. 그런데 박길동은 영락 11년 = 1413년 이전에 이미 모든 관계가 결정됐으므로 살아있어도 중혼에 대해서 처벌받지 않을 것입니다.

③ : 지문 어디에도 집안 일을 주관하는 아들을 근거로 주장이 제시된 적은 없습니다. 주장에 대한 근거를 파악해야 합니다.

④ : 소가 제기된 시기는 1415년입니다. 이는 수정 보완 기준이 적용된 시기입니다. 이 기준은 제 은의(恩義)가 깊고 얕음과 동거 여부를 고려하여, 선처와는 은의가 약하고 후처와 종신토록 같이 살았다면, 후처라도 작첩(爵牒)과 수신전(守信田)을 주라고 주장합니다. 즉 은의를 고려하여 계속 같이 산 허 씨에게 작첩과 수신전이 주어졌을 겁니다. 역시 주장과 근거를 파악해야 합니다.

◇ 총평

- 다른 말 같은 뜻
- 상위 범주, 하위 범주
- 한정어
- 과정 서술

매우 좋은 지문입니다. 지문 초반 제시된 상·하위 범주에 대한 파악을 통해 유전체, 전사체, 단백질체의 개념을 자연스럽게 확보해야 합니다. 이후 그렇게 확보한 단백질체의 개념을 통해 체감 정보량을 줄이고 문맥적 의미를 파악하며 독해를 진행할 수 있었습니다. 이 과정에서 한정어에 대한 반응이 있었다면 선지 판단이 조금은 더 수월했을 겁니다.
과학 지문은 기본적으로 낯선 용어를 다루기 때문에 체감 정보량이 높아지고 '정리'에 초점이 맞춰지게 됩니다. 그렇지만 평가원·리트 급의 지문이라면 이처럼 제시된 개념을 통해 문맥적 의미를 파악하며 독해를 진행할 때 압도적으로 유리한 지문이 있다는 것을 스스로 느껴보시길 바랍니다.

현대 생명과학의 핵심적인 키워드들 중 하나는 오믹스(omics)이다.

대놓고 지문에서 핵심적인 키워드를 제시했습니다. 오믹스가 무엇인지 배경지식으로 알고 있는 학생들은 거의 없을 겁니다. 핵심 화제를 제시해줬으니, 이를 파악한다는 인식으로 독해를 시작하면 충분합니다.

단일 유전자, 단일 단백질의 기능과 구조 분석에 집중하였던 과거의 생명과학과 달리, 오믹스는 거시적인 관점에서

오믹스에 대한 구체적 정의를 제시해줍니다. 문장이 매우 깁니다. 여기서 대놓고 과거와 오믹스를 구분해주고 있습니다. 과거는 '단일(미시)'적인 것에 집중했지만, 오믹스는 '거시(전체)'적인 관점의 키워드입니다. 즉 이후 제시되는 내용들은 '거시적'인 내용에 대해 다루고 있을 것이라는 인식 정도를 하고 독해를 진행했어야 합니다.

◇ tip 대립쌍

단일 분석 / 거시적 관점

이 둘은 어휘 자체가 명확하게 대립되는 포인트입니다. 애초에 기출 분석을 통해 (미시, 거시) / (개별, 전체) / (안, 밖) / (선천, 후천) / (모든, 일부) 등 대립쌍을 이루는 어휘 자체를 익혀 그에 대한 즉각적인 반응이 이루어져야 합니다.

실제로 대립쌍에 대한 이해는 지문 이해와 문제 풀이 시 굉장히 핵심적으로 기능하는 부분입니다. 필히 민감한 반응을 갖추시길 바랍니다. 더 나아가, 평가원에선 지문의 화제가 이항대립어를 속성으로 가질 경우 이와 반대되는 속성을 가진 화제를 매우 높은 확률로 제시해 정보의 완결성을 추구하곤 합니다. 따라서 빈출되는 대립쌍을 잘 인지하고 있는 것이 중요합니다.

한 개체, 혹은 하나의 세포가 가지고 있는 유전자 전체의 집합인 '유전체'를 연구하는 유전체학, RNA 전체 즉 '전사체'에 대한 연구인 전사체학, 단백질 전체의 집합인 '단백질체'를 연구하는 단백질체학 등의 연구를 통칭한다.

유전자, RNA, 단백질 각각에 대한 개별적 탐구가 아닌, '전체'에 대한 연구가 진행된다는 내용입니다. 유전자, RNA, 단백질이 무엇인지 아예 모르는 학생은 없을 겁니다. 그렇다면 각각을 (유전자, RNA, 단백질) 보는 것이 아닌 집합'체'(전'체')에 대한 탐구가 핵심(부분과 전체의 관계)이라는 점을 파악하고 독해를 진행했어야 합니다.

◇ 코멘트

+ 앞서 대립쌍에 대한 인식이 잡혀있었다면, 지문 해설처럼 '개별이 아닌 전체를 본다.' 정도로 문맥적 의미를 파악하고 독해를 진행할 수 있습니다. 어휘 자체, 대립쌍에 대한 이해의 중요성을 알 수 있습니다.
+ 만약 앞서 대립쌍을 놓쳤다고 하더라도, 한 문장 내에서, '전체의 집합인 유전체, RNA 전체인 전사체, 단백질 전체의 집합인 단백질체'라며 '전체' + '00체'와 같이 표현을 반복해주고 있습니다. 의미 없는 반복은 존재하지 않습니다. 반복된 표현은 핵심임을 인식하고 최소한 그것을 통해 문맥적 의미는 파악하고 독해를 진행했어야 합니다.

분자생물학 이론에 따르면 DNA가 가지고 있는 유전자 정보의 일부만이 전사 과정을 통해 RNA로 옮겨진다. 그리고 RNA 중의 일부만이 번역 과정을 통해 단백질로 만들어진다.

과정이 서술되고 있습니다.
[DNA의 유전자 일부 → 전사를 통해 RNA로 → 번역을 통해 RNA의 일부 → 단백질]
이와 같이 과정이 서술되고 있다면 '최소한' 해당 과정을 '정리'하고 독해를 진행했어야 합니다.

◇ tip 한정어

'일부' OR '모든'

일부만'이 RNA로 옮겨지고 '일부만'이 단백질로 만들어집니다. 대놓고 '전부'가 아닌 '일부'라는 한정된 대상만 이동한다는 것을 제시해줬으니 필히 확보하고 독해를 진행했어야 합니다.

이런 표현들에 대해서는 지문 독해 시에 핵심에 결부된 정보든, 부가적으로 제시된 정보든 응당 민감하게 처리해야 하는 표현들입니다. 이런 표현들은 범주 파악, 내용 이해에 필수적이고, 곧잘 문제화되는 부분입니다.

cf) 20.11 장기 이식의 문제점, 레트로바이러스에 대한 이해.

'이런 세포(레트로 감염되고 살아남은)로부터 유래된 자손의 **모든** 세포가 갖게 된 것이 **내인성 레트로바이러스**이다.'

◇ tip 상위 범주 / 하위 범주

지문 독해 시 상위 범주와 하위 범주를 인식하지 않고 독해해서 상위 범주의 개념을 하위 범주가 가지고 있다는 것을 인식하지 않고 독해를 진행하는 경우가 종종 발생합니다.

DNA가 가지고 있는 유전자 정보의 일부가 RNA가 되는 것이고, RNA의 일부가 단백질이 됩니다.

즉 [단백질 ⊂ RNA ⊂ DNA가 가지고 있는 유전자 정보]이라는 상·하위 범주에 대한 파악이 진행됐어야 합니다. 이렇게 상·하위 범주에 대한 파악이 진행됐다면, 이후 유전체, 전사체, 단백질체의 상·하위 범주 역시 자연스럽게 납득할 수 있습니다.

cf) 23.06 혈액 응고 및 순환 과정과 비타민 K의 역할.

비타민 K1이든, K2이든 결국은 비타민 K의 범주라는 것을 인식하고(그러면 상위 범주에서 별 다른 언급이 안 나오면 공통섬, 둘의 차이를 제시하는 것이 차이점) 독해를 진행해야 함.

어떠한 생물 개체나 어떠한 세포와 같은 특정 생명 시스템의 유전체는 그 시스템이 수행 가능한 모든 기능에 대한 유전 정보를 총괄하여 가지고 있다.

'유전체'에 대한 얘기가 진행됩니다. 무엇에 대해 얘기하고 있는지 파악하며 독해를 진행하는 것은 핵심입니다. 유전체는 시스템이 수행 가능한 '모든' 기능에 대한 정보를 가지고 있습니다. 유전체에 대해 '모든 기능'이라는 한정어를 확보하고 독해를 진행했어야 합니다.

한 인간이라는 시스템과 그 인간의 간(肝)세포라는 또 다른 시스템의 유전체는 동일한 정보를 가지고 있지만, 인간의 간세포와 생쥐의 간세포의 유전체는 각각 서로 다른 정보를 가지고 있다.

인간 내에서는 유전체가 '동일한' 정보를 가지지만, 다른 개체와는 유전체가 상이합니다. 문장 내에서 대놓고 둘의 차이를 제시해줬으므로, 최소한 제시된 차이를 정리하고 독해를 진행했어야 합니다.

◇ 코멘트

조금 더 글을 잘 읽었다면, 당연하게 납득할 수 있습니다. '유전체'는 '모든 기능'에 대한 것을 가지고 있습니다. 그러니 어떤 부분이라도 '모든 기능'에 대해 가지고 있을 것이고 당연히 한 개체 내에서 유전체는 동일한 정보를 가질 것입니다. 그러니 다른 개체와는 할 수 있는 기능이 완전 같을 수는 없으니 '모든 기능'의 합이 다를 것이고, 당연히 유전체가 다른 정보를 가질 것입니다.
앞선 정보를 통해 이후 내용을 납득하며 독해하는 것의 중요성을 인식해야 합니다.

한편 전사체는 유전체 정보의 일부분 즉 유전체 정보들 중 현재 수행 중일 가능성이 큰 기능에 대한 정보를 가지고 있고, 단백질체는 전사체의 일부분 즉 실제로 수행 중인 기능에 대한 정보를 담고 있다.

전사체는 유전체의 정보(모든 정보) 중 수행 '가능성'이 큰 것이고, 단백질체는 전사체의 일부로 '실제 수행' 중인 정보입니다. 즉 [하고 있는 것(단백질체)⊂가능성이 높은 것(전사체)⊂모든 가능성(유전체)] 이와 같은 상위, 하위 범주 파악이 진행된 상태로 독해를 진행했어야 합니다.

◇ 코멘트

앞서 [단백질 ⊂ RNA ⊂ DNA 유전자 정보]의 상·하위 범주를 파악했다면, [하고 있는 것(단백질체)⊂가능성이 높은 것(전사체)⊂모든 가능성(유전체)]의 상·하위 범주는 자연스럽게 파악 가능한 내용입니다.

'불변, 완전, 모든'과 같이 100%를 표현하는 '단정적 표현' + 선천적

'가변적, 불완전'과 같이 100%가 아님을 표현하는 '개연적 표현' + 후천적

이런 표현들에 대해서는 지문 독해 시에 핵심에 결부된 정보든, 부가적으로 제시된 정보든 **응당 민감하게 처리해야 하는 표현**들입니다. 이런 표현들은 범주 파악, 내용 이해에 필수적이고, 곧잘 문제화되는 부분입니다.

해당 부분에서도 '가능한 모든 기능' / '가능성이 높은 기능' / '실제 수행 기능'과 같은 표현을 명확하게 잡고 독해를 진행했어야 합니다.

가장 우수한 독해는 '코멘트'에 기술한 것처럼 앞선 내용을 통해 자연스럽게 납득하는 겁니다. 하지만, 실전에서 그것이 조금 미흡했다 할지라도, 이렇게 최소한 단정·개연 포인트를 확보해야 한다는 인식을 통해 유전체, 전사체, 단백질체의 특징을 명확하게 구분했어야 합니다.

> ㉠생명체에서 생화학 반응의 촉매 작용과 같은 필수적인 '일'을 직접 수행하는 물질은 단백질체를 이루는 단백질들이다.

실제로 수행 중인 기능을 담고 있는 것이 단백질체이니, 필수적인 일을 하는 것이 단백질체이겠죠. 앞서 범주, 혹은 단정·개연적으로라도 정의를 확보했으면 자연스럽게 납득할 수 있습니다.

> 인간에게는 2만 종 이상의 단백질이 있고, 인체의 세포들은 종류에 따라 전체 단백질 중 일부를 서로 다른 조합으로 가지고 있다.

단백질의 종류가 다양하고, 그 조합 역시 다양합니다. 최소한 '단백질이 관련된 모든 것이 같지는 않다' 정도의 맥락은 파악하고 독해를 진행했어야 합니다.

◇코멘트

앞서 제시된 개념을 통해 납득하며 독해합시다. 단백질체는 '실제 수행 중인 기능'을 가지고 있습니다. 모든 세포가 같은 일을 하지 않는다는 정도는 상식입니다. 그러니 세포들이 종류에 따라 단백질을 서로 다른 조합으로 가지고 있을 겁니다. 이처럼 앞선 정보를 통해 뒷 내용을 '납득'하며 독해를 진행하는 것을 지향해야 합니다.

> 즉 피부 세포, 신경 세포, 근육 세포 등에서 공통으로 발견되는 단백질도 있고, 한 종류의 세포에서만 발견되는 단백질도 있다.

'즉'이라고 했으니 앞 내용의 재진술, 정리입니다.
결국 [공통 발견 단백질도 있고, 한 종류의 세포만 발견되는 단백질도 있다 = 인체의 세포들은 전체 단백질 중 일부를 서로 다른 조합으로 가지고 있다 = 단백질체는 실제 수행 중인 기능을 갖는다.]와 같이 다른 말 같은 뜻이 재진술되고 있는 수준입니다.

◇ tip 다른 말 같은 뜻

독서는 결국 '의미'를 파악하며 읽는 것입니다. 독해 시, 기표(記標)가 다르더라도, 같은 기의(記意)를 가지고 있으면 적극적으로 같은 의미를 판단해 주어야 합니다.

> 세포는 외부의 자극이나 내재된 프로그램에 의해 한 종류에서 다른 종류의 세포로 변화하는 과정을 겪는데, 이러한 현상을 '분화'라고 한다.

세포는 외부, 내부 원인에 의해 '변화'하는 과정을 겪습니다. 이게 분화입니다. 외부, 내부 자극이 있을 때 변화한다는 것 정도는 자연스럽게 납득하고 독해를 진행할 수 있습니다.

> 분화를 통해 다른 세포로 변하게 되면 가지고 있는 단백질의 조합도 달라진다.

다른 종류의 세포로 변하면, 세포의 역할이 달라진다는 의미입니다. 역할이 달라진다는 것은 실제 하는 일이 달라진다는 의미로 그 세포의 단백질 조합 역시 달라질 것입니다.

◇코멘트

'단백질체는 실제로 수행 중인 기능에 대한 정보를 가진다.'라는 특징을 확보하고, 이후 관련 내용이 나올 때 앞 내용을 통해 이후 내용을 '납득'하며 독해하는 태도의 중요성을 보여주고 있습니다. 실전에서 이처럼 완벽하게 읽는 것은 어려울 수 있습니다. 하지만, 기출을 통해 본인의 사고 과정을 이처럼 교정하여 결국 무의식적으로 글이 이렇게 읽히는 것을 목표해야 합니다.

> 세포의 분화는 개체 발생 과정에서 주로 관찰되지만, 정상 세포가 암세포로 바뀌는 과정도 분화 과정이라 할 수 있다.

세포의 분화가 개체 발생, 암세포에서도 등장합니다. 갑자기 암세포 얘기가 나왔습니다. 이후 암세포 내용이 나오면, 이제 화제가 전환되는 것이고, 그렇지 않다면 문제를 위해 살짝 추가한 내용일 겁니다. (다들 지문을 읽으셔서 아시겠지만, 화제가 암세포 관련된 내용으로 이동하죠. 앞 내용의 경중을 뒷 내용이 결정해주는 경우입니다.)

> 어떤 환자의 암세포와 정상 세포를 대상으로 단백질 체학 응용 연구를 수행하는 경우를 생각해 보자.

암세포와 정상 세포에 대해 '단백질체학' 연구를 진행합니다. 유전체, 전사체가 아닌 '단백질체'를 중심으로 연구가 진행된다는 화제를 파악하고 독해를 진행합시다.

> 암세포의 단백질체와 정상 세포의 단백질체를 서로 비교해 보면, 정상 세포에 비하여 암세포에서 양이 변화되어 있는 단백질을 발견할 수 있다. 과학자들은 이러한 단백질을 새로운 암 치료 표적 단백질 후보로 찾아내어 연구를 진행한다. ⓛ암세포에서 정상 세포보다 양이 늘어나 있는 단백질은 발암 단백질의 후보가 될 수 있고, 암세포에서 정상 세포보다 양이 줄어든 단백질은 암 억제 단백질의 후보가 될 수 있다.

상식적으로 납득할 수 있습니다. 정상 세포보다 암세포에서 늘어난 단백질이 발암 단백질 후보일 것이고, 암세포에서 정상 세포보다 양이 줄어든 단백질은 앞선 경우의 역으로 억제 단백질일 겁니다.

◇코멘트

상식적으로 납득하고 진행해야 하는 수준의 정보를 상식적으로 납득하며 진행하는 태도는 매우 중요합니다. 최소한의 기본적인 지식이 갖춰져 있어야 일정 수준 이상의 점수를 획득할 가능성이 높아집니다.

> 그렇다면 이렇게 찾아낸 단백질(발암, 억제 단백질 후보)이 2만 종 이상의 단백질 중 어느 것인지 알아내는 과정은 어떻게 진행될까?

발암, 억제 단백질의 후보를 찾은 뒤, 그 단백질이 정확히 어떤 종류인지 파악해야겠죠. 그를 파악하는 '과정'이 제시됩니다. 그렇다면 이후 제시되는 과정 서술을 시간을 들여서라도 정리한다는 인식이 필요합니다.

> 단백질은 20종류의 아미노산이 일렬로 연결된 형태를 가지며, 단백질 하나의 아미노산 개수는 평균 500개 정도이다.

단백질과 아미노산의 개념을 세팅해줍니다. 과정 서술 전 이렇게 구성 요소에 대한 개념을 세팅해주는 경우는 매우 일반적이고, 해당 정보를 정리하고 과정 서술을 납득해야 합니다. '단백질 = 아미노산의 연결' 정도로 아미노산이 단백질의 하위 범주라는 인식을 잡고 독해를 진행했어야 합니다.

◇코멘트

생명, 기술 지문 등에서 정보를 모델링한 뒤, 간단하게 그리면서 독해하는 것은 꽤나 큰 도움이 됩니다. 저는 여기서 단백질이 아미노산의 연결이라는 점을 대강 그림으로 그렸습니다. 그러면 이후 서로 다른 단백질이 서로 다른 아미노산을 가지고 있다는 점, 트립신을 가해 단백질을 분할했을 때 파악이 가능한 이유가 직관적으로 납득이 됩니다.

cf) 20.06 개체성에 대한 이해와 조건
진핵세포 구조를 구체적으로 설명할 때 간략하게 구조를 그려 놓으면, 이후 지문 이해 및 선지 판단에서 유리한 부분이 있음.

> 서로 다른 단백질은 서로 다른 아미노산 서열을 가지기 때문에 특정 단백질의 아미노산 서열을 알면 그 단백질이 어떤 단백질인지 알아낼 수 있다.

이렇게 아미노산이 단백질의 하위 범주라는 것을 파악하면 독해가 수월해집니다. 단백질은 아미노산의 연결이니, 서로 다른 단백질은 서로 다른 아미노산 서열을 가지고 있겠죠. 역시 앞선 정보를 통해 내용을 납득하면 자연스럽게 독해를 진행할 수 있습니다.

◇코멘트

앞 내용을 통해 뒷 내용을 자연스럽게 납득하며 체감 정보량을 줄이며 의미를 파악하는 것의 중요성은 몇 번을 말해도 부족함이 없습니다.

> 단백질의 아미노산 서열을 알기 위한 실험 방법은 여러 가지가 있는데, 그중의 하나가 펩타이드의 분자량 분석이다.

명확하게 '목적'을 제시해 줍니다. '아미노산 서열 파악'이라는 '목적'을 수행하기 위해 분자량 분석이 수행될 것이라는 인식을 가지고 독해를 진행합시다.

> 미지의 단백질에 트립신을 가하여 평균 10개 정도의 아미노산으로 이루어진 조각인 펩타이드로 자른 후 분자량을 측정한다.

과정이 서술됩니다.
[단백질에 트립신 → 펩타이드로 변환 → 분자량 측정] 저라면 얼마 길지 않은 내용이니 필기를 하고 독해를 진행하는 것이 우월 전략이라 생각합니다.

◇ tip 과정 서술

과정을 통으로 한 번에 정리하려고 하기는 현실적으로 버거운 부분입니다. 앞으로는 이런 과정 서술이 나오면 밀도가 높음을 인지하고, 의도적으로 속도를 낮춰 과정을 끊어 읽으며 각 단계에 대한 정보를 정확하게 정리해야 합니다.

> 트립신은 특정 아미노산을 인지하여 자르므로 어떤 아미노산과 아미노산 사이가 잘릴 것인지 예측할 수 있다.

당연한 말입니다. 특정 아미노산을 자르면 예측이 가능하겠죠. 그러면 서로 다른 단백질은 서로 다른 아미노산 서열을 가지니, 서열 파악을 통해 단백질 파악이 가능할 겁니다.

> 실제로 단백질체를 분석한 데이터는 펩타이드의 분자량 값과 펩타이드들 간의 상대적인 양을 숫자로 표현한 값으로 나타난다. 모든 인간 단백질의 아미노산 서열, 아미노산의 분자량이 이미 알려져 있으므로, 암세포 단백질체와 정상 세포 단백질체에 트립신을 가하여 얻은 ©펩타이드의 분자량 분석을 통해 치료용 표적 후보 단백질을 알아낼 수 있다.

서열과 분자량은 '이미 알려져' 있습니다. 그러니 트립신을 가해 나온 결괏값을 기존 자료와 비교만 해주면, 단백질 종류를 파악할 수 있을 겁니다. 과정 자체는 초반에 제시된 것을 정리해두면, 이후 구체적 내용을 통해 자연스럽게 납득 가능한 수준이었습니다.

07 윗글의 내용과 일치하는 것은?

① 신경 세포의 모든 RNA는 단백질로 번역된다.
② 인간 간세포의 유전체 정보는 인간 간세포의 단백질체 정보의 일부이다.
③ 인간 간세포의 단백질체 정보는 생쥐 간세포의 단백질체 정보와 동일하다.
④ 암세포는 피부나 근육의 세포와 달리 정상 세포에서 분화한 것이 아니다.
⑤ 암세포의 단백질체 정보는 정상 세포의 단백질체 정보와 동일하지 않다.

답 ⑤

3문단에 제시된 것처럼 분화를 통해 다른 세포로 변하게 되면 가지고 있는 단백질의 조합도 달라집니다. 그리고 정상 세포가 암세포로 바뀌는 과정도 분화 과정이라 할 수 있습니다.
즉 암세포는 정상 세포와 단백질의 조합이 달라진 것으로, 이들이 단백질체의 정보는 동일하지 않을 것입니다.

오답 선지 분석

① : 2문단에 제시된 것처럼 RNA 중의 일부만이 번역 과정을 통해 단백질로 만들어집니다. 즉 신경 세포의 모든 RNA가 아닌, 일부만이 단백질로 번역됩니다.

② : 2문단에 제시된 것처럼 유전체는 그 시스템이 수행 가능한 모든 기능에 대한 유전 정보를 총괄하여 가지고 있고, 단백질체는 전사체의 일부분 즉 실제로 수행 중인 기능에 대한 정보를 담고 있습니다. 상·하위 범주를 따졌을 때 유전체가 단백질체의 상위 범주입니다. 즉 인간 간세포의 유전체 정보가 간세포의 단백질체 정보의 일부가 아닌, 간세포의 정보가 유전체 정보의 일부인 겁니다.

③ : 2문단에 제시된 것처럼 인간의 간(肝)세포라는 또 다른 시스템의 유전체는 동일한 정보를 가지고 있지만, 인간의 간세포와 생쥐의 간세포의 유전체는 각각 서로 다른 정보를 가지고 있습니다.

④ : 3문단에 제시된 것처럼 정상 세포가 암세포로 바뀌는 과정도 분화 과정입니다. 즉 암세포가 정상 세포에서 분화한 것이 아니라 단정할 수 없습니다.

◇코멘트

상·하위 범주를 통해 단백질체의 개념을 파악했어야 합니다.

08 윗글에서 추론한 내용으로 적절하지 <u>않은</u> 것은?

① 세포의 분화 과정 동안 세포의 유전체 정보는 변화하지
 않는다.
② 어떤 단백질에 트립신을 첨가한 후에 생성되는 펩타이
 드들의 아미노산 서열은 동일하다.
③ 인간의 신경 세포와 근육 세포의 기능이 서로 다른 이유
 는 단백질체 정보가 서로 다르기 때문이다.
④ 어떤 단백질의 아미노산 서열을 알면 트립신 처리 후 그
 단백질에서 생성될 펩타이드들의 분자량을 예측할 수
 있다.
⑤ 어떤 단백질에서 유래한 특정 펩타이드의 양이 정상 세
 포에서 보다 암세포에서 더 많다면 그 단백질은 발암 단
 백질의 후보이다.

답 ②

5문단에 제시된 것처럼 단백질은 20종류의 아미노산이 일렬
로 연결된 형태를 가지며, 단백질 하나의 아미노산 개수는 평균
500개 정도입니다. 그리고 6문단에 제시된 것처럼 미지의 단백
질에 트립신을 가하여 평균 10개 정도의 아미노산으로 이루어
진 조각인 펩타이드로 자른 후 분자량을 측정합니다.
즉 단백질은 20종류의 아미노산이 일렬로 연결된 것이고, 단백
질 하나의 아미노산 평균 개수가 500개이니, 어떤 단백질에 트
립신을 첨가한 후에 생성되는 펩타이드(10개 정도의 아미노산
으로 이루어진 조각)들의 아미노산 서열은 모두 동일하다 단정
할 수 없습니다.

오답 선지 분석

① : 3문단에 제시된 것처럼 세포는 외부의 자극이나 내재된 프
로그램에 의해 한 종류에서 다른 종류의 세포로 변화하는 과정
입니다. 그런데 다른 종류의 세포로 변화한다 해도, 해당 개체
내에서의 변화입니다. 2문단에 제시된 것처럼 특정 생명 시스
템의 유전체는 그 시스템이 수행 가능한 모든 기능에 대한 유전
정보를 총괄하여 가지고 있습니다. 그러니 세포의 분화 과정에
서도 단백질체가 변할 수는 있어도 유전체 정보는 변화하지 않
습니다.

③ : 2문단에 제시된 것처럼 단백질체는 전사체의 일부분 즉 실
제로 수행 중인 기능에 대한 정보를 담고 있습니다. 한편 신경
세포와 근육 세포는 서로 다른 기능을 가지고 있습니다. 이는
실제로 수행 중인 기능이 다르다는, 단백질체가 다르다는 결론
을 도출할 수 있습니다.

④ : 6문단에 제시된 것처럼 트립신은 특정 아미노산을 인지하
여 자르므로 어떤 아미노산과 아미노산 사이가 잘릴 것인지 예
측할 수 있습니다. 그리고 모든 인간 단백질의 아미노산 서열,
아미노산의 분자량이 이미 알려져 있습니다. 그러니 트립신을
가하여 평균 10개 정도의 아미노산으로 이루어진 조각인 펩타

이드로 자른다면 해당 분자량을 예측할 수 있습니다.

⑤ : 4문단에 제시된 것처럼 암세포에서 정상 세포보다 양이 늘
어나 있는 단백질은 발암 단백질의 후보가 될 수 있습니다. 한
편 6문단에 제시된 것처럼 특정 단백질에 대해 평균 10개 정도
의 아미노산으로 이루어진 조각이 펩타이드입니다. 이를 통해
지문 마지막에 제시된 것처럼 펩타이드의 분자량 분석을 통해
치료용 표적 후보 단백질을 알아낼 수 있으므로, 특정 펩타이드
가 정상 세포보다 암세포에서 더 많다면 그 단백질은 발암 단백
질의 후보라 할 수 있습니다.

◇ 코멘트

+ 정보를 모델링해 간단한 메모 정도를 해두었다면 답을 고
르기가 조금은 더 수월했을 겁니다.
+ '추론'이라도 지문에 없는 내용을 추론시키는 것이 아닙니
다. 지문 독해 시 파악할 수 있는 '문맥적 의미'를 요구하는
문항이 추론 문항으로 주로 출제됩니다.

09 ㉠~㉢에 대한 <보기>의 설명 중 적절한 것만을 있
는 대로 고른 것은?

보 기

ㄱ. 최초의 생명체가 DNA나 단백질은 가지고 있지 않고
 RNA만 가지고 있었다면, ㉠의 설득력은 약화된다.
ㄴ. 양이 많아지면 덩어리를 이루어 오히려 기능이 비활성화
 되는 단백질이 있다면, ㉡의 설득력은 약화된다.
ㄷ. 트립신을 첨가한 서로 다른 단백질에서 같은 분자량을 지
 닌 펩타이드가 생성된다면, ㉢의 설득력은 강화된다.

① ㄱ   ② ㄷ   ③ ㄱ, ㄴ
④ ㄴ, ㄷ   ⑤ ㄱ, ㄴ, ㄷ

답 ③

ㄱ. 최초의 생명체가 DNA나 단백질은 가지고 있지 않고
 RNA만 가지고 있었다면, ㉠의 설득력은 약화된다.
㉠ : 생명체에서 생화학 반응의 촉매 작용과 같은 필수적인 '일'
을 직접 수행하는 물질은 단백질체를 이루는 단백질들이다.

필수적인 '일'을 하는 것이 단백질체입니다. 그런데 최초의 생명
체가 DNA나 단백질을 가지고 있지 않다면, 필수적인 일을 직접
수행하는 단백질체가 없이 생존했다는 결론이 도출되므로, 단
백질체가 필수적인 일을 수행한다는 ㉠의 주장을 약화합니다.

ㄴ. 양이 많아지면 덩어리를 이루어 오히려 기능이 비활성화
　　되는 단백질이 있다면, ⓛ의 설득력은 약화된다.

ⓛ : 암세포에서 정상 세포보다 양이 늘어나 있는 단백질은 발
암 단백질의 후보가 될 수 있고, 암세포에서 정상 세포보다 양
이 줄어든 단백질은 암 억제 단백질의 후보가 될 수 있다.

암세포에서 정상 세포보다 양이 더 늘어나 있는 것이 발암 단백
질 후보라는 주장입니다. 양이 더 많으면 암세포의 원인일 것이
라는 추측은 양이 많으면 암에 더 직접적인 영향을 줄 것이라
는 내용을 함축합니다. 그런데 오히려 양이 많아졌는데 기능이
비활성화된다면, 이는 양이 많으면 암에 더 직접적인 영향을 줄
것이라는 ⓛ의 주장을 약화합니다.

오답 선지 분석

ㄷ. 트립신을 첨가한 서로 다른 단백질에서 같은 분자량을 지
　　닌 펩타이드가 생성된다면, ⓒ의 설득력은 강화된다.

ⓒ : 펩타이드의 분자량 분석을 통해 치료용 표적 후보 단백질
을 알아낼 수 있다.

펩타이드 분자량 분석은 미지의 단백질에 트립신을 가하여 평
균 10개 정도의 아미노산으로 이루어진 조각인 펩타이드로 자
른 후 분자량을 측정합니다. 그런데 여기서 같은 분자량을 지닌
펩타이드가 생성되면 이에 대한 구분이 어려워지므로, 펩타이
드의 분자량 분석을 통해 치료용 표적 후보 단백질을 알아낼 수
있다는 ⓒ의 주장은 약화됩니다.

◇ 코멘트

강화-약화는 주장-근거를 파악하는 내용입니다. 단순히 주
장만을 바라보는 것이 아닌 '근거'를 약화하는지 강화하는지
를 고려해야 합니다.

2020 언어이해 [10~12] 「탁류」에서 드러난 시선 파악

◇ 총평

- 다른 말 같은 뜻
- 구체적 예시, 그리고 연결
- 돌아올 줄 아는 것도 실력이다.

먼저 말씀드리자면, 해당 지문은 매우 평이한 수준으로 수능
에 출제되어도 중하 정도의 난도일 거라 생각합니다. 해당
지문은 다 맞추는 것을 넘어 본인이 지문의 핵심을 파악하고
(다른 말 같은 뜻을 파악하고) 그에 맞춰 이후 소설 내용이라
는 하나의 예시를 제시한 핵심과 연결 지으며 내용의 문맥적
의미를 파악하며 독해를 진행했는지 점검하시길 바랍니다.
지문이 평이하고, 핵심 파악 후 다른 말 같은 뜻으로 진행된
다는 것에서 알 수 있듯이 지문 해설 역시 결국 다른 말 같은
뜻이 반복될 겁니다. 유사한 내용이 제시된다고 지겨워하기
보단, 스스로 이와 같이 읽었는지 다시금 되돌아보시면 좋겠
습니다.
추가적으로 행동적인 부분으로 인물이 많이 등장할 때, 정보
가 나열할 때와 같이 '돌아올 부분에 대한 이해'가 본인에게
견지되었는지, 실제로 지문 독해 시 본인이 이런 부분은 돌
아와서 판단해야 한다는 인식이 정확하게 진행되었는지를
점검하시길 바랍니다.

　채만식의 소설 「탁류」는 1935년에서 1937년에 이르
는 2년간의 이야기로, 궁핍화가 극에 달해 연명에 관심
을 가질 수밖에 없었던 조선인의 현실을 중요한 문제로
삼은 작품이다.

소설 「탁류」에 대한 간략한 정보를 던지며 지문을 시작하고 있
습니다. '근대 조선인들'의 현실을 다룬 작품이라는 정도는 파
악하고 독해를 시작합시다.

◇ 코멘트

1935~1937년이 식민지 시기라는 건 상식입니다. 수능 공
부를 하시는 분들은 당연히 아셔야 하는 내용이겠지만, 이
근대 시기는 식민 시기의 고통(내적 고뇌), 자본주의 유입으
로 인한 사회 문제 등을 주로 다룹니다. 비문학과 관련된 얘
기는 아니지만, 이런 문학적 지식은 수능 문학(특히 현대소
설)을 풀 때 매우 중요한 내용이므로 알고 있어야 합니다.

　그런데 채만식이 「탁류」에서 현실을 대하는 태도에
는 식민지 근대화 과정에 대한 작가의 민감한 시선이 들
어 있었다.

「탁류」에는 작가의 '시선'이 들어 있습니다. 계속 「탁류」에 대해 얘기하며, 작가의 시선을 언급하고 있으니, 작품 속 작가의 시선이 중요하다는 인식 정도는 할 수 있습니다.

> 그는 전 지구적 자본주의 시스템과 토착적 시스템의 갈등에 의해서 만들어진, 게다가 식민지적 상황 때문에 더욱더 굴곡진 수많은 우여곡절에 주목하였다.

작가가 주목하는 포인트가 제시됩니다. '자본주의로 인한 갈등'이 작가가 주목하는 포인트라는 점을 파악하고 독해를 진행하면 충분합니다.

◇ 코멘트

앞선 코멘트에서도 말했지만, 이 정도 수준의 문학적 배경지식은 해당 내용은 수험생이라면 상식적으로 알고 있어야 한다고 생각합니다. 모른다면 화를 내기보단, 알아가면 좋을 것 같습니다.

> 채만식의 민감한 시선은 「탁류」에서 집중적으로 그려진 '초봉'의 몰락 과정에서도 구체적으로 드러난다. 그것은 인간과 사물을 환금의 가능성으로만 파악하는 자본주의의 기제가 인간의 순수한 영혼을 잠식해 들어가고, 그러면서 그 이윤 추구의 원리를 확대 재생산하는 과정을 보여 준다.

계속 일관되게 작가가 주목하는 포인트를 설명하고 있습니다. 그런데 초점이 조금 더 구체화됐습니다. '초봉의 몰락 과정'이라는 작품 내 상황에서 작가의 시선인 '자본주의로 인한 문제'를 언급하고 있습니다. 이렇게 내용을 반복 & 구체화해주고 있으니 지문의 핵심이 '자본주의 문제 파악 – 초봉의 몰락 과정을 통해' 정도라는 인식을 가지고 본격적인 독해를 시작해야 합니다.

◇ tip 다른 말 같은 뜻

독서는 결국 '의미'를 파악하며 읽는 것입니다. 독해 시, 기표(記標)가 다르더라도, 같은 기의(記意)를 가지고 있으면 적극적으로 같은 의미를 판단해 주어야 합니다.

지문 초반 탁류에 대해 개괄적 설명으로 한 뒤, '작가의 시선'에 대해 얘기하고, 작가의 시선을 제시하고, 초봉의 몰락 과정을 통해 볼 수 있다는 식으로 구체화가 진행됐을 뿐, 결국 표현이 좀 다른 작품에 드러난 작가의 의식(자본주의 문제) 파악하자는 말을 반복하고 있는 겁니다.

해당 부분에서 다른 말 같은 뜻을 파악해 핵심을 명확하게 잡은 사람에게 이후의 내용은 그냥 초봉의 몰락 과정을 통해 자본주의 속 문제를 보여 준다는 한 줄로 압축됩니다.

cf) 23.09 (가) 아도르노의 미학 (나) 그에 대한 비판

> 소설의 앞부분에서 초봉은

앞에서 지금까지 계속 반복적으로 제시한 내용이 '초봉의 몰락을 통한 작가의 시선(자본주의 문제) 파악'입니다. 그렇게 반복적으로 강조해준 뒤, '소설 앞부분에서 초봉은~'이라고 제시되었으면 당연히 '초봉의 몰락 과정'이 제시될 것임을 생각하고 독해를 진행했어야 합니다.

> 경제적 어려움에 시달리는 가족을 위해서라면 자기희생을 마다하지 않는 순수한 영혼의 소유자로 등장한다.

초봉은 경제적으로 어렵지만 착합니다. 그런데 우리의 핵심은 '초봉의 몰락 과정'입니다. 이렇게 순수한 영혼의 소유자가 어떻게 몰락할까요. 그걸 파악해야 합니다.

◇ 코멘트

당연히 '자본주의적' 요소로 인해 타락할 것입니다. 지문 초반 '자본주의'의 문제를 다룬다고 했으니까요. 지문 초반 제시된 정보를 파악했다면 지문 납득이 수월해집니다.

태수는 그런 초봉에게 끊임없이 베풀면서 초봉을 그녀의 ㉠고유한 영토로부터 끌어낸다. 그런 베풂을 순수 증여라고 해도 될까. 아니, 꽤나 검은 의도를 숨기고 행한 증여이니 그것은 사악한 증여라고 해야 할 터이다. 하여간 태수는 끊임없이 증여하고 선물하면서 초봉의 고유한 모럴, 그러니까 노동을 통해 조금씩 무언가를 축적해 가는 삶의 방식을 회의에 빠뜨린다. 그리고 그 증여 행위를 집요하게 반복함으로써 초봉의 호의적인 시선을 얻어낸다.

태수라는 인물이 등장해 초봉의 순수한 삶을 회의에 빠트립니다. 돈을 주는 사악한 증여로 초봉을 타락시키고 있습니다. 결국 '자본주의의 문제점'을 '초봉의 몰락'을 통해 보여 주고 있는 상황입니다.

하지만 그 순간이란 ㉡하나의 변곡점과도 같은 것이었다. 그때부터 그는 초봉에게 증여한 것의 대가로 무언가를 요구함으로써 초봉을 타락한 교환가치의 세계 속으로 끌어들인다.

결과적으로 초봉은 '교환가치의 세계' 속으로 끌어들여집니다. 생각해 봅시다. 교환가치의 세계는 결국 무엇일까요? 지문에서 계속 강조하는 '자본주의'의 세계로 초봉이 끌려 들어가고 있다는 맥락을 파악해야 합니다.

◇코멘트

계속 다른 말 같은 뜻입니다.

초봉이 교환의 정치경제학에 익숙해질 무렵, **제호가** 초봉에게 접근한다.

제호라는 또 다른 인물이 등장합니다. 우리는 '초봉의 몰락'을 핵심으로 봐야 합니다. 아마도 계속 몰락할 것이라는 정도는 생각할 수 있습니다.

◇코멘트

사실 그렇게 생각하며 글을 읽는 것이 적절합니다. 지문 시작에서 명확하게 글의 방향성을 결정해줬으니까요. 초반의 정보를 활용해 글을 읽는 것은 생각보다 중요합니다.
cf) 20.06 개체성
개체성에 대해 말하고 있는 지문으로, 글의 화제가 '개체성'이라는 점을 인식하고 그에 맞춰 정보를 판단할 때 단순 정리가 아닌 '개체성'이라는 화제에 집중하고, 개체와 개체가 아닌 것의 의미를 파악하는 것에 집중하며 정보를 정리하고 이해해야 함.

제호는 객관적인 지표를 가지고 초봉의 육체를 돈으로 측량하고 그와의 거래를 제안한다. 초봉 또한 제호가 자신의 상품성을 그만치 높게 봐 주자 이 거래를 흔쾌하게 받아들인다. 비록 그 교환이 서로 간의 의지가 관철된 것이었어도 이 거래 이후로 초봉은 상품으로 전락하게 된다.

초봉이 명확하게 상품화됩니다. 계속 말하고 있는 초봉의 몰락을 통해 자본주의의 문제점을 드러내는 작가의 시선을 파악할 수 있습니다.

그리고 그런 초봉에게 형보가 나타나 초봉과 송희 모녀의 호강을 구실로 가학성을 노골적으로 드러내면서 잉여의 성적 착취를 반복한다. 형보는 이 타락한 사회에 동화된 초봉이 어떠한 고통을 겪게 될지라도 이 세계 바깥으로 나갈 용기를 낼 수 없을 것이라고 확신하고 있었기에 초봉의 거부감을 아랑곳하지 않았다.

이후 형보가 등장해 초봉을 자본을 인질로 가학적으로 대합니다. 이 역시 모녀의 호강을 구실 = 자본을 구실로 = 자본주의의 논리로, 초봉을 가학적으로 대하고 있는 것이죠.
결국 계속 일관되게 초봉의 몰락을 통한 작가의 자본주의에 대한 비판적 인식을 파악할 수 있습니다.

◇코멘트

지문 초반 핵심을 확보하고 글을 읽었다면, 이후 내용이 간략하게 파악된다는 것을 스스로 느끼셔야 합니다.

인간의 뇌는 한계가 있기 때문에 절대적인 정보량이 적더라도 다양한 인물과 개념어가 나오면 그 나름대로 독해 시 부담감이 있을 수밖에 없습니다. 이렇게 다양한 인물이 등장한 지문이라면 지문 내용을 완벽하게 구조화해서 독해하는 것은 한계가 있고, 필연적으로 다시 지문으로 돌아오는 과정이 수반됩니다.

이때 돌아왔을 때 빠르게 정보를 찾기 위해 독해 시 인물 / 개념어에 잘 보이게 인물이름 표시하든, △ ○ ☆로 표시하든 자신이 편한 방법으로 표시하시면서 독해를 하시는 것을 권장합니다. 독해 시 밑줄을 남발하거나 기호를 남발하여 독해보다 기호가 주가 되는 상황은 발생하면 안 되지만, 기호의 단순 남발이 아닌 본인이 틀에 맞는 기호 사용은 문제 풀이의 효율성을 올려준다고 생각합니다.

물론 이상적으로는 글을 100% 완벽하게 독해해서 지문으로 돌아오지 않고 글을 읽는 것이지만, 그것이 힘들다는 것은 우리도 모두 알고 있고 그렇다면 그에 대한 자신의 대비책을 잡는 것도 '시험'을 보기 위한 본인의 능력입니다.

해당 내용도 어렵지는 않고, 사실상 같은 얘기의 반복입니다. 그렇지만 인물이 꽤나 다양하게 등장하고 있습니다. 저는 3명 이상의 인물이나 개념어가 등장하면 표시를 하고 진행합니다. 이렇게 표시하며 진행했다면 <보기> 문항을 풀기가 조금은 더 수월했을 것이라 생각합니다.

'초봉의 몰락'은 이렇듯 초봉이 교환의 정치경제학을 자기화함으로써 ㉢영혼이 없는 자동인형으로 전락하는 것으로 귀결되었다.

초봉의 몰락은 영혼이 없는 자동인형으로 귀결되었습니다. 결국 이것은 앞서 지겹도록 말한, 자본주의의 문제로 인한 초봉의 몰락을 의미하고 있는 겁니다.

그리고 그 과정에서 초봉은 아버지 정주사가 미두*로 일확천금을 꿈꾸듯 자신의 인격을 버리고 스스로를 상품으로 만들어 나갔다. 자신에 대한 착취에 강렬한 거부감을 가지기도 하였지만 결국에는 모든 것을 상품화하는, 특히 여성의 몸을 상품화하는 자본주의 기제의 ㉣노회함과 집요함 앞에 굴복하고 말았다.

초봉은 착취에 거부감을 가지지만 결국 자본주의의 문제로 인해 몰락합니다. 계~속 같은 내용만을 말하고 있습니다.

해당 지문에 직접적으로 문제화되지는 않았지만, '초봉은 거부감을 가지기도 하였지만~'과 같이 자본주의 자체에 거부감이 없던 것은 아닙니다. 이와 같이 문장 내에서 '~만' 식으로 서술된 부분은 수능이라면 내용 일치 수준으로 다루어질 수 있는 부분이기에, 보조사와 같은 한정어에 대한 민감함 역시 가져갈 수 있도록 합시다.

지금까지 지문은 1문단에서 지문의 핵심을 제시한 뒤, 실제 소설 내용은 하나의 예시로 핵심을 설명하기 위해 사용되고 있습니다. 이렇게 핵심이 제시되고, 이후 예시가 제시된다면 우리는 그것을 연결하며 독해를 진행해야 합니다.

항상 강조하지만 구체적인 예시를 제시해줬으면 그렇게 제시된 이유가 있습니다. 따라서 그 특성상 이유는 이해와 문제에 관련된 부분이 많습니다.

cf) 23.06 이중차분법

그렇다면 「탁류」에는 추악한 세상의 탁류에서 벗어날 가능성이 전혀 없는 것일까? 채만식은 「탁류」에서 그 특유의 냉정한 태도로 한편으로는 부정적인 삶의 양태들을 냉소하고 풍자하는가 하면, 다른 한편으로는 보다 의미 있는 삶의 형식 혹은 보다 나은 미래를 가능케 할 잠재적 가능성이나 가치들을 끈질기게 탐색해 내었다.

그런데 「탁류」가 마냥 부정적이기만 한 것은 아닌가 봅니다. 그러면 잠재적 가치들이 드러나는 양상 정도를 파악한다는 인식이면 충분합니다.

"위험이 있는 곳에 구원의 힘도 함께 자란다."라는 ㉤횔덜린의 말을 좀 뒤집어 말하자면, 「탁류」가 세상을 위험이 가득한 곳으로 묘사할 수 있었던 것은 아마도 그 위험 속에 같이 자라는 구원의 힘을 어느 정도 감지했기 때문이리라.

문맥을 통해 의미를 파악해야 합니다. 앞서 「탁류」가 마냥 부정적인 것은 아님을 밝혔고, 위험 속에 자라는 구원의 힘이 있다는 것은 결국 마냥 부정적인 것은 아니라는 의미일 겁니다. 계속 글자가 다르더라도, 같은 의미를 가지고 있다면 우리는 문맥을 통해 그 의미를 적극적으로 연결하며 독해를 진행해야 합니다.

그 구원의 가능성은 소설의 결말 부분에서 초봉이 형보를 죽였다는 점으로만 한정되지는 않는다. 「탁류」에는 개념의 위계를 갖춰 계기가 제시되는 것은 아니나 타락한 교환의 질서 바깥으로 나갈 수 있는 여러 계기들이 곳곳에 흩어져 있다.

가능성은 단순히 초봉이 형보를 죽인 것에 그치지 않습니다. 곳곳에 흩어져 있다니, 그 정보들이 제시되면 체크해준다는 인식 정도는 충분히 실전에서도 가져갈 수 있는 태도입니다.

딸 송희를 낳으면서 초봉이 어머니 마음을 갖게 되는 것도, 자유주의자이자 냉소주의자인 계봉이 일하는 만큼의 대가를 얻어야 한다는 철칙을 지니고 살아가는 것도, 승재가 남에게 그저 베풀려고 하는 것도 모두 그에 해당하는 것들이다.

진짜 여러 계기들을 '나열'해주고 있습니다. 항상 강조하지만, 나열된 모든 정보를 외우며 독해할 수 없습니다. 인물도 3명 이상이 등장하니, 저라면 각 인물들을 체크하고 돌아와서 판단한다 인식하고 독해를 진행했을 겁니다.

◇ tip 돌아올 줄 아는 것도 실력이다.

실전에서 우리가 지문에 있는 모든 내용을 암기하고 내려갈 수 있을까요? 실전이 아니라도 이렇게 정보가 나열된 경우에 각각의 개념들을 모두 '외워서' 독해를 진행한다는 것은 몇몇 타고난 천재들 외에는 불가능한 경지입니다.

단순 나열 정보 역시 반드시 문제화되고, 내용 이해를 고려할 때도 절대 간과하며 넘어갈 부분이 아니지만, 이렇게 나열된 개념어들에 대해서는 문제에서 물어볼 때 다시 돌아온다는 인식을 가지고, 자신이 알아보기 편하게 간단한 표시 정도를 해놓고 독해를 계속 진행하는 것을 추천드립니다.

cf) 19.06 서양 의학, 그에 대한 이익과 최한기의 인체관

이것들 중에서도(구원의 가능성으로 제시된 것들 중에서도) 초봉과 승재의 삶에서 드러나는 증여의 삶은 「탁류」가 타락한 세계를 넘어설 수 있는 길로 제시하는 것이며, 이를 우리는 '증여의 윤리'라고 부를 수 있을 터이다.

구원의 가능성으로 제시된 것들 중에서 초봉과 승재의 삶을 콕 찝어서 '증여의 윤리'라고 강조해주고 있습니다. 지문 마지막에 굳이 이렇게 추가로 정보를 찝어줬으니 중요하다는 인식 정도로 독해를 마무리할 수 있습니다.

◇ tip 당겨읽기

구원의 가능성으로 제시된 것들 중에서 '초봉'과 '승재'의 삶에서 증여의 삶이 드러납니다. 저 둘이 증여의 윤리가 적용되는 삶이라는 점을 파악해야 <보기> 문항에서 오판을 하지 않을 수 있습니다.

항상 지시어에 해당하는 내용을 정확하게 파악해야 문장 자체를 정확하게 이해할 수 있다는 인식을 갖추고 독해를 진행해야 합니다.

cf) 17.09 사단과 법인격, 그에 대한 법인격 부인론 2번째 문항.

⇒ '~ 일인 주식회사에서는 일인 주주가 회사의 대표 이사가 되는 사례가 많다. 이처럼(일인 주주가 회사의 대표 이사가 됨) 일인 주주가 회사를 대표하는 기관이 되면 경영의 주체가 개인인지 회사인지 모호해진다.' = '대표 이사는 주식회사를 대표하는 기관이다.'

[10~12] 문제 해설

10 윗글에 대한 설명으로 가장 적절한 것은?

① 시대의 특수성을 고려하여 삶의 양태에 대한 소설가의 비판적 인식을 추적한다.
② 인물의 내면 심리에 대한 세밀한 분석을 통해 소설가의 내면 심리를 천착한다.
③ 궁핍으로 인한 연명의 문제보다 윤리의 문제를 중시한 소설가의 인식을 비판한다.
④ 인간의 존재론적 모순에 대한 소설가의 염세적 시선에 주목하여 삶의 의미를 반추한다.
⑤ 현실을 대하는 소설가의 이중적 태도를 인물들이 표방하는 이념의 분석을 통해 통찰한다.

답 ①

1문단에서 「탁류」에서 현실을 대하는 태도에는 식민지 근대화 과정에 대한 작가의 민감한 시선이 들어 있음을 제시합니다. 그리고 '초봉'의 몰락 과정을 통해 이를 구체적으로 그려냅니다. 즉 시대의 특수성(식민지 시기)을 고려하여 삶의 양태(자본주의의 문제로 인한)에 대한 소설가의 비판적 인식을 추적한다는 것이 해당 지문에 대한 가장 적절한 설명이라 볼 수 있습니다.

오답 선지 분석

② : 제시된 내용에 근거하면 탁류는 인물의 삶에 대한 양상을

그려내지, 인물 내면 심리에 대한 세밀한 분석을 진행한다고 보기는 어렵습니다. 만약 인물 내면 심리에서 정확한 판단이 어려웠다 할지라도 소설가의 내면 심리를 천착한다고 보기는 어렵습니다. 참고로 천착은 어떤 원인이나 내용 따위를 파고 들어 연구한다는 뜻입니다.

③ : 제시된 내용에 따르면 탁류는 궁핍과 연명, 윤리의 문제 두 가지를 모두 다루고 있습니다. 궁핍한 상황 속에서 윤리 의식에 대해 다루는 것이지 둘 중에 경중이 있다 보기는 어렵습니다. 여기서 어려움을 느꼈다고 해도, 소설가의 인식을 비판하고 있지는 않습니다.

④ : 인간의 존재론적 모순에 대해 다루지 않습니다. 그리고 소설가의 염세적 시선을 다룬다고 보기 어렵습니다. 지문 마지막에 제시된 것처럼 작가는 작품에서 구원의 가능성을 내포하였습니다.

⑤ : 작가가 냉혹한 현실을 다루지만, 그 속에서 희망을 얘기하고 있으니 이중적 태도가 보인다고 할 수는 있습니다. 그러나 인물들의 표방하는 이념을 분석하여 이를 통찰한다고 보기는 어렵습니다. 인물들의 삶의 양상을 통해 분석하는 것입니다.

◇코멘트

'답'은 쉽게 골랐어야 합니다. 그리고 오답 선지 분석들 역시 판단이 애매한 '부분'은 있을 수 있지만, 선지 전체의 판단은 명확하게 떨어집니다. 객관식 시험에서 이처럼 '확실한 답'을 고르는 능력이 중요함을 인식해야 합니다.

11 '초봉'의 몰락 과정 과 관련하여 ㉠~㉤을 이해할 때, 적절하지 않은 것은?

① ㉠은 자본주의 기제로부터 영향을 받기 이전에 가족에 대한 증여자로서 '초봉'이 지녔던 순수한 영혼을 환기한다.
② ㉡은 '초봉'이 노동에 의해 빈곤에서 벗어날 수 있다는 믿음을 되찾으면서 교환의 정치경제학이라는 틀 속에 빠져들기 시작한다는 점을 알려준다.
③ ㉢은 '초봉'이 물신주의적 가치관을 수용하게 됨으로써 인간과 사물을 환금의 가능성으로만 파악하게 되었음을 나타낸다.
④ ㉣은 '초봉'의 몰락 과정이 순진성의 세계를 끈덕지고도 교활하게 파괴하는 식민지 근대화 과정과 상통함을 보여 준다.
⑤ ㉤은 구원의 힘이 역설적 방식으로 존재함을 강조하는 것으로, 왜곡된 자본주의 논리를 벗어날 힘이 '초봉'의 몰락 과정에서 생성되어 가기도 함을 시사해 준다.

답 ②

㉡(하나의 변곡점)은 초봉에게 증여 행위를 집요하게 반복하여 초봉을 타락한 교환가치의 세계 속으로 끌어들인 것에 대한 변곡점입니다. 이 시기는 '노동을 통해 조금씩 무언가를 축적해 가는 삶의 방식을 회의에 빠트린' 상황으로, 초봉이 노동에 의해 빈곤에서 벗어날 수 있다는 믿음을 되찾은 부분이 아닙니다. 그런 삶을 살던 초봉이 타락한 교환가치의 세계 속으로 들어간 변곡점입니다.

오답 선지 분석

① : 초봉은 경제적 어려움에 시달리는 가족을 위해서라면 자기희생을 마다하지 않는 순수한 영혼의 소유자로 등장합니다. 그런 초봉의 ㉠(고유한 영토)로부터 태수가 초봉을 끌어냅니다. 즉 ㉠(고유한 영토)은 자본주의 기제로 영향을 받기 이전 가족에 대한 증여자(자기희생 마다하지 않는) 초봉이 지녔던 순수한 영혼을 환기한다 볼 수 있습니다.

③ : 초봉이 교환의 정치경제학을 자기화함으로써 ㉢(영혼이 없는 자동인형으로 전락)이 되어 자본주의 기제에 굴복했습니다. 즉 물신주의적 가치관을 수용(교환의 정치경제학 자기화)함으로써 인간과 사물을 환금의 가능성으로만 파악(자본주의 기제에 굴복)하게 되었음을 나타냅니다.

④ : 초봉은 여성의 몸을 상품화하는 자본주의 기제의 ㉣(노회함과 집요함)에 굴복합니다. 1문단에 제시된 것처럼 「탁류」에서 현실을 대하는 태도에는 식민지 근대화 과정에 대한 작가의 민감한 시선이 들어있습니다. 그리고 이것은 사물을 환금의 가능성으로만 파악하는 자본주의의 기제가 인간의 순수한 영혼을 잠식 들어가고, 그러면서 그 이윤 추구의 원리를 확대 재생산하는 초봉의 몰락 과정을 통해 드러납니다. 즉 식민지 근대화 과정과 초봉의 몰락 과정은 작가의 시선에서 상통하는 맥락임을 알 수 있습니다.

⑤ : ㉤(횔덜린의 말)은 「탁류」가 세상을 위험이 가득한 곳으로 묘사할 수 있었던 것은 아마도 그 위험 속에 같이 자라는 구원의 힘을 어느 정도 감지한 것을 의미합니다.

◇코멘트

수능 문학 문항을 푸는 것과 유사합니다. 특정 부분을 물어보면 답은 앞뒤 맥락을 통해 결정됩니다.

12 윗글을 바탕으로 <보기>를 감상할 때, 적절하지 않은 것은?

보기

계봉이는 승재가 오늘도 아침에 밥을 못 하는 눈치를 알고 가서, 더구나 방세가 밀리기는커녕 이달 오월 치까지 지나간 사월 달에 들어왔는데, 또 이렇게 돈을 내놓는 것인 줄 잘 알고 있다.

계봉이는 승재의 그렇듯 근경 있는 마음자리가 고맙고, 고마울 뿐 아니라 이상스럽게 기뻤다. 그러나 그러면서도 한편으로는 얼굴이 꼿꼿하게 들려지지 않을 것같이 무색하기도 했다.

"이게 어인 돈이고?"

계봉이는 돈을 받는 대신 뒷짐을 지고 서서 준절히 묻는다.

"그냥 거저……."

"그냥 거저라니? 방세가 이대지 많을 리는 없을 것이고……."

"방세구 무엇이구 거저, 옹색하신데 쓰시라구……."

계봉이는 인제 알았다는 듯이 고개를 두어 번 까댁까댁하더니,

"나는 이 돈 받을 수 없소."

하고는 입술을 꽉 다문다. 장난엣말로 듣기에는 음성이 너무 강경했다.

승재는 의아해서 계봉이의 얼굴을 짯짯이 건너다본다. 미상불, 여전한 장난꾸러기 얼굴 그대로는 그대로지만, 그러한 중에도 어디라 없이 기색이 달라진 게, 일종 오만한 빛이 드러났음을 볼 수가 있었다.

승재는 분명히 단정하기는 어려우나, 혹시 나의 뜻을 무슨 불순한 사심인 줄 오해나 받은 것이 아닌가 하는 생각도 들었다. 그렇게 생각하고 보니, 비록 마음이야 담담하지만 일이 좀 창피한 것도 같았다. (중략)

계봉이는 문제된 오 원짜리 지전을 내려다본다. 아무리 웃고 말았다고는 하지만 그대로 집어 들고 들어가기가 좀 안되었다. 그러나 그렇다고 종시 안 가지고 가기는 더 안되었다. 잠깐 망설이다가 할 수 없이 그는 돈을 집어 든다.

-채만식, 「탁류」-

① 초봉을 전락시킨 돈은 이윤 추구 원리의 작동을, 승재가 계봉에게 건네는 '돈'은 순수 증여를 표상하는 것으로 볼 수 있겠군.

② 제호는 속물주의적 논리를 통해 자신의 의지를 관철하고, 승재는 '마음'의 가치를 통하여 자신의 선의를 드러낸다고 볼 수 있겠군.

③ 형보는 돈의 위력을 믿고 초봉의 고통을 아랑곳하지 않고, 계봉은 자존심 때문에 '근경 있는 마음자리'에 대해 양가적인 태도를 보인다고 볼 수 있겠군.

④ 태수의 과잉 증여와는 달리, 승재의 증여는 대가를 바라는 '불순한 사심'을 지니지 않은 것이기에 타락한 교환 세계에서 벗어날 희망의 표지로 볼 수 있겠군.

⑤ 교환의 정치경제학을 무의식적으로 자기화한 초봉과는 달리, '입술'을 꽉 다무는 계봉의 모습은 '증여의 윤리'를 의식적으로 수용하려는 태도를 나타낸 것으로 볼 수 있겠군.

답 ⑤

계봉은 증여의 윤리를 의식적으로 수용하지 않습니다. <보기>에 따르면 계봉은 '인제 알았다는 듯이 고개를 두어 번 까댁까댁하더니,' "나는 이 돈 받을 수 없소."라고 말하며 승재의 그저 남에게 배푸는 증여를 거부합니다. 즉 계봉은 증여의 윤리를 의식적으로 수용하지 않았다고 볼 수 있습니다.

한편 초봉은 정치경제학을 무의식적으로 자기화했다 보기 어렵습니다. 2문단의 내용만 보면 무의식적으로 자기화되었다 볼 수 있지만, 3문단에 제시된 것처럼 초봉이 정치경제학에 익숙해질 무렵 '초봉 또한 제호가 자신의 상품성을 그만치 높게 봐주자 이 거래를 흔쾌하게 받아들인다. 비록 그 교환이 "서로 간의 의지가 관철된 것"'입니다. 즉 초봉의 의지가 반영된 것으로 무의식적으로 정치경제학을 자기화하였다 단정하기는 어렵습니다.

초봉의 내용으로 선지를 판단하기는 어려움이 있을 수 있다는 것을 인정합니다. 하지만 <보기>에서 계봉이 명확하게 증여를 '거부'하고 있는 것이 제시되었으므로 '답'은 명확하게 골랐어야 합니다.

오답 선지 분석

① : 지문에서 '초봉의 몰락'을 통해 그려내는 것이 자본주의의 부정적 모습입니다. 즉 초봉의 몰락에서 사용된 돈은 이윤 추구 원리의 작동을 드러낸다 볼 수 있습니다. 한편 지문에서 승재가 남에게 그저 베풀려고 하는 것도 모두 그에 해당하는 것들이라 제시되었고, <보기>에서 실제로 승재는 계봉에게 그저 배푸는 모습을 보이는 것에서 순수 증여를 표상한다 볼 수 있습니다.

② : 제호는 객관적인 지표를 가지고 초봉의 육체를 돈으로 측량하고 그와의 거래를 제안합니다. 이런 제호의 모습은 인간의 육체를 돈으로 측정한 것으로 속물주의적 논리를 통해 초봉을 다루려는 자신의 의지를 관철한다고 볼 수 있습니다. 한편 승재는 남에게 그저 베풀려고 하는 증여의 삶을 사는 사람입니다. 이를 통해 '마음'의 가치를 통해 자신의 선의를 드러낸다고 볼 수 있습니다.

③ : 형보는 이 타락한 사회에 동화된 초봉이 어떠한 고통을 겪게 될지라도 이 세계 바깥으로 나갈 용기를 낼 수 없을 것이라고 확신합니다. 이는 돈의 위력을 믿고 초봉의 고통을 아랑곳하지 않을 것이라 할 수 있습니다. 한편 계봉은 마지막에 제시된

것처럼 자유주의자이자 냉소주의자인 자기 자신이 일하는 만큼의 대가를 얻어야 한다는 철칙을 지니고 살아갑니다. <보기>에서 계봉은 승재의 그렇듯 근경 있는 마음자리가 고맙고, 고마울 뿐 아니라 이상스럽게 기뻤습니다. 하지만 계봉이는 인제 알았다는 듯이 고개를 두어 번 까딱하고 돈을 받지 않습니다. 이는 돈을 받는 사실은 기쁘지만, 자신의 자존심(일하는 만큼의 대가를 얻는다는 철칙=자존심)에 근거해 이를 거부하는 양가적 태도를 보인다고 할 수 있습니다.

④ : 지문에서 태수의 증여는 검은 의도를 숨기고 행한 증여이니 그것은 사악한 증여라고 평가 받습니다. 하지만 승재는 남에게 그저 베풀려고 하는 증여의 윤리가 있음이 지문에 제시되었고, 이는 마지막 문단에서 지문에서 타락한 교환의 질서 바깥으로 나갈 수 있는 여러 계기들 중 하나임을 밝혔습니다.

◇ 코멘트

+ 수능 문학 문항을 푸는 느낌과 유사합니다. 특정 부분에 대한 맥락을 판단해야 합니다.
+ 지문의 핵심(초봉의 몰락 과정)을 파악했다면 선지 판단을 수월하게 할 수 있었습니다. 여기서 인물이 굉장히 많이 나왔습니다. 그래서 만약 돌아가서 판단이 진행됐다면, 인물에 대한 체크 등을 통해 효율적인 판단이 진행되었는지 점검하시면 좋겠습니다.

2020 언어이해 [13~15]
공정성과 효율성을 통한 좋은 세금 feat. 토지가치세

◇ 총평

- 개념&정의 확보 (어휘 자체를 통한 이해)
- 다른 말 같은 뜻
- 상식적 사고 (기출 배경 지식에 근거한)

매우 좋은 지문입니다. 지문 초반 제시된 공정성과 효율성의 개념을 확보하고, 그에 맞춰 이후 제시되는 내용들을 '납득'하며 독해하는 것의 중요성을 보여 주는 지문입니다. 공정성과 효율성이라는 개념을 통해 정보를 납득하면 체감 정보량은 매우 낮을 겁니다. 하지만 그렇지 않고 개별 내용들을 구조적으로 정리하기만 했다면, 체감 정보량이 많은, 버거운 지문이었을 수 있습니다. 항상 우선 순위는 개념을 확보하고, 문맥을 통해 의미를 파악하는 것(다른 말 같은 뜻을 잡는 것)임을 인식하기 좋은 지문입니다.
추가로 어휘 자체의 중요성과 기출에 제시된 개념을 숙지하고 있을 때 압도적으로 독해가 유리하다는 것을 느끼시면 좋겠습니다.

'좋은 세금'의 기준과 관련하여 조세 이론은 공정성과 효율성을 거론하고 있다.

상식적으로 매우 당연한 얘기입니다. 공정하고 효율적이면 당연히 좋은 세금이겠죠. 이 정도 내용은 자연스럽게 납득할 수 있습니다. 여기서 기출에 나온 포인트를 생각한다면, 좋은 세금의 '조건'으로 공정성과 효율성이 제시되었다는 인식을 가지고 독해를 시작할 수 있습니다.

경제주체들이 경제적 능력 혹은 자신이 받는 편익에 따라 세금을 부담하는 경우 공정한 세금이라는 것이다.

어휘 자체를 통해 이해합시다. '공정한' 세금이니 자신의 능력, 이익만큼 세금을 지불하는 것이 당연합니다.

◇ tip 어휘 자체를 통한 이해

실제로 어휘 자체를 통해 자연스럽게 납득할 부분을 납득하고 독해를 진행하는 사람과 그렇지 못한 사람은 실전에서 상당한 차이를 보입니다.

'공정'이라는 어휘 뜻을 통해 지문에서 제시한 '공정성'의 개념을 어렵지 않게 납득할 수 있고, 이후 제시되는 '효율성' 역시 '효율'이라는 어휘 뜻을 통해 어렵지 않게 납득할 수 있습니다.

또한 조세는 경제주체들의 의사 결정을 왜곡하여 조세 위에 추가로 부담해야 하는 각종 손실 또는 비용, 즉 초과 부담이라는 비효율을 초래할 수 있는데 이러한 왜곡(비효율을 초래하는 왜곡, 손실)을 최소화하는 세금이 효율적이라는 것이다.

이 역시 당연합니다. 어휘 자체를 통해 이해할 수 있습니다. 추가로 내야 하거나, 손실되는 비용이 있으면 당연히 비효율적이죠. 그런 게 없으면 당연히 효율적일 겁니다.

◇코멘트

'공정성'과 '효율성'의 정의는 다른 지문이라면 관점에 따라 이와 다르게 사용될 수도 있습니다. 지금 지문에서 제시한 '공정성', '효율성'의 정의를 정확하게 확보해야 합니다. 이후 제시되는 공정성과 효율성에 대한 상황은 사실 이 정의를 활용한 재진술 수준에 불과합니다. 지문에서 정의를 제시해주면 우리는 그 정의대로 의미를 확보하고 독해를 진행해야 합니다.
cf) 23.11 기초대사량 계산
'체표 면적은 (체중)$^{0.67}$에 비례하므로, 기초 대사량은 체중이 아닌 (체중)$^{0.67}$에 비례한다고 하였다.'
⇒ 지문에서 단순 증감으로 비례를 따지는 것이 아님을 제시해준 문장으로, 해당 지문 <보기> 문항을 푸는데 이렇게 지문 내에서 정의한 개념을 확보하고, 그에 맞춰 판단을 진행해야 함을 알려주는 문항입니다.
정의를 정확하게 확보할 것을 해당 지문의 경우보다 더욱 엄밀하게 요구한 경우입니다. 어떤 경우이든, 지문에서 제시한 '정의'를 파악하고 독해를 진행하는 것의 중요성을 스스로 인식해야 합니다.

19세기 말 ㉠헨리 조지가 제안했던 토지가치세는 이러한 기준(공정성, 효율성)에 잘 부합하는 세금으로 평가되고 있다.

헨리 조지의 토지가치세가 공정하며 효율적인 세금입니다. 그러면 당연히 편익에 따라 세금이 부과되고, 왜곡·손실이 없는 세금이라는 의미일 겁니다. 구체적으로 제시한 개념을 확보하고, 그를 통해 지문을 독해해야 합니다.

◇코멘트

'토지+가치세'이니 토지의 가치에 대한 세금이라는 정도는 어휘 자체를 통해 파악할 수 있습니다.

그는 토지 소유자의 임대소득 중에 자신의 노력이나 기여와는 무관한 불로소득이 많다면, 토지가치세를 통해 이를 환수하는 것이 바람직하다고 주장했다.

노력과 기여와는 무관한 불로소득이 많으면 이를 환수한답니다. 최소한 인물의 '관점'이니 정리는 된 상태로 독해를 진행했어야 합니다.

◇코멘트

계속 강조하지만, 구체적으로 제시한 개념을 통해 납득해야 합니다. 공정성의 개념은 자신의 '능력, 편익'만큼 세금을 부과하는 겁니다. 그런데 '노력과 기여'와 아예 무관하다면, 그것을 가지고 있는 건 '공정'하지 못하겠죠. 그러니 이를 환수한다는 토지가치세는 '공정한' 세금으로 평가받을 수 있는 겁니다.
이는 사고 과정을 작성한 것입니다. 실제로 구체적으로 제시한 정의(개념)를 확보했다면, 자연스럽게 이와 같이 납득하며 독해를 진행할 수 있습니다.

토지에 대한 소유권은 사용권과 처분권 그리고 수익권으로 구성되는데,

토지에 대한 소유권의 구성 요소를 제시합니다. 저는 이렇게 공식 등이 제시되면 간단하게 <소유권 = 사용권 + 처분권 + 수익권> 정도로 가볍게 필기를 하고 독해를 진행합니다.

◇코멘트

20.11 BIS 등에서 알 수 있듯이 공식은 정리하고 진행하는 것이 유리합니다.

사용권과 처분권은 개인의 자유로운 의사에 맡기고 수익권 중 토지 개량의 수익을 제외한 나머지는 정부가 환수하여 사회 전체를 위해 사용하자는 것이 토지가치세의 기본 취지이다.

해당 부분을 독해하며 최소한 기계적으로라도 사용권 처분권(자유) / 수익권 중 개량 제외는 정부 환수와 같이 문장 내에서 구분한 대상들을 구분해주고 독해를 진행해야 합니다.

거시적으로(구조적으로) 두 쌍이 나올 때 차이점도 중요하지만, 공통점도 중요하다는 독해 태도는 거의 모든 학생들이 가지고 있을 것입니다. 그런데 대놓고 비교·대조 구조의 지문이 나올 때와는 달리 이 문장처럼 문장 내에서 공통점과 차이점을 제시하는 경우 이를 간과하고 넘어가는 경우가 많은 것 같습니다.

특히 여기서 더 중요한 부분이 문장 내 역추론입니다. '불로소득을 제외한 나머지'는 정부가 환수한다면, 우리는 즉각적으로 '노력은 내꺼네?'와 같이 생각할 수 있어야 합니다. 실제로 현 수능 기조에서는 이렇게 문장 내 역추론을 스스로 생각할 것을 강하게 요구하고 있습니다.

cf) 2022 예시 충전기를 통한 충전지의 충전

'니켈 충전지의 일종인 **니켈카드뮴 충전지**는 **다른 충전지와 달리** 메모리 효과가 있어서 일부만 방전한 후 충전하는 것을 반복하면 충·방전할 수 있는 용량이 줄어든다.'

⇒ 니켈카드뮴 충전지는 '다른 충전지와 달리' 일부만 방전하고 충전하는 걸 반복하면 용량 자체가 줄어듭니다. 그렇다면 다른 충전지들은? '다른 충전지와 달리'라고 제시되었으니 다른 충전지들은 일부만 방전하고 충전하는 걸 반복해도 용량 자체가 줄어들지 않습니다.

해당 문장은 최소한 이렇게 기계적인 구분이 진행되어야 합니다. 그런데 중요한 요소가 많기에 설명을 조금 더 진행하겠습니다.

'토지 개량의 수익을 제외한 나머지는 정부가 환수'한다는 것을 우리는 당연하게 받아들일 수 있습니다. 왜 그럴까요? 바로 앞서 '자신의 노력이나 기여와는 무관한 불로소득'은 환수한다고 했습니다. 그런데 토지를 개량한 것은 '노력'입니다. 그러니 '토지 개량 수익'을 제외한 나머지 = 즉 불로 소득을 정부가 환수한다는 것이죠. 사실 다른 말 같은 뜻이 반복되고 있는 수준입니다. 구체적으로 제시된 정의를 확보하고 그에 대한 다른 말 같은 뜻을 파악하며 독해를 진행하는 것이 결국 수능 국어의 핵심입니다.

독서는 결국 '의미'를 파악하며 읽는 것입니다. 독해 시, 기표(記標)가 다르더라도, 같은 기의(記意)를 가지고 있으면 적극적으로 같은 의미를 판단해 주어야 합니다.

조지는 토지가치세가 시행되면 다른 세금들을 없애도 될 정도로 충분한 세수를 올려줄 것이라고 기대했다. 토지가치세가 토지단일세라고도 지칭된 것은 이 때문이다.

토지가치세로 다른 세금들이 없어도 될 정도라네요. 추가적으로 제시된 관점이니 확보하고 가면 충분합니다. 납득을 한다면 '땅이 매우 많으니까 가능한가?' 정도로 생각할 수 있습니다. 이는 평소 지식적인 부분이 좀 필요하므로, 두 사고 과정 다 본인이 점검해보시길 바랍니다.

그는 토지단일세가 다른 세금들을 대체하여 초과 부담을 제거함으로써 경제 활성화에 크게 기여할 것으로 보았다.

계속 다른 말 같은 뜻을 잡으면서 가야 합니다. 초과 부담을 제거한다는 것은 '효율성'이 갖춰진다는 의미입니다. '효율성'을 갖추니 경제 활성화에 기여한다는 것은 자연스럽게 납득할 수 있습니다.

계속 강조하지만, 제시된 정의를 확보하고 그에 대해 다른 말 같은 뜻을 잡는 것은 너무나도 중요합니다.

토지단일세는 토지를 제외한 나머지 경제 영역에서는 자유 시장을 옹호했던 조지의 신념에 잘 부합하는 발상이었다.

조지의 '관점'이 추가로 제시됩니다. 토지를 제외하면 자유 시장을 옹호했답니다. '관점'을 확보하는 것은 매우 핵심입니다.

+ 주로 인문(철학, 사회 등) 지문은 제시된 관점을 확보하는 것이 매우 중요합니다. 간단하게만 말해도 '헤겔', '아도르노' '신채호' 등 유명한 철학 지문은 결국 지문 전체가 인물의 '관점'을 확보하는 것을 핵심으로 요구하고 있습니다.
+ 약간은 배경지식으로 얘기한다면, '토지'는 개인 재산입니다. 그런 개인 재산에 대해 저렇게 세금을 많이 때리면 누가 보면 사회주의 느낌이 날 수도 있겠죠. 그런 사람은 아니었다는 것을 지문에서 강조해주고 있는 겁니다. 물론 실전에서는 이 정도 생각까지는 필요 없고, '관점 확보' 정도만 하고 진행했으면 충분합니다.

> 토지가치세는 불로소득에 대한 과세라는 점에서 공정
> 성에 부합하는 세금이다.

지금까지 앞에서 했던 말을 정리하는 수준입니다. 상식적으로
도, 앞선 개념을 통해서도 불로소득에 대한 과세이니 공정(자신
의 편익에 따라 부과)하다고 납득할 수 있습니다.

> 조세 이론은 수요자와 공급자 중 탄력도가 낮은 쪽에
> 서 많은 납세 부담을 지게 된다고 설명한다.

납세 부담에 대해 수요자와 공급자를 구분하며, 탄력도라는 기
준을 제시하고 있습니다. 그러면 우리는 최소한 '탄력도가 낮다'
는 기준에 맞춰 이후 내용을 파악한다는 인식을 가져야 합니다.

◇ 코멘트

'탄력도'는 기출에서 이미 등장한 소재입니다. 현 수능 경향
을 고려할 때 이미 알고 있어야 하는 개념이죠. 실제로 탄력
도의 개념을 알고 있다면, 이후 제시되는 토지의 비탄력성,
<보기> 문항에서 제시된 내용에 대해 납득하는 것은 어렵지
않습니다. 수능이 시행된지 30년 언저리이고, 리트가 시행
된지 10년이 넘었습니다. 누적된 '지식'들이 많다는 것이고,
그중에 빈출된 개념은 알아야 합니다.
cf) 22.09 (가) 독점적 경쟁 시장과 광고, (나) 광고의 파급효과
'가격이 변화할 때 구매자의 상품 수요량이 변하는 정도를
수요의 가격 탄력성이라 하는데, 구매자가 자신이 선호하는
상품이 차별화되었다고 느낄수록 수요의 가격 탄력성은 감
소한다.'
⇒ 해당 지문에서 탄력성의 개념을 익혀두었다면, 해당 지
문 독해 시 납득이 매우 쉬웠을 겁니다. 기출에 나온 내용이
'그대로' 출제되지는 않지만, '유사한' 맥락을 담은 개념이
출제되는 경우는 많다는 점을 기억합시다.

> 토지는 세금이 부과되지 않는 곳으로 옮길 수 없다는
> 점에서 비탄력적이며

탄력성의 개념을 제시해주고 있습니다. 만약 탄력성의 개념을
몰랐더라도, 최소한 여기서 '옮길 수 있는 정도 = 탄력성' 정도
로 '개념'을 확보하고 독해를 진행했어야 합니다.

> 따라서 납세 부담은 임차인에게 전가되지 않고 토지
> 소유자가 고스란히 떠안게 된다는 점에서 토지가치세는
> 공정한 세금이 된다.

납세 부담이 전가되지 않으면 소유주가 자신이 받는 편익에 따

라 세금을 부담하는 것이 되겠죠. 그러니 '공정한' 세금이 됩니
다. 결국 또 '공정성'의 개념을 재진술한 수준입니다.

> 한편 토지가치세는 초과 부담을 최소화한다는 점에서
> 효율적이기도 하다.

초과 부담을 최소화하면 당연히 효율적입니다. 이 정도는 이제
납득하고 갔어야 합니다.

> 통상 어떤 재화나 생산요소에 대한 과세는 거래량 감
> 소, 가격 상승과 함께 초과 부담을 유발한다.

다른 경우는 과세하면 초과 부담이 발생한답니다. 이는 '토지'
와는 다른 경우겠네요. 다른 대상과 토지의 '차이'를 확보하고
독해를 진행합시다. (물론 토지도 아예 초과 부담이 없는 건 아
니고 '최소한'입니다.)

> 예를 들어 자동차에 과세하면 자동차 거래가 감소하
> 고 부동산에 과세하면 지역 개발과 건축업을 위축시켜,
> 초과 부담이 발생하게 된다.

예시를 제시해줬습니다. 당연히 앞선 개념과 대응해야 합니다.
'과세'가 거래량 감소, 가격 상승을 가져온다 했습니다. 자동차
에 과세하면, 거래가 줄고, 부동산에 과세하면 개발이 위축되겠
죠. 앞선 말의 재진술 수준입니다.

◇ tip 구체적인 예시, 그리고 연결

이 구간은 정확하게 앞선 개념을 설명해주는 예시입니다. 그
러니 필히 앞선 개념을 당겨 읽었어야 합니다.

◇ 코멘트

추가로, 배경 지식적으로 '일반적인 경우' 세금이 증가하면
해당 분야에 대한 위축(반대도 가능하겠죠?)이 일어날 수 있
다는 것은 상식으로 가져갑시다.

> 그러나 토지가치세는 토지 공급을 줄이지 않아 초과
> 부담을 발생시키지 않는다.

이미 우리는 앞서 토지는 초과 부담이 최소한으로 발생된다는
것을 파악했습니다. 재진술 수준입니다. 그에 대한 이유(토지
공급 안 줌) 정도를 확보했으면 충분합니다. 사실 땅을 지워버
릴 수는 없으니 자연스럽게 납득할 수 있는 수준입니다.

토지가치세 도입에 따른 여타 세금의 축소가 초과 부담을 줄여 경제를 활성화한다는 G7 대상 연구에 따르면, 이러한 세제 개편으로 인한 초과 부담의 감소 정도가 GDP의 14~50%에 이른다.

구체적 수치이고, 지금까지 계속 말하는 토지가치세의 '효율성'에 대해 얘기하고 있습니다. 계속 다른 말 같은 뜻을 파악해야 합니다.

하지만 토지가치세는 일부 국가를 제외하고는 현실화되지 못했는데, 여기에는 몇 가지 이유가 있다.

'하지만~'이라 제시하며 화제가 바뀜을 제시합니다. 토지가치세가 현실화되지 못한 '이유'들을 파악하는 것으로 화제가 변했음을 인식하고 독해를 진행합시다.

토지가치세는 이론적인 면에서 호소력이 있으나 현실에서는 복잡한 문제가 발생한다.

경제학 등에서 일반적인 흐름임을 이전 지문들에서도 제시했습니다. 이론과 실제의 괴리는 자연스러운 흐름으로 납득할 수 있어야 합니다.

토지에 대한 세금이 가공되지 않은 자연 그대로의 토지에 대한 세금이어야 하나 이러한 토지는 현실적으로 찾기 어렵다. 토지 가치 상승분과 건물 가치 상승분의 구분이 쉽지 않다는 것도 어려움을 가중한다. 토지를 건물까지 포함하는 부동산으로 취급하여 그에 과세하는 국가에서는 부동산 거래에서 건물을 제외한 토지의 가격이 별도로 인지되는 것이 아니므로, 건물을 제외한 토지의 가치 평가가 어렵다. 조세 저항도 문제가 된다. 재산권 침해라는 비판이 거세지면 토지가치세를 도입하더라도 세율을 낮게 유지할 수밖에 없어, 충분한 세수가 확보되지 않을 수 있다.

토지가치세가 현실적으로 어려운 이유 세 가지 정도를 '나열'해 주고 있습니다. 개별적인 내용들 역시 크게 어려운 수준은 아니므로 자연스럽게 납득하고 각각의 나열된 이유를 '구분'은 해주며 독해를 진행했어야 합니다.

토지가치세는 빈곤과 불평등 문제에 대한 조지의 이상을 실현하는 데에도 적절한 해법이 되지 못한다는 비판에 직면하고 있다.

만약 이렇게 '비판이 제시되었다.'라고 말한 뒤 이후 내용이 제시되지 않는다면, 이 사실 자체만 챙겨가면 충분합니다. 이후 관련 이유가 제시되면 이유를 통해 비판을 납득해야 합니다.

백 년 전에는 부의 불평등이 토지에서 비롯되는 부분이 컸지만, 오늘날 전체 부에서 토지가 차지하는 비중이 19세기 말에 비해 크게 감소했다. 토지 소유의 집중도 또한 조지의 시대에 비해 낮다. 따라서 토지가치세의 소득 불평등 해소 능력에도 의문이 제기된다.

비판의 이유가 제시됩니다. 이 이유 역시 크게 어려운 내용은 아니고 충분히 납득할 수 있습니다. 제시된 그대로 토지가 차지하는 비중이 줄어들었는데, 토지가치세만으로 세금을 해결하기는 어렵겠죠.

오늘날 토지가치세는 새롭게 주목받고 있는데, 이는 '외부 효과'와 관련이 깊다.

이렇게 토지가치세를 비판하다가 '새롭게 주목' 받고 있는 환경을 제시합니다. 이게 '외부 효과'와 관련이 깊다니, 외부 효과의 개념을 확보하고 이를 납득합시다.

◇코멘트

이런 서술 흐름은 익숙해야 합니다. 'A는 B이다.' 'B는~' 식으로 서술해주면 구체적으로 서술된 개념을 확보해야 하고, 만약 워딩만 제시되면 워딩 정도만 체크하고 독해를 진행하면 충분합니다.

첨단산업 분야의 대기업들이 자리를 잡은 지역 주변에는 인구가 유입되고 일자리가 늘어난다. 하지만 임대료가 급등하고 혼잡도 또한 커진다. 이 과정에서 해당 지역의 부동산 소유자들은 막대한 이익을 사유화하는 반면, 임대료 상승이나 혼잡비용 같은 손실은 지역민 전체에게 전가된다.

첨단산업 분야가 들어온 경우는 예시입니다. 일자리가 늘어나는 것은 좋은데 임대료도 늘고 혼잡해집니다. 여기서 소유자들은 이익을 얻지만, 손해는 지역민이 갖는 상황입니다. 이렇게 상황이 정리되면 우리 지문의 '핵심'과 연결해야 합니다. 결국 이 상황은 어떤 상황일까요? 최소한 '공정성'은 갖춰지지 못한 상황입니다. 결국 지문은 '핵심'을 통해 독해해야 한다는 것을 잊으면 안 됩니다.

이러한 상황(외부 효과 발생 상황)에서 높은 세율의 토지가치세가 본격적으로 실행에 옮겨질 수 있다면 불로소득에 대한 과세를 통해 외부 효과로 인한 피해를 보상하는 방안이 될 수 있다.

'공정성'의 개념을 계속 확보하고 읽었으면 납득할 수 있습니다. 토지가치세를 높이면 이득을 본 사람들에게 세금이 더 많이 부과되니까요. 결국 처음에 제시된 '공정성', '효율성'의 개념을 확보하고 그를 계속 당겨 읽으며 다른 말 같은 뜻을 파악한 상태로 독해를 마무리했어야 합니다.

◇tip 당겨 읽기

여기서 '이러한 상황 = 외부 효과 발생 상황'을 정확하게 당겨 읽었으면 14번 문항의 1번 선지는 수월하게 판단할 수 있습니다.

항상 지시어에 해당하는 내용을 정확하게 파악해야 문장 자체를 정확하게 이해할 수 있다는 인식을 갖추고 독해를 진행해야 합니다.

cf) 19.11 계약에 대한 이해

'이러한 사건(의사 표시가 작용한 것이 아닌 이행 불능에 의함)을 통해서도 법률 효과가 발생한다.'

[13~15] 문제 해설

13 ㉠에 대한 설명으로 가장 적절한 것은?

① 개량되지 않은 토지에서 나오는 임대료 수입은 불로소득으로 여겼다.
② 토지가치세로는 재정에 필요한 조세 수입을 확보할 수 없다고 보았다.
③ 토지의 처분권은 보장하되 사용권과 수익권에는 제약을 두자고 주장하였다.
④ 토지가치세는 경제적 효율성 제고를 통하여 공정성을 높이는 방안이라고 보았다.
⑤ 모든 경제 영역에서 시장 원리를 사회적 가치에 부합하게 규제해야 한다고 주장하였다.

답 ①

2문단에 제시된 것처럼 토지가치세는 자신의 노력이나 기여와는 무관한 불로소득에 대한 것입니다. 그리고 사용권과 처분권은 개인의 자유로운 의사에 맡기고 수익권 중 토지 개량의 수익을 제외한 나머지는 정부가 환수하여 사회 전체를 위해 사용하자는 것이 토지가치세의 기본 취지입니다.
즉 '토지 개량의 수익을 제외한 나머지 = 개량되지 않은 토지'에서 나오는 수입으로, 이에 대한 임대료 수입은 불로소득으로 여겼음을 알 수 있습니다. 문장 내 역추론이 핵심이었습니다.

오답 선지 분석

② : 2문단에 제시된 것처럼 조지는 토지가치세가 시행되면 다른 세금들을 없애도 될 정도로 충분한 세수를 올려줄 것이라고 기대했습니다. 즉 토지가치세로 제정에 필요한 조세 수입을 확보할 수 있다고 보았습니다.

③ : 2문단에 제시된 것처럼 사용권과 수익권에 제약을 두는 것이 아닙니다. 토지에 대한 소유권은 사용권과 처분권 그리고 수익권으로 구성되는데, 사용권과 처분권은 개인의 자유로운 의사에 맡기고 수익권 중 토지 개량의 수익을 제외한 나머지는 정부가 환수하여 사회 전체를 위해 사용하자는 것입니다.

④ : 많은 사람들이 오해할 수 있는 선지입니다. 토지가치세가 공정성과 효율성을 가지고 있는 것은 맞습니다. 하지만 지문 어디에서도 공정성과 효율성의 관계는 제시되지 않았습니다. 이처럼 허위 인과가 제시되는 선지를 주의해야 합니다.
cf) 19.09 STM <보기> 문항 5번 선지

⑤ : 2문단에 제시된 것처럼 조지의 관점에서 토지단일세에는 토지를 제외한 나머지 경제 영역에서는 자유 시장을 옹호한 겁니다.

◇코멘트

선지에 주의할 포인트가 많습니다. 역추론, 허위 인과 등의 구성은 익혀두도록 합시다.

14 윗글에서 추론한 내용으로 적절하지 <u>않은</u> 것은?

① 정부가 높은 세율의 토지가치세를 도입한다면, 외부 효과로 발생한 이익의 사유화를 완화할 수 있을 것이다.
② 자동차세의 인상이 자동차 소비자들의 의사 결정에 영향을 미치지 않는다면, 자동차세는 세수 증대에 효과적일 것이다.
③ 토지가치세가 단일세가 되어 누진세인 근로소득세가 폐지된다면, 고임금 근로자가 저임금 근로자보다 더 많은 혜택을 얻게 될 것이다.
④ 조지의 이론을 계승하는 학자라면, 부가가치 생산에 기여한 부분에 대해서는 세금을 부과하지 않는 것이 바람직하다고 보았을 것이다.
⑤ 부동산에 대해 토지와 건물을 구분하여 과세할 수 있다면, 토지가치세의 도입으로 토지의 공급 감소와 가격 상승 문제가 해소되어 조세 저항이 줄어들 것이다.

답 ⑤

3문단에 제시된 것처럼 토지가치세는 토지 공급을 줄이지 않아 초과 부담을 발생시키지 않습니다. 즉 단순 일치 수준으로 토지의 공급 감소 문제가 해소된다는 것 자체가 적절하지 않습니다. 애초에 문제가 아니니까요.
또한 4문단에 제시된 것처럼 '조세 저항'은 재산권 침해라는 비판이 거세게 등장할 때 발생하는 문제로 토지 가치 상승분과 건물 가치 상승분의 구분이 쉽지 않다는 문제 상황과 구분되어 제

시된 문제 상황입니다. 두 상황을 구분해줬어야 합니다. 13번 문항의 4번 선지와 비슷한 느낌입니다.

오답 선지 분석

① : 5문단에 제시된 것처럼 이러한 상황(해당 지역의 부동산 소유자들은 막대한 이익을 사유화하는 반면, 임대료 상승이나 혼잡비용 같은 손실은 지역민 전체에게 전가되는 외부 효과 발생 상황)에서 높은 세율의 토지가치세가 본격적으로 실행에 옮겨질 수 있다면 불로소득에 대한 과세를 통해 외부 효과로 인한 피해를 보상하는 방안이 될 수 있음이 제시되었습니다. 즉 높은 세율의 토지가치세를 도입하면 외부효과로 발생한 이익의 사유화를 완화할 수 있습니다.

② : 3문단에 제시된 것처럼 자동차에 과세하면 자동차 거래가 감소하여 초과 부담이 발생합니다. 이는 효율적이지 못한 상황입니다. 그런데 자동차 과세가 돼도 의사 결정에 영향을 주지 않으면 걷는 세금은 늘어나는데 의사 결정은 유지되니 세수 증대에 효과적일 것이라 추론할 수 있습니다.

③ : 토지가치세가 단일세가 되어 누진세인 근로소득세가 폐지된다면, 당연히 누진세가 붙어 더 많은 세금을 내는 고임금 근로자의 세금이 더 많이 줄어들 겁니다. 참고로 누진세는 소득금액이 커질수록 높은 세율을 적용하도록 정한 세금입니다.

④ : 2문단에 제시된 것처럼 조지는 토지 소유자의 임대소득 중에 자신의 노력이나 기여와는 무관한 불로소득이 많다면, 토지가치세를 통해 이를 환수하는 것이 바람직하다고 주장하며, 토지에 대해 사용권과 처분권은 개인의 자유로운 의사에 맡기고 수익권 중 토지 개량의 수익을 제외한 나머지만 정부가 환수해야 함을 주장합니다. 따라서 조지의 이론을 계승한 학자라면 부가가치 생산에 기여한 부분에 대해서는 세금을 부과하지 않는 것이 바람직하다 주장할 겁니다.

◇코멘트

'추론' 역시 '지문'의 근거를 통해 판단하는 겁니다.

15 윗글을 바탕으로 <보기>의 사례를 평가할 때, 적절하지 않은 것은?

<보기>

○ X국은 요트 구매자에게 높은 세금을 부과하는 사치세를 도입하여 부유층의 납세 부담을 늘리려고 하였다. 그러나 부자들은 요트 구매를 줄이고 지출의 대상을 바꾸었다. 반면 요트 생산 시설은 다른 시설로 바꾸기 어려웠고 요트 공장에서 일하던 근로자들은 대량 해고되었다. 아울러 X국은 근로소득세를 인상해서 부족한 세수를 보충하였다.

○ Y국은 국민의 건강 증진을 위해 담배 소비를 줄이려는 목표로 담배세를 인상하였다. 그러나 담배세 인상으로 인한 담배 가격 상승에도 불구하고 담배 소비는 거의 감소하지 않았다. 정부의 조세 수입은 크게 증가하였지만 소비자들의 불만이 고조되었다.

① 공급자에게 부과되는 토지가치세와 달리, X국의 '사치세' 및 Y국의 '담배세'는 소비자에게 부과되고 있군.

② 초과 부담을 발생시키는 X국의 '사치세'와는 달리, Y국의 '담배세' 및 토지가치세는 초과 부담을 거의 발생시키지 않는군.

③ 과세 대상자 이외의 타인에게 납세 부담이 추가되는 X국의 '사치세'와 달리, Y국의 '담배세'와 토지가치세에서는 납세 부담이 과세 대상자에게 집중되는군.

④ 탄력도가 낮은 쪽에서 납세 부담을 지게 만들 수 있는 토지가치세와 달리, X국의 '사치세' 및 Y국의 '담배세'는 탄력도가 높은 쪽에서 납세 부담을 지게 하는군.

⑤ 조세 개편의 정책 목표를 달성하지 못한 X국의 '사치세' 및 Y국의 '담배세'와 달리, 토지가치세는 도입할 때 거둘 수 있는 경제 활성화 효과가 최근 연구에서 확인되고 있군.

<보기> 분석

X국은 요트 구매자에게 세금을 부과하려 함.
→요트 구매자에게 세금 부과 사치세 도입
→ 요트 구매자 이탈(탄력)
→ 요트 공장은 변화 어려움(비탄력) / 노동자 해고
→ 근로소득세 인상 (대상 변경)

Y국은 담배 소비 줄이려 함.
→ 담배세 인상
→ 담배 구매자 이탈 미미(비탄력)
→ 조세 증가(대상 유지) / 불만 고조

답 ④

3문단에 따르면 수요자와 공급자 중 탄력도가 낮은 쪽에서 많

은 납세 부담을 지게 됩니다. 그리고 토지는 세금이 부과되지 않는 곳으로 옮길 수 없다는 점에서 비탄력적임이 제시됩니다. 즉 토지는 탄력도가 낮은 쪽에서 납세 부담을 지게 만들 수 있는 것이 맞습니다.

하지만 Y국은 담배 구매자들의 이탈이 미미한 것에서 이들이 비탄력적이란 것을 알 수 있고, 이들에게 납세 부담이 부과되었다는 것에서 비탄력적인 쪽에서 납세 부담을 지게 했음을 알 수 있습니다.

한편 X국은 요트 구매자들이 이탈한 것을 고려할 때 탄력도가 높은 쪽에서 납세 부담을 지게 하려 했다고 볼 수는 있지만, 이들은 다른 물건으로 눈을 돌렸기에 결과적으로 '사치세'로 인해 탄력도가 높은 쪽에서 부담을 지지는 않았습니다.

오답 선지 분석

① : 3문단에 제시된 것처럼 토지가치세는 토지 소유자가 고스란히 떠안게 됩니다. 이를 통해 공급자(토지 소유자)에게 부과된다는 점을 알 수 있습니다. 하지만 X국의 사치세는 요트를 구매하려는 사람, Y국의 담배세는 담배를 구매하려는 사람, 즉 소비자에게 부과되고 있습니다.

② : 3문단에 제시된 것처럼 통상 어떤 재화나 생산요소에 대한 과세는 거래량 감소, 가격 상승과 함께 초과 부담을 유발합니다. X국의 사치세는 일하던 근로자들이 해고되는 초과 부담을 가져왔습니다. 하지만, 담배세는 세수만 증가하고, 불만 정도만 발생했지 초과 부담이 발생시키지는 않았으며, 3문단에 제시된 것처럼 토지가치세는 토지 공급을 줄이지 않아 초과 부담을 발생시키지 않습니다.

③ : X국은 요트 구매자에게 세금 부과 사치세 도입한 이후 근로소득세를 인상해서 부족한 세수를 보충하였습니다. 즉 과세 대상자(부유층) 이외에 다른 대상에게도 납세 부담이 추가되었습니다. 하지만 Y국의 담배세는 담배 구매자 이탈 미미하였고 정부의 조세 수입은 크게 증가한 것을 통해 과세 대상자(흡연자)에게 납세 부담이 집중되었음을 알 수 있습니다. 또한 3문단에 제시된 것처럼 토지의 납세 부담은 임차인에게 전가되지 않고 토지 소유자가 고스란히 떠안는다는 것을 통해 토지가치세에서도 납세 부담이 과세 대상자에게 집중됨을 알 수 있습니다.

⑤ : X국은 요트 구매자에게 높은 세금을 부과하는 사치세를 도입하였지만, 이들이 요트 구매를 줄이고 지출 대상을 바꾼 점에서 정책의 목표를 달성하지 못했다고 볼 수 있습니다.

여기서 Y국의 경우를 혼동하는 경우가 많은데 Y국은 국민의 건강 증진을 위해 담배 소비를 줄이려는 목표로 담배세를 인상한 겁니다. 그런데 담배 소비는 거의 감소하지 않았습니다. 이들 역시 정책 목표는 달성하지 못했습니다. 하지만 마지막 문단에 제시된 것처럼 토지가치세는 G7 대상 연구에 따르면, 이러한 세제 개편으로 인한 초과 부담의 감소 정도가 GDP의 14~50%에 이름이 제시되었습니다. 구체적 사례, 수치 등은 출제되기에 돌아가서 확인하는 태도가 필요합니다.

2020 언어이해 [16~18] 지식인에 대한 다양한 관점 파악

◇총평

- 대립쌍
- 다른 말 같은 뜻
- 핵심 확보 (관점 파악)
- 돌아올 줄 아는 것도 실력이다.

독해를 잘 한 사람과 독해가 미숙했던 사람의 체감 난도가
매우 클 지문입니다.
우선 해당 지문은 초반에 제시된 대립쌍을 파악하여, 지문의
대립쌍 요소들을 정확하게 확보하는 것이 핵심이었습니다.
이렇게 대립쌍을 통해 관점을 확보하고, 그에 맞춰 문맥적
의미를 파악하는 것에 초점이 맞춰져 있습니다. 아마 대립쌍
을 놓쳤거나 문맥적 의미를 파악하는 것이 미숙했다면, 글에
서 사용되는 어휘나 서술 수준이 까다로워 지문 이해가 상당
히 어려웠을 겁니다.
그런데 막상 문제를 풀어보면 깊이 있는 문항이 출제되지는
않았습니다. 우리의 지향점은 '이해'이지만, 실전에서 다양
한 관점(핵심)이 나열될 때의 태도 역시 생각할 만한 지문입
니다.

20세기 초 프랑스에서 발생한 드레퓌스 사건은 지식
인이라는 집단을 조명하고, 억압적 권력에 저항하는 비
판적 지식인이라는 이상을 부각하는 계기가 되었다.

드레퓌스 사건이 뭔지 아는 건 상식적으로 어렵습니다. 무엇인
지는 모르겠지만, '억압적 권력에 저항하는 비판적 지식인'에
대해 글이 시작된다는 것 정도로 화제를 파악하고 독해를 진행
합시다.

◇코멘트

드레퓌스 사건과 달리 '비판적 지식인 = 억압적 권력에 저
항' 정도는 상식적으로 납득할 수 있는 말입니다. 사회 문제
등에 대해 의견을 내는 지식인들을 비판적 지식인이라 부른
다는 정도는 상식으로 알고 있어야 합니다.

신학을 중심으로 지식이 축적되고 수도원의 사제들이
권력을 행사하는 전문가 지식인으로 존재했던 중세에도
아벨라르와 같은 비판적 지식인이 존재했다.

중세 시대에 대한 설명과 이 시기에도 비판적 지식인이 존재했
음을 제시합니다. 최소한 중세 시대에도 비판적 지식인이 있다
는 정도는 파악하고 독해를 진행했어야 합니다.

이는 약간 배경지식이 필요한 부분입니다. 중세 시대는 신학을 중심으로 구성된 사회이고, 당연히 '사제' 같은 종교인들이 권력을 잡은 시기입니다. 이런 시기에도 비판적 지식인이 존재하였다는 것이죠. 중세 시대와 신학, 그들의 권력이라는 기본적인 지식이 있다면, 이 내용 역시 억압적 권력(중세 종교인)에 대응하는 비판적 지식인(아벨라르)가 존재했다는 다른 말 같은 뜻, 하나의 예시임을 알 수 있습니다.
개인적으로 중세 시대에 신학·종교가 최강이었다는 정도는 알아두어야 하는 지식이라 생각합니다. 이번 기회에 확실하게 기억하고 갑시다.

> 계몽주의 시대에는 특정 분야를 깊이 파고들지 못하더라도 모든 분야를 두루 섭렵할 수 있는 능력을 지닌 사람을 지식인으로 정의하기도 했다.

계몽주의 시대는 지식인의 규정이 변화합니다. '특정'이 아닌 '모든 분야'를 섭렵하는 것이 지식인입니다. 대놓고 '특정'과 '모든 분야'와 같은 대립쌍을 제시하며 특징을 제시해줬으니 필히 확보하고 독해를 진행합시다.

◇ tip

특정 분야 / 모든 분야

이 둘은 어휘 자체가 명확하게 대립되는 포인트입니다. 애초에 기출 분석을 통해 (미시, 거시) / (개별, 전체) / (안, 밖) / (선천, 후천) / (모든, 일부) 등 대립쌍을 이루는 어휘 자체를 익혀 그에 대한 즉각적인 반응이 이루어져야 합니다.

cf) 20.06 '금융 안전을 위한 미시 건전성 정책과 거시 건전성 정책의 관점 차'

⇒ 지문 전체가 '미시'와 '거시'라는 대립쌍의 어휘 자체의 뜻을 통해 납득됩니다.

> 한 예로 18세기의 백과전서*파는 근대적 분류 체계로 지식을 생산해 개인이 시각 매체에 의존하여 지식을 소비하는 문자 문화시대의 지평을 열었다.

백과전서의 어휘 뜻을 모르면 해당 예시와 윗 내용을 직관적으로 연결하기 약간 어려울 수도 있다고 생각합니다. 그래도 대응되는 예시이니, '모든 분야를 두루 섭렵하는 것이 지식인이다.'라는 문맥적 의미를 가지고 있다는 정도의 생각은 해야 합니다.

◇ 코멘트

개인적으로 수능 수준, 아니 리트 수준에서도 이는 이해가 힘든 부분이라 생각합니다. 참고로 백과전서는 리트 원문에는 각주가 달려 있지 않습니다.
백과전서는 과학·기술·학술 등 당시의 학문과 기술을 집대성한 대규모 출판사업입니다. 즉, '당시 학문과 기술 집대성 = 다양한 분야 두루 섭렵' 정도의 맥락인 것이죠.
해당 지문에서는 이 내용을 이해하지 못해도 큰 문제는 발생하지 않습니다. 출제자도 이를 완벽하게 어휘 뜻을 알고 이해하기는 무리라고 판단한 것 같습니다. 기억해야 할 것은 우리는 문맥과 지식을 통해 의미를 이해하는 것을 지향하지만, 실전에서 완벽한 내용 이해가 어렵더라도, 문맥적 의미는 파악할 수 있어야 합니다. 그러면 '답'을 고를 가능성은 압도적으로 높아집니다.

> 이런 과정(근대 시기의 과정)에서 지식 권력은 지식의 표준 장악을 둘러싸고 중앙 집중화되었다.

근대 시기의 과정으로 지식이 '중앙 집중화'됩니다. 지문 초반 특정, 보편 등의 대립적인 어휘가 제시되었으니 당연히 저라면 '중앙 집중'과 같은 어휘에도 민감하게 반응할 것 같습니다.

◇ 코멘트

저는 왜 '중앙 집중' 등과 같은 어휘에 집중할 수 있었을까요? 이후 지문에서도 '보편/특수' 등의 대립쌍이 계속 제시됩니다. 실제로 기출에서 중심, 주변(보편, 특수) 등을 다루는 문제는 분야를 가리지 않고 빈출되는 내용입니다. 생명 지문에서 세포 중심에서 외부로 이동, 철학 지문에서 중심부 지식과 주변부 지식, 사회 지문에서 중심 권력과 중앙 권력 등으로 다루는 내용, 소재 등이 달라도 자주 등장하는 대립되는 어휘 자체는 미리 익혀두는 것이 압도적으로 유리합니다. 리트 언어이해로 수능을 대비하는 분들은 일정 수준 이상의 성취를 바라실 겁니다. 그러면 지식적인 요소(특히 개별, 특수 지식 말고 이런 보편적 지식과 일반적 흐름)는 사후적 분석이라고 생각하시기보다는, 이 기회에 익혀두겠다는 인식을 가지는 것이 좋을 거라 생각합니다.

> 드레퓌스 사건은 근대적 지식인상에 대한 논쟁을 불러일으켰다.

글의 화제가 명확하게 제시됩니다. '근대적 지식인상'에 대한 논쟁이니 '근대적 지식인상'에 대한 각각의 관점이 핵심일 거라는 정도를 인식하고 독해를 진행했어야 합니다.

⊙만하임은 지식인 가운데도 출신, 직업, 재산, 정치적·사회적 지위 등에 차이가 있는 경우가 많기에 지식인을 단일 계급으로 간주할 수 없으며, 지식인은 보편성에 입각해 사회의 다양한 계급적 이해들을 역동적으로 종합하여 최선의 길을 모색해야 한다고 보았다.

근대적 지식인상에 대한 만하임의 '관점'이 제시됩니다. 이는 지식인은 다양한 계층이고, 보편성에 초점을 맞춰야 한다는 주장입니다. 지문 앞서부터 보편/특수 등의 대립쌍이 제시되었으니 이는 대립쌍에 맞게 지식인이 계급적으로 보편적이고, 목표적으로도 보편성을 지향해야 한다는 것을 파악해야 합니다.

◇코멘트

관점을 확보하는 것은 핵심입니다.

반면 ⓒ그람시는 계급으로부터 독립적인 지식인이란 신화에 불과하다고 지적하면서 계급의 이해에 유기적으로 결합하여 그것을 당파적으로 대변하는 유기적 지식인을 대안으로 제시하였다. 이때 소외 계급의 해방을 위한 과제는 역사적 보편성을 지니며, 지식인은 소외 계급에게 혁명적 자의식을 불어넣고 조직하는 역할을 자임한다.

'반면'이라 제시된 대립되는 그람시의 입장이 제시되었습니다. 앞서 만하임은 지식인을 단일 계급으로 보지 않지만, 그람시는 계급이 지식인에게 밀접한 요소라 주장합니다. 대놓고 차이가 있네요. 그런데 이 그람시도 목표는 '소외 계급에 대한 해방이라는 보편성'을 목적으로 주장합니다. 최선의 길을 간다는 점은 유사하네요.
추가로 지식인의 계급은 비독립적(문맥상 보편성과는 거리가 멀다는 의미겠죠), 목표는 역사적 보편성을 가지고 있음을 정확하게 구분해야 합니다.

◇tip 비교·대조 쌍

실제 독해 시 a와 b가 대조되는 전개 방향이라면 a를 읽을 때는 있는 그대로 정리를 잘하면서 독해를 하는 것으로 충분합니다. 우리가 만하임을 독해할 때 이와 같이 만하임에 대한 관점은 대립쌍만을 활용해 확보하고 갔습니다. 그렇지만 a 이후 제시되는 b를 읽을 때는 a와의 공통점과 구분되는 차이를 생각하며 독해를 진행하는 습관이 필요합니다. 우리가 그람시의 입장을 파악할 때 이와 같이 독해했습니다. (차이를 잡으며, 공통적인 보편성 파악) 이렇게 제시되는 차이를 파악하며 독해하는 것이 가장 이상적입니다. 그렇다면 이렇게 이상적인 독해가 어려울 때는 어떻게 해야 하는지, 해당 문단 설명 끝에 제시하겠습니다.

ⓒ사르트르는 만하임과 그람시의 지식인 개념 사이에서 긴장을 유지했다. 부르주아 계급에 속한 지식인은 지배 계급이 요구하는 당파적 이해와 지식인이 추구해야 할 보편적 지식 간의 모순을 발견하고, 보편성에 입각하여 소외 계급의 해방을 추구해야 한다.

사르트르의 관점을 명확하게 제시합니다. 만하임과 그람시 사이의 '긴장'이면 이 사이 어디에 있겠죠. 그람시에게 지식인은 당파를 대변하지만, 사르트르에게 지식인은 당파적 이해와 보편적 모순을 핵심으로 봅니다. 이런 상황에서 당파와 보편적 지식 사이에서 소외 계급의 해방을 주장합니다. 이 친구도 보편성을 목적으로 둔다는 점은 동일합니다.

◇코멘트

인물의 '관점'이 제시되면 필히 확보하며 독해해야 합니다. 그래서 주로 인문 지문에서 핵심이 관점 파악으로 직결됩니다. 즉 하나의 관점에 대해 깊게 들어가든 (22.11 헤겔), 다양한 관점이 나열되듯이 제시되든 (해당 지문) '관점'이 핵심이라는 것에는 변함이 없습니다.

하지만 그 지식인은 결코 유기적 지식인이 될 수 없는 존재이다. 결국 소외 계급에서 출현한 전문가가 유기적 지식인이 되도록 계급의식을 일깨우는 계몽적 역할이 지식인에게 부여되는 것이다.

'하지만'이라 나왔으니 대놓고 차이가 제시될 겁니다. 사르트르는 '유기적 지식인'을 부정하는 입장입니다. 그람시와는 명백한 차이가 있네요. 사르트르에게 지식인은 '계몽적 역할'까지이지 유기적으로 연결될 수는 없는 존재입니다.

오늘날 인터넷의 발달로 가상공간이 열려 탈근대적 지식 문화와 사회 공간이 창조되면서 지식의 개념도 변하고 있다.

인터넷이 발달해 탈근대적 지식 문화가 생성된다는 것은 상식적으로 당연합니다. 그러니 당연히 지식의 개념도 변하겠죠? 변화의 양상을 파악하는 것이 핵심입니다.

변화는 핵심입니다.

또한 디지털화된 다양한 정보들이 연쇄적으로 재조합되면서 하이퍼텍스트 형태를 띠게 된다. 정해진 시작과 끝이 없고 미로나 뿌리줄기같이 얽혀 있어 독자의 입장에서 어떤 길을 선택하느냐에 따라 텍스트의 복수성이 무한해졌다.

디지털 정보들이 '연쇄적으로 재조합'됩니다. 그러니 어휘 자체를 통해서 납득할 수 있듯이 텍스트의 복수성이 무한해지겠죠. 연쇄적으로 재조합되어있으니까요. 어휘 자체를 통해 의미를 납득하고 가면 충분합니다.

그 결과(지식 개념 변화, 텍스트 복수성) 지식 생산자에 해당하는 저자의 권위는 사라지고 지식 권력은 탈중심화된다.

납득할 수 있는 수준이라 생각합니다. 지식 개념도 변화했고, 텍스트가 가상공간에서 연쇄적으로 재조합되니, 특정 권위는 사라지고, 지식이 중앙에서 생산되던 근대와는 달리 지식 권력은 탈중심화됩니다. 납득할 수 있는 것은 앞선 개념을 통해 납득하며 독해해야 합니다.

근대 시대와 탈근대 시기의 '뉘앙스'를 알고 있으면 압도적으로 유리합니다. 기출에도 자주 등장하는 내용(예술 지문에 많이 등장합니다)이니 해당 지문을 통해 근대와 탈근대의 뉘앙스를 인식하면 좋겠습니다.

하이퍼텍스트와 새로운 독자의 탄생은 집단적이고 감정이입적인 구술 문화가 지녔던 특성들을 지식 문화에서 재활성화한다. 특히 가상공간에서 정보와 지식이 공유와 논박을 거쳐 소멸 또는 확산되는 과정은 새로운 지식을 생산해 내는 기제로서 집단 지성을 출현시킨다. 집단 지성은 엘리트 집단으로부터 지식 권력을 회수하고 새로운 민주주의의 가능성을 열어놓기도 한다.

저자의 권위가 사라지고 지식 권력이 탈중심화됩니다. 결국 구술 문화적(입으로 전해지는)이고 특정 집단의 지식 권력을 회수하며 민주주의 가능성을 만든다는 것은 '저자의 권위가 사라지고 지식 권력이 탈중심화'된다는 것에 대응되는 의미를 가집니다.

독서는 결국 '의미'를 파악하며 읽는 것입니다. 독해 시, 기표(記標)가 다르더라도, 같은 기의(記意)를 가지고 있으면 적극적으로 같은 의미를 판단해 주어야 합니다.
많은 사람이 참여하고 권력이 탈중심화됩니다. 그러니 집단 지성이 출현(많은 사람 참여)하고, 엘리트 집단으로부터의 지식 권력이 회수(권력이 탈중심화)됩니다.
이처럼 '의미'를 파악하며 독해한다면 같은 내용의 재진술 수준이라는 점을 파악할 수 있습니다.

그러나 이는 대중의 자율성에 기초한 참여와 협업을 전제할 때 가능하며, 참여와 협업이 결여될 때 순응주의가 등장하고 집단 지성은 군중심리로 전락할 수도 있다.

당연한 말입니다. 대중이 참여하지 않고, 협업하지 않으면 그냥 집단 지성이 아니라 군중심리 정도로 작동하겠죠. 이 정도의 상식적인 내용은 자연스럽게 납득할 수 있어야 합니다.

하이퍼텍스트 시대에 집단 지성이 출현함에 따라 기존의 지식인상은 재조명될 필요가 있다. 특히 프랑스 68 혁명 이후 등장했던 이론가들을 소환할 만하다.

당연합니다. 변화가 있으니, 기존 지식인상에도 변화가 있겠죠. 앞서 서술된 근대 시기 지식인에 대한 이해처럼 이 역시 관점들을 구분하며 독해를 진행하는 것이 핵심이라는 인식을 가졌으면 베스트입니다.

예를 들어 ⓐ푸코는 대중의 대변자로서의 지식인이 불필요한 시대에서도 여전히 대중의 지식 및 담론을 금지하고 봉쇄하는 권력 체계와 이 권력 체계의 대리인 역할을 자임하는 고전적 지식인의 존재에 주목했다.

푸코의 핵심은 고전적 지식인입니다. 탈근대화된 시기(권력 분산)에서 고전적인 지식인이라면 권력에 대리인이며, 담론을 차단하는 사람들이겠죠. 탈근대화의 개념을 잡았다면, 고전적 지식인의 개념을 파악하는 것은 자연스럽게 진행됩니다.

푸코는 이들을 보편적 지식인으로 규정한 후 이를 대체할 새로운 지식인상으로 특수적 지식인을 제시했다.

푸코에게 '보편적 지식인 = 근대적 지식인'입니다. 푸코의 관점에서 정의된 개념이니 필히 확보해야 합니다. 그러면 이들을 대체할 지식인인 특수적 지식인은 담론 금지와 권력 대리인과는 거리가 있을 겁니다.

그가 말하는 특수적 지식인은 거대한 세계관이 아니라 특정한 분야에서 전문적인 지식을 지니고 있는 존재이다.

'특수적 + 지식인'입니다. 그러니 '특정한' 분야에서 전문적인 지식을 가지고 있습니다. 이는 어휘 자체를 통해 납득 해야 합니다.

그리고 자신의 분야에 해당하는 구체적인 사안에 정치적으로 개입하면서 일상적 공간에서 투쟁한다. 푸코에 따르면 진실한 담론은 지식과 미시권력 간의 관계에서 발견될 뿐이다.

'특수적 지식인'은 푸코에게 '보편적 지식인'과 대비되는 개념입니다. 그러니 권력의 하수인과 달리 정치적 개입을 통해 '투쟁'을 진행할 겁니다. 이런 푸코의 입장에서 진실한 담론은 지식과 권력의 관계(이들 사이에서 투쟁)라는 것을 납득하는 건, 결국 앞선 문맥을 당겨 읽으며 진행됩니다.

한편 지식인상의 탈근대적 모색에 있어 근대론적 시각을 더하려는 시도도 있다.

탈근대적 모색에서 근대론적 시각을 더한다니, 말 자체가 너무 어렵습니다. 이후 제시된 내용을 통해 의미를 납득한다는 태도로 독해를 진행했으면 충분합니다.

ⓑ부르디외에 따르면, 지식인은 사회 총자본의 관점에서 볼 때에는 지배 계급에 속하지만, 경제 자본보다 문화 자본의 비중이 더 큰 문화생산자적 속성을 지니며, 시장의 기제에 따라 부르주아지에 의해 지배받는다. 이런 점에서 볼 때 지식인은 피지배 분파에 속한다.

말이 좀 어렵습니다. 납득하는 사고 과정을 제시해보겠습니다. 지식인은 사회 총자본에서는 지배 계급입니다. 지식인이 아예 아무런 권력이 없다고 보기는 어렵겠죠. 그렇지만 지식인들은 돈, 즉 경제보다는 문화, 지식의 속성을 지닙니다. 애초에 '지식'

인이니 돈보다 문화에 가깝습니다. 결국. 지배 계급이지만, 그 중에서는 지배받는 피지배 분파인 겁니다.

조금 사후적으로 설명하자면, 삼성 임원 정도면 사회 지배 계급이라 볼 수 있지만, 이들 역시 삼성 내에서 누군가의 지배를 받는 개념 정도입니다.

◇코멘트

이처럼 정보를 '납득'하며 글을 읽는 것이 우리가 가장 지향해야 하는 방향입니다. 이를 위해 지식적 요인이 필요함을 부정할 수 없습니다. 만약 정말 실전에서 이해가 안 된다면, 지금 인물들이 여러 명 나왔으니 돌아와서 일치 수준에서라도 파악한다는 실전적인 태도도 생각할 수 있습니다.

따라서 이 문화생산자들(지식인)은 각자의 특수한 영역에 대한 상징적 권위를 가지고 지식인의 자율성을 위협하는 권력에 저항하며 사회 전체에 보편적인 가치를 전파해 나가는 투쟁을 전개할 때에만 비로소 지식인의 범주에 들 수 있다. 부르디외는 이 과정(투쟁)에서 역사적인 따라서 한시적인 보편을 개념화한다.

이들(지식인)은 '특수'한 영역에서 권위를 통해 지식인의 자유를 억압하는 '권력'에 저항하며 보편적 가치를 제시해야 지식인으로 인정받습니다. 앞서도 푸코가 '권력과의 투쟁'을 제시한 것처럼 부르디외도 '투쟁'을 제시하고 있다는 인식이 들었으면 베스트입니다.

◇ tip 당겨 읽기

여기서 '이 문화생산자들 = 지식인'입니다. 이를 파악해야 18번 문항에서 부르디외가 지식인을 특수성을 가지고 있으며, 보편성을 가지고 있는, 양분될 수 없는 존재라는 것의 명확한 근거를 잡을 수 있습니다.

cf) 17.09 사단과 법인격, 그에 대한 법인격 부인론 2번째 문항.

⇒ '~ 일인 주식회사에서는 일인 주주가 회사의 대표 이사가 되는 사례가 많다. 이처럼(일인 주주가 회사의 대표 이사가 됨) 일인 주주가 회사를 대표하는 기관이 되면 경영의 주체가 개인인지 회사인지 모호해진다.' = '대표 이사는 주식회사를 대표하는 기관이다.'

◇코멘트

여기서 부르디외가 투쟁에서 역사적인, 따라서 한시적인 보편을 개념화한 것이니, 문맥상 '역사적인 ≒ 보편' 정도의 맥락일 겁니다.

그리고 지식인은 정치활동을 통하여 권력이 보편적인 것처럼 제시하는 특수성들을 역사화하는 역할과, 보편적인 것, 예컨대 과학·철학·문학·법 등에 접근하는 조건들을 보편화하는 역할을 함께 수행한다.

결국 앞서 제시한 것처럼 지식인은 지식의 '보편성'을 위해 노력해야 된다는 의미를 파악했으면 베스트입니다.

[16~18] 문제 해설

16 윗글의 내용과 일치하는 것은?

① 권력에 대한 비판적 지식인은 드레퓌스 사건과 함께 비로소 출현했다.
② 계몽주의 시대의 지식인은 특정 분야의 전문가라는 특권적 위상을 지녔다.
③ 근대의 지식인은 개개인의 차이에도 불구하고 보편성을 추구해야 하는 존재로 인식되었다.
④ 탈근대의 지식인은 자신의 전문 분야에서 제기되는 문제의 정치적 특성을 인정하지 않으려는 존재이다.
⑤ 탈근대의 대중은 자율적인 참여와 협업에 기초하여 권력에 대한 순응주의로부터 벗어났다.

답 ③

근대적 지식인상은 2문단에 등장한 학자들의 관점입니다. 2문단에 제시된 것처럼 민하임은 지식인은 보편성에 입각해 사회의 다양한 계급적 이해들을 역동적으로 종합하여 최선의 길을 모색해야 한다고 보았습니다. 이에 대해서는 그람시도 소외 계급의 해방을 위한 과제는 역사적 보편성을 지니며, 지식인은 소외 계급에게 혁명적 자의식을 불어넣고 조직하는 역할을 자임해야 한다고 보았습니다. 마지막으로 당파적 이해와 지식인이 추구해야 할 보편적 지식 간의 모순을 발견하고, 보편성에 입각하여 소외 계급의 해방을 추구해야 한다고 보았습니다. 이 셋 모두 차이가 있지만, 지식인이 보편성을 추구해야 하는 목적을 가지고 있다고 본 것은 동일합니다.

① : 1문단에 제시된 것처럼 드레퓌스 사건 이전인 중세 시대에도 아벨라르와 같은 비판적 지식인이 존재했습니다.

② : 1문단에 제시된 것처럼 계몽주의 시대에는 특정 분야를 깊이 파고들지 못하더라도 모든 분야를 두루 섭렵할 수 있는 능력을 지닌 사람을 지식인으로 정의했습니다.

④ : 탈근대 지식인에 다룬 것은 4~5문단의 철학자들입니다. 푸코는 구체적인 사안에 정치적으로 개입하면서 일상적 공간에서 투쟁해야 한다고 주장했습니다. 그리고 브루디외 역시 지식인의 자율성을 위협하는 권력에 저항하며 사회 전체에 보편적인 가치를 전파해 나가는 투쟁을 전개할 때에만 비로소 지식인의 범주에 들 수 있다고 주장했습니다.

⑤ : 3문단에 제시된 내용은 대중의 자율성에 기초한 참여와 협업을 전제할 때 가능하며, 참여와 협업이 결여될 때 순응주의가 등장하고 집단 지성은 군중심리로 전락할 수 있다는 것입니다. '~할 수 있는' 것이지 그런 상황에서 벗어났다는 내용이 아닙니다. '개연적'인 부분은 체크했어야 합니다.

◇코멘트

차이를 잡는 것은 당연하고 공통점까지 가져갈 수 있어야 합니다.

17 탈근대적 지식 문화 에 관한 설명으로 가장 적절한 것은?

① 구술 문화적 특성을 공유하는 다양한 텍스트들이 형성되고 지식이 전파된다.
② 지식의 표준을 장악하려는 경쟁을 통해 중앙 집중적 지식 권력의 영향력이 커진다.
③ 사회적 지식의 형성에서 지식을 처음 생산한 자의 권위가 이전 시대보다 강화된다.
④ 문화생산자적 속성을 지닌 지식인의 사회적 지위가 부르주아 계급에서 피지배 계급으로 전락한다.
⑤ 집단 지성이 엘리트로부터 지식 권력을 회수하여 대중의 지식 및 담론을 규제하는 새로운 권력 체계를 형성한다.

답 ①

3문단에 제시된 것처럼 탈근대적 지식 문화로 인해 지식이 하이퍼텍스트 형태를 띠게 됩니다. 그리고 하이퍼텍스트와 새로운 독자의 탄생은 집단적이고 감정이입적인 구술 문화가 지녔던 특성들을 지식 문화에서 재활성화합니다. 즉 탈근대적 지식 문화는 구술 문화적 특성을 공유하는 다양한 텍스트들이 형성되고 지식이 전파되는 것을 의미한다고 볼 수 있습니다.

② : 3문단에 제시된 것처럼 탈근대적 지식 문화에서는 지식 생산자에 해당하는 저자의 권위는 사라지고 지식 권력은 탈중심화됩니다.

③ : 3문단에 제시된 것처럼 탈근대적 지식 문화에서는 지식 생산자에 해당하는 저자의 권위는 사라집니다.

④ : 5문단에 제시된 것처럼 지식인은 사회 총자본의 관점에서 볼 때에는 지배 계급에 속하지만, 경제 자본보다 문화 자본의 비중이 더 큰 문화생산자적 속성을 지니며, 시장의 기제에 따라 부르주아지에 의해 지배받습니다. 즉 탈근대적 지식 문화 측면에서는 부르주아 계급에서 피지배 계급으로 전락한 것이 아니라, 지배 계급이지만, 부르주아지에 의해 지배받는 대상인 겁니다.

⑤ : 4문단에 제시된 것처럼 대중의 지식 및 담론을 금지하고 봉쇄하는 권력 체계와 이 권력 체계의 대리인 역할을 자임하는 고전적 지식인입니다. 이를 대체하는 특수적 지식인은 자신의 분야에 해당하는 구체적인 사안에 정치적으로 개입하면서 일상적 공간에서 투쟁하는 존재입니다.

◇코멘트

'답'을 고르기는 평이했을 문항입니다. 핵심인 '탈근대적 지식인'에 대한 이해(탈권위, 탈집중, 투쟁)가 되었다면 오답 선지 분석들에 대한 실전적 판단 역시 어렵지 않았을 겁니다.

18 ㉠~㉤에 대한 이해로 가장 적절한 것은?

① ㉠은 지식인이 전문 지식과 보편적 지식의 종합을 통해 동질적인 계급으로 형성될 수 있는 존재라고 여겼을 것이다.
② ㉡은 지식인이 계급적 이해관계와 이성적 사유 사이의 모순으로부터 출발하여 보편성을 향해 부단히 나아가야 하는 불안정한 존재라고 여겼을 것이다.
③ ㉢은 지식인이 서로 적대 관계에 있는 계급들 중 어느 쪽과 제휴해 있어도 개별 계급의 한계를 딛고 계급적 이해들을 종합할 수 있는 존재라고 여겼을 것이다.
④ ㉣은 지식인이 자신의 특수 분야와 관계된 미시권력에 저항해 보편적 지식을 전파하는 운동을 전개해야 하는 존재라고 여겼을 것이다.
⑤ ㉤은 지식인이 범주의 측면에서 보편적 지식인과 특수적 지식인으로 명확하게 구분할 수 없는 존재라고 여겼을 것이다.

답 ⑤

⑩(부르디외)은 이 문화생산자들(지식인)은 각자의 특수한 영역에 대한 상징적 권위를 가지고 지식인의 자율성을 위협하는 권력에 저항하며 사회 전체에 보편적인 가치를 전파해 나가는 투쟁을 전개할 때에만 비로소 지식인의 범주에 들 수 있다고 주장했습니다. 특수적인 지식을 가지면서도, 보편적인 가치를 추구해야 하는 지식인입니다. 즉 ⑩(부르디외)은 지식인이 범주의 측면에서 보편적 지식인과 특수적 지식인으로 명확하게 구분할 수 없는 존재라고 여겼을 겁니다.

오답 선지 분석

① : ㉠(만하임)은 지식인 가운데도 출신, 직업, 재산, 정치적·사회적 지위 등에 차이가 있는 경우가 많기에 지식인을 단일 계급으로 간주할 수 없다고 주장합니다. 단일 계급으로 간주할 수 없다고 했으니, 동질적인 계급으로 형성될 수 '없는' 존재라 판단해야 합니다.

② : ㉡(그람시)는 '계급의 이해에 유기적으로 결합'하여 그것을 당파적으로 대변하는 유기적 지식인을 대안으로 제시합니다. 즉 지식인이 계급적 이해관계와 이성적 사유 사이의 모순으로부터 불안을 느끼는 존재라 여기지 않았습니다.

③ : ㉢(사르트르)은 지식인은 결코 유기적 지식인이 될 수 없는 존재이며, 소외 계급에서 출현한 전문가가 유기적 지식인이 되도록 계급의식을 일깨우는 계몽적 역할이라 주장합니다. 즉 소외 계급에 출현한 전문가가 유기적 지식인이 될 수 있게 돕는 것이지, 지식인이 개별 계급의 한계를 딛고 계급적 이해들을 종합할 수 있는 존재라고 여기지 않습니다. 추가적으로 설명하면 계급적 이해들을 '종합'한다는 것은 이들의 이해관계를 모두 이해하고 합해야 하지만, ㉢(사르트르)에게 지식인은 이 정도의 영역까지 나아가진 않습니다.

④ : ㉣(푸코)의 특수적 지식인은 특정한 분야에서 전문적인 지식을 지니고 있는 존재이며 '자신의 분야에 해당'하는 구체적인 사안에 정치적으로 개입하면서 일상적 공간에서 투쟁합니다. 즉 보편적 지식을 전파하는 운동을 전개하는 존재라고 여기는 것은 적절하지 않습니다.

◇코멘트

나열된 관점들에 대해 일치 수준을 넘어 이해를 묻고 있습니다. 그나마 다행인 점은 여러 관점이 나열되어 있어서, 엄청난 이해·추론까지는 요구하지 않습니다. 여기서 생각하면 좋은 점은 선지를 판단할 때 포인트가 '대립쌍'에 초점이 맞춰졌다는 겁니다.
완벽하게 확보하지 못했다면 지문으로 돌아가 관점을 파악하고, 다시 돌아와 선지의 의미를 파악해서라도 답을 맞췄어야 합니다.

2020 언어이해 [19~21] 시간, 시간여행에 대한 관점 구분

◇송병

- 핵심 확보 (관점 파악) / 대립쌍
- 다른 말 같은 뜻
- 있는 그대로라도

매우 좋고 어려운 지문입니다. 제시된 관점을 확보하고 그 관점을 통해 이후 내용의 문맥적 의미를 파악하며 독해해야 하는, 좋은 글입니다. 이때 제시된 관점의 대립쌍(흐름 없음 / 흐름 있고, 현재만 있음)을 정확히 파악했다면, 다른 말 같은 뜻을 잡으며 문맥적 의미를 파악해 내용을 이해하기가 조금 더 수월했을 거라 생각합니다.
추가로 해당 지문에서 실전에서 이해하기 어려울 때 어떻게 해야 할지에 대한 의견도 간략하게 적어두었습니다. 우리의 지향은 앞서 설명한 것처럼 관점을 확보하고, 그를 통해 의미를 파악하는 것이지만, 실전적 태도 역시 고려해야 합니다.

> 세상은 변화를 겪는다. 사람이 그렇게 여기는 이유는 시간이 흐른다고 생각하기 때문이다.

상식적으로 납득할 수 있는 정보입니다. 시간이 흐르니까 변화가 있겠죠. 이렇게 통념적인 얘기를 해준 뒤에는 그것이 성립 가능한 이유에 대해 제시하거나, 통념과 상충되는 주장이 전개된다는 일반적 흐름은 알고 있으면 흐름 파악에 유리합니다.

> 그런데 4차원주의자는 시간이 흐르지 않는다고 주장한다.

대놓고 통념과 상충되는 주장이 제시됐습니다. 4차원주의자에게 시간은 '흐르지 않는' 요소입니다. 관점이 제시되었으니 필히 관점을 확보하고 독해를 진행해야 합니다.

◇코멘트

관점은 핵심입니다. 관점을 확보하고, 그 관점에 맞춰 이후 의미를 파악하며 독해를 진행해야 합니다.

> 시간이 흐르지 않는다면, 과거, 현재, 미래는 똑같이 존재할 것이다.

시간이 흐르지 않으면 과거, 현재, 미래가 똑같이 존재한다는 것을 즉각적으로 납득하기 어려울 수 있습니다. 이는 배경지식이 없으면 어려운 부분입니다. 그렇다 하더라도, 지문 내에서 '시간이 흐르지 않는다 = 과거, 현재, 미래가 똑같이 존재'라고 규정된 사실은 확보하고 독해를 진행해야 합니다.

이러한 견해(시간이 흐르지 않는다=과거, 현재, 미래 똑같이 존재)를 가진 사람을 ㉠영원주의자라고 한다.

계속 지문에서 대응되는 의미를 하나로 연결할 것을 요구하고 있습니다. 제시된 관점 '시간은 흐르지 않는다 = 과거, 현재, 미래가 똑같이 존재한다 = 영원주의자'와 같이 지문에서 같은 의미로 제시된 것을 같은 의미로 납득은 하며 독해를 진행해야 합니다.

시간의 흐름 여부에 대한 인식의 차이는 과거, 현재, 미래에 대한 개념 혹은 표상의 차이를 가져 온다.

당연합니다. '시간이 흐른다 vs 시간이 흐르지 않는다'라는 관점에서 과거, 현재, 미래는 각각 다른 의미를 가지고 있겠죠. 각각 어떤 관점인지 파악한다는 인식을 가지고 독해를 진행합시다.

영원주의자들에게 매 순간(과, 현, 미)은 시간의 퍼즐을 이루는 하나의 조각처럼 이미 주어져 있다.

영원주의자는 시간은 흐르지 않고, 과거, 현재, 미래가 각각 존재한다고 했습니다. 과, 현, 미가 각각 존재하니, 하나의 흐름이 아닌 퍼즐 조각으로 '이미 주어져 있는' 것입니다.

영원주의자에게 시제는 특별한 의미를 가지지 않으며, 과거, 현재, 미래 사이에는 앞 또는 뒤라는 관계만이 존재한다. 현재는 과거의 뒤이고 동시에 미래의 앞일 뿐이다.

과, 현, 미가 '각각' 존재합니다. 그러니 시제도 별 의미가 없겠죠. 시간은 흐르는 것이 아니고 각각 존재하는 것이니까요. 그러니 단순한 앞뒤 관계만이 존재하게 됩니다. 앞선 관점을 확보하고, 그 관점을 통해 내용을 납득하며 독해해야 합니다.

영원주의 세계에서 한 사람은 각 시간 단계를 가지는데,

결국 이 내용도 같은 내용입니다. 각 시간 단계를 가진다는 것은 과거, 현재, 미래 각각을 가진다는 것이겠죠.

그 사람이 없던 수염을 기르면 이는 시간의 흐름에 따른 변화가 아니다. 외모의 차이는 단지 그 사람의 서로 다른 단계 사이의 차이일 뿐이다.

계속 관점을 상기합시다. 영원주의자는 애초에 '시간이 흐르지 않는다'고 보는 관점입니다. '시간이 흐르지 않고' 각 단계의 선후만 존재한다는 입장이니, 수염을 기르는 변화도 시간의 흐름 변화가 아닌 단계 차이일 뿐입니다.

존재한다'라는 관점 한 줄입니다.

이처럼 '의미'를 파악하며 독해한다면 같은 내용의 재진술 수준이라는 점을 파악할 수 있습니다.

cf) 22.11 (가) 헤겔의 미학, (나) 그에 대한 비판

헤겔 지문도 핵심은 '정-반-합'의 수렴적 상향성 구조라는 관점에서 모든 내용이 전개되고 대응됩니다. 추상적이고 이해하기 어려운 지문일수록 다른 말 같은 뜻을 통해 문맥적 의미를 파악해야 합니다.

> 반면에 3차원주의자는 시간이 흐른다는 견해를 내세운다.

대놓고 4차원주의자와의 관점 차이를 제시하고 있습니다. 시간이 흐른다는 견해를 제시하였으니, 과거, 현재, 미래에 대한 관점도 차이가 있을 것이라 생각할 수 있습니다.

◇ **tip** 비교 · 대조 쌍 / 대립쌍

실제 독해 시 a와 b가 대조되는 전개 방향이라면 a를 읽을 때는 있는 그대로 정리를 잘하면서 독해를 하는 것으로 충분합니다. 그렇지만 a 이후 제시되는 b를 읽을 때는 a와의 공통점과 구분되는 차이를 생각하며 독해를 진행하는 습관이 필요합니다.

여기서도 4차원주의자는 시간이 '흐르지 않는다'는 관점이고. 3차원주의자는 시간이 '흐른다'는 관점입니다. 관점 자체가 명확한 대립쌍을 이루고 있다는 점을 파악했어야 합니다.

> 시간이 흐른다면, 과거, 현재, 미래 시제는 모두 다른 의미나 표상을 지닌다.

시간이 흐르지 않을 때는 각각 존재하는 것들이지만, 시간이 흐르면 서로 다른 의미나 표상을 지닙니다. 4차원주의자의 관점과 명확하게 구분하며 독해를 진행해야 합니다.

> 이러한 생각을 지니는 이들 중(3차원주의자, 시간은 흐른다)에 오직 현재만이 존재한다고 보는 사람이 바로 현재주의자이다.

3차원주의자 '중에서' 현재'만'이 존재한다고 보는 사람이 현재주의자입니다. 어휘 자체에서 어느 정도 납득이 가능합니다. 이 역시 현재주의자의 '관점'이니 필히 확보하고 독해를 진행했어야 합니다.

◇ **tip** 상위 범주 / 하위 범주

지문 독해 시 상위 범주와 하위 범주를 인식하지 않고 독해해서 상위 범주의 개념을 하위 범주가 가지고 있다는 것을 인식하지 않고 독해를 진행하는 경우가 종종 발생합니다.

3차원주의자 중 현재주의자가 '일부' 존재하는 겁니다.

즉 [현재주의자⊂3차원주의자]라는 상·하위 범주 파악이 진행됐어야 합니다.

cf) 15.11A 단백질의 합성과 분해

제한아미노산은 단백질 합성에 필요한 각각의 필수아미노산의 양에 비해 공급된 어떤 식품에 포함된 해당 필수아미노산의 양의 비율이 가장 낮은 필수아미노산을 말한다.

⇒ ① 필수아미노산을 제외한 다른 아미노산도 제한아미노산이 될 수 있겠군.

⇒ 필수아미노산 중 일부가 제한아미노산인 것으로 필수아미노산을 제외한 나머지는 제한아미노산이 될 수 없음. 이는 필수아미노산이 제한아미노산의 상위 범주라는 것을 파악했어야 함을 알려줌.

◇ **tip** 한정어

현재주의자는 현재'만' 존재한다고 보는 입장입니다. 한정어를 정확하게 파악해야 이후 3문단에서 제시되는 미래의 비존재 문제를 납득할 수 있습니다.

한정어들에 대해서는 지문 독해 시에 핵심에 결부된 정보든, 부가적으로 제시된 정보든 응당 민감하게 처리해야 하는 표현들입니다. 이런 표현들은 범주 파악, 내용 이해에 필수적이고, 곧잘 문제화되는 부분입니다.

cf) 20.11 장기 이식의 문제점, 레트로바이러스에 대한 이해.

'이런 세포(레트로 감염되고 살아남은)로부터 유래된 자손의 **모든** 세포가 갖게 된 것이 **내인성 레트로바이러스**이다.'

> 그들(현재주의자)에게는 이미 지나간 과거와 아직 도래하지 않은 미래는 존재하지 않으므로, 지금 주어진 현재만이 존재한다.

앞선 관점의 재진술 수준입니다. '현재만' 존재하니, 과거와 미래가 존재하지 않는다는 것은 당연한 수준으로 납득하고 독해를 진행할 수 있습니다.

> 시간여행은 시간에 관한 견해가 첨예하게 대립하는 주제이다.

시간여행이 시간에 관한 견해가 대립하는 주제랍니다. 그러면 당연히 우리는 시간여행에 대한 '관점'을 구분해주며 독해를 진행해야 합니다. 이 역시 앞서 제시된 '시간에 대한 관점'을 통해 '시간여행에 대한 관점'을 파악해야 합니다.

> 현재주의자에 따르면, 현재에서 과거, 미래의 특정 시점을 찾아가는 것은 영원주의자의 생각처럼 시간 퍼즐의 여러 조각 중 하나를 찾아가는 것이 아니다.

현재주의자와 영원주의자의 관점을 확보했어야 합니다. 현재주의자는 현재만 존재한다 생각하지만, 영원주의자는 시간의 흐름이 없고 각각 존재한다 생각합니다. 그러나 영원주의자의 생각은 특정 시점을 찾아가는 것은 퍼즐 조각 중 하나를 가는 것이고, 현재주의자는 그와 다른 관점을 가지고 있겠죠.
결국 관점을 확보하고 그를 통해 납득해야 합니다.

> ⓛ현재주의자 중에 다수는 시간여행이 불가능하다고 주장한다. 누군가가 시간여행을 하려면 과거나 미래로 이동할 수 있어야 하지만, 이미 흘러간 과거와 아직 오지 않은 미래는 실재하지 않는다. 이를 도착지 비존재의 문제라고 할 수 있다.

애초에 현재주의자는 '현재만' 존재한다고 생각합니다. 그러니 과거와 미래는 실재하지 않으니, 실재하지 않는 곳에 갈 수는 없겠죠. 도착할 곳이 존재하지 않는 도착지 비존재의 문제가 발생하는 겁니다.

◇코멘트

현재주의자가 '현재만' 존재한다는 관점을 파악했다면, 도착지 비존재 문제는 사실 당연한 말이 됩니다. 존재하지 않으면 그곳으로 갈 수도 없겠죠. 관점을 확보하고 그를 통해 글을 읽어야 합니다.

> 현재주의자 중에도 시간여행이 가능하다고 보는 사람이 있다.

과거, 미래가 존재하지 않는다고 보는 게 현재주의자인데 여기서 시간 여행이 가능한 사람이 있다는 게 직관적으로 납득되기는 어렵습니다. 일단 그렇다고 생각하고 독해를 진행하는 것이 최선입니다.

> 과거로의 시간여행을 시작하는 현재 시점 T_n에서 과거의 특정 시점 T_{n-1}은 실재가 아니다. 그러나 시간여행자가 T_{n-1}에 도착할 때 그 시점은 그에게 현재가 되어 존재하지 않을까?

현재주의자 중 시간여행이 가능하다고 보는 입장의 관점입니다. T_n에서 과거는 실재가 아니지만, 과거에 도착하면 그게 또 현재가 된답니다. 정말 말장난 같네요. 지문에서도 '~않을까?'라고 제시해줬습니다. 우리도 '과거에 가면 과거가 현재인가?' 정도로 생각하고 독해를 진행했으면 충분합니다.

◇코멘트

그러면 현재주의자 중 시간여행이 가능하다고 보는 입장은 '과거에 도착하면 과거가 현재가 된다'라는 정도로는 파악할 수 있습니다. 관점 파악은 핵심이니 최소한 이렇게 제시된 관점을 정리는 한 상태로 독해를 진행해야 합니다.

> 하지만 이는(과거로 가면 그 과거가 현재?) 과거를 마치 현재인 양 여기게 하는 속임수라고 보는 사람도 있다.

과거로 가면 과거가 현재라고 생각하는 게 속임수라고 보는 입장입니다. 뭔가 속임수 같기는 합니다. 이들은 왜 이런 관점인지 파악한다는 인식으로 독해를 진행하면 충분합니다.

> 과거 시점 T_{n-1}에 도착한다면, 과거는 이제 현재가 된다. 그러나 시간여행의 가능성을 따질 때 우리가 관심을 가지는 현재는 애초에 출발하는 시점인 T_n이지 과거의 도착지인 T_{n-1}이 아니다. 만일 T_{n-1}이 현재가 된다는 것이 중요하다면, T_{n-1}에 도착한 사람에게 T_n은 이제 미래가 된다는 것 역시 중요하다. 그런데 현재주의자는 미래의 비존재를 주장하므로, T_{n-1}에 도착한 시간여행자는 존재하지 않는 미래에서 출발하여 현재에 도착한 셈이다. 이것이 바로 출발지 비존재의 문제이다.

실전이라면 '이게 뭔 소린가?'라고 생각할 수 있습니다. 항상 강조하는 건 '관점'을 확보하고 그 관점에 맞춰 독해해야 한다는 겁니다. 사고 과정을 정밀하게 보여드리겠습니다.

1. 과거 시점 $_{Tn-1}$에 도착한다면, 과거는 이제 현재가 된다.
⇒ 앞서도 그대로 한 말이다.

2. 그러나 시간여행의 가능성을 따질 때 우리가 관심을 가지는 현재는 애초에 출발하는 시점인 $_{Tn}$이지 과거의 도착지인 $_{Tn-1}$이 아니다.

⇒ 과거를 마치 현재인 양 여기게 하는 속임수라고 했다. 그러니 출발하는 시점인 T_n이 현재가 관심인가? → 실전에서는 이렇게 추측할 수 있겠죠. 사실 이게 맞습니다.

3. 만일 T_{n-1}이 현재가 된다는 것이 중요하다면, T_{n-1}에 도착한 사람에게 T_n은 이제 미래가 된다는 것 역시 중요하다.
⇒ "미래는 없는데?"
이 부분이 핵심입니다. 현재주의자의 '관점'은 '현재만' 존재합니다. 그런데 미래가 되어버리면? '미래는 없는데?'라는 생각이 바로 들어야 합니다. 관점을 확보한 상태로 글을 읽어야 하니까요.

4. 그런데 현재주의자는 미래의 비존재를 주장하므로, T_{n-1}에 도착한 시간여행자는 존재하지 않는 미래에서 출발하여 현재에 도착한 셈이다.
⇒ 그지 미래는 없지.

5. 이것이 바로 출발지 비존재의 문제이다.
⇒ 그렇게 그러면 출발지가 없지.

해당 부분을 독해하는 것이 쉽다고 말하는 것은 학생들의 시선을 고려하지 않은 판단일 겁니다. 하지만, 제가 강조하고 싶은 포인트는 '관점 확보'입니다. 만약 여러분이 해당 내용을 완벽하게 이해하지 못했더라도(사실 그게 실전이라면 정상입니다) '관점'을 확보하고 글을 읽는다는 태도 하나만은 제대로 가져갔다면 '현재만 있는데?', '과거, 미래는 없는데?'와 같은 생각으로 '미래는 없는데'라는 생각까지 이어지는 건 어렵지 않습니다.

결국 글이 어려울수록 단순해져야 합니다. 피상적인 구조 독해, 강사의 멋있는 선지 판단 원칙도 좋지만, 결국 실전에서 우리가 할 수 있는 것은, 해야 하는 것은 '핵심 관점(개념)'을 '확보'하고 그에 맞춰 글을 읽는 것입니다.

> 결국 3차원주의 세계에서 시간여행이 가능하다는 점을 보여주려면 출발지 비존재의 문제를 해소해야 한다.

그죠. 도착지도 비존재해서 이를 해결하려 했지만, 그러면 출발지가 비존재하게 됩니다. 3차원주의에서 결국 문제의 '원인'을 해결해야 한다는 것은 당연한 얘기입니다.

> 시간여행의 가능성을 믿는 3차원주의자는 '출발지 비존재'를 '출발지 미결정'으로 보게 되면 문제가 해소된다고 주장할 수 있다.

약간 말장난 같습니다만, 일단 '관점'이 제시된 겁니다. '비존재'를 '미결정'으로 보면 문제가 해소된답니다. 그게 왜 그런지 설명해주면 이후 제시된 내용을 관점을 통해 파악해야 하고, 이렇게 제시되고 끝나면 그냥 그렇구나 하고 정리하면 됩니다.

◇ 코멘트

여기서 어휘력의 중요성을 알 수 있습니다. '비존재'와 '미결정'은 아예 다른 뜻입니다. '비존재'는 존재 자체가 없는 것이고, 이 지문에서 '미결정'은 존재는 있지만, 어떤 상황인지 결정이 안 된 것이죠. 그러니 '미결정'이라 해버리면 '존재'는 있는 것이니 일단 '비존재' 문제는 해결됩니다.
이후 내용은 사실 '미결정'이라는 어휘 뜻을 풀어준 수준입니다. 독서에서 '어휘력'이 얼마나 중요한지 스스로 느끼시고, 어휘도 공부하셔야 한다는 것을 인식해야 합니다. 모르는 어휘 정리도 하고, 시중에 좋은 어휘 단어장도 봐야죠.

> 시간여행자가 과거 T_{n-1}에 도착하는 순간, 그는 실재하지 않는 미래로부터 현재로 이동한 것이 아니라 미결정된 미래로부터 현재로 이동한 것이 된다.

'비존재'가 아니라 '미결정'입니다. 그러니 실재하지 않는 미래 = 비존재하는 미래로부터 이동한 것이 아니라, 미결정된 미래 = 미결정된 미래로부터 이동한 것이죠. 앞선 관점을 파악했으면 동어 반복 수준의 문장입니다.

> 그렇다고 하더라도 출발지 비존재의 문제와 마찬가지로, 미래는 아직 존재하지 않기에 전혀 결정되지 않았으며 아직 결정되지 않은 것이 다른 어떤 것의 원인이 될 수 없으므로 시간여행은 여전히 불가능하다는 비판에 직면할 수 있다.

'아직 결정되지 않은 = 미결정'이 다른 것의 원인이 될 수 없답니다. 결정되지 않은 게 원인일 수 없다는 정도는 납득하고 독해를 진행할 수 있습니다.

> 그러나 T_{n-1}에 도착하는 사건의 원인이 T_n에서의 출발이라는 점을 고려한다면, T_{n-1}에 도착하는 순간 미래 사건이 되는 시간여행은 도착 시점에서 이미 결정된 사건으로 여겨질 수 있다. 즉 미래는 계속 미결정된 것이 아니라, 시간여행 여부에 따라 미결정되었다고도 할 수 있고 결정되었다고도 할 수 있다.

T_{n-1}에 도착하는 사건의 원인이 T_n에서의 출발입니다. 그러니 T_{n-1}에 도착하는 순간 원인이 존재해야 하는 것으로 T_n이 결정된답니다. 만약 실전에서 납득이 안 되는 경우라면 '이 관점에서는 도착하면 결정된단다'와 같이 있는 그대로 납득하고 독해를 진행하는 것도 필요합니다.

이에 ⓒ조건부 결정론자는 출발지 미결정의 문제가 해소되어 시간여행에 걸림돌이 없다고 주장한다.

이 관점에서는 '도착하면 결정이 되니' 미결정의 문제는 해소됩니다. 여기서도 어휘 자체가 '조건부' 결정론자입니다. '조건에 따라 결정된다 = 시간여행 여부에 따라 결정된다'라는 동어 반복이 진행되고 있는 겁니다. 완벽하게 의미를 완벽하게 이해할 수 없다면, 이처럼 문맥을 통해 문맥상 의미 정도는 파악하고 독해를 진행해야 합니다.

그러나 시간여행이 3차원주의와 양립할 수 없음을 고수하는 이들은 출발지 비존재의 문제를 출발지 미결정의 문제로 대체하여 이를 해소하는 전략을 받아들이지 않을 것이다.

그냥 비존재를 미결정으로 대체하는 걸 싫어하는 사람도 있답니다. 그냥 이런 관점도 있다는 것을 인식하고 독해를 마무리하면 충분합니다. 지문 끝에 이렇게 관점을 툭 던지고 끝냈으니 출제될 가능성이 있다는 정도는 생각할 수 있습니다.

[19~21] 문제 해설

19 ㉠~ⓒ에 관한 설명으로 가장 적절한 것은?

① ㉠과 ⓛ은 모두 미래가 이미 결정되어 있는 시간이라고 본다.
② ㉠과 ⓛ은 모두 시간여행에서 과거에 도착하는 순간 출발지는 더 이상 존재하지 않는다고 본다.
③ ㉠과 ⓒ은 모두 과거로 출발하는 시간여행이 가능하다고 본다.
④ ⓛ과 달리 ⓒ은 시제가 특별한 의미를 가지지 않는다고 본다.
⑤ ⓒ과 달리 ⓛ은 시간여행에 필요한 도착지가 존재한다고 본다.

답 ③

현재주의자에게 시간여행은 ㉠(영원주의자)의 생각처럼 시간 퍼즐의 여러 조각 중 하나를 찾아가는 것이 아닙니다. 이는 ㉠(영원주의자)은 시간여행을 시간 퍼즐의 여러 조각 중 하나를 찾아간다는 관점이라는 것으로, ㉠(영원주의자)는 시간여행이 가능하다고 보는 입장이라는 것을 알 수 있습니다. 한편 ⓒ(조건부 결정론자)는 출발지 미결정의 문제가 해소되어 시간여행에 걸림돌이 없다는 관점을 가지고 있습니다.
따라서 ㉠과 ⓒ은 모두 과거로 출발하는 시간 여행이 가능하다고 보는 입장입니다.

오답 선지 분석

① : ㉠(영원주의자)의 관점에서 매 순간은 시간의 퍼즐을 이루는 하나의 조각처럼 이미 주어져 있습니다. 이는 미래가 결정되어 있는 시간이라고 보는 관점임을 알 수 있습니다. 하지만 ⓛ(현재주의자 중에 다수)은 시간여행이 불가능하다고 주장하며, 그 이유로 누군가가 시간여행을 하려면 과거나 미래로 이동할 수 있어야 하지만, 이미 흘러간 과거와 아직 오지 않은 미래는 실재하지 않는다고 주장합니다. 즉 ㉠은 미래가 결정되어 있는 시간이라고 보지만 ⓛ은 결정되어 있지 않은 시간이라고 봅니다.

② : ㉠(영원주의자)의 관점에서 매 순간은 시간의 퍼즐을 이루는 하나의 조각처럼 이미 주어져 있습니다. 그러니 시간여행에서 과거로 도착해도 출발지는 존재합니다. 하지만 현재주의자는 미래의 비존재를 주장하므로, 과거에 도착한 시간여행자는 '존재하지 않는 미래에서 출발'하여 현재에 도착한 셈이라고 주장합니다. 통해 ⓛ(현재주의자 중에 다수)은 시간 여행에서 과거에 도착하는 순간 출발지가 존재하지 않는다고 본다는 것을 알 수 있습니다. 즉 ⓛ만 시간여행에서 과거에 도착하는 순간 출발지는 더 이상 존재하지 않는다고 봅니다.

④ : 3차원주의자는 시간이 흐른다는 견해를 내세운다. 시간이 흐른다면, 과거, 현재, 미래 시제는 모두 다른 의미나 표상을 가집니다. ⓛ과 ⓒ은 모두 3차원주의자의 하위 범주이므로, 시제가 특별한 의미를 가진다고 생각할 겁니다. 시제는 특별한 의미를 가지지 않는다는 것은 ㉠(영원주의자)의 관점입니다.

⑤ : ⓛ(현재주의자 중에 다수)은 도착지 비존재의 문제를 근거로 시간여행이 불가능하다고 주장합니다. 즉 ⓛ은 시간여행에 필요한 도착지가 존재하지 않는다고 봅니다.

20 윗글에서 추론한 내용으로 적절하지 <u>않은</u> 것은?

① 3차원주의자 중에는 과거를 거슬러 올라갈 수 없는 시간으로 여기는 사람이 있을 것이다.

② 현재주의자는 누군가의 외모가 변한 것을 보면 이는 시간이 흘렀기 때문이라고 생각할 것이다.

③ 4차원주의자는 도래하지 않은 시간으로부터 이미 지나간 시간으로 시간의 흐름을 거슬러 올라갈 수 있다고 생각할 것이다.

④ 시간여행이 가능하다고 믿는 3차원주의자는 출발지 미결정의 문제가 해결되면 출발지 비존재의 문제가 해소된다고 생각할 것이다.

⑤ 시간여행의 가능성을 부인하는 3차원주의자는 우리가 미래에 도착하는 순간 도착지가 생겨난다는 주장에 대해, 그 경우에도 출발지 비존재의 문제가 남아 있다고 비판할 것이다.

답 ③

선지를 먼저 살펴보면 시간의 흐름을 거슬러 올라갈 수 있다는 것은 시간의 '흐름'이 있다는 것을 의미합니다. 하지만 1문단에 제시된 것처럼 4차원주의자는 시간이 흐르지 않는다고 주장합니다.

즉 4차원주의자는 도래하지 않은 시간으로부터 이미 지나간 시간으로 고 시간의 '흐름'을 거슬러 올라갈 수 있다고 판단할 수 없습니다. 애초에 이들은 시간이 흐르지 않는다는 관점이기에 시간의 '흐름'이 있다는 말 자체가 적절하지 않은 것이죠. 이들에게 시간 여행은 흐름이 아닌, 2문단에 제시된 것처럼 시간 퍼즐의 여러 조각 중 하나를 찾아가는 것입니다.

오답 선지 분석

① : 우선 1문단에 제시된 것처럼 3차원주의자는 시간이 흐른다는 견해를 내세웁니다. 그리고 2문단에 제시된 것처럼 3차원주의자의 하위 범주인 현재주의자 중 다수는 시간여행을 하려면 과거나 미래로 이동할 수 있어야 하지만, 이미 흘러간 과거와 아직 오지 않은 미래는 실재하지 않는다는 점을 근거로 시간여행이 불가능하다고 주장합니다. 즉 3차원주의자 중에는 과거를 거슬러 올라갈 수 없는 시간으로 여기는 사람이 있을 겁니다.

② : 우선 1문단에 제시된 것처럼 외모의 차이는 단지 그 사람의 서로 다른 단계 사이의 차이일 뿐이라는 4차원주의자와 달리, 3차원주의자는 시간이 흐른다는 견해를 내세웁니다. 그러니 3차원주의자는 누군가의 외모가 변한 것을 보면 시간이 흘렀기 때문이라 생각할 것입니다. 그리고 2문단에 제시된 것처럼 3차원주의자의 하위 범주가 현재주의자입니다. 그러니 현재주의자도 누군가의 외모가 변한 것을 보면 시간이 흘렀기 때문이라 생각할 것임을 알 수 있습니다.

④ : 4문단에 제시된 것처럼 시간여행의 가능성을 믿는 3차원

주의자는 '출발지 비존재'를 '출발지 미결정'으로 보게 되면 문제가 해소된다고 주장합니다. 그러면 이들에게 '출발지 미결정'이 '출발지 비존재'의 문제를 대체하는 것이니, 줄발지 미결정의 문제가 해결되면 출발지 비존재의 문제가 해소된다고 생각할 것입니다.

⑤ : 4문단에 제시된 것처럼 현재주의자는 미래의 비존재를 주장하므로, T_{n-1}(과거)에 도착한 시간여행자는 존재하지 않는 미래에서 출발하여 현재에 도착한다는 '출발지 비존재의 문제임을 지적'합니다. 즉 시간여행의 가능성을 부인하는 3차원주의자는 우리가 미래에 도착하는 순간 도착지가 생겨난다는 주장에 대해, 그 경우에도 '출발지 비존재의 문제가 남아 있다'고 비판할 것입니다.

◇코멘트

이 역시 옆 문항과 유사합니다. 지문은 어려웠지만, 결국 핵심인 '관점'을 확보했다면, 답은 쉽게 찾을 수 있습니다.

21 윗글을 바탕으로 <보기>를 설명할 때, 적절하지 <u>않은</u> 것은?

보 기

밴드 결성 전, 존 레논은 자신이 유명한 가수가 될 것이라는 예언을 듣는다. 자신의 미래가 궁금해진 레논은 마침 타임머신 실험 소식을 듣고 10년 후의 미래로 가고자 자원하였다. 10년 후, 그의 밴드는 유명해지고 데뷔 이전 머리가 짧았던 그는 긴 머리를 가지게 된다. 만일 10년 후로의 시간여행이 가능하다면, 미래를 방문한 무명의 레논은 장발의 록 스타인 자신을 직접 보게 될 것이다. 그러나 이는 '동일한 것은 서로 구별될 수 없다.'라는 ⓐ원리에 위배된다. 즉 '동일한 사람이 무명이면서 동시에 스타이다.'라는 ⓑ논리적 모순이 발생하는 것이다. 이 문제가 해소되지 않으면 레논은 10년 후로 시간여행을 할 수 없다.

① 시간여행의 도착지가 존재하지 않는다는 논리에 따를 경우, ⓐ에 위배되는 사건은 아예 일어나지 않겠군.

② 레논의 서로 다른 단계 중에 현재 단계가 뒤의 단계를 방문할 수 있다고 가정하면, 영원주의자에게 ⓑ는 문제가 되지 않겠군.

③ 조건부 결정론자의 논리에 따를 경우, 레논이 미래에 도착하면 자신의 10년 후 모습을 직접 보기 이전이라도 도착 순간에 이미 출발지 비존재의 문제가 해소되겠군.

④ 미래에 도착하는 시점의 레논과 미래에 있던 레논이 동일한 외모를 가질 수 있다고 가정하면, 현재주의자는 ⓐ

에 위배되는 일이 발생하지 않았다고 주장할 수 있겠군.

⑤ 두 사람이 만나는 시간은 제3의 관찰자가 볼 때는 동시인 것처럼 보이지만 각자의 시간 흐름에서는 동시가 아니라고 가정하면, 현재주의자 중에는 ⓑ가 해소될 수 있다고 보는 사람도 있겠군.

<보기> 정리

T_n : 존 레논 무명 + 단발
T_{n+1} : 존 레논 유명 + 장발

ⓐ : 동일한 것은 서로 구별 될 수 없다.
ⓑ : 동일한 사람이 서로 무명이면서 동시에 스타이다. ⇒ 모순.

답 ④

'동일한 것은 서로 구별될 수 없다.'라는 논리에 대한 예시로 제시된 것은 '동일한 사람이 서로 무명이면서 동시에 스타이다'라는 논리적 모순이 발생한 상황입니다.

그렇다면 존 레논이 동일한 외모를 가질 수 있다고 가정하더라도, 동일한 사람이 서로 무명이면서 스타인 것에는 변화가 없다는 것을 파악할 수 있습니다. 동일한 대상이 서로 구별되고 있는 상황이 유지되고 있는 것이죠. 그러니 ⓐ에 위배되는 일이 발생하지 않았다고 주장할 수 없습니다.

참고 사항

해당 문항을 틀린 학생이라면, ⓑ의 '논리적 모순'이라는 단어만 보고 <보기>에서 구체적으로 풀어 써준 '동일한 사람이 무명이면서 동시에 스타이다.'라는 설명을 간과했을 가능성이 매우 높습니다.

만약 <보기>에서 "이는 논리적 모순이다. 논리적 모순은 '동일한 사람이 무명이면서 동시에 스타이다.'라는 것과 같다."와 같이 서술해줬다면 오답을 고를 확률이 매우 낮아졌을 겁니다.

'A는 B이다.'처럼 일반적으로 개념(혹은 관점)을 제시하는 경우는 당연히 확보해야 합니다.
그런데 'B인 A는~' 식으로 관형절을 통해 개념(혹은 관점)을 제시하는 경우 이 역시 확보해야 하는 의미입니다.
지문에서 제시된 관형절로 서술된 개념을 놓치지 않도록 합시다.

◇ tip 당겨 읽기 (관형절도 당겨 읽어라.)

특정 대상을 수식해주는 관형어(절)이 있다면, 대상만을 확보하며 단순히 넘어갈 것이 아니라 관형어(절)과 대상 모두를 하나의 의미로 확보해주며 독해를 진행해야 합니다.

사소한 습관이지만 그 영향력은 사소하지 않고 정말 중요한 독해 태도이므로 꼭 습관화하시기를 바랍니다.

cf) 23.06 육가의 『신어』, (나) 『치평요람』의 관점

⇒ 역사를 관통하는 자연의 이치에 따라 천문 · 지리 · 인사 등 천하의 모든 일을 포괄한다는 ㉠통물(統物)과, 역사 변화 과정에 대한 통찰로서 상황에 맞는 조치를 취하고 기존 규정을 고수하지 않는다는 ㉡통변(通變)을 제시하였다.

⇒ ㉠과 ㉡의 개념을 'A는 B다.' 같은 형식이 아닌, 'B인 A~'와 같은 형식으로 서술해주고 있고, 정의를 정확하게 파악했는지 여부가 출제됨.

오답 선지 분석

① : 1문단에 제시된 것처럼 시간여행 도착지가 존재하지 않는다는 논리는 '현재주의자 중에 다수'에 해당하는 논리로, 이들은 애초에 시간여행이 불가능하다고 주장합니다. 그러니 애초에 ⓐ에 위배되는 사건이 일어날 수 없습니다.

② : 1문단에 제시된 것처럼 영원주의자들에게 매 순간은 시간의 퍼즐을 이루는 하나의 조각처럼 이미 주어져 있습니다. 그리고 과거, 현재, 미래 사이에는 앞 또는 뒤라는 관계만 존재하며 한 사람은 각 시간 단계를 가집니다. 즉 영원주의자의 관점에 따르면 두 레논은 동일한 것이 아닌, 각 단계에 존재하는 레논으로 애초에 ⓐ에 위배되지 않습니다.

③ : 4문단에 따르면 조건부 결정론자들은 T_{n-1}(과거)에 '도착하는 순간' 미래 사건이 되는 시간여행은 도착 시점에서 이미 결정된 사건으로 여겨질 수 있다고 주장합니다. 즉 레논이 미래에 도착하면 자신의 10년 후 모습을 직접 보기 이전이라도 '도착 순간'에 이미 출발지 비존재의 문제가 해소됩니다.

⑤ : 무명인 레논과 스타인 레논이 '각자의 흐름'에서는 동시가 아니라면 이들은 각자 가지고 있는 시간 속에 있는 별개의 존재라 볼 수 있습니다. 이 경우는 애초에 동일한 것이 아니므로 ⓑ가 발생하지 않습니다.

◇ 코멘트

정답 해설과 같이 작성한 코멘트를 정독하시길 바랍니다. 또한 선지 판단 시 '~가정하면'의 경우는 그 가정은 참이라 전제하고 뒷 내용에 대한 판단을 진행해야 합니다.

◇ 총평

- 핵심 확보 (구체적 개념)
- 다른 말 같은 뜻
- 상위 범주 / 하위 범주

매우 우수한 지문입니다. 지문의 내용 및 어휘 수준이 꽤나 까다롭습니다. 그렇지만 이런 지문일수록 핵심은 결국 '구체적으로 제시된 개념을 확보'하고 그에 맞춰 뒷 내용의 '의미를 파악'하는 태도입니다. 다른 말일지라도, 같은 뜻임을 '의미를 파악'하며 내용을 납득하는 태도의 중요성을 해당 지문에서 꼭 느끼시길 바랍니다. 이를 통해 구체적으로 제시한 개념을 납득하고, 그들 간 범주 파악이 되었어야 합니다.
꼭 지문 독해 시 본인의 사고 과정을 돌아보며, 다른 글자이지만, 같은 뜻을 파악하며 의미를 납득하였는지를 꼭 돌아보셔야 합니다. 문항들 역시 철저하게 '핵심(의무에서 비롯하는 행위의 개념)'을 파악하였는지 묻고 있다는 점을 느껴야 합니다.
추가로 해당 지문의 내용은 말한 것처럼 칸트의 의무론에 대해 얄팍하게라도 알고 있다면, (혹은 공리주의의 역에 대해 생각해봤다면) 이해가 훨씬 쉬웠을 지문입니다. 이는 생윤에도 있는 내용이고 기출에도 유사한 소재가 등장한 적이 있습니다. 지식적으로 공리주의, 의무론 등의 내용 정도는 가볍게 알고 있는 것이 좋습니다.

> 우리 행위의 가치를 평가할 때 언제나 우선적이어서 여타의 모든 가치들의 조건을 이루는 선의지라는 개념이 있다.

선의지의 개념이 제시되었습니다. 지문 시작부터 구체적인 개념을 제시해줬으니, 최소한 이는 확보를 한 상태로 독해를 진행해야 합니다. 선의지는 "모든 행위 가치의 최우선 평가 조건"입니다.

◇ 코멘트

+ 구체적으로 제시된 개념을 확보하는 건 중요합니다. 더구나 그것이 시작부터 제시된 개념일 경우 그것을 확보하고, 그에 맞춰 독해를 진행해야 합니다.
+ 선의지의 개념은 "모든 행위 가치의 최우선 평가 조건"입니다. 실제로 해당 지문의 내용도 '행위의 가치에 대한 평가'를 다루고 '의무에서 비롯된' 것만이 최상의 평가를 다룰 수 있다는 내용입니다. 이 역시 초반에 지문의 화제가 명확하게 제시된 것이죠. 실전에서 지문 독해 시 이것이 바로 화제라는 점을 파악하기는 어려울 수 있습니다. 하지만, "모든 행위 가치의 최우선 평가 조건"이라는 점을 확보했다면 이후 제시되는 '행위에 대한 평가'라는 지문의 맥락을 납득하기는 조금 더 수월했을 것이라 생각합니다.

> 이 선의지 개념을 발전시키기 위해, 먼저 도덕적 의무라는 개념에 대해 생각해 보자.

선의지 개념을 위해 '도덕적 의무'를 파악합니다. 최소한 화제가 구체화되고 있고, 도덕적 의무의 개념이 핵심이라는 생각은 하고 독해를 진행해야 합니다.

◇ 코멘트

+ 15.11 아와 비아를 통한 신채호의 사상 이해.
이(신채호의 사상)를 바르게 이해하기 위해서는 그의 사상의 핵심 개념인 '아'를 정확하게 이해할 필요가 있다.
⇒ '아'를 통해 신채호 관점 이해

해당 지문도 '도덕적 의무'의 개념을 통해 핵심인 '행위 가치 평가의 최우선 요소'를 구체화할 것임을 알 수 있습니다.

> '의무에 어긋나는' 것으로 인식된 모든 비도덕적인 행위에 대해서는 비록 그런 행위들이 이런저런 의도에는 유용하다고 할지라도 여기서(도덕적 의무 개념 파악)는 고려하지 않겠다.

'의무에 어긋나는' 비도덕적 행위는 '의도'와 무관하게 고려하지 않습니다. 우리는 '도덕적 의무'에 대해 다루고 있습니다. 그러니 '의무'와 맞지 않는 행위에 대해서는 일체 고려하지 않는다는 것은 납득하며 독해를 진행할 수 있습니다.

◇ 코멘트

이는 칸트의 의무론을 얄팍하게라도 알고 있다면, 조금 수월하게 납득 가능한 내용입니다. 만약 이를 잘 모른다고 할지라도, 철학 지문에서 '행위의 정당성'을 다루는 기준은 자주 출제되는 내용입니다. 해당 지문에서 제시된 관점(의무에 맞는, 의무에서 비롯하는 등)은 지식적으로 알고 있으면 좋은 내용입니다.

> 이런 행위(의무에 어긋나는 행위)는 의무와 충돌하므로, 과연 그 행위(의무에 어긋나는 행위)들이 '의무에서 비롯하는' 것일 수 있느냐는 물음이 이 행위(의무에 어긋나는 행위) 자체에서 아예 발생할 수 없기 때문이다.

우리의 핵심은 '행위에 대한 평가'입니다. 지금 '행위에 대한 평가'를 다루고 있다는 점을 계속 인식해야 합니다. 내용적으로는 '의무에 어긋나는 행위'는 애초에 '의무에서 비롯하는' 행위일 수 없습니다. 의무에 어긋나버리는데, 의무에서 '비롯하는' 행위가 될 수는 없겠죠.

◇ **tip 당겨 읽기**

크게 까다로운 부분은 아니지만, 여기서 지시어로 반복된 내용은 '의무에 어긋나는 행위'입니다. 우리는 지금 '행위에 대한 평가'를 다루고 있기에, '어떤 행위를 어떻게 평가하는지'는 지문의 핵심에 직결되는 내용입니다. 지시어를 정확하게 당겨 읽기만 해도, '의무에 어긋나는 행위'가 애초에 의무 행위와 양립할 수 없다는 평가를 파악하는 것은 어렵지 않았습니다.

항상 지시어에 해당하는 내용을 정확하게 파악해야 문장 자체를 정확하게 이해할 수 있다는 인식을 갖추고 독해를 진행해야 합니다.

cf) 19.11 계약에 대한 이해

'이러한 사건(의사 표시가 작용한 것이 아닌 이행 불능에 의함)을 통해서도 법률 효과가 발생한다.'

의무에서 비롯하는 행위는 어떤 조건도 없이 오로지 당위(當爲)에 의거한 행위이다.

핵심은 '행위 가치에 대한 평가'입니다. 그리고 의무에서 비롯하는 행위에 대한 구체적 개념이 제시됩니다. 대놓고 '어떤 조건도 없이' '오로지'와 같은 표현을 통해 '당위'만이 중요함을 강조하고 있습니다. 한정어를 통해 확보하라고 대놓고 출제자가 말하고 있으니 우리도 확보하고 독해를 진행해야 합니다.

◇ **tip 한정어**

'오로지' '~만'

한정어가 쓰인 표현이라면 지문 독해 시에 핵심에 결부된 정보든, 부가적으로 제시된 정보든 응당 민감하게 처리해야 하는 표현들입니다. 이런 표현들은 범주 파악, 내용 이해에 필수적이고, 곧잘 문제화되는 부분입니다.

cf) 20.11 장기 이식의 문제점, 레트로바이러스에 대한 이해.

'이런 세포(레트로 감염되고 살아남은)로부터 유래된 자손의 모든 세포가 갖게 된 것이 내인성 레트로바이러스이다.'

의무에 어긋나는 행위를 의무에서 비롯하는 행위와 구별하는 것은 쉽다.

항상 앞선 개념을 통해 의미를 파악해야 합니다. 앞서 '의무에 어긋나는 행위'는 '의무에서 비롯하는' 것일 수가 없음이 제시되었습니다. 애초에 의무에서 비롯할 수 없는 행위이니 구별하는 것은 당연히 쉬울 겁니다. 앞선 정보를 통해 뒷 정보를 납득

합시다.

이와 달리 '의무에 맞는' 행위를 의무에서 비롯하는 행위와 구별하는 것은 어렵다.

어휘 자체를 통해 이해합시다. '의무에 맞는' 건 '의무에서 비롯하는' 행위와 구별하기 당연히 어렵습니다. '의무에 맞는' 건 행위의 결과가 의무에 부합만 하면 되고, '의무에서 비롯하는' 건 원인 자체가 '의무'에 있어야 한다는 것이죠. 어휘력이 갖춰져 있다면 배경지식 없이도 이 둘의 구분이 어렵다는 것을 납득할 수 있습니다.

그렇다면 이를 읽고 의무에 맞는 행위와 의무에서 비롯하는 행위의 관계를 어휘 자체를 통해 스스로 판단할 수 있습니다. 만약 실전에서 판단되지 않았다면, 스스로 여기서 생각해 본 뒤 해설을 읽읍시다.

◇ **tip 어휘 자체를 통한 이해**

실제로 어휘 자체를 통해 자연스럽게 납득할 부분을 납득하고 독해를 진행하는 사람과 그렇지 못한 사람은 실전에서 상당한 차이를 보입니다.

단순히 '의무에 맞는' 것은 결과는 의무에 맞지만, 원인에 대한 파악이 되지 않습니다. 그러니 그것이 '의무에서 시작된 것인지' 파악하기는 어렵겠죠. 상식적으로 행위의 '원인'을 정확하게 파악한다는 것은 어려우니까요.

◇ **코멘트**

앞서도 말했지만, 약간의 배경지식만 있더라도 지문 이해가 압도적으로 쉬워집니다. 철학에서 행위를 평가할 때 행위의 결과가 아닌 목적을 고려해야 한다는 내용은 생활과 윤리에서도 나오는 내용입니다. 수능을 보시는 여러분도 이런 관점은 알고 있어야 합니다. 리트 언어이해를 통해서 이런 필요한 지식적 내용을 가져가는 것도 리트를 활용하는 방법 중 하나입니다. 실제로 리트에 나왔던 소재나 관점이 수능에서 아예 똑같은 경우도 있었고, 알면 가볍게 도움이 되는 정도는 꽤 많이 있습니다.

cf) 22.11 헤겔의 미학 ⇒ 리트에 4번 출제 / 20.11 베이즈주의 ⇒ 리트에 1번 출제 등.

의무에 맞는 행위를 유발하는 동인은 다양해서, 어떤 것은 행위자의 이해관계에서 출발하기도 하고, 다른 어떤 것은 사랑이나 동정심 등의 감정에 의해 나타나기도 한다.

둘의 구별이 어려운 이유가 제시됩니다. '의무에 맞는' 행위의 동인≒원인은 다양하니, 그 원인이 '의무'인지 파악하는 것은 꽤나 까다롭겠죠.

어휘 자체를 통해서도 우리는 원인을 파악할 수 있지만, 출제자가 이게 왜 어려운지 설명을 친절하게 구체적으로 해줍니다. 아마 이 문장 덕분에 이후 독해가 꽤나 수월했을 것이라 생각합니다.

◇ **코멘트**

첫 문단에서는 글의 방향성을 제시해주며, '의무에 어긋나는' / '의무에 맞는' / '의무에서 비롯하는' 행위를 구분해주었습니다. 항상 강조드리는 것처럼 구체적으로 제시된 개념을 확보하고, 이후 제시되는 '의미'를 파악하며 독해를 진행하는 것의 중요성을 이후 내용을 통해 느끼셔야 합니다.

만약 본인이 해당 지문 독해가 어려웠다면, 해설 읽기를 멈추고 스스로 '의무에 어긋나는' / '의무에 맞는' / '의무에서 비롯하는' 행위의 개념을 상기하고, 다른 말 같은 뜻을 통해 의미를 파악하며 2문단을 다시 독해한 뒤, 돌아와 보시길 바랍니다.

◇ **tip 개념에 대한 구체적 설명**

지문에서 세 가지 개념에 대해 구체적으로 설명을 해주고 있다는 것은 그 개념의 구체적 설명이 꼭 필요함을 의미합니다. 실제로 여기서 세 가지 행위의 개념을 놓치고 가면 이후 예시 내용을 이해하는 것이 상당히 까다로워집니다.

물론 개념어를 모두 완벽하게 확보한다는 것은 현실적으로 특히 수능 당일에는 꽤나 어려울 것입니다. 그럼에도 우리는 구체적 개념이 제시된다면 이를 확보해야 합니다. 그리고 그것을 당겨 읽으며 독해를 진행하며 의미를 파악할 수 있어야 합니다.

예컨대 자신의 이득이 우선인 ⊙의사가 수입을 늘리기 위해 최선을 다해 진료한다면, 그의 행위는 의무에 맞는 일이다. 하지만 환자가 정당하게 대우받는 것처럼 보인다고 해서 이 행위가 의무에서 비롯하여 행해졌다고 말할 수는 없다.

구체적 예시가 제시되었습니다. 의사가 최선을 다해 진료하는 것은 '의무에 맞는' 일입니다. 그러나 '의무에서 비롯하는' 행위는 아니죠. 앞서 '의무에 맞는' 행위와 '의무에서 비롯하는 = 당위에 의거한 행위'가 다름이 제시되었습니다. 해당 예시는 그에 대한 재진술일 뿐입니다.

한편 공감 능력이 뛰어나 이웃의 불행에 발 벗고 나서서 돕는 ⓛ사람이 있다. 그의 행위는 의무에 부합하며 매우 칭찬받을 만하지만 아무런 도덕적 가치를 갖지 못하며 단지 성격적 특성이 발현된 것일 뿐이다. 공감하는 행위가 의무에 맞고 칭찬과 격려를 받을 만하더라도 도덕적 존경의 대상은 아니다.

또 구체적 예시가 제시되었습니다. 이 역시 '의무에 맞는' 행위이지만, '의무에서 비롯하는' 행위는 아니죠. 똑같이 '의무에 맞는' 행위와 '의무에서 비롯하는' 행위를 구분해주고 있는 수준입니다. 결국은 다른 말 같은 뜻일 뿐이죠.

◇ **tip 구체적인 예시**

수능, 리트 언어이해와 같은 글이 얼마나 짜임새 있게, 낭비가 없이 작성된 글인지 알 수 있는 대목입니다.

바로 예시 직전 어떤 것은 행위자의 이해관계에서 출발하기도 하고, 다른 어떤 것은 사랑이나 동정심 등의 감정에서 출발하는 '의무에 맞는' 행위가 있음이 제시되었습니다.

그리고 첫 예시가 '이해관계'에서 출발한, 두 번째 예시가 '감정'에서 출발한 예시이죠. 평가원이 구체적으로 제시한 내용(구체적 개념이든, 특정 사례 등)은 지문 이해 혹은 문제 풀이에 높은 확률로 직결됩니다.

만약 지문에서 이렇게 특정 개념에 대해 구체적인 예시가 등장한다면 문제화될 것을 인식하고 독해 시기를 권장합니다. 아주 사소하지만, 독해력 향상에 큰 도움이 되는 습관이라고 생각합니다.

cf) 20.09 점유·소유 중 일부

물건 중에서 피아노, 금반지, 가방 등과 같은 대부분의 동산은 점유에 의해 소유권이 공시된다.

⇒ 구체적으로 동산의 예시를 제시함.

하지만 이 박애주의자가 뇌 손상으로 공감 능력을 상실하고도 다만 의무로 인식하여 타인을 돕는 경우라면, 그 행위는 비로소 진정한 도덕적 가치를 갖게 된다.

앞서 '의무에서 비롯하는' 행위는 '당위'에 의거해야 한다고 제시했습니다. 그러니 아무런 공감 능력이 없지만, '그냥 의무라서' 진행한 행위는 도덕적 가치를 갖는 = 의무에서 비롯하는 행위로 인정받을 수 있는 것이죠.

독서는 결국 '의미'를 파악하며 읽는 것입니다. 독해 시, 기표(記標)가 다르더라도, 같은 기의(記意)를 가지고 있으면 적극적으로 같은 의미를 판단해 주어야 합니다.

여기서도 결국 초반에 구체적으로 제시해준 개념들('의무에 어긋나는' / '의무에 맞는' / '의무에서 비롯하는' 행위)을 확보한 뒤, 지문 해설에 작성한 것처럼 같은 의미라는 것을 파악하며 독해를 진행했어야 합니다.

이렇게 다른 말 같은 뜻을 잡아 지문의 핵심(의미 확장)을 파악했다면, 사실상 이후 제시되는 내용은 최소한의 구분 정도면 충분합니다.

cf) 21.11 예약에 대한 이해

"예약은 예약상 권리자가 가지는 권리의 법적 성질에 따라 두 가지 유형으로 나뉜다."라는 문장 이후 제시되는 회사와 급식 업체에 대한 예시 독해

의무에서 비롯하는 행위는 그 도덕적 가치를 행위에서 기대되는 결과에 의존하지 않으며 대신에 행위를 결정하는 동기인 의지에서 구한다.

앞선 내용의 재진술 수준입니다. '의무에서 비롯하는 행위는 어떤 조건도 없이 오로지 당위(當爲)에 의거한 행위'이죠 그것을 '결과에 의존하지 않고 "의지"에서 구한다'라고 제시했습니다. 글자는 다르지만, 의미는 결국 동일한 '의무에서 비롯한 행위'의 정의입니다.

결과는 다른 원인으로 성취될 수도 있으며, 이성적 존재자의 의지가 요구되지도 않는다.

결과는 다른 원인으로 성취될 수도 있다는 것 역시 의무에 맞는 행위를 유발하는 동인은 다양하다는 것과 같은 의미라는 걸 파악하는 건 어렵지 않습니다. 여기서 '이성적 존재자의 의지'라는 새로운 개념이 추가되었습니다. 이렇게 재진술 시 추가되는 개념은 확보하며 독해를 진행해야 합니다.

◇ 코멘트

그러면 이성적 존재자의 의지가 바로 무슨 의미인지 파악할 수 있을까요? 맥락상 이는 '의무에 비롯하는' 행위와 관련 있는 내용일 겁니다. '의무에 맞는' 행위와 '의무에 비롯하는' 행위를 구분해주고 있는 것이 지문의 메인이니까요.

반면에 무조건적인 최고선은 이성적 존재자의 의지에서 만날 수 있을 뿐이다.

계속 맥락을 생각합시다. '의무에 맞는' 행위와 '의무에서 비롯하는' 행위가 구분되어야 합니다. 그러면 무조건적인 최고선이 이성적 존재자의 의지에서 만날 수 있다는 것은 결국 = '의무에서 비롯하는 행위'는 '이성적 존재자의 의지'를 통해 이해될 수 있는 것이죠.
복잡하고 말 자체가 어렵습니다. 이성적 존재자라뇨. 하지만 그 의미는 결국 앞선 정보, 즉 문맥에 의해 결정됩니다.

지문 독해 시 상위 범주와 하위 범주를 인식하지 않고 독해해서 상위 범주의 개념을 하위 범주가 가지고 있다는 것을 인식하지 않고 독해를 진행하는 경우가 종종 발생합니다.

생각해 봅시다. 그렇다면 '의무에 맞는' 행위는 결과적으로 의무에만 맞으면 됩니다. 그런데 '의무에서 비롯하는' 행위는 의무에 맞는 행위 중 의무에서 비롯된 것들입니다.

즉 '의무에서 비롯하는 행위 ⊂ 의무에 맞는 행위'입니다.

이처럼 두 개념에 대한 범주 파악이 진행되었어야 합니다.

여기서 '의무에서 비롯한 행위라도 결과적으로는 안 좋을 수 있지 않나요?'라는 말이 나올 수 있습니다. 하지만 이는 1문단에 제시된 의무에 어긋나는 행위는 의무와 충돌하므로, 과연 그 행위들이 '의무에서 비롯하는' 것일 수 있느냐는 물음이 이 행위 자체에서 아예 발생할 수 없기 때문을 파악했다면, 해당 지문에서는 '의무에서 비롯하는' 행위가 '의무에 부합하지 않는' 행위가 될 가능성을 논하지 않는다는 것을 알 수 있습니다.

사실 이런 논리 구조는 기출과 리트에 자주 등장하는 내용입니다. (결과만 고려 / 그중 원인까지 고려) 그러니 논리적으로 파악할 수도 있지만, 지식적으로 알고 있는 것도 좋은 방향입니다.

cf) 22.06 PCR

전통적 PCR이든 실시간 PCR이든 PCR의 하위 범주입니다. 이를 고려하여 둘의 공통 요소가 있음을 인식하고 있어야 합니다.

이런 연유로 오직 법칙에 대한 표상, 즉 법칙 자체에 대한 생각만이 우리가 도덕적이라고 부르는 탁월한 선을 이룬다.

법칙 자체에 대한 생각만이 도덕적인 탁월한 선을 이룹니다. 제가 지금 문장을 그대로 썼는데, 이 역시 결국 앞선 문맥을 통해 파악해야 합니다. '의무에서 비롯하는' 행위에 직결되는 내용으로, 법칙 자체에 대한 생각만이 결국 '의무에서 비롯하는' 행위와 직결될 수 있는 것이죠.

> 물론 기대된 결과가 아닌 법칙의 표상이 의지를 규정하는 근거가 되는 한, 이 표상은 이성적 존재자에게서만 발생한다.

앞서 제시한 내용을 상기합시다. '의무에 맞는' 행위는 결과를 고려하는 것이고, 다른 원인이 있을 수 있습니다. 하지만, '의무에서 비롯하는' 행위는 다르죠. 결국 기대된 결과가 아닌 표상이 의지를 규정한다는 근거에서 '의무에서 비롯하는 행위'에 직결되는 '이성적 존재자에게서만' 발생이 논리적으로 도출되는 겁니다.

> 이 탁월한 선은 이미 법칙에 따라 행동하는 인격 자체에 있으므로 우리는 결과에서 이 선(탁월한 선, 결국 의무에서 비롯하는)을 기대해서는 안 된다.

계속 강조되고 있는 내용입니다. '의무에서 비롯하는 행위는 어떤 조건도 없이 오로지 당위(當爲)에 의거한 행위'입니다. 그러니 '결과에서 선을 기대'해서는 안 되겠죠. 사실 앞서 제시된 '행위'의 개념들만 잡고 왔어도 바로 납득될 문장입니다.

> 이러한 탁월한 선(법칙에 따라 행동하는 인격 자체에 있음)에 따르면, ⓒ거짓 약속을 하는 사람의 주관적 원리는 모든 사람을 위한 보편적 법칙이 될 수 없다. 거짓 약속을 하는 행위를 보편적 법칙으로 삼고자 한다면, 그 어떤 약속도 있을 수 없는 모순이 발생한다.

상식적으로 납득할 수 있습니다. 거짓 약속을 하는 사람의 원리가 보편적 법칙이 될 수 없겠죠. 거짓 약속이 보편이면, 약속이 거짓된다는 게 보편적인데 이러면 애초에 약속이라는 것 자체가 존재하지 않겠죠.

> 즉 행위자의 주관적 원리는 보편적 법칙이 되자마자 자기 파괴를 겪게 된다.

'즉'이라는 부사어를 통해 재진술, 정리임을 파악할 수 있습니다. 거짓 약속이 보편적이라고 규정된다면, 약속이라는 것 자체가 없습니다. 이는 결국 <주관적 원리가 보편적 법칙이 되자마자(거짓 약속이 보편 원리가 되자마자) 자기 파괴를 겪는다(모순을 겪는다)> 역시 괄호에 제시된 내용처럼 제시된 글자(기표)는 다르지만 의미(기의)는 같은 앞선 내용의 재진술입니다.

> 행위를 규정하는 의지를 단적으로 그리고 제한 없이 선하다고 할 수 있으려면 법칙을 표상할 때 이로부터 기대되는 결과를 고려하지 않고 표상하는 것이 의지를 규정해야만 한다.

또 같은 말입니다. 결과를 고려하지 않고, '법칙 자체에 대한 생각만'이 의지를 규정해야 한다는 의미입니다. 초반에 제시된 관점으로 일관되게 글이 진행되고 있습니다.

◇코멘트

재진술을 통해 의미를 파악하지 않는다면, 어휘 수준이 높고 문장도 까다로워 의미 파악이 굉장히 어려울 겁니다. 하지만, 문맥을 통해 의미를 파악했다면, 납득이 매우 수월했을 겁니다.

> 어떤 법칙을 준수할 때 의지에서 일어날 수 있는 모든 충동을 의지에서 빼앗는다면, 이제 남아 있는 것이라곤 행위 일반의 보편적 합법칙성뿐이므로, 이것만을 의지를 일으키는 원리로 사용해야 한다.

모든 충동을 의지에서 빼앗는다는 것은 무슨 의미일까요? 앞서 제시된 예시(의사, 착한 사람)를 생각한다면 이해가 쉬울 겁니다. 그런 것과 반대로 의지에서 충동(돈, 성질)을 제거하고, 남은 보편적 합법칙성은 '법칙 자체에 대한 생각만'이 남는 상황과 직결되는 맥락일 겁니다.

> 다시 말해 나는 내 주관적 원리가 보편적 법칙이 되어야 한다고 바랄 수 있도록 오로지 그렇게만 행위를 해야 한다.

내 주관적 원리가 보편적 법칙이 된다는 것은 결국 '나의 주관적 원리가 의무에서 비롯하는 행위로, 당위에 의거한 행위'에 근거하는 법칙이 되어야 한다는 의미일 겁니다. 결국 '의무에서 비롯하는 행위'에 부합하는 내용이 모든 내용을 지배한 지문입니다.

22 윗글의 내용과 일치하는 것은?

① 결과가 이성적 존재자의 공감을 얻는다면 그 행위는 도덕적이다.
② 도덕적 가치 판단은 동기인 의지와 품성인 덕을 모두 고려해야 한다.
③ 어떤 행위가 만인의 보편적 이익을 지향한다면 그 행위는 도덕적이다.
④ 감정에서 우러나는 자발적 행위라야 진정한 도덕적 가치를 가진다.
⑤ 이타적인 동기에서 유발되는 행위 자체는 도덕적 존경의 대상이 될 수 없다.

답 ⑤

1문단에서 의무에 맞는 행위를 유발하는 동인은 다양해서, 어떤 것은 행위자의 이해관계에서 출발하기도 하고, 다른 어떤 것은 사랑이나 동정심 등의 감정에 의해 나타나기도 함이 제시되었습니다.

그리고 2문단에서 구체적 예시로 공감 능력이 뛰어나 이웃의 불행에 발 벗고 나서서 돕는 사람의 경우가 아무런 도덕적 가치를 갖지 못하며 단지 성격적 특성이 발현된 것일 뿐임이 제시되었습니다.

즉 이타적 동기에서 유발되는 행위 자체는 도덕적 가치를 지니지 못하는, 도덕적 존경의 대상이 될 수 없습니다.

오답 선지 분석

① : 3문단에 제시된 것처럼 의무에서 비롯하는 행위는 그 도덕적 가치를 행위에서 기대되는 결과에 의존하지 않고 행위를 결정하는 동기인 의지에서 구한다. 즉 '결과'가 이성적 존재자의 공감을 얻는다고 할지라도 그것이 도덕적이라 단정할 수는 없습니다.

② : 1문단에 제시된 것처럼 의무에서 비롯하는 행위는 어떤 조건도 없이 오로지 당위(當爲)에 의거한 행위 뿐입니다. 즉 도덕적 가치 판단이 '덕'을 고려해야 한다 볼 수 없습니다. 이는 정답 해설에도 제시한 것처럼 구체적 예시를 통해(이웃의 불행~) 직관적으로 파악할 수 있습니다.

③ : 1문단에 제시된 것처럼 의무에서 비롯하는 행위는 어떤 조건도 없이 오로지 당위(當爲)에 의거한 행위 뿐입니다. 또한 3문단에 제시된 것처럼 의무에서 비롯하는 행위는 그 도덕적 가치를 행위에서 기대되는 결과에 의존하지 않습니다. 그런데 보편적 이익을 지향한다는 것은 '결과'를 지향하는 행위입니다. 즉 만인의 보편적 '이익'을 지향한다고 할지라도 그것은 '결과'에 근거하는 것이기 때문에 도덕적이라 판단하는 것은 적절하

지 않습니다.

④ : 1문단에 제시된 것처럼 의무에서 비롯하는 행위는 어떤 조건도 없이 오로지 당위(當爲)에 의거한 행위 뿐이며, 2문단에 제시된 이웃의 불행 예시에서도 알 수 있듯이 감정에서 우러나는 행위는 진정한 도덕적 가치를 가진다고 볼 수 없습니다.

◇코멘트

지문의 핵심인 '의무에서 비롯하는' 행위의 개념을 파악하였는지, 결국 지문에서 글자가 다르더라도 그 '의미'를 파악했는지(의무에서 비롯하는 행위는 당위에만 근거한다는) 요구하고 있습니다.

23 윗글에 대한 이해로 적절하지 않은 것은?

① '의무에 맞는' 행위는 '의무에 어긋나는' 행위가 될 수도 있다.
② '의무에 맞는' 행위는 '의무에서 비롯하는' 행위가 아닐 수도 있다.
③ '의무에서 비롯하는' 행위는 '의무에 맞는' 행위가 될 수밖에 없다.
④ '의무에 어긋나는' 행위는 '의무에 맞는' 행위와 유발 동인이 동일할 수도 있다.
⑤ '의무에서 비롯하는' 행위는 '의무에 어긋나는' 행위와 달리 이성적 존재자의 선의지에 따른다.

답 ①

'의무에 맞는' 행위는 결과적으로는 의무에 부합하는 행위가 된 것을 의미합니다. 하지만 '의무에 어긋나는' 행위는 애초에 1문단에 제시된 것처럼 의도에는 유용할지라도 도덕적이지 못한 행위입니다. '의무에 어긋나는 행위'가 애초에 의무 행위와는 양립할 수 없는 개념인 것이죠. 그런 행위(도덕적이지 못한 행위)를 의무에 맞는 행위가 된다고 볼 수는 없습니다. 즉 의무에 맞는 행위가 의무에 어긋나는 행위가 될 수는 없습니다.

오답 선지 분석

② : '의무에 맞는' 행위는 '의무에서 비롯하는' 행위의 상위 범주입니다. 그러므로 '의무에 맞는' 행위 중에는 '의무에서 비롯하는' 행위가 아닌 행위가 존재할 것입니다.

지문에서 의무에 맞는 행위 = 결과로 판단 / 의무에서 비롯하는 행위 = 의도까지 판단한다는 개념에 대한 확보가 진행되어, 상위 범주 하위 범주 파악이 진행됐어야 합니다.

③ : '의무에서 비롯하는' 행위는 '의무에 맞는' 행위의 하위 범주입니다. 그러니 '의무에서 비롯하는' 행위는 '의무에 맞는' 행위가 될 수밖에 없습니다.

④ : 의무에 맞는 행위는 '결과'에 집중한 것이지 '동기(원인)'는 다양합니다. 그러니 이 다양한 동기 중 결과는 잘 나왔지만, '동기' 자체는 의무에 어긋나는 것이 있을 수 있습니다.

⑤ : 3문단에 제시된 것처럼 무조건적인 최고선은 이성적 존재자의 의지에서 만날 수 있고, 이는 의무에서 비롯하는 행위에 직결됩니다. 한편 의무에 어긋나는 행위는 애초에 비도덕적인 행위입니다. 따라서 의무에서 비롯하는 행위는 의무에 어긋나는 행위와 달리 이성적 존재자의 선의지에 따릅니다.

◇코멘트

지문의 내용을 이해하며 범주 판단이 진행되어야 합니다. 이때 범주 판단 시 논리적 사고가 꽤나 필요한 문항입니다. 상·하위 범주를 판단하는 능력의 중요성을 인식하고, 지문에서 개념 간 관계를 파악해야 한다는 점을 가져갑시다.

24 윗글의 입장에서 ㉠~㉢을 평가할 때, 가장 적절한 것은?

① ㉠이 자신의 평판을 위해서일지라도 모든 환자를 똑같이 대우한다면, 그의 행위는 탁월한 선이 발현된 것으로서 도덕적으로 정당하다.
② ㉡이 법칙에 대한 표상만으로 자신의 의지를 규정하여 이웃을 돕는다면, 그의 행위는 도덕적으로 정당하다.
③ ㉡이 보편적 합법칙성에 부합하도록 인격의 탁월성을 극대화할 수 있다면, 그의 행위는 도덕적으로 정당하다.
④ ㉢의 주관적 원리가 보편적 법칙과 최고선 사이의 모순을 극복할 수 있다면, 그의 행위는 도덕적으로 정당할 수 있다.
⑤ ㉢이 친구를 도우려는 선한 의도에서 자신의 이익에 대한 고려를 완전히 배제할 수 있다면, 그의 행위는 도덕적으로 정당할 수 있다.

답 ②

3문단에 제시된 것처럼 의무에서 비롯하는 행위는 그 도덕적 가치를 행위에서 기대되는 결과에 의존하지 않으며 대신에 행위를 결정하는 동기인 의지에서 구합니다. 그리고 4문단에 제시된 것처럼 행위를 규정하는 의지를 단적으로 그리고 제한 없이 선

하다고 할 수 있으려면 법칙을 표상할 때 이로부터 기대되는 결과를 고려하지 않고 표상하는 것이 의지를 규정해야 합니다.
즉 사람이 법칙에 대한 표상만으로 자신의 의지를 규정하여 이웃을 돕는다면 이는 '법칙을 표상할 때 이로부터 기대되는 결과를 고려하지 않고 표상하는 것이 의지를 규정한' 것으로 이 경우 그의 행위를 도덕적으로 정당하다 할 수 있습니다.

오답 선지 분석

① : 1문단에 제시된 것처럼 의무에서 비롯하는 행위는 어떤 조건도 없이 오로지 당위(當爲)에 의거한 행위이고, 이런 행위만이 도덕적으로 정당합니다. 그리고 3문단에 제시된 것처럼 탁월한 선은 이미 법칙에 따라 행동하는 인격 자체에 있으므로 우리는 결과에서 이 선을 기대해서는 안 됩니다. 그런데 자신의 평판을 위한다는 목적이 있다면 오로지 당위에 의거한 것이 아니므로, 그의 행위는 탁월한 선이 발현된 것이라 볼 수 없으며 도덕적으로 정당하다 볼 수 없습니다.

③ : 1문단에 제시된 것처럼 의무에서 비롯하는 행위는 어떤 조건도 없이 오로지 당위(當爲)에 의거한 행위이어야 합니다. 그리고 사랑이나 동정심 등의 감정에 의해 '의무에 맞는' 행위일지라도 그것이 '의무에서 비롯하는' 행위라 단정할 수는 없었습니다. (상, 하위 범주) 즉 인격의 탁월성을 극대화하는 것으로 도덕적 정당성을 논할 수는 없습니다.

④ : 애초에 보편적 법칙과 최고선 사이가 애초에 극복할 대상이 아닙니다. 3문단에 제시된 것처럼 ㉢(거짓 약속을 하는 사람)의 주관적 원리는 모든 사람을 위한 보편적 법칙이 될 수 없는 이유는 '주관적 원리'는 '보편적 법칙'이 되자마자 자기 파괴(모순)를 겪기 때문입니다 즉 모순이 발생한 것은 '주관적 원리'와 '보편적 법칙' 이 두 가지의 관계입니다.
그런데 선지는 '보편적 법칙과 최고선 사이의 모순을 극복할 수 있다면'을 가정하고 있습니다. 애초에 모순이 발생한 것은 '보편적 법칙과 최고선'이 아닌 '주관적 원리와 보편적 법칙' 사이이므로 적절하지 않은 선지입니다.

⑤ : 자신의 이익에 대한 고려를 완전히 배제하더라도 친구를 도우려는 선한 의도가 남아 있습니다. 1문단에 제시된 것처럼 의무에서 비롯하는 행위는 어떤 조건도 없이 오로지 당위(當爲)에 의거한 행위이고, 이런 행위만이 도덕적으로 정당합니다.

◇코멘트

1번 문항과 거의 똑같은 문항입니다. 다른 점이라면 선지의 내용을 '예시 상황'을 설정했다는 정도의 차이입니다.
선지의 의미를 파악하고(이 역시 결국 다른 말 같은 뜻이죠), 결국 '의무에서 비롯하는' 행위의 개념을 파악하였는지 묻고 있습니다. 철저하게 핵심을 이해했는지를 물어보는 지문과 문항들이었습니다.

2020 언어이해 [25~27]
우주선의 궤도 운동을 통한 우주 랑데부

◇ **총평**

- 핵심 확보 (우주 랑데부 실패 이유)
- 공식, <그림> 활용
- 최소한의 상식 (중력과 타원)
- 문맥적 의미 파악(언어에 대한 민감함 / 다른 말 같은 뜻)

지문 초반 제시된 핵심을 파악하며 독해를 진행해야 합니다. 1~2문단 내용까지는 핵심을 확보하고, 제시된 앞 내용에 맞춰 문장의 의미를 파악하며 독해하기가 어렵지 않습니다.

해당 지문이 어려워지는 순간은 3문단 이후 다양한 공식이 등장하면서부터입니다. 여기서부터 사고 과정이 사람마다 꽤나 큰 차이를 보일 겁니다.

우선 의미를 잘 파악한 경우라면 우리는 친절하게 공식을 써준 것을 근거로 제시된 공식을 통해 직관적으로 의미를 파악했을 겁니다. 또한 여기서 '최소한의 상식'을 통해 글자의 '의미 관계'를 파악했을 겁니다. 이렇게 제시된 공식의 '의미'를 파악했다면 마지막 두 문단에 제시된 '상황' 역시 의미를 파악할 수 있었을 겁니다.

하지만 이 지문은 많이 어려운 지문입니다. 그럼에도 '답'을 <보기> 문항을 제외하면 제시된 내용에 대해 '상황 정리'라도 하고 갔다면 '답'은 맞출 수 있는 문항입니다.

어려운 글일지라도 결국 최소한의 상식과 글자의 '의미'를 파악하는 것을 통해 글을 읽어 나가야 한다는 지향점과 실전에서 정말 최소한 해야 하는 것, 이 두 가지를 해당 지문을 통해 가져가시길 바랍니다.

1965년 제미니 4호 우주선은 지구 주위를 도는 궤도에서 최초의 우주 랑데부를 시도했다.

우주 랑데부가 무엇인지 우리가 배경지식으로 알고 있는 것은, 상식적인 수준에서는 어렵습니다. 일단 지문에서 '우주 랑데부'가 화제라는 점은 파악하고, 이에 대한 얘기를 한다는 정도만 생각하고 독해를 진행하면 충분합니다.

궤도에 진입하여 중력만으로 운동 중이던 우주선은 같은 궤도상 전방에 있는 타이탄 로켓과 랑데부하기 위해 접근하고자 했다.

중력만으로 운동 중인 우주선이 다른 로켓에 랑데부하려 접근합니다. 여기서 랑데부가 정확하게 뭔지는 몰라도 '접근해야 하는 것'이라는 정도는 파악할 수 있습니다.

◇ **코멘트**

상식적으로 중력만으로 운동 중인데, 다른 물체에 접근하려면 어떻게 해야 할까요? 당연히 접근하기 위해 추가적인 움직임이 필요할 겁니다. 실전에서 여기까지 생각하지 못할 수도 있지만, 지문 독해 시 이렇게 스스로 '생각'하며 독해를 진행하는 습관은 중요합니다.

조종사는 속력을 높이기 위해 우주선을 목표물에 향하게 하고 후방 노즐을 통하여 일시적으로 연료를 분사하였다. 하지만 이 후방 분사를 반복할수록 목표물과의 거리는 점점 더 멀어졌고 연료만 소모하자 랑데부 시도를 포기했다.

우리의 상식과는 상충됩니다. 속력을 높이기 위해 연료를 분사했는데, 오히려 거리가 점점 멀어집니다. 상식적으로 속력을 높여서 따라가면 물체에 접근해야 하니까요. '왜 이런 문제 상황이 발생하는지'를 파악한다는 인식을 가지고 본격적인 독해를 시작해야 합니다.

◇ **tip 문제의 '원인' 그에 맞는 해결**

지문의 구조에만 매몰되는 것은 지양해야 하지만, 글의 구조를 알고있다면 거시적인 흐름을 잡는 것에 있어 유리한 것은 사실입니다.

해설처럼 연료를 분사하면 따라잡아야 하는데, 오히려 멀어집니다. 이건 분명히 문제가 있죠. 그렇다면 우리는 '그 원인'을 파악한다는 인식을 가지고 독해를 진행해야 합니다. 그러면 해결은 자연스럽게 따라오게 되어 있습니다.

이렇게 '원인'을 파악한다는 인식을 가졌다면, 2, 3, 4 문단에 세팅된 개념들은 결국 이후 5, 6문단(왜 문제가 발생하는지)을 위한 포석임을 납득할 수 있습니다.

연료를 분사하면 우주선은 분사 방향의 반대쪽으로 추진력을 받는다.

당연합니다. 연료를 뒤로 분사하면 우주선이 앞으로 가겠죠. 이 정도는 상식적으로 납득할 수 있습니다.

이는(상식적으로 납득) 뉴턴의 제3법칙인 '두 물체가 서로에게 작용하는 힘은 항상 크기가 같고, 방향은 반대이다.'로 설명할 수 있다.

우리가 상식적으로 납득 가능한 상황을 뉴턴의 법칙을 통해 설

명합니다. 항상 강조하지만, 문맥을 통해 납득해야 합니다. '두 물체가 서로에게 작용하는 힘의 크기가 같다 = 우주선이 연료를 분사하면 작용하는 힘의 크기가 같다', '방향은 반대이다 = 연료를 뒤로 분사하면 반대로 우주선은 앞으로 추진력을 받는다' 정도로 문맥적 의미를 파악하며 독해를 진행할 수 있습니다.

◇ 코멘트

사실 이는 기본적인 상식으로 이처럼 의식적으로 문맥적 의미를 파악하지 않아도 납득될 수 있는 수준이라 생각합니다. 그렇지만, 우리는 지문 독해 시 정리할 부분을 정리하며, 일관되게 문맥적 의미를 파악하며 독해를 진행해야 합니다.

질량이 큰 바위를 밀면, 내가 바위를 미는 힘이 작용이고, 바위가 나를 반대 방향으로 미는 힘이 반작용이다.

당연합니다. 서로 작용하는 힘의 크기가 같고, 방향이 반대이니, 내가 밀면 그것이 작용이고, 반대로 그로 인해 바위에서 나에게 오는 힘이 반작용이겠죠.

똑같은 크기의 힘을 주고받았는데 내 몸만 움직이는 이유는 뉴턴의 제2법칙인 '같은 크기의 힘을 물체에 가했을 때, 물체의 질량과 가속도는 반비례한다.'로 설명할 수 있다.

여기서 '내 몸만 움직이는'의 의미는 바위는 그대로 있고 나만 움직인다는 의미일 겁니다. 이 정도는 납득할 수 있습니다. 그리고 그 원인을 제시해줍니다.
물체의 질량과 가속도는 반비례합니다. 상식적으로 바위가 나보다 무겁겠죠. 즉 질량이 바위가 더 크니 바위의 가속도는 낮고, 나의 가속도는 상대적으로 큽니다. 그러니 상대적으로 내가 움직이게 됩니다.

◇ 코멘트

이렇게 의미를 파악하며 독해하는 것을 사후적이라 느끼면 안 됩니다. 실전에서 이처럼 명확하게 의미를 100% 파악하며 가는 것은 어려울지라도, 문맥에 맞춰 '내 몸만 움직인다 = 바위의 질량이 커서 가속도가 작다'와 같이 의미를 파악하며 독해를 진행해야 합니다.

연료를 연소해 기체를 분사하는 힘은 작용이고, 그 반대 방향으로 우주선에 작용하는 추진력은 반작용이다. 우주선에 비해 연료 기체의 질량은 작더라도 연료 기체를 고속 분사하면 우주선은 충분한 가속도를 얻는다.

당연히 우주선에 비해 '기체의 질량'은 작을 겁니다. 그러면 앞서 '바위와 나'의 예시처럼 되어야 하지만, 기체를 고속 분사하면 그를 커버할 수준으로 가속도를 줄 수 있나 봅니다. 상식적으로 연료를 고속으로 쏘면 우주선의 속도가 빨라진다는 정도로 납득할 수 있습니다.

◇ 코멘트

이과 학생들이면 상식적으로 납득될 내용입니다. 애초에 배운 내용이니까요. 그런데 문과 학생이라도 '연료를 많이 쓰면 빨라진다' 정도는 상식적으로 납득하며 독해할 수 있습니다. 물론 지문에서 통념과 반대되는 내용이 제시될 수 있지만(지금 지문의 핵심도 속력을 높이는데 오히려 멀어지는 상황이죠) 최소한의 상식적 사고는 필요합니다. (특히 이런 일반적인 원리는 상식적으로 납득할 수 있어야 합니다.)

cf) 22.09 (가) 독점적 경쟁 시장과 광고, (나) 광고의 파급효과 해당 지문은 지문에 제시된 비례 관계를 상식적으로 제시된 내용을 납득하는 것의 중요성을 알려줍니다. 이처럼 일반적 원리에 대해서는 상식적으로 납득할 수 있는 최소한의 지식이 필요합니다.

지구 궤도를 도는 우주선은 우주에 자유롭게 떠 있는 것 같지만, 기체 분사에 의한 힘 외에 중력이 작용하고 있어서 그 영향을 고려해야 한다.

이 역시 상식입니다. 지구 근처에 있으면 당연히 중력의 영향을 받겠죠? 엄밀하게 왜 중력의 영향을 받는지는 모르더라도, 이 사실 자체는 상식적으로 납득하고 독해를 진행해야 합니다.

◇ 코멘트

지문의 핵심은 '랑데부의 실패 원인'입니다. 우리가 '속력을 높이면 돼야 하는데?'라고 인식했는데, 기체 분사에 의한 힘 이외에 중력이 작용하고 있습니다. 그러면 '중력을 고려해야 하나?' 정도의 생각을 했으면 베스트입니다.

우주선은 지구의 중력을 받으며 원 또는 타원 궤도를 빠르게 돈다. 이때 궤도를 한 바퀴 도는 데 걸리는 시간인 주기는 궤도의 지름이 클수록 더 길다.

이 역시 상식적으로 납득할 수 있습니다. 당연히 지름이 크면 궤도의 전체 길이가 늘어나니 주기가 길어지겠죠. 만약 본인이 이게 납득되지 않았다고 할지라도 최소한 <지름↑→주기↑> 정도로 비례 관계는 정리하고 독해를 진행했어야 합니다.

비례 관계가 제시되면 최소한 이와 같이 정리는 해야 합니다. 그리고 납득할 수 있으면 베스트입니다.

우주선은 속력과 관련된 운동 에너지(K)와 중력에 관련된 중력 위치 에너지(U)를 가진다.

$$K = \frac{1}{2}mv^2, \; U = -\frac{GMm}{r},$$

G:만유인력 상수, M:지구의 질량, m:우주선의 질량, r:지구중심과 우주선의 거리, v:우주선의 속력.

운동 에너지와 중력 위치 에너지에 대한 공식을 제시해줍니다. 공식이 제시되면 무조건 정리하고 가야 하는데 이렇게 친절하게 직접 출제자가 공식을 제시해줬다는 것은, 해당 공식을 통해 지문을 납득해야 함을 의미합니다.

의미 없이 구체적으로 작성해주지 않습니다. 특히 그래프, 공식, <그림> 등을 제시해줬다는 것은 이를 활용하여 의미를 파악하라는 출제자의 부탁입니다.

운동 에너지는 우주선 속력의 제곱에 비례한다.

공식이 제시되면 제발 공식을 봐야 합니다. $K = \frac{1}{2}mv^2$입니다. 그러니 당연히 v(우주선의 속력)의 제곱에 운동 에너지가 비례합니다. 공식을 보기만 했어도 그냥 당연한 말입니다.

우주선의 중력 위치 에너지는 우주선이 지구에서 무한대 거리에 있으면 0으로 정의되고, 지구에 가까워지면 그 값은 작아지므로 음수이다.

역시 공식을 통해 이해합시다. r이 무한대면 분모가 무한대이니 0으로 정의됩니다. 그리고 r이 작아지면(지구에 가까워지면) $U = -\frac{GMm}{r}$이 작아지겠죠. 역시 공식을 보기만 했어도 당연한 말입니다.

◇ tip 고정값과 유동 값

고정된 값인지 변할 수 있는 값인지 파악하는 것은 중요합니다. 관계식을 대할 때 '고정값과 유동 값'에 대한 인식을 갖추시길 바랍니다.

실전에서 이게 즉각적으로 파악될 수 있으려면 약간의 지식적 요인이 필요하다고 생각하긴 합니다. 그런데 고교 교육과정 수준의 지식이니 납득해 봅시다.

G는 만유인력 '상수'입니다. M은 지구의 질량입니다. m은 우주선의 질량입니다. 이들은 변하는 값일까요? 아닙니다. 갑자기 이것들이 변하기는 어렵겠죠. 고정된 값입니다.

즉 제시된 공식에서 변수는 r(거리)과 v(우주선의 속력)밖에 존재하지 않는 겁니다. 공식을 보고 이를 파악했다면 제시된 내용이 왜 속력과 거리에 대해서만 다루고 있는지, 이들이 핵심적인 변수라는 것을 파악할 수 있습니다.

cf) 22.11 트리핀 딜레마

⇒ 금 본위 체제에서 각 기축 통화의 가치는 금에 고정되어 있는 고정값입니다.

◇ tip 언어에 대한 민감함

과거 수능에서 %와 %p의 차이로 인해 상당한 논란이 된 적이 있습니다. 얼핏 보면 큰 차이가 없어보이지만 %와 %p는 다른 뜻을 가지고 있습니다.

해당 지문에서 핵심적인 사고 과정은 중력 위치 에너지가 다른 개념이라는 점을 파악하는 것이었습니다.

'중력이 가까울수록 강하다'는 개념은 상식입니다. 그런데 '중력 위치 에너지'는 지구와 가까울수록 작아집니다.

그렇다면 중력과 중력 위치 에너지는 글자 자체는 유사하지만 가지고 있는 뜻은 반대라는 것을 알 수 있습니다.

결국 언어 시험은, 글자를 읽는 것을 넘어 글자의 의미를 파악해야 합니다. 이를 위해 문맥을 통한 의미 파악이 기본으로 자리 잡아야 하고(다른 말 같은 뜻) 이 의미 파악을 위한 최소한의 지식(수능을 전제하면 고교 교육과정을 정상적으로 이수했음을 가정)을 가지고 있어야 합니다.

즉, 우주선이 지구에 가까울수록 중력 위치 에너지는 작아지고, 멀수록 중력 위치 에너지는 커진다.

U값은 거리가 무한대로 가면 0이 됩니다. 그리고 가까워질수록 값이 작아집니다. 그러니 가까울수록 중력 위치 에너지가 작고,

멀수록 중력 위치 에너지가 커지겠죠. 공식을 통해 납득할 수 있습니다. 출제자가 수고해서 굳이 써줬으면 우리도 이를 활용해야 합니다.

◇ tip 빌드업

지문의 핵심은 '랑데부 실패'입니다. 그런데 랑데부 실패는 얘기 안 하고 특정 공식에 대한 구체적 설명한 제시하고 있습니다. 이는 이 내용이 결국 '랑데부 실패'라는 핵심(문제의 원인)을 파악하는 것에 직접적으로 이용되는 개념이라는 걸 의미합니다.

빌드업 구간은 정보를 세팅하는 용도로 글이 진행되는 경우가 많기 때문에, '핵심을 상기한 상태로' 제시된 정보들의 개념을 정확하게 파악한다는 인식을 가지고 독해를 진행해야 합니다.

운동 에너지와 중력 위치 에너지의 합인 역학적 에너지(E)는 $E=K+U$로 표현된다. 지구의 중력만 작용할 때, 궤도 운동하는 우주선의 역학적 에너지는 크기가 일정하게 보존된다.

지구의 중력만 작용하면, 궤도 운동하는 역학적 에너지가 일정하게 보존됩니다. 왜 그럴까요? 만약 즉각적으로 이걸 이해하지 못했다고 할지라도, 한정어로 '일정하게'를 제시해줬기 때문에 우리는 최소한 중력'만' 작용하면 '일정함'은 파악해야 합니다.

◇ tip 한정어

중력'만' 작용하면 '일정함'을 유지합니다. 한정어를 통해 조건(중력만)과 결과(일정함)를 제시했습니다. 실전에서 저게 일정하게 유지되는 이유를 완벽하게 납득한다는 것은 과학적 지식이 충만하지 않으면 매우 어렵습니다. 하지만, 이 한정어로 제시된 내용을 파악만 했어도 25번의 3번 선지의 정오를 판단하는 것은 어렵지 않습니다.

한정어들에 대해서는 지문 독해 시에 핵심에 결부된 정보든, 부가적으로 제시된 정보든 응당 민감하게 처리해야 하는 표현들입니다. 이런 표현들은 범주 파악, 내용 이해에 필수적이고, 곧잘 문제화되는 부분입니다.

cf) 20.11 장기 이식의 문제점, 레트로바이러스에 대한 이해.

'이런 세포(레트로 감염되고 살아남은)로부터 유래된 자손의 모든 세포가 갖게 된 것이 내인성 레트로바이러스이다.'

역학적 에너지가 보존될 때, 궤도 운동하는 우주선이 지구 중심에서 멀어지면 속력이 느려지고 가까워지면 속력이 빠르게 된다.

E가 유지되는 상황에서 비례 관계가 제시됩니다. 납득하지 못하더라도 최소한 <중심 멀어짐 → 속력 감소> / 즉 <중심과의 거리와 속력이 반비례 관계>라는 정리는 된 상태로 독해를 진행했어야 합니다.

◇ 코멘트

앞서 지구의 중력만 작용할 때, 궤도 운동하는 우주선의 역학적 에너지는 크기가 일정하게 보존됩니다. 우주선이 멀어진다는 것은 U값이 커짐을 의미합니다. (공식 참고) / 그런데 우주선이 가까워지면 U값이 작아지겠죠. (공식 참고, U값은 음수) 그러니 우주선이 멀어지면 속력이 느려지고, 가까워지면 빨라지게 됩니다. 일정한 값을 유지해야 하니까요.

또한 원 궤도에서 작용하는 중력의 크기가 클수록 속력이 빨라진다.

이 역시 납득할 수 없다면, <중력 크기 ↑ → 속력 ↑>과 같이 비례 관계를 정리는 (필기해놔야겠죠 납득이 안 되면) 하고 독해를 진행해야 합니다.

◇ 코멘트

중력은 가까울수록 크다는 것은 상식입니다. 앞서도 제시되었죠. 그러면 왜 중력이 클수록 속력이 빨라질까요? 공식에서 관계를 제시해줬으니 우리는 계속 그것을 통해 파악해야 합니다.
중력이 크다는 것은 무슨 의미일까요? 공식에 제시된 내용을 통해 납득합시다. 중력의 크기가 크다는 것은 중력 위치 에너지(U)가 작음을 의미합니다.
그런데 U+K는 일정합니다. 중력의 크기가 크다 = U가 작다면, 그 합을 일정하게 유지하기 위해 K는 커야 합니다. 그러니 속력과 관련된 K가 커야 합니다.
이처럼 글자의 의미를 파악하고(U의 의미) 제시된 공식을 활용(E=U+K/ 일정)하며 문장의 의미를 파악해야 합니다.

우주선의 궤도는 연료 분사로 속력을 조절해 〈그림〉과 같이 바뀔 수 있다.

이젠 대놓고 그림을 제시해줍니다. 지문의 글자를 읽고, <그림>을 활용하여 그 의미를 직관적으로 파악해 봅시다.

우주선이 운동하는 방향을 전방, 반대 방향을 후방이라 하자. 〈그림〉의 원 궤도에 있는 우주선이 궤도의 접선 방향으로 후방 분사하여 운동 에너지를 증가시키면, 그만큼 역학적 에너지도 증가하여 우주선은 기존의 원 궤도보다 지구로부터 더 멀리 도달할 수 있는 〈그림〉의 큰 타원 궤도로 진입한다.

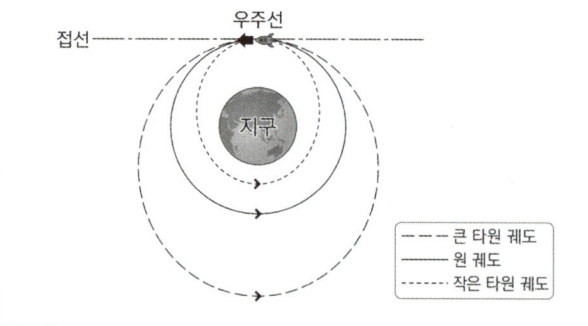

운동 방향(←)이 전방이고, 반대 방향(→)이 후방입니다. 그러면 후방 분사하면 상식적으로(앞서 우주선은 분사 방향의 반대쪽으로 추진력을 받는다고 지문에서도 제시되긴 했습니다.) 속력이 빨라지니, 속력에 관련된 운동 에너지가 증가합니다.
그러면 이는 '지구의 중력만 작용할 때, 궤도 운동하는 우주선의 역학적 에너지는 크기가 일정하게 보존'되는 경우가 아니므로 역학적 E가 커지게 됩니다. 그러니 더 큰 타원 궤도로 진입할 겁니다.

◇코멘트

앞선 해설은 지문의 내용을 '납득'하며 이해하는 베스트 상황입니다. 만약 실전에서 이 내용을 납득하지 못했다면 어떻게 해야 할까요? 저라면 '빨라지니까 크게 된다' 정도로 직관적인 납득을 하고 독해를 진행할 것 같습니다.
지문에서 상황이 제시되었을 때 가장 베스트는 '지문의 문맥적 의미를 통해 납득'하고 독해를 진행하는 태도입니다. 하지만 그것이 어렵다면 정리라도 하고 독해를 진행하거나, 지식을 통해 납득해서라도 '제시된 상황 자체는 파악'하고 독해를 진행해야 합니다.

하지만 전방 분사하면, 운동 에너지가 감소하고 〈그림〉의 작은 타원 궤도로 진입하여 우주선은 기존보다 지구에 더 가까워진다.

전방 분사하면 우주선의 진행 방향 반대로 연료를 분사하게 됩니다. 그러니 운동 E는 감소하게 됩니다. 그러면 그러면 이는 '지구의 중력만 작용할 때, 궤도 운동하는 우주선의 역학적 에너지는 크기가 일정하게 보존'되는 경우가 아니므로, 더 작은 타원 궤도로 진입하게 됩니다.

◇코멘트

이 역시 완벽한 납득이 안 된다면, 제시된 상황 자체는 정리 〈속력↓ → 작은 궤도 진입〉로 정리는 된 상태로 독해를 진행해야 합니다.

목표물과 우주선이 같은 원 궤도에서 같은 방향으로 운동할 때, 목표물이 전방에 있는 경우, 우주선이 후방 분사를 하면 궤도의 접선 방향으로 우주선의 속력이 빨라져서 큰 타원 궤도로 진입하게 된다. 따라서 분사가 끝나면, 속력이 주기적으로 변화하고 목표물과의 거리가 더 멀어진다.

목표물이 전방에 있어 후방 분사를 하면, 속도가 빨라집니다. 그러니 앞서 제시한 대로 큰 타원 궤도로 진입합니다. 여기서 '분사가 끝난 이후~'가 직관적으로 납득되지 않으면 계속 말하지만 〈분사 종료 속력 변화, 거리 멀어짐〉으로 정리는 하고 독해를 진행해야 합니다.

◇코멘트

+ 납득합시다. 여기서도 '타원'이 뭔지는 알아야 납득이 됩니다. '타원'은 원과 달리 지구와의 거리가 항상 일정하지 않습니다. 그러니 중력에 의한 영향도 다를 것이고, 그러니 그 타원 궤도 안에서 속력은 타원 주기에 맞춰 변화할 겁니다.
+ 그리고 목표물과 거리가 더 멀어진다는 사실은 〈그림〉에 제시된 큰 타원 궤도를 통해 시각적으로 바로 파악할 수 있습니다.

반대로, 목표물이 후방에 있는 경우 전방 분사를 하면 〈그림〉의 작은 타원 궤도로 진입한 우주선의 속력은 원 궤도에서보다 더 느려진 진입 속력과 더 빨라진 최대 속력 사이에서 변화한다. 이때 목표물과의 거리는 더 멀어진다.

목표물이 후방에 있어서 가까워 지기 위해 전방 분사를 합니다. 그러면 우주선의 속력이 느려지겠죠. 그러니 작은 타원 궤도로 진입합니다. 여기서 왜 속력이 느려졌는데, 더 빨리진 최대 속력이 등장하는지 납득이 어려울 수 있습니다. 이 경우 역시 모르면 적어두고 독해를 진행해야 합니다.

◇코멘트

납득할 수 있습니다. 전방 분사를 하면 작은 타원 궤도로 진입합니다. 그런데 작은 타원 궤도를 보면 지구와 매우 가까운 지점이 존재합니다. 이는 지구와 가까운, 중력 위치 에너지가 매우 작은 상황으로 상대적으로 속력과 관련된 운동 에너지가 커질겁니다.
실전에서 이 정도로 납득하며 글을 읽었다면 배경 지식이 있거나, 글 자체에 대한 이해도가 최상인 사람입니다.

> 랑데부에 성공하려면 우주선을 우리의 직관과 반대로 조종해야 한다.

앞서 제시된 '상황'들에 대한 '납득'이 되지 않았더라도 정리를 했다면, 앞에 있을 때 속도를 높이면 멀어지고, 뒤에 있을 때 속도를 줄여도 멀어진다는 사실은 정리가 됐을 겁니다. 그러니 오히려 이렇게 멀어지는 상황에 대해 직관과 반대로 조종해야 한다는 사실 자체는 납득할 수 있습니다.

◇코멘트

+ 정말 이해가 너무 안 되더라도, 제시된 관계 자체를 정리하며 독해한다면 이렇게 납득은 할 가능성이 생깁니다. 포기하기보단 최소한 해야 할 것이라도 하면서 독해를 진행해야 합니다.
+ 결국 지문의 핵심인 우주 랑데부가 실패한 원인을 제시하고 있습니다. 지금까지 제시된 공식과 내용은 이를 위한 정보입니다.

> 우주선과 목표물이 같은 원 궤도에서 같은 운동 방향일 때 목표물이 전방에 있다고 하자. 이때 우주선이 일시적으로 전방 분사하면 속력이 느려지고, 기존보다 더 작은 타원 궤도로 진입해서 목표물보다 더 빠른 속력으로 운동할 수 있다.

목표물이 같은 원 궤도에서 전방일 때 우리의 직관처럼 속력을 올리는 것이 아닌 후방 분사를 합니다. 앞서 '랑데부에 성공하려면 우주선을 우리의 직관과 반대로 조종해야 한다.' 했으니까요.
이후 제시되는 더 작은 타원 궤도 진입하여 더 빠른 속력으로 운동한다는 것 역시 '중력이 클수록 속력이 빨라'진다는 것을 통해 납득할 수 있습니다.

> 하지만 궤도가 달라서, 진입한 타원 궤도의 주기가 기존 원 궤도의 주기보다 더 짧다는 것을 이용하여 한 주기 혹은 여러 주기 후 같은 위치에서 만나도록 속력을 조절한다. 목표물보다 낮은 위치에서 충분히 가까워지면, 우주선이 접근하여 랑데부한다.

목표물은 원 궤도인데, 우주선은 타원 궤도입니다. 그러니 바로 만나면 좋지만, 몇 번 돌고 만날 수 있게 속력을 조절하겠죠. 최소 공배수 같은 느낌이네요.

◇코멘트

지문에서 제시된 문장의 의미를 파악하며 독해를 진행했으면 자연스럽게 납득할 수 있지만, 그렇지 않다면, 최소한의 정리는 했어야 한다는 것을 스스로 느껴야 합니다.

[25~27] 문제 해설

25 윗글의 내용과 일치하지 않는 것은?

① 뉴턴의 제3법칙은 우주선 추진의 원리 중 하나이다.
② 원 궤도의 지름이 클수록 우주선의 속력이 더 빨라진다.
③ 타원 궤도 운동 중인 우주선은 역학적 에너지가 보존된다.
④ 우주선이 분사하는 연료 기체는 우주선보다 가속도가 크다.
⑤ 원 궤도에 있는 우주선이 속력을 늦추면 회전 주기가 짧아진다.

답 ②

4문단에 제시된 것처럼 궤도 운동하는 우주선이 지구 중심에서 멀어지면 속력이 느려지고 가까워지면 속력이 빠르게 됩니다. 원 궤도의 지름이 크다는 것은 우주선이 지구 중심에서 멀어졌다는 것을 의미합니다. 그러면 우주선의 속력은 느려집니다.

오답 선지 분석

① : 2문단에 제시된 것처럼 연료를 분사하면 우주선은 분사 방향의 반대쪽으로 추진력을 받습니다. 이는 뉴턴의 제3법칙인 '두 물체가 서로에게 작용하는 힘은 항상 크기가 같고, 방향은 반대이다.'로 설명할 수 있습니다.

③ : 지구의 중력만 작용할 때, 궤도 운동하는 우주선의 역학적 에너지는 크기가 일정하게 보존됩니다. 타원 궤도 운동 역시 궤도 운동이므로(상위, 하위 범주) 우주선의 역학적 에너지는 보존됩니다.

④ : 2문단에 제시된 것처럼 뉴턴의 제2법칙인 '같은 크기의 힘을 물체에 가했을 때, 물체의 질량과 가속도는 반비례'합니다. 그리고 우주선에 비해 연료 기체의 질량은 작더라도 연료 기체를 고속 분사하면 우주선은 충분한 가속도를 얻습니다. 즉 우주선이 분사하는 연료는 상대적으로 질량이 우주선보다 작으므로 가속도가 더 큽니다.

⑤ : 6문단에 제시된 것처럼 목표물이 후방에 있는 경우 전방 분사를 하면 <그림>의 작은 타원 궤도로 진입합니다. 전방 분사를 한다는 것은 진행 방향의 반대로 연료를 분사한 것으로 이는 우주선의 속력을 늦춥니다. 즉 속력을 늦추면 작은 타원 궤도로 진입하는 것이고 타원 궤도가 작아지면 회전 주기가 짧아지기에, 선지가 적절함을 판단할 수 있습니다.

◇코멘트

지문의 의미를 파악하며 독해했다면, 바로 풀 수 있는 선지입니다. 만약 의미를 파악하지 못했더라도, 제시된 관계를 '정리'라도 했다면 답은 맞출 수 있습니다.

26 윗글을 바탕으로 추론할 때, <보기>에서 적절한 것만을 있는 대로 고른 것은?

보 기

ㄱ. 제미니 4호가 원 궤도상에서 후방 분사를 한 경우라면, 후방 분사 이후의 궤도는 지구로부터 더 멀어질 수 있다.

ㄴ. 타원 궤도에 있는 우주선의 운동 에너지 크기와 중력 위치 에너지 크기는 일정하게 유지된다.

ㄷ. 원 궤도에 있는 우주선이 궤도의 접선 방향 분사로 역학적 에너지를 증가시키면, 진입한 궤도에서 우주선의 최대 중력 위치 에너지는 커진다.

① ㄱ　　　　② ㄴ　　　　③ ㄱ, ㄷ
④ ㄴ, ㄷ　　　⑤ ㄱ, ㄴ, ㄷ

답 ③

ㄱ. 제미니 4호가 원 궤도상에서 후방 분사를 한 경우라면, 후방 분사 이후의 궤도는 지구로부터 더 멀어질 수 있다.

4문단에 제시된 것처럼 원 궤도에 있는 우주선이 궤도의 접선 방향으로 후방 분사하여 운동 에너지를 증가시키면, 그만큼 역학적 에너지도 증가하여 우주선은 기존의 원 궤도보다 지구로부터 더 멀리 도달할 수 있는 <그림>의 큰 타원 궤도로 진입합니다.

즉 원 궤도에서 후방 분사를 했다면, 큰 타원 궤도로 진입한 것이니 궤도가 지구로부터 더 멀어질 수 있다 판단할 수 있습니다.

ㄷ. 원 궤도에 있는 우주선이 궤도의 접선 방향 분사로 역학적 에너지를 증가시키면, 진입한 궤도에서 우주선의 최대 중력 위치 에너지는 커진다.

선지의 말 자체가 어렵습니다. 의미를 먼저 파악해야 합니다. 우주선이 궤도의 접선 방향 분사로 역학적 에너지를 증가시켰다는 것은 4문단에 제시된 것처럼 <그림>의 원 궤도에 있는 우주선이 궤도의 접선 방향으로 후방 분사하여 운동 에너지를 증가시키면, 그만큼 역학적 에너지도 증가하여 우주선은 기존의 원 궤도보다 지구로부터 더 멀리 도달할 수 있는 상황입니다. (물론 역학적 E를 증가시켰다는 것을 "대충" 감각으로 속도가 빨라졌나? 정도로 생각할 수도 있습니다.)

그러면 지구로부터 더 멀리 도달한 상황입니다. 중력 위치 에너지는 $U = -\dfrac{GMm}{r}$로 지구중심과 우주선의 거리가 멀수록 커집니다. 이를 통해 해당 선지가 적절함을 판단할 수 있습니다.

오답 선지 분석

ㄴ. 타원 궤도에 있는 우주선의 운동 에너지 크기와 중력 위치 에너지 크기는 일정하게 유지된다.

4문단에 제시된 것처럼 운동 에너지와 중력 위치 에너지의 합인 역학적 에너지(E)는 $E = K + U$로 표현됩니다. 그리고 지구의 중력만 작용할 때, 궤도 운동하는 우주선의 역학적 에너지는 크기가 일정하게 보존됩니다.

타원 궤도는 지구와 우주선의 거리가 항상 일정한 것은 아니며 주기적으로 변화합니다. '원'이 아니라 '타원'이니까요. 그러니 '타원 궤도'에 있는 우주선은 중력 위치 에너지가 변할 것이고, 그로 인해 운동 에너지의 크기 역시 변할 것임을 알 수 있습니다.

◇코멘트

앞선 문항과 같습니다. 의미를 파악했다면 바로 판단할 수 있고, 의미를 파악하지 못했더라도 '정리'가 됐다면 답은 어떻게라도 맞출 수 있습니다.

27 윗글을 바탕으로 <보기>를 이해할 때, 적절하지 <u>않은</u> 것은?

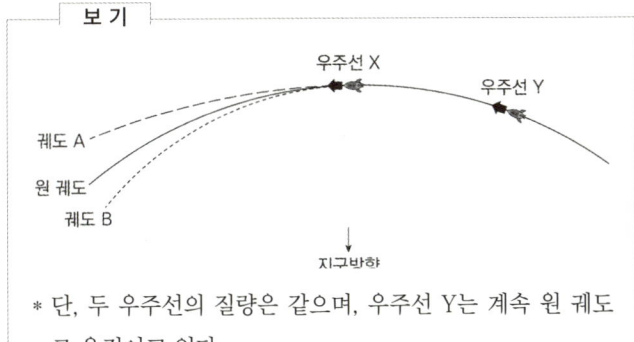

보기

우주선 X
우주선 Y
궤도 A
원 궤도
궤도 B
지구방향 ↓

* 단, 두 우주선의 질량은 같으며, 우주선 Y는 계속 원 궤도로 움직이고 있다.

① 전방 분사한 우주선 X가 진입한 궤도에서 가지는 최대 운동 에너지는 우주선 Y보다 더 크다.

② 우주선 X는 궤도 A에서의 최소 중력 위치 에너지가 궤도 B에서의 최소 중력 위치 에너지보다 크다.

③ 후방 분사한 이후의 우주선 X의 중력 위치 에너지의 최솟값은 우주선 Y의 중력 위치 에너지와 같다.

④ 우주선 X가 궤도 A로 진입한 경우, 지구를 한 바퀴 도는 동안 우주선 Y와 같은 운동 에너지를 가지는 궤도상의 지점은 하나이다.

⑤ 우주선 X와 우주선 Y의 가능한 거리 중 최댓값은 우주선 X가 궤도 B로 진입한 경우가 궤도 A로 진입한 경우보다 작다.

답 ④

우주선 X가 궤도 A로 진입한 경우는 후방 분사가 일어나 큰 타원 궤도로 진입한 상황입니다.

4문단에 제시된 것처럼 우주선이 지구에 가까울수록 중력 위치 에너지는 작아지고, 멀수록 중력 위치 에너지는 커집니다. 즉 거리가 가까울수록 속력은 빨라지고, 멀수록 속력은 작아집니다.

타원 궤도이니, 궤도 A에서 속력은 주기에 따라 변화합니다.

한편 운동 에너지인 $K = \frac{1}{2}mv^2$는 속력에 영향을 받습니다. 즉 우주선 Y와 같은 운동 에너지를 판단하려면 속력을 판단해야 합니다.

그런데 궤도 A에서의 속력 주기는 우리가 명확하게 제시된 것이 없습니다. 상황을 나눠야 합니다.

만약 궤도 A에서 최소 속력이 원 궤도에서의 속력보다 크다면, 같은 속력이 없습니다. 그러니 같은 지점은 0개입니다.

또한 궤도 A에서 최소 속력이 원 궤도에서의 속력보다 작다면 최솟값<원궤도<다른 속도이므로, 타원 궤도의 대칭성을 생각할 때 같은 지점은 2개가 나옵니다.

그리고 궤도 A에서의 최소 속력이 원 궤도에서의 속력과 같다면 그 지점 하나가 같은 운동 에너지를 가지는 지점이 됩니다.

따라서 하나라고 단정할 수는 없습니다.

오답 선지 분석

① : 전방 분사를 한다면, 작은 타원 궤도로 진입하게 됩니다. 이때 작은 타원 궤노로 신입한 우수선의 속력은 원 궤노에서보다 더 느려진 진입 속력과 더 빨라진 최대 속력 사이에서 변화합니다. 운동 에너지인 $K = \frac{1}{2}mv^2$, 즉 속도의 제곱에 비례하므로, 이 경우 X의 최대 속도가 더 큽니다. 즉 최대 운동에너지 역시 X가 Y보다 큽니다.

② : 중력 위치 에너지인 $U = -\frac{GMm}{r}$는 지구중심과 우주선의 거리가 멀수록 큽니다. 그리고 궤도 A는 큰 타원 궤도이고, 궤도 B는 작은 타원 궤도입니다. 즉 최소 중력 위치 에너지는 지구와의 거리의 최대값이 더 큰 큰 타원 궤도 A에서가 궤도 B에서의 중력 위치 에너지보다 큽니다.

③ : 후방 분사를 했다면 큰 타원 궤도로 진입하게 됩니다. X의 중력 위치 에너지의 최솟값은 <그림>에 제시된 것처럼 지구와 가장 가까운 거리인 원 궤도와 일치하는 지점입니다. 따라서 후방 분사한 이후의 우주선 X의 중력 위치 에너지의 최솟값은 우주선 Y의 중력 위치 에너지와 같습니다.

⑤ : 우주선 X가 궤도 B로 진입한 경우는 작은 타원 궤도이고 A로 진입한 경우는 큰 타원 궤도입니다. 당연히 작은 타원 궤도일 때가 우주선 X와 우주선 Y의 가능한 거리 중 최댓값이 더 작습니다.

◇ **코멘트**

정답 선지는 판단이 매우 어렵습니다. 하지만 오답 선지 분석들은 판단할만한 수준입니다. 실전에서는 소거법으로라도 답을 고를 수 있어야 합니다.

◇ 총평

- 핵심 확보 (나이테 분석)
- 다른 말 같은 뜻
- 돌아올 줄 아는 것도 실력이다.

2020학년도 언어이해 지문 중 가장 평이한 지문입니다. 지문 초반 제시된 '나이테 분석'이라는 화제를 잡았으면 이후 내용은 결국 모두 '나이테 분석'에 대한 구체화 혹은 예시일 뿐입니다. 아마 이를 파악하며 독해했다면 체감 정보량이 매우 적고, 내용 자체가 어려운 내용이 아니라 의미를 수월하게 파악하며 독해를 진행했을 겁니다.

여기서 추가적으로 구체적 수치가 제시된 경우, 조건이 나열된 경우 본인이 해당 부분을 어떻게 접근하였는지(해설과 꼭 일치하지는 않아도 됩니다. 중요한 것은 자신이 그런 구간에 대한 본인만의 틀이 잡혀있는지입니다.) 스스로 돌아보시면 좋겠습니다.

추가로 28번 문항의 5번 선지는 지문의 근거에 비중을 두기보다는 상식적 추론이 필요한 문항이었습니다.

> 과학 기술이 발달하고 일상의 삶에 미치는 영향이 점점 커짐에 따라 법정에서 과학 기술 전문가의 지식을 필요로 하는 사례도 늘고 있다. 유전자 감식에 의한 친자 확인, 디지털 포렌식을 통한 범죄 수사 등은 이미 낯설지 않고,

당연한 얘기입니다. 시대가 발전하고 있으니 법정에서 과학 기술 지식을 활용하는 경우도 늘겠죠. 당연한 말은 상식적으로 당연하게 납득하며 독해를 진행해야 합니다.

> 최근에는 연륜연대학에 기초한 과학적 증거의 활용도 새롭게 관심을 끌고 있다.

연륜연대학을 필수적인 배경지식이라 하기는 어렵습니다. 첫 문단의 마지막에서 이렇게 개념어를 던져준 경우 이에 대한 정보로 글이 진행되는 경우가 많으니 '연륜연대학에 대해 설명하는 글이다.'라는 인식 정도를 가지면 충분합니다.

> 연륜연대학이란, 나이테를 분석하여 나무의 역사를 재구성하는 과학이다.

연륜연대학의 개념을 제시해줍니다. '나이테 분석'을 통해 '역사'를 재구성합니다. 받아들이기 어려운 개념은 아니고, 핵심적인 개념이니 필히 확보하고 독해를 진행했어야 합니다.

◇ 코멘트

이후 내용은 사실 '나이테 분석을 통한 정보 파악'이라는 내용으로 압축됩니다. 이에 대해 구체적 설명은 다양하게 제시되지만 결국 핵심은 일관되게 '나이테 분석을 통한 정보 파악'으로 유지되고 있습니다.

> 온대림에서 자라는 대부분의 수목은 매년 나이테를 하나씩 만들어 내는데, 그것의 폭, 형태, 화학적 성질 등은 수목이 노출되어 있는 환경의 영향을 받는다.

구체적으로 제시된 개념을 통해 이후 내용을 납득하며 독해해야 합니다. 나이테를 분석하여 역사를 구성합니다. 그게 왜 가능할까요? 여기에 제시된 것처럼, 나이테가 생길 때 그 환경에 영향을 받기 때문이겠죠. 그러니 나이테를 통해(환경 추론 가능하니) 역사를 파악할 수 있는 겁니다.

◇ 코멘트

사실 나이테를 분석한다는 말과 거의 같은 내용입니다. 특정 대상을 분석한다고 할 때 그것의 폭, 형태, 화학적 성질 등을 파악한다는 것은 직관적으로 납득할 수 있는 내용이니까요.

> 예를 들어 나이테의 폭은 강수량이 많았던 해에는 넓게, 가물었던 해에는 좁게 형성된다. 따라서 연속된 나이테가 보여 주는 지문과도 같은 패턴은 나무의 생육 연대를 정확히 추산하기 위한 단서가 된다.

구체적 예시가 제시됩니다. 당연히 앞서 제시된 내용인 '나이테를 통한 환경 추론'의 의미를 상기하며 독해를 진행해야 합니다. 강수량으로 '폭'이 달라진다는 것은 결국 나이테를 통해 그 시기의 환경을 추론할 수 있다는 말과 같은 맥락이겠죠. 그러니 나이테의 패턴이 나무의 생육 연대도 추론할 수 있는 단서가 될 겁니다.

◇ tip 구체적인 예시, 그리고 연결

지문 초반 핵심(나이테 분석)을 제시해 준 뒤, 사례를 제시하고 있습니다. 그러면 당연히 우리는 이들을 예시를 독해하듯이 핵심과 연결하며 독해해야 합니다.

지문 자체의 난도가 높지는 않습니다. 그래도 핵심을 연결지으며 독해한다면 더 수월하게 자연스럽게 납득할 수 있는 내용들입니다.

단순 서칭이 아닌 이해와 추론이 강조되고 있는 현시점, 이를 위해 가장 필요한 능력은 저는 '다른 말 같은 뜻을 통한 범주화'라고 생각합니다.

2005년에 400개의 나이테를 가진 400년 된 수목을 베어 냈는데, 그 단면에서 1643년부터 거슬러 1628년까지 16년 동안 넓은 나이테 5개, 좁은 나이테 5개, 넓은 나이테 6개 순으로 연속된 특이 패턴이 보였다고 하자. 한편 인근의 역사 유적에 대들보로 사용된 오래된 목재는 나무의 중심부와 그것을 둘러싼 332개의 나이테를 보여 주지만 베어진 시기를 알 수 없었는데, 만일 그 가장자리 나이테에서 7개째부터 앞서의 수목과 동일한 패턴이 발견된다면 그 목재로 사용된 나무는 1650년경에 베어졌고 1318년경부터 자란 것이라는 결론을 내릴 수 있다. 나아가 그 목재를 유적의 기둥 목재와 비슷한 방식으로 비교하여, 나이테 기록을 보다 먼 과거까지 소급할 수 있다.

저는 지문에서 구체적 수치가 제시되면, 상황 파악 정도만 한 뒤, 문제에서 물어볼 때 돌아와서 구체적 수치를 활용하여 선지를 판단합니다. 해당 부분 역시 제시된 연도, 나이테 규칙성을 모두 외우며 독해를 진행한다는 것은 불가능합니다.
구체적 수치가 활용되면 돌아와서 판단한다는 인식으로(실제로 29번 선지는 이 구체적 예시를 직접 대입하며 판단했어야 합니다) 저는 계속 '결국 나이테 분석을 통해 정보를 파악할 수 있다는 거네' 정도의 인식을 가지고 독해를 진행했습니다. 결국 '핵심을 파악하며' 독해하는 것이 가장 핵심이니까요.

◇코멘트

저는 왜 이 부분을 보고 위와 같은 사고 과정이 진행되었을까요? 지금까지 기출을 통해 스스로 지문 독해 시 돌아와서 판단할 부분에 대한 틀을 확립한 것입니다.
실제로 우리가 지문 독해 시 모든 내용을 암기하며 독해할 수 없고 돌아오는 과정이 필요하다는 것은 소수의 천재를 제외하면 공감할 수 있는 내용일 겁니다.
기출 분석 시 1순위는 '의미를 파악할 수 있는 독해력'을 기르는 겁니다. 그리고 기출에 제시된 지식적 요소를 가져가는 것이죠. 여기에 덧붙여 이 상황처럼 '내가 돌아와서 판단할 부분'에 대해 스스로 체계화하는 것이 필요합니다.

이와 같이 나이테를 통한 비교 연대 측정은 예술 작품이나 문화재 등의 제작·건립 시기를 추정하는 과학적 기법을 제공하기도 하지만, 종종 법률적 사안의 해결에 도움을 주기도 한다.

1문단에 제시된 내용의 반복입니다. 1문단에서 '법정에서 과학 기술 전문가의 지식을 필요'함이 제시되었죠. 그러니 나이테를 활용하는 것도 법정에서 활용되는 지식이 될 수 있을 겁니다. 결국 핵심인 '나이테 분석을 통한 역사 구성'을 확보했다면, 이

를 법정에서 활용할 수 있다는 내용은 재진술일 뿐입니다.

◇tip 다른 말 같은 뜻

독서는 결국 '의미'를 파악하며 읽는 것입니다. 독해 시, 기표(記標)가 다르더라도, 같은 기의(記意)를 가지고 있으면 적극적으로 같은 의미를 판단해 주어야 합니다.

여기서도 결국 핵심에 대한 구체화가 진행되며 내용이 진행되고 있을 뿐입니다.

이렇게 다른 말 같은 뜻을 잡아 지문의 핵심(의미 확장)을 파악했다면, 사실상 이후 제시되는 내용은 최소한의 구분 정도면 충분합니다.

cf) 23.09 아도르노의 미학

수목으로 소유지 경계를 표시하던 과거에는 수목의 나이를 확인하는 것이 분쟁 해결에 중요한 역할을 담당하였다.

'나이테를 법정에서 활용'하는 구체적 예시가 제시됩니다. 소유지 경계가 나무의 나이테에 있는 정보들을 활용해 분쟁 해결에 사용할 수 있겠죠. 계속 핵심에 대한 다른 예시가 제시되고 있을 뿐입니다.

형사 사건에서도 나이테 분석을 활용한 적이 있다. 1932년 린드버그의 아기를 납치·살해한 범인을 수목 과학자인 콜러가 밝혀낸 일화는 잘 알려져 있다. 그는 범행 현장에 남겨진 수제 사다리의 목재를 분석함으로써, 그것이 언제 어느 제재소에서 가공되어 범행 지역 인근의 목재 저장소로 운반되었는지를 추적하는 한편, 용의자의 다락방 마루와 수제 사다리의 일부가 본래 하나의 목재였다는 사실도 입증해 냈다.

우리의 핵심은 '나이테를 법정에서 활용'하는 예시입니다. 수제 사다리를 통해 그것과 다른 나무를 비교하여 법정에서 증거로 활용하는 것이죠. 여기서도 계속 핵심에 대한 다른 예시가 제시되고 있을 뿐입니다.

나이테 분석의 활용 잠재성이 가장 큰 영역은 아마도 환경 소송 분야일 것이다.

이 역시 나이테를 법정에서 활용하는 예시 중 구체적인 경우를 제시하고 있는 상황입니다. 그렇다면 결국 똑같이 나이테를 환경 소송에 어떻게 활용하나? 정도만 파악하면 충분합니다.

> 과학자들은 나이테에 담긴 환경 정보의 종단 연구를 통해 기후 변동의 역사를 고증하고, 미래의 기후 변화를 예측하는 데 주로 관심을 기울여 왔다.

'나이테 분석'을 통한 관심이 제시되었습니다. 역사를 파악하고 미래 변화까지 예측할 수 있네요. 핵심인 '나이테 분석'을 활용하는 방안들이니 확보하고 독해를 진행했어야 합니다.

◇ 코멘트

여기서 '역사를 고증'한다는 내용은 지금까지 앞에서 반복적으로 계속 제시한 내용입니다. 그런데 미래 기후 변화 예측은 지금까지 제시된 내용이 아니라 추가된 내용입니다. 이처럼 계속된 재진술에서 추가적으로 정보를 제시해준다면 우리는 이 추가된 정보에 반응하여 이를 확보하고 독해를 진행해야 합니다.
cf) 2020 언어이해 [22~24] / 의무에 어긋나는, 의무에 맞는, 의무에서 비롯된 해설 중 발췌
⇒ '결과는 다른 원인으로 성취될 수도 있으며, 이성적 존재자의 의지가 요구되지도 않는다.'
[~ 여기서 '이성적 존재자의 의지'라는 새로운 개념이 추가되었습니다. 이렇게 재진술 시 추가되는 개념은 확보하며 독해를 진행해야 합니다.]

> 하지만 나이테에 담긴 환경 정보에는 비단 강수량이나 수목 질병만이 아니라 중금속이나 방사성 오염 물질, 기타 유해 화학 물질에 대한 노출 여부도 포함되므로 이를 분석하면 특정 유해 물질이 어느 지역에 언제부터 배출되었는지를 확인할 수 있을 것이다. 넓은 의미의 연륜연대학 중에서 이처럼 수목의 화학적 성질에 초점을 맞춘 연구만을 따로 연륜화학이라 부르기도 한다.

나이테에 단순 강수량을 넘어 환경 오염 정보(중금속, 방사성 등)가 포함되면, 당연히 이를 활용하여 환경 정보를 판단할 수 있겠죠. 결국 계속 핵심인 '나이테 분석'이 제시되고 있을 뿐입니다.

> 한편 과학 기술 전문가의 견해가 법정에서 실제로 유의미하게 활용되기 위해서는 일정한 기준을 충족해야 하는데, 이 점은 나이테 분석도 마찬가지다.

나이테 분석이 활용되기 위해서는 일정한 '기준'이 필요합니다. 즉 '조건(기준)'을 충족해야 한다는 것이겠죠? 기준(조건)이 구체적으로 제시된다면 해당 조건들은 출제될 수 있다는 점은 꼭 인식해야 합니다.

◇ tip 조건은 답을 결정한다.

다른 지문에서도 마찬가지지만 법지문에서 '조건'은 상당히 중요한 부분입니다. 어떤 경우가 있다고 지문에 제시가 되었더라도 '조건'에 맞지 않는 상황이 선지에 나오면 그건 맞지 않는 경우가 되는 것이죠. 그렇지만 많은 학생들이 '조건'에 민감하게 반응하지 않아 그런 선지에 낚이는 경우가 많습니다.

해당 지문과 문장 같은 경우는 그래도 정보량이 과하지 않고 조건을 명확하게 파악하는 것이 수월했기에 이렇게 독해 시 생각을 정리하지 않고 진행했어도 무리를 느끼시지 않았을 수 있습니다. 그렇지만 정보량이 많은 고난도 지문에서 이렇게 '조건'이 제시됐을 때 정리 과정을 거치지 않고 독해를 계속 진행한다면 지문에서 갑자기 상충된다 느끼는 부분이 나오고, 문제 풀이에서 낚시 선지에 걸리기 딱 좋습니다. 조건도 전제, 예외를 만드는 등 다양한 종류가 있지만, 우선 딱 하나 '조건'이 나오면 생각을 정리한 뒤 독해를 진행한다는 독해 습관을 갖추시길 권장합니다.

> 법원으로서는 전문가의 편견 및 오류 가능성이나 특정 이론의 사이비 과학 여부 등에도 신경을 쓸 수밖에 없기 때문이다.

어찌 보면 당연한 얘기입니다. 편견이 있거나, 오류 가능성이 있으면 당연히 증거로 사용되긴 어렵겠죠. 그리고 사이비 과학이면 당연히 증거로 사용하기 어려울 겁니다. 이 정도 내용은 자연스럽게 납득하고 독해를 진행했어야 합니다.

◇ 코멘트

해당 내용은 매우 평이하여 돌아오지 않아도 접근 가능한 수준입니다. 그렇지만, 조건이 더 많이 나열되거나 내용이 직관적으로 이해하기 어려운 수준이라면, 이렇게 조건이 '나열'되어 있을 때 우리는 돌아올 수 있다는 인식을 갖춰야 합니다.
cf) 20.06 개체성 지문 마지막 부분
'미토콘드리아가 개체성을 잃고 세포 소기관이 되었다고 보는 근거는 ~' 이후 근거들이 '나열'되며 제시됩니다. 그리고 <보기> 문항을 풀기 위해서 이 '나열된 근거(조건이라 볼 수도 있습니다)'를 활용했어야 합니다.

> 나이테 분석을 통한 환경오염의 해석은 분명 물리적 환경 변화의 해석에서보다 고려해야 할 변수도 많고, 아직 그 역사도 상당히 짧다. 하지만 이 같은 해석 기법이 환경 소송을 주재할 법원의 요구에 부응할 수 있는 과학 기술적 토대를 갖추었다고 평가하는 견해가 점차 늘어나고 있다.

나이테 분석이 역사가 짧지만 활용할 수 있는 범위가 점점 늘어납니다. 가볍게 의의를 제시하며 지문을 마무리하고 있으므로 우리도 가볍게 '활용 가능성 높음' 정도로 의의를 파악하고 독해를 마무리했으면 충분합니다.

[28~30] 문제 해설

28 윗글로 보아 적절하지 않은 것은?

① 나이테 분석이 이미 생성된 나이테만을 대상으로 할 수밖에 없다면, 아직 발생하지 않은 변동을 예측하는 데는 사용되지 못할 것이다.
② 특정 수목이 소유지 경계 획정 시 성목(成木)으로 심은 것이라면, 그 나이테의 개수가 경계 획정 시기까지 소급한 햇수보다 적지 않을 것이다.
③ 발생 연도가 확실한 사건에 대한 지식이 추가되면, 비교할 다른 나무가 없어도 특정 수목의 생육 연대를 비교적 정확하게 추산하는 것이 가능하다.
④ 배후지의 나무와 달리 차로변의 가로수만 특정 나이테 층에서 납 성분이 발견되었다면, 그 시기에는 납을 함유한 자동차 연료가 사용되었다고 추정하는 것이 가능하다.
⑤ 가장자리 나이테 층뿐 아니라 심부로도 수분과 양분이 공급되는 종류의 나무라면, 나이테 분석을 통해 유해 화학 물질의 배출 시기를 추산할 때 오차가 발생할 것이다.

답 ①
5문단에 제시된 것처럼 과학자들은 나이테에 담긴 환경 정보의 종단 연구를 통해 기후 변동의 역사를 고증하고, '미래의 기후 변화를 예측'하는 데 주로 관심을 기울여 왔습니다. 미래의 기추 변화도 예측한 것이죠. 즉 나이테 분석이 이미 생성된 나이테만을 대상으로 할 수밖에 없다 해도(애초에 나이테 분석은 생성된 나이테를 대상으로 하죠) 아직 발생하지 않은 변동을 '예측'하는 것에는 사용할 가능성이 있을 겁니다.

오답 선지 분석
② : 2문단에 제시된 것처럼 온대림에서 자라는 대부분의 수목은 매년 나이테를 하나씩 만들어 냅니다. 즉 특정 수목이 소유지 경계 획정 시 성목(成木)으로 심은 것이라면 나이테가 하나 이상 있거나, 그렇지 않더라도 1년에 나이테를 하나씩 만들 겁니다. 그렇다면 나이테의 개수는 경계 획정 시기까지 소급한 햇수보다 같거나 클 것입니다.

③ : 5문단에 제시된 것처럼 나이테에 담긴 환경 정보에는 비단 강수량이나 수목 질병만이 아니라 중금속이나 방사성 오염 물질, 기타 유해 화학 물질에 대한 노출 여부도 포함됩니다. 즉 발

생 연도가 확실한 사건에 대한 지식이 추가되면, 그 지식을 활용하여 나이테를 분석하여 연도를 파악할 수 있고, 그렇다면 특정 수목의 생육 연대를 비교적 정확하게 추산하는 것이 가능할 겁니다.

④ : 5문단에 제시된 것처럼 나이테 분석을 통해 특정 유해 물질이 어느 지역에 언제부터 배출되었는지를 확인할 수 있을 겁니다. 그렇다면 차로변에만 납 성분이 발견되었다면 그 시기에 자동차 연료에 납이 함유되었다고 추론할 수 있습니다.

⑤ : 가장자리 나이테 층만이 아닌 심부로도 수분과 양분이 공급되면, 심부에도 수분과 양분을 통해 유해 화학 물질이 스며들 가능성이 있습니다. 그렇다면 이를 통해 유해 화학 물질의 배출 시기를 추산한다면 오차가 발생할 가능성이 있습니다.

◇코멘트

계속된 재진술 시 추가되는 정보는 확보해야 합니다.

29 [A]에 대해 추론한 내용으로 옳지 않은 것은?

① 2005년에 베어 낸 수목은 1605년경부터 자랐을 것이다.
② 대들보로 사용된 목재의 가장자리에서 10번째 나이테는 폭이 넓을 것이다.
③ 대들보로 사용된 목재의 가장자리에서 20번째 나이테는 폭이 좁을 것이다.
④ 대들보로 사용된 목재의 가장자리에서 15번째 나이테는 1635년경에 생겼을 것이다.
⑤ 대들보로 사용된 목재와 기둥 목재의 나이테 패턴 비교 구간은 1318년경에서 1650년경 사이에 있을 것이다.

[예시 상황 정리]
1643년부터 거슬러 1628년까지 16년 동안 넓은 나이테 5개, 좁은 나이테 5개, 넓은 나이테 6개 순으로 연속된 특이 패턴이 보였다고 하자.
⇒ 1643년부터 1628년까지 <넓(43년), 넓(42년), 넓(41년), 넓(40년), 넓(39년) / 좁(38년), 좁(37년), 좁(36년), 좁(35년), 좁(34년) / 넓(33년), 넓(32년), 넓(31년), 넓(30년), 넓(29년), 넓(28년)> 이와 같은 패턴이 보였다는 것을 알 수 있음.

그것을 둘러싼 332개의 나이테를 보여 주지만 베어진 시기를 알 수 없었는데, 만일 그 가장자리 나이테에서 7개째부터 앞서의 수목과 동일한 패턴이 발견된다면 그 목재로 사용된 나무는 1650년경에 베어졌고 1318년경부터 자란 것이라는 결론을 내릴 수 있음.
⇒ 가장자리 7개째부터 앞서의 수목과 동일한 패턴이다
즉 7번째부터 <넓(43년), 넓(42년), 넓(41년), 넓(40년), 넓(39

년) / 좁(38년), 좁(37년), 좁(36년), 좁(35년), 좁(34년) / 넓(33년), 넓(32년), 넓(31년), 넓(30년), 넓(29년), 넓(28년)> 패턴을 가졌다는 것을 알 수 있음.

답 ③

대들보로 사용된 목재의 가장자리에서 20번째 나이테는 폭이 넓습니다. 7번째부터 <넓(43년), 넓(42년), 넓(41년), 넓(40년), 넓(39년) / 좁(38년), 좁(37년), 좁(36년), 좁(35년), 좁(34년) / 넓(33년), 넓(32년), 넓(31년), 넓(30년), 넓(29년), 넓(28년)> 입니다.
그러면 20번째 나이테는 넓(31년)으로 폭이 넓다는 것을 알 수 있습니다.

오답 선지 분석

① : 3문단에 제시된 것처럼 2005년에 400개의 나이테를 가진 400년 된 수목입니다. 2문단에 제시된 것처럼 온대림에서 자라는 대부분의 수목은 매년 나이테를 하나씩 만들어 냅니다. 즉 2005년에 400개의 나이테가 있으니 1605년부터 자랐을 것이라 볼 수 있습니다.

② : 대들보로 사용된 목재의 가장자리에서 10번째 나이테는 폭이 넓습니다. 7번째부터 <넓(43년), 넓(42년), 넓(41년), 넓(40년), 넓(39년) / 좁(38년), 좁(37년), 좁(36년), 좁(35년), 좁(34년) / 넓(33년), 넓(32년), 넓(31년), 넓(30년), 넓(29년), 넓(28년)>입니다. 가장자리에서 10번째 나이테는 넓(40년)입니다.

④ : 대들보로 사용된 목재의 가장자리에서 15번째 나이테는 7번째부터 <넓(43년), 넓(42년), 넓(41년), 넓(40년), 넓(39년) / 좁(38년), 좁(37년), 좁(36년), 좁(35년), 좁(34년) / 넓(33년), 넓(32년), 넓(31년), 넓(30년), 넓(29년), 넓(28년)>입니다. 15번째는 좁(35년)이므로 적절함을 알 수 있습니다.

⑤ : 3문단에 제시된 것처럼 400년된 나무의 나이테 패턴을 대들보 목재와 비교했습니다. 이때 대들보로 사용된 목재는 1650년에 베어졌음이 제시되어 있습니다. 여기서 이 나무가 1650년경에 베어졌고 1318년경부터 자란 것이라는 결론을 내릴 수 있음이 제시되었습니다. 그러니 이들의 비교 기간은 1318 ~ 1650년 사이임을 알 수 있습니다.

◇코멘트

구체적 수치가 제시되면 돌아가서 판단하는 것이 효율적일 수 있습니다. 해당 문항 역시 멋은 좀 없지만, 구체적 수치를 보고 저렇게 쓰면서 문제를 풀면 답은 쉽게 맞출 수 있습니다.

30 [B]를 참조하여 <보기>의 입장들을 설명할 때, 적절하지 않은 것은?

보 기

X국에는 과학적 연구 자료를 법적으로 활용하는 기준에 대하여 다음과 같은 입장들이 있다. 각각의 입장에서 전문가의 '나이테 분석에 근거한 연구 결과'가 어떻게 이용될지 생각해 보자.

A: 관련 분야 전문가들의 일반적 승인을 얻은 것만을 증거로 활용한다.
B: 사안에 대한 관련성이 인정되는 한 모두 증거로 활용하되, 전문가의 편견 개입 가능성이나 쟁점 혼란 또는 소송 지연 등의 사유가 있을 경우에는 활용하지 않는다.
C: 사안에 대한 관련성이 인정되고, 일정한 신뢰성 요건(검증 가능성, 적정 범위 내의 오차율 등)을 갖춘 것은 모두 증거로 활용한다.

① A를 따르는 법원이 수목의 병충해 피해 보상을 판단할 때 해당 연구 결과를 유의미하게 활용한다면, 나이테를 통한 비교 연대 측정 방법은 대체로 인정된다고 추정할 수 있군.
② A를 따르는 법원이 공장의 유해 물질 배출로 인한 피해의 배상을 판단할 때 해당 연구 결과를 유의미하게 활용한다면, 연륜화학의 방법은 대체로 인정된다고 추정할 수 있군.
③ B를 따르는 법원이 방사능 피해 보상 문제에서 해당 연구 결과를 유의미하게 활용한다면, 그 연구의 수행자가 피해 당사자의 입장을 적극 대변하는 인물이라고 추정할 수 있군.
④ C를 따르는 법원이 장기간의 가뭄으로 인한 농가 피해의 보상을 판단할 때 해당 연구 결과를 유의미하게 활용한다면, 나이테 분석은 사이비 과학이 아니라고 추정할 수 있군.
⑤ C를 따르는 법원이 홍수로 인한 농가 피해의 보상을 판단할 때 해당 연구 결과를 유의미하게 활용하지 않는다면, 연륜연대학의 방법이 일정한 신뢰성의 요건을 충족하지 못한다고 추정할 수 있군.

답 ③

6문단에 제시된 것처럼 법원으로서는 전문가의 편견 및 오류 가능성을 고려해야 법정에서 사용할 수 있습니다. B 역시 '전문가의 편견 개입 가능성이나 쟁점 혼란 또는 소송 지연 등의 사유가 있을 경우에는 활용하지 않'음이 제시되었습니다. 그런데 '연구의 수행자가 피해 당사자의 입장을 적극 대변하는 인물'

이라면 이는 '전문가의 편견'이 담겨 있을 수 있는 자료입니다. 그러므로 '피해 당사자의 입장을 적극 대변하는 인물'이라면 법원이 이 연구 결과를 유의미하게 활용하지 않을 것입니다.

오답 선지 분석

① : '관련 분야 전문가들의 일반적 승인을 얻은 것만을 증거로 활용한다'는 A의 관점을 따른다면 법원이 수목의 병충해 피해 보상을 판단할 때 해당 연구 결과를 유의미하게 활용한다면(이는 곧 승인 얻음을 의미) 나이테를 통한 비교 연대 측정 방법은 대체로 인정된다고 추정할 수 있습니다.

② : '관련 분야 전문가들의 일반적 승인을 얻은 것만을 증거로 활용한다'는 A의 관점을 따른다면 법원이 공장의 유해 물질 배출로 인한 피해의 배상을 판단할 때 해당 연구 결과를 유의미하게 활용한다면(이는 곧 승인 얻음을 의미), 연륜화학의 방법은 대체로 인정된다고 추정할 수 있습니다.

④ : '사안에 대한 관련성이 인정되고, 일정한 신뢰성 요건(검증 가능성, 적정 범위 내의 오차율 등)을 갖춘 것은 모두 증거로 활용'하는 C의 관점을 따른다면 법원이 장기간의 가뭄으로 인한 농가 피해의 보상을 판단할 때 해당 연구 결과를 유의미하게 활용한다면, 나이테 분석은 사이비 과학이 아니라고(신뢰성 충족) 추정할 수 있습니다.

⑤ : '사안에 대한 관련성이 인정되고, 일정한 신뢰성 요건(검증 가능성, 적정 범위 내의 오차율 등)을 갖춘 것은 모두 증거로 활용'하는 C의 관점을 따른다면 법원이 홍수로 인한 농가 피해의 보상을 판단할 때 해당 연구 결과를 유의미하게 활용하지 않는다면(관련성 혹은 신뢰성 중 하나는 인정 안 됨), 연륜연대학의 방법이 일정한 신뢰성의 요건을 충족하지 못한다고 추정할 수 있습니다. (그러니 이렇게 추정할 수는 있음)

◇코멘트

평가원 기출 20.06 개체성 지문 <보기> 문항이 쉬워진 느낌입니다. 지문에 나열되며 제시된 조건을 활용하여 선지를 판단해야 하는 문항은 <보기> 문항의 일반적 패턴입니다.

21학년도 LEET 언어이해

◇ 총평

- 어휘 자체를 통한 이해
- 구체적 개념 확보
- 문제의 원인, 그에 맞는 해결
- 비교 대조 쌍(구분)
- 한정어

정보량이 적지 않은 지문입니다. 특히 초반 1~2문단에서 이후 내용을 제시하기 위해 구체적 개념들을 던져주고 있습니다. 이 구간을 잘 독해했는지가 해당 지문 독해의 승패를 결정지었을 겁니다. 우선 이렇게 정보량이 많은 지문일 경우 이해와 납득도 중요하지만 '정리(구분)'의 비중이 높아질 수 있다는 점을 인식해야 합니다. 기존에 기출에서 계속 그런 경향을 보여줬으니까요.

일단 밀도가 높은 구간에서 우리가 가져갈 것은 두 가지입니다. 첫째로 밀도가 높은 구간일지라도 구체적 개념은 확보하고 가야 한다는 사실입니다. 이게 실전에서 매우 어렵죠. 어려울 때 실전에서 내가 어떻게 해야 할지(필수적으로, 반드시 큰 맥락은 잡고 표시한 뒤 지문 혹은 선지에서 물어볼 때 돌아온다는 틀 정도)를 생각해 보시길 바랍니다.

둘째로 구체적 개념이 제시되었을 때 그 개념이 어휘 자체를 통해 납득할 수 있는 개념일 가능성이 높다는 겁니다. 해당 지문도 구체적으로 제시된 많은 개념들이 어휘 자체를 통해 납득할 수 있는 정보였습니다.

이렇게 구체적으로 제시된 개념들을 확보했다면, 이후 3, 4문단의 내용은 '원인'을 파악하고 독해를 진행한다는 인식이면 무난하게 구분할 수 있는 수준의 내용이었습니다.

이렇게 정보량이 많은 글을 독해할 때 핵심은 '구분'입니다. 개념 간 '구분'이 진행된 상태로 독해를 진행했어야 합니다. 완벽하게 공통점과 차이점을 잡지 못했더라도 각각에 대한 '구분'은 진행됐어야 합니다.

전반적으로 '이해와 납득'도 중요하지만(주로 어휘 자체를 통해) 그에 못지않게 '정리'의 중요성이 부각된 지문입니다. 문항들 역시 지문에서의 핵심(구체적 개념 / 1번, 2번) 혹은 빈출 포인트(3번)가 출제되었습니다. 만약 본인이 지문 독해에서 부족함이 있었더라도, '답'은 어떻게든 맞췄어야 하는 지문입니다.

> 비즈니스 프로세스는 고객 가치 창출을 위해 기업 또는 조직에서 업무를 처리하는 과정을 말한다.

어휘 자체를 통해 의미를 파악합시다. '비즈니스 + 프로세스'이니 '일'을 위한 '처리 과정'이라는 정도로 납득하고 독해를 시작했으면 충분합니다.

> 업무 처리 과정을 업무흐름도로 도식화하는 과정을 프로세스 모델링이라 하며, 그 결과물을 프로세스 모델이라고 한다.

계속 어휘 자체를 통해 이해합시다. 업무 처리 과정을 '도식화'했으니 '모델링'일 것이고, '모델링'의 결과가 '모델'일 겁니다. 낯선 개념어지만, 이처럼 어휘 자체를 통해 구체적으로 제시된 개념의 의미를 납득하며 독해를 진행해야 합니다.

◇ tip 어휘 자체를 통한 이해

실제로 어휘 자체를 통해 자연스럽게 납득할 부분을 납득하고 독해를 진행하는 사람과 그렇지 못한 사람은 실전에서 상당한 차이를 보입니다.

영어로 되어 있지만, 이 정도의 단어는 우리가 상식적으로 알고 있는 단어입니다. 이렇게 어휘 자체를 통해 뜻을 상기하며 독해를 진행했다면 초반부터 개념어들에 대한 설명만 나열되고 있는 이 빡빡한 구간을 납득하며 독해를 진행할 수 있습니다.

cf) 20.06 금융 안전을 위한 미시 건전성 정책과 거시 건전성 정책의 관점 차⇒ '미시'와 '거시'라는 어휘 뜻을 통해 지문에 제시된 미시 건전성과 거시 건정성의 개념을 파악

> 프로세스 모델은 업무 처리 활동 및 활동들 간의 경로로 구성된다.

계속 납득합시다. 비즈니스 프로세스가 업무 처리를 위한 '과정'입니다. 그러니 그를 위해 수행되는 프로세스 모델은 '업무 처리'와 그에 대한 '과정'으로 구성되어 있겠죠.

◇ 코멘트

지문에서 구체적으로 제시해준 개념은 확보하고, 이후 내용을 납득하며 독해를 진행해야 합니다.

> 프로세스 모델이 효율적으로 작동하고 있는지를 확인, 분석, 수정·보완, 개선하는 작업이 필요한데, 프로세스 마이닝은 그중 한 기법이다.

프로세스 모델에 대한 '확인, 분석, 수정·보완, 개선'을 위해 사용되는 프로세스 마이닝이 등장합니다. 굉장히 일반적인 흐름입니다. 기술(특히 컴퓨터)에서 정보를 확인하고 수정·보완이 진행되는 흐름은 매우 일반적이므로 해당 지문을 통해 그런 흐름 자체에 익숙해집시다.

> 프로세스 마이닝은, 시뮬레이션처럼 실제 이벤트 로그 수집 이전에 정립한 프로세스 모델 중심 분석기법과, 데이터 마이닝처럼 프로세스를 고려하지 않는 데이터 중심 분석기법을 연결하는 역할을 한다.

프로세스 마이닝에 대한 구체적인 개념이 제시됩니다. 프로세스 모델에 대한 개념을 앞서 제시하였고, 그 역할을 구체적으로 제시하고 있으니 지문의 핵심일 겁니다. '실제 이벤트 로그 수집 이전에 정립한 프로세스 모델 중심 분석기법' / '데이터 마이닝처럼 프로세스를 고려하지 않는 데이터 중심 분석기법'을 연결한다는 구체적 개념을 확보하고 가야 합니다.

◇ 코멘트

+ 그런데 실전에서 이렇게 구체적으로 제시된 개념인데, 개념 자체에 정보량이 많으면 어떻게 해야 할까요?
지문 해설에서도 이를 확보할 것을 강조했지만, 실전에서 이를 완벽하게 확보하지 못할 수도 있습니다. 만약 저라면, 해당 개념을 한 번에 확보하고 가기가 어렵다면, 한 번 정도 더 읽어보고(사실 이러면 완벽하게는 아니어도 이후 납득과 문제 풀이에서 지장을 주지는 않습니다) 그럼에도 너무 낯설다면, 체크한 뒤 이후 제시되거나 선지에서 물어볼 때 다시 돌아와서 파악한다는 인식으로 독해를 진행해야 합니다.
+ 정리하자면, 프로세스 마이닝은 두 과정 사이의 연결 고리이므로, 프로세스 중심 – 프로세스 마이닝 – 데이터 중심 이런 식으로 정리할 수 있을 것 같습니다.

> 프로세스 마이닝은 정보시스템을 통해 확보한 이벤트 로그에서 프로세스에 관련된 가치 있는 정보를 추출하는 것이다.

프로세스 마이닝은 프로세스 모델이 '효율적'으로 작동하는지 파악하는 겁니다. 그러니 확보한 이벤트 로그에서 '관련된 가치 있는' 정보를 추출하는 식으로 진행이 될 겁니다. 앞서 제시된 개념(효율을 위함)을 확보하여 정보를 납득했어야 합니다.

◇ 코멘트

앞서서 프로세스 마이닝의 경우, 프로세스 모델 중심 분석기법과 데이터 중심 분석기법의 연결고리임이 제시되었습니다. 즉, 우리는 두 분석 기법을 구분하는 것, 이들에 대한 연결은 핵심적인 정보일 겁니다. 구분된 정보를 처리하는 것은 핵심적이니까요,

◇ tip 당겨 읽기 (관형절도 당겨 읽어라.)

특정 대상을 수식해주는 관형어(절)이 있다면, 대상만을 확보하며 단순히 넘어갈 것이 아니라 관형어(절)과 대상 모두를 하나의 의미로 확보해주며 독해를 진행해야 합니다.

여기서도 이벤트 로그는 그냥 이벤트 로그가 아닌 '확보한' 이벤트 로그입니다.

사소한 습관이지만 그 영향력은 사소하지 않고 정말 중요한 독해 태도이므로 꼭 습관화하시기를 바랍니다.

cf) 23.06 육가의 『신어』, (나)『치평요람』의 관점

⇒ 역사를 관통하는 자연의 이치에 따라 천문·지리·인사 등 천하의 모든 일을 포괄한다는 ㉠통물(統物)과, 역사 변화 과정에 대한 통찰로서 상황에 맞는 조치를 취하고 기존 규정을 고수하지 않는다는 ㉡통변(通變)을 제시하였다.

⇒ ㉠과 ㉡의 개념을 'A는 B다.' 같은 형식이 아닌, 'B인 A~'와 같은 형식으로 서술해주고 있고, 정의를 파악 여부가 출제됨.

> 이벤트 로그란 정보시스템에 축적된 비즈니스 프로세스 수행 기록인데, 이것이 프로세스 마이닝의 출발점이 된다.

앞서 제시된 이벤트 로그에 대한 구체적 개념을 제시합니다. 이렇게 따로 구체적 개념을 제시해줬다면, 이에 대한 개념을 확보하고 독해를 진행하기를 요구하는 것이죠. 이벤트 '로그'이니 '기록'이라는 것은 납득할 수 있습니다. 그리고 이것이 '출발점'이 된다는 것은 '과정'이 여기서부터 시작된다는 것이니 확보하고 독해를 진행했어야 합니다.

◇ 코멘트

+ 이런 서술 흐름은 익숙해야 합니다. 'A는 B이다.' 'B는~' 식으로 서술해주면 구체적으로 서술된 개념을 확보해야 하고, 만약 워딩만 제시되면 워딩 정도만 체크하고 독해를 진행하면 충분합니다.
+ 저는 여기서 '출발점'을 보고 체크하고 독해를 진행했습니다. 이게 왜 가능했을까요? 프로세스 모델링이 '과정'이고 지문에서 '경로'라는 표현이 제시되었으니 '출발점'이라는 정보는 당연히 핵심적인 정보일 겁니다. 그리고 기출 분석을 통해 얻은 지식으로 애초에 '출발점'은 하나이므로 어떤 대상이 '출발', '첫째', '시작' 등으로 제시된다면 애초에 확보하고 가야 한다는 것을 알고 있기 때문입니다. 우리가 '한정어'를 확보하듯이 기출에서 중요하게 반복되는 포인트를 익혀두는 것도 기출 분석에서 해야 할 일 중에 하나입니다.

> 이벤트 로그는 행과 열로 표현되는 이차원 표 형태이다. 업무 활동으로 발생한 이벤트는 행으로 추가되며, 각 열에는 이벤트의 속성들이 기록된다.

이벤트 로그에 대한 설명이 계속 진행됩니다. 표 형태로 제시되었고, 행과 열에 정보를 제시합니다. 저라면 이런 건 간단하게 필기를 해두고 가는 것도 방법이라 생각합니다. (대놓고 표라고 제시해줬으니) / 그렇지 않다면 어려운 정보는 아니므로 그냥 납득하고 독해를 진행해도 충분합니다.

> 이때 기록되는 속성으로 필수적인 것은 사례 ID, 활동명, 발생 시점이며, 다양한 분석을 위해 그 외 속성들도 추가될 수 있다.

대놓고 '필수적'이라는 한정어를 제시하여 필수와 그 외를 구분하고 있습니다. 한정어를 통해 구분된 개념이니 당연히 확보하고 독해를 진행했어야 합니다.

◇ 코멘트

여기서도 '이벤트의 속성'이라고 제시해준 뒤, 이후 '속성'에 대해 구체적으로 제시해주고 있습니다. 그러니 여기서는 속성의 개념이 출제될 수 있다는 인식을 가져야 합니다.

◇ tip 한정어

'필수적'

한정어에 대해서는 지문 독해 시에 핵심에 결부된 정보든, 부가적으로 제시된 정보든 응당 민감하게 처리해야 하는 표현들입니다. 이런 표현들은 범주 파악, 내용 이해에 필수적이고, 곧잘 문제화되는 부분입니다.

cf) 20.11 장기 이식의 문제점, 레트로바이러스에 대한 이해.

'이런 세포(레트로 감염되고 살아남은)로부터 유래된 자손의 **모든** 세포가 갖게 된 것이 **내인성 레트로바이러스이다.**'

> 이벤트 로그는 사용자에게 도움이 되는 정보를 직접 제공할 수 없는 원데이터이므로, 그것을 우리가 사용할 수 있는 정보로 변환해 주어야 한다.

계속 이벤트 로그에 대한 설명이 진행됩니다. 앞서 제시된 개념에서 프로세스 마이닝은 가치 있는 정보를 추출하는 것입니다. 그러니 비즈니스 프로세스 수행 기록인 이벤트 로그(어휘 자체를 통해 기록임을 확보했음)에서 유용한 정보 = 가치 있는 정보를 추출해야 합니다. 앞선 개념을 통해 정보를 납득하려는 의식

적 태도를 항상 가지고 글을 읽어 내려가야 합니다.

> 프로세스 마이닝에는 프로세스 발견, 적합성 검증, 프로세스 향상의 세 가지 유형이 있다.

프로세스 마이닝의 유형을 구분합니다. 여기서 제시되고 끝나면 워딩 자체만을 가지고 단순 일치 수준으로 파악하면 되지만, 이후 구체적 설명이 제시된다면 세 가지를 병렬적으로 구분해줘야 합니다.

◇ tip 병렬적 구조 독해

아마 이 글을 읽는 모두가 내용적으로는 아시는 부분일 겁니다. 그만큼 중요하기에 한 번 언급할 가치는 있다고 생각합니다.

이후 글의 흐름이 프로세스 발견, 적합성 검증, 프로세스 향상 세 가지에 대해 병렬적 구조를 보이고 있습니다. 이를 독해할 때 가장 우선적으로 갖춰야 할 태도는, '각각을 정확하게 이해하고 정리한다.' 그렇게 개별적으로 각각에 대한 이해와 정리가 선행된 상태라면 그 이해를 바탕으로 제시된 병렬적 정보들의 공통점과 차이점을 기준점에 맞춰 잡으며 내려올 수 있는 것입니다. 해당 지문에서는 공통점과 차이점을 잡는 것보다는 각각에 대한 정확한 이해가 더욱 강조되었습니다.

cf) 21.09 행정입법의 다양한 유형, 그들에 대한 이해와 구분.

⇒ '행정입법의 유형에는 위임명령, 행정규칙, 조례 등이 있다.'

행정입법 지문은 각각에 대한 정확한 정리 후 이들에 대한 공통점·차이점 파악이 강조됨

> 프로세스 발견이란 프로세스 분석가가 알고리즘을 통해 이벤트 로그로부터 프로세스 모델을 도출하는 것을 말하는데,

어휘 자체를 통해 이해합시다. 프로세스가 과정이고 그 결과물이 프로세스 모델입니다. 그러니 과정을 발견한다는 것은 주어진 이벤트 로그로부터 결과물을 도출하는 것을 의미합니다.

◇ 코멘트

이렇게 앞선 정보와 어휘 자체를 통해 개념을 납득하면 무조건 개념이 확실하게 기억납니다. 물론 실전에서 이 수준으로 완벽하게 어휘 자체와 앞선 개념을 통해 의미를 납득하는 것은 어려울 수 있습니다. 하지만 이런 태도를 익힌 사람이라면, 100% 완벽하진 못하더라도 실전에서 납득과 문제 풀이에 충분한 수준으로 자연스럽게 독해를 진행할 수 있습니다.

> 이때 분석가는 별다른 업무 지식 없이도 작업을 수행할 수 있다.

별다른 업무 지식이 없어도 작업이 수행 가능하다는 것은 조금 놀랍습니다. 이런 특징이 있음 정도만 생각해도 충분합니다.

> 만일 도출된 프로세스 모델이 복잡하여 유의미한 분석이 곤란할 경우, 퍼지 마이닝이나 클러스터링 기법을 활용할 수 있다.

문제 상황이 제시되었습니다. '복잡하다는 원인'으로 인해 '유의미한 분석이 곤란'해집니다. 그러니 당연히 퍼지 마이닝이나 클러스터링 기법은 모두 '복잡하다는 원인'을 해결할 것입니다.

> 퍼지 마이닝은 실행 빈도가 낮은 활동을 제거 또는 병합하거나, 그 활동들 간의 경로를 제거함으로써 프로세스 모델을 단순화해 주는 기법이다.

퍼지 마이닝에 대한 설명이 진행됩니다. 퍼지 마이닝은 '복잡하다는 원인'을 해결해야 합니다. 빈도가 낮은 놈을 제거하고 병합하면 당연히 정보 체계는 더욱 단순해질 겁니다. 이는 '원인'

을 생각하면 자연스럽게 납득할 수 있습니다.

> 이때 프로세스 모델에 나타난 활동과 경로에 대한 임곗값을 설정하여 모델의 복잡도를 조절할 수 있다.

그리고 그 단순하게 만드는 기준 = 임곗값을 설정할 수 있다는 정도겠죠. 빈도가 낮은 놈을 제거하려면 빈도수에 대한 기준은 있어야 하니까요.

> 클러스터링은 특성이 유사한 사례들을 같은 그룹으로 묶어주는 기법이다. 전체 이벤트 로그를 대상으로 프로세스를 도출할 때 복잡한 프로세스 모델이 도출될 경우, 이 기법을 적용하여 이벤트 로그를 여러 개로 나눌 수 있다. 이렇게 세분화된 이벤트 로그에 프로세스 발견 기법을 적용하면, 프로세스 모델의 복잡도가 줄어든다.

클러스터링 역시 '복잡하다는 원인'을 해결해줍니다. 그러니 복잡한 모델에서 기법을 적용해 이벤트 로그를 나눠 체계화시키는 것이겠죠. 이렇게 원인을 잡고 독해를 하면 이후 해결은 상식적으로 납득하며 독해를 진행할 수 있습니다.

> 적합성 검증이란 기존의 프로세스 모델과 이벤트 로그 분석에서 도출된 결과를 비교하여 어느 정도 일치하는지를 확인하는 것이다.

어휘 자체를 통해 납득합시다. '적합성 + 검증'입니다. 그러니 결과를 '비교 = 검증'하여 기존 모델과 결과의 일치 정도를 판단하겠죠. 충분히 납득할 수 있는 수준입니다.

> 이때 기존의 프로세스 모델과 이벤트 로그에서 도출된 결과물이 불일치하는 경우가 발생하는데,

여기서도 문제 상황이 발생합니다. 그렇다면 원인에 맞춰 당연히 해결이 따라온다는 인식 정도로 독해를 진행했으면 충분합니다.

> 먼저 기존의 프로세스 모델이 적절함에도 불구하고 업무 담당자가 이를 준수하지 않는 경우를 들 수 있다. 이 경우에는 현실 세계의 실제 업무 수행 실태를 교정해야 한다. 이와 달리 이벤트 로그의 분석 결과물이 더 적절한 것으로 판단되는 경우에는 기존의 프로세스 모델을 수정할 필요가 있다.

'원인'을 알면 해결은 당연합니다. 이 역시 담당자가 준수하지 않으면 당연히 담당자를 교정해야 하고, 결괏값이 더 적절하면 기존의 모델을 수정해야겠죠.

◇ 코멘트

+ 20 리트 해설을 다 읽고 오셔서 알겠지만, 저는 구조 독해를 지향하는 사람은 아닙니다. '문제의 원인'을 파악하면 해결이 따라온다는 것은 구조라면 구조지만, 사실은 문맥상 당연한 흐름입니다. '원인'에 맞는 '해결'은 꼭 인식합시다.
+ 여기서도 두 대상은 구분해야 합니다.

> 프로세스 향상에는 두 유형이 있다.

대놓고 바로 두 유형이 있다네요. 이 역시 '프로세스 + 향상'이니 능률을 어떻게 '향상'시키는지에 초점을 맞춰 독해를 진행합시다.

◇ 코멘트

여기서도 역시 이후 제시되는 두 대상은 구분됐어야 합니다.

> 하나는 기존의 프로세스 모델을 '수정'하는 것이며,

'수정'은 말 그 자체이겠죠. 수정해서 더 좋아지게 만든다는 정도로 자연스럽게 납득하면 충분합니다.

> 다른 하나는 업무 수행 시간 및 담당지 등 이벤트 로그 분석에서 얻은 부가적 정보를 추가하여 발견된 프로세스 모델을 '확장'하는 것이다. 확장의 예로는 이벤트 로그로부터 도출된 프로세스 모델에 프로세스 내 병목 지점과 재작업 흐름을 시각화하는 것을 들 수 있다.

확장의 개념을 제시합니다. 다른 정보를 '추가'하는 것이니 당연히 '확장'이라는 개념을 어휘 자체를 통해 납득할 수 있습니다. 구체적 예시 역시 결국은 '정보를 추가하여 확장'한다는 의미입니다.

◇ tip 구체적인 예시

수능, 리트 언어이해와 같은 글이 얼마나 짜임새 있게, 낭비가 없이 작성된 글인지 알 수 있는 대목입니다.

프로세스 모델 확장은 '업무 수행 시간 및 담당자 등~'의 정보입니다. 그리고 이렇게 '~등'으로 제시된 구체적 예시는 <보기> 문제의 답을 결정짓는 핵심적인 요소였습니다.

만약 지문에서 이렇게 특정 개념에 대해 구체적인 예시가 등장한다면 문제화될 것을 인식하고 독해 시기를 권장합니다. 아주 사소하지만, 독해력 향상에 큰 도움이 되는 습관이라고 생각합니다.

cf) 20.09 점유·소유 중 일부

물건 중에서 **피아노**, **금반지**, **가방** 등과 같은 대부분의 동산은 점유에 의해 소유권이 공시된다.

⇒ 구체적으로 동산의 예시를 제시함.

> 프로세스 마이닝은 데이터 과학에 근거를 두고 프로세스 분석가가 업무 전문가와 협업하여 기업이 수행하는 비즈니스 프로세스에 대한 문제점을 진단하고 개선 방안을 도출하는 데 기여할 수 있다.

지문에서 계속 제시한 내용의 의의를 제시하며 글을 마무리하고 있습니다. 가볍게 '개선 기여(사실 지금까지 계속 제시된 효율, 수정 보완 등의 내용이죠)' 정도로 파악하고 독해를 마무리했으면 충분합니다.

◇ 코멘트

글의 맥락을 고려한다면, 이벤트 로그의 속성값을 결정해주는 것은 그 분야의 전문가이지만, 그 이후 이벤트 로그로부터 마이닝을 하여 프로세스를 향상시키는 것까지는 온전히 데이터 처리의 역량임을 알 수 있습니다. 실전에서 여기까지 생각하기 어려웠더라도 분석 시에는 고려해볼 만한 정보입니다.

01 윗글과 일치하는 것은?

① 이벤트 로그는 프로세스 마이닝의 출발점이지만 그 자체로는 유용한 정보라 할 수 없다.
② 업무 전문가의 충분한 지식 없이 이벤트 로그로부터 프로세스 모델을 도출하기는 어렵다.
③ 프로세스 발견은 프로세스에 내재된 업무 관련 규정을 이벤트 로그로부터 도출하는 것이다.
④ 클러스터링은 복잡한 프로세스 모델을 여러 개의 세부 프로세스 모델로 구분해 주는 기법이다.
⑤ 이벤트 로그에서 업무 담당자를 파악하여 기존의 프로세스 모델에 활동과 경로를 추가하는 것은 프로세스 수정이다.

답 ①

2문단에 제시된 것처럼 프로세스 마이닝의 출발점입니다. 그리고 사용자에게 도움이 되는 정보를 직접 제공할 수 없는 원데이터입니다. 그러니 그 자체로는 유용한 정보라 할 수 없습니다.

오답 선지 분석

② : 3문단에 제시된 것처럼 분석가는 별다른 업무 지식 없이도 작업(프로세스 발견 = 프로세스 모델 도출)을 수행할 수 있습니다.

③ : 3문단에 제시된 것처럼 프로세스 발견이란 프로세스 분석가가 알고리즘을 통해 이벤트 로그로부터 프로세스 모델을 도출하는 것을 의미합니다. 즉 프로세스에 내재된 업무 관련 규정을 이벤트 로그로부터 도출하는 것이 아닌 이벤트 로그로부터 프로세스 모델을 도출하는 것입니다. 선후 관계는 핵심입니다.

④ : 3문단에 제시된 것처럼 클러스터링은 이벤트 로그를 여러 개로 나누어 '특성이 유사한 사례들을 같은 그룹으로 묶어주는' 기법입니다. 즉 '복잡한 프로세스 모델을 세부 프로세스 모델로 구분'해 주는 기법이 아닙니다.

⑤ : 5문단에 제시된 것처럼 이벤트 로그 분석에서 얻은 부가적 정보를 추가하여 발견된 프로세스 모델을 '확장'하는 것이지 '수정'하는 것이 아닙니다.

◇ **코멘트**

구체적 개념에 대한 일치 수준의 문항입니다. 만약 실전에서 지문에 대한 이해가 완벽하지 않았더라도, 최소한의 맥락은 잡으며 독해를 진행했었다면, 개념으로 돌아가서 '답'을 고르는 것은 어렵지 않은 문항입니다.

02 '프로세스 마이닝'에 대해 추론한 것으로 적절하지 않은 것은?

① 프로세스 마이닝을 도입하면 내부 규정의 준수 여부에 대한 감독이 용이해진다.
② 프로세스 마이닝을 통해 기존의 프로세스 모델이 실제로 어떻게 수행되는가를 파악할 수 있다.
③ 프로세스 마이닝은 판에 박힌 단순한 업무뿐 아니라 비정형적인 업무 처리 과정의 분석에도 활용된다.
④ 프로세스 마이닝은 예상된 이벤트 로그에 적용할 프로세스 모델 중심의 업무 성과 분석 및 개선 기법이다.
⑤ 프로세스 마이닝은 기존의 프로세스 모델뿐 아니라 발견으로 도출된 프로세스 모델을 향상하는 데에도 활용된다.

답 ④

프로세스 마이닝은 '예상된 이벤트 로그'에 적용할 것을 찾는 것이 아닙니다. 2문단에 제시된 것처럼 프로세스 마이닝은 정보시스템을 통해 확보한 이벤트 로그에서 프로세스에 관련된 가치 있는 정보를 추출하는 겁니다.

그리고 프로세스 모델 중심의 업무 성과 분석 및 개선 기법 역시 아닙니다. 1문단에 제시된 것처럼 프로세스 마이닝은, 시뮬레이션처럼 실제 이벤트 로그 수집 이전에 정립한 프로세스 모델 중심 분석기법과, 데이터 마이닝처럼 프로세스를 고려하지 않는 데이터 중심 분석기법을 연결하는 역할을 담당하는 겁니다.

답을 고르는 것은 '예상된 이벤트 로그'를 통해 결정지은 사람이 많을 겁니다. 결국 추론 문항이라 했지만, 답은 '일치' 수준에서 제시됩니다. 구체적 개념이 많이 제시될 경우 문항의 포인트 역시 구체적 개념들에 대한 확보를 묻게 됩니다.

기본적인 생각 : 2문단에 제시된 것처럼 프로세스 마이닝에는 프로세스 발견, 적합성 검증, 프로세스 향상의 세 가지 유형이 있습니다. 즉 이들은 프로세스 마이닝의 하위 범주입니다.

오답 선지 분석

① : 4문단에 제시된 것처럼 기존의 프로세스 모델과 이벤트 로그에서 도출된 결과물이 불일치하는 경우 기존의 프로세스 모델이 적절함에도 불구하고 업무 담당자가 이를 준수하지 않는 경우가 있을 수 있습니다. 즉 프로세스 마이닝을 도입하면 업무 담당자가 준수하지 않는 경우를 판단할 수 있으니 내부 규정의 준수 여부에 대한 감독이 용이할 것이라 추론할 수 있습니다.

② : 그리고 4문단에 제시된 것처럼 적합성 검증이란 기존의 프로세스 모델과 이벤트 로그 분석에서 도출된 결과를 비교하여 어느 정도 일치하는지를 확인하는 것입니다. 일치 정도를 확인한다는 것을 통해 프로세스 마이닝을 통해 기존의 프로세스 모델이 실제로 어떻게 수행되는가를 파악할 수 있다는 점을 추론할 수 있습니다.

③ : 3문단에 제시된 것처럼 만일 도출된 프로세스 모델이 복잡하여 유의미한 분석이 곤란할 경우, 퍼지 마이닝이나 클러스터링 기법을 활용할 수 있습니다. 그러니 프로세스 마이닝은 판에 박힌 단순한 업무뿐 아니라 비정형적인 업무 처리 과정의 분석 (모델이 복잡한 ≒ 비정형적)에도 활용될 수 있다고 추론할 수 있습니다.

⑤ : 5문단에 제시된 것처럼 프로세스 향상에는 두 유형이 있습니다. 이는 하나는 기존의 프로세스 모델을 '수정'하는 것이며, 다른 하나는 업무 수행 시간 및 담당자 등 이벤트 로그 분석에서 얻은 부가적 정보를 추가하여 발견된 프로세스 모델을 '확장'하는 것입니다. 그러니 발견으로 도출된 프로세스 모델을 향상하는데도 활용된다 볼 수 있습니다.

◇ 코멘트

+ '추론' 문항이지만, 그 추론의 근거는 지문에 존재합니다.
+ 구체적으로 제시된 개념을 확보(돌아가서라도 찾을 수 있는 수준)하는 것이 얼마나 중요한지 느끼셔야 합니다.

03 <보기>의 사례에 프로세스 마이닝을 적용할 때 가장 적절한 것은?

보기

○○병원에서는 외래 환자의 과도한 대기 시간을 줄이고 의료 서비스의 품질을 개선하기 위해 외래 환자 진료 프로세스를 분석하고자 한다. 이 병원에서는 질환별로 진행해야 하는 표준 진료 프로세스를 임상진료 지침으로 수립해 두고 있다. 프로세스 마이닝 도구를 사용하여 프로세스 모델을 도출하였더니 지나치게 복잡한 프로세스 모델이 도출되어 분석이 곤란한 상황이다. 또한 환자의 민감한 개인 의료정보가 저장된 이벤트 로그를 프로세스 분석가에게 제공할 경우 정보 보호 및 프라이버시 이슈가 존재하고, 병원의 기밀이 유출될 우려가 제기되어 이를 해결하고자 한다.

① 복잡도 문제를 해결하기 위해 연령 및 질환을 기준으로 이벤트 로그의 사례를 클러스터링 하려면 필수적 속성만 이벤트 로그에 있어도 된다.
② 적합성 검증 결과 기존의 프로세스 모델과 이벤트 로그 분석 결과가 불일치하면 의료진에 대한 제재 조치나 지침 재교육이 필수적이다.
③ 이벤트 속성의 임곗값을 조절하여 빈번하게 수행되는 진료 프로세스 수행 패턴을 파악할 수 있다.
④ 환자의 개인정보 보호를 위해 사례 ID를 제외하고 이벤트 로그를 작성해야 한다.

⑤ 외래 환자의 대기 시간 분석을 위해서는 프로세스 확장이 필요하다.

답 ⑤

2문단에 제시된 것처럼 이벤트 로그에 기록되는 속성으로 필수적인 것은 사례 ID, 활동명, 발생 시점이며, 다양한 분석을 위해 그 외 속성입니다. 즉 대기 시간 분석은 필수적 속성이 아닌 그 외 속성입니다.
그리고 5문단에 제시된 것처럼 프로세스 향상 중 업무 수행 시간 및 담당자 등 이벤트 로그 분석에서 얻은 부가적 정보를 추가하여 발견된 프로세스 모델을 '확장'이 있습니다.
즉 대기 시간 분석 ≒ 업무 수행 시간 분석과 같은 부가적 정보를 추가하는 '확장'이 필요하다는 것을 알 수 있습니다.

오답 선지 분석

① : 2문단에 제시된 것처럼 이벤트 로그에 기록되는 속성으로 필수적인 것은 사례 ID, 활동명, 발생 시점입니다. 연령과 질환은 여기에 속하지 않습니다. 즉 필수적 속성만으로는 문제를 해결할 수 없습니다.

② : 기존의 프로세스 모델과 이벤트 로그 분석 결과가 불일치하면 4문단에 제시된 것처럼 기존의 프로세스 모델이 적절함에도 불구하고 업무 담당자가 이를 준수하지 않는 경우와 이벤트 로그의 분석 결과물이 더 적절한 것으로 판단되는 경우가 있을 수 있습니다. 이 둘 중 어떤 경우일지 확정나지 않았으므로 의료진에 대한 조치가 '필수적'이라고 단정할 수는 없습니다.

③ : 3문단에 제시된 것처럼 프로세스 모델에 나타난 활동과 경로에 대한 임곗값을 설정하여 모델의 '복잡도를 조절하는 것'입니다. 임곗값을 조절하여 빈번하게 수행되는 진료 프로세스 '수행 패턴'을 파악하는 것이 아닙니다.

④ : 2문단에 제시된 것처럼 이벤트 로그에 기록되는 속성으로 필수적인 것은 사례 ID, 활동명, 발생 시점입니다. 필수적인 정보를 배제한다는 것은 적절하지 않습니다.

◇ 코멘트

+ 여기서 병원의 이벤트 로그가 데이터 전문가에게 넘어간다는 것은 결국 지문에서 두 영역을 구분할 것을 요구한 것이라 볼 수 있습니다.
+ 이벤트 로그의 구체적 개념 중 '필수적'이라는 한정어를 확보하는 것과, '확장'의 개념에 내한 구체적 예시를 확보했다면, 지문 이해도가 조금 떨어졌어도 '답'은 고를 수 있는 문항입니다. 이를 '지향'하는 방향은 적절하지 않지만, 이렇게라도 맞출 수 있는 능력은 갖춰야 합니다. 기출 분석을 통해 이렇게 '정리'가 강조되는 지문에서 출제되는 '포인트(구체적 개념, 구분되는 개념)'를 익혀두시길 바랍니다.

◇ 총평

- 핵심 확보 (관점 파악)
- 다른 말 같은 뜻

매우 좋은 지문입니다. 제가 정말 좋아하는 지문 중 하나입니다.

대부분의 인문 지문은 '관점'을 확보하고, 그를 통해 '다른 말'일지라도 '같은 뜻'을 잡는 것, 즉 문맥을 통한 의미 파악을 강하게 요구합니다. 특히 지문이 추상적이고 난해하다 느낄수록 '관점'을 확보하고 문맥을 통한 의미 파악을 하는 능력은 압도적으로 중요해집니다. 22학년도 수능에서 헤겔 지문이 그러했고, 19학년도 수능에서 가능세계 지문이 그러했습니다. 수능에서 킬러라고 불리는 인문 지문들은 거의 다 이런 양상을 보이고 있습니다.

해당 지문을 통해 기본적인 어휘력이 전제되어있고, 어휘 자체를 통해 의미를 파악하는 습관을 갖추는 것의 중요성과 가장 중요한 '다른 말 같은 뜻'을 통해 문맥적 의미를 판단하는 것이 독해의 기본이자 본질이라는 점을 느끼셨으면 좋겠습니다.

15세기 초 브루넬레스키가 제안한 선원근법은 서양의 풍경화에 큰 변화를 가져왔다. 고정된 한 시점에서 대상을 통일적으로 배치하는 기하학적 투시도법으로 인간의 눈에 보이는 대로 자연을 화폭에 담을 수 있게 된 것이다.

지문 시작부터 '변화'를 제시해주고 있습니다. '원근법'을 통해 인간의 눈에 보이는 대로 화폭을 담게 됐습니다. 무슨 얘기가 제시될지는 모르지만, 일단 원근법을 통한 변화는 확보하고 독해를 진행합시다.

◇ 코멘트

원근법을 통한 변화는 고교 교육 과정에서도 다루어지는 내용이고, '11.06 회화적 재현'에서도 출제된 적이 있으며, 교육청 모의고사에서도 출제된 적이 있는 내용입니다. '원근법' 정도는 상식적으로 알고 있어야 합니다.

문학 비평가 가라타니 고진은 이러한 풍경화의 원리를 재해석한 '풍경론'을 통해 특정 문학 사조를 추종하는 문단의 관행을 비판했다.

고진의 관점을 제시하며 1문단을 마칩니다. 글의 화제가 고진의 관점임을 알 수 있고, 이를 필히 확보하며 독해를 진행해야

합니다. '풍경화의 원리를 통해 문단의 관행을 비판'합니다. 그렇다면 우리의 핵심은 '어떤 관점으로 비판이 진행되는지'를 파악하는 것입니다.

◇ 코멘트

+ 관점 파악은 핵심입니다. 더군다나 화제를 제시하는 1문단 마지막에서 고진이 자신의 관점으로 문단의 관행을 '비판'한다고 했으니 이후 제시되는 '관점'을 확보하면 비판은 결국 납득될 겁니다. 이는 '재해석'이라는 어휘 자체의 의미를 통해서도 어렵지 않게 파악할 수 있습니다.

고진에 따르면, 풍경이란 고정된 시점을 가진 한 사람에 의해 통일적으로 파악되는 대상이다.

고진의 관점이 구체화됩니다. 풍경이란 '고정된' 시점을 가진 사람에게 '통일적'으로 파악되는 대상입니다. 대놓고 '고정된', '통일적'과 같은 대립쌍 어휘를 통해 관점을 제시하고 있습니다.

◇ tip 대립쌍

고정된 / 통일적

이 둘은 어휘 자체가 명확하게 대립되는 포인트입니다. 애초에 기출 분석을 통해 (미시, 거시) / (개별, 전체) / (안, 밖) / (선천, 후천) / (모든, 일부) / (형식, 내용) / (가변, 불변) 등 대립쌍을 이루는 어휘 자체를 익혀 그에 대한 즉각적인 반응이 이루어져야 합니다.

실제로 대립쌍에 대한 이해는 지문 이해와 문제 풀이 시 굉장히 핵심적으로 기능하는 부분입니다. 필히 민감한 반응을 갖추시길 바랍니다.

내 눈 앞에 펼쳐진 풍경은 있는 그대로 존재하는 자연이 아니라 내가 보았기 때문에 여기 있는 것이며, 그런 점에서 모든 풍경은 내가 새롭게 발견한 대상이 된다.

우리는 항상 제시된 관점을 통해 문맥적 의미를 파악해야 합니다. 내 눈앞에 펼쳐진 풍경은 있는 그대로의 대상이 아닙니다. '내가 보았기 때문에 = 내 고정된 시점에서' / '내가 새롭게 발견한 대상 = 나로 인해 통일적으로 파악되는 대상'입니다.

◇ 코멘트

관점을 확보하고, 그에 맞춰 글자가 달라도 의미를 파악하며 독해를 진행해야 합니다. 결국 다른 말, 같은 뜻입니다.

'풍경'은 단순히 외부에 존재해서가 아니라 주관에 의해 지각될 때 비로소 풍경이 된다.

계속 의미를 파악합시다. '나의 시점'에 의해 '통일적으로 파악'됩니다. 그러니 단순히 외부에 있는 것이 아닌 '주관에 의해 = 나의 시점에 의해' 파악되는 것이 풍경입니다.

고진은 이러한 과정(주관으로 파악)을 '풍경의 발견'이라 부르고, 이를 근대인의 고독한 내면과 연결시켰다.

고진에게 풍경은 주관으로 파악되는 것입니다. 그러니 풍경의 발견은 주관으로 파악되는 것이라는 의미일 겁니다. 이렇게 개인의 '주관'으로 세상을 보는 것이 근대인의 내면과 연결됩니다. 그렇다면 이제 '주관'으로 보는 시선이 왜 근대인의 내면과 연결되는지 파악해야 합니다.

◇ 코멘트

+ 사실 문장 자체만으로도 디테일하지는 않지만 납득할 수는 있습니다. '주관'으로 파악하는 것이니 근대인, 결국 개인의 '내면(내면은 인간의 주관이니)'과 연결되는 것은 무리가 없겠죠. 기본적인 어휘력을 갖추면 이처럼 문맥상 같은 의미를 파악하는 것이 너욱 수월해집니다.

가령, 작가 구니키다 돗포의 소설에는 외로움을 느끼지만 정작 자기 주변의 이웃과 사귀지 않고 산책길에 만난 이름 모를 사람들이나 이제는 만날 일이 없는 추억 속의 존재들을 회상하며 그들에게 자신의 감정을 일방적으로 투사하는 주인공이 등장한다.

예시가 제시됩니다. 분명히 '주관으로 파악 = 근대인 고독한 내면'과 연결짓는 예시일 겁니다. 일단 예시 상황을 정리하며 의미를 파악해야 합니다.
[외로움을 느끼지만 이웃과 교류 없음 / 자신의 감정을 일방적으로 투사함] ⇒ 외로움을 느끼지만 교류가 없는 것은 근대인의 고독한 내면을 의미할 겁니다. 그리고 자신의 감정을 투영하는 것은 '주관'으로 파악하는 것을 의미할 겁니다.

◇ 코멘트

이처럼 예시가 제시되면 상황을 정리하고 앞서 제시된 내용에 맞춰 의미를 파악해야 합니다.

죽어갈 운명이라는 점에서는 모두가 동일하다면서, 주인공은 인간이란 누구든 다 친근한 존재들이라 말한다. 실제 이웃과의 관계 맺기를 기피한 채, 주인공은 현실적으로 아무 상관이 없는 사람들과 하나의 세계를 이루어 살고 있다.

앞서 제시된 상황을 정리해주고 있습니다. [외로움을 느끼지만 이웃과 교류 없음 = 실제 이웃과 관계 맺기 기피 / 현실적으로 상관 없는 사람과 세계 = 자신의 주관 투사하는 삶] 정도로 계속 다른 글자이지만 같은 뜻을 잡으며 독해를 진행해야 합니다.

고진은 인간마저도 하나의 풍경으로 취급해 버리는 주인공으로부터, 전도(顚倒)된 시선을 통해 풍경을 발견하는 '내적 인간'의 전형을 읽는다.

계속 의미를 파악하며 읽읍시다. 인간도 하나의 '풍경'으로 취급합니다. 당연히 이는 '주관'을 통해 보는 풍경입니다. 이렇게 자신의 주관을 통해 풍경을 보는 것이 '전도된 시선'입니다. 그러면 이렇게 '주관'으로 보는 사람이니 '내적' 인간이라는 점은 어렵지 않게 납득할 수 있습니다.

이렇게 읽는 것을 사후적이라고 하시는 의견이 있을 수 있습니다. 하지만 기본인 '관점'을 확보하고 문맥적 의미를 파악한다는 태도가 있다면 이렇게 읽는 것이 무리는 아닐 겁니다. '고진의 관점'은 '주관적 시선'입니다. 그리고 이후 제시되는 내용들은 [풍경의 '**발견**'≒주관적 '**시선**'] / [고독한 '**내면**'≒ '**주관적**' 시선] / [전도된 '**시선**'≒주관적 '**시선**']과 같이 유사한 어휘를 통해 제시되고 있습니다. 그러니 아예 다른 글자를 통해 문맥적 의미를 파악하는 것보단 압도적으로 같은 의미라는 것을 인식하고 독해를 진행하는 것이 수월해집니다. '관점'을 확보하고 그에 맞춰 의미를 파악하는 것, 이를 위해 기본적인 어휘력을 갖추고 문맥적 의미를 파악하는 태도를 갖추는 것이 사실상 언어 시험의 기본이자 본질입니다.

> 이로부터 고진은 "풍경은 오히려 외부를 보지 않는 자에 의해 발견된 것"이라는 결론을 얻는다.

계속 생각합시다, 고진에게 풍경은 '주관'에 의해 파악됩니다. 그러니 '외부를 보지 않는 = 주관'에 의해 발견된 것이 풍경이겠죠. 결국 처음부터 끝까지 고진의 '관점'이 재진술되고 있습니다.

> 고진의 풍경론은 한쪽에서는 내면성이나 자아라는 관점을, 다른 한쪽에서는 대상의 사실적 묘사라는 관점을 내세우며 대립하는 문단의 세태를 비판하기 위해 제시되었다.

1문단 마지막에도 제시되었지만, 고진의 관점은 문단의 세태를 비판하기 위함입니다. 일단 앞선 내용을 통해 우리는 고진의 관점('주관'에 의한 파악 / 전도된 시선)을 파악했습니다. 그렇다면 고진이 '내면성과 자아 / 사실적 묘사'로 이분된 문단을 어떻게 비판하는지 파악해 봅시다.

> 주관의 재현과 객관의 재현을 내세우기에 마치 상반된 듯 보이지만 사실 두 관점은 서로 얽혀 있다는 것이다.

통념상 주관과 객관은 명확한 대립쌍입니다. 그런데 이들이 얽혀있답니다. 일단 앞서 한쪽에서는 내면성과 자아를 얘기했고 다른 쪽은 사실적 묘사를 얘기했습니다. 그러니 '주관의 재현 = 내면성과 자아'일 것이고 '객관의 재현 = 사실적 묘사'라는 의미일 겁니다. 결국 주관과 객관이 얽혀있다는 의미겠죠.

스스로 지문 장악이 완벽하게 되지 않았다면, 지문에서 본인이 고진의 관점을 잡고 다른 말 같은 뜻을 잡은 뒤 이 코멘트를 읽어보시길 바랍니다.
사실 고진의 관점 자체가 이를 의미합니다. '주관'을 통해 풍경을 보는 사람에게 완벽한 객관은 존재하지 않겠죠. 그리고 '주관'을 통해 보는 사람들은 그 풍경(세계)을 자기 눈에는 객관적이라고 볼 것입니다. 지문의 시작과 끝이 결국 고진의 관점(주관을 통한 / 전도된 시선)입니다.

> 이미 풍경에 익숙해진 사람은 주관에 의해 배열된 세계를 벗어나지 못하고, 눈에 보이는 것이 본래적인 세계의 모습이라 믿는다.

문맥을 통해 의미를 파악해야 합니다. 풍경은 고진에게 주관으로 보는 대상입니다. 그러니 '주관에 의해 배열된 세계'일 겁니다. 그렇게 자기가 보는 세상을 진실이라 믿겠죠.

> 풍경의 안에 놓여 있으면서도 풍경의 밖에 서 있다고 믿는 것이다.

결국 풍경 안에 놓여 있다는 것은 '주관'에 갇혀있다는 것이고 풍경 밖에 서 있다고 믿는 것은 '객관'적이라는 착각 속에 있다는 의미입니다. 제가 이렇게 독해를 할 수 있는 것은 계속 고진의 관점(주관적 시선으로 풍경을 봄) 하나만은 정확하게 확보하고 독해를 진행하고 있기 때문입니다.

> 고진은 만일 이러한 믿음(풍경 안인데 풍경 밖 = 주관 속에 갇혀서 객관적이라 봄)에서 나온 외부 세계의 모사(模寫)를 리얼리즘이라 부른다면 그것이 곧 전도된 시선에서 비롯된 것임을 알아야 한다고 말한다.

계속 관점을 상기합시다. 고진의 입장에서 풍경은 '주관적'입니다. 이런 '주관적' 요소를 리얼리즘이라 한다면, 이것은 '전도된 믿음 = 주관인데 착각'이라는 것을 깨달아야 한다는 것이죠.
결국 계속하는 말은 '주관적인데 착각 = 전도된 시선'입니다.

> 리얼리즘의 본질을 '낯설게 하기'에서 찾는 러시아 형식주의의 견해 또한 마찬가지이다. 너무 익숙해서 실은 보고 있지 않은 것을 보게 만들어야 한다는 이 견해를 따른다면, 리얼리즘은 항상 새로운 풍경을 창출해야 한다. 따라서 리얼리스트는 언제나 '내적 인간'일 수밖에 없다.

형식주의의 견해가 제시됩니다. 문학을 배운 사람이 아니면 말이 좀 어렵습니다. 하지만 핵심은 일정합니다. '리얼리즘은 항상 새로운 풍경을 창출해야 한다. 따라서 리얼리스트는 언제나 '내적 인간'일 수밖에' 없는 것은 결국 항상 새로운 '풍경 = 내적' 속에 있는 '내적 인간'이 될 수밖에 없다는 것입니다.

◇ 코멘트

국문학을 배우지 않은 사람이면 낯설게 하기, 너무 익숙해서 실은 보고 있지 않은 것을 보게 만들어야 한다는 이 견해로 리얼리즘은 항상 새로운 풍경을 창출해야 한다는 것의 의미를 완벽하게 파악하기는 어렵습니다. 이는 리얼리즘이라는 문예사조에 대해 알아야 합니다. 이를 알고 있으면 해당 부분 독해는 매우 수월해집니다.
그런데 평범한 고등학생 수준에서 리얼리즘을 대략은 알아도 저 의미까지 알기는 조금 어렵습니다. 하지만 그것을 모르더라도, 이에 대한 완벽한 이해가 되지는 않더라도, '다른 말 같은 뜻'을 잡고 '문맥적 의미'를 파악한다면 지문 해설처럼 내적 인간'일 수밖에' 없는 것은 결국 항상 새로운 '풍경 = 내적' 속에 있는 '내적 인간'이 될 수밖에 없다는 것이라는 맥락은 파악할 수 있습니다.

물론 자신이 풍경 안에 갇혀 있다는 사실을 자각하는 이가 있을 수도 있다.

계속 글자가 아닌 의미를 읽어야 합니다. 풍경 안에 갇혀 있다는 것은 '주관'에 갇혀 있다는 사실이고, 이를 자각하는 사람이 있을 수는 있겠죠.

작가 나쓰메 소세키는 '문학이란 무엇인가'라는 질문을 던졌을 때, 자신이 참고해 온 문학책들이 자신의 통념을 만들고 강화했을 뿐이라는 사실을 깨닫고는 책들을 전부 가방에 넣어 버렸다. "문학 서적을 읽고 문학이 무엇인가를 알려고 하는 것은 피로 피를 씻는 일이나 마찬가지라고 생각했기 때문"이다.

'주관에 갇혀 있다는 사실을 지각하는 이'에 대한 예시입니다. 당연히 '문학책들이 "자신의 통념을 만들고 강화했을 뿐"이라는 사실'은 '자신의 통념 = 주관 / 만들고 강화 = 주관에 갇힘'을 의미할 겁니다. 결국 이 사람은 주관에 갇힌 자신을 깨달은 것이죠.

고진은 소세키야말로 자신이 풍경에 갇혀 있다는 사실을 자각했던 것이라 본다.

자신이 주관에 갇힌 사실을 깨달은 사람입니다. 고진도 그를 그

렇게 평가하고 있습니다.

◇ 코멘트

여기까지 독해하셨으면 느끼셔야 하지만, 맥락을 잡지 않고 글자를 읽은 사람들에게는 글이 굉장히 추상적이고 공허하게 느껴졌을 겁니다. 하지만 맥락을 통해 글자의 의미를 잡은 사람이라면, 계속 같은 말을 한다고 느꼈을 겁니다.

일단 고정된 시점이 생기면 그에 포착된 모든 것은 좌표에 따라 배치되며 이윽고 객관적 세계의 형상을 취한다.

계속 의미를 파악해야 합니다. '고정된 시점이 생기고 = 주관이 생기고', '그에 포착된 모든 것은 객관적 세계의 형상을 취하는 것 = 주관적 세계를 객관적이라 착각하는 것'입니다.

이 세계(주관)를 의심하기 위해서는 결국 자신의 고정된 시점(주관) 자체에 질문을 던지며 회의할 수밖에 없다. 이른바 '풍경 속의 불안'이 시작되는 것이다.

주관적 세계인데 객관적이라 착각하는 것을 의심하기 위해서는 당연히 '주관' 자체에 질문을 던져야 합니다. '주관' 자체를 의심하는 것이니 '풍경(주관) 속의 불안(의심)'이라는 것은 어휘 자체를 통해 이해할 수 있습니다.

◇ tip 어휘 자체를 통한 이해

실제로 어휘 자체를 통해 자연스럽게 납득할 부분을 납득하고 독해를 진행하는 사람과 그렇지 못한 사람은 실전에서 상당한 차이를 보입니다. 어휘 자체의 뜻을 통해 의미를 납득하며 독해하면 당연히 기억도 잘 나고 이해도 잘 될 수밖에 없습니다.

cf) 20.06 금융 안전을 위한 미시 건전성 정책과 거시 건전성 정책의 관점 차⇒ '미시'와 '거시'라는 어휘 뜻을 통해 지문에 제시된 미시 건전성과 거시 건정성의 개념을 파악

그렇다면 만일 선원근법에 의존하지 않는 풍경화, 예컨대 서양의 풍경화가 아닌 동양의 산수화를 고려한다면 고진의 풍경론은 달리 해석될까. 기하학적 투시도법을 따르지 않는 산수화에는 그야말로 자연이 있는 그대로 재현된 것처럼 보이니 말이다.

그러게요. 정말 다르게 해석될까요? 이 의문점을 가지고 독해를 계속 진행해 봅시다.

뒤에 간략하게 설명을 해주긴 하지만, 동양의 산수화는 객관적으로 그린 그림이 아닌 작가의 '관념'을 형상화한 작품입니다. 이는 '15.09AB 추사 김정희의 묵란화의 변화.' 지문에서 다루어진 적이 있는 내용입니다.
기출에 출제된(중심 소재로 사용된) 지식이 활용되고 있는 경우입니다. 만약 몰랐다고 하더라도, 산수화가 관념적이라는 정도는 알고 가면 좋습니다.

그러나 산수화의 소나무조차도 화가의 머릿속에 있는 소나무라는 관념을 묘사한 것이지 특정 시공간에 실재하는 소나무가 아니다.

관념을 묘사했고, 실재하는 것이 아니라는 글자의 의미는 결국 '주관'이지 '객관'이 아니라는 의미입니다. 그렇다면 산수화를 가져와도 고진의 풍경론은 유지될 것이라는 점을 파악할 수 있습니다.

요컨대 질문을 던지며 회의한들 그 외의 방식(주관)으로는 세계와 대면하는 방법을 알지 못하기에 막연한 불안이 생기는 사태를 막을 수는 없다.

질문을 던지며 '주관'에 대해 회의합니다. 근데 '주관'을 제외하면 세계를 보는 방식으로 모르니 '불안'이 발생합니다. '주관'에 대해 의심하는데 다른 방법은 없으니 당연히 불안하겠죠.

◇ tip 당겨 읽기

해당 문장을 독해할 때의 핵심은 결국 '그 외의 방식 = 주관'과 같이 의미를 파악하며 독해하는 것입니다.

항상 지시어에 해당하는 내용을 정확하게 파악해야 문장 자체를 정확하게 이해할 수 있다는 인식을 갖추고 독해를 진행해야 합니다.

cf) 17.09 사단과 법인격, 그에 대한 법인격 부인론 2번째 문항.

⇒ '~ 일인 주식회사에서는 일인 주주가 회사의 대표 이사가 되는 사례가 많다. 이처럼(일인 주주가 회사의 대표 이사가 됨) 일인 주주가 회사를 대표하는 기관이 되면 경영의 주체가 개인인지 회사인지 모호해진다.' = '대표 이사는 주식회사를 대표하는 기관이다.'

그럼에도 불구하고 문학을 다루는 사람은 자신의 전두된 시선을 의심하는 일에 게을러서는 안 된다. 전두된 시선의 기만적 구도는 풍경 속의 불안을 느끼는 이들에 의해서만 감지될 수 있다.

문학인은 '전도된 시선 = 주관'을 의심해야 합니다. 전도된 시선의 기만적 구도는 결국 '주관'에 갇힌 시선일 거고, 이는 불안해야 느낄 수 있습니다. 앞선 문장에서 대놓고 '의심(회의)하면 불안함'을 제시해줬으니 납득할 수 있습니다.

◇코멘트

주관에 대해 회의를 가져도, 불안을 극복할 수 없지만, 그래도 주관에 대해 회의하고 의심해야 하는 겁니다. 불안은 극복할 수 없는 겁니다. 간혹 범주화를 잘 해놓고, 여기서 문장을 혼자 오독하여 <보기> 문항에서 2번 선지를 고르는 경우가 발생합니다.

이(전도된 시선의) 미묘한 앞뒷면을 동시에 살피려는 시도가 없다면, 우리는 풍경의 발견이라는 상황을 보지 못할 뿐 아니라 단지 풍경의 눈으로 본 문학만을 쓰고 해석하게 될 것이다.

전도된 시선의 미묘한 앞뒷면을 살펴야 합니다. 결국 이는 전도된 시선에 대한 의심을 지속하라는 의미입니다.
'전도된 시선'의 앞뒷면을 동시에 살피려는 시도가 있어야 한다는 것이니, '전도된 시선'에 대한 '의심'을 진행해야 한다는 고진의 관점에서 '전도된 시선'의 '앞뒷면을 동시에 살피려는 시도'는 '전도된 시선'에 대한 '의심'입니다.
결국 처음부터 끝까지 '관점'을 확보하고 다른 말 같은 뜻을 잡으며, 의미를 파악하는 것이 전부입니다.

[4~6] 문제 해설

04 윗글과 일치하지 않는 것은?

① 브루넬레스키의 선원근법은 풍경화에 사실감을 부여했다.
② 러시아 형식주의자들은 익숙한 세계를 새롭게 인식해야 한다고 주장했다.
③ 산수화와 풍경화는 기하학적 투시도법의 적용 여부에 따라 대상의 재현 양상이 대비된다.
④ 나쓰메 소세키는 문학 서적을 통해서 문학을 연구하는 작업이 자기 반복이라고 보았다.

⑤ 구니키다 돗포는 공적 관계를 기피하고 사적 관계에 몰두하는 인물을 소설의 주인공으로 삼았다.

답 ⑤

2문단에 제시된 것처럼 작가 구니키다 돗포의 소설에는 외로움을 느끼지만 정작 자기 주변의 이웃과 사귀지 않는 인물이 제시됩니다. 즉 사적 관계에 몰두하는 인물을 소설의 주인공으로 삼았다고 볼 수 없습니다.

오답 선지 분석

① : 1문단에 제시된 것처럼 브루넬레스키가 제안한 선원근법은 서양의 풍경화에 큰 변화를 가져왔습니다. 이 변화는 기하학적 투시도법으로 인간의 눈에 보이는 대로 자연을 화폭에 담을 수 있게 된 것입니다. 그러니 브루넬레스키의 선원근법은 풍경화에 사실감(인간에 눈에 보이는 대로)을 부여했다고 볼 수 있습니다.

② : 4문단에 제시된 것처럼 러시아 형식주의는 너무 익숙해서 실은 보고 있지 않은 것을 보게 만들어야 한다는 견해입니다. 그러니 러시아 형식주의자들이 익숙한 세계를 새롭게 인식해야 한다 주장했다 볼 수 있습니다.

③ : 1문단에서 서양의 풍경화는 고정된 한 시점에서 대상을 통일적으로 배치하는 기하학적 투시도법으로 인간의 눈에 보이는 대로 자연을 화폭에 담을 수 있음이 제시되었습니다. 즉 서양의 풍경화는 인간의 눈에 보이는 대로 대상을 재현합니다. 반면 6문단에서 선원근법에 의존하지 않는 풍경화, 예컨대 서양의 풍경화가 아닌 동양의 산수화는 화가의 머릿속에 있는 소나무라는 관념을 묘사한 것입니다. 즉 산수화는 풍경화와 달리 기하학적 투시도법을 적용하지 않고, 이에 다라 재현 양상이 대비됩니다.

④ : 5문단에 제시된 것처럼 나쓰메 소세키는 문학 서적을 읽고 문학이 무엇인가를 알려고 하는 것이 자신의 통념을 만들고 강화하는 것이라 주장합니다. 그러니 나쓰메 소세키는 문학 서적을 통해서 문학을 연구하는 작업이 자기 반복(통념 강화)이라고 보았다고 볼 수 있습니다.

◇코멘트

일치 수준의 문항으로 답은 매우 간단하게 도출됩니다. 여기서 주목할 점은 핵심인 '전도된 시선'에 갇힌 인물을 출제했다는 점입니다.

05 '전도된 시선'을 설명한 것으로 가장 적절한 것은?

① 세계의 미묘한 앞뒷면을 동시에 살피는 것이다.
② 내면의 세계를 외부자의 시선으로 발견하는 것이다.
③ 현실을 취사선택하여 비현실적 세계를 만드는 것이다.

④ 실재로서 존재했지만 아무도 보지 못했던 풍경을 보는 것이다.
⑤ 주관적 시각을 통해 구성된 세계를 객관적 현실이라 믿는 것이다.

답 ⑤

글자가 아닌 의미, 문맥을 파악해야 답을 고를 수 있습니다.
2문단에 제시된 것처럼 고진의 관점은 '풍경은 주관에 의해 자각되는 대상'입니다.
그리고 3문단에 제시된 것처럼 고진은 전도(顚倒)된 시선을 통해 풍경을 발견하는 '내적 인간'의 전형을 읽습니다. 이를 통해 문맥을 파악하면 지문 해설에도 제시한 것처럼 '전도된 시선'은 '주관된 시선'에 직결되는 개념입니다.
그리고 5문단에 제시된 것처럼 고정된 시점(주관된 시선 = 전도된 시선)이 생기면 그에 포착된 모든 것은 좌표에 따라 배치되며 이윽고 객관적 세계의 형상을 취합니다.
즉 전도된 시선(주관)이 생기면 객관적 세계의 '형상'을 취하는 것으로 전도된 시선은 주관적 시각을 통해 구성된 세계를 객관적 현실이라 믿는다는 맥락임을 알 수 있습니다.

오답 선지 분석 & 코멘트

글자가 아닌 '의미'를 파악하는 것의 중요성을 알려줍니다. 해당 지문 어디에도 직접적으로 '전도된 시선은 주관적 시선에 대응되는 개념이다'라는 말은 제시되지 않았습니다. 하지만 둘의 글자는 다르지만 가지고 있는 뜻(의미)는 문맥을 통해 직결됨을 알 수 있었습니다. 사실 지문 해설을 읽고 따라온 학생이라면 정답 해설처럼 해설지의 해설이 아닌, '그냥 당연히 5번이 답인데?'라고 생각할 수 있었을 겁니다.
결국 본질은 문맥을 통한 의미 파악입니다.

06 윗글에 따를 때 고진의 관점에서 <보기>에 나타난 최재서의 입장을 해석한 것으로 가장 적절한 것은?

보 기

최재서는 내면성과 자아의 실험적 표현을 추구하는 이상의 소설을 사실적 묘사라는 관점에서 '리얼리즘의 심화'라고 비평한 바 있다. 이상의 「날개」에는 돈을 사용하는 법도 모르고 친구를 사귀지도 않으며 자신의 작은 방을 벗어나지 않는 주인공이 등장한다. 최재서에 따르면, 자폐적으로 자기 세계에 갇혀 지내는 사내의 심리에 주목한 「날개」는 특정 대상의 내면까지도 '주관의 막을 제거한 카메라'를 들이대어 투명하게 조망한 사례이다. 대상에 따라 관점은 이동할 수 있다는 것, 문학 작품의 해석에 미리 확정된 관점이나 범주란 없다는 것이 최재서의 결론이다.

① 대상에 따라 관점이 이동할 수 있다는 의견은, 고진에게는 작가의 머릿속에 있는 관념이 서양 풍경화의 방식으로 재현되는 것이라 해석되겠군.

② 작품 해석에서 미리 확정된 범주란 없다는 의견은, 고진에게는 주관이 외부를 적극적으로 파악하여 풍경 속의 불안을 벗어난 것이라 해석되겠군.

③ 내면성과 자아의 실험적 표현을 추구하는 작품도 리얼리즘에 속할 수 있다는 의견은, 고진에게는 풍경 안에 갇혀 있음을 자각한 것이라 해석되겠군.

④ 「날개」가 대상의 내면에 '주관의 막을 제거한 카메라'를 들이댔다는 의견은, 고진에게는 주관의 재현과 객관의 재현을 내세우며 대립하는 것이라 해석되겠군.

⑤ 이상이 「날개」에서 자폐적으로 자기 세계에 갇혀 지내는 사내를 그렸다는 의견은, 고진에게는 풍경을 지각하지 못하는 '내적 인간'의 전형을 그린 것이라 해석되겠군.

답 ③

선지의 의미 자체를 문맥을 통해 의미를 파악해야 합니다. 풍경 안에 갇혀 있음을 자각한 것은 주관된 시선을 자각한 겁니다. 이를 파악하고 정오 판단을 시작해야 합니다.

<보기>에서 최재서는 내면성과 자아의 실험적 표현을 추구하는 이상의 소설을 사실적 묘사라는 관점에서 '리얼리즘의 심화'라고 비평합니다.

내면성과 자아는 '주관'적이며 사실적 묘사는 '객관'적인 측면입니다. 그런데 '주관'을 추구하는 것으로 '객관'적 묘사를 이룰 수 있다는 것은 4문단에 제시된 것처럼 주관의 재현과 객관의 재현을 내세우기에 마치 상반된 듯 보이지만 사실 두 관점은 서로 얽혀 있다는 고진의 관점과 유사합니다.

그리고 지문에서 고진은 전도된 시선을 의심하는, 주관의 시선을 의심하는 것의 필요성을 주장합니다.

즉 문학 작품의 해석에 미리 확정된 관점이나 범주란 없다는 것이 최재서의 결론은 고진에게 스스로 전도된 시선을 '의심'하는, 즉 풍경 안에 갇혀 있음을 '자각'한 것이라 인식될 겁니다.

오답 선지 분석

① : 1문단에 제시된 것처럼 서양 풍경화의 방식으로 재현된다는 것은 고진에게 주관을 의심하지 못한 상황입니다. 그런데 <보기>에 제시된 문학 작품의 해석에 미리 확정된 관점이나 범주란 없다는 것이 최재서의 결론은 주관의 시선을 의심하는 고진의 관점과 유사합니다. 즉 대상에 따라 관점이 이동할 수 있다는 의견은 서양 풍경화의 방식으로 재현되는 것으로 해석되지 않습니다.

② : 작품 해석에서 미리 확정된 범주란 없다는 의견은 주관의 시선을 의심하는 고진의 관점과 유사합니다. 이는 풍경 안에 갇혀 있음을 '자각'한 것이라 인식될 수 있습니다.

그러나 이것이 풍경 속의 불안을 벗어난 것은 아닙니다. 고진은

6문단에서 '요컨대 질문을 던지며 회의한들 그 외의 방식으로는 세계와 대면하는 방법을 알지 못하기에 막연한 불안이 생기는 사태를 막을 수는 없다'고 제시합니다. 즉 주관된 시선에 대해 의심하면 불안이 발생하고, 지문의 관점에 따르면 우리는 그 불안 자체에서는 벗어날 수 없습니다.

④ : 주관의 재현과 객관의 재현을 두고 대립한 것은 4문단에 제시된 것처럼 고진이 비판하는 대상입니다. 그런데 <보기>에서 「날개」는 특정 대상의 내면까지도 '주관의 막을 제거한 카메라'를 들이대어 투명하게 조망한 사례라는 것은 문학 작품의 해석에 미리 확정된 관점이나 범주란 없다는 주관의 재현과 객관의 재현을 내세우기에 마치 상반된 듯 보이지만 사실 두 관점은 서로 얽혀 있다는 고진의 관점에 대응됩니다. 즉 「날개」가 대상의 내면에 '주관의 막을 제거한 카메라'를 들이댔다는 의견은 주관의 재현과 객관의 재현을 내세우며 대립하는 것이라 해석되지 않습니다. 오히려 두 관점은 서로 얽혀 있다는 고진의 관점에 대응됩니다.

⑤ : 3문단에 제시된 것처럼 풍경을 지각하지 못하는 '내적 인간'의 전형은 고진이 비판하는 대상입니다. 그런데 <보기>에서 「날개」는 대상의 내면에 '주관의 막을 제거한 카메라'를 들이댄, '주관의 막을 제거한 카메라'를 들이대어 투명하게 조망한 사례입니다. 이는 오히려 두 관점은 서로 얽혀 있다는 고진의 관점에 대응됩니다.

◇코멘트

선지가 어려운 경우는 둘 중 하나입니다.
1. 지문 내에서 물리적 거리상으로 흩어져 있는 정보를 하나의 선지에서 물어보는 경우.
2. 선지에서 다른 말 같은 뜻을 파악할 것을 요구하는 경우입니다.

선지 해설을 보시면 '고진에게는~'의 의미를 먼저 파악한 뒤 선지 판단을 진행하고 있습니다.
이처럼 지문에서 문맥적 의미 파악을 중시한 경우, 추론이나 이해가 강하게 요구되는 경우 2번처럼 선지의 의미까지 파악하여 정오 판단을 진행해야 합니다.
이때 선지의 의미 파악 역시 결국 지문에 근거한 다른 말 같은 뜻을 파악하는 겁니다.

해당 문항은 결국 고진의 관점(주관된 시선에 대한 의심 필요)을 확보했는지, 그에 대한 문맥적 의미가 파악(지문에서의 다른 말 같은 뜻)됐는지 묻고 있는 겁니다.

◇ 총평

- 핵심 확보 (화제 파악, 관점 확보)
- 대립쌍
- 비교 대조 쌍
- 조건은 답을 결정한다.

평이한 수준의 지문입니다. 이 정도 지문은 수능에 출제되어도 평이한 지문에 속할 겁니다.

해당 지문에서 가장 핵심은 '화제'를 확보하고 그에 맞춰 독해를 진행하는 태도입니다. 초반에 제시된 화제(평등의 정의와 평등의 근거)를 확보하고 이후 제시되는 내용에 대해 화제에 입각한(롤스의 평등 근거는~ / 싱어의 평등 근거는~) 독해를 진행했어야 합니다. 이렇게 독해를 진행하고, 스스로 분석을 진행해봤다면 굉장히 짜임새 있게 쓰여진 글이라는 것을 느끼셨을 겁니다.

그리고 이렇게 글이 진행되는 과정에서 출제가 될 포인트들(구체적 개념 서술, 조건, 근거)을 해당 지문을 통해 가져가시길 바랍니다.

문제들 역시 평이한 수준으로 지문에서 출제될 포인트들에서 출제되었습니다.

> 평등은 자유와 더불어 근대 사회의 핵심 이념으로 자리 잡고 있다. 인간은 가령 인종이나 성별과 상관없이 누구나 평등하다고 생각한다.

평등에 대한 상식적인 얘기를 던져줍니다. 납득하기 어려운 내용은 아니죠. 평등은 핵심적인 가치이고, 평등이 글의 화제가 될 것이라는 정도만 생각했으면 충분합니다.

> 모든 인간은 평등하다고 말하는데, 이 말은 무슨 뜻일까? 그리고 그 근거는 무엇인가?

글의 화제를 명확하게 제시해줬습니다. '평등'의 의미와 평등의 '근거'를 파악하는 것이 지문의 핵심입니다. 평등의 의미와 근거에 대한 일관된 하나의 관점이 제시될 수도 있고, 관점 간 비교가 진행될 수도 있습니다. 둘 중 무엇이 됐든, '평등의 의미와 근거'에 대한 관점이 제시되면 무조건 확보하고 간다는 인식을 가져야 합니다.

◇ 코멘트

글의 화제를 장악하고 읽는 것은 매우 중요합니다. 결국 대부분의 글은 제시된 화제에 입각하여 글의 정보가 구성되기 때문입니다.
cf) 20.06 개체성에 대한 이해와 조건
'어떤 부분들이 모여 하나의 개체를 이룬다고 할 때 이를 개체라고 부를 수 있는 조건은 무엇일까?'
⇒ 결국 이 지문의 모든 정보는 '개체성'에 대해 다룹니다. 이 화제를 인식했다면, 이후 지문에서 '공생'에 대한 정보가 제시되었을 때 공생과 개체성의 차이를 '스스로' 인식하며 독해를 진행할 수 있었고, 이는 지문 이해와 문제 풀이에 핵심이었습니다.

> 일단 이 말을 모든 인간을 모든 측면에서 똑같이 대우하는 절대적 평등으로 생각하는 이는 없다. 인간은 저마다 다르게 가지고 태어난 능력과 소질을 똑같게 만들 수 없기 때문이다.

계속 상식적인 얘기를 제시합니다. 여기서 우리는 '핵심'을 계속 생각해야 합니다. 우리의 핵심 화제는 '평등의 의미와 근거'입니다. 그러면 일단 평등의 의미로 '절대적 평등은 되지 않는다는 것'을 확보하고, 그에 대한 '근거'로 '인간은 모두 다르기 때문'이라는 점을 파악해야 합니다.

◇ 코멘트

사실 너무 상식적인 내용이라 의미 파악은 직관적으로 진행될 수 있을 겁니다. 쉽고 통념상 당연한 내용은 대충 읽어도 누구나 이해합니다. 우리는 항상 '핵심'을 상기하며 글을 일관되게 읽어내려가는 태도를 갖추는 것이 중요합니다.

◇ tip 어휘 자체를 통한 이해

실제로 어휘 자체를 통해 자연스럽게 납득할 부분을 납득하고 독해를 진행하는 사람과 그렇지 못한 사람은 실전에서 상당한 차이를 보입니다.

'절대적' + '평등'입니다. 그러니 무조건적으로 평등하겠죠. 쉬운 개념이라 직관적으로 납득할 수 있었을 겁니다. 이렇게 절대적 평등의 의미를 확보했다면, 이후 절대적 평등이 다른 가치와 충돌한다는 것은 자연스럽게 납득할 수 있습니다.

> 절대적 평등은 개인의 개성이나 자율성 등의 가치와 충돌하기도 한다.

앞선 문맥을 통해 납득할 수 있습니다. 모든 인간이 다르니까 절대적 평등을 얘기하면, 개성과 자유 등과 충돌할 수 있겠죠.

◇코멘트

+ 일단 1문단까지의 내용은 매우 평이합니다. 다시 한번 강조하지만, 지문 독해 시 초반에 구체적 정의가 제시되었거나, 글의 화제를 제시한 경우 우리는 그에 입각해 독해를 진행해야 합니다. 내용이 쉬워 자연스럽게 납득하며 독해하는 것은 좋지만, 그렇다고 해서 핵심을 파악하지 않고 독해를 진행하면 안 됩니다.
+ 여기까지 개인들이 차이나는 이유들은 모두 능력, 소질, 개성, 자율성 등이 있는 것으로 보입니다. 따라서 절대적 평등이 아닌 다른 평등이 제시되면, 저런 것들을 고려할 것이라는 점까지 고려할 수 있습니다. '원인'을 제거하면 문제는 자연스럽게 해결되는 느낌 정도로 봐줄 수도 있습니다.

평등에 대한 요구는 모든 불평등을 악으로 보는 것이 아니라 충분한 이유가 제시되지 않은 불평등을 제거하는 데 목표를 두고 있다.

계속 '화제'를 생각합시다. 지문의 화제는 평등의 의미와 근거입니다. 평등이 모든 불평등을 악으로 보지 않고 '충분한 이유 없는 불평등'을 목표한다는 것은 결국 지문에서 평등의 '의미'에 대한 '관점'을 제시해준 겁니다. 관점은 핵심이고, 이 관점이 지문의 화제와 직결되므로 필히 확보하고 독해를 진행했어야 합니다.

'이유 없는 차별 금지'라는 조건적 평등 원칙은 차별 대우를 할 때는 이유를 제시할 것을 요구하고 있다.

계속 '화제'를 생각합시다. '이유가 제시되지 않은 불평등을 제거'하는 것이 평등이니 '이유 없는 차별 금지'는 자연스럽게 납득할 수 있습니다.
그리고 '차별 대우를 할 때는 이유를 제시할 것을 요구'하고 있습니다. '이유'에 '근거'하여 '이유 없는 차별 금지'가 이루어질 수 있다는 것은 차별 대우의 이유는 결국 '평등을 위한 근거'를 의미합니다. 이 역시 화제에 직결되는 내용이니 확보하고 독해를 진행했어야 합니다.

◇코멘트

+ 결국 평등의 정의는 '이유 있는 차별'이고 평등의 '근거'는 '차별의 이유'입니다. 이처럼 화제를 잡고 그 화제에 직결되는 정보를 화제에 맞춰 확보하며 독해를 진행해야 합니다.
+ 그렇다면 '이유'는 앞서 제시된 원인에 직결되는 내용으로 볼 수 있겠죠.

이것은 어떤 이유가 제시된다면 특정한 부류에 속하는 사람들에게는 평등한 대우를, 그 부류에 속하지 않는 사람들에게는 차별적 대우를 하는 것을 허용한다.

당연한 말입니다. '이유 없는 차별 금지'이니 이유가 있으면 차별할 수 있고, 이유가 없다면 차별할 수 없겠죠. '이유 없는 차별 금지'라는 어휘 자체의 의미를 통해 자연스럽게 납득할 수 있는 내용입니다.

◇코멘트

항상 우리 생각보다 어휘 자체의 의미를 통해 직관적으로 문장의 의미를 파악할 수 있는 경우가 많습니다.

그렇다면 사람들을 특정한 부류로 구분하는 기준은 무엇인가? 이것은 바로 평등의 근거에 대한 물음이다.

우리는 앞서 평등의 근거가 차별의 '이유'라는 것을 확보했습니다. 그리고 이 차별의 '이유'가 결국 사람을 구분하는 '기준'인 것이고 그것이 평등의 '근거'입니다. 사실 앞서 화제를 상기하며 독해했다면 '이유 = 근거'라는 내용은 동어 반복 수준으로 처리할 수 있습니다.

◇코멘트

+ 만약 실전에서 앞서 화제와 내용을 직결시키지 못했다고 하더라도, 최소한 여기서 대놓고 '근거'라고 반복해주었으니, 여기서라도 이제 '근거(핵심 화제)'에 대한 내용이 진행될 것임을 파악해야 합니다.
+ 애초에 어떤 내용이 제시되어도 문제의 원인과 해결을 잡는 것처럼 주장과 그에 대한 근거를 파악하는 것은 핵심입니다.

근대의 여러 인권 선언에 나타난 평등 개념은 개인들 사이의 평등성을 타고난 자연적 권리로 간주하였다.

근대의 평등의 '근거'를 제시합니다. 근대 시기는 '타고난 자연적 권리'를 평등의 근거로 제시합니다. 화제에 직결되는 내용이

니 '근대 = 타고난 자연적 권리가 근거' 정도는 확보하고 독해를 진행해야 합니다.

◇ 코멘트

자연법 사상 정도에 내용은 기출에도 많이 나왔습니다. 근대에서 평등의 근거가 주로 자연에서 구해졌다는 것은 상식상 알고 있으면 좋은 내용입니다.

하지만 이러한 자연권 이론은 무엇이 자연적 권리이고 권리의 존재가 자명한 이유가 무엇인지 등의 문제에 부딪히게 된다.

자연적 권리는 앞서 제시한 것처럼 '타고난 자연적 권리'입니다. 그러니 그것이 정확하게 무엇이고, 타고났다 할 수 있는 근거가 뭔지 설명하기가 어렵겠죠. 이처럼 납득하고 독해를 진행했으면 베스트입니다.

◇ 코멘트

이렇게 독해를 진행하려면 자연법 사상에 대해 대략적으로라도 알고 있어야 합니다. 만약 정말 자연법 사상에 대해 아무것도 몰랐다면, '근거 불명확'하다는 것의 이유를 우리가 '납득'하지는 못해도, 있는 그대로 문맥상 '근거 불명확' 정도로는 파악하고 독해를 진행했어야 합니다.

그래서 롤스는 기존의 자연권 사상에 의존하지 않는 방식으로 인간 평등의 근거를 마련하려고 한다.

대놓고 롤스와 자연권 사상이 차이가 있음을 제시합니다. 그렇다면 이제 글의 흐름은 '롤스의 평등에 대한 근거'를 확보하는 것으로 전환되었음을 인식해야 합니다.

그는 어떤 규칙이 공평하고 일관되게 운영되며, 그 규칙에 따라 유사한 경우는 유사하게 취급된다면 형식적 정의는 실현된다고 본다. 하지만 롤스는 형식적 정의에 따라 규칙을 준수하는 것만으로는 정의를 담보할 수 없다고 생각한다.

롤스의 '형식적 정의'에 대한 관점이 제시됩니다. 역시 '어휘 자체'를 통해 납득합시다. '형식적 + 정의'입니다. 그러니 형식적으로(규칙에 따라 일관되게) 운영되면, 형식적 정의는 실현되지만, '형식'만 가지면 당연히 정의를 담보할 수 없을 겁니다.

◇ 코멘트

우리나라에 철학, 경제, 법 이론이 들어올 때 대부분 원문이 아닌 번역문이 들어와서 철학의 기본 용어는 '한자어'인 경우가 많습니다. 그러니 당연히 인문, 경제, 법 등의 제재는 어휘 자체를 통해 의미 파악이 자연스럽게 되는 경우가 많습니다. 특히 인문 지문에서는 이처럼 '어휘 자체'를 통해 납득할 수 있는 경우가 많습니다.

cf) 20.11 (가) 헤겔의 미학
'변증법(정-반-합)은 대등한 위상을 지니는 세 범주(정-반-합)의 병렬이 아니라, 대립적인 두 범주(정-반)가 조화로운 통일을 이루어 가는 수렴적 상향성(합)을 구조적 특징으로 한다.'
⇒ '수렴적 상향성'의 어휘 뜻을 파악했다면, 이후 독해가 조금 더 수월해집니다. '수렴'은 그 지점에 다가가는 것이고, '상향성'은 상승의 의미입니다. 그러니 '수렴적 상향성'이 결과라는 것은 정, 반이 모여 더 높은 단계로 간다는 의미이죠. 그러니 헤겔이 철학을 최고의 모델로 둔 것이 조금은 수월하게 납득될 수 있습니다.

그 규칙이 더 높은 도덕적 권위를 지닌 다른 이념과 충돌할 수 있기에, 실질적 정의가 보장되기 위해서는 규칙의 내용이 중요한 것이다.

일반적인 흐름입니다. '형식'만이 중요한 것이 아닌 '내용'까지 챙겨야 한다는 것이죠. 형식과 내용이라는 대립쌍은 기출에 매우 자주 등장하는 흐름이므로 애초에 자연스럽게 납득할 수 있게 익혀두어야 합니다.

◇ tip 대립쌍

형식 / 내용

이 둘은 어휘 자체가 명확하게 대립되는 포인트입니다. 애초에 기출 분석을 통해 (미시, 거시) / (개별, 전체) / (안, 밖) / (선천, 후천) / (모든, 일부) / (형식, 내용) / (가변, 불변) 등 대립쌍을 이루는 어휘 자체를 익혀 그에 대한 즉각적인 반응이 이루어져야 합니다.

실제로 대립쌍에 대한 이해는 지문 이해와 문제 풀이 시 굉장히 핵심적으로 기능하는 부분입니다. 필히 민감한 반응을 갖추시길 바랍니다.

cf) 11.11 체계 이론 미학, 21.09 (가) 미학

미학 지문에서 특히 형식과 내용의 차이를 다루는 내용이 자주 등장합니다. 이렇게 일반적으로 사용되는 대립쌍은 제재를 가리지 않고 사용될 수 있기에 익혀두는 것이 좋습니다.

> 롤스는 인간 평등의 근거를 설명하면서 영역 성질 (range property) 개념을 도입한다.

롤스에게 '평등의 근거'는 영역 성질 개념입니다. 이는 지문의 핵심 화제에 직결되는 정보입니다. 당연히 영역 성질의 개념을 이해해야 합니다.

> 예를 들어 어떤 원의 내부에 있는 점들은 그 위치가 서로 다르지만 원의 내부에 있다는 점에서 동일한 영역 성질을 갖는다. 반면에 원의 내부에 있는 점과 원의 외부에 있는 점은 원의 경계선을 기준으로 서로 다른 영역 성질을 갖는다.

영역 성질의 개념을 구체적 예시를 통해 설명하고 있습니다. '영역 + 성질'이니 '동일한 영역'에 있는 것은 '같고' / '다른 영역'에 있는 것은 '다르다'는 개념은 무리 없이 납득할 수 있습니다. '영역 + 성질'이니까요.

> 그는 평등한 대우를 받기 위한 영역 성질로서 '도덕적 인격'을 제시한다.

롤스의 평등에 대한 근거는 영역 성질로 설명됩니다. 그 영역 성질(근거)를 구체적으로 '도덕적 인격'으로 제시해주었습니다. 앞서 'A는 B이다.' 'B는~' 식으로 서술과 같은 방식으로 이제는 '도덕적 인격'의 개념을 확보해야 합니다. 이것이 롤스의 평등에 대한 '근거'이기 때문이죠.

> 도덕적 인격이란 도덕적 호소가 가능하고 그런 호소에 관심을 기울이는 능력이 있다는 것인데, 이 능력(도덕적 인격)을 최소치만 갖고 있다면 평등한 대우에 대한 권한을 갖게 된다.

도덕적 인격에 대한 개념이 제시됩니다. '도덕적 호소 능력, 최소치만 있으면 됨'은 핵심 화제에 직결되니 무조건 확보해야 합니다.

> 도덕적 인격이라고 해서 도덕적으로 훌륭하다는 뜻이 아니라 도덕과 무관하다는 말과 대비되는 뜻으로 쓰고 있다.

도덕적 인격에 대해 추가적인 설명을 진행합니다. 도덕적 인격이 있다면 훌륭한 건 아니고, 도덕과 무관하지 않다는 의미이죠. 사실 앞서 도덕적 인격을 최소치만 갖고 있다면 평등한 대우에 대한 권한을 갖는다고 했으니, 이를 가지고 있으면 도덕에 관련된다는 정도이므로 동어 반복 수준입니다.

> 그런데 어린 아이는 인격체로서의 최소한의 기준을 충족하고 있는지가 논란이 될 수 있다. 이에 대해 롤스는 도덕적 인격을 규정하는 최소한의 요구 조건은 잠재적 능력이지 그것의 실현 여부가 아니기에 어린 아이도 평등한 존재라고 말한다.

평등의 근거에 대한 '조건'을 제시합니다. '잠재 능력'이 중요한 것이지 실현 여부가 중요한 것은 아닙니다. 이렇게 '조건'을 구분한 경우는 무조건 출제되게 되어 있다는 점을 알고 있어야 합니다.

해당 지문과 문장 같은 경우는 그래도 정보량이 과하지 않고 조건을 명확하게 파악하는 것이 수월했기에 독해 시 생각을 정리하지 않고 진행했어도 무리를 느끼시지 않았을 수 있습니다.

고난도 지문에서 이렇게 '조건'이 제시됐을 때 정리 과정을 거치지 않고 독해를 계속 진행한다면 지문에서 갑자기 상충된다 느끼는 부분이 나오고, 문제 풀이에서 낚시 선지에 걸리기 딱 좋습니다. 조건도 전제, 예외를 만드는 등 다양한 종류가 있지만, 우선 딱 하나 '조건'이 나오면 생각을 정리한 뒤 독해를 진행한다는 독해 습관을 갖추시길 권장합니다.

싱어는 위와 같은(도덕적 인격으로 구분) 롤스의 시도를 비판한다.

싱어가 롤스의 시도를 비판한다는 것은 핵심 화제인 '평등의 근거'에 대한 관점이 싱어와 롤스가 차이가 있을 것임을 의미합니다. 그렇다면 이제 흐름이 '싱어의 평등의 근거'를 확보하는 것임을 인식해야 합니다.

◇ tip 비교·대조 쌍

실제 독해 시 a와 b가 대조되는 전개 방향이라면 a를 읽을 때는 있는 그대로 정리를 잘하면서 독해를 하며, 이후 b가 제시될 때 차이점과 공통점을 잡으며 독해를 진행해야 합니다. 하지만 그것이 어렵다면 최소한 각각에 대한 구분은 진행된 뒤, 선지에서 물어볼 때 돌아와서라도 판단할 수준으로는 독해가 진행됐어야 합니다.

도덕에 대한 민감성의 수준은 사람에 따라 다르다.

실전이라면, 글자 그대로 민감성 수준이 다르다고 파악하는 수준이 일반적일 겁니다.

◇ 코멘트

싱어가 이를 통해 롤스를 비판할 것이라는 인식까지 가졌으면 매우 우수합니다.

그래서 도덕적 인격의 능력이 그렇게 중요하다면 그것을 갖춘 정도에 따라 도덕적 위계를 다르게 하지 말아야 할 이유가 분명하지 않다고 말한다.

민감성 수준은 다 다릅니다. 그런데 그 민감성 능력이 그렇게 중요하면, 그 중요도에 따라(정도에 따라) 위계를 나누지 않을 이유가 없다는 점으로 롤스를 비판합니다. 이 역시 실전이라면 어려운 내용은 아니므로 제시된 대로 파악하면 충분합니다.

◇ 코멘트

+ 지문 해설을 위처럼 심플하게 쓰지는 않지만, 실전이라면 딱 저기까지 생각하기만 해도 충분합니다.
+ 약간은 사후적이라 느낄 수 있지만, 분석 시에는 여기까지 생각할 수 있습니다.
싱어에게 '도덕에 대한 민감성의 수준은 사람에 따라 다릅니다.' 그렇다면 롤스는 어떨까요? 롤스는 '최소치만 갖고 있다면 평등한 대우에 대한 권한을 갖게 된다'고 주장합니다. '최소치'를 얘기했다는 것은 정도의 차이가 있다는 것으로 롤스 역시 '민감성의 수준이 사람마다 다르다는 것'을 인정함을 알 수 있습니다.
그리고 이는 8번 문항에 5번 선지로 출제가 되었습니다. 그렇다면 실전에서는 어떻게 접근할 수 있을까요?
실전이라면 우선 '싱어'가 도덕에 대한 민감성 수준이 다르다는 것은 바로 파악되었어야 합니다. 글자 그대로 쓰여 있으니까요.
그렇다면 이제 롤스의 경우를 판단해야 합니다. 그렇다면 이것이 즉각적으로 기억나지 않는다면 롤스의 '민감성'이 제시된 부분으로 돌아가야 합니다. 거기서 '조건'으로 '어린 아이는 인격체로서의 최소한의 기준을 충족하는지가~'가 제시되어 있습니다. 그러면 '최소한'의 기준이라는 것은 정도가 다르다는 것을 의미한다는 점을 파악할 수 있습니다. 지문 이해를 기본으로 하되 출제될 포인트(조건 등)에 대한 이해가 갖춰지면 실전에서 '답'을 고르는 것에는 지장이 없는 수준까지 올라올 수 있습니다.

한편 롤스에서는 도덕적인 능력을 태어날 때부터 가지고 있지 않거나 영구적으로 상실한 사람은 도덕적 지위를 가지고 있지 못하게 되는데, 이는 통상적인 평등 개념과 어긋난다.

롤스의 평등의 근거의 '조건'은 '잠재적 능력'입니다. 그러면 이 능력이 없거나, 상실되면 인정받지 못할까요? 이러니 통상적인 평등 개념과 어긋난다는 입장이 제시됩니다. 롤스의 핵심에 직결되는 정보(근거의 조건)를 확보하고, 그에 맞춰 독해를 진행했어야 합니다.

> 그래서 싱어는 평등의 근거로 '이익 평등 고려의 원칙'을 내세운다. 그에 따르면 어떤 존재가 이익, 즉 이해관계를 갖기 위해서는 기본적으로 고통과 쾌락을 느낄 수 있는 능력을 갖고 있어야 한다.

이제 핵심에 직결되는 싱어의 '평등의 근거'에 대한 관점이 제시됩니다. 여기서도 기본적으로 '고통과 쾌락'을 느낄 수 있어야 한다는 '조건'이 제시됩니다. 조건은 출제되는 포인트이기에 '고통과 쾌락'이라는 조건을 확보하고 독해를 진행했어야 합니다.

> 그리고 그 능력(고통과 쾌락을 느낄 수 있는)을 가진 존재는 이해관계를 가진 존재이기 때문에 평등한 도덕적 고려의 대상이 된다.

싱어는 '이익 평등 고려의 원칙'입니다. 그러니 이익을 느낄 '조건(고통과 쾌락 느낄 능력)'이 있으면 도덕적 고려의 대상이 되겠죠.

> 이때 이해관계가 강한 존재를 더 대우하는 것이 가능하다.

여기서 이게 왜 가능한지 실전에서 즉각적으로 납득이 어려울 수 있습니다. 그래도 '이때~'라고 굳이 추가로 언급해준 정보이니 출제될 수 있다는 인식은 가져야 합니다.

◇코멘트

지문의 대전제인 조건적 평등 원칙은 차별 대우를 할 때는 이유를 제시할 것을 요구합니다. 싱어에게 이해관계는 평등의 '조건(이유)'이므로 그에 맞게 평등 원칙이 적용될 수 있는 겁니다.

> 반면에 그 능력(고통과 쾌락을 느낄 수 있는)을 갖지 못한 존재는 아무런 선호나 이익도 갖지 않기 때문에 평등한 도덕적 고려의 대상이 되지 않는다.

당연한 말입니다. 평등의 '조건'이 이해관계를 가진 존재입니다. 그러니 이해관계를 따질 수 있는, 즉 고통과 쾌락을 느낄 수 있는 능력이 없으면 당연히 도덕적 고려의 대상이 되지 않습니다.

◇배경지식 코멘트

롤스와 싱어는 생활과 윤리에도 나오는 학자들로 수능 수준에서도 충분히 출제 가능하며(사실 요즘 수능 경향을 고려하면 출제 불가능한 내용이 없다 보는 게 일반적입니다), 이들이 가지고 있는 윤리관 자체가 평가원, 교육청, 사설 등에 자주 출제되는 내용입니다. 지문에서 다루어진 내용 자체를 알아두는 것도 좋습니다.

이 지문의 경우 논리의 흐름을 정리하는 것이 매우 유익할 것으로 보입니다. 흐름을 정리하면 다음과 같습니다.

1) 절대적 평등은 사람의 차이(능력, 소질, 개성, 자율성 등)를 반영 X
2) 사람들의 차이를 고려하여 평등 대우와 차별 대우를 허용하는 세태에서 의문이 시작된다.
 그 사람들의 차이를 어떻게 고려?=평등의 근거 무엇?
3) 천부적이라고 옛날 사람들은 생각했음
4) 롤스는 영역 성질을 근거로 하여 영역 경계 즉, 사람들 간에 다른 대우를 평등하게 할 수 있는 [평등의 근거]로 '도덕적 인격'을 제시함.
5) 싱어 曰, 도덕적 위계 또한 사람들의 차이 즉, 평등의 근거가 아니라, 평등의 결과로 달라지는 사람에 대한 대우의 일종 (사람의 차이)
6) 따라서, 이해관계를 '고려'하는 것 자체가 평등의 근거가 되어야 함.
이래야 이해관계의 정도에 따라 사람들에 대해 다른 대우가 가능하여 앞서서 나온 사람들의 차이에 따라 다른 대우를 하는 것이 평등이라고 주장할 수 있게 됨.

가볍게 주장의 흐름을 파악해 보며, 결국 인문 지문에서는 제시된 관점을 파악하는 것이 핵심임을 느끼시면 좋겠습니다.

07 '평등'을 설명한 것으로 가장 적절한 것은?

① 형식적 정의에서는 차별적 대우가 허용되지 않는다.
② 조건적 평등과 달리 절대적 평등은 결과적인 평등을 가져온다.
③ 불평등은 충분한 이유가 있더라도 평등의 이념에 부합하지 않는다.
④ 규칙에 따라 유사한 경우는 유사하게 취급해도 결과는 불평등할 수 있다.
⑤ 인간의 능력은 절대적으로 평등하게 만들 수 있지만 자율성에 어긋날 수 있다.

답 ④

3문단에 제시된 것처럼 어떤 규칙이 공평하고 일관되게 운영되며, 그 규칙에 따라 유사한 경우는 유사하게 취급된다면 형식적 정의는 실현된다고 봅니다. 하지만, 형식적 정의에 따라 규칙을 준수하는 것만으로는 정의를 담보할 수 없습니다.

즉 규칙에 따라 유사한 경우는 유사하게 취급해도 결과는 불평등할 수 있습니다. 그래서 지문에 규칙의 내용이 중요하다는 내용이 제시되었습니다.

오답 선지 분석

① : 2문단에 제시된 것처럼 평등에 대한 요구는 모든 불평등을 악으로 보는 것이 아니라 충분한 이유가 제시되지 않은 불평등을 제거하는 데 목표를 두고 있습니다. 즉 지문에서 평등은 우선 모든 불평등을 악으로 보는 것이 아닙니다. 그리고 형식적 정의는 지문 내에서 평등의 근거에 직결되는 내용입니다. 즉 형식적 정의에서 차별적 대우가 허용되지 않는다고 단정할 수는 없습니다.

② : 1문단에 제시된 것처럼 인간은 저마다 다르게 가지고 태어난 능력과 소질을 똑같게 만들 수 없기 때문에 지문에서 절대적 평등은 평등으로 취급되지 않습니다. 인간은 저마다 다르게 가지고 태어난 능력과 소질을 똑같게 만들 수 없을 때 모든 인간을 똑같이 대하면 결과적 평등이 온다고 단정할 수 없습니다. 즉 절대적 평등은 결과적인 평등을 가져온다고 단정할 수 없습니다.

③ : 2문단에 제시된 것처럼 '이유 없는 차별 금지'라는 조건적 평등 원칙은 차별 대우를 할 때는 이유를 제시할 것을 요구하고 있습니다. 즉 불평등은 충분한 이유가 있으면 평등의 이념에 부합할 수 있습니다.

⑤ : 1문단에 제시된 것처럼 인간은 저마다 다르게 가지고 태어난 능력과 소질을 똑같게 만들 수 없습니다. 즉 인간의 능력을 절대적으로 평등하게 만들 수 없습니다.

◇코멘트

평이한 수준의 문항입니다. 지문 독해 시 형식과 내용의 대립쌍을 잡으셨다면 답을 고르기 수월하셨을 겁니다.

08 '롤스와 싱어를 이해한 것으로 적절하지 않은 것은?

① 롤스에서 평등의 근거가 되는 특성을 가지지 못한 존재는 부도덕하다.
② 롤스에서 영역 성질은 정도의 차를 감안하지 않는 동일함을 가리킨다.
③ 싱어에서는 인간이 아닌 존재가 느끼는 고통과 쾌락도 도덕적으로 고려해야 한다.
④ 싱어에서는 도덕적으로 평등하다고 인정받는 사람들도 차별적 대우를 받을 수 있다.
⑤ 롤스와 싱어는 도덕에 대한 민감성이 사람마다 다름을 인정한다.

답 ①

4문단에 제시된 것처럼 롤스는 평등한 대우를 받기 위한 영역 성질로서(근거로서) '도덕적 인격'을 제시합니다. 여기서 도덕적 인격은 도덕적으로 훌륭하다는 뜻이 아니라 도덕과 무관하다는 말과 대비되는 뜻입니다.

즉 평등의 근거가 되는 특성을 가지지 못한 존재는 부도덕한 존재가 아닌 도덕과 무관한 존재입니다.

오답 선지 분석

② : 4문단에 제시된 영역 성질의 예시는 어떤 원의 내부에 있는 점들은 그 위치가 서로 다르지만 원의 내부에 있다는 점에서 동일한 영역 성질을 갖는다는 설명입니다. 이는 원 내부에만 있으면 그냥 동일한 영역으로 취급한다는 것이죠. 하지만 원의 경계선을 기준으로 서로 다른 영역 성질을 갖습니다. 정도를 따지지 않고, 기준선 하나로 구분이 되는 것입니다. 그러니 정도의 차를 감안하지 않는 동일함을 가리킨다고 볼 수 있습니다.

③ : 5문단에 제시된 것처럼 싱어는 고통과 쾌락을 느낄 수 있는 능력을 갖고 있으면 이해관계를 가진 존재로 인정하고, 평등한 도덕적 고려의 대상으로 취급합니다. 즉 인간이 아닐지라도 고통과 쾌락을 느끼면 싱어는 이를 도덕적으로 고려해야 한다고 주장할 겁니다.

④ : 5문단에 제시된 것처럼 싱어는 이해관계가 강한 존재를 더 대우하는 것이 가능하다고 주장합니다. 즉 도덕적으로 평등하다고 인정받는 사람들도 차별적 대우(더 대우 가능)를 받을 수 있다는 것을 알 수 있습니다.

⑤ : 5문단에 제시된 것처럼 싱어는 도덕에 대한 민감성의 수준

은 사람에 따라 다르며 도덕적 인격의 능력이 그렇게 중요하다면 그것을 갖춘 정도에 따라 도덕적 위계를 다르게 하지 말아야 할 이유가 분명하지 않다고 주장합니다.

◇코멘트

결국 롤스와 싱어의 관점에 대한 공통점과 차이점을 묻습니다.

09 <보기>에 대한 반응으로 적절하지 않은 것은?

> 보 기
> ◦ 갑은 고통을 느끼는 능력과 도덕적 능력을 회복 불가능하게 상실하였다.
> ◦ 을은 도덕적 능력을 선천적으로 결여했지만 고통을 느낄 수 있다.
> ◦ 병은 질병으로 인해 일시적으로 도덕적 능력을 상실하였다.

① 갑에 대해 싱어는 도덕적 고려의 대상이 아니라고 보겠군.
② 을이 도덕적 능력이 있는 사람보다 더 고통을 느낀다면 싱어는 더 대우를 받아야 한다고 생각하겠군.
③ 을이 도덕적 고려의 대상임을 설명할 수 있다는 점에서 싱어는 자신의 설명이 통상적인 평등 개념에 부합한다고 생각하겠군.
④ 병에 대해 롤스는 그 질병에 걸리지 않은 사람과 달리 평등하지 않게 생각하겠군.
⑤ 갑과 을에 대해 싱어는 롤스가 도덕적 인격임을 설명하지 못할 것이라고 보겠군.

<보기> 분석
갑 : 고통, 도덕적 능력 모두 '완전' 상실
을 : 도덕적 능력 '완전' 결여 / 고통 느낌
병 : 도덕적 능력 '일시적' 상실

답 ④
4문단에 제시된 것처럼 롤스에게 도덕적 인격을 규정하는 최소한의 요구 조건은 잠재적 능력입니다. 그런데 '병'은 '일시적'으로 도덕적 능력을 상실한 것으로 잠재 능력이 존재합니다. 그러니 롤스는 '병'을 평등하게 대할 것입니다.

오답 선지 분석
① : 5문단에 제시된 것처럼 싱어는 기본적으로 고통과 쾌락을 느낄 수 있는 능력을 갖고 있어야 한다는 관점입니다. 즉 고통을 느끼는 능력이 회복 불가능한 갑은 싱어에게 도덕적 고려의 대상이 아닙니다.

② : 5문단에 제시된 것처럼 싱어는 이해관계가 강한 존재를 더 대우하는 것이 가능하다는 관점입니다. 그러니 을이 도덕적 능력이 있는 사람보다 더 고통을 느낀다면 싱어는 더 대우를 받아야 한다고 생각할 겁니다.

③ : 5문단에 제시된 것처럼 롤스에서는 도덕적인 능력을 태어날 때부터 가지고 있지 않거나 영구적으로 상실한 사람은 도덕적 지위를 가지고 있지 못하게 되는데, 이는 통상적인 평등 개념과 어긋나고, 이에 근거하여 싱어가 평등의 근거로 '이익 평등 고려의 원칙'을 제시합니다.

<보기>에 제시된 을은 도덕적 능력을 선천적으로 결여했지만 고통을 느낄 수 있습니다. 즉 롤스의 관점에서는 도덕적 지위를 가지지 못하는 통상적인 평등 개념과 어긋난 것이고, 싱어의 입장에서는 통상적인 평등 개념에 부합하는 도덕적 지위를 가지는 대상입니다.

⑤ : 5문단에 제시된 것처럼 롤스에서는 도덕적인 능력을 태어날 때부터 가지고 있지 않거나 영구적으로 상실한 사람은 도덕적 지위를 가지고 있지 못하게 되는데, 이는 통상적인 평등 개념과 어긋나고, 이에 근거하여 싱어가 평등의 근거로 '이익 평등 고려의 원칙'을 제시합니다. 갑은 도덕적 능력이 회복 불가능하고, 을은 선천적으로 결여했으므로 갑과 을에 대해 싱어는 롤스가 도덕적 인격임을 설명하지 못할 것이라고 볼 것입니다.

◇코멘트

결국 핵심인 평등에 대한 근거를 묻고 있습니다.

◇ 총평

- 초반 정보량 버티기 (돌아올 줄 아는 것도 실력이다)
- 핵심 확보 (법의 목적, 관점 파악)
- 다른 말 같은 뜻

지문 초반을 읽으면 정보량에 기가 눌려 독해를 시작했을 수 있습니다. 실전에서 정보량이 너무 많을 때를 항상 대비해야 합니다. (돌아올 부분에 대한 이해 / 필기 등을 활용한 정리 등 개인이 기출 분석을 통해 틀을 잡아야 함을 2020 언어이해 해설에서부터 강조했습니다. 그리고 이렇게 잡은 틀을 실전 모의고사와 n제 등에서 적용해봐야겠죠?)
이렇게 1문단에서 많은 정보량을 견뎠다면 2문단에서 글의 핵심(법의 목적, 관점 파악) 요소를 파악하고 이후 제시되는 내용의 문맥적 의미를 핵심에 맞춰 다른 말 같은 뜻을 잡으며 파악했어야 합니다.
물론 이 지문은 용어 자체가 낯선 측면이 있어 다른 말 같은 뜻을 파악하며 독해를 진행했어도 문제 풀이 시 돌아가는 과정이 따라왔을 겁니다. (아니라면 기억력이 매우 좋으신 편일 겁니다) 이런 상황도 실전에서 언제든지 존재할 수 있으니 어떻게 대처할 것인지(지문에 낯선 용어, 정리가 덜 된 게 있으면 어떻게 체크라도 해둘 것인지 등) '스스로' 고민해보시면 좋겠습니다.

살펴보건대, ㉠상고 시대 법에서 오형(五刑)은 중죄인에 대하여 이마에 글자를 새기고(묵형) 코나 팔꿈치, 생식기를 베어 내고(의형, 비형, 궁형), 죽이는(대벽) 형벌이었다.

처음부터 정보가 꽤나 많이 나옵니다. 묵형, 의형, 비형, 궁형, 대벽 각각을 모두 외워 독해하는 것은 실전이라면 꽤나 어려운 일입니다. '오형'이니 다섯 가지 형벌(제시된 형이 다섯 개라는 정도는 파악 가능)이고 신체에 위해를 가한다는 맥락 정도는 파악하고 독해를 진행했어야 합니다.

◇코멘트

초반부터 이렇게 정보를 '나열'하고 있습니다. 항상 강조하지만, 정보를 '나열'하면 정독하며 '맥락'은 놓치지 말되, 돌아와서(문제 풀이 시만이 아닌 지문 독해 시에도) 다시 볼 수도 있음을 항상 인식해야 합니다.

다만 정상이 애처롭거나 신분과 공로가 높은 경우에는 예외적으로 오형 대신 유배형을 적용하였다.

'다만~'이라고 나왔으니 당연히 예외일 겁니다. 법지문에서 예외는 핵심이고, 당연히 '예외'를 만드는 '조건'이 핵심입니다. '애처롭거나 신분이 높은 조건'에서는 '유배형'이라는 예외 파악(조건과 결과)이 진행됐어야 합니다.

◇ tip 조건은 답을 결정한다.

다른 지문에서도 마찬가지지만 법지문에서 '조건'은 상당히 중요한 부분입니다. 어떤 경우가 있다고 지문에 제시가 되었더라도 '조건'에 맞지 않는 상황이 선지에 나오면 그건 맞지 않는 경우가 되는 것이죠. 그렇지만 많은 학생들이 '조건'에 민감하게 반응하지 않아 그런 선지에 낚이는 경우가 많습니다.

해당 지문은 정보량이 꽤나 많습니다. 어휘 자체가 낯설어서 학생들에 체감 정보량은 상당했을 것이라 생각합니다. 이런 경우 항상 의미 파악에 중점을 두되, 현실적으로 이런 독해 포인트(조건, 주장-근거, 예외 등) 역시 인식할 수 있어야 합니다.

나머지 경죄는 채찍이나 회초리를 쳤는데 따져볼 여지가 있는 경우에는 돈으로 대속할 수 있도록, 곧 속전(贖錢)할 수 있도록 하였다.

또 조건에 따른 결과를 구분합니다. '경죄'의 경우는 체벌을 하는데, 또 이 경우 예외적 '조건'으로 애매하면 '돈=속전'이 가능합니다. 지금으로 치면 벌금형 정도겠네요.
일단 독해 포인트를 가지고 있는 정보들이 나열되고 있습니다. 담아갈 수 있으면 담아가되, 만약 부담스럽다면 표기 등을 활용해서라도 '조건에 따른 결과'를 구분하며 독해를 진행해야 합니다.

또 과실로 저지른 행위는 유배나 속전할 것 없이 처벌하지 않았다.

상식적으로 납득할 수 있습니다. 과실로 저지른 것까지 처벌하면 좀 그렇죠. 과실은 처벌하지 않습니다.

그러나 배경을 믿고 범행을 저질렀거나 재범한 경우에는 유배나 속전 할 사유에 해당하더라도 형을 집행하였다.

이 역시 상식적입니다. 뒷배경을 믿은 범죄나, 재범자는 유배나 속전이어도 형을 집행하겠죠. 이렇게 계속 조건에 따른 결과(예외 구분)를 요구하며 정보를 나열하고 있습니다.

그렇다면 이런 구간은 어떻게 독해했어야 할까요?
저는 두 가지 경우로 나뉜다고 봅니다. (이 두 가지가 적절히 혼합된 게 가장 베스트겠죠. 설명을 위해 나눈 것이지 정확하게 분할되는 것은 아닙니다.)

◇ tip 돌아올 줄 아는 것도 실력이다.

1. 지문 해설에 작성된 대로 독해 포인트를 잡으며 의식적으로 독해.
체감 정보량이 꽤나 높았을 겁니다. 실제로 담고 있는 정보량도 꽤 되고요. 정보가 '나열'되어있다고 느낄 땐 항상 돌아갈 수 있음을 염두하고, 독해 포인트를 잡으며 읽는 것은 실전적인 태도입니다.

2. 자연스럽게 독해
지문에서 법을 제시한 순서가 그나마 직관적인 납득이 쉽게 구성이 됐습니다. 그래도 법이니 상식적인 선일 겁니다. 그러니 중죄인은 죽이거나 신체에 위해를 강하게 가합니다. 그런데 높으신 분이면 유배 정도를 보냅니다. 가벼운 범죄는 회초리 정도만 칩니다. 그리고 애매하면 돈으로 해결합니다. 그런데 빽을 믿고 까불거나 재범이면 형을 집행합니다. 이렇게 정리하면 생각보다 상식적인 내용입니다.

이렇게 독해를 진행했으면 무의식적으로 조건(정도에 따라) - 결과(차이가 발생)가 납득됩니다. (사실 여기서 이를 인식했으면 이후 필자의 관점도 자연스럽게 납득할 수 있습니다.)

둘 중 어느 방식으로 독해를 했어도 상관없습니다. 가장 이상적인 것은 앞서도 말한 것처럼 포인트를 인식하되 (무)의식적으로 조건(정도에 따라) - 결과(차이가 발생)가 납득하며 독해한 것이겠죠.

본인의 독해는 어떠하였는지, 실전에서 이렇게 정보가 나열되는 구간에서 스스로 독해를 어떻게 진행할 것인지 꼭 점검하시길 바랍니다.

물론 압축적 서술, 이해를 더욱 요구하는 최근의 트렌드와 조금 다르다고 생각하여 풀기 싫을 수 있지만, 수능에 어떤 지문이 나올지는 모르는 것이니 이런 지문에 대한 경험 역시 필요한 부분입니다.

cf) 18.11 오버 슈팅

지문 초반 네 가지 특성 나열된 부분.

형법은 선왕들이 통치에서 전적으로 믿고 의지하는 도구는 아니었지만 교화를 돕는 수단이었고, 백성들이 그른 짓을 하지 않도록 역할을 해 왔다.

형법의 목적이 제시됩니다. 전적으로 믿는 건 아니지만, '교화를 위한 수단'으로 백성들을 통치하는 것이 목적입니다. 법 지문에서 법의 제정 목적은 핵심입니다.

법 지문의 전형적 요소는 알고 있어야 합니다. 법 지문의 핵심은 "주체, 목적, 근거, 조건, 대상, 결과"입니다.
누가 법을 제정하는지, 법률이 제정되는 목적이 무엇인지, 법률이 적용될 수 있는 근거와 적용되기 위한 조건이 무엇인지, 법이 적용되는 대상이 누구인지, 법의 결과가 어떻게 적용되는지. 당연히 그러면 이에 해당되는 것과 예외적인 경우 등 구분이 필수적입니다.

그렇다면 신체를 상하게 하여 악을 징계한 것도 당시에는 고심 끝에 차마 어쩔 수 없이 행하는 하나의 통치였던 것이다.

의미를 파악합시다. '그렇다면~'이라는 담화 표지가 있으니 앞선 문장에 대한 내용입니다. 당연히 의미를 당겨 읽어야 합니다. 이런 습관이 갖춰져 있다면 신체를 상하게 하여 징계하는 것도 어쩔 수 없이 하는 = 백성들이 그른 짓을 하지 않도록 하는 '목적'을 위해 진행된다는 의미를 파악했을 겁니다.

필자의 '관점'은 결국 법은 교화를 위한 수단이며(법의 목적 파악), 적절한 통치가 중요하다는(고심하여 어쩔 수 없이 행하는 것) 입장입니다. 지문에서 필자의 관점을 확보하는 것은 핵심입니다.

ⓛ지금의 법을 보면, 유배형과 노역형이 간악한 이를 효과적으로 막지 못하고 있다.

㉠이 상고 시대의 법이었습니다. 그리고 ⓛ(지금의 법)이 제시됩니다. 상고 시대에 대한 배경지식이 없더라도 두 시기가 구분된다는 점은 알 수 있습니다. 그리고 명확한 '차이'를 제시해줬습니다. '유배와 노역'이 문제가 있다는 정도는 파악하고 독해를 진행했어야 합니다.

핵심을 상기합시다. 우리의 핵심은 법의 목적과 필자의 관점입니다. 목적은 교화이며, 관점은 적절한 통치입니다. 그런데 법이 이를 효과적으로 막지 못하고 있다는 것은 목적에도 맞지 않으며, 적절하지도 못한 상황인 것이죠.

> 그렇다고 해서 그보다 더 무거운 형벌로 과도하게 적용하면 죽이지 않아도 될 범죄자를 죽일 수 있어 적당하지 않다.

법의 '목적'은 핵심입니다. '교화를 위한 수단'으로 백성들을 통치하는 것이 목적이었습니다. 그러니 과도한 적용을 하는 것은 필자의 입장에서 바람직하지 않겠죠(적절하지 못한 것이죠). 결국 필자는 일관되게 '적절한 처벌'을 강조하고 있는 겁니다. 건조한 서술 중에도 핵심을 통해 문맥적 의미를 파악하는 태도는 필요합니다.

> 따라서 예전처럼 의형, 비형을 적용한다면, 신체는 다쳐도 목숨은 보전될 뿐만 아니라 뒷사람에게 경계도 되니 선왕의 뜻과 시의에 알맞은 일이다.

'따라서'이니 앞선 내용에 대한 정리입니다. '너무 과하지는 말자'라고 말했습니다. 그러니 죽이지는 않게 의형, 비형(맥락상 신체 위해 정도는 파악했어야 했죠)을 가하면 선왕의 뜻(백성 교화)까지 유지할 수 있게 됩니다.

◇ 코멘트

이렇게 건조한 서술이 제시되는 중에도 독해의 핵심 '문맥적 의미 파악'을 통해 체감 정보량을 줄이며 납득할 수 있습니다.

> 지금은 살인과 상해에 대하여도 속전할 수 있도록 하여, 재물 있는 이들이 사람을 죽이거나 다치게 하도록 만드니, 무고한 피해자에게는 이보다 더 큰 불행이 있겠는가?

앞서는 중죄인에게 오형을 가했습니다. 그리고 속전은 따져볼 여지가 있는 경우에 진행했죠. 그런데 이제는 살인과 상해를 그냥 속전해버리니 당연히 문제가 있을 겁니다.

◇ tip 비교·대조 쌍

실제 독해 시 a와 b가 대조되는 전개 방향이라면 a를 읽을 때는 있는 그대로 정리를 잘하면서 독해를 하며, 이후 b가 제시될 때 차이점과 공통점을 잡으며 독해를 진행해야 합니다. 하지만 그것이 어렵다면 최소한 각각에 대한 구분은 진행된 뒤, 선지에서 물어볼 때 돌아와서라도 판단할 수준으로는 독해가 진행됐어야 합니다.

◇ 코멘트

핵심을 계속 상기합시다. 우리의 핵심은 법의 목적과 필자의 관점입니다. 목적은 교화이며, 관점은 적절한 통치입니다. 그런데 무고한 피해자만 손해를 보고 있습니다. 그러면 당연히 적절한 통치가 아니죠. 계속 핵심(목적, 관점)을 상기한 상태로 독해를 진행해야 합니다.

> 그리고 살인자가 마을에서 편안히 살고 있으면, 부모의 원수를 갚으려는 효자가 어떻게 그대로 보겠는가? 변방으로의 유배를 그대로 집행하는 것이 양쪽을 모두 보전하는 일이다.

'그리고'이니 앞선 문장과 유사한 의미일 겁니다. 상식적으로 당연한 말이죠. 결국 여기서도 '그냥 속전해버리면 문제다 유배 보내라'라고 얘기하고 있다는 점을 파악해야 합니다.

◇ 코멘트

이 말도 결국은 뭘까요? '적절한 통치 필요'입니다.

> 선왕들이 중죄인에 대하여 죽이거나 베면서 조금도 용서하지 않은 것은 그 죄인도 또한 피해자에게 잔혹히 했기 때문이니, 그 형벌의 시행이 매우 참혹해 보이지만 실상은 마땅히 해야 할 일을 집행한 것이다.

중죄인을 죽이거나 용서하지 않은 '목적'은 마땅히 해야 할 일을 진행하기 위함입니다. 법 지문에서 '목적'은 핵심입니다. 목적은 필히 확보하며 독해를 진행해야 합니다.

어떤 이가 말하기를, 신체에 가하는 형벌인 육형(肉刑)으로 오형만 있었던 싱고 시대에 순임금이 그 참혹함을 차마 볼 수 없어서 유배, 속전, 채찍, 회초리의 형벌을 만들었다고 한다. 그렇다고 하면 요임금 때까지는 채찍이나 회초리에 해당하는 죄에도 묵형이나 의형을 집행했다는 말인가? 그러니 오형에 처하던 것을 순임금이 법을 바로잡아 속전할 수 있도록 하였다는 말은 옳지 않다.

'~말인가?'라고 했으니 아니라는 말입니다. (설의법) 대놓고 오해의 여지가 없게 뒤에 바로 '~옳지 않다'라고 제시해주고 있습니다. 여기서도 결국은 의미 파악 '채찍이나 회초리에 해당하는 죄에도 묵형이나 의형을 집행하지 않았다 = 적절한 벌을 주었다'를 파악하고, 그러니 '오형에 해당하는 것을 속형으로 하면 안 된다.'라는 주장이 일관되게 제시되고 있음을 파악해야 합니다.

독서는 결국 '의미'를 파악하며 읽는 것입니다. 독해 시, 기표(記標)가 다르더라도, 같은 기의(記意)를 가지고 있으면 적극적으로 같은 의미를 판단해 주어야 합니다.

저는 왜 여기서 '오형에 해당하는 것을 속형으로 하면 안 된다.'라는 주장이 일관되게 제시되고 있음을 파악할 수 있었을까요? 저는 법의 목적(백성 교화)을 확보하고 있었고, 필자의 관점(적절한 통치)을 확보했습니다. 그러니 일관되게 주장으로 '적절한 통치(적절한 처벌)'가 필요하다고 주장하고 있음을 파악할 수 있는 겁니다. 글이 건조하게 작성되고, 정보를 나열하고 있더라도, 핵심을 확보하고 그에 맞춰 의미를 파악하려 노력해야 합니다.

cf) 18.09 양자 역학과 비고전 논리

⇒ 해당 지문 역시 핵심은 '고전 역학 ≒ 고전 논리 : 양자 역학 ≒ 프리스트의 진술' 정도로 문맥적 의미를 통해 맥락을 파악하는 것이었습니다.

◇ 코멘트

'신체에 가하는 형벌인 육형(肉刑)으로 오형만 있었던 상고 시대~'입니다. 관형절을 당겨 읽었다면 육형의 의미를 파악할 수 있고, 육형 = 오형이라는 점을 파악할 수 있습니다.

의심스럽다든가 해서 중죄를 속전할 수 있도록 한다면, 부자들은 처벌을 면하고 가난한 이들만 형벌을 받을 것이다.

앞서 제시된 '살인과 상해에 대하여도 속전할 수 있도록 하여,

재물 있는 이들이 사람을 죽이거나 다치게 하도록 만드니, 무고한 피해자에게는 이보다 더 큰 불행' 문장과 거의 똑같은 얘기입니다. 계속 반복하지만 결국 '적절한 통치(적절한 처벌)'가 필요하다는 것을 얘기하고 있는 겁니다.

지금의 사법기관은 응보에 따라 화복(禍福)이 이루어진다는 말을 잘못 알고서, 죄의 적용을 자의적으로 하여 복된 보답을 구하려는 경향이 있다.

계속 필자의 관점을 생각합시다. 필자의 관점은 '적절한 통치'입니다. 죄의 적용을 자의적으로 한다는 것은 결국 '적절한 통치'가 진행되지 못하고 있다는 것이죠.

◇ 코멘트

+ 여기서 복된 보답을 구하려 한다는 것은 바로 납득이 되지 않을 수도 있습니다. 그래도 관점인 '적절한 통치'는 생각하며 독해해야 합니다.

죄 없는 이가 억울함을 풀지 못하고 죄 지은 자가 되려 풀려나게 하는 것은 악을 행하는 일일 뿐이니 무슨 복을 받겠는가? 지금의 사법관들은 죄수를 신중히 살핀다는 흠휼(欽恤)을 잘못 이해하여서, 사람의 죄를 관대하게 다루어 법 적용을 벗어나도록 해 주는 것으로 안다. 그리하여 죽여야 할 이들을 여러 구실을 들어 대부분 감형되도록 한다. 참형에 해당하는 것이 유배형이 되고, 유배될 것이 노역형이 되고, 노역할 것이 곤장형이 되고, 곤장 맞을 것을 회초리로 맞게 되니, 이는 뇌물을 받아 법을 가지고 논 것이지 어찌 흠휼이겠는가?

계속 필자의 관점을 생각합시다. 죄 없는 이가 풀려가고, 화복의 뜻을 잘못 알고 있고, 흠휼도 잘못 이해합니다. 이건 결국 앞선 부분과 마찬가지로 '적절한 통치'가 진행되지 못하고 있다는 것이죠. 글자는 다르지만, 결국 필자가 주장하는 일관된 '관점'이 유지되고 있습니다.

◇ 코멘트

납득해 봅시다. 죄를 지은 자가 풀려납니다. 그리고 죽여야 할 이들이 감형됩니다. 이런 상황이 법이 제대로 집행당하는 상황이라 할 수는 없겠죠. 결국 계속 핵심(관점)을 확보하고 그에 맞춰 독해를 진행해야 합니다.

인명은 지극히 중한 것이다. 만약 무고한 사람이 살해되었다면, 법관은 마땅히 자세히 살피고 분명히 조사하여 더는 의심의 여지가 없게 해야 할 것이다. 그리고 이렇게 한 뒤에는 반드시 목숨으로 갚도록 해야 한다. 이로써 죽은 자의 원통한 혼령을 위로할 뿐 아니라, 과부와 고아가 된 이가 원수 갚고자 하는 마음을 위로할 수 있으며, 또한 천리를 밝히고 나라의 기강을 떨치는 일이다. 보는 이들의 마음을 통쾌하게 할 뿐 아니라 후대의 징계도 되니, 또한 좋지 않겠는가.

여기까지 해설을 읽었다면 결국 제가 하고 싶은 말은 하나라는 점을 파악했을 겁니다. 사실 지문이 하고 있는 말이죠.
인명이 중요하니, 법관이 마땅히 해야 할 일을 해야 위로가 되고, 나라의 기강을 잡고, 후대의 징계도 된다는 것은 결국
필자의 관점인 '적절한 처벌'이 필요하고, 법의 목적인 교화를 이룰 수 있다는 의미겠죠.

◇코멘트

글을 조금 더 잘 읽었다면, '살인에 대한 적절한 처벌은 사형'이라는 점을 확보할 수 있었을 겁니다. 만약 이를 놓쳤더라도 큰 맥락인 '적절한 처벌'을 확보한 뒤 선지에서 디테일을 물어봤을 때 돌아올 수는 있어야 합니다.

지금은 교화가 쇠퇴하여 인심이 거짓을 일삼으며, 저마다 자신의 잇속만 챙기면서 풍속도 모두 무너졌다. 극악한 죄인은 죄를 받지 않고, 선량한 백성들은 자의적인 형벌의 적용을 면치 못하기도 한다. 또 강자에게는 법을 적용하지 않고 약자에게는 잔인하게 적용한다. 권문세가에는 너그럽고 한미한 집에는 각박하다. 똑같은 일에 법을 달리하고 똑같은 죄에 논의를 달리하여, 간사한 관리들이 법조문을 농락하고 기회를 잡아 장사하니, 그것은 단지 살인자를 죽이지 않고 형법을 방기하는 잘못에 그치는 일이 아니다. 이 통탄스러움을 이루 말로 다할 수 있겠는가.

교화가 쇠퇴하였다는 것은 목적을 이루지 못하고 있는 겁니다. 자의적인 형벌 적용은 적절한 처벌이 이루어지지 못하고 있는 겁니다. 결국 이 글은 초반에 글의 전개를 위한 용어들이 세팅된 구간만 버틴다면 이후는 법의 목적과 필자의 관점을 확보하고 그에 대한 다른 말 같은 뜻을 파악하는 지문이었습니다.

10 글쓴이의 입장과 일치하는 것은?

① 교화를 중시하고 형벌의 과도한 적용을 삼가야 한다고 생각한다.
② 살인을 저지른 중죄인이 유배되는 일은 없어야 한다고 주장한다.
③ 인명이 소중하므로 사형과 같은 참혹한 형벌의 폐지에 찬성한다.
④ 형벌로 보복을 대신하려고 하는 응보적인 경향에 대해 반대한다.
⑤ 무고하게 살해된 피해자를 고려하면 의형은 합당한 처벌이라고 본다.

답 ①

글쓴이의 입장은 결국 글쓴이의 '관점'을 묻는 것입니다. 지문에서는 일관되게 법의 목적으로 '교화'를 제시하며 필자의 관점으로 '적절한 처벌'을 제시하였습니다.

오답 선지 분석

② : 3문단에 제시된 것처럼 필자는 '살인자가 마을에서 편안히 살고 있으면, 부모의 원수를 갚으려는 효자가 어떻게 그대로 보겠는가? 변방으로의 유배를 그대로 집행하는 것이 양쪽을 모두 보전하는 일'이라고 주장합니다. 유배되는 일이 없어야 한다는 주장이라 보기는 어렵습니다.

③ : 3문단에 제시된 것처럼 필자는 '형벌의 시행이 매우 참혹해 보이지만 실상은 마땅히 해야 할 일을 집행한 것'이라 주장합니다.

④ : 6문단에 제시된 것처럼 필자는 '무고한 사람이 살해되었다면, 법관은 마땅히 자세히 살피고 분명히 조사하여 더는 의심의 여지가 없게 해야 할 것이다. 그리고 이렇게 한 뒤에는 반드시 목숨으로 갚도록 해야 함'을 주장합니다. 즉 응보적 경향에 반대하지 않습니다.

⑤ : 6문단에 제시된 것처럼 필자는 '무고한 사람이 살해되었다면, 법관은 마땅히 자세히 살피고 분명히 조사하여 더는 의심의 여지가 없게 해야 할 것이다. 그리고 이렇게 한 뒤에는 반드시 목숨으로 갚도록 해야 함'을 주장합니다. 즉 필자의 관점에서는 무고하게 살해된 피해자를 고려하면 의형이 아닌 사형이 합당한 처벌이라 주장할 겁니다.

11 윗글에 따라 ㉠, ㉡을 설명한 것으로 가장 적절한 것은?

① ㉠에서는 경미한 죄에도 오형을 적용하도록 되어 있었다.

② ㉠에서는 중죄에 대한 형벌을 육형으로 하는 것이 원칙이었다.

③ ㉡에서는 유배형도 정식의 형벌이므로 속전의 대상이 되지 않는다.

④ ㉠에서 오형에 해당하지 않는 형벌은 ㉡에서도 집행하지 않는다.

⑤ ㉠에서의 오형은 잔혹한 형벌이라 하여 ㉡에서는 모두 사라지게 되었다.

답 ②

1문단에 제시된 것처럼 ㉠(상고 시대 법)에서 오형(五刑)은 중죄인에 대하여 이마에 글자를 새기고(묵형) 코나 팔꿈치, 생식기를 베어 내고(의형, 비형, 궁형), 죽이는(대벽) 형벌이었습니다. 그리고 '다만~'과 같은 예외적 경우를 제시하고 있습니다. 즉 기본적으로 중죄에 대한 형벌을 육형(몸에 대한 형벌)로 하는 것이 원칙이었음을 알 수 있습니다.

여기서 육형이 몸에 대한 형벌이라는 어휘를 몰랐다면 답을 고를 수 없었을까요? 지문에 4문단에 '신체에 가하는 형벌인 육형(肉刑)으로 오형만 있었던 상고 시대'라는 것이 제시되어 있었으므로 배경지식(어휘력)이 부족해도 파악할 수는 있었습니다.

개인적으로는 이를 놓쳤더라도 오답 선지 분석들이 다 틀렸고, 어휘력으로 판단할 수 있어야 한다고 생각합니다.

오답 선지 분석

① : 1문단에 제시된 것처럼 경죄는 채찍이나 회초리를 쳤습니다. 즉 경미한 죄에는 오형을 적용하지 않았습니다.

③ : 2문단에 제시된 것처럼 ㉡(지금의 법)을 보면, 유배형과 노역형이 간악한 이를 효과적으로 막지 못합니다. 즉 일단 유배형이 정식 형벌인 것은 맞습니다. 그렇지만, '살인과 상해에 대하여도 속전할 수 있도록 하여 ~ 변방으로의 유배를 그대로 집행하는 것이 양쪽을 모두 보전하는 일'임이 제시되어 있습니다.

즉 지금 속전으로 진행하는데, 그대로 유배를 집행하라는 것으로 '유배'에 해당하는 형벌에 대해 '속전'이 적용되고 있다는 것을 알 수 있습니다.

④ : 1문단에 제시된 것처럼 ㉠에서 오형에 해당하지 않는 유배형, 채찍이나 회초리, 속전 등이 있음이 제시되어 있습니다. 그런데 5문단에 제시된 것처럼 ㉡ 시기에 참형에 해당하는 것이 유배형이 되고, 유배될 것이 노역형이 되고, 노역할 것이 곤장형이 되고, 곤장 맞을 것을 회초리로 맞게 됩니다. 즉 채찍이나 회초리 등이 집행되고 있는 것으로 오형에 해당하지 않는 형벌은 ㉡에서도 집행하지 않는다는 것은 적절하지 않습니다.

⑤ : 1문단에 제시된 것처럼 ㉠에서 오형은 중죄인에 대하여 이마에 글자를 새기고(묵형) 코나 팔꿈치, 생식기를 베어 내고(의형, 비형, 궁형), 죽이는(대벽) 형벌입니다. 그런데 2문단에 ㉡ 시기에 형벌로 과도하게 적용하면 죽이지 않아도 될 범죄자를 죽일 수 있어 적당하지 않음이 제시되었습니다. 즉 ㉡ 시기에도 사형은 남아 있습니다.

12 윗글과 <보기>를 비교 평가한 것으로 적절하지 않은 것은?

보 기

상고 시대에 유배형은 육형을 가해서는 안 되는 관료에게 베푸는 관용의 수단으로서 공식적인 형벌이 아니라 임시방편과 같은 것이었다. 또 속전은 의심스러운 경우에 적용한 것이지 꼭 가벼운 형벌에만 해당했던 것도 아니었다. 여기서 속은 잇는다[續]는 데서 따다가 대속한다[贖]는 의미로 된 것이니, 육형으로 끊어진 팔꿈치를 다시 붙일 수 없는 참혹함을 받아들이지 못하는 어진 정치에서 비롯한 것임을 알 수 있다. 지금의 법에서 속전은 정황이 의심스럽거나 사면에 해당하는 경우에만 비로소 허용된다. 그에 해당하는 경우가 아니라면 부유함으로 처벌을 요행히 면해서는 안 되며, 해당하는 경우이면 가난뱅이는 속전도 필요 없다. 죽여야 할 사람을 끝없이 살리려고만 한다면 어찌 덕이 되겠는가. 흠휼은 한 사람이라도 죄 없는 자를 죽이지 않으려는 것이지 살리기만 좋아하는 것이 아니다.

① 법을 엄격하게 집행해야 한다고 보는 점은 두 글이 같은 태도이다.

② 속전의 남용에 대해 흠휼을 오해한 소치로 보는 점은 두 글이 같은 태도이다.

③ 상고 시대에 중죄를 속전할 수 있었는지에 대해서는 두 글이 서로 달리 보고 있다.

④ 중죄에 대한 속전이 부자들의 전유물이므로 폐지하자는 것에 대해서는 두 글이 다른 태도를 보일 것이다.

⑤ 유배의 효과가 없을 때 의형이나 비형을 되살릴 수 있다는 것에 대해서는 두 글이 같은 태도를 보일 것이다.

답 ⑤

우선 지문에서는 2문단에 제시된 것처럼 유배형과 노역형이 간악한 이를 효과적으로 막지 못하고 있기에 예전처럼 의형, 비형을 적용한다면, 신체는 다쳐도 목숨은 보전될 뿐만 아니라 뒷사람에게 경계도 되니 선왕의 뜻과 시의에 알맞은 일이라고 주장합니다. 즉 지문의 필자는 유배의 효과가 없을 때 의형이나 비형을 되살릴 수 있다는 것을 긍정할 겁니다.

하지만 <보기>의 필자는 육형으로 끊어진 팔꿈치를 다시 붙일 수 없는 참혹함을 받아들이지 못하는 어진 정치에서 비롯한 것임을 알 수 있다고 주장합니다. 즉 이는 신체에 위해를 가하는 팔꿈치 등에 위해를 가하는 비형 등을 되살리면 안된다고 보는 입장이라는 것을 알 수 있습니다.

오답 선지 분석

① : 지문에서는 5문단에 제시된 것처럼 지금의 사법관들이 죄수를 신중히 살핀다는 흠휼(欽恤)을 잘못 이해하여서, 사람의 죄를 관대하게 다루어 법 적용을 벗어나도록 해 주는 것을 비판합니다. 즉 지문에서는 법을 엄격하게 집행해야 한다는 관점임을 알 수 있습니다. 이렇게 접근하는 것도 있고, 지문에서 애초에 필자의 관점이 '적절한 처벌'이라는 점을 파악했다면 조금 더 쉽게 접근할 수 있었습니다. 그리고 <보기> 역시 지금의 법에서 속전은 정황이 의심스럽거나 사면에 해당하는 경우에만 비로소 허용되며 그에 해당하는 경우가 아니라면 부유함으로 처벌을 요행히 면해서는 안 된다고 주장합니다. 즉 <보기> 역시 법을 엄격하게 집행해야 한다는 관점임을 알 수 있습니다.

② : 지문에서는 5문단에 제시된 것처럼 지금의 사법관들이 죄수를 신중히 살핀다는 흠휼(欽恤)을 잘못 이해하여서, 사람의 죄를 관대하게 다루어 법 적용을 벗어나도록 해 준다고 주장합니다. 그리고 <보기> 역시 죽여야 할 사람을 끝없이 살리려고만 한다면 어찌 덕이 되겠는가. 흠휼은 한 사람이라도 죄 없는 자를 죽이지 않으려는 것이지 살리기만 좋아하는 것이 아니라는 입장으로 속전의 남용을 흠휼을 오해한 것으로 보았다고 볼 수 있습니다.

③ : 지문 1문단에 제시된 것처럼 나머지 경죄에 대해서 따져볼 여지가 있는 경우에는 돈으로 대속할 수 있도록, 곧 속전(贖錢)할 수 있도록 하였습니다. 즉 지문은 경죄에 대해 속전할 수 있다고 판단한 것입니다. 하지만 <보기>는 속전은 의심스러운 경

우에 적용한 것이지 꼭 가벼운 형벌에만 해당했던 것도 아니었다고 주장합니다. 즉 속전을 중죄에도 적용할 수 있다고 본 차이가 있습니다.

④ : 지문 4문단에 제시된 것처럼 의심스럽다든가 해서 중죄를 속전할 수 있도록 한다면, 부자들은 처벌을 면하고 가난한 이들만 형벌을 받을 것이라는 말은 속죄가 부자들의 전유라 폐지하자는 입장에 가깝습니다. 하지만 <보기>는 법에서 속전은 어진 정치에서 비롯한 것이며, 정황이 의심스럽거나 사면에 해당하는 경우에만 비로소 허용된다는 입장으로 속전을 폐지하자고 보는 입장과는 거리가 멀다는 것을 알 수 있습니다.

◇코멘트

지문과 보기의 내용을 비교·대조하는 문항입니다.

<보기> 문항의 유형을 크게 두 가지로 구분하면
1. 지문과 <보기>의 정보를 연결하는 문항.
cf) 19.06 LIFA 키트 <보기> 문항 : '살모넬라균'을 보고 지문의 '세균'과 연결지어야 하는 식의 문항
2. 지문과 <보기>의 비교·대조 쌍 문항
cf) 18.06 율곡의 사상과 법제 개혁론. 지문의 내용과 <보기>의 플라톤의 관점을 비교 대조하는 문항.
으로 나눌 수 있습니다.

<보기>를 독해하고 어떤 유형인지 인식한다면, 접근이 조금은 수월할 겁니다.

추가로 해당 문항은 리트 언어이해에서도 정답률이 30%대인 문항입니다. 해당 문항이 12번이라는 것을 고려하면 시간 부족도 아니고, 그냥 정말 어려워서 저 정도 정답률이 기록된 것이죠. 실제로 글의 흐름을 파악했어도 세부적인 정보들을 완벽하게 찾아서 풀어야 하는 문항입니다. 틀렸다고 해도 너무 상심하시지는 않으시면 좋겠습니다.

◇ **총평**

- 핵심 확보 (관점 파악)
- 다른 말 같은 뜻
- 언어에 대한 민감함
- 상식

르포르의 관점(가능하다면 초반에 나온 자유주의도)을 확보하고 독해를 진행하는 것이 가장 핵심이었습니다. 결국 확보한 관점을 통해 이후 내용을 납득하며 독해를 진행하는 태도의 중요성을 알려주는 지문입니다.

지문에서 용어가 인간, 개인 등과 같이 일상적으로 엄밀하게 구분되지 않게 사용되는 어휘의 의미를 구분해야 하는데 결국 제시된 관점을 확보하고 그를 통해 의미를 파악했어야 합니다.

추가로 지문 초반 제시된 68'혁명'이라는 것에서 '혁명이니까~'라는 기본적인 어휘력(혹은 상식)이 있다면 납득하기 쉬운 내용이 꽤나 많았습니다. 기본적인 어휘력(혹은 상식)이 갖춰졌을 때 의미 파악이 압도적으로 쉬워진다는 것을 기억하시면 좋겠습니다.

68혁명 이후 구조에서 차이로, 착취에서 자유나 배제로 문제 설정이 변화하고, 신자유주의적 반(反)정치의 경향이 강화되었던 1980년대에

68혁명 이후 변화를 제시합니다. 만약 68혁명에 대해 모른다고 할지라도 하나의 '혁명'이니 '자유'에 대해 다루며 '신자유주의적 반정치'가 등장한다는 것은 온전하게 이해하지는 못해도 받아들이며 독해를 시작할 수 있습니다.

◇ **코멘트**

개인적으로 68혁명에 대한 배경지식이 없다면 의미를 온전하게 파악하기는 어려운 문장이라 생각합니다. 간단하게 서술하자면 68혁명은 사회변혁운동으로 사회문제를 해결할 것을 요구한 혁명입니다.
서양 역사에서 매우 중요한 사건이므로 지식 백과 등을 통해 가볍게라도 찾아보시는 걸 추천합니다.

르포르 는 '정치적인 것'의 활성화를 제기하였다.

68혁명을 모른다 해도, 최소한 앞서 '반정치'가 강화되었다 했으니, 대놓고 대립되는 '정치적인 것이 뭐지?, 이에 대해 지문에서 서술하겠구나' 정도로 지문의 화제를 잡으며 독해를 진행하는 태도를 가져야 합니다. '반정치'와 '정치'는 어휘 자체가 대립하니까요.

◇ **코멘트**

앞서 말한 것처럼 68혁명은 사회변혁운동입니다. 그러니 사회적인, 정치적인 것의 활성화를 요구하는 흐름이 제시될 수 있겠죠. 제 생각이지만, 출제진들은 68혁명 정도는 리트 수험생들이 알고 있을 거라 판단하고 출제를 했다고 봅니다. 그렇다 해서 '역시 리트는 배경지식 없으면 안 돼, 요구하는 수준 차이가 너무 커'라고 생각하시지는 않으셨으면 좋겠습니다. 68혁명에 대한 배경지식이 없다고 이후 독해가 불가능한 수준이 아닙니다.
68혁명을 모르더라도 '혁명'이라는 어휘 자체의 의미를 고려하면 독해의 문제가 없습니다.

그에 앞서 아렌트가 고대 아테네의 시민적 덕성의 복원을 통한 정치적인 것의 활성화를 제기했다면, 르포르는 근대 민주주의 자체의 긴장에 주목하면서 '인권의 정치'를 통한 정치적인 것의 부활을 시도하였다.

문장 내에서 두 관점이 구분됩니다. 이런 요소는 무조건 출제되기 때문에 <아렌트 : 고대 아테네 시민적 덕성 통한 활성화 / 르포르 근대 민주주의 자체 긴장 주목, '인권의 정치'를 통한 부활> 정도로 글자 그대로라도 구분하고 독해를 진행했어야 합니다.

◇ **tip 모두가 아는데 다수가 간과하는 부분**

거시적으로(구조적으로) 두 쌍이 나올 때 차이점도 중요하지만, 공통점도 중요하다는 독해 태도는 거의 모든 학생들이 가지고 있을 것입니다. 그런데 대놓고 비교·대조 구조의 지문이 나올 때와는 달리 이 문장처럼 문장 내에서 공통점과 차이점을 제시하는 경우 이를 간과하고 넘어가는 경우가 많은 것 같습니다.

◇ **코멘트**

위 해설은 출제 포인트적인 부분과 정말 의미 파악이 어려울 때 기계적으로라도 했어야 하는 태도를 서술한 것입니다.
사실 68혁명 자체를 모른다고 할지라도, '사회 혁명'이라는 정도의 맥락만 잡았어도 근대 시기 사회적 운동이니, 민주주의의 긴장을 탐구하고, 인권에 대해 논한다는 것을 납득할 수 있습니다. 우리나라의 4·19 혁명 시기에 대한 관점을 다루는 지문이 출제될 때 민주주의와 인권에 대해 논한다고 하면 당연히 납득될 수 있는 것처럼요.

> 그는 인권을 공적 공간의 구성 요소로 파악하면서

르포르의 관점이 제시됩니다. 관점은 필히 확보하고 독해를 진행해야 하므로, '르포르 인권 = 공적 공간 구성 요소'는 글자 그대로라도 확보하고 독해를 진행해야 합니다.

◇ 코멘트

지문에서 관점이 제시된다면 무조건 그를 확보하고 독해를 진행해야 합니다.

> 개인에 내재된 자연권으로 보거나 개인의 이해관계에 기반한 소유권적 관점에서 파악하려는 자유주의적 입장을 거부한다.

자유주의의 관점이 제시됩니다. 자유주의는 인권을 개인 내재, 개인 소유로 판단합니다. 그리고 르포르가 이 관점을 '거부 ≒ 비판'하고 있다는 점을 파악해야 합니다.

◇ tip 당겨 읽기 (관형절도 당겨 읽어라.)

특정 대상을 수식해주는 관형어(절)이 있다면, 대상만을 확보하며 단순히 넘어갈 것이 아니라 관형어(절)과 대상 모두를 하나의 의미로 확보해주며 독해를 진행해야 합니다.

해당 지문에서도 자유주의의 관점이 관형절을 통해 / 혹은 르포르가 비판하는 형식으로 제시되어 자유주의의 관점을 놓치는 경우가 많습니다. 제시된 관점은 의식적으로 정리해야 합니다.

사소한 습관이지만 그 영향력은 사소하지 않고 정말 중요한 독해 태도이므로 꼭 습관화하시기를 바랍니다.

cf) 23.06 육가의 『신어』, (나) 『치평요람』의 관점

⇒ 역사를 관통하는 자연의 이치에 따라 천문·지리·인사 등 천하의 모든 일을 포괄한다는 ⊙통물(統物)과, 역사 변화 과정에 대한 통찰로서 상황에 맞는 조치를 취하고 기존 규정을 고수하지 않는다는 ⓛ통변(通變)을 제시하였다.

⇒ ⊙과 ⓛ의 개념을 'A는 B다.' 같은 형식이 아닌, 'B인 A~'와 같은 형식으로 서술해주고 있고, 정의를 파악 여부가 출제됨.

> 르포르는 자유주의가 인간의 권리를 개인의 권리로 환원시킴으로써 사회적 실체에 접근하지 못하고,

관점을 확보하고 그에 맞춰 독해를 진행해야 합니다. 앞서 르포

르는 인권을 '개인 내재, 개인 이해관계'로 보는 것을 비판했습니다. 그러니 '개인의 권리로 환원'시킨 것은 당연히 르포르가 비판하는 지점일 겁니다.

관점을 확보했다면 납득하며 독해를 진행할 수 있습니다.

◇ tip 언어에 대한 민감함

과거 수능에서 %와 %p의 차이로 인해 상당한 논란이 된 적이 있습니다. 얼핏 보면 큰 차이가 없어 보이지만 %와 %p는 다른 뜻을 가지고 있습니다.

여기서 관점을 확보하며 독해를 진행했을 때 '개인의 권리로 환원'시키는 것을 비판한다는 것은 납득할 수 있습니다. 그런데 인간과 개인이 다르다는 건 순간 당황할 여지가 있습니다. 우리가 일상적으로 이를 엄밀하게 구분하지 않으니까요. 그러나 명확하게 지문에서 이 둘을 구분해 주고 있습니다. 그러니 우리는 이제 지문에서 '르포르에게 개인과 인간은 다르다'라는 점을 확보하고 독해를 진행해야 합니다.

다른 말 같은 뜻을 잡는 것도 중요하지만, 이처럼 같은 말(비슷한) 다른 뜻을 잡는 것 역시 중요합니다. 우리는 '의미를 파악'하는 것이 가장 우선시 되니까요.

> 결국 민주주의를 개인과 국가의 표상관계를 통해 개인들의 이익의 총합으로서 국가의 단일성을 확보하기 위한 수단으로 볼 뿐이라고 비판한다.

계속 확보한 관점을 통해 독해를 진행해야 합니다. '인권은 공적 공간의 요소이고, 개인으로 환원되는 걸 비판합니다.' 그러니 민주주의를 개인 이익 총합으로 본 것을 비판하겠죠. 이런 개인의 총합이 국가 단일성 확보를 위한 수단이라 비판합니다. '혁명'이라는 점을 고려한다면 국가의 단일성을 확보하는 (조금 비약하자면 전체주의, 국가주의적인 뉘앙스) 것을 비판한다는 점은 납득할 수 있습니다.

> 르포르는 1789년 「인권선언」의 조항들이 '개인적 자유'보다 '관계의 자유'를 의미한다고 본다.

르포르의 관점을 확보하고 계속 독해를 진행합시다. '인권은 공적 공간의 요소이고, 개인으로 환원되는 걸 비판'합니다. 그러니 '인권+선언'이 '개인'보다 '관계'를 의미하겠죠.

> 선언의 제4조에서 언급한 '타인에게 해를 끼치지 않는 모든 것을 할 수 있는 자유'는 사회적 공간이 권력에 대해 권리들의 자율성을 향유한다는 의미이자, 어떤 것도 그 공간을 지배할 수 없다는 의미이다.

르포르는 '인권은 공적 공간의 요소이고, 개인으로 환원되는 걸 비판'합니다. '인권을 공적 공간'으로 보니 '사회적 공간'이 권력에 대해 자율성이 있답니다. 사율성이 있으니 낭연히 시배당하지 않을 겁니다. 만약 납득되지 않는다면 '공간은 자율성이 있다, 자율성이 있으니 지배당할 수 없다'라고 관점을 정리라도 하고 독해를 진행해야 합니다.

그리고 제11조에서 언급한 '생각과 의견의 자유로운 소통의 자유' 역시 근대 사회의 시민이 자신의 생명과 재산에 대한 위협을 느끼지 않고 의견을 표현할 수 있는 권리를 의미한다.

생각과 의견을 자유롭게 소통하니 위협 없이 의견을 표현할 수 있다는 정도는 자연스럽게 납득 가능합니다. 납득 가능한 문장은 자연스럽게 납득하며 독해를 진행해야 합니다.

르포르는 이러한 권리(선언에 나온 권리)가 개인과 개인의 존엄성에 대한 보호라기보다는 개인들끼리의 공존 형태, 특히 권력의 전능으로 인해 인간 간의 관계가 침탈될 우려에서 비롯된 특정한 공존 형태에 대한 정치적 개념이라고 본다.

르포르는 '인권은 **공적 공간**의 요소이고, 개인으로 환원되는 걸 비판'합니다. 그러니 '개인의 존엄성' 자체보다는 '사회적 공간늑공존'을 강조하며 권리에 대해 탐구할 것입니다.

르포르는 ㉠권리와 권력의 관계에 주목한다.

대놓고 지문에서 '주목한다'라고 말해준 요소는 핵심입니다. 그러니 최소한 이 관계는 무조건 파악한다는 인식으로 독해를 진행해야 합니다.

18세기에 형성된 인간의 권리는 사회 위에 군림하는 권력의 표상을 붕괴시키는 자유의 요구로부터 출현했다.

권리 요구는 권력을 붕괴시키는 것으로 출발합니다. 사실 인권을 따지는 것이 사회적 억압이 심했던 시기에서 출발하는 것이니 당연하다 볼 수 있습니다.

근대에 '인간의 권리'는 '시민의 권리'로서 존재해 왔다.

인간의 권리가 시민의 권리랍니다. 앞서 인간과 개인이 구분되었던 것처럼 여기서 인간과 시민이 다른 개념으로 사용되고 있다는 점은 파악해야 합니다.

인간은 특정 국민국가의 성원으로서 국가권력에 의해 인정될 때, 즉 이방인이었던 아렌트가 포착했던 '권리들을 가질 수 있는 권리'가 전제될 때 비로소 권리를 향유할 수 있다.

인간이 특정 국민국가의 성원으로 인정될 때 권리를 가질 권리가 있다는 것은, 결국 '시민의 권리'가 인정될 때 권리를 가질 권리가 보장된다는 것이겠죠.

독서는 결국 '의미'를 파악하며 읽는 것입니다. 독해 시, 기표(記標)가 다르더라도, 같은 기의(記意)를 가지고 있으면 적극적으로 같은 의미를 판단해 주어야 합니다.

앞서 인간의 권리와 시민의 권리를 구분했습니다. 그리고 '국민국가의 성원'으로 인정될 때 권리가 보장된다고 했죠. 즉 시민으로 인정될 때 권리가 인정된다는 의미입니다.

어휘력이 갖추어져 있다면, '시민 ≒ 국민국가의 성원'이 바로 납득되어 당연하다 정도로 납득되었을 겁니다.

하지만 그렇지 못하더라도, 문맥상 '근대에서 인간의 권리가 시민의 권리'로 존재했으니, 이후 '권리를 향유할 수 있었다'는 것이 '시민의 권리'의 의미를 가진다는 것을 파악은 했어야 합니다.

cf) 23.09 아도르노의 미학

하지만 르포르가 제기하는 것은 권력이 권리에 순응해야 한다는 점이다.

우리의 핵심은 '권리와 권력의 관계'입니다. 그러기 권력이 권리에 순응해야 한다는 '관계'는 무조건 확보하고 독해를 진행했어야 합니다.

◇코멘트

여기서도 '혁명'이라는 내용을 잡았다면 납득이 조금 더 수월했을 겁니다. 사회 혁명은 일반적으로 권력에 대한 투쟁으로 진행되니까요.

특히 저항권은 시민 고유의 것이지 결코 국가에게 그것의 보장을 요구할 수 없는 것이다. 그것은 권력에 대한 권리의 선차성이며, 권력이 권리에 어떤 영향도 미칠 수 없다는 것을 의미한다.

관점을 잡으며 가야 합니다. '권력은 권리에 순응'해야 합니다. 그러니 권리의 보장을 권력에 요구할 수 없고, 권력이 권리에 영향을 줄 수도 없습니다. 관점이 제시되면 그 관점을 통해 이후 내용을 납득해야 합니다.

하지만 그의 비판자들은 권리가 권력을 통해서만 존재해 온 역사를 르포르가 간과하고 있다고 지적한다.

바로 앞서 르포르기 권력에게 권리를 요구할 수 없다고 했는데, 그와 반대되는 역사가 제시됩니다. 당연히 이후 제시되는 내용도 '권력을 통해 권리가 보장'되는 경우에 대한 의미를 가지고 있을 겁니다.

인권의 정치를 통한 권리의 확장은 권력의 동시적인 확장, 나아가 전체주의적 권력의 등장을 가져올 수 있다는 것이다.

인권을 통한 확장이 오히려 전체주의를 가지고 온다는 것이 즉각적으로 납득되기는 어려울 겁니다. 이런 경우 이후 추가 설명이 제시되면 이해해야 하지만, 그렇지 않더라도 일단 최소한 글자 그대로 '전체주의 가져올 수도 있구나'는 가져가야 합니다.

근대 민주주의의 속성인 인민과 대표의 동일시에 따른 대표의 절대화를 통해 '하나로서의 인민'과 '사회적인 것의 총체로서의 당'에 대한 표상의 일치, 당과 국가의 일치, 결국 '일인' 통치로 귀결된 전체주의가 그 예라고 르포르를 비판한다.

전체주의 가져올 수도 있다는 것이 구체화되어 제시됩니다. 이렇게 구체화를 해 준다는 것은 이것에 대한 이해(최소한 출제될 것이니 글자 그대로라도 확보)할 것을 요구하는 겁니다. 그러니 '동일시로 인해 전체주의 발생' 정도는 파악하고 갔어야 합니다.

◇코멘트

여기서 납득한다면, '인권'으로 권리를 확장할 때, '인민과 대표의 동일시하면, 결국 그 대표의 권리가 과대 확장되는 전체주의가 발생하나?' 정도로 납득하려 노력할 수 있습니다. 실전에서 이런 식으로(꼭 위 같은 사고 흐름이 아니더라도) 납득이 되면 이상적입니다.
그게 안 될 시 위에 제시한 것처럼 내용 파악은 된 상태로 독해를 진행해야 합니다.

물론 르포르도 새로운 권리의 발생이 국가권력을 강화시킬 수 있음을 인정한다. 따라서 국가권력에 대한 제어와 감시가 필요하며, 억압에 대한 저항으로서 정치적 자유가 강조된다.

당연합니다. 전체주의가 발생할 수 있다는 걸 인정하면 당연히 감시가 필요하고 자유를 강조하겠죠. 애초에 계속 '인간의 인권'에 대해 얘기하고 있으니까요.

> 공적 영역에서 실현되는 정치적 자유는, 시민들의 관계를 표현하는 장치이자 권력에 대한 통제 수단으로서 정치적인 것의 활성화를 통해 공론장과 같은 민주적 공간을 구성한다. 그러한 민주적 공간을 구성하는 권리로부터 법률이 형성된다.

르포르는 '인권은 공적 공간의 요소이고, 개인으로 환원되는 걸 비판(개인이 아닌 관계적)'합니다. 그리고 권력에 대한 감시와 자유를 주장합니다.
그러니 공적 영역에서의 정치적 자유는 '시민들의 관계'를 표현하며 권력에 대한 '통제' 수단으로 기능되고, 법률이 거기서 도출되겠죠.
앞서 제시된 르포르의 관점을 확보하고 독해를 진행했다면 납득하며 독해할 수 있습니다.

◇ 코멘트

만약 관점을 완벽하게 확보하지 못했어도, 르포르가 '공적'인 것과 '개인이 아닌 관계' 정도로 뉘앙스만이라도 잡았다면 이 내용을 납득하는 것은 가능합니다. 계속 강조하지만, 관점 확보는 핵심입니다.

> 따라서 권리의 근원은 그 누구에 의해서도 독점되지 않는 권력이어야 한다.

앞서 전체주의를 비판했고, 계속 권력 감시, 비판을 주장하는 사람이니 당연히 권력의 근원이 독점되면 안 된다고 주장할 겁니다.

◇ 코멘트

이는 누군가에게 독점되지 않는 권력, 모두가 공유하는 관계의 권력이라 생각해볼 수 있습니다.

> 국가권력은 상징적으로는 단일하지만 실제적으로는 민주적으로 공유되어야 함에도, 이를 오해한 것이 전체주의이다.

계속 같은 말입니다. '권력이 독점되면 안 된다 늑 감시 필요'라는 맥락에서 권력이 공유되는 걸 오해한 것이 전체주의라는 것이죠. 계속 같은 말을 반복하고 있다는 느낌을 받으며 독해를 진행했다면 베스트입니다.

> 결국 르포르는 권력이 제어할 수 있는 틀을 넘어 쟁의가 발생하는 장소로서 민주주의 국가를 제시함으로써 법이 인정하는 한에서 권리를 사유하는 자유주의적 법치국가의 한계를 넘어서고자 하며, 역사적으로 다양한 권리들이 권력이 정한 경계를 넘어서 생성되어 왔다는 점을 강조한다.

르포르는 '권력을 넘어' 생성되는 것을 강조합니다. 지문에서 대놓고 '~틀을 넘어'와 같이 국가, 권력의 틀을 넘는 것을 반복해서 제시하고 있스비다. 이렇게 대놓고 반복해준 내용은 무조건 핵심이므로 '르포르는 국가, 권력의 틀을 넘는 것 중시'는 무조건 확보하고 갔어야 합니다.

◇ tip 한정된 분량, 반복된 말?

한정된 지문 분량에서 굳이 말을 반복해서 한다는 것은 이유가 있는 겁니다.

응당 강조되어야 하는, 중요한 부분이기에 반복해서 제시해줬다고 자연스럽게 인식해야 합니다. 그리고 이런 중요한 부분은 문제화되기 좋은 부분이죠.

> 이때 인권의 정치는 차별과 배제에 대한 저항과 새로운 주체들의 자유를 위한 무기가 된다. 나아가 '권리들을 가질 수 있는 권리'라는 관념은 인간의 권리의 실현 조건으로서 국가권력이라는 틀 자체를 거부하면서, 자신이 거주하는 곳에서 권리의 실현을 요구하는 급진적 흐름으로서 세계시민주의의 가능성을 보여준다.

권리들을 가질 수 있는 권리는 시민적 권리(국가의 일원으로 인정)가 보장받아야 가질 수 있었습니다. 그러니 '국가권력의 틀을 거부 늑 국가 일원이 아니더라도 권리 가져야 함'을 보여주는 세계시민주의를 보여주는 것이죠.
결국 앞서 제시된 '인간의 권리', '틀을 넘어야 한다'와 같은 르포르의 관점을 통해 내용 지문 내용을 납득하며 독해를 진행했어야 합니다.

[13~15] 문제 해설

13 윗글과 일치하지 <u>않는</u> 것은?

① 아렌트는 시민적 덕성의 복원을 통해, 르포르는 인권의 정치를 통해 공적 공간의 민주화에 대해 사유한다.

② 르포르는 근대 국가권력의 상징적 측면에서, 자유주의자들은 개인과 국가의 표상관계를 통해 권력의 단일성을 이해한다.

③ 자유주의자들은 자연권 혹은 소유권적 관점에서 개인의 권리를 파악하면서 민주주의를 개인의 권리들의 관계가 만들어 내는 쟁의의 공간으로 이해한다.

④ 전체주의는 근대 민주주의가 피통치자로서의 인민과 통치자로서의 대표를 동일시하는 경향이 극단화될 때 나타난다.

⑤ 세계시민주의는 인간의 권리가 실현되는 조건으로 국민국가의 성원이라는 전제를 거부할 필요가 있음을 주장한다.

답 ③

2문단에 제시된 '인권을 공적 공간의 구성 요소로 파악하면서 개인에 내재된 자연권으로 보거나 개인의 이해관계에 기반한 소유권적 관점에서 파악하려는 자유주의적 입장'을 통해 자유주의자들은 자연권 혹은 소유권적 관점에서 개인의 권리를 파악했다는 것은 적절하다는 것을 알 수 있습니다.

하지만, 6문단에 제시된 것처럼 르포르가 권력이 제어할 수 있는 틀을 넘어 쟁의가 발생하는 장소로서 민주주의 국가를 제시하였습니다. 즉 민주주의를 개인의 권리들의 관계가 만들어 내는 쟁의의 공간으로 이해한 것은 르포르입니다.

결국 르포르의 핵심 관점인 '관계와 공간'을 파악했는지를 묻는 문항입니다.

오답 선지 분석

① : 1문단에서 아렌트가 고대 아테네의 시민적 덕성의 복원을 통한 정치적인 것의 활성화를 제기하였고, 르포르가 근대 민주주의 자체의 긴장에 주목하면서 '인권의 정치'를 통한 정치적인 것의 부활을 시도하였음이 제시되었습니다.

② : 5문단에서 르포르는 국가권력은 상징적으로는 단일함을 주장합니다. 즉 르포르는 근대 국가권력의 상징적 측면에서 권력의 단일성을 이해합니다. 한편 1문단에서 르포르가 자유주의자들이 민주주의를 개인과 국가의 표상관계를 통해 개인들의 이익의 총합으로 국가의 단일성을 확보하기 위한 수단으로 볼 뿐이라고 비판한 것에서 자유주의자들은 개인과 국가의 표상관계를 통해 권력의 단일성을 이해함을 알 수 있습니다.

④ : 4문단에서 근대 민주주의의 속성인 인민과 대표의 동일시에 따른 대표의 절대화를 통해 '하나로서의 인민'과 '사회적인 것의 총체로서의 당'에 대한 표상의 일치, 당과 국가의 일치, 결국 '일인' 통치로 귀결된 전체주의가 그 예라고 제시된 것을 통해, 전체주의는 근대 민주주의가 피통치자로서의 인민과 통치자로서의 대표를 동일시하는 경향이 극단화될 때 나타나는 것임을 알 수 있습니다.

⑤ : 3문단에서 특정 국민국가의 성원으로서 국가권력에 의해

인정될 때, '권리들을 가질 수 있는 권리'가 전제됨이 제시되었습니다. 그리고 6문단에서 인간의 권리의 실현 조건으로서 국가권력이라는 틀 자체를 거부하면서, 자신이 거주하는 곳에서 권리의 실현을 요구하는 급진적 흐름으로서 세계시민주의의 가능성을 보여줌이 제시되어 있습니다.

즉 세계시민주의는 인간의 권리가 실현되는 조건인 국민국가의 성원으로서 국가권력에 의해 인정되는 전제를 거부할 필요가 있음을 주장한다는 것은 적절합니다.

◇**코멘트**

결국은 관점 파악입니다.

14 윗글에 따를 때 ㉠에 대한 르포르의 관점을 이해한 것으로 적절하지 **않은** 것은?

① 국가권력이 보장할 수 없는 시민 고유의 권리가 존재할 수 있다고 본다.

② 근대의 민주적 권력은 상징적 및 실제적 권력의 단일성에 근거하여 권리를 확장시켜 왔다고 본다.

③ 근대국가에서는 국가권력이 개인을 국민이라는 성원으로 인정하는 한에서 권리를 부여해 왔다고 본다.

④ 국가권력이 설정한 권리의 한계를 극복하면서 국민국가 초기에 인정되지 않았던 권리들이 인정받았다고 본다.

⑤ 권리를 사회적 관계의 산물로 이해함으로써 권리는 누구도 독점할 수 없는 민주적 공간을 구성하는 동력이 된다고 본다.

답 ②

5문단에서 르포르는 국가권력은 상징적으로는 단일하지만 실제적으로는 민주적으로 공유되어야 함에도, 이를 오해한 것이 전체주의이라고 주장합니다.

즉 '실제적 권력의 단일성'에 근거한다는 것은 르포르의 관점이라 보기 어렵습니다. 르포르는 권력이 실제적으로는 민주적으로 공유되어야 한다고 주장할 겁니다.

오답 선지 분석

① : 3문단에서 르포르는 저항권은 시민 고유의 것이지 결코 국가에게 그것의 보장을 요구할 수 없는 것이라 주장합니다.

③ : 3문단에서 르포르는 인간은 특정 국민국가의 성원으로서 국가권력에 의해 인정될 때, 즉 이방인이었던 아렌트가 포착했던 '권리들을 가질 수 있는 권리'가 전제될 때 비로소 권리를 향유할 수 있다고 주장합니다.

④ : 6문단에서 르포르는 역사적으로 다양한 권리들이 권력이 정한 경계를 넘어서 생성되어 왔다는 점을 강조합니다.

⑤ : 2문단에서 르포르는 그 어떤 것도 사회적 공간을 지배할 수 없다고 주장합니다. 그리고 르포르는 이러한 권리가 개인과 개인의 존엄성에 대한 보호라기보다는 개인들끼리의 공존 형태, 특히 권력의 전능으로 인해 인간 간의 관계가 침탈될 우려에서 비롯된 특정한 공존 형태에 대한 정치적 개념이라고 봅니다. 한편 5문단에서 르포르는 국가권력에 대한 제어와 감시가 필요하며, 억압에 대한 저항으로서 정치적 자유를 강조하고, 정치적 자유는, 시민들의 관계를 표현하는 장치이자 권력에 대한 통제 수단으로서 정치적인 것의 활성화를 통해 공론장과 같은 민주적 공간을 구성함이 제시되었습니다.

즉 르포르는 권리를 사회적 관계의 산물(인간 간의 관계에 대한 우려에서 비롯된 공존)로 이해함으로써 권리는 누구도 독점할 수 없는(어떤 것도 사회적 공간을 지배할 수 없다) 민주적 공간을 구성하는 동력이 된다고 봅니다.

◇ 코멘트

대놓고 발문에서 관점 파악을 요구하고 있습니다.

15 르포르 와 <보기>의 푸코 를 비교한 것으로 가장 적절한 것은?

보 기

푸코 는 개인의 삶 자체가 위험이라는 인식하에서 국가가 출생에서 죽음에 이르기까지의 개인의 삶 전체를 관리하는 '생명관리권력의 시대'가 등장하였다고 주장한다. 근대에 개인의 권리의 확대는 개인을 위험으로부터 보호하려는 문제의식에서 비롯되었지만, 그것은 동시에 국가가 더 깊이 개인의 삶에 침투하는 권력으로 전환되는 역설을 낳았다. 개인이 권력의 시선, 즉 규율을 내면화함으로써 권력이 만들어 낸 주체가 되어 간다는 점에서, 근대의 자율적 주체는 사라져 버렸다. 푸코는 개인에 대한 억압을 강조했던 기존의 권력 관념을 대신하여 국가권력이 생산적 권력임을 강조한다.

① 르포르는 권리에 대한 권력의 종속을 비판했다면, 푸코는 개인의 삶에 침투하는 권력의 특성에 주목했다.
② 르포르는 인권의 정치를 통해 민주주의의 확장을 주장했다면, 푸코는 권리에 대한 요구를 통해 권력을 제한하려 했다.
③ 르포르는 권리의 확장이 가져올 수 있는 권력의 비대화 및 독점화를 우려했다면, 푸코는 자율적 주체에 의한 권리의 확장을 주장했다.
④ 르포르는 권력이 설정한 경계를 넘어 권리의 주체를 형성할 것을 주장했다면, 푸코는 국가권력이 권력의 시선을 내면화하는 주체를 생산하고 관리한다는 점에 주목

했다.
⑤ 르포르는 전체주의가 될 위험에서 벗어나기 위한 해결책을 근대 민주주의 내에서 찾으려 했다면, 푸코는 권력으로부터 개인의 안전을 확보하기 위한 해결책을 권력 내에서 찾으려 했다.

답 ④

6문단에 제시된 것처럼 르포르는 권력이 제어할 수 있는 틀을 넘어 쟁의가 발생하는 장소로서 민주주의 국가를 제시함으로써 법이 인정하는 한에서 권리를 사유하는 자유주의적 법치국가의 한계를 넘어서고자 하였습니다. 즉 르포르는 권력이 설정한 경계를 넘어 권리의 주체를 형성할 것을 주장했다고 볼 수 있습니다.

또한 푸코는 개인이 권력의 시선, 즉 규율을 내면화함으로써 권력이 만들어 낸 주체가 된다는 점에서 국가권력이 생산적 권력임을 강조합니다. 즉 국가권력이 권력의 시선을 내면화하는 주체를 생산하고 관리한다는 점에 주목하였다고 볼 수 있습니다.

오답 선지 분석

① : 푸코는 국가가 더 깊이 개인의 삶에 침투하는 권력으로 전환되는 역설을 낳은 것에 주목했습니다. 하지만 3문단에서 르포르는 권력이 권리에 순응해야 한다고 주장했습니다. 즉 르포르가 권리에 대한 권력의 종속을 비판한다고 볼 수 없습니다.

② : 6문단에서 르포르는 인권의 정치는 차별과 배제에 대한 저항과 새로운 주체들의 자유를 위한 무기가 된다고 주장했습니다. 이를 통해 르포르는 인권의 정치를 통해 민주주의의 확장을 주장했다고 볼 수 있습니다. 하지만 푸코는 권리의 확대는 국가가 더 깊이 개인의 삶에 침투하는 권력으로 전환되는 역설을 낳았다고 주장합니다. 즉 권리에 대한 요구를 통해 권력을 제한하려 한다고 볼 수 없습니다.

③ : 5문단에서 르포르도 새로운 권리의 발생이 국가권력을 강화시킬 수 있음을 인정했습니다. 하지만 푸코는 권리의 확대는 국가가 더 깊이 개인의 삶에 침투하는 권력으로 전환되는 역설을 낳았다고 주장합니다. 즉 자율적 주체에 의한 권리의 확장을 주장했다고 보기 어렵습니다.

⑤ : 6문단에서 르포르는 인간의 권리의 실현 조건으로서 국가권력이라는 틀 자체를 거부하면서, 세계시민주의를 주목합니다. 즉 근대 민주주의 내에서 무엇인가를 찾는다고 보는 것 자체가 적절하지 않습니다. 또한 푸코는 개인의 삶 자체가 위험이라는 인식하에서 국가가 위험을 관리해준다는 측면으로 권력을 바라봅니다. 즉 푸코가 '권력으로부터' 개인의 안전을 확보한다고 보는 것은 적절하지 않습니다.

지문과 보기의 내용을 비교·대조하는 문항입니다.

<보기> 문항의 유형을 크게 두 가지로 구분하면
1. 지문과 <보기>의 정보를 연결하는 문항.
cf) 19.06 LIFA 키트 <보기> 문항 : '살모넬라균'을 보고 지문의 '세균'과 연결지어야 하는 식의 문항
2. 지문과 <보기>의 비교·대조 쌍 문항
cf) 18.06 율곡의 사상과 법제 개혁론. 지문의 내용과 <보기>의 플라톤의 관점을 비교 대조하는 문항.
으로 나눌 수 있습니다.

<보기>를 독해하고 어떤 유형인지 인식한다면, 접근이 조금은 수월할 겁니다.

2021 언어이해 [16~18]
지역별 수피즘에 대한 정리를 통해
열강에 대한 저항이 가능했던 이유 파악

◇ 총평

- 핵심 확보 (화제 파악)
- 구체적 개념 제시
- 다른 말 같은 뜻

지문 초반 글의 핵심이 제시되었습니다. 그리고 정보를 독해할 때 그 핵심(화제)의 의미에 맞춰 독해를 진행하는 것이 핵심이었습니다.
여기서 화제의 의미에 맞춰 독해를 진행할 때 구체적으로 제시된 개념을 확보하는 것이 매우 중요한 지문이었습니다. 문항 출제도 이 부분을 집요하게 물어보고 있습니다.
지문에서 구체적 개념이 제시될 때 우리는 그것을 확보하고 (대응되는 개념을 지문에서 연결하며 독해하고) 독해를 진행할 수 있어야 합니다. 이것이 될 수 있는 피지컬을 키우는 것을 지향하며, 실전에서 어려울 경우에 대비한 본인만의 방법(표시 등)을 검증된 글(수능과 리트)을 통해 정해두어야 합니다.
참고로 2021 언어이해 [1~3] / 프로세스 마이닝에 대한 설명 지문에서도 이처럼 구체적으로 제시된 개념을 확보하는 것이 중요함을 알 수 있었습니다.

> 18세기 후반 이후, 이슬람 세계는 제국주의 침략을 받기 시작했고, 이슬람 신자들은 그에 맞서 저항하였다.

제국주의의 침략을 받았으니 저항한다는 것은 당연합니다. 일단 글에서 '이슬람 신자들의 저항을 얘기하나?' 정도만 생각했어도 베스트입니다.

> 그중 눈에 띄는 것은 수피 종단들이 여러 지역에서 군사적 저항을 주도했다는 점이다. 대표적인 것이 알제리, 리비아, 수단에서의 항쟁이었다.

공신력 있는 출제 기관은 장난치지 않습니다. 대놓고 '수피 종단이 군사 저항 주도'가 눈에 띈다고 했으니 이 내용이 이제 지문의 핵심으로 설정됐음을 인식하고 독해를 진행해야 합니다. 또한 대표적인 케이스들을 제시해줬으니, 이들을 활용해 글이 전개될 것이라는 정도는 자연스러운 생각입니다.

> 어떻게 이들이 상당한 기간 동안 열강에 맞서 저항할 수 있었을까?

앞서 대놓고 '눈에 띄는 것'이라고 핵심을 제시해주고 이제 물음

을 통해서까지 핵심을 제시합니다. 이 정도로 제시했으니 '군사적 저항 가능 이유'가 핵심이라는 인식 정도는 가져야 합니다.

◇코멘트

핵심을 확보하고 그에 맞춰 독해를 진행하는 것은 중요합니다.

수피즘은 신과의 영적 합일을 통한 개인적 구원을 추구한다. 수피즘을 따르는 이들인 수피는 속세의 욕심에서 벗어나 모든 것을 신께 의탁하며, 금욕적으로 살고자 했다.

'이슬람 신자'들에 관련된 '수피즘'입니다. 그러니 '신'과의 영적 합일로 개인적 구원을 추구하며 금욕적으로 사는 수피를 납득할 수 있습니다. 종교에서 욕심부리며 살라고 하지는 않으니까요. 상식적으로 납득하고 독해를 진행할 수 있습니다.

8세기 초에 수피즘이 싹텄고, 9세기에는 독특한 신비주의 의식이 나타났다.

시기별 특징이 제시됩니다. 완벽하게 8세기 초, 9세기의 특징을 확보하고 가면 베스트이지만, 그렇지 않다면 시기를 체크해 두고 물어본다면 돌아와서 판단한다는 인식을 가졌으면 충분합니다.

수피가 걷는 개인적인 영적 도정은 길을 잃을 수도, 자아도취에 빠져 버릴 수도 있었기에 위험하기도 했다. 그 때문에 그들은 영적 선배들을 스승으로 모시게 되었고, 거의 맹목적으로 스승을 따라야 했다.

계속 납득합시다. '종교'입니다. 그러니 개인적인 영적 과정에서 길을 잃는 것을 방지하기 위해 '영적 선배'를 스승으로 두고 그들을 따릅니다. '종교'이니까요. 자연스럽게 납득할 수 있는 정보는 납득하며 독해를 진행해야 합니다.

◇코멘트

지식이 갖춰졌거나, 그렇지 않더라도 분석의 과정에서는 수피즘이라는 종교가 제국주의 열강에 대한 저항의 원동력이 되었다고 했으므로 이와 연결 지어서 독해하는 것도 좋다고 생각합니다. 이러한 맹목적인 집단은 확실히 전쟁에서 유리하겠다고 생각하면서 넘어가는 것까지도 생각해 볼 수 있을 것 같습니다.

10세기 말 수피들은 종단을 구성하기 시작했다. 수피 종단은 지역과 시기에 따라 성쇠를 거듭했지만, 점차 많은 동조자를 얻었다.

8세기, 9세기를 지나 10세기에 종단이 구성되고 성쇠 이후 점차 발전합니다. 계속 시기별 흐름을 제시해주고 있기에 출제될 수도 있는 요소이므로 확보하고 가는 것이 베스트이지만, 만약 어렵다면 체크라도 해서 돌아와서라도 답을 고를 수 있어야 합니다.

북아프리카의 경우, 수피 종단들은 한동안 쇠락하다가 18세기 이후 강력하게 재조직되어 선교와 교육기관의 역할도 담당했고, 지역 밀착을 통해 생활 공동체를 형성하는 구심점이 되면서 항쟁에 필요한 기반을 이미 갖추고 있었다.

북아프리카에서 '군사적 저항 가능 이유'가 제시됩니다. 쇠락하다 선교, 교육기관 등을 담당하니 당연히 구심점이 되고 기반을 갖추고 있겠죠. 핵심에 직결되는 정보이니 당연히 '북아프리카는 기반이 갖춰져 있어서'라고 핵심에 직결된 정보를 정리하고 독해를 진행했어야 합니다.

이 지역에서 수피즘 지도자들이 외세에 맞서 부족들 간 이견을 봉합하고 결집시킬 수 있었던 요인 중 하나는 종교적 권위였다.

'군사적 저항 가능 이유'는 핵심입니다. 그러니 '종교적 권위'가 군사적 저항이 가능한 이유의 핵심이라는 점은 당연히 중요한 요소입니다.

◇코멘트

사실 '종교'이니 '종교적 권위'에 기댄다는 것은 어렵지 않게 납득할 수 있는 요소라 생각합니다.

특히 알제리 항쟁을 이끌었던 압드 알 카디르와 리비아 항쟁 지도자였던 아흐마드 알 샤리프가 성인으로 존경받은 것은 정치적 권위를 확보하는 데 큰 도움이 되었다.

알제리 항쟁이라는 '예시'가 제시됩니다. 당연히 앞서 제시된 '종교적 권위'가 핵심적인 상황을 제시할 겁니다. 그러니 '알 샤리프가 성인으로 존경받은 것 ≒ 종교적 권위를 가진 것'이 정치적 권위를 확보하는 것에 도움을 주었다고 문맥적 의미를 파악해야 합니다.

지문에서 핵심으로 제시한 '군사적 저항 가능 이유'로 '종교적 권위'가 제시된 뒤 그에 대한 예시가 제시됩니다. 핵심에 직결된 정보이면 필히 확보해야 하는데, 그것을 예시를 통해서까지 설명해주고 있다면 우리에게 필히 납득하고 독해를 진행할 것을 요구하고 있는 겁니다.

단순 서칭이 아닌 이해와 추론이 강조되고 있는 현시점, 이를 위해 가장 필요한 능력은 저는 '다른 말 같은 뜻을 통한 의미 파악'이라고 생각합니다.

수니파에서 가장 엄격한 와하비즘은 성인을 인정하지 않고, 심지어 은사를 받기 위해 예언자 무하마드의 묘소에서 기도하는 것도 알라 외의 신성을 인정하는 것이라고 보아 배격했다. 하지만 수피즘에서는 성인의 존재를 인정했다.

대놓고 수니파의 와하비즘과 수피즘을 구분해 주고 있습니다. 수니파는 성인을 인정하지 않아 무하마드도 인정하지 않지만, 수피즘은 인정합니다. 애초에 앞서 수피즘에서 '성인으로 존경받은' 예시가 나왔기에 성인의 존재를 인정했다는 것은 납득할 수 있습니다.

실제 독해 시 a와 b가 대조되는 전개 방향이라면 a를 읽을 때는 있는 그대로 정리를 잘하면서 독해를 하며, 이후 b가 제시될 때 차이점과 공통점을 잡으며 독해를 진행해야 합니다. 하지만 그것이 어렵다면 최소한 각각에 대한 구분은 진행된 뒤, 선지에서 물어볼 때 돌아와서라도 판단할 수준으로는 독해가 진행됐어야 합니다.

여기서도 대놓고 제시된 차이 '성인 인정 안 함 / 성인 인정 함' 정도는 잡고 독해를 진행했어야 합니다.

성인은 왈리라고 불리는데, 질병과 불임을 치료하고 액운을 막는 등의 이적을 행할 수 있다는 것이다.

'성인 = 왈리'입니다. '왈리'에 대한 구체적 개념을 제시해줬으니 최소한 '왈리가 초능력 있네?' 정도로는 생각해주고 독해를 진행했어야 합니다.

20.09 점유 소유 지문에서 "물건 중에서 피아노, 금반지, 가방 등과 같은 대부분의 동산은 점유에 의해 소유권이 공시된다."라고 제시되었을 때 우리는 이후 피아노, 금반지, 가방이 제시되면 이를 '동산'이라 읽으며 독해했어야 합니다. 지문에서 같다고 제시해준 개념을 연결한 상태로 독해를 진행했어야 하는 것이죠.
여기서도 '성인=왈리'라고 제시해줬습니다. 그러니 우리도 이후 독해 시 '성인=왈리' 둘 중 어떤 단어로 제시되어도 같은 의미(초능력 있네)를 파악할 수 있어야 합니다.

cf) 23.09 유류분권의 목적, 적용 조건과 결과
'무상 처분자가 사망하면 상속이 개시되고'
⇒ 이후 지문에서 '상속 개시 ≒ 무상 처분자 사망'의 의미로 파악하며 독해를 진행해야 함.
이처럼 지문에서 같은 의미(대응되는 의미)라고 제시해주면 우리는 둘 중 어떤 단어로 제시되어도 대응되는 의미를 상기해주며 독해를 진행해야 함.

성인들의 묘소는 순례의 대상이 되었고, 이를 중심으로 설립된 수피즘 수도원은 지역 공동체의 중심이 되는 경우가 많았다.

계속 핵심에 맞춰 독해를 진행합시다. '군사적 저항 가능 이유'가 핵심이고 성인들의 묘소가 지역 공동체를 이루는 중심이 된다면, 이런 성인들의 묘소도 '군사적 저항 가능 이유'에 직결되는 내용으로 납득할 수 있습니다.

이렇게 핵심을 확보하고 글을 읽지 못하고, 핵심을 놓쳤더라도, 성인들의 묘소가 지역 공동체의 중점을 이룬다는 건 납득할 수 있습니다. 우리도 유명 유학자들의 생가 등에서 사람들이 모이는 정도는 알고 있으니까요.

한편 북서 아프리카의 수피즘 신자들은 혈통을 중시하는 베르베르 토속 신앙의 영향을 짙게 받아 무라비트를 성인으로 숭배했다.

'한편~'이라고 제시되었으니 이제 다른 대상이 제시될 겁니다. 이제 '북서 아프리카'에 대해 다룬다는 점은 명확하게 가져가야 합니다. 여기서는 '토속 신앙으로 인해 혈통'을 중시하는 경향이 있다는 점은 확보하고 독해를 진행합시다.

> 무라비트는 코란 학자, 종교 교사 등을 통칭하는 용어였지만, 이 지역에서는 특정 수피 종단을 이끄는 왈리를 가리킨다.

무라비트가 '북서 아프리카'에서는 '성인=왈리'입니다. 앞서 '성인=왈리'를 확보했다면, '무라비트 = 초능력 있네?' 정도로 의미를 연결하고 독해를 진행할 수 있습니다.

◇ 코멘트

이렇게 '한 번만' 해주면 까먹지 않습니다. 지문에서 대응되는 개념(단어)라고 제시되었을 때 이를 한 번만 대응해주면 선지 판단까지 기억이 유지되는 경우가 많고, 그렇지 않더라도 돌아와서 의미를 판단하더라도 해당 부분으로 바로 돌아올 가능성이 높아집니다.

> 무라비트는 신의 은총인 바라카를 가졌다고 여겨져 존경을 받았다.

종교입니다. 당연히 '신의 은총 = 바라카'를 가지면 존경을 받을 수 있겠죠. 자연스럽게 납득했으면 충분합니다.

> 무라비트는 특정 가문 출신 중 영적으로 선택된 소수만이 될 수 있었는데,

무라비트가 될 수 있는 '조건'이 제시됩니다. 앞서 '가문 중시'는 제시된 내용인데, 여기서 '영적으로 선택된 소수만'이라는 추가 조건이 붙습니다. 조건은 답을 결정하기에, '~만'과 같은 한정어는 출제되기에 최소한 체크라도 하고 독해를 진행했어야 합니다.

◇ tip 조건은 답을 결정한다.

<보기> 문항에서 답을 고를 때 어려움을 느끼신 분들은, 우선 '왈리=성인'의 개념을 확보하지 못했을 가능성이 높고, 두 번째로 여기서 조건을 놓쳤을 가능성이 높습니다.

고난도 지문에서 이렇게 '조건'이 제시됐을 때 정리 과정을 거치지 않고 독해를 계속 진행한다면 문제 풀이에서 낚시 선지에 걸리기 딱 좋습니다.

조건도 전제, 예외를 만드는 등 다양한 종류가 있지만, 우선 딱 하나 '조건'이 나오면 생각을 정리한 뒤 독해를 진행한다는 독해 습관을 갖추시길 권장합니다.

◇ tip 한정어

'~만'

한정어에 대해서는 지문 독해 시에 핵심에 결부된 정보든, 부가적으로 제시된 정보든 응당 민감하게 처리해야 하는 표현들입니다. 이런 표현들은 범주 파악, 내용 이해에 필수적이고, 곧잘 문제화되는 부분입니다.

cf) 20.11 장기 이식의 문제점, 레트로바이러스에 대한 이해.

'이런 세포(레트로 감염되고 살아남은)로부터 유래된 자손의 모든 세포가 갖게 된 것이 내인성 레트로바이러스이다.'

> 대표적으로는 예언자 무하마드의 후손인 샤리프 가문이 있다. 압드 알 카디르와 아흐마드 알 샤리프는 모두 이 가문 출신의 무라비트였다.

대표적으로 제시된 이 예시도 결국 '특정 가문 + 영적 선택'이라는 두 가지 조건을 모두 충족한 에시라는 의미를 파악하며 독해를 진행해야 합니다.

◇ 코멘트

앞서 조건을 확보하고, '특정 가문 + 영적 선택이군~' 정도로 예시의 의미를 파악했다면 <보기> 문항에서 답을 고르기가 조금은 더 수월했을 겁니다. 어찌보면 사소하다고 볼 수 있는 독해 태도이지만(조건이 답이 된다는 인식, 구체적 예시를 통해 의미를 다시 한번 잡고 가는 인식), 이 사소한 독해 태도(사소한 인식)이 가지는 영향력은 상당합니다.

> 북동 아프리카에서 일어난 수단 항쟁의 주역인 무함마드 아흐마드의 경우는 달랐다.

이제는 북동 아프리카의 경우를 제시합니다. 여기서는 앞선 경우와 어떤 차이(그러면 공통점이 있을 수도 있다는 점도 고려)가 있을지 파악합시다.

> 그는 성인 가문 출신은 아니었지만, 당시 만연한 마흐디 의 도래에 대한 기대감을 충족시켜 종교적 권위를 얻고 이를 다시 정치적 권위로 전환시킴으로써 항쟁의 중심이 되었다.

이상적인 독해는 '앞선 부분은 혈통이 중요했는데, 여기는 성인 가문 출신이 아니다'라는 차이를 잡고, '종교니까 종교적 권위로 잡겠지'와 같이 납득하는 태도입니다. 이처럼 독해를 진행했으면 베스트입니다.

이슬람교에서 마흐디란 종말의 순간 인류를 올바른 길로 인도하고 정의와 평화의 시대를 가져오는 구원자이다. 또한 마흐디는 부정의를 제거하고 신정주의 국가를 건설하는 개혁적 지도자이기도 하다.

'마흐디'에 대한 구체적 개념을 제시해줍니다. '종말 순간 인류를 인도하는 것이며, 개혁적 지도자'입니다. 구체적 개념은 확보하며 독해를 진행해야 합니다.

◇코멘트

지문 독해를 진행하며 구체적 개념(관점)을 확보하고 독해를 진행할 수 있는 피지컬(독해력)을 기르는 것이 기출 분석의 목적 중 하나입니다.
실제로 해당 지문은 '왈리'의 개념과 '마흐디'의 개념을 각각 18번, 17번 문항을 통해 정확하게 확보하였는지 묻고 있습니다. 지문에서 구체적으로 제시해준 개념을 확보해야 하는 것이죠.
실전에서 이를 확보하고 그를 통해 독해를 진행하는 것이 베스트, 그렇지 못하다면, 최소한 명확하게 체크(네모 표시 등)라도 하고 돌아와서 판단이라도 쉽게 할 수 있게 본인만의 방법을 고려해야 합니다.
그 기준을 평가원, 리트와 같은 검증된 글을 통해 갖춰야 하는 것이죠.

마흐디 사상은 민간 신앙에서 출발하여 퍼진 것이었고, 특히 토속 신앙의 영향을 많이 받았던 수피들은 종단 지도자를 마흐디로 쉽게 받아들였다.

앞서는 토속 신앙의 영향을 받았는데, 여기는 민간 신앙의 영향을 받습니다. 이렇게 앞선 개념과 연결하며 독해를 진행했으면 베스트입니다.

1881년, 무함마드 아흐마드는 자신이 예언자 무하마드의 생애와 사건을 재현하는 존재인 마흐디라고 선언했고, 이를 통해 여러 수피 종단과 부족 간의 갈등을 수습하여 외세에 맞서는 결속력을 만들었다.

우리의 핵심은 '군사적 저항 가능 이유'입니다. 그러니 앞서 제시된 '마흐디(종말시대 등장, 민간 신앙에서 기원)'로 인해 결속력이 생겨 군사적 저항이 가능했다는 의미를 파악했어야 합니다.

더불어 수피즘의 의식에 참여한 이들 간에 생기는 형제애는 초국가적 조직망의 형성과 상호 협조를 가능하게 했다. 항쟁의 중심이었던 수피 종단들은 여러 나라에 수도원 중심의 조직을 가지고 있었다. 이들은 정보 교환, 물자 조달, 은신처 제공을 통해 항쟁을 뒷받침했다.

당연히 이런 형제애는? 군사적 저항이 가능한 이유를 의미할 겁니다. 조직을 가지고 있고, 정보 교환 등이 가능한 것도 항쟁을 뒷받침한, 즉 군사적 저항이 가능한 이유일 겁니다.

이처럼 영적 권위와 물질적 기반이 어우러져 비폭력 평화주의를 지향하던 종교 집단이 열강에 맞서 오랜 동안 저항할 수 있었던 것이다.

'이처럼'이니 정리입니다. 그러니 영적 권위(종교적 권위)로 물질적 기반(물자 조달 등)을 통해 '군사적 저항'이 가능했다는, 사실상 지문의 내용을 압축하며 독해가 마무리되었습니다.

[16~18] 문제 해설

16 윗글과 일치하지 <u>않는</u> 것은?

① 수피 종단들이 행했던 선교 활동은 알제리와 리비아, 수단에서 성공을 거두었다.
② 와하비즘 신봉자들은 예언자 무하마드를 특별한 존재로 받들면 일신교적 원칙을 어긴다고 보았다.
③ 수피들은 고유한 영적 의식의 참여를 통해 만들어진 연대 의식을 바탕으로 국제적 조직망을 구성했다.
④ 수피즘은 세속을 떠나 신에게 모든 것을 맡기는 삶을 추구하면서도 지역 공동체와의 협조를 중시했다.
⑤ 개인적 구원의 희구와 지도자에 대한 추종 간의 모순은 수피즘의 결과적 쇠락을 초래한 주요 원인이었다.

답 ⑤

2문단에 제시된 것처럼 신과의 영적 합일을 통한 개인적 구원을 추구하며 수피는 속세의 욕심에서 벗어나 모든 것을 신께 의탁하며, 금욕적으로 살고자 했습니다. 즉 개인적 구원의 희구와 지도자에 대한 추종 간 모순이 존재하지 않습니다.
또한 2문단에 제시된 것처럼 수피 종단은 지역과 시기에 따라 성쇠를 거듭했지만, 점차 많은 동조자를 얻었습니다. 따라서 수피즘은 결과적 쇠락이 진행되지 않았습니다.

① : 1문단에 제시된 것처럼 수피 종단들이 여러 지역에서 군사적 저항을 주도했다는 점에 대한 대표적인 예시가 알제리, 리비아, 수단에서의 항쟁입니다. 그러니 수피 종단들이 행했던 선교 활동은 알제리와 리비아, 수단에서 성공을 거두었다고 볼 수 있습니다.

② : 4문단에 제시된 것처럼 와하비즘은 성인을 인정하지 않고, 심지어 은사를 받기 위해 예언자 무하마드의 묘소에서 기도하는 것도 알라 외의 신성을 인정하는 것이라고 보아 배격했습니다.

③ : 7문단에서 수피즘의 의식에 참여한 이들 간에 생기는 형제애는 초국가적 조직망의 형성과 상호 협조를 가능하게 했음이 제시되었습니다.

④ : 2문단에 제시된 것처럼 수피즘은 신과의 영적 합일을 통한 개인적 구원을 추구하고 수피는 속세의 욕심에서 벗어나 모든 것을 신께 의탁하며, 금욕적으로 살고자 했습니다. 또한 3문단에서 지역 밀착을 통해 생활 공동체를 형성하는 구심점이 되면서 항쟁에 필요한 기반을 이미 갖추고 있었음이 제시되었습니다. 즉 수피즘은 세속을 떠나 신에게 모든 것을 맡기는 삶을 추구하면서도 지역 공동체와의 협조를 중시했다고 볼 수 있습니다.

◇코멘트

사실 일치 수준의 문항입니다. 시기별 변화를 '체크' 정도라도 했으면 '답'은 고를 수 있었을 겁니다. 기출을 통해 이렇게 출제 포인트를 알고 가는 것 또한 중요합니다.

17 마흐디 에 대한 이해로 가장 적절한 것은?

① 수단의 수피즘에서 마흐디는 무하마드의 후손으로 받아들여지는 구원자를 의미했다.
② 마흐디는 신비주의적 의식을 통해 알라와 하나가 되는 경지에 이르렀을 때 완성된다.
③ 탁월한 군사적 능력을 지녀 외세를 막아 내는 국가 지도자로 존경받는 인물이 마흐디이다.
④ 마흐디가 신정주의 국가를 건설할 것이라는 개혁적 개념은 이슬람 경전에서 그 기원을 찾을 수 있다.
⑤ 무함마드 아흐마드가 마흐디로 인정받은 것은 당시가 종말의 시대로 여겨지고 있었음을 알려준다.

답 ⑤

6문단에 제시된 것처럼 무함마드 아흐마드는 당시 만연한 마흐디의 도래에 대한 기대감을 충족시켜 종교적 권위를 얻었습니다. 이때 마흐디에 대한 구체적 정의로 이슬람교에서 마흐디란 종말의 순간 인류를 올바른 길로 인도하고 정의와 평화의 시대

를 가져오는 구원자임이 제시되었습니다.
즉 마흐디의 도래에 대한 기대감은 종말의 순간 인류를 올바른 길로 인도하고 정의와 평화의 시대를 가져오는 구원자가 등장했다는 것으로 당시가 종말의 시대로 여겨지고 있었음을 알 수 있습니다.

① : 6문단에 제시된 수단 항쟁의 주역인 무함마드 아흐마드는 성인 가문 출신은 아니었습니다. 즉 마흐디는 무하마드의 후손으로 받아들여지는 구원자를 의미했다고 보기 어렵습니다. 6문단에 제시된 것처럼 마흐디란 종말의 순간 인류를 올바른 길로 인도하고 정의와 평화의 시대를 가져오는 구원자입니다.

② : 2문단에 제시된 것처럼 수피즘은 신과의 영적 합일을 통한 개인적 구원을 추구하였고, 8세기 초에 수피즘이 싹텄고, 9세기에는 독특한 신비주의 의식이 나타났습니다. 즉 신비주의적 의식을 통해 알라와 하나가 되는 경지에 이르렀을 때를 추구하는 것은 수피입니다.

③ : 지문에서 마흐디가 탁월한 군사적 능력을 지녔다는 내용은 존재하지 않습니다. 이렇게 아예 없는 말로 선지가 출제될 때 실전에서 은근 판단이 어려운데, 이렇게 지문에 '없는 말'이 출제될 수도 있음을 기억해 둡시다.

④ : 6문단에 제시된 것처럼 마흐디 사상은 민간 신앙에서 출발하여 퍼진 것입니다. 즉 마흐디의 기원을 이슬람 경전이라 보기는 어렵습니다.

◇코멘트

마흐디에 대해 구체적으로 제시된 개념을 확보했다면, 오답 선지 분석에 대한 엄밀한 판단은 어렵더라도 '답'은 고를 수 있습니다.

18 <보기>를 바탕으로 윗글에 관해 추론한 것으로 적절하지 <u>않은</u> 것은?

보 기

"창조주시여, 당신은 현세와 내세에서 나의 반려자이십니다."라는 코란의 구절을 바탕으로 '알라의 반려자'라는 뜻의 왈리를 추앙하는 사상인 월라야가 나타났다. 성인은 인류와 알라를 가로막는 욕망에서 초탈한 인물이어서 알라와 인류의 중재자로서 권능을 지닌다고 여겨졌고, 사후에도 권위가 남아 있었다. 묘소는 중립 지대였으며, 적대적 부족들도 함께 모이는 장터 역할도 했다. 일부 사람들은 최후의 심판일에 예언자 무하마드가 중재자로서 신도들을 구원할 것이라고 믿었다. 그가 예언자이면서 왈리라고 생각한 것이다.

---

① 초월적 능력은 지니지 않아도 무라비트가 될 수 있는 것은 예언자 무하마드의 혈통을 지녔기 때문일 것이다.
② 왈리가 특별한 능력을 시현한다고 믿어졌던 것은 월라야에 의거해 신과 인간 사이에 중재자가 있다고 믿었기 때문일 것이다.
③ 왈리의 묘소를 중심으로 설립된 수피즘 수도원이 종종 지역 공동체의 중심이 된 것은 사후에도 권위가 남았기 때문일 것이다.
④ 압드 알 카디르가 부족 간의 이견을 봉합하고 결집할 수 있었던 것은 그가 욕망에서 초탈한 인물이라고 여겨졌기 때문일 것이다.
⑤ 샤리프 가문이 바라카를 지닐 수 있다고 인정되는 가문이 된 것은 예언자 무하마드가 최후의 심판에서 맡을 역할 때문일 것이다.

<보기> 분석
'알라의 반려자'라는 뜻의 왈리를 추앙하는 사상인 월라야 등장성인은 인류와 알라의 중재자. 권능 있음. 사후 권위 존재. 묘소는 중립 지대.

답 ①
초월적 능력은 지니지 않아도 무라비트가 될 수 있는 것은 적절하지 않습니다. 초월적 능력이 있어야 합니다.
5문단에 제시된 것처럼 무라비트를 성인으로 숭배하는 입장에서 무라비트는 '왈리'입니다. 왈리는 4문단에 제시된 것처럼 질병과 불임을 치료하고 액운을 막는 등의 이적을 행할 수 있는 능력이 있습니다. 즉
또한 예언자 무하마드의 혈통을 지녔기 때문이라 단정할 수 없습니다. 5문단에 제시된 것처럼 무라비트는 특정 가문 출신 중 영적으로 선택된 소수만이 될 수 있었습니다. 즉 단순 특정 가문(무하마드 혈통)만이 아닌 영적으로 선택된 소수라는 추가 조건까지 성립해야 합니다.

오답 선지 분석
②: <보기>에서 '알라의 반려자'라는 뜻의 왈리가 있으며, 성인(왈리)은 인류와 알라를 가로막는 욕망에서 초탈한 인물이어서 알라와 인류의 중재자로서 권능을 지닌다고 여겨졌음이 제시되었습니다. 즉 왈리가 특별한 능력을 시현한다고 믿어졌던 것은 (권능을 지닌다고 여겨졌음) 월라야에 의거해 신과 인간 사이에 중재자가 있다고 믿었기 때문일 거라 추론할 수 있습니다.

③: 4문단에서 성인들의 묘소를 중심으로 설립된 수피즘 수도원은 지역 공동체의 중심이 되는 경우가 많이 제시되었습니다. 그리고 <보기>에서 사후에도 권위가 남아 있다는 점을 고려할 때 왈리의 묘소를 중심으로 설립된 수피즘 수도원이 종종 지역 공동체의 중심이 된 것은 사후에도 권위가 남았기 때문이라 추론할 수 있습니다.

④: 압드 알 카디르는 무라비트로 3문단에 제시된 것처럼 외세에 맞서 부족들 간 이견을 봉합하고 결집시킬 수 있었던 수피즘 지도자입니다. <보기>에서 성인은 인류와 알라를 가로막는 욕망에서 초탈한 인물이어서 알라와 인류의 중재자로서 권능을 지닌다고 여겼다는 점에서 압드 알 카디르가 부족 간의 이견을 봉합하고 결집할 수 있었던 것은 그가 욕망에서 초탈한 인물이라고 여겨졌기 때문이라 추론할 수 있습니다.

⑤: 5문단에 제시된 것처럼 무라비트는 신의 은총인 바라카를 가졌다고 여겨져 존경을 받았으며, 대표적으로 무하마드의 후손인 샤리프 가문이 제시되었습니다. 그리고 <보기>에서 일부 사람들은 최후의 심판일에 예언자 무하마드가 중재자로서 신도들을 구원할 것이라고 믿었음이 제시되었습니다. 즉 샤리프 가문이 바라카를 지닐 수 있다고 인정되는 가문이 된 것은 예언자 무하마드(혈통)가 최후의 심판에서 맡을 역할 때문일 것이라 추론할 수 있습니다.

◇ **코멘트**

+ 지문에서 구체적으로 제시한 개념(왈리) 혹은 조건은 답이 된다는 인식(무라비트의 조건)을 가져야 합니다. 기출을 통해 우리가 익혀야 할 것은 어휘력, 문맥적 이해, 그리고 이러한 출제 포인트들입니다.

2021 언어이해 [19~21] 제사를 위한 귀신론 feat. 이기론

◇ 총평

- 핵심 확보 (관점 파악)
- 동양 철학에 대한 지식
- 다른 말 같은 뜻
- 돌아올 줄 아는 것도 실력이다.

'이기'를 통해 '제사의 근거'를 확보하는 것이 핵심임을 지문 초반 제시해줬습니다. 그러니 그에 맞춰 '이기'의 관계 파악 (대립쌍) / 그를 통한 '제사'에 대한 지문의 관점을 확보하고, 구분하는 것이 핵심인 지문이었습니다. 역시 관점을 다루는 지문답게 관점을 확보하고 이후 내용을 납득하는 것이 핵심 이었죠.

여기서 다루는 관점이 다양하니 우리는 인물, 관점(주장)을 체크하고 납득이 안 된다면 돌아와서 판단할 수도 있다는 점을 인식하고 있어야 했습니다.

추가로 지문 독해 시 '동양 철학' 거기서도 '이기론'에 대한 아주 조금의 이해만 갖춰져 있더라도 내용을 납득하는 것에 대한 부담이 매우 줄어들었을 겁니다. 이기에 대한 내용은 기출에도 등장한 내용이고 매년 EBS 등에도 단골로 등장하는 소재이기에, 필히 익혀두시기를 권장합니다.

> 조선 시대를 관통하여 제례는 왕실부터 민간에 이르기까지 폭넓게 시행되었으며, 그 중심에는 유학자들이 있었다.

상식적으로 납득할 수 있습니다. 조선 시대에 제사가 중요하고, 유학 사상이 주된 사상이란 걸 모르는 사람은 없을 거니까요. 첫 문장이니 조금만 더 주의한다면 '제사와 유학이 중요한가?' 정도는 생각할 수 있습니다.

> 그런 만큼 **유학자들**에게 제사의 대상이 되는 귀신은 주요 논제일 수밖에 없었고,

출제 기관은 워딩을 함부로 작성하지 않습니다. 대놓고 '귀신'이 주요논제일 수밖에 없답니다. 그렇다면 당연히 '제사와 귀신'은 지문의 핵심적인 대상일 겁니다.

◇ 코멘트

조금만 더 생각한다면 '귀신'이 '주요 논제'입니다. 그러면 귀신에 대해 논하는 것이니 '다양한 관점'이 제시될 수 있다는 것을 인식할 수 있습니다. 이를 파악했다면 이후 제시되는 관점들에 조금 더 주목하며 독해를 진행할 수 있을 겁니다.

> **이들의(유학자들)** 귀신 논의는 성리학의 자연철학적 귀신 개념에 유의하여 유학의 합리성과 윤리성의 범위 안에서 제례의 근거를 마련하는 데 비중을 두었다.

앞서 '제사의 대상이 되는 귀신'이 핵심임을 제시했습니다. 그러니 '귀신을 통해 제사의 근거'를 판단하는 내용이 나올 수밖에 없습니다. 결국 1문단을 독해하며 우리에게 남아 있어야 하는 것은 '귀신 개념'에 대한 '관점' 차이가 핵심이라는 점입니다.

◇ 코멘트

+ 귀신 개념, 유학의 합리성과 윤리성의 범위, 제례 근거가 구체적으로 제시될 시 우리는 그것을 필히 파악해야 한다는 인식을 갖출 수 있습니다.
+ 사후적 독해라고 생각할 수 있지만, 동양 철학이 나올 때는 '이기론'이 나올 것이라는 생각은 필히 하고 있어야 합니다. 동양에서 유교, 특히 '삶과 죽음' 등에 다루는 것을 고려하면 '이기론'에 대해 다룬다고 생각해야 합니다.

주로 '기'는 '가변적'과 '이'는 '불변'과 관련된 경우가 많다는 것(모든 관점이 이러지는 않겠죠. 저러한 느낌이 있다는 정도만 가져가도 좋을 것 같습니다. 지문에서 두 대상의 개념 간 구분과 관계가 핵심이라는 정도로요) / '이'와 '기'의 관련성(분리 혹은 연결)을 파악해야 합니다. 해당 내용에 대해서는 '무조건' 지식화해두는 것이 유리합니다.

> 성리학의 논의가 본격화되기 전에는 대체적으로 귀신을 인간의 화복과 관련된 신령한 존재로 여겼다.

'본격화되기 전~'이니 일단 과거는 귀신이 신령했다는 글자 그대로 파악하고 가면 충분합니다.

◇ 코멘트

조금만 생각해 보면 '본격화되기 전~' 식으로 제시되었으니, 이후 본격화된 시기에 대한 내용이 나올 거라는 정도는 기출에 근거해 생각할 수 있는 흐름입니다.

> 하지만 15세기 후반 **남효온**은 귀신이란 리(理)와 기(氣)로 이루어진 자연의 변화 현상으로서 근원적 존재의 차원에 있지는 않지만 천지자연 속에 실재하며 스스로 변화를 일으키는 존재라고 설명하여, 성리학의 자연철학적 입장에서 귀신을 재해석하였다.

역시 귀신에 대한 새로운 해석이 제시됩니다. '귀신=리+기'이

며 존재는 아니지만 실재하고 '스스로' 변화하는 존재라며 귀신의 정의를 제시합니다. 일단 지문 초반 제시된 정의를 확보하고 독해를 진행해야 하니, 납득이 되지 않는다면, 글자 그대로라도 해당 내용은 가져가고 이후 내용을 통해 파악해야 합니다.

◇코멘트

+ 앞선 코멘트처럼 동양 철학이 제시될 때 이기론이 등장하는 것은 일반적인 흐름입니다. 여기서도 '이기론'에 대해 조금이라도 알고 있다면 납득이 조금은 수월했을 겁니다.
+ 대립쌍을 알고 있다면 '스스로' 변화를 일으킨다는 것이 핵심적이라는 것을 파악할 수 있습니다. '내적(스스로)'와 '외적'은 항상 구분해주어야 합니다.

이에 따라 귀신은 본체와 현상, 유와 무 사이를 오가는 존재로 이해되었고, 이 개념은 인간의 일에 적용되어 인간의 탄생과 죽음에 결부되었다.

앞서 귀신이 '근원적 존재는 아니지만, 실재하는 존재'라고 했습니다. 이를 통해 납득하면 '그래서 저런 사이를 오가나?' 정도의 생각을 하며 독해를 진행했으면 베스트입니다.

◇코멘트

만약 납득이 안된다면, '오가는 존재' 정도로는 파악하고 선지에서 무엇을 오가는지 물어볼 때 돌아와서라도 확인한다는 인식을 가지고 독해를 진행해야 합니다.

성리학의 일반론에 따르면, 인간의 몸은 다른 사물과 마찬가지로 기로 이루어져 있고, 생명을 다하면 그 몸을 이루고 있던 기가 흩어져 사라진다.

'기'에 대한 정의를 제시합니다. '기'에 대해 아무것도 모른다면 '기는 사물과 유사하며, 인간 몸도 기다.' 정도로 무조건 확보하고 가야 합니다. 그렇지만, 제가 앞서 말한 것처럼 '기가 주로 육신(물질)'과 관련된다는 정도만 알고 있었어도 자연스럽게 납득할 수 있는 내용입니다.

◇코멘트

빈출되는 지식은 알고 있어야 합니다. 서양 철학에서 '인식론, 형이상학' / '심신이원론, 심신일원론' / '기계론적 관점' 등은 알고 있으면 압도적으로 내용 이해에 유리한 것처럼, 동양 철학도 '이기론' 정도는 알고 있어야 합니다.

기의 소멸은 곧바로 이루어지지 않고 일정한 시간을 두고 진행된다. 흩어지는 과정에 있는 것이 귀신이므로 귀신의 존재는 유한할 수밖에 없었고,

앞서 제시된 것처럼 귀신은 '흩어'집니다. 그러면 그 시간 동안 '기'가 존재하겠죠. 그것이 귀신이라면, 당연히 귀신은 유한할 수밖에 없습니다. '기'가 귀신이라는 점만 확보했다면, 이후 제시되는 '귀신의 유한성'은 자연스럽게 납득할 수 있는 내용입니다. 앞 문장을 통해 뒷 문장의 내용을 납득하려는 태도를 가집시다.

이는 조상의 제사를 4대로 한정하는 근거가 되었다.

기가 흩어지고 유한하니, 무한정 제사를 올린다면 말이 안 되겠죠? 자연스럽게 납득할 수 있습니다.

기의 유한성에 근거한 성리학의 귀신 이해는 먼 조상에 대한 제사와 관련하여 문제의 소지를 안고 있었기에 귀신의 영원성에 대한 근거 마련이 필요했다.

조상 제사가 4대로 한정됐습니다. 그러면 당연히 먼 조상에 대한 제사 근거가 없죠. 문제가 제시되면 '원인'을 제거하면 됩니다. 그러니 '유한함'이라는 문제의 원인을 제거하면 되겠죠.

◇ tip 문제의 '원인' 그에 맞는 해결

지문의 구조에만 매몰되는 것은 지양해야 하지만, 글의 구조를 알고있다면 거시적인 흐름을 잡는 것에 있어 유리한 것은 사실입니다.

'원인'을 잡으면 해결은 따라온다는 인식을 가지고 있었다면, '유한성이 문제라고? 유한하지 않으면 되겠네?' 정도를 자연스럽게 떠올릴 수 있습니다.

이와 관련하여 ㉠**서경덕**은 기의 항구성을 근거로 귀신의 영원성을 주장하였다.

역시 '유한함'을 제거하는 방식으로 진행됩니다. '항구성'을 가지고 있다면 '영원성'이 제시되는 건 납득할 수 있습니다.

◇코멘트

어휘력의 중요성입니다. '항구성 : 변하지 않고 오래가는 성질'입니다. 그러니 항구성이 있으면 귀신의 영원성을 주장할 수 있다는 정도는 납득할 수 있습니다.

> 모든 만물은 기의 작용에 의해 생성 소멸한다고 전제한 그는 삶과 죽음 사이에는 형체를 이루는 기가 취산(聚散)하는 차이가 있을 뿐 그 기의 순수한 본질은 유무의 구분을 넘어 영원히 존재한다고 설명하였다.

일단 서경덕은 '귀신의 영원성'을 주장합니다. 이 핵심 관점은 가져가야 합니다. 그에게 모든 만물은 '기'의 작용이지만, 본질적인 순수함은 변하지 않습니다. 앞서 제시된 '기'가 물질과 관련된다는 점 + 서경덕의 '영원성'을 확보하며 글을 읽었다면 자연스럽게 납득할 수 있습니다.

> 기를 취산하는 형백(形魄)과 그렇지 않은 담일청허(湛一淸虛)로 구분한 그는 기에 유무가 없는 것은 담일청허가 한결같기 때문이라 주장하였다.

문장 내에서 형백과 담일청허를 구분해주고 있습니다. 특히 둘은 대놓고 '취산과 일정함' 즉 '가변과 불변'이라는 대립쌍을 보이고 있습니다. 대립쌍으로 제시된 요소는 무조건 출제됨으로 필히 확보하고 독해를 진행했어야 합니다.

◇ tip

'취산, 일정 = 가변, 불변'

이 둘은 어휘 자체가 명확하게 대립되는 포인트입니다. 애초에 기출 분석을 통해 (미시, 거시) / (개별, 전체) / (안, 밖) / (선천, 후천) / (모든, 일부) / (형식, 내용) / (가변, 불변) 등 대립쌍을 이루는 어휘 자체를 익혀 그에 대한 즉각적인 반응이 이루어져야 합니다.

실제로 대립쌍에 대한 이해는 지문 이해와 문제 풀이 시 굉장히 핵심적으로 기능하는 부분입니다. 필히 민감한 반응을 갖추시길 바랍니다.

> 나아가 담일청허와 관계하여 인간의 정신이나 지각의 영원성도 주장하였다.

담일청허는 불변입니다. 그러니 이것이 인간의 정신과 지각과 연결되면 영원성이 따라온다는 것은 자연스럽게 납득할 수 있는 수준입니다.

> 이 같은 **서경덕**의 기 개념은 우주자연의 보편 원리이자 도덕법칙인 불변하는 리와, 존재를 구성하는 질료이자 에너지인 가변적인 기라는 성리학의 이원적 요소를 포용한 것이었으며, 물질성과 생명성도 포괄한 것이었다.

납득해야 합니다. 앞서 '기'는 육신을 포함한 물질이라 제시했습니다. 그러니 질료이자 에너지라는 '기'는 납득할 수 있습니다. 만약 배경지식이 없다면 '리'가 보편 원리라는 정도만 확보하고 가면 충분합니다.

◇ 코멘트

이기론에 대해 조금이라도 알고 있다면 '리기'의 개념을 파악하는 것은 어렵지 않았을 겁니다.

> ⓛ**이이**는 현상 세계의 모든 존재는 리와 기가 서로 의존하여 생겨난다는 입장을 분명히 하는 한편,

'리와 기'의 관계는 핵심입니다. 그렇다면 '이이'에게 현생의 모든 것이 '이기'의 의존이라는 점은 필히 확보해야 합니다.

> 귀신이라는 존재가 지나치게 강조되면 불교의 윤회설로 흐를 수 있고, 귀신의 존재를 무시하면 제사의 의의를 잃을 수 있다는 점에 주목하였다.

귀신을 무시하면 제사의 의의를 잃을 수 있다는 건 앞선 내용을 통해 납득할 수 있습니다. (귀신을 통해 제사의 근거를 마련하니) 근데 강조되면 불교의 윤회로 흐를 수 있다는 것은 배경지식이 없다면 납득하기 어렵습니다. 이런 경우 '그렇구나' 정도로 파악하고, 이후 추가적인 설명이 제시된다면 납득, 그렇지 않다면 일치 수준으로 출제된다는 점을 고려할 수 있습니다.

> 그(이이)는 불교에서 윤회한다는 마음은 다른 존재와 마찬가지로 리와 기가 합쳐져 일신(一身)의 주재자가 된다고 규정하였다.

이이에게는 '이기'는 합쳐진 존재로 몸의 주재자가 됩니다. '이기'의 관계는 핵심이므로 필히 확보하며 독해를 진행해야 합니다. 이건 '이기'에 대한 관점이기도 하니까요.

> 마음의 작용인 지각은 몸을 이루는 기의 작용이기 때문에 그 기가 한 번 흩어지면 더 이상의 지각 작용은 있을 수 없다고 지적하여 윤회 가능성을 부정하였다.

'마음이 몸의 작용'이면 당연히 '기'의 작용일 겁니다. '윤회'로 흐르면 안 된다고 주장한 '이이'이니 '윤회'가 없다는 것, 흩어지고 다시 지각 작용 없다는 것은 당연히 따라오는 내용입니다.

앞 내용을 통해 뒷 내용을 이렇게 납득하며 독해해야 합니다.

> 아울러 그는 성리학의 일반론을 수용하여 가까운 조상은 그 기가 흩어졌더라도 자손들이 지극한 정성으로 제사를 받들면 일시적으로 그 기가 모이고 귀신이 감통의 능력으로 제사를 흠향할 수 있다고 보았다.

그래도 제사는 지내야겠죠? 그것이 이이의 핵심 중 하나였으니까요. 그러니 기가 흩어져도, 열심히 하면 제사가 가능하다고 하네요. 사실 좀 억지 같기는 하지만, 관점을 확보하고 가야 합니다.

> 기가 완전히 소멸된 먼 조상에 대해서는 서로 감통할 수 있는 기는 없지만 영원한 리가 있기 때문에 자손과 감통이 있을 수 있다고 주장하였다.

계속 생각합시다. 제사는 지내야 합니다. 그런데 기가 아예 소멸됐다면? 이 경우는 '리'를 활용합니다. 사실 이것도 좀 억지같긴 합니다. 하지만 동양 철학에서 이런 흐름은 꽤나 흔합니다. 그러니 그냥 '흩어진 경우는 기로 / 소멸된 경우는 리'로 파악해 두면 충분합니다.

여기서도 '이기론'에 대해 (기는 가변, 리는 불변) 알고 있다면 납득이 수월해집니다. '영원한 리'로 소통한다는 것이니까요.

> 하지만 감통을 일으키는 것이 리라는 그의 주장은 작위 능력이 배제된 리가 감통을 일으킨다는 논리로 이해될 수 있어 논란의 소지가 있는 것이었다.

앞서 제시된 이기론을 확보했어야 납득이 됩니다. 만약 여기서 앞 내용을 확보하지 못했다면, 그냥 '리가 감통하면 논란될 수 있다' 정도를 파악해두고 논란의 근거를 물어보면 돌아와서 판단한다는 사고도 고려해볼 수 있습니다.

앞서 '보편 원리이자 도덕법칙인 불변하는 리와, 존재를 구성하는 질료이자 에너지인 가변적인 기'가 제시되었습니다. 즉 통하는 에너지, 감통은 '기'를 통해 이루어진다고 보는 것이 더 적절하다고 생각하면 감통을 일으키는 것이 '리'라는 것이 논란의 소지가 있다고 볼 수 있겠죠. 이처럼 납득되면 베스트이지만, 안 된다면 앞서 제시한 실전적 사고 역시 고려해둘 포인트입니다.

> 이이의 계승자인 낙론계 유학자들은 귀신을 리와 기 어느 쪽으로 해석하는 것이 옳은가라는 문제의식으로 논의를 전개하였다.

역시 계속 핵심은 '귀신'과 '이기'의 관계입니다. 역시 '관계 파악'을 핵심으로 독해를 진행합시다.

> 김원행은 귀신이 리와 기 어느 것 하나로 설명될 수 없으며, 리와 기가 틈이 없이 합쳐진 묘처(妙處), 즉 양능(良能)에서 그 의미를 찾아야 한다고 주장하였다.

김원행의 관점에서 '이기'를 통해 귀신을 설명합니다. '이기'를 분리하여 판단하지 않네요. 이전까지 귀신을 '기'로만 취급한 것과 대놓고 차이를 보여주고 있기에 '이기의 조화' 정도는 확보하고 독해를 진행했어야 합니다.

실제 독해 시 a와 b가 대조되는 전개 방향이라면 a를 읽을 때는 있는 그대로 정리를 잘하면서 독해를 하며, 이후 b가 제시될 때 차이점과 공통점을 잡으며 독해를 진행해야 합니다. 하지만 그것이 어렵다면 최소한 각각에 대한 구분은 진행된 뒤, 선지에서 물어볼 때 돌아와서라도 판단할 수준으로는 독해가 진행됐어야 합니다.

> 그(김원행)는 양능이란 기의 기능 혹은 속성이지만 기 자체의 무질서한 작용이 아니라 기에 원래 자재(自在)하여 움직이지 않는 리에 따라 발현하는 것이라 설명하여 귀신을 리나 기로 지목하더라도 상충되는 것이 아니라고 보았다.

철학이 어려운 이유죠. 말장난 같은 내용입니다. '기'의 속성이지만, 무질서는 아니고 기에 내재한 '리'에 따라 발현됩니다. 말이 어렵습니다. 실전이라면 '귀신은 이기 상충이 아니다.' 정도는 파악하고, 최소한 물을 때 돌아와서 판단한다는 인식이라도 갖췄어야 합니다.

김원행의 동문인 송명흠도 모든 존재는 리와 기가 혼용한 것이라고 전제하고, 귀신을 리이면서 기인 것,

송명흠'도'입니다. 그러니 이 친구도 당연히 '이기'의 혼용을 전제하고, 귀신로 이기의 혼용이라 생각할 겁니다.

즉 형이상에 속하고 동시에 형이하에 속하는 것이라고 설명하였다.

문맥상 대응을 해야 합니다. 귀신이 리이면서 기인 것이고 그것의 '즉' 형이상에 속하며 형이하에 속하는 것이니 '리=형이상' / '기=형이하'라는 것을 파악할 수 있습니다.
형이상과 형이하의 의미를 모른다하더라도 저것이 같은 의미라는 것은 파악되어야 합니다.

그는 사람들이 귀신을 리로 보지 않는 이유는 양능을 기로만 간주하였기 때문이라 비판하고, 제사 때 귀신이 강림할 수 있는 것은 기 때문이지만 제사 주관자의 마음과 감통하는 주체는 리라고 설명하였다.

귀신의 의미는 양능에서 찾습니다. 그러니 귀신을 '리'로 보지 않으면 당연히 양능을 '기'로만 보는 것이겠죠. 여기까지는 앞 내용을 통해 납득할 수 있습니다.
그런데 귀신이 '기'를 통해 강림하지만, 마음과 감통하는 주체는 '리'입니다. 이건 솔직히 실전에서 앞 내용을 통해 납득하기는 어렵습니다. 송명흠의 관점이 제시된 것이니까요. 관점은 확보하며 독해를 진행해야 합니다. 만약 확보가 어렵다면, 계속 강조하는 것처럼 주장은 파악하고, 근거를 돌아와서라도 판단해야 합니다.

이처럼 기의 취산으로 귀신을 설명하면서도 리의 존재를 깊이 의식한 것은 조상의 귀신을 섬기는 의례 속에서 항구적인 도덕적 가치에 대한 의식을 강화하고자 한 것이었다.

'이처럼'이니 내용의 종합입니다. 결국 기와 리를 통해 귀신, 제사의 근거를 확보했다는 글의 전체적인 내용을 정리하며 글을 마무리하고 있습니다.

인간의 뇌는 한계가 있기 때문에 절대적인 정보량이 적더라도 다양한 인물과 개념어가 나오면 그 나름대로 독해 시 부담감이 있을 수밖에 없습니다, 이렇게 다양한 인물이 등장한 지문이라면 지문 내용을 완벽하게 구조화해서 독해하는 것은 한계가 있고 필연적으로 다시 지문으로 돌아오는 과정이 수반됩니다.

이때 돌아왔을 때 빠르게 정보를 찾기 위해 독해 시 인물 / 개념어에 잘 보이게 인물이름 표시하든, △ ○ ☆로 표시하든 자신이 편한 방법으로 표시하시면서 독해를 하시는 것을 권장합니다. 독해 시 밑줄을 남발하거나 기호를 남발하여 독해보다 기호가 주가 되는 상황은 발생하면 안 되지만, 기호의 단순 남발이 아닌 본인이 틀에 맞는 기호 사용은 문제 풀이에 효율성을 올려준다고 생각합니다.

물론 이상적으로는 글을 100% 완벽하게 독해해서 지문으로 돌아오지 않고 글을 읽는 것이지만, 그것이 힘들다는 것은 우리도 모두 알고 있고 그렇다면 그에 대한 자신의 대비책을 잡는 것도 '시험'을 보기 위한 본인의 능력입니다.

해당 지문은 인문 지문치고는 체감 정보량이 꽤나 높았을 지문입니다. 각각의 관점에서 다양한 인물이 등장하고 있기에 실전에서는 꽤나 까다로울 스타일이죠. 인물이 다양하게 출제되면 인물 간 관점 파악을 묻는 것은 기본입니다. 그러니 인물이 많이(3명 이상) 제시된다면 필히 체크하며 돌아올 준비를 하는 실전적 태도 역시 필요합니다.

애초에 지문 초반에 '귀신 개념에 대한 근거'를 핵심으로 제시한 뒤 다양한 인물이 등장했으니 각각의 관점이 납득이 안 간다면 최소한 체크를 해야 한다는 인식이라도 가졌어야 합니다.

[19~21] 문제 해설

19 윗글에 대한 이해로 적절하지 <u>않은</u> 것은?

① 성리학적 귀신론은 신령으로서의 귀신 이해를 대체하는 것이었다.
② 조선 성리학자들은 먼 조상에 대한 제사가 단순한 추념이 아니라고 보았다.
③ 생성 소멸하는 기를 통해 귀신을 이해하는 것은 윤회설을 반박하는 논거였다.
④ 귀신의 기가 항구적인 감통의 능력을 가진다는 것은 제사를 지내는 근거였다.

⑤ 조선 성리학자들은 귀신이 자연 현상과 관계된 것이라는 공통적인 인식을 가졌다.

답 ④

4문단에서 이이는 기가 완전히 소멸된 먼 조상에 대해서는 서로 감통할 수 있는 기는 없지만 영원한 리가 있기 때문에 자손과 감통이 있을 수 있다고 주장하였습니다.
즉 귀신의 기가 항구적인 감통의 능력을 가진다는 것이 제사를 지내는 근거가 아니라, '리'의 능력을 통해 감통을 할 수 있는 겁니다.

지문 독해 시 대립쌍을 잡고 '리'의 영원성만이라도 확보했다면, '기가 항구적이라는 건 말이 안 되는데?' 정도의 생각으로 선지를 판단할 수 있었을 겁니다.

오답 선지 분석

① : 2문단에 제시된 것처럼 성리학의 논의가 본격화되기 전에는 대체적으로 귀신을 인간의 화복과 관련된 신령한 존재로 여겼습니다. 그리고 15세기 후반 남효은이 성리학의 자연철학적 입장에서 귀신을 재해석하였습니다. 즉 신령으로서의 귀신에 대한 이해를 이후 성리학적 귀신론이 대체하였다고 볼 수 있습니다.

② : 3문단에서 성리학의 귀신 이해는 먼 조상에 대한 제사와 관련하여 문제의 소지를 안고 있었기에 귀신의 영원성에 대한 근거 마련이 필요하다고 제시되었습니다. 그리고 이후 제시된 철학자들도 귀신의 존재를 통해 제사의 정당성을 제시합니다. 즉 조상에 대한 제사는 단순한 추념(죽은 사람을 생각함)이 아님을 알 수 있습니다.

③ : 4문단에 제시된 것처럼 이이는 귀신이라는 존재가 지나치게 강조되면 불교의 윤회설로 흐를 수 있음을 주의했습니다. 그리고 마음의 작용인 지각은 몸을 이루는 기의 작용이기 때문에 그 기가 한 번 흩어지면 더 이상의 지각 작용은 있을 수 없다고 지적하여 윤회 가능성을 부정하였습니다. 즉 생성 소멸하는 기를 통해 귀신을 이해하는 것은 윤회설을 반박하는 논거였다고 볼 수 있습니다.

⑤ : 2문단에 남효은이 귀신이란 리(理)와 기(氣)로 이루어진 자연의 변화 현상임을 주장했습니다. 이후 제시된 학자들도 모두 '이기'를 통해 귀신의 존재를 이야기한 것에서 귀신이 자연 현상과 관계된 것이라는 공통적인 인식을 가졌다고 볼 수 있습니다.

20 ㉠, ㉡에 대한 설명으로 가장 적절한 것은?

① ㉠은 형체의 존재 여부를 기의 취산으로 설명하면서 본질적인 기는 유와 무를 관통한다고 보았다.

② ㉠은 기를 형백과 담일청허로 이원화하여 삶과 죽음에 각각 대응시켜 인간과 자연을 일원적으로 구조화하였다.

③ ㉡은 생명이 다하면 기는 결국 흩어져 사라지기 때문에 제사의 주관자라 하더라도 결국에는 조상과 감통할 수 없게 된다고 보았다.

④ ㉡은 인간의 지각은 리에 근거한 기이지만 기는 소멸하더라도 리는 존재하기 때문에 지각 자체는 사라지지 않는다고 파악하였다.

⑤ ㉠과 ㉡은 모두 기의 취산을 통해 삶과 죽음의 영역을 구분하였기 때문에 귀신의 영원성에 대한 근거를 물질성을 지닌 근원적 존재에서 찾았다.

답 ①

3문단에 제시된 것처럼 서경덕은 삶과 죽음 사이에는 형체를 이루는 기가 취산(聚散)하는 차이가 있을 뿐 그 기의 순수한 본질은 유무의 구분을 넘어 영원히 존재한다고 설명하였습니다. 즉 서경덕은 형체의 존재 여부를 기의 취산(형체는 취산의 차이일 뿐)으로 설명하면서 본질적인 기는 유와 무를 관통한다고(유무 구분 넘어 영원히 존재) 보았습니다.

오답 선지 분석

② : 3문단에서 서경덕이 기를 취산하는 형백(形魄)과 그렇지 않은 담일청허(湛一淸虛)로 구분한 것은 맞습니다. 하지만 서경덕은 모든 만물은 기의 작용에 의해 생성 소멸한다고 전제하였고, 삶과 죽음 사이에는 형체를 이루는 기가 취산(聚散)하는 차이가 있을 뿐 그 기의 순수한 본질은 유무의 구분을 넘어 영원히 존재한다고 설명하였습니다. 즉 기를 이원화하여 삶과 죽음에 각각 대응시켰다고 볼 수 없습니다.

③ : 4문단에 제시된 것처럼 이이는 기가 완전히 소멸된 먼 조상에 대해서는 서로 감통할 수 있는 기는 없지만 영원한 리가 있기 때문에 자손과 감통이 있을 수 있다고 주장하였습니다. 즉 조상과 감통할 수 없게 된다고 보지 않았습니다.

④ : 4문단에 제시된 것처럼 이이는 마음의 작용인 지각은 몸을 이루는 기의 작용이기 때문에 그 기가 한 번 흩어지면 더 이상의 지각 작용은 있을 수 없다고 지적하였습니다.

⑤ : 3문단에서 서경덕은 삶과 죽음 사이에는 형체를 이루는 기가 취산(聚散)하는 차이가 있을 뿐 그 기의 순수한 본질은 유무의 구분을 넘어 영원히 존재한다고 설명하였습니다. 그리고 기의 항구성을 근거로 귀신의 영원성을 주장하였습니다.

그러나 4문단에서 이이는 기가 완전히 소멸된 먼 조상에 대해서는 서로 감통할 수 있는 기는 없지만 영원한 리가 있기 때문에 자손과 감통이 있을 수 있다고 주장하였습니다. 즉 이이는 귀신의 영원성에 대한 근거를 '리'에서 가져오고 있는 것이지 물질성을 지닌 존재에서 찾지 않았습니다.

21 낙론계 유학자들 의 입장과 부합하는 진술을 <보기>에서 고른 것은?

보 기

ㄱ. 귀신을 기의 유행으로 말하면 형이하에 속하고, 리가 실린 것으로 말하면 형이상에 속하는 것이다.

ㄴ. 리가 있으면 기가 있고 기가 있으면 리가 있으니 어찌 혼용하여 떨어지지 않는 지극한 것이 아니겠는가.

ㄷ. 기가 오고 가며 굽고 펼치는 것은 기가 스스로 그러한 것이니 귀신이 없음에 어찌 의심이 있을 수 있겠는가.

ㄹ. 제사 때 능히 강림할 수 있게 하는 것은 리이고, 강림하는 것은 기이니, 귀신의 강림은 기의 강림이라 할 수 있지 않겠는가.

① ㄱ, ㄴ   ② ㄱ, ㄷ   ③ ㄴ, ㄷ
④ ㄴ, ㄹ   ⑤ ㄷ, ㄹ

답 ①

ㄱ. 귀신을 기의 유행으로 말하면 형이하에 속하고, 리가 실린 것으로 말하면 형이상에 속하는 것이다.

5문단에서 송명흠은 귀신을 리이면서 기인 것, 즉 형이상에 속하고 동시에 형이하에 속하는 것이라고 설명하였습니다.

즉 귀신을 기의 유행이라면 형이하, 리가 실린 것이면 형이상이라 할 수 있습니다.

ㄴ.리가 있으면 기가 있고 기가 있으면 리가 있으니 어찌 혼용하여 떨어지지 않는 지극한 것이 아니겠는가.

김원행은 귀신이 리와 기 어느 것 하나로 설명될 수 없으며, 리와 기가 틈이 없이 합쳐진 묘처(妙處), 즉 양능(良能)에서 그 의미를 찾아야 한다고 주장하였습니다. 리와 기가 틈이 없이 합쳐졌다는 것에서 해당 선지가 적절하다 판단할 수 있습니다.

ㄷ. 기가 오고 가며 굽고 펼치는 것은 기가 스스로 그러한 것이니 귀신이 없음에 어찌 의심이 있을 수 있겠는가.

낙론계 유학자들은 애초에 귀신이 있다는 입장입니다. 그러니 귀신이 없음에 의심이 없다는 것 자체가 적절하지 않습니다.

ㄹ. 제사 때 능히 강림할 수 있게 하는 것은 리이고, 강림하는 것은 기이니, 귀신의 강림은 기의 강림이라 할 수 있지 않겠는가.

낙론계 유학자인 송명흠은 사람들이 귀신을 리로 보지 않는 이유는 양능을 기로만 간주하였기 때문이라 비판하고, 제사 때 귀신이 강림할 수 있는 것은 기 때문이지만 제사 주관자의 마음과 감통하는 주체는 리라고 설명하였습니다.
즉 강림할 수 있게 하는 것은 기이고 감통하는 주체는 이입니다.
비교 대조 쌍은 이처럼 출제됩니다.

2021 언어이해 [22~24]
빈곤 퇴치와 경제성장에 대한 다양한 관점 비교

◇ 총평

- 핵심 확보 (관점 파악)
- 다른 말 같은 뜻
- 비교 대조 쌍
- 돌아올 줄 아는 것도 실력이다.

지문 초반 명확하게 화제를 제시해줬습니다. 그리고 그 화제에 맞춰 다양한 '관점'이 제시될 것임을 파악하고 독해를 시작했어야 합니다.
독해는 기본적으로 '제시된 관점'을 통해 이후 내용을 납득하며 진행됐어야 합니다. 이렇게 관점을 확보하고 그를 통해 독해를 진행하는 것이 가장 핵심이자 거의 모든 것입니다.
그리고 추가적으로 대놓고 비교가 되는 관점들은 비교되어 출제될 수 있다는 인식을 가졌으면 좋습니다.
덧붙여 실전에서 이렇게 다양한 인물, 관점이 등장하면 이 다양한 관점을 비교하는 문제가 필히 출제되기 때문에, 관점을 확보한 상태로 최소한 선지 판단 시 선지의 의미를 파악해 돌아올 수 있을 수준으로는 관점 확보 및 지문에 체크가 되어 있어야 합니다.

빈곤 퇴치와 경제성장에 관해 다양한 견해가 제시되고 있다.

첫 문장부터 글의 방향성을 명시적으로 제시해주고 있습니다. '빈곤 퇴치와 경제성장'이라는 핵심에 대한 다양한 견해, 즉 '관점'에 대한 구분을 요구하고 있네요.
'다양한' 견해이니, 체크를 하는 등의 요소도 고려하며, '관점'을 확보하고 그에 맞춰 독해를 진행하는 것을 목적으로 독해를 진행합시다.

◇ 코멘트

모든 지문의 첫 문장, 첫 문단이 가장 중요하다 할 수는 없지만, 독해 시 첫 문장의 중요성은 몇 번을 강조해도 부족함이 없습니다.

빈곤의 원인으로 지리적 요인을 강조하는 삭스는 가난한 나라의 사람들이 '빈곤의 덫'에서 빠져나오기 위해 외국의 원조에 기초한 초기 지원과 투자가 필요하다고 주장한다.

삭스의 '관점'이 제시됩니다. 우리는 '지리적 요인'으로 인해 '외국의 초기 원조'를 중시하네요. 제시된 관점은 필히 확보하고 이후 제시되는 내용을 확보한 관점을 통해 납득하며 독해를 진행해야 합니다.

> 그가 보기에 대부분의 가난한 나라들은 열대 지역에 위치하고 말라리아가 극심하여 사람들의 건강과 노동성과가 나쁘다. 이들은 소득 수준이 너무 낮아 영양 섭취나 위생, 의료, 교육에 쓸 돈이 부족하고 개량종자나 비료를 살 수 없어서 소득을 늘릴 수 없다.

확보한 관점(지리적 요인으로 초기 원조 중요)을 통해 납득합시다. 대부분의 가난한 나라는 열대에 위치한다는 것은 빈곤의 원인이 지리적 요인이라는 것이죠. 그리고 이들이 소득을 늘릴 수 없으니, 원조가 필요하다는 입장일 겁니다.
앞서 제시한 관점을 조금 구체적으로 설명했을 뿐, 관점의 재진술이라는 의미를 파악하고 독해를 진행했으면 충분합니다.

◇ tip **다른 말 같은 뜻**

독서는 결국 '의미'를 파악하며 읽는 것입니다. 독해 시, 기표(記標)가 다르더라도, 같은 기의(記意)를 가지고 있으면 적극적으로 같은 의미를 판단해 주어야 합니다.

특히 '관점을 다루는 지문'에서는 이처럼 '관점을 확보'하고 그에 맞춰 글자의 의미를 파악하는 것이 압도적으로 중요합니다.

이 지문은 다양한 인물이 등장하고, 관점이 제시된 뒤 그에 대한 구체화로 지문이 일관되게 진행되고 있습니다. 사실 '다양한 관점'을 다룬다면 이렇게 글이 진행되는 것이 대부분이죠.

'관점'을 확보하고, 이후 제시되는 내용을 납득하며 독해를 진행해서, '관점'에 대한 이해도를 높여 선지 판단에 들어가는 것이 우리가 지향할 방향입니다.

> 이런 상황에서는, 초기 지원과 투자로 가난한 사람들이 빈곤의 덫에서 벗어나도록 해주어야만 생산성 향상이나 저축과 투자의 증대가 가능해져 소득이 늘 수 있다. 그런데 가난한 나라는 초기 지원과 투자를 위한 자금을 조달할 능력이 없기 때문에 외국의 원조가 필요하다는 것이다.

결국 또 앞선 말의 재진술입니다. '소득을 늘릴 수 없어 초기 원조'가 중요하다고 구체적으로 제시된 관점을 그대로 받아서 독해가 진행되고 있습니다. 관점을 확보하며, 그를 통해 납득하는 독해를 진행했다면 사실상 체감 정보량은 극도로 적었을 겁니다.

> 제도의 역할을 강조하는 경제학자들의 견해는 삭스와 다르다.

대놓고 차이를 제시해주고 있습니다. '제도'를 강조하는 관점은 삭스와 다른 견해를 보입니다. 최소한 이들의 '관점 차'는 파악한다는 인식으로 독해를 진행해야 합니다.

◇ tip **비교·대조 쌍**

실제 독해 시 a와 b가 대조되는 전개 방향이라면 a를 읽을 때는 있는 그대로 정리를 잘하면서 독해를 하며, 이후 b가 제시될 때 차이점과 공통점을 잡으며 독해를 진행해야 합니다. 하지만 그것이 어렵다면 최소한 각각에 대한 구분은 진행된 뒤, 선지에서 물어볼 때 돌아와서라도 판단할 수준으로는 독해가 진행됐어야 합니다.

여기서도 글을 조금 더 잘 읽었다면, '제도'를 중시하고 '삭스 = 원조 중시'와 다른 관점이니, '원조를 중시하지 않을 것이다!'라고 의미를 파악하고 독해를 진행했으면 베스트입니다.

> 이스털리는 정부의 지원과 외국의 원조가 성장에 도움이 되지 않는다고 본다.

역시 대놓고 '원조 중시'와 반대되는 '원조가 도움이 되지 않는다'라는 관점이 제시됩니다. '제도'를 중시하며 '원조를 중시하지 않는' 관점을 확보하고, 이후 내용을 납득합시다.

> 그는 '빈곤의 덫' 같은 것은 없으며, 빈곤을 해결하기 위해 경제가 성장하려면 자유로운 시장이 잘 작동해야 한다고 본다.

관점이 구체화 됩니다. '제도'를 중시하며 '원조 중시하지 않는' 관점입니다. 그러니 '자유시장 = 제도'를 중시하는 입장이겠죠. 여기서 핵심은 '자유시장'을 보고 '제도'를 중시한다는, 문맥상 의미를 파악하며 독해를 진행하는 것입니다.

◇ **코멘트**

결국 다른 말 같은 뜻이죠. 실제로도 여기서 '자유로운 시장 중시 = 제도 중시'로 독해가 진행됐으면 22번 문항에서 '제도의 역할을 강조하는 경제학자'를 보고 '이스털리도 있는데? 얘는 그러지 않던데?'라고 판단하는 것이 수월해집니다.

가난한 사람들이 필요를 느끼지 않는 상태에서 교육이나 의료에 정부가 지원한다고 해서 결과가 달라지지 않으며 개인들이 스스로 필요한 것을 선택하도록 해야 한다고 보기 때문이다.

계속 확보한 관점으로 내용을 납득합시다. '자유시장'이 핵심입니다. 그러니 '스스로' 필요한 것을 선택할 수 있는 환경이 세팅되어야겠죠. '스스로' 선택하는 것이 '자유'이니까요.

◇코멘트

이는 '어휘력'의 중요성을 알려주는 부분입니다. '스스로 선택 ≒ 자유로운 선택'이 둘이 완전한 동치는 아니지만, 맥락상 대응되는 의미로 파악된다는 것을 잡았다면 체감 정보량은 줄고, 기억은 더욱 오래 남을 수밖에 없습니다.
cf) 23.09 아도르노의 미학
'대중 예술의 규격성으로 인해 개인의 감상 능력 역시 표준화되고~ / 아도르노는 서로 다른 가치 체계를 하나의 가치 체계로 통일시키려는 속성을 동일성으로~'
⇒ '규격성 ≒ 표준화 ≒ 가치 체계 통일 ≒ 동일성' 이들은 완전한 동치는 아니지만, 어휘 자체가 가지고 있는 의미가 매우 유사하고, 맥락상 이들이 대응되는 의미라고 판단하며 독해를 진행했어야 함.

마찬가지 이유로 이스털리는 외국의 원조에 대해서도 회의적인데, 특히 정부가 부패할 경우에 원조는 가난한 사람들의 처지를 개선하지는 못하고 부패를 더욱 악화시키는 결과만 초래한다고 본다.

관점을 확보하고 독해해야 합니다. '원조가 도움이 되지 않는다'라는 관점은 앞서 제시됐습니다. 그런데 조금 더 구체적으로 '악화'시킨다는 정도로 구체화되어 제시됐습니다. 이렇게 재진술되며 관점이 구체화될 때 이를 확보하며 독해를 진행해야 합니다.

◇코멘트

사실 관점을 확보하고 있다면, 아예 새로운 정보가 추가되는 것이 아니라 이렇게 구체화될 때는 대부분 납득하며 독해를 신행알 수 있습니다.

이에 대해 삭스는 가난한 나라 사람들의 소득을 지원해 빈곤의 덫에서 빠져나오도록 해야 생활수준이 높아져 시민사회가 강화되고 법치주의가 확립될 수 있다고 주장한다.

갑자기 '삭스'가 다시 등장합니다. 앞서 제시된 인물이 삭스하나이고 대놓고 대립되는(원조에 대하) 관점이니 '원조 중시하는 삭스'는 확보한 상태이어야 합니다. 그렇다면 당연히 '삭스는 또 원조가 필요하다고 하네' 정도로 자연스럽게 납득할 수 있습니다.

빈곤의 원인이 나쁜 제도라고 생각하는 애쓰모글루도 외국의 원조에 대해 회의적이지만, 자유로운 시장에 맡겨 둔다고 나쁜 제도가 저절로 사라지는 것도 아니라고 본다.

앞선 이스털리와 공통적으로 '원조'에 대해서 회의적이지만, '자유시장'만으로는 부족하다는 입장입니다. 그렇다면 당연히 '추가적인 관점'이 제시될 것이고 그 관점을 확보하고 독해를 진행해야 합니다.

◇코멘트

이스털리와 애쓰모글루는 '제도'를 중시하지만, 차이가 있는 것이죠. 공통점을 가지고 있지만, 차이가 있는 경우 이 경우는 자주 출제가 되는 포인트입니다. 기출을 통해 이렇게 출제가 자주되는 포인트 역시 선제적으로 파악한다면 문제 풀이에 조금 더 도움을 받을 수 있습니다.

그는 가난한 나라에서 경제성장에 적합한 좋은 경제제도가 채택되지 않는 이유가 정치제도 때문이라고 본다.

관점이 구체화되었습니다. '경제제도'를 위해 '정치제도'의 개선이 필요하다는 관점입니다. '제도'를 중시하지만, '정치제도'를 더 중시한다는 점을 파악해야 합니다. 관점을 확보하는 것은 필수적입니다.

◇코멘트

그리고 이것이 22번의 3번 선지의 답을 결정짓는 요인이었습니다. 둘다 '제도'를 중시하는 관점은 같지만 '정치제도'를 더 우선하는 것은 애쓰모글루만이니까요.

인간의 뇌는 한계가 있기 때문에 절대적인 정보량이 적더라도 다양한 인물과 개념어가 나오면 그 나름대로 독해 시 부담감이 있을 수밖에 없습니다, 이렇게 다양한 인물이 등장한 지문이라면 지문 내용을 완벽하게 구조화해서 독해하는 것은 한계가 있고 필연적으로 다시 지문으로 돌아오는 과정이 수반됩니다.

이때 돌아왔을 때 빠르게 정보를 찾기 위해 독해 시 인물 / 개념어에 잘 보이게 인물이름 표시하든, △ ○ ☆로 표시하든 자신이 편한 방법으로 표시하면서 독해를 하시는 것을 권장합니다. 독해 시 밑줄을 남발하거나 기호를 남발하여 독해보다 기호가 주가 되는 상황은 발생하면 안 되지만, 기호의 단순 남발이 아닌 본인이 틀에 맞는 기호 사용은 문제 풀이에 효율성을 올려준다고 생각합니다.

물론 이상적으로는 글을 100% 완벽하게 독해해서 지문으로 돌아오지 않고 글을 읽는 것이지만, 그것이 힘들다는 것은 우리도 모두 알고 있고 그렇다면 그에 대한 자신의 대비책을 잡는 것도 '시험'을 보기 위한 본인의 능력입니다.

해당 지문은 객관적으로 어려운 난도의 지문은 아닙니다. 수능에 출제되어도 평이한 수준의 지문일 겁니다.

하지만 각각의 관점에서 다양한 인물이 등장하고 있기에 실전에서는 꽤나 까다로울 수 있습니다. 인물이 다양하게 출제되면 인물 간 관점 파악을 묻는 것은 기본입니다. 그러니 인물이 많이(3명 이상) 제시된다면 필히 체크하며 돌아올 준비를 하는 실전적 태도 역시 필요합니다.

애초에 지문 초반에 '다양한 관점'이라 제시되었으니 체크를 한다는 인식을 가졌으면 베스트이고, 거기서 놓쳤더라도 최소한 여기서 이제 세 번째 인물이 등장했는데, 지문 분량이 많이 남았으니 무조건 체크를 해야 한다는 인식이라도 가졌어야 합니다.

> 어떤 제도든 이득을 얻는 자와 손실을 보는 자를 낳으므로 제도의 채택 여부는 사회 전체의 이득이 아니라 정치권력을 가진 세력의 이득에 따라 결정된다는 것이다. 따라서 그는 지속적인 성장을 위해서는 사회 전체의 이익에 부합하는 경제제도가 채택될 수 있도록 정치제도가 먼저 변화해야 한다고 주장한다.

당연하죠? '제도'를 중시하지만, '정치제도'를 더욱 중시하는 입장입니다. 그러니 '정치제도'가 변화해야 '경제제도'가 제대로 돌아갈 수 있다고 주장하겠죠. 관점을 확보했으면 당연하게 납득할 수 있습니다.

◇ 코멘트

> 약간의 상식이 있다면 조금 더 수월하게 내용을 납득할 수 있습니다. 아프리카 몇몇 국가들의 경우도 지배층의 탐욕으로 원조를 받아도 국가가 정상화되지 않으니까요.

> 제도의 중요성을 강조한 나머지 외국의 역할과 관련해 극단적인 견해를 내놓는 경제학자들도 있다.

'제도를 강조'하는 '극단적 견해'라면 '극단적 관점'일 겁니다. '제도 강조'라는 관점하에 이후 내용이 제시될 겁니다.

> 로머는 외부에서 변화를 수입해 나쁜 제도의 악순환을 끊는 하나의 방법으로 불모지를 외국인들에게 내주고 좋은 제도를 갖춘 새로운 도시로 개발하도록 하는 프로젝트를 제안한다. 콜리어는 경제 마비 상태에 이른 빈곤국들이 나쁜 경제제도와 정치제도의 악순환에 갇혀 있으므로 좋은 제도를 가진 외국이 군사 개입을 해서라도 그 악순환을 해소해야 한다고 주장한다.

극단적이네요. 로머는 아예 외국인들에게 지역을 내주어 제도를 갖추는 방법을 제시하고, 콜리어는 군사 개입까지 제시합니다. 이렇게 극단적인 '관점'이 한 줄 정도로 나열되어 있으니 확보했으면 베스트, 그렇지 않다면 최소한 인물을 체크하고 돌아와서라도 판단을 할 준비를 해야 합니다.

> 배너지와 뒤플로는 일반적인 해답의 모색 대신 "모든 문제에는 저마다 고유의 해답이 있다."는 관점에서 빈곤 문제에 접근해야 한다고 주장하고 구체적인 현실에 대한 올바른 이해에 기초한 정책을 강조한다.

일반적인 흐름입니다. 이론과 현실이 다르니 현실적으로 접근해야 한다는 관점이 배너지와 뒤플로입니다. '현실적 접근' 정도로 파악했으면 충분합니다.

이는 법, 경제, 과학 등에서 빈번한 흐름입니다. 이론과 실제를 구분하는 것 이상적인 것과 현실적인 것을 구분하는 흐름은 하나의 대립쌍으로 기출에서 이미 자주 빈출된 표현입니다.

대립쌍에 대한 이해는 지문 이해와 문제 풀이 시 굉장히 핵심적으로 기능하는 부분입니다. 필히 민감한 반응을 갖추시길 바랍니다.

cf) 23.06 이중차분법 중 일부

⇒ '~ 실험적 방법이 이상적이다. 그러나 사람을 표본으로 하거나 사회 문제를 다룰 때에는 이 방법을 적용할 수 없는 경우가 많다.'

두 사람은 나쁜 제도가 존재하는 상황에서도 제도와 정책을 개선할 여지는 많다고 본다.

'모든 문제는 고유의 해답이 있'습니다. 그러니 나쁜 제도가 존재해도 그 나름에서 제도나 정책이 개선될 방향이 있겠죠. 계속 확보한 관점을 통해 납득해야 합니다.

이들은 현재 소득과 미래 소득 사이의 관계를 나타내는 곡선의 모양으로 빈곤의 덫에 대한 견해들을 설명한다. 덫이 없다는 견해는 이 곡선이 가파르게 올라가다가 완만해지는 '뒤집어진 L자 모양'이라고 생각함에 비해, 덫이 있다는 견해는 완만하다가 가파르게 오른 다음 다시 완만해지는 'S자 모양'이라고 생각한다는 것이다.

두 가지 그래프가 제시됩니다. 'L'자는 빈곤의 덫이 없고, 'S'자는 빈곤의 덫이 있습니다. 대놓고 두 그래프의 모양을 구분해주고 있으니 출제될 수 있는 요소입니다.

현실 세계가 뒤집어진 L자 모양의 곡선에 해당한다면 아무리 가난한 사람이라도 시간이 갈수록 점점 부유해진다. 이들을 지원하면 도달에 걸리는 시간을 조금 줄일 수 있을지 몰라도 결국 도달점은 지원하지 않는 경우와 같기 때문에 도움이 필요하다고 보기 어렵다. 그러나 S자 곡선의 경우, 소득 수준이 낮은 영역에 속하는 사람은 시간이 갈수록 소득 수준이 '낮은 균형'으로 수렴하므로 지원이 필요하다.

앞서 제시한 내용의 재진술 수준입니다. 'L'은 빈곤의 덫이 없고, 'S'는 빈곤의 덫이 있습니다. 그러니 'L'은 언젠가는 좋아지지만, 'S'는 '덫'에 걸려 오히려 낮은 곳으로 가니 지원이 필요합니다. 앞서 'L'과 'S'의 차이를 파악했다면 그냥 납득할 수 있는

정도입니다.

+ 결국 이렇게 두 상황이 차이가 난다는 것은 앞서 제시한 '모든 문제는 고유의 해답이 있다.' 정도의 맥락과 같다고 보면 되겠죠.
+ 이를 통해 덫이 없다고 생각하는 즉, L을 믿는 학자들은 자동으로, 원조에 대해 회의적일 것이고, S를 믿는 학자들은 자동으로 원조에 대해 긍정적으로 여길 것이라는 점은 자연스럽게 파악할 수 있습니다.

배너지와 뒤플로는 가난한 사람들이 빈곤의 덫에 갇혀 있는 경우도 있고 아닌 경우도 있으며, 덫에 갇히는 이유도 다양하다고 본다.

당연합니다. 'L'인 경우 가난해도 올라가는 것이고 'S'는 가난을 극복하지 못하는 겁니다. 덫에 걸린 경우와 걸리지 않은 경우가 있는 것이죠. 그냥 재진술 수준입니다.

따라서 빈곤의 덫이 있는지 없는지 단정하지 말고, 특정 처방 이외에는 특성들이 동일한 복수의 표본집단을 구성함으로써 처방의 효과에 대한 엄격한 비교 분석을 수행하고, 지역과 처방을 달리하여 분석을 반복함으로써 이들이 어떻게 살아가는지, 도움이 필요한지, 처방에 대한 이들의 수요는 어떠한지 등을 파악해야 빈곤 퇴치에 도움이 되는 지식을 얻을 수 있다고 본다. 빈곤을 퇴치하지 못하는 원인이 빈곤에 대한 경제학 지식의 빈곤이라고 생각하는 것이다.

'관점'을 확보하고 그에 맞춰 독해를 진행해야 합니다. '모든 문제는 고유의 해답'이 있습니다. 그러니 함부로 단정하지 말고 '사람에 맞춘' 다양한 분석이 필요하다는 얘기가 자연스럽게 제시되겠죠. 납득하며 독해를 마무리했어야 합니다.

[22~24] 문제 해설

22 윗글과 일치하지 <u>않는</u> 것은?

① 지리적 요인의 역할을 강조하는 경제학자라면 외국의 원조에 대해 긍정적이다.
② 제도의 역할을 강조하는 경제학자라 하더라도 자유로운 시장의 역할을 중시하는 경우도 있다.

③ 제도의 역할을 강조하는 경제학자라면 정치제도 변화가 경제성장을 위한 전제조건이라고 생각한다.

④ 제도의 역할을 강조하는 경제학자라 하더라도 외국이 성장에 미치는 역할을 중시하지 않는 경우도 있다.

⑤ 지리적 요인의 역할을 강조하는 경제학자만이 빈곤의 덫에서 빠져나오려면 초기 지원이 필요하다고 생각하는 것은 아니다.

답 ③

선지의 의미를 파악해야 합니다. 제도의 역할을 강조하는 경제학자는 2문단에 제시된 이스털리와 3문단에 제시된 애쓰모글루 등이 있습니다. 여기서 3문단에서 사회 전체의 이익에 부합하는 경제제도가 채택될 수 있도록 정치제도가 먼저 변화해야 한다고 주장했지만, 2문단에 제시된 것처럼 이스털리는 경제가 성장하려면 자유로운 시장이 잘 작동해야 한다고 주장했을 뿐 정치제도의 변화를 제시하지 않았습니다.

즉 제도의 역할을 강조하는 경제학자라면 정치제도 변화가 경제성장을 위한 전제조건이라고 생각한다고 단정하는 것은 적절하지 않습니다.

오답 선지 분석

① : 지리적 요인의 역할을 강조하는 경제학자는 1문단에 제시된 삭스입니다. 1문단에 제시된 것처럼 삭스는 '빈곤의 덫'에서 빠져나오기 위해 외국의 원조에 기초한 초기 지원과 투자가 필요하다고 주장합니다.

② : 제도의 역할을 강조하는 경제학자는 2문단에 제시된 이스털리와 3문단에 제시된 애쓰모글루 등이 있습니다. 여기서 2문단에 제시된 것처럼 이스털리는 경제가 성장하려면 자유로운 시장이 잘 작동해야 한다고 주장합니다. 그러니 제도의 역할을 강조하는 경제학자라 하더라도 자유로운 시장의 역할을 중시하는 경우도 있다는 것은 적절합니다.

④ : 3문단에 제시된 것처럼 빈곤의 원인이 나쁜 제도라고 생각하는 애쓰모글루도 외국의 원조에 대해 회의적이지만, 자유로운 시장에 맡겨 둔다고 나쁜 제도가 저절로 사라지는 것도 아니라고 주장합니다.

⑤ : 지리적 요인의 역할을 강조하는 삭스는 '빈곤의 덫'에서 빠져나오기 위해 외국의 원조에 기초한 초기 지원과 투자가 필요하다고 주장합니다. 그리고 배너지와 뒤플로 같이 일반적인 해답의 모색 대신 "모든 문제에는 저마다 고유의 해답이 있다."는 관점에서도 S자 곡선의 경우, 소득 수준이 낮은 영역에 속하는 사람은 시간이 갈수록 소득 수준이 '낮은 균형'으로 수렴하므로 지원이 필요하다는 입장으로 지리적 요인의 역할을 강조하는 경제학자만이 빈곤의 덫에서 빠져나오려면 초기 지원이 필요하다고 생각하는 것은 아님을 알 수 있습니다.

23 배너지와 뒤플로 의 입장을 설명한 것으로 가장 적절한 것은?

① 제도보다 정책을 중시한다는 점에서 애쓰모글루에 동의한다.

② 가난한 사람들의 수요를 중시한다는 점에서 이스털리에 동의한다.

③ 거대한 문제를 우선해서는 안 된다고 보는 점에서 콜리어에 동의한다.

④ 정부가 부패해도 정책이 성과를 낼 수 있다고 보는 점에서 삭스에 반대한다.

⑤ 빈곤 문제를 해결하는 일반적인 해답이 있다고 보는 점에서 로머에 동의한다.

답 ②

5문단에 제시된 것처럼 배너지와 뒤플로는 지역과 처방을 달리하여 분석을 반복함으로써 이들이 어떻게 살아가는지, 도움이 필요한지, 처방에 대한 이들의 수요는 어떠한지 등을 파악해야 빈곤 퇴치에 도움이 되는 지식을 얻을 수 있다는 관점입니다. 그리고 2문단에 제시된 것처럼 이스털리는 개인들이 스스로 필요한 것을 선택하도록 해야 한다는 관점입니다. 따라서 배너지와 뒤플로는 가난한 사람들의 수요를 중시한다는 점에서 이스털리에 동의합니다.

'배너지와 뒤플로 = 다양하니 사람에 따라 / 이스털리 '스스로' 하는 것이 중요'처럼 관점을 확보했다면 답을 고르기가 조금 더 수월했을 겁니다.

오답 선지 분석

① : 3문단에 제시된 것처럼 지속적인 성장을 위해서는 사회 전체의 이익에 부합하는 경제제도가 채택될 수 있도록 정치제도가 먼저 변화해야 한다는 관점을 보입니다. 즉 애쓰모글루는 '제도'를 중시하는 관점입니다.

③ : 우선 4문단에 제시된 것처럼 제도의 중요성을 강조한 나머지 외국의 역할과 관련해 극단적인 관점인 콜리어는 경제 마비 상태에 이른 빈곤국들이 나쁜 경제제도와 정치제도의 악순환에 갇혀 있으므로 좋은 제도를 가진 외국이 군사 개입을 해서라도 그 악순환을 해소해야 한다고 주장합니다. 제도의 중요성을 강조했다는 것은 거대한 문제를 우선하지 않았다고 보기는 어렵

습니다.

④ : 5문단에 제시된 것처럼 배너지와 뒤플로는 나쁜 제도가 존재하는 상황에서도 제도와 정책을 개선할 여지는 많다는 관점이므로 정부가 부패해도 정책이 성과를 낼 수 있다고 보는 관점이라 할 수 있습니다. 그리고 2문단 마지막 정부가 부패한 경우에 대해 삭스는 가난한 나라 사람들의 소득을 지원해 빈곤의 덫에서 빠져나오도록 해야 생활수준이 높아져 시민사회가 강화되고 법치주의가 확립될 수 있다고 주장합니다. 이는 삭스도 정부가 부패해도 정책이 성과를 낼 수 있다는 관점인 것으로 베터지와 뒤플로는 정부가 부패해도 정책이 성과를 낼 수 있다고 보는 삭스의 관점에 동의할 것입니다.

⑤ : 5문단에 제시된 것처럼 베너지와 뒤플로는 일반적인 해답의 모색 대신 "모든 문제에는 저마다 고유의 해답이 있다."는 관점입니다.

◇코멘트

사실상 1번 문항과 같은 문항입니다. 다양한 관점이 제시되면 관점 간 비교를 물을 수밖에 없습니다.

24 윗글을 바탕으로 <보기>를 이해한 것으로 적절하지 <u>않은</u> 것은?

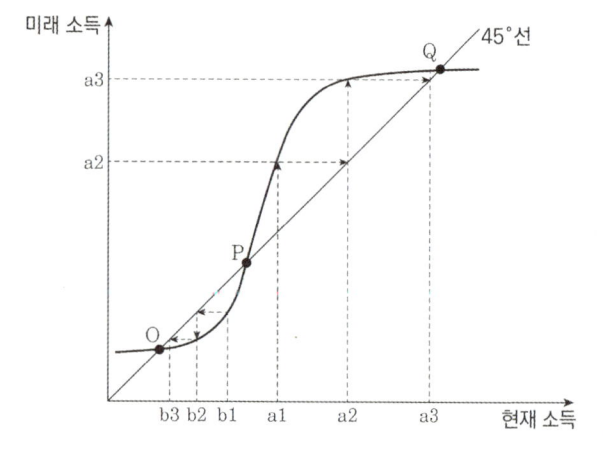

보 기

아래 그래프에서 S자 곡선은 현재 소득과 미래 소득의 관계를 표시한 것이다(45°선은 현재 소득과 미래 소득이 같은 상태를 나타낸다). 특정 시기 t의 소득이 a1이라면 t+1 시기의 소득은 a2이고, t+2 시기의 소득은 a3임을 알 수 있다. S자 곡선에서는 복수의 균형이 존재한다. 여기서 '균형'이란 한 번 도달하면 거기서 벗어나지 않을 상태를 말한다. 물론 외부적 힘이 가해질 경우에는 균형에서 벗어날 수도 있다.

① 배너지와 뒤플로는 점 O를 '낮은 균형'이라고 보겠군.

② 삭스라면 지원으로 소득을 b3에서 b1으로 이동하도록 해야 한다고 보겠군.
③ 삭스라면 지원이 없을 경우에는 b3에서는 생산성이 향상되지 않는다고 보겠군.
④ 이스털리라면 점 P의 왼쪽 영역이 없는 세계를 상정하므로 점 P가 원점이라고 보겠군.
⑤ 이스털리라면 a1에서 지원이 이루어진다 해도 균형 상태의 소득 수준은 변하지 않는다고 보겠군.

<보기> 분석

지문에 그래프는 'L'형과 'S'형이 제시되었다.
이는 S자 그래프로 '빈곤의 덫'이 존재하는 상황이다.
p를 기준으로 그래프가 다른 양상을 보인다.

답 ②

1문단에 제시된 것처럼 삭스는 가난한 나라의 사람들이 '빈곤의 덫'에서 빠져나오기 위해 외국의 원조에 기초한 초기 지원과 투자가 필요하다는 관점입니다. 그러니 삭스는 지원이 필요하다 주장할 겁니다.
하지만, S자 곡선의 경우, 소득 수준이 낮은 영역에 속하는 사람은 시간이 갈수록 소득 수준이 '낮은 균형'으로 수렴하므로 그것을 벗어날 수 있는 외부적 힘이 필요합니다.
그런데 소득 수준이 b1로 이동하여도 다시 b3로 수렴한다는 것이 제시되어 있습니다.
즉 '빈곤의 덫'에서 빠져나오기 위해 외국의 원조에 기초한 초기 지원과 투자가 필요하다는 관점인 삭스는 최소한 b1로 이동하도록 해야 한다 주장하지는 않을 것입니다.

오답 선지 분석

① : 5문단에 제시된 것처럼 베네지와 뒤플로는 소득 수준이 낮은 영역에 속하는 사람은 시간이 갈수록 소득 수준이 '낮은 균형'으로 수렴한다고 주장합니다. 그래프에서 낮은 소득 수준에서 결국 O로 수렴하는 것을 확인할 수 있습니다.

③ : 1문단에 제시된 것처럼 삭스는 초기 지원과 투자로 가난한 사람들이 빈곤의 덫에서 벗어나도록 해주어야만 생산성 향상이나 저축과 투자의 증대가 가능해져 소득이 늘 수 있다고 주장합니다. 즉 삭스라면 지원이 없을 경우에는 b3에서는(낮은 균형으로 수렴) 생산성이 향상되지 않는다고 볼 것입니다.

④ : 2문단에 제시된 것처럼 이스털리는 '빈곤의 덫' 같은 것은 없다고 주장합니다. 그러니 P 영역 왼쪽인 낮은 균형으로 수렴하는 세계는 없다고 상정할 것이고, 이는 현실 세계가 뒤집어진 L자 모양의 곡선에 해당합니다. 결국 아무리 가난한 사람이라도 시간이 갈수록 점점 부유해진다는 입장으로 이스털리는 P가 원점이라고 볼 것입니다.

⑤ : 2문단에 제시된 것처럼 이스털리는 '빈곤의 덫' 같은 것은 없다고 주장합니다. 그러니 P 영역 왼쪽인 낮은 균형으로 수렴

하는 세계는 없다고 상정할 것이고, 이는 현실 세계가 뒤집어진 L자 모양의 곡선에 해당합니다. 이 경우 5문단에 제시된 것처럼 지원하면 도달에 걸리는 시간을 조금 줄일 수 있을지 몰라도 결국 도달점은 지원하지 않는 경우와 같기 때문에 도움이 필요하다고 보기 어렵다는 관점입니다. 그러니 지원이 이루어진다 해도 균형 상태의 소득 수준은 변하지 않는다고 볼 것입니다.

◇ 코멘트

지문에서 대놓고 비교·대조 해준 쌍은 출제될 수밖에 없습니다. 애초에 지문에서 두 그래프 개형을 구분해줬고, <보기>에 그래프가 제시되었다면 당연히 두 그래프를 개형을 적용하며 판단해야 합니다.

◇ 총평

- 핵심 확보
- 다른 말 같은 뜻 / 대립쌍
- 정보량 견디기
- 돌아올 줄 아는 것도 실력이다.

지문 초반 제시된 '해당작용과 산화적 인산화'라는 두 축을 잡고 독해를 진행하는 것이 핵심이었습니다. 이것이 암세포의 대사 과정이라는 핵심과 직결되어 있으므로 그에 맞춰 최소한 저 핵심에 직결되는 정보는 앞선 정보를 통해 파악하며 독해를 진행했어야 합니다. 해당작용에 직결되는 것은 암세포와 가깝고 산화적 인산화에 직결되는 것은 암세포와 멀다는 정도를 생각하며(대립쌍으로 구분된 두 개념에 대해 다른 말 같은 뜻을 파악하며) 독해를 진행했으면 베스트입니다.
이 과정에서 중간 빌드업 구간에서 정보가 나열된 것들의 처리가 매우 힘들었을 겁니다. 항상 생각할 것은 '핵심은 이해하고 다른 정보는 이해되면 좋고 최소한 정리는 한다'라는 실전적 태도입니다.
해당 지문에서 핵심을 상기하는 태도 + 실전에서 정보량이 쏟아지는 구간에 대한 태도를 꼭 점검하시길 바랍니다.
실제 문제 풀이에서도 정보의 정리 + 핵심 상기(해당작용과 산화적 인산화에 직결되는 증감은 파악했어야 함) 이 두 가지 축으로 진행되었습니다.

    암세포의 대사 과정은 정상 세포와 다른 것으로 알려져 있다.

매우 상식적인 내용입니다. 암세포가 대가 과정이 정상 세포와 다르다는 것 정도는 상식적으로 납득하고 독해를 진행하면 충분합니다.

◇ 코멘트

기출을 많이 접해 첫 문장의 중요성을 아신다면, '암세포의 대사 과정'이 핵심이라는 정도는 생각하고 독해를 진행할 수 있습니다. 과정이 제시된다면 정리해야 한다는 것도 생각해볼 수 있죠.
cf) 23.06 비타민K

오토 바르부르크가 발표한 '바르부르크 효과'에 따르면 암세포는 '해당작용'을 주된 에너지 획득 기전으로 수행하고 또 다른 에너지 획득 방법인 '산화적 인산화'는 억제한다.

우리에게 암세포의 대사과정은 핵심입니다. 그러니 '해당작용'과 '산화적 인산화'는 핵심적인 정보일 겁니다. 거기다 지문에서 '해당작용은 획득 기전 / 산화적 인산화는 억제'라고 대놓고 대립쌍을 보였기에, 두 작용(과정)에 대한 구분이 핵심적이라는 정도는 파악할 수 있습니다.

◇ tip 대립쌍

대놓고 지문에서 '획득 / 억제'로 구분해주고 있습니다. 이러면 우리는 지문에서 이 둘에 대한 정보는 필히 명확하게 구분해주어야 합니다.

애초에 기출 분석을 통해 (미시, 거시) / (개별, 전체) / (안, 밖) / (선천, 후천) / (모든, 일부) / (형식, 내용) / (가변, 불변) 등 대립쌍을 이루는 어휘 자체를 익혀 그에 대한 즉각적인 반응이 이루어져야 했으니까요.

실제로 대립쌍에 대한 이해는 지문 이해와 문제 풀이 시 굉장히 핵심적으로 기능하는 부분입니다. 필히 민감한 반응을 갖추시길 바랍니다.

세포는 영양분으로 섭취한 큰 분자를 작은 분자로 쪼개는 과정을 통해 ATP를 생성하는데 이 과정을 '이화작용'이라고 한다. 또한 ATP와 같은 고에너지 분자의 에너지를 이용하여 세포의 성장과 분열을 위해 작은 분자로부터 단백질, 핵산과 같은 거대 분자를 합성하는 과정을 '동화작용'이라고 한다.

이화작용과 동화작용의 개념을 제시해주고 있습니다. 대놓고 'ATP 생성을 위해 쪼개는' 작용과 'ATP를 합성'하는 작용으로 구분되고 있습니다. 쪼개는 것과 합성하는 것 역시 명확하게 구분된 개념이므로 두 작용 역시 필히 구분된 상태로 독해를 진행해야 합니다.

◇ tip 빌드업

대놓고 'A를 알기 위해 B가 필요하다.'라는 것처럼 직접적으로 제시된 것은 아니지만, 암세포의 메커니즘(해당작용과 산화적 인산화)을 제시해준 뒤, 일반적인 세포들에 대한 정보를 제시해준다면 이는 필히 핵심인 암세포의 메커니즘을 이해시키기 위한 구간입니다.

이런 빌드업 구간은 정보를 세팅하는 용도로 글이 진행되는 경우가 많기 때문에, 체감 정보량이 많을 수밖에 없습니다. 이때 **'핵심을 상기한 상태로'** 제시된 정보들의 개념을 정확하게 **'정리'**한다는 인식을 가지고 독해를 진행해야 합니다.

cf) 15.11 신채호의 사상

⇒ 신채호의 사상을 이해하기 위한 '아' 개념 세팅

이화작용을 통해 ATP를 생산하기 위해 세포는 영양물질을 **내부**로 수송하는데, 가장 대표적인 영양 물질인 포도당은 **세포 내부**로 이동하여 해당작용과 산화적 인산화를 통해 작은 분자로 분해된다.

'이화작용'은 '쪼개는' 과정입니다. '이화작용'으로 [영양 물질 → 내부 수송 → 해당, 산화적 인산화 → 분해]의 과정을 보이고 있습니다. '이화작용'이 '분해'라는 걸 파악했다면 과정은 자연스럽게 납득할 수 있습니다.
여기서 기출에 출제되었던 생명 지문을 고려할 때 '위치'가 핵심이라는 점을 생각할 수 있으므로, '내부'로 이동한다는 것은 필히 체크라도 했어야 합니다.

◇ 코멘트

지금까지 기출에서 생명 지문이 제시될 때 '위치'는 굉장히 중요하게 다루어진 내용입니다. 안에서 밖으로 이동하는지, 밖에서 안으로 이동하는지 등의 정보 말이죠. 기출에서 빈출되는 흐름을 파악하고 있는 사람이었다면, '내부'라는 정보가 핵심이고 그에 맞춰 위치에 따라 정보를 구분해야 한다는 생각을 할 수 있었을 겁니다.

이론적으로 포도당 1개가 가지고 있는 에너지가 전부 ATP로 전환될 경우 36개 또는 38개의 ATP가 만들어진다. 이 중 2개의 ATP는 세포질에서 일어나는 해당작용을 통해, 나머지는 미토콘드리아에서 대부분 산화적 인산화를 통해 만들어진다.

'위치'는 핵심입니다. 포도당이 ATP가 될 때 2개는 '세포질'이라는 위치에서 나머지는 '미토콘드리아'에서 진행됩니다, 애초에 위치는 핵심이므로 '세포질에서 해당작용 + 조금임' / '미토콘드리아 산화적 인산화 + 많음' 정도로는 정리를 하고 독해를 진행했어야 합니다.

◇코멘트

+ 여기서 해당작용은 암세포가 쓰는 거고, 산화적 인산화는 암세포가 억제하는 거라는 사실을 계속 상기하며 독해를 진행했으면 베스트입니다. 이것을 상기하는 것이 빌드업 구간이 지난 뒤 4문단에서 내용 이해와 직결됩니다.
+ 우선 문맥적으로 앞선 문장에서 '세포 내부로 이동'한다는 말이 있으니, '미토콘드리아가 세포 내부에 있구나'라는 문맥적 의미 파악이 되어야 합니다.
그리고 20.06 개체성 지문에서 제시되었는데, 미토콘드리아는 세포 내 소기관입니다. 기출에 제시된 지식은 알고 있어야 합니다. 특히 생명 지문에서 세포를 다룰 때 미토콘드리아는 매우 자주 등장합니다. 세포 내 소기관이라는 정도는 알아둡시다.

해당작용과 산화적 인산화는 수행되는 장소도 다르지만 요구 조건도 다르다.

앞서 해당작용은 '세포질'이라는 위치에서 산화적 인산화는 '미토콘드리아'라는 위치에서 진행됨이 제시되었습니다. 그러니 수행되는 장소가 다르다는 것은 납득할 수 있습니다.
그리고 요구 조건이 다르다 했으니 이에 대한 구분이 핵심이라 생각하고 독해를 진행했어야 합니다.

◇코멘트

사후적이라고 생각하기보단, 빌드업 구간에서 핵심을 상기해야 한다는 점을 고려하고 코멘트를 읽어 주시길 바랍니다. 암세포에게 '해당작용은 획득 기전이고, 산화적 인산화는 억제'합니다. 그리고 우리는 암세포의 메커니즘을 파악하는 것이 핵심이었죠. 그렇다면 가장 이상적인 독해는 핵심을 상기(저 두 작용을 통해 암세포의 메커니즘 파악)한 상태로 '요구 조건'이 다르다는 것을 보고 '각각의 조건이 결국 암세포와 직결된다는' 점을 파악했으면 베스트입니다. 이것이 지문 초반에 제시된 핵심을 놓치지 않고 독해를 진행하는 태도입니다.

해당작용에는 산소가 필요하지 않지만, 산화적 인산화에는 필수적이다.

산소 유무로 해당작용과 산화적 인산화가 나뉩니다. 일단 구분해 줬으니, 우리도 최소한 정리는 하고 독해를 진행했어야 합니다.

◇코멘트

그렇다면 암세포 쪽에는 산소가 부족할 가능성이 더욱 높을 것입니다. 해당작용을 주된 에너지 획득 기전으로 이용하니까요. 계속 핵심을 상기하면 베스트입니다.

세포 내부에 산소가 부족하면 산화적 인산화는 일어나지 못하고 해당작용만 진행되며,

당연합니다. 산화적 인산화에는 산소가 필수적이고 해당작용은 그렇지 않으니까요. 당연히 산소가 부족하면 위와 같은 상황이 발생할 겁니다. 앞 문장을 통해 뒷 문장을 자연스럽게 납득하는 태도는 매우 중요합니다.

이 경우에는(산소가 부족한 경우에는) 해당작용의 최종 산물인 피루브산이 젖산으로 바뀌는 젖산 발효가 일어난다.

앞 문장에 제시된 것처럼 산소가 부족하니 해당작용이 진행됐을 겁니다. 그러니 해당작용의 산물이 나오겠죠. 그것이 '젖산'으로 바뀌는 것이 젖산 발효입니다.

◇ tip 당겨 읽기 (관형절도 당겨 읽어라.)

특정 대상을 수식해주는 관형어(절)이 있다면, 대상만을 확보하며 단순히 넘어갈 것이 아니라 관형어(절)과 대상 모두를 하나의 의미로 확보해주며 독해를 진행해야 합니다.

여기서도 피루브산(해당작용의 최종 산물)과 젖산 발효의 개념(피루브산이 젖산으로)을 관형절로 서술해주고 있습니다. 이런 경우 개념(정의)를 놓치고 가는 경우가 많으니 주의해야 합니다.

사소한 습관이지만 그 영향력은 사소하지 않고 정말 중요한 독해 태도이므로 꼭 습관화하시기를 바랍니다.

cf) 23.06 육가의 『신어』, (나) 『치평요람』의 관점

⇒ 역사를 관통하는 자연의 이치에 따라 천문·지리·인사 등 천하의 모든 일을 포괄한다는 ㉠통물(統物)과, 역사 변화 과정에 대한 통찰로서 상황에 맞는 조치를 취하고 기존 규정을 고수하지 않는다는 ㉡통변(通變)을 제시하였다.

⇒ ㉠과 ㉡의 개념을 'A는 B다.' 같은 형식이 아닌, 'B인 A~' 와 같은 형식으로 서술해주고 있고, 정의를 파악 여부가 출제됨.

심폐 기능에 비해 과격한 운동을 하였을 때 근육 세포에서 생성된 젖산이 근육에 축적된다.

과격한 운동으로 젖산이 생긴다는 것은 고교 교육 과정에서도 다루어지고 있는 내용이므로 상식적으로 알고 있었으면 좋습니다. 그래도 몰랐더라면 [운동↑ - 젖산↑] 정도로 정리라도 하고 독해를 진행했어야 합니다.

젖산 발효 과정은 해당작용에 필요한 조효소 NAD^+의 재생산을 위해 필수적이다.

젖산 발효 과정은 젖산이 생성되는 과정입니다. 즉 젖산 발효 과정이 NAD^+의 재생산에 필수적이라는 것은 NAD+의 재생산에 젖산이 사용된다는 의미일 겁니다.

NAD^+로부터 해당작용의 또 다른 생성물인 조효소 NADH가 생성되기 때문이다.

과정을 정리합시다. [NAD^+에서 → NADH 생성] 그런데 지금 지문에 제시된 정보만으로는 솔직히 [NAD^+에서 → NADH 생성]이라는 정보만으로 젖산 발효 과정이 필수적이란 것을 납득하기 어렵습니다. 일단 이런 경우 최소한 정리를 하고 이후 내용을 통해 납득되면 베스트, 그렇지 못하면 그대로 돌아와서라도 문제에 접근해야 합니다.

해당작용에서 포도당 1개가 2개의 피루브산으로 분해될 때 NADH가 2개 만들어지고, NADH 1개당 3개의 ATP를 산화적 인산화를 통해 만들 수 있는데,

여기서도 해당작용과 산화적 인산화를 구분해주고 있습니다. 저 구체적 수치들을 모두 외우고 독해하는 것은 꽤나 어려울 겁니다. 저라면 제시된 과정은 정리하고 독해를 진행했을 것 같습니다.
[해당작용 포도당 1개 → 피루브산 2개 → NADH 2개 → ATP 6개]

젖산 발효를 하는 세포는 NADH를 에너지가 낮은 상태인 NAD^+로 전환하는 손해를 감수한다.

생각합시다. '젖산 발효'는 산소가 부족한 경우에 발생합니다. 그러니 '젖산 발효를 하는 세포는 NADH를 에너지가 낮은 상태인 NAD^+로 전환하는 손해를 감수'한다는 것을 통해 '젖산 발효 과정은 해당작용에 필요한 조효소 NAD^+의 재생산을 위해 필수적'이라는 것을 납득할 수 있습니다.

◇ tip 다른 말 같은 뜻

독서는 결국 '의미'를 파악하며 읽는 것입니다. 독해 시, 기표(記標)가 다르더라도, 같은 기의(記意)를 가지고 있으면 적극적으로 같은 의미를 판단해 주어야 합니다.

'해당작용은 암세포에 획득 기전이고 산화적 인산화는 암세포가 억제합니다.'

그러면 이렇게 해당작용으로 젖산 발효가 진행되는 상황은 암세포를 억제하는 상황과는 거리가 먼 의미를 가지고 있다는 점을 파악해야 합니다.

이처럼 핵심에 맞춰 제시된 글자, 문장의 의미를 파악해야 합니다.

◇ tip 돌아올 줄 아는 것도 실력이다.

빌드업 구간에서 체감 정보량이 상당했을 겁니다. 실제로 생명에 대한 높은 수준의 배경지식이 없다면 해당 구간의 정보를 정리하는 것 자체가 힘들었을 겁니다.

여기서 가장 이상적인 것은 '암세포의 메커니즘'이라는 핵심을 상기하며 '해당작용'과 '산화적 인산화'에 직결된 정보는 납득하며, 나머지 정보는 정리 정도(필기나 표시 등을 활용)를 해놓고 독해를 진행하는 것이겠죠.

실제로 세 문항 모두 '해당작용'과 '산화적 인산화' (산소 필요 없음, 산소 필요 / 이후 이를 통해 저 둘을 계속 구분) 저 둘의 대립쌍이 핵심이고 나머지 세부 정보는 일치 수준으로 돌아와서 판단해도 무방했습니다. 물론 정보가 적지 않아 일치를 처리하기에 시간이 꽤나 쓰였을 수밖에 없죠. 그런데 리트 언어이해는 10지문이 다 비문학이지만, 수능은 그렇지 않습니다. 그렇기에 만약 이런 지문이 나와도 어떻게든 답은 맞출 수 있게 수능 국어는 문학과 선택 과목에서 시간을 벌어야 하는 겁니다.

정리하자면 핵심을 잡으며 독해하고, 이렇게 정보가 쏟아지는 구간에서 가장 이상적인 것은 깔끔하게 정리하며 독해를 진행하는 것이지만 그것이 어렵다면 최소한 핵심은 상기하고 나머지 정보는 돌아와서 판단한다는 인식을 가졌어야 합니다. 그리고 이렇게 돌아와서 맞추기 위한 시간이 필요함을 인식해야 하는 것이죠.

바르부르크 효과는 산소가 있어도 해당작용을 산화적 인산화에 비해 선호하는 암세포 특이적 대사 과정인 '유산소 해당작용'을 뜻한다.

'산소가 있어도' 해당작용을 더 많이 하면 이상합니다. 이상하

니 당연히 암세포의 특이한 대사 과정이겠죠? 이 정도는 자연스럽게 납득할 수 있습니다.

암세포가 더 빨리 분열하는 악성 암세포로 변하면 산화적 인산화에 대한 의존을 줄이고 해당작용에 대한 의존이 증가한다.

앞서 암세포가 산소가 있어도 산화적 인산화보다 해당작용을 한다고 했습니다. 그러니 더 암세포가 심해지면 해당작용이 증가한다는 것은 자연스럽게 납득할 수 있습니다. 앞 문장을 통해 내용을 납득하는 태도는 핵심입니다.

약물 처리 등으로 그 반대의 경우가 되면, 해당작용에 대한 의존이 줄고 산화적 인산화에 대한 의존이 증가한다.

반대가 된다니 당연히 산화적 인산화에 대한 의존이 늘어나겠죠. 당연하게 납득할 수 있습니다. 이때 약물 처리로 인한 반대의 경우가 되는 상황은 암세포의 분열이 느려지는 것을 말합니다. 따라서, [분열의 속도 $\propto$ 해당작용 의존]임을 알 수 있습니다.

유산소 해당작용을 수행하는 암세포는 포도당 1개당 ATP 2개만을 생산하는 효율이 떨어지는 해당작용에 에너지 생산을 대부분 의존하므로 정상 세포에 비해 포도당을 더 많이 세포 내부로 수송하고 젖산을 생산한다.

앞선 내용들을 통해 해당 정보를 납득하는 것이 가장 베스트입니다. 그렇지 못했다면 최소한 [유산소 해당작용 : 포도당 1 → ATP 2개 → 포도당 수송↑+젖산↑] 정도로 정리라도 하고 독해를 진행했어야 합니다.

바르부르크 효과의 원인에 대해 다음 세 가지 설명이 있다.

지문 후반부에 이렇게 원인에 대한 세 가지 설명이 제시된다면, 각각을 정확하게 파악하되, 돌아와서 확인한다는 인식을 갖춰야 합니다.

cf) 20.06 개체성 <보기> 문항
'진핵세포가 미토콘드리아의 증식을 조절하고, 자신을 복제하여 증식할 때 미토콘드리아도 함께 복제하여 증식시킨다는 것이다. / 또한 미토콘드리아의 유전자의 많은 부분이 세포핵의 DNA로 옮겨 가 미토콘드리아의 DNA 길이가 현저히 짧아졌다는 것이다. / 미토콘드리아에서 일어나는 대사 과정에 필요한 단백질은 세포핵의 DNA로부터 합성되고, 미토콘드리아의 DNA에 남은 유전자 대부분은 생체 에너지를 생산하는 역할을 한다. / 예컨대 사람의 미토콘드리아는 37개의 유전자만 있을 정도로 DNA 길이가 짧다.'
⇒ <보기> 문제에서 조건에 대한 파악을 물을 때 즉각적으로 처리했으면 가장 이상적이지만, 지문 후반부에 나열된 조건들을 돌아와서 판단한다는 인식이 있었으면 답은 맞출 수 있던 문항.

첫 번째는 암세포의 빠른 성장 때문에 세포의 성장에 필요한 거대 분자를 동화작용을 통해 만들기 위해 해당작용의 중간 생성 물질을 동화작용의 재료로 사용하려고 해당작용에 집중한다는 것이다. 두 번째는 체내에서 암세포의 분열로 암 조직의 부피가 커져서 산소가 그 내부까지 충분히 공급되지 못하기 때문에 암세포가 산소가 없는 환경에 적응하도록 진화했다는 것이다. 세 번째는 미토콘드리아의 기능을 암세포가 억제하여 미토콘드리아에 의해 유발되는 세포 자살 프로그램의 실행을 방해함으로써 스스로의 사멸을 막으려 한다는 이론이다.

세 가지 원인에 대한 설명이 제시됩니다. 앞서 말한 것처럼 각각을 [해당작용의 중간 생성 물질 이용 / 산소 충분 공급 안 됨 /

미토콘드리아 억제]와 같이 바로 파악됐으면 베스트입니다. 하지만 그러지 못했더라도 지문 마지막에 세 가지 원인이 나열 되니 돌아와서 판단한다는 인식만 갖췄어도 무방합니다.

> 바르부르크는 이러한 암세포 특이적 대사과정의 변 이를 발암의 원인으로 설명하였다. 그러나 최근의 연구 에서는 발암 유전자의 활성화와 암 억제 유전자에 생기 는 돌연변이가 주된 발암 원인이고, 바르부르크 효과는 암의 원인이라기보다는 그러한 돌연변이에 의한 결과로 발생하는 것으로 밝혀졌다.

바르부르크는 암세포의 특이적 대사과정의 변이를 발암의 원인 으로 생각하였지만, 사실 유전자의 문제이고 바르부르크의 실 수는 유전자 문제의 결과입니다. 지문 마지막에 정보를 제시해 준 경우 문제로 필히 활용될 수 있다는 인식은 가져갈 바랍니다.

◇코멘트

원인과 결과, 주장과 근거, 수단과 목적 등에 대한 구분은 핵 심입니다.

[25~27] 문제 해설

25 윗글과 일치하는 것은?

① 해당작용의 산물 중 NADH는 미토콘드리아에서 ATP를 추가로 생산하는 데 사용되지 않는다.
② 해당과정 중 소비되는 NADH의 재생산은 해당작용의 지속적 수행에 필수적이다.
③ 심폐기능에 비해 과격한 운동을 하면 근육에서 젖산은 늘어나고 NAD$^+$는 줄어든다.
④ 동화작용에서 거대 분자를 만들 때 해당작용의 중간 생 성물이 사용된다.
⑤ 바르부르크 효과에 의해 암 억제 유전자의 돌연변이가 유발된다.

답 ④

5문단에서 '암세포의 빠른 성장 때문에 세포의 성장에 필요한 거대 분자를 동화작용을 통해 만들기 위해 해당작용의 중간 생 성 물질을 동화작용의 재료로 사용하려고 해당작용에 집중'함 이 제시되었습니다, 그리고 이것이 바르부르크 효과의 원인이 아닌 결과라는 점이 밝혀졌습니다. 즉 해당 사실은 결과로서 증 명된 것이죠.

그러니 해당작용의 중간 생성 물질을 동화작용의 재료로 사용 된다는 것을 파악할 수 있습니다.

지문 마지막에 거대 분자가 바로 나와서 나열된 원인들에 대해 돌아간다는 인식이 있었다면 '답'을 고르는 것은 할 만했을 겁 니다.

오답 선지 분석

① : 3문단에 제시된 것처럼 해당작용에서 포도당 1개가 2개 의 피루브산으로 분해될 때 NADH가 2개 만들어지고, NADH 1 개당 3개의 ATP를 산화적 인산화를 통해 만들 수 있습니다. 즉 NADH는 미토콘드리아에서 ATP를 추가로 생산하는 데 사용될 수 있습니다.

② : 우선 3문단에 제시된 것처럼 NAD$^+$로부터 해당작용의 또 다른 생성물인 조효소 NADH가 생성되는 것입니다. 즉 '소비되 는' NADH라는 표현은 적절하지 않습니다. 그리고 젖산 발효 과정은 해당작용에 필요한 조효소 NAD$^+$의 재생산을 위해 필수 적이라는 것을 고려할 때 필수적인 것은 NAD$^+$임을 알 수 있습 니다.

③ : 3문단에 제시된 것처럼 심폐 기능에 비해 과격한 운동을 하였을 때 근육 세포에서 생성된 젖산이 근육에 축적되는 것은 적절합니다. 그런데 3문단에 제시된 것처럼 젖산이 발생하는 젖산 발효 과정은 해당작용에 필요한 조효소 NAD$^+$의 재생산을 위해 필수적입니다. 이는 젖산이 NAD$^+$의 재생산을 가져온다는 것을 알 수 있고, 이를 통해 NAD$^+$는 줄어드는 것이 아닌 증가한 다는 것임을 알 수 있습니다.

⑤ : 5문단 마지막에 제시된 것처럼 바르부르크 효과는 암의 원 인이라기보다는 그러한 돌연변이에 의한 결과로 발생하는 것으 로 밝혀졌습니다.

◇코멘트

정보를 정리했어야 하는 구간인 3문단에서 정답의 근거들이 일치 수준으로 출제되었습니다. 정보가 쏟아지는 빌드업 구 간에서는 정보 '정리'가 핵심임을 생각하고, 이해가 약간 부 족하더라도 정리해놓고 돌아가서 판단하면 '답'은 고를 수 있음을 기억합시다.

26 윗글에서 추론한 것으로 적절하지 않은 것은?

① 미토콘드리아의 기능이 상실되면 NADH로부터 ATP를 만들지 못한다.
② 유산소 해당작용을 수행하는 암세포는 산소가 충분히 존재할 때에도 해당과정의 산물을 NAD$^+$와 젖산으로 전 환시킨다.

③ 포도당 1개가 가지고 있는 에너지가 전부 ATP로 전환될 때 미토콘드리아에서 34개 또는 36개의 ATP가 만들어진다.

④ 포도당 1개가 피루브산 2개로 분해되었고 이때 생성된 조효소의 에너지도 모두 미토콘드리아에서 ATP로 전환되었다면, 이 과정에서 생성된 ATP는 모두 8개이다.

⑤ 암세포의 유산소 해당작용 과정 중 포도당 1개당 생산되는 ATP의 개수는 정상세포의 산소가 있을 때 수행되는 해당작용의 과정 중 포도당 1개당 생산되는 NADH의 개수보다 많다.

답 ⑤

우선 4문단에 제시된 것처럼 유산소 해당작용을 수행하는 암세포는 포도당 1개당 ATP 2개만을 생산합니다.
그리고 3문단에서 해당작용에서 포도당 1개가 2개의 피루브산으로 분해될 때 NADH가 2개 만들어짐이 제시되었습니다.
즉 암세포의 유산소 해당작용 과정 중 포도당 1개당 생산되는 ATP의 개수는 정상세포의 산소가 있을 때 수행되는 해당작용의 과정 중 포도당 1개당 생산되는 NADH의 개수는 2개로 같습니다.

오답 선지 분석

① : 2문단에서 2개의 ATP는 세포질에서 일어나는 해당작용을 통해, 나머지는 미토콘드리아에서 대부분 산화적 인산화를 통해 만들어짐이 제시되었습니다. 그리고 3문단에 제시된 것처럼 NADH 1개당 3개의 ATP를 '산화적 인산화'를 통해 만들 수 있습니다. 즉 미토콘드리아의 기능이 상실되면 '산화적 인산화'가 제한될 것이므로 미토콘드리아의 기능이 상실되면 NADH로부터 ATP를 만들지 못한다고 판단할 수 있습니다. 미토콘드리아가 '산화적 인산화'라는 핵심을 잡았다면, NADH로 돌아가서 바로 선지 판단이 가능했을 겁니다.

② : 3문단에 제시된 것처럼 세포 내부에 산소가 부족하면 해당작용의 최종 산물인 피루브산이 젖산으로 바뀌는 젖산 발효 과정이 진행되고 NAD$^+$의 재생산이 진행됩니다. 그런데 4문단에 제시된 것처럼 유산소 해당작용은 산소가 있어도 해당작용을 산화적 인산화에 비해 선호하는 암세포 특이적 대사 과정입니다. 즉 유산소 해당작용을 수행하는 암세포는 산소가 존재해도, 산소가 부족한 상황처럼 해당과정의 산물을 NAD+와 젖산으로 전환시킬 것이라 추론할 수 있습니다.

③ : 포도당 1개가 가지고 있는 에너지가 전부 ATP로 전환될 경우 36개 또는 38개의 ATP가 만들어진다. 이 중 2개의 ATP는 세포질에서 일어나는 해당작용을 통해, 나머지는 미토콘드리아에서 대부분 산화적 인산화를 통해 만들어집니다. 즉 미토콘드리아에서 생성되는 ATP는 36개 또는 38개에서 (-2)개를 해주면 되므로 34개 또는 36개의 ATP가 만들어집니다.

④ : 3문단에 제시된 것처럼 피루브산은 해당작용의 최종 산물

입니다. 그리고 2문단에서 1개의 포도당에서 2개의 ATP는 세포질에서 일어나는 해당작용을 통해 만들어짐이 제시되었습니다. 즉 피루브산 2개가 나왔다는 것은 해당작용에서 2개의 ATP의 최종 대사 산물이 2개 나왔다는 것으로 ATP는 이 과정에서 2개가 나왔음을 알 수 있습니다.
그리고 3문단에 제시된 것처럼 포도당 1개가 2개의 피루브산으로 분해될 때 NADH가 2개 만들어집니다. 그리고 NADH 1개당 3개의 ATP를 산화적 인산화를 통해 만들 수 있습니다. 미토콘드리아에서 ATP로 전환되었다는 것은 산화적 인산화를 뜻합니다. 그러니 이 과정에서 6개가 나옵니다. 이를 통해 해당 과정에서 총 등장한 ATP는 8개임을 알 수 있습니다. 아마 총 ATP를 6개라 판단해 틀린 분들이 많을 문항이라 생각합니다.

> ◇코멘트
>
> 추론이라 하지만, 정보 정리 구간에 나온 정보들은 5번 선지를 제외하면 일치 수준을 요구하고 있다는 점을 인식하시면 좋겠습니다.
> 5번 선지도 일치 수준이라면 일치겠지만, 개인적으로 시험장에서 명확하게 이처럼 푸는 것이 정말 어려운 문항일 거라 생각합니다. 해당 문항을 틀렸다 해도 너무 괘념치 마시길 바랍니다.

27 윗글과 <보기>를 바탕으로 한 설명으로 가장 적절한 것은?

> **보 기**
>
> 암을 진단하기 위해 사용되는 PET(양전자 방출 단층촬영)는 방사성 포도당 유도체를 이용하는 핵의학 검사법이다. 방사성 포도당 유도체는 포도당과 구조적으로 유사하여 암 조직과 같은 포도당의 흡수가 많은 신체 부위에 수송되어 축적되므로 단층 촬영을 통해 체내에서 양전자를 방출하는 방사성 포도당 유도체의 분포를 추적할 수 있다.

① 피루브산이 젖산으로 전환되는 양이 증가하면 방사성 포도당 유도체의 축적이 줄어들 것이다.

② 포도당이 피루브산으로 전환되는 양이 감소하면 방사성 포도당 유도체의 축적이 늘어날 것이다.

③ 세포 내부의 산소가 줄어들어도 동일한 양의 ATP를 생성하려면 방사성 포도당 유도체의 축적이 늘어날 것이다.

④ ATP의 생성을 해당작용에 좀 더 의존하도록 대사 과정의 변화가 일어난다면 방사성 포도당 유도체의 축적이 줄어들 것이다.

⑤ ATP의 생성을 산화적 인산화에 좀 더 의존하도록 대사

과정의 변화가 일어난다면 방사성 포도당 유도체의 축적이 늘어날 것이다.

<보기> 분석

방사성 포도당 유도체는 암 조직과 유사한 포도당의 흡수가 많은 곳에 흡수가 많이 됨.

답 ③

세포 내부의 산소가 줄어들어도 동일한 양의 ATP를 생성하려면 4문단에 제시된 것처럼 정상 세포에 비해 포도당을 더 많이 세포 내부로 수송해야 합니다. 그러면 이는 포도당이 더 많이 흡수되고 있는 것으로 세포 내부의 산소가 줄어들어도 동일한 양의 ATP를 생성하려면 방사성 포도당 유도체의 축적이 늘어날 것이라 추론할 수 있습니다.

오답 선지 분석

① : 3문단에서 세포 내부에 산소가 부족하면 산화적 인산화는 일어나지 못하고 해당작용만 진행되며, 이 경우에는 해당작용의 최종 산물인 피루브산이 젖산으로 바뀌는 젖산 발효가 일어남이 제시되었습니다. 피루브산이 젖산으로 전환되는 양이 증가한다는 것은 포도당 1개당 ATP 2개만을 생산하는 효율이 떨어지는 해당작용에 의존하는 것으로 정상 세포에 비해 포도당을 더 많이 세포 내부로 수송할 것입니다. 그러면 포도당 유도체의 축적은 증가할 것입니다.

② : 1번 선지 해설에서 알 수 있듯이 포도당이 피루브산으로 전환되는 양이 감소한다는 것은 해당작용이 약화된 것으로, 이 경우 포도당 유도체의 축적은 줄어들 것입니다.

④ : ATP의 생성을 해당작용에 좀 더 의존하도록 대사 과정의 변화가 일어난다면 효율이 떨어지는 해당작용에 의존하는 것으로 정상 세포에 비해 포도당을 더 많이 세포 내부로 수송할 것입니다. 그러면 포도당 유도체의 축적은 증가할 것입니다.

⑤ : ATP의 생성을 산화적 인산화에 좀 더 의존하도록 대사 과정의 변화가 일어난다면 효율성이 높아집니다. 그러면 포도당 유도체의 축적은 감소할 겁니다.

◇ 코멘트

결국 핵심은 해당작용과 산화적 인산화의 의미(친 암세포, 반 암세포)를 파악하는 것이었습니다.

2021 언어이해 [28~30] 법 해석에 대한 관점 비교

◇ 총평

- 핵심 확보 (관점 파악)
- 다른 말 같은 뜻
- 구체적 예시
- 어휘 자체를 통한 이해

다양한 '관점'을 다루고 있는 글임을 문두에 밝힙니다. 당연히 우리는 '관점'을 확보하고 그를 통해 내용을 납득하며 독해하겠다는 인식을 갖춰야 합니다.
'관점'을 확보하고 이후 내용을 납득한 상태로, 선지 판단에 들어가서 '선지의 의미'를 파악하여 그것이 지문에 '어떤 관점'을 의미하는지를 파악하고, 선지 판단이 이루어져야 합니다.
지문에서 관점을 확보하는 것, 선지의 의미를 파악하고 지문과 연결하는 태도를 느끼시면 좋겠습니다.

법을 해석할 때 반드시 그 문언에 엄격히 구속되어야 하는가를 놓고 오랫동안 논란이 있어 왔다.

지문의 핵심을 제시하며 글을 시작합니다. '법 해석'에 대해 '문언에 대한 구속'을 다루는 논란이 있으니 당연히 '문언에 대한 구속' 여부를 중심으로 '관점'이 제시될 것임을 생각하고 독해를 진행해야 합니다.

◇ 코멘트

관점을 확보하는 것은 핵심입니다. 특히 이렇게 관점 간 논란이 제시되었을 때 관점 간의 차이와 공통점은 필히 출제되는 요소입니다. 당연히 관점을 확보하고 이후 내용을 납득하는 것이 1순위이고, 다시 돌아올 수 있음을 고려한 실전적 태도(관점에 체크) 등 역시 모두 고려해야 합니다.

한편에서는 법의 제정과 해석이 구별되어야 함을 이유로 이를(문언에 대한 구속을) 긍정하지만, 다른 한편에서는 애초에 법의 제정 자체가 완벽할 수 없는 이상, 사안에 따라서는 문언에 구애되지 않는 편이 더 바람직하다고 본다.

두 관점이 역시 구분됩니다. 법을 만드는 것과 판단은 다르니 '구속'해야 한다는 관점 / 사안에 따라서는 '구속'이 필요 없다는 관점입니다. 앞서 '문언에 대한 구속' 여부에 대한 '관점'이 제시될 것이라 판다했다면, 무리 없이 납득할 수 있는 내용입니다.

전통적인 법학방법론은 이 문제를(문언 구속 여부) 법률 문언의 한계 내에서 이루어지는 해석 외에 '법률의 문언을 넘은 해석'이나 '법률의 문언에 반하는 해석'을 인정할지 여부와 관련지어 다루고 있다.

전통적인 법학방법론이 제시됩니다. 당연히 '~론'이니 '관점'입니다. 이들은 법률 내에서 이루어지는 것 말고, '문언을 넘은' 것과 '문언에 반하는' 것을 구분하여 다룹니다. 최소한 여기서 '이 둘이 어떤 차이가 있긴 한가보다.' 정도의 생각을 가지고 독해를 진행하는 것은 필요합니다.

◇코멘트

전통적인 법학방법론이 왜 이렇게 둘을 구분한 것인지 어휘 자체의 의미로 둘의 차이를 조금은 생각할 수 있습니다. 문언을 넘은 것과 문언에 '반'해버리는 것은 정도 차이가 있죠. 워딩 자체에서 '문언에 반하는 것이 조금 더 강한데?' 정도의 인식을 가졌으면 이후 제시되는 이들의 구분을 파악하기가 조금은 더 수월했을 겁니다.

학설에 따라서는 이들을 각각 '법률내재적 법형성'(문언 넘음)과 '초법률적 법형성'(문언 반함)이라 부르며, 전자(문언 넘음)를 특정 법률의 본래적 구상 범위 내에서 흠결 보충을 위해 시도되는 것으로, 후자(문언 반함)를 전체 법질서 및 그 지도 원리의 관점에서 수행되는 것으로 파악하기도 한다.

대응되는 개념을 파악하는 것은 '각각'으로 제시되어 크게 어렵지 않습니다. 여기서 '문언 넘음'은 '보충' 정도를 해주는 것이고 '문언 반함'은 아예 '전체 법질서와 지도 원리'에 대해서 다룹니다. 최소한 '보충 / 아예 전체' 정도로는 구분하고 독해를 진행했어야 합니다.

◇ tip 어휘 자체를 통한 이해

실제로 어휘 자체를 통해 자연스럽게 납득할 부분을 납득하고 독해를 진행하는 사람과 그렇지 못한 사람은 실전에서 상당한 차이를 보입니다.

여기서도 '문언 넘음'과 '문언 반함'의 어휘에서 의미를 파악했다면, '아 넘음이니까 얘는 보충 정도이지만, 반(反)함은 아예 전체에 대해서 다뤄버리네?' 정도로 조금 더 의미 수월하게 납득할 수 있습니다.

cf) 20.06 금융 안전을 위한 미시 건전성 정책과 거시 건전성 정책의 관점 차⇒ '미시'와 '거시'라는 어휘 뜻을 통해 지문에 제시된 미시 건전성과 거시 건전성의 개념을 파악

하지만 이러한 설명이 완전히 만족스러운 것은 아니다.

'문언 넘음'과 '문언 반함'을 해석하는 것이 완전 부합하지는 않나 봅니다. 그러면 당연히 다른 관점이 제시될 것입니다.

형식상 드러나지 않는 법률적 결함에 대처하는 것도 일견 흠결 보충이라 할 수 있지만, 이는 또한 법률이 제시하는 결론을 전체 법질서의 입장에서 뒤집는 것과 별반 다르지 않기 때문이다.

납득할 수 있습니다. 사실 '정도 차이'인 것이죠. '보충'이라 한 것도 누군가에게는 '법질서를 뒤집는' 것으로 느낄 수 있으니까요. 최소한 '두 개가 차이가 없다'라는 '관점'이 존재함은 파악해야 합니다.

◇코멘트

앞서 '어휘 자체'를 통해 의미를 파악했다면 '아 넘음이니까 얘는 보충 정도이지만, 반(反)함은 아예 전체에 대해서 다뤄버리네? 정도로 생각할 수 있습니다. 그러면 여기서 제시된 반박을 보고 '아 여기선 넘음이나 반함이나 별 차이 안 두네' 정도로 의미를 파악하며 독해를 진행할 수 있습니다.
이처럼 의미를 파악하고, 자기화하며 독해를 진행하는 태도는 매우 유용합니다. 실전에서 이처럼 사고하는 것이 우리의 목표입니다.

한편 종래 법철학적 논의에서는 문언을 이루고 있는 언어의 불확정성에 주목하는 경향이 두드러졌다.

'한편~'이라 제시했으니 논의가 변한다는 것을 인식할 수 있습니다. 이젠 '법철학적'인 '불확정성' 관점으로 논의가 진행될 겁

니다.

◇코멘트

언어의 불확정성으로 논의를 진행하는 것은 법과 철학에서 자주 등장하는 내용입니다. 만약 몰랐다고 하더라도 해당 지문을 통해 '언어의 불확정성으로 관점 차이가 발생'하는 경우가 존재한다는 것은 알고 가면 좋을 것 같습니다.

　　단어는 언어적으로 확정적인 의미의 중심부와 불확정적인 의미의 주변부를 지니며, 중심부의 사안에서는 문언에 엄격히 구속되어야 하지만 주변부의 사안에서는 해석자의 재량이 인정될 수밖에 없다고 보는 견해가 대표적이다.

단어가 중심부와 주변부 의미를 지닌다는 것은 상식입니다. (언어와 매체를 배우지 않아도, 이 정도는 알고 있어야 합니다) '확정적'인 것은 구속되지만, '불확정적'이면 재량(재량을 행사한다는 것이 확정된 것이 아니라는 의미 자체이죠)을 행사할 수 있다는 것은 당연합니다.

　　가령 ㉠주택가에서 야생동물을 길러서는 안 된다는 규칙이 있을 때, 초원의 사자가 '야생동물'에 해당한다는 점에 대해서는 의문이 없지만, 들개나 길고양이, 혹은 여러 종류의 야생동물의 유전자를 조합하여 실험실에서 창조한 동물이 그에 해당하는지는 판단하기 어렵기 때문에 결국 해석자가 재량껏 결정해야 한다는 것이다.

'가령'이니 구체적 예시입니다. 당연히 앞선 개념을 고려하며 독해를 진행해야 합니다. "주택가에서 야생동물을 길러서는 안 된다는 규칙"에서 초원의 사자가 '야생동물'에 해당한다는 점에 대해서는 의문이 없다는 것은 '확정적인 의미의 중심부'를 의미할 겁니다. 그리고 이후 '재량껏 해야 한다는 것'은 '재량이 인정될 수밖에 없다'라고 보는 입장이겠죠.

　　그러나 이러한 견해에 대해서는 주변부의 사안을 해석자의 재량에 맡기기보다는 규칙의 목적에 구속되게 해야 할 뿐 아니라, 심지어 중심부의 사안에서조차 규칙의 목적에 대한 조회 없이는 문언이 해석자를 온전히 구속할 수 없다는 반론이 제기되고 있다.

'그러나'라고 제시되니 당연히 상반되는 관점입니다. 대놓고 '재량'이 아닌 '제정 목적'이 핵심임을 제시하고 있습니다. 이렇게 대놓고 관점 간 비교해주고 있으니 최소한 '각각의 관점'은 정확하게 확보해야 합니다.

◇코멘트

가장 이상적인 것은 앞서 제시된 관점과의 차이를 독해 시 선제적으로 파악하며 '주변부에는 재량 vs 중심부까지 목적 고려'로 파악하는 겁니다. 사실 바로 뒤에 대놓고 구분된 내용이라 충분히 가능한 수준입니다.

그렇지만, 실전에서 그것이 어렵다면 일단 제시된 '관점' 각각이라도 정확하게 파악하고 체크하여 선지에서 그 관점을 물어볼 때 판단할 수준(최소한 돌아와서라도)은 가능해야 합니다.

　　인근에서 잡힌 희귀한 개구리를 연구·보호하기 위해 발견 장소와 가장 유사한 환경의 주택가 시설에 둘 수 있을까? 이를 긍정하는 경우에도 그러한 개구리가 의미상 '야생동물'에 해당한다는 점 자체를 부인할 수는 없을 것이다.

구체적 예시입니다. 당연히 앞선 '제정 목적'이 중요하다는 맥락에 맞춰 독해를 진행해야 합니다. 여기서 갑자기 개구리 얘기가 나온다고 당황할 수 있는데, '주택가에서 야생동물을 길러서는 안 된다는 규칙'에 대해 다룬다는 것을 맥락상 파악할 수 있습니다.

'인근에서 잡힌 희귀한 개구리'는 당연히 야생동물입니다. 그런데 이를 발견 장소와 가장 유사한 환경의 주택가 시설에서 둔다는 것은 주택가에서 야생동물을 길러서는 안 된다는 것에 위배되는 것이죠.

그럼에도 이를 긍정하는 것은 당연히 '제정 목적'에 근거합니다. '제정 목적'에 따르면 개구리는 길러도 '목적'에 위배되지 않는 것이죠. 이렇게 '앞선 핵심'에 맞춰 독해를 진행했다면, 30번 문항에 대한 판단은 매우 수월했을 거라 생각합니다.

◇ tip 구체적인 예시, 그리고 연결

지문에서 바로 앞서 '제정 목적'이 핵심임을 제시했습니다. 그리고 이후 개구리가 야생 동물이지만, 키울 수 있음이 제시되었죠. 그렇다면 당연히 이는 '제정 목적'을 고려한 판단이라는 예시일 겁니다.

이처럼 단순 서칭이 아닌 이해와 추론이 강조되고 있는 현시점, 이를 위해 가장 필요한 능력은 저는 '다른 말 같은 뜻을 통한 의미 파악'이라고 생각합니다.

　　최근에는 기존의 법학방법론적 논의와 법철학적 논의를 하나의 연결된 구성으로 제시함으로써 각각의 논의에서 드러났던 난점을 극복하려는 시도가 이루어지고 있다.

각각의 논의에서 드러난 난점을 극복하려 합니다. 그러면 또 새로운 관점이 제시되겠네요.

> 이에 따르면 문언이 합당한 답을 제공하는 표준적 사안 외에 아무런 답을 제공하지 않는 사안이나 부적절한 답을 제공하는 사안도 있을 수 있는데, 이들이 바로 각각 문언을 넘은 해석과 문언에 반하는 해석이 시도되는 경우라 할 수 있다.

의미를 계속 대응시킵시다. 문언이 표준 이외에 답을 제공하지 않으면 문언을 넘어 해석합니다. 아예 문언이 잘못된 답을 내면 문언에 반하는 해석이 제시될 수 있겠죠. '답을 제공하지 않으니 답을 넘어 추론하고' 아예 잘못되니 '반하는 해석'이 나온다는 것은 납득하며 독해를 진행할 수 있습니다.

> 양자는 모두 이른바 판단하기 어려운 사안 이라는 점에서는 공통적이지만, 전자를 판단하기 어려운 까닭은 문언의 언어적 불확정성에 기인하는 것인 반면, 후자는 문언이 언어적 확정성을 갖추었음에도 불구하고 그것이 제공하는 답을 올바른 것으로 받아들일 수 없어 보이는 탓에 판단하기 어려운 것이라는 점에서 서로 구별되어야 한다.

계속 납득합시다. 둘 다 문언만으로는 어려우니 판단하기 어려운 사항입니다. 문언을 넘는 건 '표준적 사안'만 말하니, 그것에 대해 의미를 추가하는 '재량'이 적용됩니다. 하지만 아예 틀린 답은 그냥 인정하기 어렵겠죠.

◇ tip 비교·대조 쌍

실제 독해 시 a와 b가 대조되는 전개 방향이라면 a를 읽을 때는 있는 그대로 정리를 잘하면서 독해를 하며, 이후 b가 제시될 때 차이점과 공통점을 잡으며 독해를 진행해야 합니다. 하지만 그것이 어렵다면 최소한 각각에 대한 구분은 진행된 뒤, 선지에서 물어볼 때 돌아와서라도 판단할 수준으로는 독해가 진행됐어야 합니다.

특히 이런 대조 쌍은 무조건 출제되는 요소이므로 이해하되, 어렵다면 체크라도 해놓고 물어볼 때 돌아올 수 있어야 합니다.

> 그렇다면 판단하기 어려운 사안에서는 더 이상 문언을 신경 쓰지 않아도 되는 것일까? 그렇지는 않다.

당연히 그냥 신경 쓰지 말자고 말하지는 않겠죠. 그렇다면 이 판단하기 어려운 사안에 대해 어떤 관점이 제시되는지를 핵심으로 두고 독해를 진행합시다.

> 문언이 답을 제공하지 않기 때문에 해석을 통한 보충이 필요한 경우라 하더라도 규칙의 언어 그 자체가 해석자로 하여금 규칙의 목적을 가늠하도록 인도해 줄 수 있으며,

문언에 보충이 필요해도, 규칙의 언어가 해석자로 규칙의 '목적'을 가늠하게 합니다. 여기서 '규칙'은 결국 '법 ≒ 문언'을 의미하겠죠. 결국 이 관점은 '문언'을 중시하고 있는 겁니다.

> 문언이 제공하는 답이 부적절하고 어리석게 느껴질 경우라 하더라도 그러한 평가 자체가 어디까지나 해석자의 주관이라는 한계 속에서 이루어지는 것임을 부정할 수 없기 때문이다.

그렇다면 여기서 문언이 부적절하게 느껴져도 '주관'임을 부정할 수 없다는 것 역시 '문언'을 중시하는 관점이라는 것을 파악할 수 있습니다.

◇ tip 다른 말 같은 뜻

독서는 결국 '의미'를 파악하며 읽는 것입니다. 독해 시, 기표(記標)가 다르더라도, 같은 기의(記意)를 가지고 있으면 적극적으로 같은 의미를 판단해 주어야 합니다.

특히 인문 지문에서는 이처럼 '관점을 확보'하고 그에 맞춰 글자의 의미를 파악하는 것이 압도적으로 중요합니다.

여기서도 '문언'이 답을 제공하지 않아도 '규칙의 언어'가 '규칙의 목적'으로 인도한다고 했을 때 규칙의 "목적"을 고려한다는 것은 결국 '법 = 문언'의 목적을 고려한다는 것으로 해당 관점이 '문언'을 고려하는 것임을 파악해야 합니다.

> 뻔히 부적절한 결과가 예상되는 경우에도 문언에 구속될 것을 요구하는 것은 일견 합리적이지 않아 보일 수 있다. 그럼에도 불구하고 문언을 강조하는 입장은 '재량'이 연상시키는 '사람의 지배'에 대한 우려와, 민주주의의 본질에 대한 성찰을 배경으로 하는 것임을 이해할 필요가 있다.

부적절한 결과는 법률에 반하는 해석을 불러올 수 있는 것이죠. 그래도 '재량'이 연상시키는 '사람의 지배'에 대한 우려와, 민주주의의 본질을 근거로 '법률 = 문언'을 고려해야 한다고 주장할 겁니다. 주장(관점)과 근거를 확보하는 것은 핵심입니다.

법률은 시민의 대표들이 지난한 타협의 과정 끝에 도출해 낸 결과물이다. 엄밀히 말해 오로지 법률의 문언 그 자체만이 민주적으로 결정된 것이며, 그 너머의 것에 대해서는, 심지어 입법 의도나 법률의 목적이라 해도 동등한 권위를 인정할 수 없다.

앞서 제시된 관점으로 납득해야 합니다. '사람의 지배'에 대한 우려와, 민주주의의 본질에 대한 성찰을 근거로 '문언'을 중시합니다. 그러니 문언 그 자체만이 민주적으로 결정된 것이니 나머지도 동등하게 취급하지 않을 겁니다.

이러한 입장에서는 법률 적용의 결과가 부적절한지 여부보다 그것이 부적절하다고 결정할 수 있는 권한을 특정인에게 부여할 것인지 여부가 더 중요한 문제일 수 있다.

계속 관점으로 납득합시다. '재량'이 연상시키는 '사람의 지배'에 대한 우려로 '문언'을 중시합니다. 그러니 적절하다고 결정할 수 있는 권한을 특정인에게 부여할 것인지 여부를 고려한다는 것은 '사람의 지배'에 대한 우려로 '문언'을 중시한다는 것과 사실 같은 말일 수밖에 없습니다.

요컨대 해석자에게 그러한 권한을 부여하는 것이 바람직하지 않다고 생각하는 한, 비록 부적절한 결과가 예상되는 경우라 하더라도 여전히 문언에 구속될 것을 요구하는 편이 오히려 합리적일 수도 있는 것이다.

'요컨대'이니 예시입니다. 당연히 '사람의 지배'에 대한 우려로 '문언'을 중시한다는 것이 제시될 수밖에 없겠죠. 그러니 해석자에게 권한을 주지 않는다는 관점이 제시될 수밖에 없습니다.

---

28 윗글과 일치하는 것은?

① 전통적인 법학방법론 학설의 입장에서는 결국 문언을 넘은 해석과 문언에 반하는 해석을 구별하지 않는다.
② 종래의 법철학 학설 중 의미의 중심부와 주변부의 구별을 강조하는 입장에서는 해석에 있어 법률의 목적보다 문언에 주목한다.
③ 민주주의의 본질을 강조하는 입장에서는 비록 법률의 적용에 따른 것이라도 실질적으로 부적절한 결과를 인정할 수는 없다고 본다.
④ 법률 적용 결과의 합당성을 강조하는 입장에서는 문언이 제공하는 답이 부적절한지 여부는 해석자의 주관에 따라 달라질 수 있다고 주장한다.
⑤ 법학방법론과 법철학의 논의를 하나의 연결된 구성으로 제시하는 입장에서는 언어적 불확정성으로 인해 법률이 부적절한 답을 제공하는 사안에 주목한다.

답 ②

3문단에 제시된 것처럼 종래 법철학적 논의에서는 문언을 이루고 있는 언어의 불확정성에 주목하는 경향이 두드러졌고 이 관점에서 중심부의 사안에서는 문언에 엄격히 구속되어야 하지만 주변부의 사안에서는 해석자의 재량이 인정될 수밖에 없다고 보는 관점이 제시됩니다. 즉 이 관점은 "문언"을 이루고 있는 언어의 불확정성에 주목하고 있습니다.
그리고 이후 4문단에서 규칙의 목적을 중시하는 관점이 위 관점을 비판하고 있으므로 종래의 법철학 학설 중 의미의 중심부와 주변부의 구별을 강조하는 입장에서는 해석에 있어 법률의 목적보다 문언에 주목한다고 볼 수 있습니다.

오답 선지 분석

① : 2문단에 제시된 것처럼 전통적인 법학방법론은 이 문제를 법률 문언의 한계 내에서 이루어지는 해석 외에 '법률의 문언을 넘은 해석'이나 '법률의 문언에 반하는 해석'을 인정할지 여부와 관련지어 다루고 있습니다. 즉 전통적인 법학방법론 학설의 입장에서는 결국 문언을 넘은 해석과 문언에 반하는 해석을 구별합니다.

③ : 선지의 의미를 파악합시다. 민주주의의 본질을 강조한다는 것은 6문단에 제시된 '재량'이 연상시키는 '사람의 지배'에 대한 우려와, 민주주의의 본질에 대한 성찰을 배경으로 하는 관점입니다. 이 관점에서는 법률 적용의 결과가 부적절한지 여부보다 그것이 부적절하다고 결정할 수 있는 권한을 특정인에게 부여할 것인지 여부가 더 중요한 문제이므로 민주주의의 본질을 강조하는 입장에서는 비록 법률의 적용에 따른 것이라도 실질적으로 부적절한 결과를 인정할 수는 없다고 보지 않을 것입니다.

④ : 선지의 의미를 파악합시다. 6문단에서 해석자에게 그러한 권한(재량)을 부여하는 것이 바람직하지 않다고 생각하는 한, 비록 부적절한 결과가 예상되는 경우라 하더라도 여전히 문언에 구속될 것을 요구하는 편이 오히려 합리적일 수도 있다는 관점이 제시되었습니다. 즉 문언이 제공하는 답이 부적절한지 여부가 해석자의 주관에 따라 달라질 수 있다고 주장하는 것은, 재량으로 판결이 달라질 수 있다는 것으로 법률 적용 결과의 합당성을 비판하는 근거로 기능하는 겁니다. 그러니 법률 적용 결과의 합당성을 주장하는 사람들이 이를 주장한다고 보는 것은 적절하지 않습니다.

⑤ : 5문단에 따르면 법학방법론과 법철학의 논의를 하나의 연결된 구성으로 제시하는 입장에서 문언이 합당한 답을 제공하는 표준적 사안 외에 아무런 답을 제공하지 않는 사안을 문언의 언어적 불확정성에 기인하는 것으로 보는 겁니다.

◇코멘트

선지의 의미를 파악하고, 파악한 의미(무슨 관점인지 파악하는 것)를 통해 판단이 진행되어야 합니다. 요즘 고난도 선지는 이렇게 의미 파악 후 판단을 요구하고 있습니다.

29 판단하기 어려운 사안 에 대한 진술로 가장 적절한 것은?

① 법률의 문언이 극도로 명확한 경우에는 판단하기 어려운 사안이 발생하지 않는다.
② 판단하기 어려운 사안의 해석을 위해 법률의 목적에 구속되어야 하는 것은 아니다.
③ 문언을 넘은 해석은 문언이 해석자를 전혀 이끌어 주지 못할 때 비로소 시도될 수 있다.
④ 문언에 반하는 해석은 법률의 흠결이 있을 때 이를 보충하기 위한 것인 한 정당화될 수 있다.
⑤ 형식상 드러나 있는 법률의 흠결을 보충하기 위해서도 해당 법률의 본래적 구상보다는 전체 법질서를 고려한 해석이 필요하다.

발문 파악
판단하기 어려운 사안은 문언을 넘은 해석과 문언에 반하는 해석이 시도되는 경우라 할 수 있음.
문언을 넘은 해석은 언어의 모호함에 의해, 문언에 반하는 해석은 문언이 언어적 확정성을 갖추었음에도 불구하고 그것이 제공하는 답을 올바른 것으로 받아들일 수 없음.

답 ②
3문단에서 판단하기 어려운 상황에 대해 해석자가 재량껏 결정

해야 함이 제시되었습니다. 즉 이것만 고려해도 판단하기 어려운 사안의 해석을 위해 법률의 목적에 구속되어야 한다고 단정할 수 없음을 파악할 수 있습니다.또한 6문단에서 분언을 상소하는 관점에서는 입법 의도나 법률의 목적이라 해도 동등한 권위를 인정할 수 없다고 주장했습니다. 이를 통해서도 판단하기 어려운 사안의 해석을 위해 법률의 목적에 구속되어야 한다고 단정할 수 없음을 파악할 수 있습니다.

오답 선지 분석
① : 5문단에서 문언이 언어적 확정성을 갖추었음에도 불구하고 그것이 제공하는 답을 올바른 것으로 받아들일 수 없어 보이는 탓에 판단하기 어려운 경우가 있음이 제시되었습니다. 즉 법률의 문언이 극도로 명확한 경우에는 판단하기 어려운 사안이 발생하지 않는다고 단정할 수 없습니다.

③ : 5문단에 제시된 것처럼 문언을 넘은 해석은 언어의 모호함에 의해 발생합니다. 그리고 6문단에서 해석을 통한 보충이 필요한 경우라 하더라도 규칙의 언어 그 자체가 해석자로 하여금 규칙의 목적을 가늠하도록 인도해 줄 수 있음이 제시되었습니다. 즉 문언을 넘은 해석이라도 문언이 해석자를 전혀 이끌어 줄 수 있는 것이지, 문언을 넘은 해석은 문언이 해석자를 전혀 이끌어 주지 못할 때 비로소 시도되는 것이 아닙니다.

④ : 6문단에서 문언이 제공하는 답이 부적절하고 어리석게 느껴질 경우라 하더라도 그러한 평가 자체가 어디까지나 해석자의 주관이라는 한계 속에서 이루어지는 것임을 부정할 수 없음이 제시되었습니다. 이를 고려한다면 해석자의 주관으로 법률에 흠결이 있다고 판단한 경우에서는 문언에 반하는 해석의 정당화가 어려울 수 있습니다.

⑤ : 6문단에서 판단하기 어려운 사안에 대해 법률의 문언 그 자체만이 민주적으로 결정된 것이며, 그 너머의 것에 대해서는, 심지어 입법 의도나 법률의 목적이라 해도 동등한 권위를 인정할 수 없다는 관점을 보였습니다. 그러니 해당 법률의 본래적 구상보다는 전체 법질서를 고려한 해석이 필요하다고 볼 수 없습니다. 지문의 관점에서 중요한 것은 문언 그 자체입니다.

◇코멘트

판단하기 어려운 사안의 의미를 파악하고, 선지를 판단해야 합니다. 선지를 판단할 때 역시 선지에 제시된 용어들의 의미가 먼저 파악됐어야 합니다.

30 [A]의 입장에서 ㉠을 해석한 것으로 가장 적절한 것은?

① 규칙의 목적이 야생의 생물 다양성을 보존하기 위한 것이라면, 멸종 위기 품종의 길고양이를 입양하는 것이 허

용될 것이다.

② 야성을 잃어버린 채 평생을 사람과 함께 산 사자가 '야생동물'의 언어적 의미에 부합한다면, 그것을 기르는 것도 허용되지 않을 것이다.

③ 규칙의 목적이 주민의 안전을 확보하는 것이라면, 길들여지지 않는 야수의 공격성을 지닌 들개를 기르는 것이 금지될 수도 있을 것이다.

④ 인근에서 잡힌 희귀한 개구리를 관상용으로 키우는 것이 허용되었다면, '야생동물'의 언어적 의미를 주거에 두고 감상하기에 적합하지 않은 동물로 보았을 것이다.

⑤ 여러 종류의 야생동물의 유전자를 조합하여 실험실에서 창조한 동물을 기르는 것이 금지되었다면, '야생동물'의 언어적 의미를 자연에서 태어나 살아가는 동물로 보았을 것이다.

답 ③
[A]의 관점은 '규칙의 목적'에 의한 판단을 요구합니다.

그러니 규칙의 목적이 '주민의 안전'을 확보하는 것을 고려할 때 안전을 해질 수 있는 길들여지지 않는 야수의 공격성을 지닌 들개를 기르는 것은 금지될 수도 있다는 판단은 적절합니다.

오답 선지 분석 & 코멘트
구체적 예시는 앞 내용을 통해 의미를 파악해야 합니다.

22학년도 LEET 언어이해

◇ 총평

- 핵심 확보 (화제 파악)
- 다른 말, 같은 뜻
- 대립쌍

해당 지문은 뚜렷한 구조를 통해 글이 전개된다는 느낌보다는 결국 초반 제시된 글의 화제를 정확하게 파악하고, 제시된 정보들을 그에 맞춰 문맥을 통해 '납득'하는 태도가 두드러진 지문입니다. 앞선 문맥을 통해 정보를 납득하며 독해를 진행한 사람과 그냥 정보를 파편적으로 독해한 사람의 지문 이해도는 매우 큰 차이가 났을 겁니다.

추가적으로 이를 납득하는 과정에서 '이상'과 '현실'이라는 대립쌍을 잡으며 독해를 진행했다면, 조금 더 수월하게 내용을 이해할 수 있었을 겁니다.

여기서 2번 문항을 판단하는 원리가 조금은 어려웠을 수 있습니다. 법 지문에서 중요한 포인트라 볼 수 있으므로 잘 챙겨가시길 바랍니다.

> 5·16 군사쿠데타 이후 집권세력은 '**부랑인**'을 일소하여 사회의 명랑화를 도모한다는 명분 아래 사회정화사업을 벌였다.

지문 시작부터 문맥적 의미를 정확하게 확보하고 시작했어야 합니다. '부랑인 일소 → 사회 명랑화'는 부랑인들을 제거하여 사회를 깨끗하게 한다는 말이죠. 결국 그 말은 '사회정화사업'과 같은 의미입니다. 독해 시 어휘 자체의 의미를 통해 자연스럽게 사회정화사업을 납득하고 독해를 진행했어야 합니다.

◇ tip 어휘 자체를 통한 이해

어휘 자체를 통해 자연스럽게 납득할 부분을 납득하고 독해를 진행하는 사람과 그렇지 못한 사람은 실전에서 상당한 차이를 보입니다.

'부랑인 일소(제거)'를 통해 사회 명랑화(사회를 좋게)를 진행한다는 것을 글자만 읽고 넘기는 것이 아닌, 글자의 의미를 파악하여 독해를 진행했다면, 사회정화사업이라는 것의 의미는 자연스럽게 납득할 수 있는 부분입니다.

어휘 자체에서 자연스럽게 납득할 수 있는 부분은 납득한 상태로 독해를 진행하는 습관을 갖추시길 바랍니다.

◇ 코멘트

지문 초반 화제를 확보하는 것은 중요합니다. 결국 해당 지문의 핵심은 '사회정화사업(부랑인 일소 → 사회 명랑화)'일 겁니다. 세부적으로 처리할 정보를 처리하되, 화제를 상기하며 독해를 진행합시다.

> 무직자와 무연고자(부랑인)를 '개조'하여 국토 건설에 동원하려는 목적으로 〈근로보도법〉과 〈재건국민 운동에 관한 법률〉을 제정·공포했다.

항상 문맥을 통해 의미를 연결하며 독해를 진행해야 합니다. 당연히 여기서 <무직자와 무연고자를 개조한다 ≒ 부랑인을 일소하는 사회정화사업> 정도의 맥락일 것입니다. 그리고 이를 목적으로 하는 법으로 <근로보도법>과 <재건국민 운동에 관한 법률>이 있다는 정도로 체크하고 가면 충분합니다.

◇ tip 다른 말 같은 뜻

독서는 결국 '의미'를 파악하며 읽는 것입니다. 독해 시, 기표(記標)가 다르더라도, 같은 기의(記意)를 가지고 있으면 적극적으로 같은 의미를 판단해 주어야 합니다.

여기서도

[무직자와 무연고자를 개조한다 ≒ 부랑인을 일소하는 사회정화사업]

와 같이 다른 말 같은 뜻을 잡으며 독해를 진행했어야 합니다.

이렇게 다른 말 같은 뜻을 잡아 지문의 핵심(부랑인에 대한 의미)을 파악했다면, 사실상 이후 제시되는 내용은 최소한의 구분 정도면 충분합니다.

cf) 23.09 유류분권에 대한 이해

'유류분은 피상속인의 무상 처분 행위가 없었다고 가정할 때 상속인들이 상속받을 수 있었을 이익 중 법으로 보장된 부분'

≒ '상속인들이 상속받을 수 있었을 이익은 상속 개시 당시에 피상속인이 가졌던 재산의 가치에 이미 무상 취득자에게 넘어간 재산의 가치를 더하여 산정'

≒ '유류분은 상속인들이 기대했던 이익 중 일부'

이처럼 글자가 다르더라도 문맥을 통해 글자의 의미를 파악하며 독해를 진행해야 합니다.

가볍게 납득하면 충분합니다. 부랑인에 대한 사회복지로 〈아동복리법〉의 부랑아보호시설 규정, 〈생활보호법〉에 보호자를 국영 사설에 위탁할 수 있다는 겁니다. 사회복지에 대한 법이라는 점을 납득하고 독해를 진행했으면 충분합니다. 해당 부분은 코멘트에 집중해주시길 바랍니다.

◇ 코멘트

+ 자연스럽게 납득할 수 있는 정보는 자연스럽게 납득해야 합니다. 당연히 부랑인에 대한 '사회복지 법령'이니 부랑아보호시설, 요보호자 보호시설 위탁 등의 정보는 그렇다고 납득하며 독해를 진행할 수 있습니다.
+ 사실 해당 부분에 대한 해설은 독해의 사고를 보여준 것처럼 보이기보단 지문 내용을 정리한 것처럼 보일 겁니다. 저라면 해당 법령이 자연스럽게 납득된다면 납득하되, 만약 납득되지 않는다면, '구체적 법령'을 물어볼 때 돌아와서 판단한다는 생각을 가질 겁니다. 실전이라면 구체적 수치나 조항의 이름 등은 돌아와서 판단할 수도 있음을 인지해야 합니다.

실질적 부랑인 정책이 각종 하위 법령에 의해 수행됩니다. <명령, 규칙, 조례 = 하위 법령> 정도로 범주를 파악하고 독해를 진행했으면 베스트입니다.

계속해서 문맥을 통해 의미를 파악하며 독해를 진행해야 합니다. <내무부훈령 제410호>는 법령에 규정들을 포괄해 부랑인 단속 및 수용하는 근거 조항으로 기능합니다. 그러면 <내무부훈령 제410호>가 법령 규정들을 포괄해 "사회정화사업"의 "근거 조항"으로 기능한 것이겠네요.

◇ 코멘트

법 지문에서 근거는 핵심입니다.

<내무부훈령 제410호>는 걸릴만한 사람들을 '모두' 부랑인으로 규정합니다. 당연히 '모두' 규정했다는 한정어를 명확하게 잡고 독해를 진행해야 합니다.

◇ tip 한정어

이렇게 한정어로 제시된 문장은 빈번하게 출제되니 애초에 정확하게 확보해두는 것이 유리합니다.

앞으로는 독해 시 한정어로 설명된 개념을 확보하며 문장 자체를 정확하게 독해하는 습관을 들이기를 권장합니다.

cf) 20.11 장기 이식의 문제점, 레트로바이러스에 대한 이해.

'이런 세포(레트로 감염되고 살아남은)로부터 유래된 자손의 **모든** 세포가 갖게 된 것이 **내인성 레트로바이러스**이다.'

위계를 제시해준 뒤, 훈령이 행정규칙에 속함을 제시합니다. 그러면 당연히 우리는 '훈령이 위계가 가장 낮다.' 정도의 생각은 하고 독해를 진행해야 합니다.

◇ 코멘트

대놓고 위계 관계를 제시해주는 경우 간단하게 표시 정도를 하고 독해를 진행하는 것도 지문 이해 및 문제 풀이를 수월하게 해 주는 하나의 방법입니다.

훈령의 목적과 기능을 제시합니다. 훈령의 '목적'은 상급 행정기관이 하급 기관 규율이고, '원칙적으로는' 대외적 구속력도 없고, 예외적으로 법률의 위임을 받는 '조건'에 따라 상위법을 보충합니다.

+ 법 지문에서 법의 주체와 목적, 조건은 핵심입니다. 당연히 여기서도 훈령의 주체인 상급 행정기관, 훈령의 '목적'과 훈령이 예외를 가질 수 있는 '조건'을 확보하고 독해를 진행해야 합니다.

+ '원칙적으로는'이라는 표현을 보고 '실제로는 대외적으로 구속하거나 법률 위임 없이 상위법 보충하나?' 정도의 생각을 하고 독해를 진행했으면 베스트입니다. 만약 납득이 안되었다면, 법을 다룰 때 원칙과 예외는 핵심이니 출제될 수 있다는 점을 인정하고 체크라도 해둬서 선지에서 물어볼 때 돌아올 수 있어야 했습니다.

+ 과학이나 경제 제재에서 '이론적으로는~'이 제시된 뒤, '실제로는~' 이런 느낌과 유사하다고 생각하시면 베스트일 것 같습니다.

위 훈령(내무부훈령 제410호)은 복지 제공을 목적으로 한 〈사회복지사업법〉을 근거 법률로 하면서도 거기서 위임하고 있지 않은 치안유지를 내용으로 한 단속 규범이다.

위 훈령이 내무부훈령 제410호라는 것을 정확하게 당겨 읽었어야 합니다. 이 훈령은 법률에 근거하지만, 위임하고 있지 않은 범위까지 월권을 행사합니다. 앞서 제시된 '원칙과는 다른 상황'이라는 점을 명확하게 인식하고 독해를 진행했어야 합니다.

◇ tip 당겨 읽기

해당 부분을 독해함에 있어, 지시어를 그냥 읽은 사람과 지시어에 해당하는 내용을 당겨 읽으며 자연스럽게 내용을 이해한 사람의 차이는 분명 존재합니다. **지시어에 해당하는 내용을 정확하게 파악해야 문장 자체를 정확하게 이해할 수 있**기 때문입니다.

여기서 위 훈령이 내무부훈령 제410호라는 것을 정확하게 당겨 읽지 않은 경우 ㉠(내무부훈령 제410호)에 대한 비판 문항에 대한 판단이 어려워집니다.

지문 독해 시 우리는 문장 자체에 대한 정확한 이해, 핵심을 확보한 독해 등을 위해 지문 해설에 작성한 것처럼(괄호 친 부분 같이) 지시어를 단순히 흘려 읽지 말고, 해당 지시어나 앞선 내용의 핵심을 '당겨 읽으며' 독해를 진행해야 합니다.

cf) 17.09 사단과 법인격, 그에 대한 법인격 부인론

'~ 일인 주식회사에서는 일인 주주가 회사의 대표 이사가 되는 사례가 많다. 이처럼(일인 주주가 회사의 대표 이사가 됨) 일인 주주가 회사를 대표하는 기관이 되면 경영의 주체가 개

인인지 회사인지 모호해진다.'

⇒ '대표 이사는 주식회사를 대표하는 기관이다.'

이를 통한(내무부훈령을 통한) 인신 구속은 국민의 자유와 권리를 필요한 경우 국회에서 제정한 법률로써 제한하도록 규정한 헌법에 위배되는 것이기도 하다.

내무부훈령에서 위임하지 않은 치안유지를 한 단속 규범이 있었죠. 위임받지 않은 상태로 국민의 자유와 권리를 제한하는 것은 당연히 헌법에 위배됩니다. 법 지문에서 무엇에 근거한 판단인지는 핵심이니 '법률로 제한하도록 규정한 헌법에 위배'된다는 사실은 챙겨갑시다.

◇ 코멘트

사실 위배되는 사항이라는 것은 당연한 말입니다. 재진술 수준이죠. 그러니 우리는 재진술에 추가된 정보인 '법률 제한으로 규정된 헌법에 위배'라는 사실을 확보하고 가는 것이 핵심이었습니다. 재진술에서 추가된 정보를 확보한다는 인식을 갖췄으면 베스트입니다.

1961년 8월 200여 명의 '부랑아'가 황무지 개간 사업에 투입되었고, 곧이어 전국 곳곳에서 간척지를 일굴 개척단이 꾸려졌다.

부랑아가 황무지 개간 사업, 전국에 개척단이 꾸려졌다면, 이 역시 부랑인을 개조하는 사회정화사업에 대응되는 정보일 겁니다. 문맥을 통해 의미를 생각하며 독해를 진행했어야 합니다.

◇ 코멘트

결국 지문 초반 제시된 화제인 '사회정화사업'이라는 정보라는 큰 틀에서 글이 진행되는 겁니다. 지문 초반 제시된 정보를 확보하고 독해를 진행하는 것의 중요성을 스스로 느껴야 합니다.

1950년대 부랑인 정책이 일제 단속과 시설 수용에 그쳤던 것과 달리, 이 시기부터 국가는 부랑인을 과포화 상태의 보호시설에 단순히 수용하기보다는 저렴한 노동력으로 개조하여 국토 개발에 활용하고자 했다.

기존과 다른 변화가 제시되었습니다. <단순 시설 수용 → 노동력 개조>라는 부랑인 정책에 대한 변화를 파악하며 독해를 진행했어야 합니다.

변화는 핵심입니다. 변화하는 요소는 변화 이전과 변화 후를 정확하게 파악하며 독해를 진행해야 합니다.

1955년부터 통계 연표에 수록되었던 '부랑아 수용보호 수치 상황표'가 1962년에 '부랑아 단속 및 조치 상황표'로 대체된 사실은 이러한 변화를 시사한다.

<단순 시설 수용 → 노동력 개조>를 구체적 예시를 통해 제시해주고 있습니다. 전자가 단순 시설 수용, 후자가 노동력 개조에 대응된다는 정도로 구체적 예시를 앞선 문맥과 가볍게 대응시키고 독해를 진행했으면 충분합니다.

이 같은 정책 시행의 결과로 부랑인은 과연 '개조'되었는가?

물음이 제시되었네요. 그러면 당연히 우리는 진짜 개조되었는지, 그렇게 판단한 근거가 무엇인지를 핵심으로 인식하고 독해를 진행해야 합니다.

개척의 터전으로 총진군했던 부랑인 가운데 상당수는 가혹한 노동 조건이나 열악한 식량 배급, 고립된 생활 등을 이유로 중도에 탈출했다. 토지 개간과 간척으로 조성된 농지를 분배 받기를 희망하며 남아 있던 이들은 많은 경우 약속된 땅을 얻지 못했으며, 토지를 분배 받은 경우라도 부랑인 출신이라는 딱지 때문에 헐값에 땅을 팔고 해당 지역을 떠났다. 사회복지를 위한 제도적 기반이 충분히 갖추어져 있지 않은 상황에서 사회법적 '보호' 또한 구현되기 어려웠다.

물리적 분량은 길지만, 핵심은 간단합니다. 결국 위와 같은 이유로 부랑인들이 떠났고, 보호받지 못했다는 것이죠. 떠난 이유에 대한 나열된 정보가 이해가 어려운 수준은 아니니 자연스럽게 확보할 수도 있었고, 그렇지 않더라도, 결국 반복되어 제시되는 핵심인 <부랑인들이 떠났고, 보호받지 못했다> 정도를 파악하고, 나열된 정보는 물어볼 때 돌아와서 판단한다는 인식을 갖췄어도 충분합니다.

당연히 여기서 부랑인은 개조되었는가에 대한 답으로 개조되지 않았다는 것을 파악하고 독해를 진행했어야 합니다.

실전에서 우리가 지문에 있는 모든 내용을 암기하고 내려갈 수 있을까요? 실전이 아니라도 이렇게 정보가 나열된 경우에 각각의 개념어들을 모두 '외워서' 독해를 진행한다는 것은 몇몇 타고난 천재들 외에는 불가능한 경지입니다.

단순 나열 정보 역시 반드시 문제화되고, 내용 이해를 고려할 때도 절대 간과하며 넘어갈 부분이 아니지만, 이렇게 나열된 개념어들에 대해서는 문제에서 물어볼 때 다시 돌아온다는 인식을 가지고, 자신이 알아보기 편하게 간단한 표시 정도를 해놓고 독해를 계속 진행하는 것을 추천드립니다.

cf) 18.06 율곡의 사상과 법제 개혁론

〈아동복리법 시행령〉은 부랑아 보호시설의 목적을 '부랑아를 일정 기간 보호하면서 개인의 상황을 조사□ 감별하여 적절한 조치를 취함'이라 규정했으나, 전문적인 감별 작업이나 개별적 특성과 필요를 고려한 조치는 드물었고 규정된 보호 기간이 임의로 연장되기도 했다.

이 역시 일정 기간 보호, 적절한 조치라는 규정은 있지만, 실제로 그것이 이루어지지는 않았습니다. 앞서 제시한 대로 원칙(일정 기간 보호, 적절한 조치)과 현실(임의 연정, 개별 특성 무시)이라는 대립쌍을 파악했으면 베스트입니다.

이렇게 이론과 실제 등을 구분하는 것은 빈번한 흐름입니다. 규정과 실제를 구분하는 것 이상적인 것과 현실적인 것을 구분하는 흐름은 하나의 대립쌍으로 기출에서 이미 자주 빈출된 표현입니다.

대립쌍에 대한 이해는 지문 이해와 문제 풀이 시 굉장히 핵심적으로 기능하는 부분입니다. 필히 민감한 반응을 갖추시길 바랍니다.

신원이 확실하지 않은 자들을 마구잡이로 잡아들임에 따라 수용자 수가 급증한 국영 또는 사설 복지기관들은 국가보조금과 민간 영역의 후원금으로 운영됨으로써 결국 유사 행정기구로 자리매김했다. 그중 일부는 국가보조금을 착복하는 일도 있었다.

수용자 수가 급증해 복지기관들이 국가보조금으로 운영되며 유사 행정기구가 되고, 국가보조금을 빼돌리기도 합니다. 이 역시 특정 상황들이 나열되고 있습니다. 나열된 정보들은 일치 수준으로 나오는 경우가 많기 때문에, 부정적인 상황이 있었다는 큰 흐름을 파악하고(본인이 흐름 파악이 안 됐다면, 나열된 구간에서 출제가 될 수 있으니 체크 정도라도!) 독해를 진행했으면 충분합니다.

> 국가는 〈근로보도법〉과 〈재건국민운동에 관한 법률〉 등을 제정하여 부랑인을 근대화 프로젝트에 활용할 생산적 주체로 개조하고자 하는 한편, 그러한 생산적 주체에 부합하지 못하는 이들은 〈아동복리법〉이나 〈생활보호법〉의 보호 대상으로 삼았다. 또한 각종 하위 법령을 통해 부랑인을 '예비 범죄자'나 '우범 소질자'로 규정지으며 인신 구속을 감행했다.

부랑인을 생산적 주체로 개조하려 했다는 것은 앞서 서술된 내용입니다. 여기 부합하지 못하는 부랑인은 보호 대상이 되고, 인신 구속까지 감행합니다. 이 정보들이 낯설게 느껴졌으면 안 됩니다. 사실 앞서 제시된 부랑인을 일소한다는 명분 아래 진행된 사회 정화 사업과 동일한 말입니다.

◇코멘트

계속 강조하지만, 결국 문맥을 통해 의미를 파악하며 독해를 진행해야 합니다. 이렇게 의미를 파악할 때 글의 전반적인 화제를 통해 내용을 자연스럽게 납득하며 독해하는 것의 중요성을 느끼시면 좋겠습니다.

> 갱생과 보호를 지향하는 법체계 내부에 그 갱생과 보호의 대상을 배제하는 기제가 포함되어 있었던 것이다.

부랑인에 대한 갱생과 보호를 진행하려 했습니다. 그런데 이 방향 속 앞서 제시한 것처럼 부랑인에 대한 인신 구속까지 감행합니다. 그러니 갱생과 보호를 지향하는 법 내부에 이들을 배제하는 기제가 포함되었다고 할 수 있는 것이죠. 계속 문맥을 통해 의미를 납득하며 독해를 진행해야 합니다.

> 국가는 부랑인으로 규정된 개개의 국민을 경찰력을 동원해 단속·수용하고 복지기관을 통해 규율했을 뿐만 아니라, 국민의 인권과 복리를 보장할 국가적 책무를 상당 부분 민간 영역에 전가시킴으로써 비용 절감을 추구했다.

이 역시 앞서 제시된 정보의 구체화입니다. 법률이 위임하지 않은 치안유지 내용이 있었고, 국영 사설 복지기관이 민간 후원금으로 운영되기도 했으니까요. 앞선 정보를 통해 내용을 납득하는 것이 베스트입니다.

◇코멘트

만약 앞선 정보를 통해 납득하지 못했더라도, 부랑인 사회정화사업에 대한 평가이니, 체크라도 한 상태로 독해를 진행했어야 합니다.

> 당시 행정당국의 관심은 부랑인 각각의 궁극적인 자활과 갱생보다는 그가 도시로부터 격리된 채 자활·갱생하고 있으리라고 여타 사회구성원이 믿게끔 하는 데에 집중되었던 것으로 보인다. 부랑인은 사회에 위협을 가하지 않을 주체로 길들여지는 한편, 국가가 일반 시민으로부터 치안 관리의 정당성을 획득하기 위한 명분을 제공했다.

끝까지 문맥을 통해 이해해야 합니다. 법률에 위임받지 않은 내용으로 치안유지를 진행합니다. 그러니 부랑인을 국가가 '길들이고', 일반 시민까지 이를 통해 관리하려는 정당성을 갖는 것입니다.

실전에서 이처럼 근거를 완벽하게 들면서 이해하지 못하더라도, 최소한 글의 맥락을 통해 납득은 된 상태로 독해를 진행했어야 합니다.

◇코멘트

5·16 군사 쿠데타 이후라는 시대적 배경이 제시되었을 때, 법적인 내용(훈령 등)을 제대로 파악하는 것이 어렵더라도 군사 정권 시기라는 점만 생각한다면 내용의 흐름을 수월하게 파악할 수 있습니다. 고교 교육 과정 수준의 지식이 갖춰져 있으면 의미를 파악하는 것이 더욱 수월하진다는 점을 인식하시면 좋겠습니다.

[1~3] 문제 해설

01 윗글의 내용과 일치하는 것은?

① 부랑인 정책은 갱생 중심에서 격리 중심으로 초점이 옮겨갔다.
② 부랑아의 시설 수용 기간에 한도를 두는 규정이 법령에 결여되어 있었다.
③ 부랑인의 수용에서 행정기관과 민간 복지기관은 상호 협력적인 관계였다.
④ 개척단원이 되어 도시를 떠난 부랑인은 대체로 개척지에 안착하여 살아갔다.
⑤ 부랑인 정책은 치안 유지를 목적으로 하여 사회복지 제

공의 성격을 갖지 않았다.

답 ③

4문단에 제시된 것처럼 국영 또는 사설 복지기관들은 국가보조금과 민간 영역의 후원금으로 운영되었습니다. 또한 6문단에 제시된 것처럼 국민의 인권과 복리를 보장할 국가적 책무를 상당 부분 민간 영역에 전가시킴으로써 비용 절감을 추구했습니다. 그러니 부랑인 수용에서 행정기관과 민간 복지관은 상호 협력적인 관계라는 것을 알 수 있습니다.

여기서 '상호 협력'이라는 워딩을 보고 '상호 협력은 긍정적인 방향 아니야?'라고 오판했을 수 있는데, '협력' 자체는 긍·부정을 띄지 않습니다. 힘을 합하여 서로 도운 것은 협력이라 할 수 있으므로, 민간은 국가에게 돈을 받았고, 국가는 민간 영역에 책무를 전가했으니 '협력'했다고 볼 수 있습니다.

오답 선지 분석

② : 3문단에 제시된 것처럼 부랑인 정책은 부랑인을 과포화 상태의 보호시설에 단순히 수용하기보다는 저렴한 노동력으로 개조하여 국토 개발에 활용하는 방향으로 변화했습니다. 그러니 갱생 중심에서 격리 중심으로 초점이 옮겨갔다는 것은 적절하지 않습니다.

③ : 4문단에 제시된 것처럼 <아동복리법 시행령>은 부랑아 보호시설의 목적을 '부랑아를 일정 기간 보호하면서 개인의 상황을 조사·감별하여 적절한 조치를 취함'이라 규정되어있긴 했습니다. 실제로 보호 기간이 임의로 연장되기는 했지만, 규정이 법령에 결여되어 있다고 보는 것은 적절하지 않습니다.

④ : 4문단에 제시된 것처럼 토지 개간과 간척으로 조성된 농지를 분배받기를 희망하며 남아 있던 이들은 많은 경우 약속된 땅을 얻지 못했으며, 토지를 분배받은 경우라도 부랑인 출신이라는 딱지 때문에 헐값에 땅을 팔고 해당 지역을 떠났습니다. 즉 개척단원이 되어 도시를 떠난 부랑인은 대체로 개척지에 안착하여 살아갔다고 볼 수 없습니다.

⑤ : 1문단에서 국가는 <근로보도법>과 <재건국민운동에 관한 법률> 등을 제정하여 부랑인을 근대화 프로젝트에 활용할 생산적 주체로 개조하고자 하는 한편, 그러한 생산적 주체에 부합하지 못하는 이들을 <아동복리법>이나 <생활보호법>의 보호 대상으로 삼음이 제시되었습니다. 즉 부랑인 정책이 치안 유지를 목적으로 한 것은 맞지만, 사회복지 제공의 성격을 갖지 않았다고 볼 수는 없습니다.

◇ 코멘트

선지에서 일부는 적합하지만, 일부는 적절하지 않은 경우를 정확하게 판단할 수 있어야 합니다. 선지를 뭉개 읽지 않고 정확하게 끊어 읽으며 선지 요소들이 모두 적합한지 판단하는 습관을 갖춰야 합니다.

02 ㉠에 대한 비판으로 적절하지 않은 것은?

① 상위 규범과 하위 규범 사이의 위계를 교란시켰다.
② 근거 법령의 목적 범위를 벗어 나는 사항을 규율했다.
③ 법률을 제정하는 국회의 입법권을 행정부에서 침해하는 결과를 초래했다.
④ 부랑인을 포괄적으로 정의함으로써 과잉 단속의 근거로 사용될 여지가 있었다.
⑤ 부랑인 단속을 담당하는 하급 행정기관이 훈령을 발한 상급 행정기관의 지침을 위반하도록 만들었다.

㉠ : <내무부훈령 제410호>

답 ⑤

2문단에 제시된 것처럼 훈령은 상급 행정기관이 하급 기관의 조직과 활동을 규율할 목적으로 발하는 것입니다. 그리고 내무부훈령은 상급 행정기관이 발한 훈령으로 '법률이' 위임하고 있지 않은 치안유지를 내용으로 한 단속 규범을 가지고 있는 것입니다. 즉 하급 행정기관이 훈령을 발급한 상급 행정기관의 지침을 위반하게 만든 것이 아닙니다.

법 지문의 핵심은 제정 주체, 제정 목적, 제정 근거, 적용 조건, 적용 대상, 적용 결과입니다. 여기서도 '법률'이 위임하지 않은 것을 '주체'인 행정기관과 구분할 것을 요구하는 선지가 제시되었습니다.

오답 선지 분석

① : 2문단에 제시된 것처럼 헌법, 법률, 명령, 행정규칙으로 내려오는 위계가 존재하고, 훈령은 행정규칙에 속합니다. 그리고 훈령은 원칙적으로는 대외적 구속력이 없으며 예외적인 경우에만 법률의 위임을 받아 상위법을 보충합니다. 그런데 내무부훈령은 상급 행정기관이 발한 훈령으로 '법률이' 위임하고 있지 않은 치안 유지를 내용으로 한 단속 규범을 가지고 있습니다. 그러니 상위 규범과 하위 규범 사이의 위계를 교란시켰다고 볼 수 있습니다.

② : 2문단에 제시된 것처럼 내무부훈령은 상급 행정기관이 발한 훈령으로 '법률이' 위임하고 있지 않은 치안 유지를 내용으로 한 단속 규범을 가지고 있습니다.

③ : 2문단에 제시된 것처럼 훈령은 상급 행정기관이 하급 기관의 조직과 활동을 규율할 목적으로 발하는 것이고, 내무부훈령은 인신 구속은 국민의 자유와 권리를 필요한 경우 국회에서 제정한 법률로써 제한하도록 규정한 헌법에 위배되는 것입니다. 그러니 법률을 제정하는 국회의 입법권을 행정부에서 침해하는 결과를 초래했다고 볼 수 있습니다.

④ : 2문단에 제시된 것처럼 내무부훈령은 이는 걸인, 껌팔이, 앵벌이를 비롯하여 '기타 건전한 사회 및 도시 질서를 저해하는

자'를 모두 '부랑인'으로 규정했습니다. 그러니 부랑인을 포괄적으로 정의해 과잉 단속의 근거로 사용될 여지가 있다고 볼 수 있습니다. '모두'와 같은 한정어를 주의합시다.

03 <보기>의 내용을 윗글에 적용한 것으로 적절하지 <u>않은</u> 것은?

> **보 기**
>
> 국가는 방역과 예방 접종, 보험, 사회부조, 인구조사 등 각종 '안전장치'를 통해 인구의 위험을 계산하고 조절한다. 그 과정에서 삶을 길들이고 훈련시켜 효용성을 최적화함으로써 '순종적인 몸'을 만들어내는 기술이 동원된다. 이를 통해 정상과 비정상, 건전 시민과 비건전 시민의 구분과 위계화가 이루어지고 '건전 사회의 적'으로 상정된 존재는 사회로부터 배제된다. 이는 변형된 국가인종주의의 발현으로 이해할 수도 있다. 고전적인 국가인종주의가 선천적이거나 역사적으로 구별되는 인종을 기준으로 이원 사회로 분할하는 특징이 있다면, 변형된 국가인종주의는 단일 사회가 스스로의 산물과 대립하며 끊임없이 '자기 정화'를 추구한다는 점에서 차이가 있다

① 부랑인을 '우범 소질'을 지닌 잠재적 범죄자로 규정한 것은 한 사회의 '자기 정화'를 보여준다고 할 수 있다.
② 부랑인을 '개조'하여 국토 개발에 동원하고자 한 것은 삶을 길들이고 훈련시키는 기획을 보여준다고 할 수 있다.
③ 부랑인을 생산적 주체와 거기에 이르지 못한 주체로 구분 지은 것은 변형된 국가인종주의의 특정을 보여준다고 할 수 있다.
④ 치안관리라는 명분을 위해 부랑인의 존재를 이용한 것은 건전 시민과 비건전 시민의 구분과 위계화를 보여준다고 할 수 있다.
⑤ 부랑인의 갱생을 지향하는 법체계에 배제의 기제가 내재된 것은 '순종적인 몸'을 만들어내는 기술과 '안전장치'가 배척 관계임을 보여준다고 할 수 있다.

<보기> 분석
국가는 안전장치를 통해 인구의 위험을 계산하며, 이 과정에서 순종적인 몸을 만든다. ⇒ 지문에 근거하면 이는 사회정화사업으로 판단할 수 있음.

여기서 정상, 비정상 등의 위계화가 진행된다. ⇒ 부랑인과 일반 시민을 구분하는 것이라 볼 수 있음.

고전적 국가인종주의는 선천적인 요소, 변화된 국가인종주의는 자기 정화 추구. ⇒ 부랑인 정화 정도로 판단할 수 있음.

답 ⑤
부랑인의 갱생을 지향하는 법체계에서 배제의 기제가 내재된 것은 맞습니다. 그러나 <보기>에 따르면 안전장치를 통해 인구의 위험을 계산하며 이 과정에서 순종적인 몸을 만듭니다. 이는 이 둘이 배척 관계가 아님을 보여줍니다.
<보기> 독해 시 '그 과정'을 정확하게 당겨 읽었으면 답을 고르기 한결 수월했을 거라 생각합니다.

오답 선지 분석
① : 부랑인을 '예비 범죄자'나 '우범 소질자'로 규정지었고, 이는 사회가 스스로의 산물과 대립하며(부랑자도 결국 사회의 산물이죠) 자기 정화를 보여준다고 할 수 있습니다.

② : 국가는 부랑인을 과포화 상태의 보호시설에 단순히 수용하기보다는 저렴한 노동력으로 개조하여 국토 개발에 활용하고자 했고, 이는 삶을 길들이고 훈련시키는 기획을 보여준다고 할 수 있습니다.

③ : 국가는 <근로보도법>과 <재건국민운동에 관한 법률> 등을 제정하여 부랑인을 근대화 프로젝트에 활용할 생산적 주체로 개조하고자 하는 한편, 그러한 생산적 주체에 부합하지 못하는 이들은 <아동복리법>이나 <생활보호법>의 보호 대상으로 삼았고 각종 하위 법령을 통해 부랑인을 '예비 범죄자'나 '우범 소질자'로 규정지으며 인신 구속을 감행했습니다. 이를 통해 부랑인을 생산적 주체와 거기에 이르지 못한 주체로 구분 지은 것은 변형된 국가인종주의의 특정을 보여준다고 할 수 있습니다.

④ : 국가는 부랑인 개념을 통해 일반 시민으로부터 치안 관리의 정당성 명분을 획득합니다. 이는 시민(일반 시민)과 비건전 시민(부랑인)의 구분과 위계화를 보여주는 것이라 할 수 있습니다.

◇ <u>총평</u>

- 핵심 확보
- 다른 말 같은 뜻
- 철학 배경지식

환경 위기가 인류에게 위험이 될 수 있는 이유인 철학적 근대에 대한 이해가 핵심임을 파악했어야 합니다. 지문을 독해하며 제시된 관점을 확보하고(데카르트주의, 칸트주의 객관적 관념론) 그에 맞춰 이후 의미를 파악하며 독해를 진행하는 인문 철학 지문의 핵심을 보여주는 우수한 지문이었습니다.
추가적으로 해당 지문에 등장한 근대 철학 사상에 대한 기본적인 (매우 기초적인 내용이 정리가 잘 되어 있습니다) 내용을 배경지식으로 습득해두시길 권장합니다.

현대의 환경 위기는 인류의 생존 문제일 뿐 아니라 근대 이후 구현되어 온 인본주의적 가치들을 위협할 수 있는 요인이기도 하다.

상식적인 얘기로 지문을 시작합니다. 환경 위기가 인류 생존과 인본주의적 가치를 위협할 수 있다는 것은 자연스럽게 납득할 수 있습니다. 최소한 여기 '인본주의적 가치 위협'이 핵심적이라는 정도는 파악하고 독해를 진행했어야 합니다.

◇ 코멘트

모든 기출에서 첫 문장이 중요하다고 할 수는 없지만, 그럼에도 첫 문장의 중요성은 몇 번을 강조해도 부족함이 없습니다. 기출 분석을 잘 진행한 학생이라면 직관적으로(기존 기출에서 'a뿐 아니라 b도~' 식으로 제시되면 핵심적으로 다루어지는 경우가 많았으니) 인본주의적 가치가 핵심이라는 점은 파악할 수 있습니다.
일단 인본주의적 가치는 인간을 근본으로 두는 가치이겠죠. 그렇다면 우리는 '환경 위기가 왜 인본주의적 가치를 위협하지?' 정도의 의문을 잡고 독해를 진행할 수 있습니다. 이처럼 파악됐다면, 이후 내용을 납득하는 것이 조금 더 수월했을 겁니다.

즉 그것은 '생존'을 빌미로 하는 신유형의 독재나 제국주의를 유발함으로써 자유, 인권, 평등의 가치에 근거한 민주주의나 세계시민주의 등의 이념들을 위기에 처하게 할 수 있다는 점에서도 문제인 것이다.

'즉'이라고 제시되었으니 앞 문장의 내용을 당겨 읽어야 합니

다. 앞서 '환경위기는 인본주의적 가치를 위협'한다고 했습니다. 그 뒤에 '독재, 제국주의 유발, 민주주의 이념 위기' 등이 제시되었습니다. 즉 '인본주의적 가시 위협, 독재 등 등장 + 민주주의 위기'라는 문맥적 의미를 파악하며 독해를 진행했어야 합니다.

◇ 코멘트

접속 부사를 통해 문장의 의미를 파악하며 독해하는 것을 느끼시면 좋겠습니다.

환경 위기는 특히 '철학적 근대'에 관한 담론에서 중요 주제로 부각된다.

공신력 있는 출제 기관은 어휘를 가지고 장난치지 않습니다. 대놓고 '중요 주제'라고 제시했으니 '환경위기로 인한 인본주의 위협'의 핵심이 '철학적 근대'에 직결된다는 점은 자연스럽게 납득할 수 있습니다.

이 위기는 자연과 인간을 근본적으로 차별하는 세계관을 사상적 토대로 하고, 또한 그러한 세계관은 인간의 이성적 주체성을 전면에 등장시킨 근대의 철학적 혁명에서 비롯되었기에,

최소한 배경지식이 없어도 '근대 철학은 인간과 자연 차별, 이성 강조' 정도는 파악하고 독해를 진행했어야 합니다. 우리 글의 핵심이 철학적 근대(철학적 근대와 근대 철학이 동의어는 아니지만)라고 앞선 문장에서 제시했으니까요.

◇ 코멘트

개인적으로는 배경지식으로 알고 있어야 하는 내용이라 생각합니다. 근대 철학이 이성을 중심으로 하고 자연과 인간에 대한 위계를 설정하였다는 내용은 기존 기출에도 제시되었던 내용입니다. 해당 지문은 근대 철학의 일반적인 개념을 매우 명료하게 제시해주고 있습니다. 해당 지문에서 문맥적 의미를 파악하며 독해를 진행하는 태도를 배우는 것과 더불어, 근대 철학에 대한 지식까지 숙지하고 가시는 것을 권장합니다.

사상사적 맥락에서 가장 큰 책임을 져야 하는 것이 바로 철학적 근대라고 지적되기 때문이다.

앞선 문장을 통해 납득합시다. 환경 위기가 철학적 근대에서 중요 담론입니다. 그리고 근대 철학에서 자연과 인간의 위계를 나누었죠. 이렇게 위계를 나누었으니, '이런 위계로 인해 환경 위

기가 발생하나?' 정도는 파악하고 독해를 진행할 수 있습니다. 이처럼 앞서 제시된 내용을 통해 이후 내용의 의미를 파악하며 독해를 진행하는 태도를 갖춰야 합니다.

> 그러나 철학적 근대는 경시할 수 없는 미덕을 동시에 지니기 때문에, 그대로의 수용도 원천적 거부도 선택할 수 없는 딜레마적 문제이다.

정확한 이유를 알 수는 없지만, 철학적 근대가 '미덕'을 지닙니다. 환경 위기와 직결되지만, 미덕도 있으면 당연히 딜레마 상황이 발생하겠죠? 조금만 더 생각한다면 '철학적 근대의 미덕은 뭐지?' 정도는 생각하고 독해를 진행할 수 있습니다.

◇ 코멘트

이후 '미덕'에 대해 구체적으로 제시하지 않는다면, 그냥 '미덕이 있나 보다.' 정도만 생각하고 독해를 진행해도 충분합니다. 하지만 이후 '미덕'에 대한 설명이 진행된다면 우리는 그 내용을 숙지하고 독해를 진행해야 합니다.

> 저 숭고한 인본주의적 가치들은 무엇보다도 인간의 지성적·실천적 자율성을 주장한 철학적 근대를 통해 정초되었기 때문이다.

앞서 인본주의가 위협되는 것이 환경 위기 때문이었고, 환경 위기는 근대 철학적 혁명에서 비롯되었습니다. 그런데 인본주의 가치가 철학적 근대에서 왔네요. 인본주의의 기반을 가져왔지만, 인본주의의 위협이기도 하다는 것이 바로 철학적 근대의 아이러니입니다.

> 철학적 근대는 ㉠데카르트주의의 발흥 및 완성의 과정으로 이루어진다는 것이 일반적 통념이다.

상식적으로 받아들여야 합니다. 데카르트가 근대 철학의 아버지라는 정도는 이제 수능에서 일정 수준 이상의 성취를 지향하시는 분들이라면 필수적으로 알고 있어야 합니다.

> 이성적 사유 주체의 절대적 확실성을 철학의 제1 원리로 논증하는 이 사상 체계에서 자연은 주체에 대해 근본적 타자로서, 그 어떤 자기 목적이나 내면도 없는 단적인 물질적 실체, 즉 '길이, 넓이, 깊이로 연장된 것'이라는 열등한 존재로 인식된다.

데카르트주의의 '관점'을 제시합니다. 자연은 '타자'이며 '목적이나 내면이 없는' '물질적 실체' '열등한 존재'입니다. 최소한

여기서 해당 개념들이 자연을 격하하는 문맥상 유사한 의미의 단어들이라는 점을 파악한 상태로 독해를 진행했어야 합니다.

◇ tip 다른 말 같은 뜻

독서는 결국 '의미'를 파악하며 읽는 것입니다. 독해 시, 기표(記標)가 다르더라도, 같은 기의(記意)를 가지고 있으면 적극적으로 같은 의미를 판단해 주어야 합니다.

여기서 '타자, 내면이 없다, 물질적 실체, 열등한 존재'라는 단어들의 글자(기표)는 각각 다르지만, 자연을 격하하는 표현이라는 공통된 의미를 가지고 있습니다.

현 수능에서는 이처럼 문맥적 의미를 통해 단어의 의미를 파악하는 것, 문장의 의미를 파악하는 능력이 가장 핵심이라 볼 수 있습니다.

cf) 23.09 (가) 아도르노의 미학

'아도르노가 보는 대중 예술은 창작의 구성에서 표현까지 표준화되어 생산되는 상품에 불과하다. 그는 대중 예술의 규격성으로 인해 개인의 감상 능력 역시 표준화되고, 개인의 개성은 다른 개인의 그것과 다르지 않게 된다고 보았다.'

⇒ 해당 문장도 역시 문맥상 같은 의미를 파악하며 독해를 진행하는 것이 핵심이었습니다. 22.11 (가) 헤겔의 미학, 23.09 유류분권에 대한 이해에서도 그것이 핵심이었죠. 현 수능의 가장 핵심적인 독해 태도입니다.

◇ 코멘트

개인적으로는 이미 지식적으로 알고 있었어야 하는 내용이라 생각합니다. 근대 철학에 대한 기본적인 개념은 꼭 갖추고 있어야 합니다. 만약 본인이 해당 내용을 잘 몰랐다면 이번 기회를 통해 꼭 지식화해두시길 바랍니다.

> 인간과 자연의 이러한 위계적 이원화는 인간의 자연 지배를 정당화하는 토대가 되거니와, 기계론적으로 양화되는 연장의 영역으로 정위된 자연은 인간 마음대로 사용할 수 있는 유용한 자재 창고로 여겨지게 된 것이다.

계속 의미를 파악해야 합니다. 자연은 '열등한 존재'입니다. 그러니 위계적 이원화(이성적 존재와 열등한 존재)가 성립하고, 열등한 존재에 대한 지배가 정당화되는 것이죠. 그러니 자연을 도구로 활용한다는 것은 앞 문장의 의미를 파악했다면 당연한 말이 됩니다.

> 자연과학적 실험의 보편화는 더욱 과격화된 철학적
> 자연관의 출현을 촉발한다.

더욱 과격화된 철학적 자연관이라면 당연히 앞서 자연을 격하하고 이성을 높인 것보다 더욱 강화된 경향을 보일 거라 생각하고 독해를 진행했어야 합니다.

> 자연은 '인식'과 '사용'의 대상이던 것에서 나아가 '제작'의 대상으로까지 여겨지게 된다.

인식과 사용에서 제작 대상으로까지 격하됩니다. 어휘력이 갖춰져 있다면 '자연을 쓸 수 있는 걸 넘어(사용), 만들어낼 수 있다고까지(제작) 생각하네?' 정도로 의미를 파악할 수 있었을 겁니다.

◇ tip 비교·대조 쌍

실제 독해 시 a와 b가 대조되는 전개 방향이라면 a를 읽을 때는 있는 그대로 정리를 잘하면서 독해를 하며, 이후 b가 제시될 때 차이점과 공통점을 잡으며 독해를 진행해야 합니다. 하지만 그것이 어렵다면 최소한 각각에 대한 구분은 진행된 뒤, 선지에서 물어볼 때 돌아와서라도 판단할 수준으로는 독해가 진행됐어야 합니다.

여기서도 '사용의 대상 / 제작의 대상'은 대놓고 '변화'한 차이이므로 구분하고 독해를 진행해야 합니다.

> 진리를 발견되는 것이 아니라 만들어지는 것으로 보는 이러한 노선은 ⓛ칸트주의에서 특히 전형적으로 대두한다.

진리가 발견되는 것이 아닌 만들어지는 것으로 본다는 것은 결국 자연을 '제작의 대상'으로 본다는 것과 같은 맥락이겠죠.

> 즉 의지의 규범인 도덕 준칙과 마찬가지로 지성의 대상인 자연 법칙 또한 그 입법권이 자율적 주체인 인간에게 부여되는 것이다. 자연은 한낱 조야한 질료로서 주어질 뿐, 그 구체적 존재 형식은 인식 주체로서의 인간의 지적 틀에 의해 결정된다는 것이다.

'즉'이라고 했으니 앞 문장을 통해 의미를 파악해야 합니다. '자연을 제작의 대상으로 취급 = 만들어지는 것으로 취급'한다는 것은 '자연 법칙이 인간에 의해 결정'된다는 것과 같은 의미로 파악할 수 있습니다.

◇ 코멘트

관점을 확보하고 그 관점을 통해 이후 내용을 파악하는 것은 독해의 기본입니다. 독해는 결국 기본적인 어휘력과 배경지식, 그리고 사소한 한 끗의 태도에서 차이가 발생합니다. 이 세 가지 요소를 수능 당일까지 신경씁시다.

> 물론 이 사상에서 자연의 자기 목적이 중요한 화두로 제기되기도 하지만, 이 역시 세계를 대하는 인간의 심적 태도의 차원에서 상정될 뿐이다.

칸트주의에서 자연의 목적은 결국 인간의 심적 태도, 인간을 중심으로 상정됩니다. 결국 매우 극단적으로 인간 중심의 사고를 보인다고 생각할 수 있습니다.

◇ tip 문단의 마지막, 글의 마지막에서 굳이?

리트 언어이해는 한 지문에 세 문항만이 수록됩니다. 만약 해당 지문이 수능에 출제되었다면, 해당 문장에서 '칸트주의에서 자연의 자기 목적이 중요하게 다루어지기도 했다.' 정도가 문단 끝에 부가적으로 붙은 단순 일치 선지 정도로 출제될 수 있다고 생각합니다.

cf) 18.06 DNS 스푸핑 중 일부

'한편, 인터넷에 직접 접속은 안 되고 내부 네트워크에서만 서로를 식별할 수 있는 사설 IP 주소도 있다.'

> 이러한 추이로부터 짐작하면, 철학적 근대의 완성판이라 불리는 객관적 관념론 은 어떤 노선보다도 강한 이성주의적 면모를 지니는 까닭에, 자연에 대한 억압적 지배를 정당화하는 궁극의 사조라는 죄명을 뒤집어쓸 개연성이 클 것이다.

사용의 대상에서 제작의 대상으로 변화하는 흐름이니, 철학적 근대의 완성판이면 당연히 자연에 대한 억압을 강화한다는 입장을 보인다고 생각할 겁니다. 물론 '개연성이 클 것이다' 정도로 제시했으니 그렇지 않다고 제시될 것이라는 정도는 무리 없이 생각할 수 있습니다.

> 하지만 이 철학 사조는 그러한 혐의(억압적 지배 정당화)가 근본적 몰이해에서 비롯된 것이라고 항변할 수 있는 상당한 근거를 지니는데, 흥미롭게도 그 근거는 이 사조가 철학적 근대의 핵심 원리인 '이성'의 위상을 극한으로 강화한다는 점에 있다.

객관적 관념론이 이성을 극한으로 강화하는데 오히려 자연에 대한 억압적 지배를 정당화하는 것이 아닙니다. 앞선 정보를 생각해 보면 직관적으로 납득하기는 어렵습니다. (이성의 강화, 자연 격하의 방향이었으니) 그렇다면 지문에서 '이성 강화가 억압적 지배를 정당화하지 않는 이유'가 핵심으로 제시될 것임을 생각할 수 있습니다.

◇ 코멘트

이처럼 앞선 정보를 통해 의미를 파악하며, 의미가 파악되지 않을 때 의문(호기심이라고도 하죠?)을 가지고 독해를 진행하여 그에 대해 파악하는 태도는 핵심적입니다.

객관적 관념론은 문자 그대로 관념의, 구체적으로는 이성의 객관적 진리치를 정당화하고자 한다. 중요한 것은 여기서 '이성'이 이전의 근대 철학에서와는 사뭇 다른 층위의 의미를 지닌다는 점이다.

객관적 관념론에서 사용되는 이성의 의미는 근대 철학과 상이합니다. 그러면 이 의미 차이로 객관적 관념론이 억압적 지배를 정당화하는 것이 아님을 파악할 수 있을 겁니다.

즉 '이성'은 단지 지적 능력의 특정한 형식이나 단계를 지칭하는 것에서 나아가 근본적으로는 존재론적□형이상학적 위상까지 지니는 최상위의 범주 또는 섭리를 가리킨다.

'즉'이라 제시되었으니 앞 문장의 의미를 고려해야 하고, 이성이 다른 의미를 지닌다는 것을 구체화해주고 있습니다. 여기서 '존재론적·형이상학적'이라는 개념을 어렴풋이라도 알면 좋지만, 만약 모른다면 최소한 글자 그대로 '최상위의 범주'는 가져갔어야 합니다. 대놓고 '최상위라고 한정'해주고 있는 것이니까요.

◇ 코멘트

존재론과 형이상학은 알고 갑시다.
[존재론 : 존재 또는 존재의 근본적 · 보편적인 모든 규정을 연구하는 학문]
[형이상학 : 사물의 본질, 존재의 근본 원리를 사유나 직관에 의하여 탐구하는 학문.]
이 둘은 기출에도 등장한 개념입니다. 개인적으로 심도 깊게 철학을 공부하나면 단순 사전적 의미로만 접근하는 것은 적절하다 보기는 어렵지만, 고등학생 수준에서 해당 개념에 대한 정확한 이해까지는 아니더라도, 이처럼 일반적으로 통용되는 사전적 의미 정도는 알고 있으면 좋다고 생각합니다.

'모든 것은 개념, 판단, 추론이다'라는 헤겔의 말처럼, 이성은 '세계의 모든 것에 선행하면서 동시에 그 모든 것을 가능케 하는 조건', 즉 '삼라만상의 선험적인 논리적 구조 내지 원리'라는 절대적 위상을 지니며,

만약 앞선 말이 좀 어려워 의미 파악이 힘들었더라도 여기서 '모든 것은~', '모든 것에 선행, 모든 것의 조건', '삼라만상의 구조와 원리'를 통해 '이성이 모든 것에 직결됨' 정도의 의미를 파악할 수 있습니다. 이렇게 한정어(모든) 등과 같이 제시된 표현의 의미는 필히 독해 시 가져가야 합니다.

◇ tip 한정어

'모든'

앞선 내용이 매우 추상적이지만 출제자께서 나름의 배려를 해준 것인지 이렇게 한정어를 통해 의미를 명시적으로 파악할 수 있게 도와줬습니다.

이처럼 한정어에 대해서는 지문 독해 시에 핵심에 결부된 정보든, 부가적으로 제시된 정보든 응당 민감하게 처리해야 하는 표현들입니다. 이런 표현들은 범주 파악, 내용 이해에 필수적이고, 곧잘 문제화되는 부분입니다.

cf) 20.11 장기 이식의 문제점, 레트로바이러스에 대한 이해.

'이런 세포(레트로 감염되고 살아남은)로부터 유래된 자손의 **모든** 세포가 갖게 된 것이 **내인성 레트로바이러스**이다.'

이에 모든 자연사와 인간사는 이러한 절대적 이성이 시공간의 차원으로 외화한 현상적 실재로 설명된다.

여기도 말이 어렵지만, 앞선 문장을 통해 의미를 파악해야 합니다. 앞서 '이성이 모든 것에 직결'된다는 정도는 파악됐습니다. 그러니 자연사와 인간사 모두 '절대적 이성이 외화한 실재'라는 점은 인간과 자연 모두 이성의 외화(겉으로 드러남)라는 것을 파악할 수 있습니다.

◇ 코멘트

모든 자연사와 인간사가 이성의 외화라는 것은 결국 객관적 관념론이 자연 지배가 아니라는 것에 대한 근거로 작동할 겁니다.

즉 자연은 절대적 이성에 따라 존재하고 변화하는 사물 양태의 이성이고, 지성적 주체인 인간은 절대적 이성에 따라 사유하고 성숙하여 절대적 이성의 인식에 도달해 가는 의식 양태의 이성이기에, 양자는 본질적으로 동근원적이라는 것이다.

'즉'이니 여기도 앞선 내용을 통해 파악해야 합니다. 자연은 절대적 이성에 근거한 사물 양태, 인간은 절대적 이성에 도달하는 의식 양태이므로 동근원적입니다. 앞서 자연사와 인간사가 모두 '절대적 이성의 외화'로 제시된 것을 고려하면 이 둘의 근원이 모두 이성으로 동(同)근원적이라는 것이죠.

◇ 코멘트

모든 자연사와 인간사가 이성의 외화라는 것은 결국 객관적 관념론이 자연 지배가 아니라는 것에 대한 근거로 작동할 겁니다.

즉 자연은 절대적 이성에 따라 존재하고 변화하는 사물 양태의 이성이고, 지성적 주체인 인간은 절대적 이성에 따라 사유하고 성숙하여 절대적 이성의 인식에 도달해 가는 의식 양태의 이성이기에, 양자는 본질적으로 동근원적이라는 것이다.

'즉'이니 여기도 앞선 내용을 통해 파악해야 합니다. 자연은 절대적 이성에 근거한 사물 양태, 인간은 절대적 이성에 도달하는 의식 양태이고 동근원적입니다. 앞서 자연사와 인간사가 모두 '절대적 이성의 외화'로 제시된 것을 고려하면 이 둘의 근원이 모두 이성으로 동(同)근원적이라는 것이죠.

◇ 코멘트

이 지문은 특히나 '즉'이라는 접속 부사를 통해 문장의 의미를 파악할 것을 강조하고 있습니다.

객관적 관념론은 오히려 최고도로 강화된 이성주의를 통해 철학적 근대의 딜레마에 대한 해결을 모색할 수 있음을 보여준다.

그렇죠? 기존에 사용되던 이성의 의미를 탈피하여 문제를 해결해버렸으니까요. 앞서 제시된 내용의 요약 수준입니다.

그것은 이성적 주체의 위상을 정당화하면서도 동시에 무분별한 자연 지배를 경계할 수 있는 논거를 제시한다.

지성적 주체인 인간은 절대적 이성에 따라 사유하고 성숙하여 도달할 수 있는 대상이었습니다. 그러니 이성적 주체의 위상은 챙기며, 동근원적인 자연을 함부로 건들지 못하게 만든 것이죠.

그 때문에 현대의 환경 철학 담론에서 근대를 원천적으로 거부하는 포스트모더니즘이 상당한 공감을 얻고 있는 와중에도 객관적 관념론에 기반을 둔 자연철학의 계발이 주목을 받는 것이다.

포스트모더니즘과 객관적 관념론을 구분해주며 독해를 마무리하고 있습니다. 근대를 거부한 포스트모더니즘이 있어도, 객관적 관념론도 주목을 받네요. 지문 마지막에 이처럼 의의 등을 제시한 경우 출제되는 경우가 많다는 정도는 고려하며 독해를 마무리할 수 있습니다.

◇ tip 당겨 읽기 (관형절도 당겨 읽어라.)

"근대를 원칙적으로 거부하는 = 포스트모더니즘"입니다.

즉 포스트모더니즘은 근대(≒이성)을 원칙적으로 거부하는 것이죠.

이와 같이 특정 대상을 수식해주는 관형어(절)이 있다면, 대상만을 확보하며 단순히 넘어갈 것이 아니라 관형어(절)과 대상 모두를 하나의 의미로 확보해주며 독해를 진행해야 합니다.

개인적으로 이처럼 포스트모더니즘에 대한 개념(다양한 정의가 있지만)을 알아두시는 것도 좋을 것 같습니다.

참고
이성 중심적, 자연 격하 등 근대 철학에 대한 기본적인 이해는 꼭 갖추시길 바랍니다.

[4~6] 문제 해설

04 윗글에 대한 이해로 가장 적절한 것은?

① 가장 강화된 이성주의는 인간에 대한 자연의 형이상학적 우위를 정초한다.
② 현대의 환경 위기는 새로운 억압적 정치 체제의 대두와 함께 도래한 것이다.
③ 포스트모더니즘은 철학적 근대의 딜레마를 이성에 근거하여 해소하고자 한다.
④ 인본주의적 이념들의 사상적 토대를 제공한 것은 철학

적 근대의 주목할 만한 성과이다.

⑤ 인간의 이성적 주체성을 옹호하는 철학사적 흐름은 억압적 자연관으로 귀결될 수밖에 없다.

답 ④

1문단에서 철학적 근대를 경시할 수 없는 이유가 인본주의적 가치들은 무엇보다도 인간의 지성적⊠실천적 자율성을 주창한 철학적 근대를 통해 정초되었기 때문임이 제시되었습니다.
즉 인본주의적 이념의 사상적 토대를 제공한 것(철학적 근대를 통해 인본주의적 가치 정초)은 철학적 근대의 주목할 만한 성과임을 알 수 있습니다.

오답 선지 분석

① : 선지의 의미를 파악합시다. 가장 강화된 이성주의는 객관적 관념론을 의미합니다. 5문단에 제시된 것처럼 객관적 관념론은 이성적 주체의 위상을 정당화하면서도 동시에 무분별한 자연 지배를 경계할 수 있는 논거를 제시합니다. 즉 인간에 대한 자연의 우위를 정초했다고 보는 것은 적절하지 않습니다.

② : 1문단에 제시된 것처럼 현대의 환경 위기는 인류의 생존 문제일 뿐 아니라 근대 이후 구현되어 온 인본주의적 가치(자유, 인권, 평등의 가치에 근거한 민주주의나 세계시민주의 등의 이념)들을 위협할 수 있는 요인이기도 합니다. 즉 현대의 환경 위기는 새로운 억압적 정치 체제의 대두와 '함께' 도래한 것이라 보기는 어렵습니다.

③ : 5문단에 제시된 것처럼 현대의 환경 철학 담론에서 철학적 근대를 원천적으로 거부하는 것이 포스트모더니즘입니다. 즉 포스트모더니즘은 철학적 근대의 딜레마를 이성에 근거하여 해소한다고 보기는 어렵습니다.

⑤ : 5문단에서 철학적 근대의 완성판이라 불리는 객관적 관념론이라 제시된 것을 통해 인간의 이성적 주체성을 옹호하는 철학사적 흐름의 끝은 객관적 관념론이라 생각할 수 있습니다. 그런데 객관적 관념론은 5문단에 제시된 것처럼 무분별한 자연 지배를 경계할 수 있는 논거를 제시합니다. 즉 인간의 이성적 주체성을 옹호하는 철학사적 흐름은 억압적 자연관으로 귀결될 수밖에 없다는 것은 적절하지 않습니다.

◇코멘트

평이한 수준의 문항입니다. 지문에 제시되었던 관점을 파악하는 것이 핵심입니다.

05 ㉠과 ㉡을 비교한 것으로 적절하지 않은 것은?

① ㉠은 ㉡과 달리 자연의 자기 목적을 이성적 인식의 기준으로 설정한다.

② ㉡은 ㉠과 달리 인간을 자연 법칙을 수립하는 주체로 승인한다.

③ ㉠과 ㉡은 모두 자연을 인식과 사용의 대상으로 생각한다.

④ ㉠과 ㉡은 모두 자연에 대한 인간 이성의 우위를 주장한다.

⑤ ㉠과 ㉡은 모두 환경 위기에 대한 철학적 책임이 있는 것으로 평가된다.

답 ①

2문단에 제시된 것처럼 데카르트주의는 그 어떤 자기 목적이나 내면도 없는 단적인 물질적 실체라는 관점을 가지고 있습니다. 즉 ㉠이 자연의 자기 목적을 이성적 인식의 기준으로 설정한다고 볼 수 없습니다. ㉠에게 자연은 목적이 없는 존재입니다.

오답 선지 분석

② : 3문단에 제시된 것처럼 데카르트주의 이후 자연은 '인식'과 '사용'의 대상이던 것에서 나아가 '제작'의 대상으로까지 여겨지게 되고, 그것이 칸트주의에서 대두됩니다.('제작'의 대상이라는 것은 곧 자연법칙을 '입법'한다는 뜻) 이러한 칸트주의는 자연 법칙 또한 그 입법권이 자율적 주체인 인간에게 부여되는 것으로 취급합니다. 즉 ㉡은(제작) 인간을 자연 법칙을 수립하는 주체로 승인한다고 볼 수 있습니다.

③ : 3문단에 제시된 것처럼 데카르트주의 이후 자연은 '인식'과 '사용'의 대상이던 것에서 나아가 '제작'의 대상으로까지 여겨지게 되고, 그것이 칸트주의에서 대두됩니다. '~대상으로까지' 여겨지는 것으로 둘 모두 자연을 인식과 사용의 대상으로 생각한다고 볼 수 있습니다.

④ : 3문단에 제시된 것처럼 데카르트주의 이후 자연은 '인식'과 '사용'의 대상이던 것에서 나아가 '제작'의 대상으로까지 여겨지게 되고, 그것이 칸트주의에서 대두됩니다. 이들 모두 기본적으로 자연보다 인간 이성의 우위를 전제하고 있습니다.

⑤ : 1문단에 제시된 것처럼 환경위기는 자연과 인간을 근본적으로 차별하는 세계관을 사상적 토대로 하고, 또한 그러한 세계관은 인간의 이성적 주체성을 전면에 등장시킨 근대의 철학적 혁명에서 비롯되었기에, 사상적 맥락에서 가장 큰 책임을 져야 하는 것이 바로 철학적 근대라고 지적됩니다. 그리고 ㉠과 ㉡은 모두 자연과 인간을 근본적으로 차별하는 세계관을 가지고 있기에, 환경 위기에 대한 철학적 책임이 있는 것으로 평가된다고 볼 수 있습니다.

06 객관적 관념론 에 대해 추론한 것으로 적절하지 않은 것은?

① 자연 법칙을 탐구하는 자연과학은 의식 양태의 이성이 사물 양태의 이성을 인식하는 것이라고 여길 수 있을 것이다.

② 이성의 위상을 지고의 형이상학적 차원까지 높임으로써 자연법칙도 인간 의식의 투영을 통해 만들어지는 것으로 여길 것이다.

③ 삼라만상이 절대적 이성의 발현이므로 반이성으로 보이는 어떤 것도 궁극적으로는 이성 영역에 포섭된다고 설명할 수 있을 것이다.

④ 이성이 절대적 진리치를 지닌다는 관점에 의거하여 모든 역사적 사건도 이성의 법칙에 따라 진행되는 것으로 이해할 수 있을 것이다.

⑤ 억압적 자연 지배의 책임을 져야 한다는 비판이 제기된다면 자연과 인간의 동근원성을 강조하는 일원론적 관점을 근거로 반박할 수 있을 것이다.

답 ②

4문단에 제시된 것처럼 객관적 관념론은 자연은 절대적 이성에 따라 존재하고 변화하는 사물 양태의 이성이고, 지성적 주체인 인간은 절대적 이성에 따라 사유하고 성숙하여 절대적 이성의 인식에 도달해 가는 의식 양태의 이성이기에, 양자는 본질적으로 동근원적이라는 관점입니다. 자영 법칙을 인간 의식의 투영을 통해 만들어지고 보는 것은 아닙니다.

자연법칙도 인간 의식의 투영을 통해 만들어지는 것으로 여긴 것이라 보는 것은 3문단에 제시된 자연은 '인식'과 '사용'의 대상이던 것에서 나아가 '제작'의 대상으로까지 여기는 칸트주의에 대응됩니다.

오답 선지 분석

① : 선지의 의미를 파악합시다. 자연 법칙을 '탐구'하는 것은 인간의 이성과 가깝습니다. 그리고 4문단에 제시된 것처럼 자연은 절대적 이성에 따라 존재하고 변화하는 사물 양태의 이성이고, 인간은 절대적 이성에 따라 사유하고 성숙하여 절대적 이성의 인식에 도달해 가는 의식 양태의 이성입니다. 그러니 자연 법칙을 탐구하는 자연과학은 의식 양태의 이성(인간)이 사물 양태의 이성(자연)을 인식하는 것이라고 여길 수 있습니다.

③ : 4문단에 제시된 것처럼 객관적 관념론에서는 '이성이 삼라만상의 선험적인 논리적 구조 내지 원리'라는 절대적 위상을 가집니다. 그리고 이에 "모든" 자연사와 인간사는 이러한 절대적 이성이 시공간의 차원으로 외화한 현상적 실재로 설명됨이 제시되었습니다. 즉 삼라만상이 절대적 이성의 발현이므로 반이성으로 보이는 어떤 것도 궁극적으로는 이성 영역에 포섭된다고 설명할 수 있을 것입니다.

④ : 4문단에서 "모든" 자연사와 인간사는 이러한 절대적 이성이 시공간의 차원으로 외화한 현상적 실재로 설명됨이 제시되었습니다. 즉 모든 역사적 사건도 이성의 법칙에 따라 진행되는 것으로 이해할 수 있습니다. 역사적 사건은 자연사와 인간사에 포함되는 것이니까요.

⑤ : 애초에 객관적 관념론이 등장한 핵심을 정확하게 보여주는 선지입니다. 4문단에서 객관적 관념론은 자연에 대한 억압적 지배를 정당화하는 궁극의 사조라는 죄명에 대해 양자는 본질적으로 동근원적이라는 것이라는 관점을 제시하며 죄명을 벗어납니다. 즉 억압적 자연 지배의 책임을 져야 한다는 비판이 제기된다면 자연과 인간의 동근원성을 강조하는 일원론적 관점을 근거로 반박할 수 있을 것입니다.

◇ 총평

- 핵심 확보 (관점 파악) / 한정어
- 다른 말 같은 뜻
- 비교·대조
- 대립쌍

지문 초반 제시된 화자에 대한 관점(항상 화자 통해서)을 확보한 뒤 독해를 진행하는 것이 핵심이었습니다. 여기서 한정어를 잡았다면 관점을 정확하게 파악하는 것이 수월했을 겁니다.
이후 확보한 관점을 통해 문장의 의미를 파악하며 독해를 진행하고, 구분되는 관점을 파악한 뒤, 일반적으로 제시되는 대립쌍을 자연스럽게 납득했어야 합니다.
해당 지문을 통해 초반 설정된 관점을 확보하는 것과 관점을 구분하며 독해를 진행하는 것의 중요성을 느끼시면 좋겠습니다.

> 소설을 읽는다는 것은 이야기를 하는 누군가의 목소리를 듣는다는 것을 뜻한다.

어찌 보면 상식적인 얘기를 하며 지문을 시작합니다. 자연스럽게 독해했어도 충분하지만, 첫 문장이니 <소설 = 누군가의 목소리 듣기> 정도로 명확하게 잡고 독해를 시작했으면 베스트입니다. 이것이 지문의 화제와 직결될 가능성이 있으니까요.

◇ 코멘트

모든 지문이 첫 문장, 첫 문단에서 화제를 명확하게 제시하고 그 화제에 근거해 지문이 진행되는 것은 아닙니다. 하지만 많은 지문이 그런 경향성을 보입니다. 이 지문 역시 <소설 = 누군가의 목소리 듣기>라는 것을 확보하고 독해했다면, 핵심인 화자의 역할(항상 화자 통해서)을 파악하기가 수월해집니다.

> 독자에게 특정한 배경 속에서 여러 인물들이 펼치는 사건에 대해 '말하는 주체'를 우리는 화자라고 부른다.

지문 초반 구체적으로 제시된 개념은 확보해야 하는데, 말하는 주체가 화자라는 정도는 고교 교육 과정에 근거해 상식상 자연스럽게 납득할 수 있습니다.

◇ 코멘트

물론 화자에 대한 정의는 학자들마다 견해가 다를 수 있습니다. 실제로 지문에 제시된 화자에 대한 관점은 여러 관점 중 일부이죠. 하지만, 수험생 수준에서 보편적으로 납득할 수 있는 수준으로 정의가 제시되었습니다.

> 그래서 독자는 항상 화자의 목소리를 통해서 허구 세계에 대한 정보를 얻는다.

여기서 '왜 항상 화자를 통해서야?'라는 생각이 들 수 있습니다. 납득이 되면 좋지만, 최소한 여기서도 "항상"이라고 강조해준 것을 통해, 우리는 화자를 통해서만, 허구 세계에 대한 정보를 얻는다는 점을 단정하고 독해를 진행했어야 합니다.

◇ 코멘트

+ 앞서 독자들에게 사건에 대해 말하는 주체가 화자였습니다. 그러니 사건에 대해 말하는 주체를 통해서 우리가 소설 속(허구 세계)에 대한 정보를 얻는 것이겠죠. 이와 같이 정보를 납득하며 독해를 진행했으면 베스트입니다.
+ 한정어에 주의합시다. 해당 지문은 한정어를 정확하게 파악하는 것이 핵심 중 하나였습니다.

> 가령 등장인물의 대화가 직접화법으로 표현된 장면을 떠올려보자. 드라마가 화자 없이 등장인물의 대사로 진행된다는 점에서 이 장면도 드라마와 유사하게 느낄 수 있겠지만, 사실은 화자가 의도적으로 간접화법 대신 직접화법을 채택한 것이어서 독자에게 대화를 직접 듣는다는 착각을 이끌어내려는 책략이라고 보아야 한다.

구체적 예시가 제시됩니다. 당연히 '항상' 화자를 통해 정보를 얻는다는 것을 설명할 겁니다. 역시 '화자 안 드러난 직접화법 드라마라도 착각일 뿐 = 화자가 안 드러난 경우라도 항상 화자 통해 정보 얻음'이라는 문맥적 의미를 파악하며 독해를 진행했어야 합니다.

앞서 독자는 '항상' 화자의 목소리를 통해 정보를 얻음이 제시되었습니다. 그리고 등장한 예시는 '화자가 드러나지 않아도 "항상" 화자의 목소리를 통한다'라는 의미를 제시하고 있습니다.

이처럼 구체적 예시의 의미를 정확하게 파악해 '드러나지 않아도 "항상" 화자라고?' 정도로 문맥적 의미를 파악했어야 합니다. 그렇다면 지문의 핵심인 '항상 화자 통해'와 약간 세부적이라 느낄 수 있는 '드라마에서는~'에 대한 선지(7번의 4번)를 쉽게 판단할 수 있습니다.

구체적 예시는 출제자가 이해를 요구하고 출제를 할 것임을 암시한 부분입니다. 단순 서칭이 아닌 이해와 추론이 강조되고 있는 현 시점 이를 위해 가장 필요한 능력은 저는 '다른 말 같은 뜻을 통한 의미 파악'이라고 생각합니다.

cf) 22.06 (가) 과정 이론에 대한 이해

'문제는 **흄**이 지적했듯이 인과 관계 그 자체는 직접 관찰할 수 없다는 것이다. 원인과 결과에 해당하는 사건만을 관찰할 수 있을 뿐이다. 가령 "추위 때문에 강물이 얼었다."는 직접 관찰한 물리적 사실을 진술한 것이 아니다.'

⇒ "추위 때문에 강물이 얼었다."라는 예시의 의미를 파악한다면 '추위'라는 원인은 관찰 가능 + 얼었다는 '결과'는 관찰 가능. 하지만 "추위 때문에 강물이 얼었다."라는 인과 관계 자체는 직접 관찰한 물리적 사실이 아님.

이처럼 구체적 예시를 통해 의미를 파악하며 독해를 진행했어야 합니다.

독자는 화자가 자신의 말로 바꾸었는가 혹은 그렇지 않았는가 상관없이 언제나 그의 목소리를 들을 뿐이다.

결국 '언제나' 그의 목소리를 듣는다는 것은 '항상' 화자를 통해 정보를 전달받는다는 것을 재진술해준 수준입니다. 결국 문맥적 의미를 파악하며 독해했다면, 글의 핵심이 '항상 화자를 통해 수용'이라는 정도는 어렵지 않게 파악할 수 있을 겁니다.

◇ 코멘트

이렇게 지문 초반부터 특정 관점에 대해(항상 화자를 통해서라는) 예시와 재진술을 통해 구체적으로 서술해주고 있다면, 우리는 이것이 글의 핵심이라는 점을 인지하고 독해를 진행해야 합니다.

화자가 사건에 대해 말하기 위해서는 먼저 사건을 보는 것이 필요하다.

무엇인가에 대해 말하려면 그것을 알고 있어야겠죠. 그러니 말하기 위해 먼저 사건을 보아야 한다는 것은 자연스럽게 납득할 수 있는 수준입니다.

◇ 코멘트

이는 사건에 대해 말할 수 있는 '조건'이라 할 수 있습니다. 조건은 항상 출제될 수 있음을 염두해야 합니다.

㉠브룩스와 워렌은 순전히 화자가 보는 위치를 기준으로 일인칭과 삼인칭을 구분한 뒤,

브룩스와 워렌의 관점이 제시됩니다. 일인칭과 삼인칭이 화자가 보는 위치를 기준으로 한다는 것은 납득할 수 있습니다. (작품 안 / 작품 밖 정도로 고교 교육 과정에서도 일반적으로 통용되는 내용이죠)

◇ tip 한정어

'순전히'

한정어에 대해서는 지문 독해 시에 핵심에 결부된 정보든, 부가적으로 제시된 정보든 응당 민감하게 처리해야 하는 표현들입니다. 이런 표현들은 범주 파악, 내용 이해에 필수적이고, 곧잘 문제화되는 부분입니다.

여기서도 '순전히' 화자가 보는 위치를 기준으로 했다는 것은. '화자가 보는 위치만'을 기준으로 인칭이 구분되었다는 것을 의미합니다. 그리고 이것은 8번 문항의 정답을 판별하는데 주요한 역할을 하였습니다.

'~만' / '항상' / '모든' 등의 한정어가 중요하다는 것은 일반적으로 알고 있는 내용이지만, 이처럼 문맥상 의미를 한정해주는 표현까지도 독해 시 최소한 체크해둘 수 있어야 합니다.

cf) 20.11 장기 이식의 문제점, 레트로바이러스에 대한 이해.

'이런 세포(레트로 감염되고 살아남은)로부터 유래된 자손의 **모든** 세포가 갖게 된 것이 **내인성 레트로바이러스**이다.'

목격자로서 사건을 관찰하는지 그렇지 않으면 탐구자로서 사건을 분석하는지에 따라 일인칭 주인공 시점과 일인칭 관찰자 시점, 작가 관찰자 시점과 전지적 작가 시점으로 구분한다.

고교 교육 과정 수준으로 납득할 수 있습니다. 일인칭, 삼인칭 구분 이후 우리에게 흔한 일인칭 주인공, 관찰자 / 작가 관찰자, 전지적 시점을 제시해줍니다. 자연스럽게 처리됐어야 하는 부분이지만, 만약 실전에서 자연스럽게 납득되지 않는다면, 연결 정도를 표시해두고 독해를 진행하는 것도 하나의 방법입니다.

> 그렇지만 이들의 논의는 삼인칭 시점에서 '화자'의 시점을 '작가'의 시점으로 치환하였고,

화자와 작가는 명확하게 다른 개념인데, 화자와 작가를 동일시했다면 이는 당연히 문제가 되겠죠? 특히 우리 지문에서 '화자'의 개념은 1문단에서 핵심적으로 다루어지고 있었습니다. 그러니 브룩스와 워렌이 '3인칭에서 화자≒작가'라고 제시한 것은 핵심과 상충된다는 점을 필히 파악했어야 합니다.

◇ 코멘트

시를 쓴 시인과 시 속의 화자를 동일하게 취급하면 안 된다는 것, 작품의 서술자와 작가를 동일하게 취급하면 안 된다는 것 등은 문학에서 기본적으로 다루는 내용입니다. 문학 교육 과정에서도 제시되는 내용이고, 현재 문학계에서 주류 관점이니 알고 있는 것이 좋습니다. (유사한 관점이 수능에 나온다면 납득이 쉽고, 반대되는 관점이 나온다면 스스로 일반적이지 않은 포인트를 파악하며 독해를 진행하기 수월합니다)

> 특정 인물의 내면을 그려내는 것과 모든 인물의 내면을 그려내는 것을 전지적 작가 시점으로 뭉뚱그렸다는 비판을 받았다.

여기서 특정 인물 내면 그린 것과 모든 인물 내면 그린다는 것이 '왜 다른 것인지' 순간적으로 납득이 되지 않을 수 있습니다. 그러더라도 최소한 '두 개념이 구분된다'라는 사실은 파악하고 독해를 진행해야 합니다.

◇ 코멘트

이후 구체적으로 설명해준다면 이유에 대한 파악이 진행되어야 하지만, 그렇지 않다면 제시된 수준 정도로 파악하고 독해를 진행해야 합니다.

> '보는 주체'로서의 화자의 역할에 대한 또 다른 접근은 ⓛ랜서에 의해 이루어졌다.

화자를 '보는 주체'로 보는 것은 공통적이지만, 그에 대한 '또 다른 접근'입니다. 그렇다면 앞서 제시된 브룩스와 워렌과의 차이

(순전히 보는 위치만과 어떤 차이?)를 파악해야 합니다.

◇ tip 비교·대조 쌍

실제 독해 시 a와 b가 대조되는 전개 방향이라면 a를 읽을 때는 있는 그대로 정리를 잘하면서 독해를 하며, 이후 b가 제시될 때 차이점과 공통점을 잡으며 독해를 진행해야 합니다. 하지만 그것이 어렵다면 최소한 각각에 대한 구분은 진행된 뒤, 선지에서 물어볼 때 돌아와서라도 판단할 수준으로는 독해가 진행됐어야 합니다.

여기서도 이후 독해 시 '보는 주체라는 화자는 같은데 랜서는 어떤 것이 다른 거지?' 정도의 인식을 가지도 독해를 진행했어야 합니다.

수능에서 두 대상이 제시되고 그에 대한 공통점과 차이점을 묻는 문항은 가장 일반적인 출제 포인트라는 점을 기억합시다.

> 그는 화자의 역할을 이야기의 내용이나 주제와 결합시켰다. 기존 논의가 '시점'이라는 말에서 짐작할 수 있듯이 사건을 보는 위치에 치중했던 것을 반성하고, 사건을 보는 입장도 고려하고자 했다.

대놓고 앞서 제시된 관점과의 차이를 드러내 주고 있습니다. '순전히 보는 위치'만 치중했던 것과 달리 '보는 입장'을 고려하는 관점입니다. 그러면 당연히 '보는 입장 고려'라는 관점을 통해 이후 내용을 파악해야 합니다.

◇ 코멘트

'순전히~'라는 한정어를 잡았다면 둘의 차이를 잡는 것이 조금 더 수월했을 것이라 생각합니다.

> 화자가 다른 공간적 위치에 서거나 다른 이념적 입장을 가질 때, 같은 사건도 다르게 인식되어 다르게 재현된다는 것이다.

앞서 제시된 '관점'을 통해 납득합시다. '보는 입장'을 고려하는 관점입니다. 그러니 '다른 공간, 이념 ≒ 다른 보는 입장'에서 차이가 발생한다는 정도로 의미를 파악할 수 있습니다.

> 그래서 랜서는 화자를 작가가 창조한 세계를 보여주는 인식틀이라고 언급했다.

우리는 항상 화자를 통해 전달받으며, '보는 입장'에 따라 같은 사건도 다르게 재현됩니다. 그러니 화자가 '인식틀'이라는 것은

자연스럽게 납득할 수 있습니다.

> 독자가 화자를 통해서 이야기를 접한다는 점을 고려할 때, 독자가 바라볼 수 있는 시선과 들을 수 있는 목소리는 항상 화자에 의존한다는 것을 알려준 셈이다.

결국 앞서 제시된 '관점'을 통해 납득하는 겁니다. '항상 화자를 통해 정보를 받음'이라는 사실만 파악했어도 '항상 화자에 의존'한다는 점은 자연스럽게 납득할 수 있습니다.

> 이와 관련하여 화자가 작품에 개입하는 것과 독자에게 진실을 전달하는 방식을 둘러싼 ⓒ플라톤의 고전적인 문제제기는 흥미롭다.

화자의 작품 개입과 진실 전달에 대해 플라톤이 문제를 제기한다면, 당연히 우리도 '작품 개입과 진실 전달의 관계'에 초점을 맞춰야 합니다.

> 그는 모방을 논하면서 영혼의 진정성 문제를 연결시킨다. 화자의 개입을 최소화하여 독자들이 실재와 가상을 착각하게 만들수록 진정성을 의심한 반면, 주관적인 논평을 섞는 방식으로 화자를 떠올리게 할수록 좀 더 진정성을 지닌 것으로 평가했던 것이다.

우리의 핵심은 '화자의 작품 개입과 진실 전달의 관계'입니다. 이 핵심을 놓치지 않았다면 '개입이 작을수록 진정성이 작구나' 정도로 문맥적 의미를 파악하며 독해를 진행할 수 있습니다.

> 이러한 관점을 소설에 비추어 보면 화자를 이야기에 개입하여 객관성을 훼손하는 존재로 바라보던 태도에서 벗어나야 한다는 것을 시사한다.

그렇죠? 플라톤은 개입이 클수록 진정성이 크다는 입장이니 화자의 개입을 단순한 객관성의 훼손으로 보는 것은 적절하지 않을 겁니다.

> 즉 소설은 화자 때문에 객관성에 도달할 수 없는 것이 아니라 화자 덕분에 다른 양식과 구별되는 독자성을 획득할 수 있었던 것이다.

'즉'이니 앞 내용의 정리, 구체화입니다. 역시 '화자의 개입을 단순한 객관성의 훼손으로 보는 것은 적절하지 않다'라는 내용을 그대로 받으며 구체적으로 '독자성 획득'을 제시해주고 있습니다. 재진술 시 구체화되는 정보는 수능에서 문제화되는 경우가 있기에 이 정도는 파악해두면 좋습니다.

> 이렇듯 소설의 화자에 대해 지금까지 다양한 논의가 진행되었지만, 수많은 소설작품을 포괄할 만큼 충분히 정교하지 못한 것은 사실이다. 그리고 개별 작품의 경우에도 하나의 시점을 처음부터 끝까지 유지한 작품을 찾는 것이 쉽지 않다. 우리가 훌륭하다고 손꼽는 작품들 또한 그러하다.

매우 일반적인 흐름입니다. 이론적으로는 그렇지만 현실은 또 다르다는 이야기죠. 이론적으로 성립하는 것을 개별적인 모든 것에 적용하는 것은 어려우니까요. 이는 매우 자주 등장하는 흐름이므로 미리 익혀두어 실전에서도 '이론과 현실은 다르지~' 정도로 자연스럽게 납득할 수 있어야 합니다.

이는 법, 경제, 과학, 철학 등에서 빈번한 흐름입니다. 이론과 실제를 구분하는 것 이상적인 것과 현실적인 것을 구분하는 흐름은 하나의 대립쌍으로 기출에서 이미 자주 빈출된 표현입니다.

대립쌍에 대한 이해는 지문 이해와 문제 풀이 시 굉장히 핵심적으로 기능하는 부분입니다. 필히 민감한 반응을 갖추시길 바랍니다.

cf) 23.06 이중차분법 중 일부

⇒ '~ 실험적 방법이 이상적이다. 그러나 사람을 표본으로 하거나 사회 문제를 다룰 때에는 이 방법을 적용할 수 없는 경우가 많다.'

따라서 화자의 위치나 입장, 역할 등을 이론적으로 따지기보다 구체적인 작품 감상과 결부시키는 편이 훨씬 현명하다. 작가 또한 메시지를 전달하는 데 가장 효과적인 방법이 무엇인지를 고민하는 것이다.

이론보다는 실제(=구체적 작품 감상)를 진행하는 것이 더 중요하답니다. 우리도 '실제가 더 중요하구나' 정도로 파악하고 독해를 진행했으면 충분합니다.

◇ 코멘트

'2021 언어이해 [22~24] / 빈곤 퇴치와 경제성장에 대한 다양한 관점 비교' 지문에서도 '모든 문제는 고유의 해답'이 있다는 내용이 제시되었습니다. 이런 흐름을 애초에 숙지해 둡시다.

소설을 읽는 것을 등장인물, 화자, 독자가 정보량을 둘러싸고 벌이는 일종의 게임으로 바라보자는 견해가 바로 그것이다.

개별적인 것에 집중하는 생각이 정보량을 두고 하는 게임이랍니다. 이 역시 '관점'이니 이에 대한 파악이 핵심일 겁니다.

이 견해에 따르면 동일한 사건이라도 누가 정보를 더 많이 갖느냐에 따라 다른 이야기로 변주될 수 있다.

정보량 게임이니 당연히 정보에 따라 양상이 바뀔 겁니다. 그러면 이 바뀌는 양상에 대한 비교를 하겠다는 인식 정도는 자연스럽게 따라올 수 있을 겁니다.

◇ 코멘트

이런 서술 흐름은 익숙해야 합니다. 'A는 B이다.' 'B는~' 식으로 서술해주면 구체적으로 서술된 개념을 확보해야 하고, 만약 워딩만 제시되면 워딩 정도만 체크하고 독해를 진행하면 충분합니다.

가령 화자가 등장인물이 모르는 정보를 독자에게 제공하는 경우, 자신이 처한 위기를 모르는 등장인물을 지켜보며 독자는 마음을 졸일 수밖에 없다.

상식적으로 납득하면 됩니다. 내가 정보가 더 많으니 등장인물을 걱정하겠죠? 아는 만큼 보이는 법이니까요.

하지만 등장인물과 독자가 동일한 정보를 공유하는 경우, 독자는 인물과 같은 수준으로 작중의 상황을 이해하고 함께 퍼즐을 풀어가는 기분으로 사건을 경험할 것이다.

이 역시 상식적으로 이해하면 충분한 부분입니다. 자연스럽게 납득되는 부분을 억지로 읽을 필요는 없습니다.

그리고 등장인물이 독자에게 공개하지 않은 비밀을 숨기고 있는 경우, 독자는 결말에 이르러서야 사건의 전모를 파악하면서 반전의 효과를 체험할 수도 있다.

여기서 중요한 점은 이 세 가지 경우에 대한 구분이 필요하다는 겁니다. 그리고 이렇게 지문 마지막에 나열식으로 세 가지 정보를 구분해줬다면, 독해 시 정확하게 독해하되, 문제에서 물어볼 때 돌아와서 정확하게 판단한다는 인식도 하나의 방법입니다.

◇ tip 돌아올 줄 아는 것도 실력이다.

실전에서 우리가 지문에 있는 모든 내용을 암기하고 내려갈 수 있을까요? 실전이 아니라도 이렇게 정보가 나열된 경우에 각각의 개념어들을 모두 '외워서' 독해를 진행한다는 것은 몇몇 타고난 천재들 외에는 불가능한 경지입니다.

단순 나열 정보 역시 반드시 문제화되고, 내용 이해를 고려할 때도 절대 간과하며 넘어갈 부분이 아니지만, 이렇게 나열된 개념어들에 대해서는 문제에서 물어볼 때 다시 돌아온다는 인식을 가지고, 자신이 알아보기 편하게 간단한 표시 정도를 해놓고 독해를 계속 진행하는 것을 추천드립니다.

cf) 18.06 율곡의 사상과 법제 개혁론

이처럼 어떤 메시지를 전달하는 데 어울리는 화자를 창조하는 일은 작품의 성공과 실패를 가르는 첫걸음이다.

지문에서 애초에 우리는 '항상' 화자를 통해 정보를 얻는다고 했으니 당연히 화자를 잘 창조하는 것이 성공과 실패를 가르는 첫걸음이겠죠. 끝까지 결국 초반 제시한 핵심으로 독해가 연결됩니다.

[7~9] 문제 해설

07 윗글의 내용과 일치하는 것은?

① 독자가 소설을 감상하고자 할 때, 독자와 접촉하며 정보를 제공하는 존재는 화자이다.
② 소설이 진행되는 동안 하나의 시점을 유지하는 것이 예술적으로 성공하는 지름길이다.
③ 소설에서 등장인물의 대화를 직접화법으로 묘사할 때에는 화자의 목소리가 개입하지 않는다.
④ 드라마에서는 통상 등장인물의 목소리뿐만 아니라 '말하는 주체'의 목소리도 관객에게 직접 들린다.
⑤ 이야기되는 사건이 같다면 작가가 화자의 위치나 입장, 독자와의 관계를 변화시켜도 다른 소설로 만들기 어렵다.

답 ①

1문단에 제시된 것처럼 소설을 읽는다는 것은 이야기를 하는 누군가의 '목소리를 듣는다는 것'을 뜻합니다. 그리고 독자는 항상 화자의 '목소리를 통해서' 허구 세계에 대한 정보를 얻습니다.
즉 독자가 소설을 감상하고자 할 때, 독자와 접촉하며 정보를 제공하는 존재는 화자입니다. 지문에서 가장 핵심이었던 관점을 출제하였습니다.

오답 선지 분석

② : 5문단에서 '개별 작품의 경우에도 하나의 시점을 처음부터 끝까지 유지한 작품을 찾는 것이 쉽지 않다. 우리가 훌륭하다고 손꼽는 작품들 또한 그러하다.'라고 제시되어 있습니다. 즉 훌륭하다고 손꼽는 작품들도 시점을 유지하지 않는 경우를 찾는 게 쉽지 않으니 하나의 시점을 유지하는 것이 예술적으로 성공하는 지름길이라 보기는 어렵습니다.

③ : 1문단에 제시된 것처럼 독자는 화자가 자신의 말로 바꾸었는가 혹은 그렇지 않았는가 상관없이 언제나 그의 목소리를 들을 뿐입니다. 즉 소설에서 등장인물의 대화를 직접화법으로 묘사할

때에는 화자의 목소리가 개입하지 않는다고 볼 수 없습니다.

④ : 1문단에 제시된 것처럼 등장인물의 대화가 직접화법으로 표현된 장면을 떠올려봅시다. 드라마가 화자 없이 등장인물의 대사로 진행된다는 점에서 이 장면도 드라마와 유사하게 느낄 수 있고, 이는 독자에게 대화를 직접 듣는다는 착각을 이끌어내려는 책략입니다. 즉 '말하는 주체'의 목소리도 관객에게 '직접' 들리는 것은 아닙니다.

⑤ : 3문단에 제시된 것처럼 화자가 다른 공간적 위치에 서거나 다른 이념적 입장을 가질 때, 같은 사건도 다르게 인식되어 다르게 재현됩니다. 즉 이야기되는 사건이 같아도 작가가 화자의 위치나 입장, 독자와의 관계를 변화시켜도 다른 소설로 만들 수 있습니다.

◇코멘트

사실 일치 수준의 문항입니다. 지문에서 반복해서 제시한 정보의 중요성, 한정어의 중요성을 느껴야 합니다.

08 ㉠~㉢에 대한 이해로 적절하지 않은 것은?

① ㉠은 현실에 존재하는 작가와 작가가 창조한 화자를 개념적으로 구분하지 않고 있다.
② ㉡은 화자에 대해 이야기를 수용하는 독자의 입장에 영향을 미치는 인식틀로 작용한다고 보고 있다.
③ ㉢은 독자들이 실재와 가상을 혼동하지 않도록 하는 것이 진정성 있는 태도라고 판단하고 있다.
④ ㉠과 ㉡은 '말하는 주체'에 선행하는 '보는 주체'로서의 화자의 역할을 소설의 내용적 측면에서 분석하고 있다.
⑤ ㉡과 ㉢은 화자를 통해서 작가의 입장이나 태도를 파악할 수 있다고 믿고 있다.

㉠ : 브룩스와 워렌 / ㉡ : 랜서 / ㉢ : 플라톤

답 ④

2문단에 제시된 것처럼 화자가 사건에 대해 말하기 위해서는 먼저 사건을 보는 것이 필요합니다. 그러니 말하는 주체에 선행하는 보는 주체라는 것은 타당합니다. 그런데 2문단에 제시된 것처럼 그런데 3문단에 제시된 것처럼 ㉡은 내용이나 주제와 화자의 역할을 결합하지만, ㉠은 '순전히' 화자가 보는 위치를 기준으로 합니다. 즉 ㉠은 화자의 역할을 내용적 측면에서 분석하지 않습니다.

오답 선지 분석

① : 2문단에 제시된 것처럼 ㉠은 삼인칭 시점에서 '화자'의 시점을 '작가'의 시점으로 치환하였다는 비판을 받습니다. 이는

결국 작가와 작가가 창조한 화자를 구분하지 않았다는 것으로 이해할 수 있습니다.

② : 3문단에 제시된 것처럼 ㉡은 화자를 작가가 창조한 세계를 보여주는 인식틀이라고 언급했습니다.

③ : 4문단에 제시된 것처럼 ㉢은 주관적인 논평을 섞는 방식으로 화자를 떠올리게 할수록 좀 더 진정성을 지닌 것으로 평가했습니다.

⑤ : 3문단에 제시된 것처럼 ㉡은 화자를 작가가 창조한 세계를 보여주는 인식틀이라고 언급했고, 4문단에 제시된 것처럼 ㉢은 주관적인 논평을 섞는 방식으로 화자를 떠올리게 할수록 좀 더 진정성을 지닌 것으로 평가했습니다. 이는 둘 모두 화자를 통해 작가의 입장이나 태도(㉡은 인식틀, ㉢은 진정성)를 파악할 수 있다고 믿는 것입니다.

◇코멘트

각각의 관점을 정확하게 파악하는 것의 중요성을 알려주는 문항입니다.

09 윗글을 바탕으로 <보기>를 평가한 것으로 적절하지 <u>않은</u> 것은?

보 기

시내에 나갔다 왔다. 그사이 누군가 집에 다녀간 흔적이 있다. 조심스러운 손길이었지만 분명히 집을 뒤졌다. 몇몇 물건들은 도저히 찾을 수가 없다. 가져간 것이 분명하다. 도둑일까? 집에 도둑이 든 일은 지금껏 없었다.

저녁에 퇴근한 은희에게 집에 도둑이 들었다고 말했다. 은희는 딱한 얼굴로 나를 바라보며 그런 일은 없었다고 한다. 뭐가 없어졌느냐고 묻는데 생각이 나지 않았다. 그러나 분명히 뭐가 없어졌다. 느낄 수 있다. 그런데 입 밖으로 꺼내 말할 수가 없다.

"치매에 걸리면 다들 그런대요. 며느리도 도둑이라고 하고 간호사도 도둑이라고 하고."

그래, 그걸 도둑망상이라고들 하지. 나도 그건 알아. 그런데 이건 망상이 아니야. 분명히 뭔가 없어졌다고. 일지와 녹음기는 몸에 지니고 있으니 무사했지만 다른 무언가가 사라졌다.

"그래, 개가 없어졌다. 개가 없어졌어."

"아빠, 우리 집에 개가 어디 있어요?"

이상하다. 분명히 개가 있었던 것 같은데.

-김영하, 「살인자의 기억법」-

① 화자가 주인공과 동일한 인물이기 때문에, 독자들은 주인공의 내면 변화를 파악할 수 있겠군.

② 화자가 다른 등장인물과 함께 허구세계에 있기 때문에, 독자들은 사건의 전모를 모른 채 상황이 발생할 때마다 긴장감을 경험할 수 있겠군.

③ 주인공과 화자와 독자의 정보가 일치하기 때문에, 독자들은 주인공과 등장인물들에 대한 화자의 정보를 객관적 사실로 받아들일 수 있겠군.

④ 주인공인 화자가 다른 등장인물의 내면을 파악할 수 없기 때문에, 독자들은 자신의 상황을 정확히 알지 못하는 주인공을 안타깝게 느낄 수 있겠군.

⑤ 모든 등장인물에 대한 정보가 화자의 시선과 목소리로 전달되기 때문에, 독자들은 다른 등장인물의 진실이 뒤늦게 알려지면 이야기의 흐름이 달라지리라 기대할 수 있겠군.

<보기> 분석

해당 <보기>를 독해하며 우리는 '나'를 통해(작품 내 화자) 주인공과 화자가 동일하다는 것을 파악하고, 화자가 가지고 있는 정보량과 우리가 가지고 있는 정보량이 큰 차이가 없음을 파악해야 합니다.

답 ③

주인공과 화자의 정보가 같다는 것은 결국 화자가 전달하는 주인공과 등장인물에 대한 정보가 주인공의 시선에서 진행된다는 것을 의미합니다. 즉 주인공에 시선에서 진행되는 이 경우에 화자의 정보를 객관적 사실로 받아들인다는 것은 적절하지 않습니다.

오답 선지 분석

① : 화자와 주인공은 동일한 인물이 맞습니다. 그리고 <보기>에서 주인공의 내면 변화가 제시되니 당연히 우리는 이를 파악할 수 있습니다.

② : 독자는 항상 화자의 목소리를 통해 허구 세계에 대한 정보를 얻습니다. 그리고 <보기>에서는 화자가 주인공이고, 우리가 화자와 공유하는 정보량이 비슷합니다. 등장인물과 독자가 동일한 정보를 공유하는 경우, 독자는 인물과 같은 수준으로 작중의 상황을 이해하고 함께 퍼즐을 풀어가는 기분으로 사건을 경험할 것이라는 점을 통해 상황이 발생할 때마다 긴장감을 경험할 수 있을 겁니다.

④ : <보기>는 화자가 주인공인 1인칭 소설입니다. 그러니 주인공인 화자가 다른 등장인물의 내면을 파악하는 것은 어렵습니다. 그러니 독자는 이런 주인공을 안타까워할 수 있습니다.

⑤ : 등장인물이 독자에게 공개하지 않은 비밀을 숨기고 있는 경우, 독자는 결말에 이르러서야 사건의 전모를 파악하면서 반

전의 효과를 체험할 수도 있습니다. <보기> 역시 다른 등장인물의 진실이 뒤늦게 알려지면 이야기의 흐름이 달라지리라 기대할 수 있습니다.

◇코멘트

<보기>를 독해하며 <보기>의 내용이 지문에 무슨 내용과 연관되는지를 정확하게 파악하는 것이 핵심입니다.

2022 언어이해 [10~12]
망막에서의 시각 처리와 시간 지연 보상

◇총평

- 핵심 확보 (화제를 확보하고 독해)
- 구체적 예시
- 과정 서술
- 문장 내 구분
- 문맥상 이해와 파악

지문의 핵심이 "시각 정보 처리"라는 것을 인식하고 이 과정을 정확하게 파악하는 것이 핵심적인 지문이었습니다. 2문단에서는 핵심인 '효율적 시각 정보 처리'가 구체적으로 제시된 '다른 경로만 변화하니 효율적 처리 가능!'과 같이 핵심을 통해 의미를 파악하며 독해를 진행했어야 합니다.

이후 3문단 역시 '핵심'을 상기하며 제시된 예시 상황을 정리하고 그 정리된 정보에 맞춰 문맥적 의미를 이해하며 독해를 진행했어야 합니다. 이 과정에서 완벽한 이해가 설령 부족하더라도, 문맥상 정보를 처리하는 것의 중요성을 느끼셨으면 좋겠습니다.

또한 <보기> 문항의 사고 과정을 곱씹어보시길 바랍니다. 결국 <보기>에서 요구하는 것과 지문에서 요구하는 것을 연결할 수 있어야 합니다.

20.06 개체성에 대한 이해 지문과 같이 지문 초반 제시된 핵심(개체와 개체가 아닌 것)을 상기하며 이후 정보를 파악하는 것의 중요성을 느낄 수 있는 지문입니다.

개체의 생존을 위해서는 움직이는 물체의 시각 정보를 효율적으로 처리하는 것이 중요하다.

상식적인 내용입니다. "시각 정보 처리 중요" 정도로 독해를 시작했으면 충분합니다.

◇코멘트

모든 지문에서 첫 문장, 첫 문단이 중요한 것은 아니지만, 많은 지문에서 첫 문장, 첫 문단은 글의 전체적인 흐름, 핵심에 직결됩니다. 이 역시 '시각 정보의 효율적 처리'가 핵심이라는 것을 인식했다면 '처리 과정'의 핵심을 정확하게 파악해야 한다는 인식을 갖추고 독해를 시작할 수 있었을 겁니다.

예를 들어 숲 속을 걸을 때 특별한 주의를 기울이지 않았음에도 복잡한 형태의 나무들 사이에서 작은 동물의 움직임을 재빨리 알아챌 수 있다.

예시이니 당연히 앞선 핵심을 통해 의미를 파악해야 합니다. 특별한 주의도 없이 움직임을 '재빨리' 파악하는 것은 효율적 시각 정보 처리라는 맥락이겠죠.

◇ 코멘트

지문 초반에 화제를 제시하고, 그에 대한 구체적 예시까지 제시해줬습니다. 당연히 '효율적 처리가 가능한 이유'를 핵심으로 두고 독해를 진행해야 합니다.

> 나무는 움직이지 않으므로 시간차를 두고 획득한 두 이미지의 차이를 통해 그 움직임을 간단히 알아챌 수 있을 것 같지만, 실제로는 가만히 한곳을 응시하더라도 안구가 끊임없이 움직이고 있어 망막에 맺히는 이미지 전체가 시간에 따라 변하므로 더 정교한 정보 처리가 필요하다.

단순 시간차로 이미지를 파악하는 것은 아닌가 봅니다. 안구는 끊임 없이 움직이고 있기에 '더 정교한 시각 처리'가 필요하다는 것은 결국 핵심인 '효율적 처리가 가능한 이유'가 중요하다는 점을 반복해서 제시해주고 있는 겁니다.

◇ tip 모두가 아는데 다수가 간과하는 부분

거시적으로(구조적으로) 두 쌍이 나올 때 차이점도 중요하지만, 공통점도 중요하다는 독해 태도는 거의 모든 학생들이 가지고 있을 것입니다. 그런데 대놓고 비교·대조 구조의 지문이 나올 때와는 달리 이 문장처럼 문장 내에서 공통점과 차이점을 제시하는 경우 이를 간과하고 넘어가는 경우가 많은 것 같습니다.

여기서도 '단순 시간차 아님 / 단순 떨림이라도 안구 움직임' 같이 문장 내에서 차이를 제시하고 있습니다. 이런 유형은 일치 수준으로 선지로 출제되는 경향이 다분하기에 이해가 된다면 베스트, 그렇지 않다면 체크라도 하고 독해를 진행했어야 합니다.

◇ 코멘트

고정된 것, 유동적인 것에 대한 인식은 기본적으로 독해 시 민감하게 반응해야 할 요소입니다. 일송의 대립쌍 개념으로 생각하시면 좋을 거 같습니다.

◇ tip 고정값과 유동 값

고정된 값인지 변할 수 있는 값인지 파악하는 것은 중요합니다. **관계식을 대할 때 '고정값과 유동 값'에 대한 인식을 갖추시길 바랍니다.**

cf) 22.11 트리핀 딜레마

⇒ 금 본위 체제에서 각 기축 통화의 가치는 금에 고정되어 있는 고정값입니다.

cf) 2020 언어이해 [25~27] / 우주선의 궤도 운동을 통한 우주 랑데부

⇒ G는 만유인력 '상수'입니다. M은 지구의 질량이며 m은 우주선의 질량. 이들은 고정된 값임 + 즉 제시된 공식에서 변수는 r(거리)과 v(우주선의 속력)밖에 존재하지 않음.

> 최근 미세전극이 일정한 간격으로 촘촘히 배열된 마이크로칩을 이용하여 망막에서 발생하는 전기적 신호를 실시간으로 관찰할 수 있게 되면서 이러한 고차원 시각 정보 처리가 뇌에서 전적으로 이루어지는 것이 아니라 망막에서 시작된다는 증거들이 발견되었다.

안구가 끊임없이 움직이고 있고, 그에 따라 더욱 정교한 정보처리가 필요하다 했습니다. 그리고 이런 고차원 시각 정보 처리는 뇌에서만 진행되는 것이 아닌 망막에서 시작된답니다. 문장은 길지만, 결국 핵심은 "망막에서 시각 정보 처리가 발생한다."라는 사실입니다. 물리적 분량이 길 때 거기서 결국 핵심적인 사실을 파악해야 합니다. 이것이 가능하려면 지문 초반 제시된 핵심(화제)를 잡고 독해를 진행하는 태도가 필요하겠죠.

◇ 코멘트

지문에서 핵심이 점점 구체화되고 있다는 인식을 갖췄으면 베스트입니다. <시각 정보의 효율적 처리 → 안구의 끝없는 움직임으로 고차원 처리 필요 → 망막에서 처리되는 것> 결국 '망막에서 정보 처리'가 핵심이라는 인식을 갖추면, 이후 내용을 납득하는 것이 조금은 더 수월했을 겁니다.

> 망막은 어떻게 전체 이미지가 흔들리는 속에서 작은 동물의 움직임에 대한 정보를 골라내는 것일까?

화제를 명확하게 제시합니다. 결국 망막에서 움직임 처리 과정을 제시할 것임을 알 수 있습니다. 과정을 정확하게 처리한다는 인식으로 독해를 진행해 봅시다.

망막에는 빛에 반응하는 **광수용체세포**와 일정한 영역에 분포한 여러 광수용체세포에 연결되어 최종 신호를 출력하는 **신경절세포**가 존재한다.

망막이 정보를 처리하는 과정을 제시하기 앞서 필요한 개념을 제시합니다. 광수용체세포와 신경절세포가 제시되네요. 빛에 반응하는 세포이니 광+수용체+세포일 것이고, 이와 연결되어 신호를 출력하는 세포이니 신경절+세포일 것입니다. 어휘 자체를 통해 개념을 자연스럽게 납득하며 독해를 진행할 수 있습니다.

◇ **tip 어휘 자체를 통한 이해**

빛에 반응하는 것이니, 광(光)을 수용하는 세포일 것이고, '절'은 '마디'라는 의미를 가지고 있으므로, '연결되어' 최종 신호를 출력하는 '신경절 세포'라는 것을 납득할 수 있습니다.

'신경절 세포'를 어휘 자체를 통해 납득하기는 어려웠더라도, 최소한 '광수용체세포'는 어휘 자체를 통해 납득했어야 합니다.

어휘 자체에서 자연스럽게 납득할 수 있는 부분은 납득한 상태로 독해를 진행하는 습관을 갖추시길 바랍니다.

cf) 20.06 금융 안전을 위한 미시 건전성 정책과 거시 건전성 정책의 관점 차

⇒ '미시'와 '거시'라는 어휘 뜻을 통해 지문에 제시된 미시 건전성과 거시 건전성의 개념을 파악

◇ **코멘트**

광수용체세포에 연결되어 최종 신호를 출력하는 신경절세포입니다. 그러니 이들의 선후 관계는 파악하고 독해를 진행했어야 합니다.

신경절세포 가운데 **특정 종류**는 각 세포가 감지하는 부분이 이미지 전체의 이동 경로와 같은 경로를 따라 움직일 때는 전기적 신호를 발생하지 않고 다른 경로를 따라 움직일 때만 신호를 발생한다.

문장 내에서 구분이 진행되고 있습니다. 신경절세포 가운데 '특정 종류는' 같은 경로일 때는 전기 신호를 발생 안 하고, 다른 경로이면 신호가 발생됩니다. 대놓고 문장 내에서 <같은 경로와 다른 경로>를 구분해주고 있습니다. 명확하게 납득이 되면 가장 이상적이지만(같은 놈이니 굳이 움직이지 않겠고, 변하니까 거기서만 신호가 발생하겠지? 정도로) 그것이 어렵더라도 최소한 구분은 된 상태로 독해를 진행해야 합니다.

◇ **코멘트**

핵심을 계속 상기해야 합니다. 우리는 '시각 정보의 효율적 처리'를 핵심으로 두고 독해를 진행하고 있습니다. 그런 상황에서 '다른 경로를 따라 움직일 때만 신호 발생'한다는 것은 '효율적 정보 처리'와 직결되는 핵심이라는 점을 납득할 수 있습니다.

안구의 움직임에 의한 상의 떨림은 망막 위에서 전체 이미지가 같은 방향으로 움직이는 변화를 만드는데, 작은 동물의 상은 이와는 이동 경로가 다르므로 그 부분에 분포한 특정 종류의 신경절세포만이 신호를 발생하게 되어 작은 움직임도 잘 볼 수 있게 된다.

항상 앞선 정보를 통해 의미를 파악해야 합니다. '특정 종류는 같은 경로일 때는 전기 신호를 발생 안 하고, 다른 경로이면 신호가 발생됩니다.' 그러니 '작은 동물의 상은 이와는 이동 경로가 다르므로 그 부분에 분포한 특정 종류의 신경절세포만이 신호를 발생'한다는 것은 '다른 경로이면 신호가 발생'한다는 것과 문맥상 같은 의미로 파악할 수 있습니다.

◇ **tip 다른 말 같은 뜻**

독서는 결국 '의미'를 파악하며 읽는 것입니다. 독해 시, 기표(記標)가 다르더라도, 같은 기의(記意)를 가지고 있으면 적극적으로 같은 의미를 판단해 주어야 합니다.

많은 학생들이 과학, 기술 지문은 정보량이 많다고 느껴 의미를 파악하며 독해하는 것을 간과하는 경우가 있습니다. 물론 과학, 기술 지문에서 일반적으로 체감 정보량이 많다는 것을 부정하기는 어렵지만, 그런 와중에도 기본은 문맥적 의미를 파악하며 독해를 진행하는 것입니다.

해당 지문도 결국 1~2문단을 독해하며 '효율적 시각 정보 처리'라는 핵심을 파악해야 했고, 여기서도 '핵심'에 맞춰 "효율적 시각 정보 처리는 '다른 경로'인 놈을 파악하며 가능한가?"를 파악했어야 합니다.

항상 독해 시 핵심을 파악하고 그를 통해 정보를 납득하는 태도, '핵심'을 상기하고, 문맥적 의미를 파악하는 태도의 중요성을 가지고 가시길 바랍니다.

망막의 또 다른 신호 처리의 예로 움직이는 테니스공을 치는 경우를 생각해 보자.

"또 다른 신호 처리 예"는 이제는 앞선 상황과 다른 신호 처리가 제시됨을 의미합니다. 두 경우가 다르다는 것을 명확하게 인

식하고 해당 과정에서 망막의 신호 처리 과정을 명확하게 파악해 봅시다.

◇코멘트

물론 '또 다른 신호 처리'라는 것을 파악하는 것은 중요합니다. 그와 동시에 결국은 '신호 처리'이니 '시각 정보를 효율적으로 처리'하는 것이 핵심이고, 그를 위한 '원리와 과정'을 파악하는 것이 핵심이라는 점은 계속 가지고 독해를 진행해야 합니다.

충분한 밝기의 빛이 도달하더라도 망막에서 시각 정보가 처리되는 데 수십 분의 1초가 걸린다. 강하게 친 테니스공은 이 시간 동안 약 2m를 이동할 수 있어서 라켓을 벗어나기에 충분한데도 어떻게 그 공을 정확히 쳐 낼 수 있을까?

어떻게 공을 쳐 낼 수 있을지 그 원리(그게 가능한 과정)를 제시할 겁니다. 이렇게 예시를 통해 물음을 먼저 던진다면, 예시를 정확하게 정리하고 독해를 진행해야 합니다.
<시각 정보 처리 수십 분의 1초 → 근데 그 시간 동안 공은 멀리 감 → 그런데 정보 처리 가능 → 왜?>
정도로 정리가 됐으면 충분합니다.

◇코멘트

구체적 예시는 분명 제시된 이유가 있습니다. 구체적 예시가 제시될 때는 예시 상황을 파악하고, 앞선 개념에 당겨 읽는 것이 보편적입니다. 그런데 여기서는 당겨 읽을 앞선 개념이 없으니, 일단 정확하게 정리하고 뒷 정보를 통해 파악하는 겁니다. 예시를 정확하게 정리하고 당겨 읽는다는 태도를 꼭 갖추시길 바랍니다.

이를 알아보기 위해(어떻게 가능?) 연구자들은 ㉠마이크로칩 위에 올려진 도롱뇽의 망막에 막대 모양의 상을 맺히게 하고 상의 밝기와 이동속도 등을 변화시켜 가며 망막에서 발생하는 신호를 측정하였다.

상의 밝기와 이동속도를 변화시켜가며 신호를 측정합니다. 그러면 여기서 어떻게 룰세를 파악할 수 있는지를 핵심으로 인식하며 독해를 계속 진행합시다. 우리의 핵심은 '효율적 시각 정보 처리'이니까요.

◇코멘트

여기서 변수는 상의 밝기와 이동속도입니다. 실제로 이 변수로 이후 내용이 진행됩니다. 항상 변수(조건)은 명확하게 체크하는 습관을 갖추시면 좋겠습니다.

폭이 0.13mm인 막대 모양의 상을 1/60초 동안만 맺히게 한 후에 상 아래에 위치한 하나의 신경절세포에서 출력되는 신호를 측정한 실험의 경우, 광수용체에서 전기 신호가 발생하고 여러 신경세포를 거치는 과정에서 시간 지연이 일어나므로, 상이 맺힌 순간부터 약 1/20초 후에 신경절세포에서 신호가 발생하기 시작하여 약 1/20초 동안 지속되었다.

예시 상황을 정리해야 합니다.
<1/60초 상 맺힘 → 시간 지연 발생 = 1/20초 후 신호 발생 → 1/20초 상 지속>
이 상황만으로 왜 우리가 빠르게 움직이는 물체를 쳐낼 수 있는지를 파악하는 것은 어렵습니다. 일단 제시된 과정을 명확하게 정리하고 독해를 진행해야 합니다.

◇코멘트

+ 과정이 서술될 때는 과정을 구체적으로 정리하는 것이 효율적이고, 간단한 필기 정도에 도움을 받는 것도 고려해볼 만한 사항입니다.
+ 구체적 수치는 돌아와서 확인합니다. 저는 마지막 문제를 풀 때 구체적 수치를 물어봐서 바로 여기로 돌아왔습니다.

◇ tip 구체적인 예시

수능, 리트 언어이해와 같은 글이 얼마나 짜임새 있게, 낭비가 없이 작성된 글인지 알 수 있는 대목입니다.

문제를 보면 알 수 있지만, 대놓고 해당 예시에 대한 상황 정리를 요구하고 있습니다.

만약 지문에서 이렇게 특정 개념에 대해 구체적인 예시가 등장한다면 문제화될 것을 인식하고 독해 시기를 권장합니다. 아주 사소하지만, 독해력 향상에 큰 도움이 되는 습관이라고 생각합니다.

cf) 20.09 점유·소유 중 일부

물건 중에서 **피아노, 금반지, 가방** 등과 같은 대부분의 동산은 점유에 의해 소유권이 공시된다.

⇒ 구체적으로 동산의 예시를 제시함.

상을 일정한 속도로 움직이며 상의 이동 경로에 위치한 여러 신경절세포에서 발생하는 신호를 측정한 실험의 경우, 실제 상이 도달한 위치보다 더 앞에 위치한 신경절세포에서 신호가 발생하기 시작하여 상의 앞쪽 경계와 같은 위치 혹은 이보다 앞선 위치에서 신호가 최대가 되었다.

왜 빠르게 움직이는 물체를 쳐낼 수 있는지 제시됩니다. 신경절세포에서 실제 상이 도달한 위치보다 더 앞에서, 앞쪽 경계 쯤에서 신호가 최대가 되었다네요. 즉 실제 위치보다 더 앞에서 미리 신호가 최대가 되니 파악할 수 있다는 것을 납득하고 독해를 진행했어야 합니다.

◇코멘트

여기서 '왜 신경절세포가 앞쪽에서 반응한 게 답이 되지?'라는 의문에 대한 점까지는 납득이 안 될 수 있습니다. 앞쪽에서 반응하니까 시간 지연이 있다고 해도, 먼저 반응하는 '효율적 정보 처리'가 가능한 것이죠.
실전에서 저 물음에 대한 답이 자연스럽게 납득되며 독해가 진행되는 것이 가장 이상적(앞쪽에서 먼저 반응하니 먼저 처리할 수 있겠지? 그러니 효율적으로 처리 가능!)이지만, 실전이라면 문맥상 의미를 파악한 상태로 독해를 진행하는 것도 필요합니다.

개별 신경절세포의 시간 지연에도 불구하고 상의 앞쪽 경계에서 최대가 되는 모양의 신호를 만들기 위해서는 특별한 기제가 필요하다.

앞쪽 경계에서 신호가 최대가 된 것이 빠르게 움직이는 물체를 쳐낼 수 있는 이유였습니다. 그런데 이제 그 이유가 가능한 원인을 서술할 것임을 알 수 있습니다. 역시 이런 과정이 가능한 원리를 파악한다는 인식으로 독해를 진행해 봅시다.

첫째는 **신경절세포 반응의 시간 의존성**이다. 즉, 밝기가 변화한 직후 신경절세포의 출력 신호가 최대가 되고 이후 점차 작아진다.

신경절세포 반응의 시간 의존성 개념이 제시됩니다. 밝기가 변화한 직후 세포 출력 신호가 최대가 되고 이후 작아집니다. 여기서 완벽하게 이해하진 못해도, 최대가 된 뒤 작아지는 것이 '과정이 가능한 원리'라는 맥락은 파악하며 최소한의 <컸다가 작아짐> 정도는 정리됐어야 합니다.

◇코멘트

앞서 "상의 앞쪽 경계와 같은 위치 혹은 이보다 앞선 위치에서 신호가 최대가 되었음"이 제시되었습니다. 그러면 이렇게 최대가 되고 이후 뚝 떨어진다는 의미겠죠? 이렇게 앞선 정보와 함께 생각했다면 <보기> 문제를 풀기 조금은 더 수월했을 것이라 생각합니다.

둘째, **신경절세포 신호증폭률의 동적 조절**이다. 즉, 물체가 이동할 때 신경절세포는 물체의 이동 방향으로 가장 먼저 자극되는 광수용체의 신호를 크게 증폭하여 받아들이고 곧바로 증폭률을 떨어뜨려 신호의 세기를 줄여버린다,

앞서 신경절세포가 출력 신호가 최대가 되고 이후 점차 작아짐을 제시합니다. 그리고 신경절세포가 애초에 먼저 자극되는 걸 크게 받아들이고, 이후는 작게 받아들임을 제시합니다. 앞서 맥락을 파악했다면, 그와 유사하게 <신호 세기 컸다가 작아짐, 크게 증폭시키다 작게 함> 정도로 정리할 수 있습니다.

◇코멘트

여기서 최소한의 정리라도 된 사람은 다음 문장을 독해할 때와 <보기> 문제의 그래프를 독해하기 수월해집니다.

상의 이동 경로에 위치한 신경절세포들에서 각각 이러한 기제에 따라 발생한 신호들이 합쳐져서 만들어지는 출력 신호는, 그 형태가 상의 앞쪽 경계면 혹은 그보다 앞선 지점에 대응하는 위치에서 그 세기가 최대가 되는 비대칭적인 모양이 된다.

앞서 제시한 정보들을 통해 납득할 수 있습니다. 당연히 앞쪽 경계면에서 크게 증폭하여 받아들여 세기가 강하고 뚝 떨어지니 비대칭적 모양이 될 겁니다. 앞선 정보를 최소한이라도 정리하는 것의 중요성을 느끼시면 좋겠습니다.

◇코멘트

이렇게 지문에서 '모양'이 서술되니 <보기> 문항을 봤을 때 해당 부분으로 돌아오겠다는 생각을 갖췄어야 합니다.

물체와 주변의 밝기 차이가 작거나 속력이 너무 커서 증폭률의 변화가 물체의 이동 속력에 맞추어 재빨리 이루어지지 못하면, 이러한 기제가 잘 작동하지 못하여 시간 지연에 대한 보상이 잘 이루어지지 않는다. 어두울수록, 그리고 테니스공이 빠르게 움직일수록 정확하게 맞히기 어려운 이유도 이와 관련이 있다.

이런 기능이 제대로 일어나기 어려운 '조건'을 제시합니다. 속력이 너무 빠르거나 밝기 차이가 적은 경우는 이런 과정이 진행되기 어렵겠네요. 우리 상식적으로도 너무 빠르거나 희미한 놈은 보기 어려우니 자연스럽게 납득할 수 있는 정보입니다. 추가적으로 이런 조건이 반드시 문제화될 수 있다는 인식을 갖췄으면 베스트입니다.

◇ tip 조건은 답을 결정한다.

고난도 지문에서 이렇게 '조건'이 제시됐을 때 정리 과정을 거치지 않고 독해를 계속 진행한다면 문제 풀이에서 어려움을 느낄 가능성이 높습니다. 조건도 전제, 예외를 만드는 등 다양한 종류가 있지만, 우선 딱 하나 '조건'이 나오면 생각을 정리한 뒤 독해를 진행한다는 독해 습관을 갖추시길 권장합니다.

[10~12] 문제 해설

10 윗글의 내용과 일치하는 것은?

① 신경절세포는 광수용체에서 발생한 전기적 신호를 원래 세기대로 출력한다.
② 한곳을 가만히 응시할 때는 망막에 형성된 이미지의 떨림이 발생하지 않는다.
③ 정지한 물체의 상에 대해 전기적 신호를 출력하지 않는 신경절세포가 존재한다.
④ 마이크로칩은 망막에 도달한 빛을 전기적 신호로 변환시켜 관찰 가능하게 만든다.
⑤ 빛의 밝기가 일정할 때 하나의 신경절세포에서 발생하는 신호의 세기는 일정하나.

답 ③

2문단에 제시된 것처럼 신경절세포 가운데 특정 종류는 각 세포가 감지하는 부분이 이미지 전체의 이동 경로와 같은 경로를 따라 움직일 때는 전기적 신호를 발생하지 않고 다른 경로를 따라 움직일 때만 신호를 발생합니다. 그리고 안구의 움직임에 의

한 상의 떨림은 망막 위에서 전체 이미지가 같은 방향으로 움직이는 변화를 만듭니다.

즉 정지한 물체가 있다면, 이미지 전체의 이동 경로와 같은 경로를 따라 움직일 때라고 볼 수 있습니다. 그러니 정지한 물체의 상에 대해 전기적 신호를 출력하지 않는 신경절 세포가 존재할 것입니다.

오답 선지 분석

① : 5문단에 제시된 것처럼 시간 의존성에 따르면 밝기가 변화한 직후 신경절세포의 출력 신호가 최대가 되고 이후 점차 작아지고, 신경절세포 신호증폭률의 동적 조절에 따르면 물체가 이동할 때 신경절세포는 물체의 이동 방향으로 가장 먼저 자극되는 광수용체의 신호를 크게 증폭하여 받아들이고 곧바로 증폭률을 떨어뜨려 신호의 세기를 줄여버립니다. 즉 신경절세포는 광수용체에서 발생한 전기적 신호를 원래 세기대로 출력하는 것이 아닙니다.

② : 1문단에 제시된 것처럼 한곳을 가만히 응시해도 안구는 끊임없이 움직이고, 안구의 움직임에 의한 상의 떨림은 망막 위에서 전체 이미지가 같은 방향으로 움직이는 변화를 만듭니다. 즉 한곳을 가만히 응시할 때 이미지의 떨림은 발생합니다. 정보를 연결해서 판단할 수 있어야 합니다,

④ : 1문단에 제시된 것처럼 미세전극이 일정한 간격으로 촘촘히 배열된 마이크로칩을 이용하여 망막에서 발생하는 전기적 신호를 실시간으로 관찰할 수 있게 되었습니다. 즉 망막에서 발생하는 전기적 신호를 마이크로칩을 이용하여 관찰한 것이지, 마이크로칩이 망막에 도달한 빛을 전기적 신호로 변환시키는 것이 아닙니다. 지문의 핵심과 완전히 직결되는 정보는 아니라 느낄 수 있습니다. 이런 경우 지문으로 돌아가서 판단하는 경우도 필요합니다. 세부적인 내용을 물어보는 선지 역시 반드시 존재하니까요.

⑤ : 5문단에 제시된 것처럼 신경절세포는 물체의 이동 방향으로 가장 먼저 자극되는 광수용체의 신호를 크게 증폭하여 받아들이고 곧바로 증폭률을 떨어뜨려 신호의 세기를 줄여 버립니다. 그러니 빛의 밝기가 일정할 때 하나의 신경절세포에서 발생하는 신호 세기가 일정하다고 단정할 수 없습니다.

◇코멘트

'특정 종류'라는 표현을 기억했다면 답을 고르는 것은 할 만했을 겁니다.
1, 3, 5는 지문의 핵심에 직결되는 표현이었는데 4번 선지의 경우 즉각적으로 판단하기가 약간 어려웠을 수도 있다고 생각합니다. 핵심을 정확하게 잡아 '답'을 정확하게 찾고 다수의 선지를 빠르게 판단하고, 이후 지엽적인 선지는 돌아가서 판단할 수도 있어야 함을 인식하기 좋은 문항입니다.

11 <보기>의 실험에 대한 설명으로 적절한 것만을 있는 대로 고른 것은?

> **보 기**
>
> 다음 그림은 ⊙의 실험에서 어느 순간 망막에 형성된 빛의 밝기 분포와 신경절세포의 출력 신호를 위치에 따라 나타낸 것이다. 그래프 a, b, c는 각각 서로 다른 조건에서 측정한 결과로서, b와 c는 속력이 같고 상과 주변의 밝기 차가 다르고, a는 속력이 다르다. a, b, c 모두 상의 이동 방향은 같다.
>
>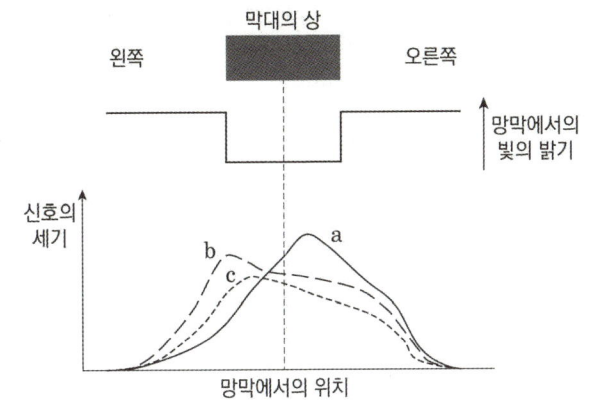
>
> ㄱ. 상은 오른쪽에서 왼쪽으로 이동하고 있다.
> ㄴ. 상의 속력은 a가 b보다 크다.
> ㄷ. 상과 주변의 밝기 차는 b가 c보다 작다.

① ㄱ   ② ㄴ   ③ ㄷ
④ ㄱ, ㄴ   ⑤ ㄴ, ㄷ

<보기> 분석

b, c는 속력이 같고 a만 속력이 다름.
b, c는 밝기 차가 있음.

b, c와 a의 빛의 최댓값 위치의 방향성이 상이함.
⇒ b, c는 왼쪽, a는 오른쪽

이 정도를 판단한 뒤, <보기>에서 신경절세포의 출력 세기를 물으니, 정보를 판단할 때 시간 의존성, 동적 조절, 그리고 시간 지연 보상이 일어나기 힘든 조건을 활용한다는 것을 인식해야 합니다.

그러면 b, c와 a의 빛의 최댓값 위치의 방향성이 상이하다는 것은 결국 b, c와 a 중 하나는 시간 지연 보상이 잘 이루어지지 않았음을 의미합니다.

답 ④

ㄱ. 상은 오른쪽에서 왼쪽으로 이동하고 있다.

<보기>를 분석하며 b, c와 a의 빛의 최댓값 위치의 방향성이

상이하다는 것은 결국 b, c와 a 중 하나는 시간 지연 보상이 잘 이루어지지 않았음을 파악해야 합니다.

4문단에 제시된 것처럼 신경절세포는 물체의 이동 방향으로 가장 먼저 자극되는 광수용체의 신호를 크게 증폭하여 받아들입니다.

그러니 오른쪽에서 왼쪽으로 이동하는 것이 맞다면, b, c가 정상 작동일 것이고, 왼쪽에서 오른쪽으로 이동하는 것이라면 a가 정상 작동일 것입니다.

여기서 판단 과정이 핵심입니다.

5문단에 제시된 것처럼 정상적으로 작동한 경우는 그 형태가 상의 앞쪽 경계면 혹은 그보다 앞선 지점에 대응하는 위치에서 그 세기가 최대가 되는 비대칭적인 모양이 됩니다. 코멘트에도 서술해둔 것처럼, 지문에서 모양을 제시해줬으니, 모양을 물어볼 때 돌아가서라도 판단해야 합니다.

여기서 판단 과정은 두 가지가 존재합니다.

1. 대칭성 이용
b, c와 a를 비교하면 상대적으로 a가 대칭성을 보입니다. 그러니 b, c에 비해 a가 보상이 잘 일어난 상황이라 판단할 수 없습니다. 그러니 상은 오른쪽에서 왼쪽으로 이동할 것입니다. / 특히 통념상 '대칭이 정상적이지 않나?'라는 오판이 진행될 여지가 존재합니다. 항상 나의 통념보다 지문에 근거한 사고가 필요합니다.

2. 형태가 상의 앞쪽 경계면 혹은 그보다 앞선 지점에 대응하는 위치에서 그 세기가 최대가 되는 조건 이용.
그림을 보면 막대의 상의 앞쪽 경계면 혹은 그보다 앞선 지점에 대응하는 놈은 b입니다. 그러니 오른쪽에서 왼쪽으로 이동하고 있다고 추론하는 것이 타당합니다.

매우 까다로운 선지입니다. 지문에서 모양의 조건으로 경계면에서 최대가 되는 비대칭성을 줬으니, 이를 활용해야 한다는 의식적 사고가 없었으면 ㄱ을 정확하게 풀기는 매우 쉽지 않았을 거라 생각합니다.

ㄴ. 상의 속력은 a가 b보다 크다.

ㄱ을 통해 a가 시간 지연에 대한 보상이 제대로 이루어지지 않았다는 것을 알았습니다. 그런데 b, c는 속력이 같고 a만 속력이 다릅니다. 그러면 속력이 빠를수록 시간 지연에 대한 보상이 잘 이루어지지 않으니, a가 속력이 더 빠름을 알 수 있습니다.

ㄷ. 상과 주변의 밝기 차는 b가 c보다 작다.

밝기 차가 클수록 시간 지연에 대한 보상이 더 잘 이루어집니다. 그런데 b와 c는 속도가 같은데 신호의 세기가 다릅니다. 그러면 b가 상과 주변의 밝기 차가 더 클 것을 알 수 있습니다.

12 윗글을 바탕으로 '도롱뇽이 파리를 응시하는 상황' 을 이해한 것으로 가장 적절한 것은?

① 날아가는 파리가 속력을 줄이면 상이 맺힌 위치의 개별 신경절세포에서의 시간 지연이 감소한다.
② 아래위로 천천히 움직이는 물체 위에 앉아 있는 도롱뇽은 수평으로 날아가는 파리의 움직임을 알아채지 못한다.
③ 배경이 밝고 파리의 색이 어두울수록 상의 위치와 신경절세포의 출력 신호가 최대가 되는 위치 사이의 오차가 크다.
④ 망막에 맺힌 날아가는 파리의 상에서 머리 부분에서 발생하는 신호의 증폭률은 몸통 부분에서 발생하는 신호의 증폭률보다 작다.
⑤ 도롱뇽이 눈을 깜박일 때, 정지한 파리의 상이 1/60초 동안 사라지면 파리의 상이 있던 위치의 신경절세포에서는 1/60초보다 오래 신호가 지속된다.

발문 분석

'도롱뇽이 파리를 응시하는 상황'이란 걸 보고 도룡뇽 실험 예시가 떠올랐어야 합니다. 만약 발문을 보고 즉각적으로 떠오르지 않았더라도 선지 판단 시 해당 내용이 지문에 무엇을 물어보는 건지를 판단해 예시와 연결했어야 합니다.

예시 상황
<1/60초 상 맺힘 → 시간 지연 발생 → 1/20초 후 신호 발생 → 1/20초 상 지속>

답 ⑤

4문단에 제시된 것처럼 1/60초 상이 맺혔을 때 결과적으로 1/20초 동안 상이 지속됩니다. 그러니 도롱뇽이 눈을 깜빡일 때 정지한 파리 상이 1/60초 동안 사라지면, 파리의 상이 있던 위치의 신경절세포에서는 1/60초보다 오래(1/20 = 3/60) 신호가 지속될 것입니다.

오답 선지 분석

① : 시간 지연은 광수용체에서 전기 신호가 발생하고 여러 신경세포를 거치는 과정에서 발생합니다. 즉 시간 지연은 신경세포를 거치는 과정으로 인해 발생하는 것입니다. 여기서 속력에 따른 시간 지연에 대한 증감이 제시된 적은 없습니다. 지문에서 제시되지 않은 인과 관계에 주의해야 합니다.

cf) 수능 19.09 STM <보기> 문항

② : 아래위로 천천히 움직이는 물체와 수평으로 날아가는 파리는 이동 방향이 반대인 경우입니다. 그러니 다른 경로를 따라 움직일 때만 신호를 발생한다는 지문의 정보를 통해 파리의 움직임을 알아챌 것이라 추론할 수 있습니다.

③ : 배경이 밝고 파리의 색이 어두울수록 밝기 차는 커집니다. 이는 시간 지연에 대한 보상이 더 잘 일어날 수 있음을 의미하니, 오차가 커지지 않을 겁니다.

④ : 실제 상이 도달한 위치보다 더 앞에 위치한 신경절세포에서 신호가 발생하기 시작하여 상의 앞쪽 경계와 같은 위치 혹은 이보다 앞선 위치에서 신호가 최대가 되었습니다. 그리고 이 신호는 이후 점차 작아집니다. 즉 파리의 머리 부분의 증폭률이 몸통 부분의 증폭률보다 더 클 것입니다.

◇ 총평

- 핵심 확보 (관점 파악, 화제 파악)
- 비교 대조 쌍
- 다른 말 같은 뜻
- 수단과 목적

지문 초반 파시즘에 대한 '관점'이 핵심이라는 화제를 파악하고 독해를 진행했어야 합니다. 이후 기본적으로 제시된 관점을 통해 독해를 진행하며 각 관점의 공통점과 차이점을 정확하게 독해를 진행했어야 합니다. 이 과정에서 미시적으로 중요한 포인트인 의의, 한계, 수단 목적 등을 정확하게 파악하며, 지문 마지막 제시된 다른 말 같은 뜻을 잡는 것이 핵심이었습니다.

이렇게 총평을 내리기는 쉬운 지문이지만, 실제로 핵심을 인지하며 독해할 때 위와 같은 미시적 포인트를 시험장에서 반응하는 것은 부단한 숙달이 필요합니다. 기출 분석을 통해 문맥을 통해 의미를 파악하는 법과 중요한 포인트를 체득한 뒤, 끝없이 본인이 스스로 독해를 해야 합니다.

> 파시즘을 규정하기란 쉽지 않다.

파시즘에 대한 규정이 쉽지 않답니다. 그렇다면 당연히 파시즘을 규정하는 것에 대한 다양한 '관점'이 있을 것이고, 그 관점들을 파악하는 것이 독해의 핵심이라는 점을 파악할 수 있습니다.

◇ 코멘트

모든 지문에서 첫 문장, 첫 문단이 중요하다고 할 수는 없지만, 대다수의 지문에서 첫 문장과 첫 문단의 중요성을 몇 번을 말해도 부족함이 없습니다. 글의 전반적인 화제, 글을 장악하는 정의(관점 등)를 제시해주는 경우가 빈번하니까요.

> 본디 파시즘은 1919년에서 1945년까지 무솔리니가 이끈 정치 운동, 체제, 이념만을 지칭하는 용어였다.

'본디~' 했다고 하는 점과 앞서 파시즘에 대한 규정이 쉽지 않다는 것을 고려했을 때 확실히 파시즘의 정의에 대한 다양한 관점이 제시될 것이라는 점을 확신할 수 있습니다.

> 그러나 얼마 후 히틀러의 나치즘 역시 파시즘의 하나로 취급되었고, 점차 그 용어가 가리키는 대상도 다양해져 갔다. 이에 따라 파시즘에 대한 해석 및 정의는 용어의 대상만큼이나 넓은 스펙트럼을 가지게 되었다.

결국 첫 문단에서 하는 얘기는 단 하나입니다. 글자는 다르지만, 결국 문맥상 의미는 '파시즘에 대한 다양한 관점을 파악'하라는 것이죠. 각각의 관점을 확보하고, 그에 맞춰 의미를 파악한다는 인식으로 독해를 진행합시다.

◇ tip 다른 말 같은 뜻

독서는 결국 '의미'를 파악하며 읽는 것입니다. 독해 시, 기표(記標)가 다르더라도, 같은 기의(記意)를 가지고 있으면 적극적으로 같은 의미를 판단해 주어야 합니다.

특히 인문 지문에서는 이처럼 '관점을 확보'하고 그에 맞춰 글자의 의미를 파악하는 것이 압도적으로 중요합니다.

여기서도 결국 단순히 글자를 읽는 것을 넘어 의미를 파악하며 독해를 진행했다면, 지문에서 요구하는 바(파시즘에 대한 다양한 관점 파악)를 명확하게 확보하고 독해를 진행할 수 있습니다.

> 비교적 일찍 나타난 것은 기본적으로 계급투쟁 개념에 바탕을 둔 마르크스주의적 해석인데,

마르크스주의의 관점이 제시됩니다. 일단 마르크스주의는 '계급투쟁'에 근거해 파시즘을 규정할 것이라는 정도를 생각할 수 있습니다.

◇ 코멘트

마르크스주의가 계급투쟁에 근간을 두고 있다는 것은 상식적으로 알아두어야 할 내용입니다. 데카르트, 칸트, 마르크스 등 저명한 인물들의 관점은 가볍게라도 알아두는 것이 좋습니다. 꼭 그 인물이 나오지 않더라도, 그 인물들의 사상과 유사한 관점이 등장하는 경우도 빈번하니까요.

> 대표적인 것은 '코민테른 테제'이다.

계급투쟁 개념에 바탕을 둔 것의 대표입니다. 그러면 코민테른 테제의 관점이 구체화되어 제시될 때 '계급투쟁'을 통해 제시된 관점을 납득(최소한 파악)해야 합니다.

> 이에 따르면, 파시즘이란 "금융 자본의 가장 반동적이고 국수주의적이며 제국주의적인 분파의 공공연한 테러 독재"이다.

'계급투쟁'이라는 관점을 통해 의미를 파악해야 합니다. 최소한 여기서도 '금융 자본의 반동적인 테러 독재'라는 것이 '계급투쟁(상하 계층 투쟁)' 정도라는 맥락은 파악했어야 합니다.

금융 자본과 제국주의는 상대적으로 강한 권력을 가진 대상이라 볼 수 있습니다. 그러니 저런 강한 권력자들이 '테러 독재'를 한다는 것은 상위 계층의 지배로 그로 인해 상하 계층의 계급 투쟁이라는 의미를 납득할 수 있습니다. 실전에서 이처럼 명확하게 의미를 파악하는 것은 어려울 수 있더라도, '금융 자본과 제국주의'의 맥락을 알고 있다면 이 수준 정도로 자연스럽게 의미를 납득하고 독해를 진행할 수 있습니다. 참고로 제국주의는 15학년도 수능 신채호 지문에서도 핵심적으로 등장한 개념입니다.

물론 실전에서는 우리가 배경지식이 전무한 관점이 등장할 수 있습니다. 이럴 경우는 <코민테른 테제 = 계급투쟁 = 금융 자본 배척> 정도로 있는 그대로라도 의미를 파악하고 독해를 진행해야 합니다.

즉, 파시즘이 자본주의의 도구이며, 대자본의 대리인이라고 파악한 것이다.

'즉'이라고 제시했으니 앞선 내용의 정리입니다. 그러니 파시즘을 만든 사람들이 계급 투쟁 개념에 바탕을 둔 것이 아니라 파시즘을 해석하는 마르크스주의의 입장이 계급 투쟁 개념에 바탕을 둔 것 정도로 의미를 파악할 수 있습니다.

제시된 관점을 통해 이후 내용을 납득하며 독해를 진행하는 태도와 교육 과정과 기출에 근거한 필수적인 지식(마르크스, 제국주의 등) 중요성을 느끼시면 좋겠습니다.

하지만 모든 마르크스주의자들이 이 해석(파시즘이 자본주의의 도구다)을 받아들인 것은 아니다.

모든 마르크스주의자들의 관점이 같은 것은 아닙니다. 그렇다면 당연히 우리는 '공통적'으로 유지되는 관점과 차이점에 주목해야 합니다.

2022 언어이해 [7~9] / 화자에 대한 관점 파악 지문에서도 하나의 관점이 제시된 이후 공통점을 가지면서 차이점이 있는 관점이 제시되었습니다. 그리고 그를 물어보는 문항이 출제되었었죠. 이는 수능, 리트 언어이해 등 언어 시험에서 가장 기본적인 출제 패턴입니다.

톨리아티는 파시즘이 소부르주아적 성격의 대중적 기반 위에 있었다고 파악했으며, 나아가 탈하이머와 바이다는 파시즘이 계급으로부터 상대적으로 자유로운 현상이라고 보았다.

다른 두 가지 관점이 제시됩니다. 파시즘을 '소부르주아적'인 관점으로 파악하는 것과 계급에서 '상대적'으로 자유로운 관점입니다. 실전에서 즉각적으로 관점에 대한 의미 파악이 되지 않는다면, 최소한 상대적과 같은 포인트는 확보한 뒤, 관점 두 개가 나열되어 제시되었으니 일단 있는 그대로 파악한 뒤 돌아오겠다는 인식이라도 했어야 합니다.

계급으로부터 '상대적'으로 자유로운 현상입니다. 절대적으로 자유로운 것은 아니죠.

'상대적 / 절대적'은 지문에서 '개연 / 단정'과 같이 등장할 시 곧잘 문제화되는 포인트입니다.

그러니 애초에 기출 분석을 통해 (미시, 거시) / (개별, 전체) / (안, 밖) / (선천, 후천) / (모든, 일부) / (형식, 내용) / (가변, 불변) 등 대립쌍을 이루는 어휘 자체를 익혀 그에 대한 즉각적인 반응이 이루어져야 했으니까요.

실제로 대립쌍에 대한 이해는 지문 이해와 문제 풀이 시 굉장히 핵심적으로 기능하는 부분입니다. 필히 민감한 반응을 갖추시길 바랍니다.

물론 이후 이들의 관점을 구체적으로 서술해주고 있습니다. 그러면 당연히 이들의 관점을 파악해야 하죠. 제가 말씀드리고 싶은 부분은 실전에서 가져야 할 태도였습니다.

그들에 따르면, 자본과 노동이 대립하면서 어느 한쪽이 절대 우위를 갖추지 못하면 제3의 세력이 등장하는데, 파시즘이 그 예라는 것이다.

이들 모두 '자본과 노동의 대립'을 통해 파시즘을 파악합니다. 앞서 「금융 사본의 테러 녹새」라고 제시한 것과 날리 '어느 한쪽이 절대 우위를 갖추지 못한' 상황을 파시즘으로 규정한다는 차이가 있습니다.

이처럼 명확하게 차이를 파악하는 것이 우리가 지향할 방향이며, 만약 그러지 못했다면, 최소한 이 둘의 관점 차가 존재한다는 사실을 기억하고 선지에서 물어볼 시 지문으로 돌아온다는 인식을 갖췄어야 합니다.

◇ 코멘트

현 수능 국어와 리트 언어이해가 어려운 이유입니다. 만약 여기서 친절한 서술이 진행되었다면, '이들은 공통적으로 '계급'이라는 관점에서 파시즘에 접근하지만, 세부적으로는 상이한 특질이 있다. 일반적인 마르크스 주의는 ~ / 이와 달리 톨리아니, 탈하이머는~' 정도로 제시해줬을 겁니다. 그러면 손쉽게 관점 간 '공통점'과 '차이점'을 파악할 수 있겠죠. 하지만 지문에서는 '마르크스주의는 기본적으로~'와 같이 공통점을 전제한 뒤, '그들에 따르면, 자본과 노동이 대립하면서~'를 통해 "차이가 있지만 모두 계급을 신경은 쓰네?"라는 공통점을 스스로 파악했어야 합니다. 이처럼 지문의 난도가 오르면 '문장에 전제된(기본적으로~) 내용 파악'과 '직접적으로 제시되지 않아도 공통점을 파악' 하는 것을 요구합니다. 이를 위해서는 결국 문장의 의미를 파악하며 독해를 진행하는 태도가 필수적입니다.

이러한 마르크스주의적 해석에 대해 오늘날의 연구는 대체로 파시즘과 거대 자본 사이의 조화와 협력보다는 긴장과 갈등 국면을 강조한다.

마르크스주의에 해석에서 현시점에서는 파시즘을 '자본과의 갈등' 측면에서 바라본다는 점 정도는 상식적으로 납득할 수 있습니다.

◇ 코멘트

앞서도 말했지만, 마르크스가 계급 갈등에 주목한다는 정도는 상식적으로 알고 있어야 합니다.

또한 코민테른 테제는 지나친 단순화의 산물이라는 비판도 제기되었다.

코민테른 테제는 기본적으로 계급투쟁 개념에 바탕을 둡니다. 최소한 의의, 한계, 비판 등은 출제될 수 있다는 생각을 가져야 합니다. 물론 계급투쟁만으로 파시즘을 규정하기는 쉽지 않겠죠. 그러니 코민테른 테제가 단순화의 산물이라는 겁니다. 이 정도는 왜 단순화의 산물이라는지 납득한 상태로 독해를 진행할 수 있어야 한다고 생각합니다.

한편 2차 대전 이후에는 냉전의 분위기 속에서 이탈리아의 파시즘, 독일의 나치즘, 소련의 스탈린주의를 뭉뚱그려 전체주의로 범주화하는 경향이 나타났다. 이 경향을 '전체주의 이론'으로 칭할 수 있는데,

'한편~'이라고 했으니 흐름이 전환되었음을 파악해야 합니다.

냉전 속에서 파시즘을 전체주의로 규정하는 관점이 제시됩니다. 당연히 우리는 파시즘에 대한 관점 파악이 핵심이니 '냉전 시기 파시즘 = 전체주의' 정도로 관점을 확보하며 독해를 진행했어야 합니다.

이 이론은 전체주의의 특징을 메시아 이데올로기, 유일 정당, 비밀경찰의 테러, 대중 매체의 독점, 무력 장악, 경제의 통제로 꼽았다.

전체주의 이론의 특증을 나열해주었습니다. '메시아 이데올로기'는 순간 납득이 어려워도 비밀경찰, 대중 매체 독점, 무력, 경제 통제 등은 전체주의의 특징으로 납득할 수 있고 만약 이 예시들이 나온다면 돌아와서라도 전체주의 특징이라는 점을 파악할 수 있어야 합니다.

◇ 코멘트

정보가 나열되고 있을 때 실전에서 정보들을 완벽하게 외우며 독해하는 것은 어렵습니다. 물론 이 경우는 상식적으로 납득되는 정보들이라 가능할 수 있지만, 이렇게 나열되는 정보가 납득되지 않을 때는 돌아와서 판단한다는 인식이라도 갖춰야 합니다.

이는 전체주의를 '문제화'하고 그 위험성을 경고했다는 점에서는 의미가 있었으나, 파시즘과 스탈린주의는 전혀 다른 계급적 토대 위에서 서로 다른 목표를 추구하므로 동일한 범주로 묶일 수 없다는 비판이 제기되었다.

비밀경찰, 경제 통제 등을 제시했으니 위험성을 경고했다는 것은 납득할 수 있습니다. 그리고 세 대상을 그냥 같은 전체주의로 취급하였으니 동일한 범주로 묶으면 안 된다는 비판은 적절합니다. 이처럼 앞선 정보를 통해 납득하는 것을 지향하면서 앞서도 말한 것처럼 의의, 한계 등은 출제될 수 있는 요소이니 납득되지 않더라도 최소한 의의, 한계라고 체크 정도는 하고 독해를 진행해야 합니다.

이와 같은 연구사적 전통 속에서 1970년대 이후에는 파시즘을 아예 개별적 사례로만 미시적으로 연구하는 경향이 나타났다. 그러다가 1990년대 말, ㉠그리핀이 새로운 시각에서 일반화된 개념을 제시하여 각국의 유사한 사례들에 적용할 수 있게 했다.

그리핀의 일반적인 견해가 등장합니다. 역시나 파시즘에 대한 다양한 관점이 핵심이니 그리핀의 관점을 확보하고 그를 통해 이후 내용을 파악하는 것이 핵심일 겁니다.

다양한 인물이 등장한 지문이라면 지문 내용을 완벽하게 구조화해서 독해하는 것은 한계가 있고 필연적으로 다시 지문으로 돌아오는 과정이 수반됩니다. 이 지문도 인물이 꽤나 많이 나옵니다.

이때 돌아왔을 때 빠르게 정보를 찾기 위해 독해 시 인물 / 개념어에 잘 보이게 인물이름 표시 하든, △ ○ ☆로 표시하든 자신이 편한 방법으로 표시하시면서 독해를 하시는 것을 권장합니다. 독해 시 밑줄을 남발하거나 기호를 남발하여 독해보다 기호가 주가 되는 상황은 발생하면 안 되지만, 기호의 단순 남발이 아닌 본인이 틀에 맞는 기호 사용은 문제 풀이에 효율성을 올려준다고 생각합니다.

글을 100% 완벽하게 독해해서 지문으로 돌아오지 않고 문제를 푸는 것이 힘들다는 것은 우리도 모두 알고 있고 그렇다면 그에 대한 자신의 대비책을 잡는 것도 '시험'을 보기 위한 본인의 능력입니다.

> 그에 따르면, 파시즘은 근대적 대중 정치의 한 부류로서, 특정한 민족 혹은 종족 공동체의 정치 문화와 사회 문화에 대한 혁명적인 변화를 목적으로 삼는다.

그리핀의 관점이 제시됩니다. 그에게 파시즘은 '특정 민족, 문화의 혁명적 변화를 목적'으로 하는 겁니다. 이 자체로 납득이 되면 좋지만, 그렇지 않더라도 이후 글자 그대로라도 확보하여 이후 제시되는 내용과 의미를 파악해야 합니다.

> 그리고 '신화'를 수단으로 삼아 내적 응집력과 대중의 지지라는 추동력을 얻어낸다.

목적을 이루기 위한 수단이 신화입니다. 이 수단인 신화를 통해 지지를 응집과 지지를 얻어 혁명적 변화라는 목적을 이루는 것이죠. 목적과 수단은 필히 구분하며 독해해야 합니다.

◇ 코멘트

수단과 목적은 핵심적인 요소입니다.
지문에서 목적이 제시되면 그것은 필히 핵심입니다. 이는 최신 기출인 23학년도 9월 모의고사 유류분권 지문을 통해서도 확인할 수 있습니다.
⇒ '12. 윗글을 통해 알 수 있는 ㉠(유류분의 취지에 비추어 상속 개시 당시의 시가를 기준으로 해야 한다)의 이유로 가장 적절한 것은?' / '유류분의 취지 = 제정 목적'입니다. 이렇게 '목적'을 정확하게 파악했는지 묻는 문항이 출제되는 것을 알 수 있습니다.

이렇게 목적이 중요하니 지문에서 '수단과 목적'을 구분시키는 경우가 자주 등장합니다. 마치 원인과 결과를 구분하는 것, 주장과 근거를 파악하는 것처럼 말이죠. 우리가 인과 관계가 제시되면 필히 원인과 결과를 정확하게 구분하는 것처럼 수단과 목적 역시 필히 구분해야 할 요소입니다.

> 그 '신화'란 자유주의 몰락 이후의 질서라는 고난 속에서 쇠퇴의 위기에 처한 민족공동체가 새로운 엘리트의 지도 아래 부활한다는 것이다.

신화의 개념을 구체적으로 제시합니다. 앞서 '신화'가 제시된 뒤 구체적 개념을 제시해주는 익숙한 흐름으로 'A는 B이다.' 'B는~' 식으로 서술해줬으니, 응당 우리도 신화의 개념을 파악해야 합니다. 그런데 신화라는 워딩에서 이 정도는 자연스럽게 납득할 수 있는 수준입니다.

> 파시스트는 이 신화의 틀 내에서 민족공동체의 구성원을 적대적인 세력과 구분하고, 후자에 대해 폭력을 행사하는 것을 의무로 믿었다. 그들에게 폭력은 곧 죽어가는 민족의 '치유'였기 때문이다.

자기 공동체 이외에 것들을 배척하며 그에 대한 폭력을 행사하는 것은 우리가 상식적으로 납득할 수 있는 파시스트에 대한 개념입니다. 자연스럽게 납득했으면 충분합니다.

◇ 코멘트

자연스럽게 납득할 수 있는 내용은 납득해야 합니다. 이를 위해 고교 교육 과정 수준의 지식, 기출에 제시된 지식은 숙지하고 있어야 합니다.

그러나 '치유'만으로는 부족했고, 신화가 실현되기 위해서는 구성원이 오직 역동성과 민족에 대한 헌신으로만 무장한 '파시즘적 인간'으로 거듭나는 것이 필요했다.

'수단'인 '신화'를 이루기 위한 '수단'이 제시됩니다. 말장난 같지만, 수단과 목적을 파악하는 것은 중요하기에, '파시즘적 인간'이 되는 것은 '수단'을 위한 '수단'이라는 점은 파악하고 독해를 진행했어야 합니다.

그(그리핀)는 또 신화의 궁극적인 실현, 즉 '민족의 유토피아'를 건설하기 위해 자본주의 경제 질서를 수용하고 과학 문명의 성과를 환영하는 근대적 성격을 보여준 것에 주목하여 파시즘을 일종의 '근대적 혁명'이라고 보았다.

그리핀은 혁명적 변화를 목적으로 하는 관점입니다. 그러니 '자본주의 수용, 과학 환영'을 통해 파시즘을 '근대적 혁명'이라 보는 것은 앞서 제시된 관점의 재진술 수준입니다. 항상 제시된 관점은 확보하고 그를 통해 이후 내용을 납득해야 합니다. (과학과 자본주의를 수용한 것이 근대적 성격, 혁명 등으로 연결된다는 것은 자연스럽게 납득할 수 있겠죠)

물론 그리핀의 주장에 동의하지 않는 연구자들도 있다. 예를 들어 ⓛ팩스턴은 파시즘이 근대적 혁명이라는 주장을 거부하면서, 파시즘을 전통적인 권위주의적 독재의 변종으로 규정한다.

팩스턴의 관점은 대놓고 친절하게 '차이'를 제시해주고 있습니다. 파시즘을 근대적 혁명으로 본 그리핀과 달리 대놓고 '혁명이 아닌 권위주의적 독재'로 취급하고 있습니다.

◇ tip 비교·대조 쌍

실제 독해 시 a와 b가 대조되는 전개 방향이라면 a를 읽을 때는 있는 그대로 정리를 잘하면서 독해를 하며, 이후 b가 제시될 때 차이점과 공통점을 잡으며 독해를 진행해야 합니다. 하지만 그것이 어렵다면 최소한 각각에 대한 구분은 진행된 뒤, 선지에서 물어볼 때 돌아와서라도 판단할 수준으로는 독해가 진행됐어야 합니다.

여기서도 대놓고 '근대적 개혁 vs 독재의 변종'으로 관점을 구분하고 있기에 필히 확보한 상태로 독해를 진행해야 합니다.

그는 혁명으로 보이는 파시즘이 실은 기성 제도 및 전통적 엘리트 계층과 연합했다는 점을 중시하기 때문이다.

'근대적 혁명'이어야 하는데, 기성 제도, 전통과 연합하고 있으면 상식적으로 그를 근대적 혁명이라 부르기는 어렵겠죠. 상식직으로 자연스럽게 납득할 수 있는 부분입니다.

그는 '이중 국가' 개념을 파시즘 체제 분석에 적용시켰다.

이중 국가 개념을 파시즘 분석에 적용시켰다면, 당연히 '이중 국가' 개념으로 팩스턴의 관점을 파악해야 합니다.

◇ 코멘트

15학년도 수능 A형 "신채호의 사상을 이해하기 위해 '아'를 이해해야 한다."처럼 '이중 국가'의 개념을 통해 '파시즘'에 대한 관점을 이해해야 합니다.

'이중 국가'는 합법성에 따라 관료적으로 움직이는 '표준 국가'가 당의 '동형 기구'로 만들어진 독단적 '특권 국가'와 갈등을 빚으면서도 협력 속에 공존한다는 개념이다.

최소한 이중 국가 = 표준 국가(관료) + 특권 국가(당의 기구) 정도로 개념이 파악된 상태로 독해를 진행했어야 합니다. 물론 어휘 자체를 통해 납득하는 것을 추구했어야 하고, 무리한 영역 수준은 아니라고 생각합니다.

◇ tip 어휘 자체를 통한 이해

어휘 자체를 통해 납득해 봅시다. '이중 국가'라고 제시된 뒤 '표준 국가' + '동형 기구 구성 특권 국가'를 제시합니다. 두 국가가 합쳐진 것이니 '이중 국가'라는 것은 납득할 수 있습니다.

'표준 + 국가'이니 표준적인 관료제, 합법적이다. 정도로 의미를 납득할 수 있습니다.

그리고 '당의 기구'로 구성된 것이니 '특정 당'으로 구성된 '특권 + 국가' 정도로 의미를 납득할 수 있습니다.

이처럼 어휘력을 갖고 있다면 어휘 자체를 통해 제시된 개념의 의미를 납득하며 독해를 진행할 수 있습니다.

cf) 20.06 금융 안전을 위한 미시 건전성 정책과 거시 건전성 정책의 관점 차⇒ '미시'와 '거시'라는 어휘 뜻을 통해 지문에 제시된 미시 건전성과 거시 건정성의 개념을 파악

> 이탈리아의 경우, 당 지부장은 임명직 시장에, 당 서기는 지사에, 파시스트 민병대는 군대에 해당했다.

이탈리아의 구성 요소들을 나열하고 있습니다. 이를 다 외우면서 독해하기란 사실상 어려운 부분으로 팩스턴의 관점을 물을 때 구분을 물어보면 돌아와서 판단해야 합니다.

◇코멘트

완벽하게 의미를 이해하지 못하더라도, 문맥상 표준 국가와 특권 국가의 갈등과 협력 속 공존을 이야기하고 있다는 의미를 가지고 있다는 점은 파악해야 합니다.

> 팩스턴에 따르면, 파시즘 정권은 형식적 관료주의와 독단적 폭력이 혼합된 기묘한 형태였다.

팩스턴에게 파시즘 정권은 '형식적 관료주의'와 '독단적 폭력'으로 혼합되어 있습니다. 앞서 이중 국가 개념이 관료적 표준 국가와 동형 기구로 이루어진 독단적 특권 국가라는 점을 고려한다면, '형식적 관료주의 ≒ 관료적 표준 국가' / '독단적 폭력 ≒ 독단적 특권 국가' 정도로 문맥적 의미를 파악하며 독해를 진행했어야 합니다.

◇코멘트

이처럼 앞 문장을 통해 뒷 문장에 나온 글자의 의미를 파악하며 독해를 진행하는 겁니다.

> 세부적 차이가 있다면, 특권 국가가 결국 우위를 점한 나치와 달리 무솔리니는 표준 국가의 영역에 더 큰 권력을 허용하였다는 점이다.

나치는 특권 국가가 더 크고 무솔리니는 표준 국가가 더 큽니다. 즉 앞선 문장을 통해 의미를 파악한다면 나치는 '특권 국가 = 독단적 폭력'이 더 강하고 / 무솔리니는 '표준 국가 = 관료적 표준 국가' 정도로 의미를 파악했어야 합니다.

◇코멘트

그리고 이것이 14번의 3번 문항을 판단하는 핵심적인 사고였습니다.

> 최종적으로 1943년 7월 연합국의 진격으로 파시즘이 국가 이익에 더는 부합하지 않는다고 판단한 표준 국가는 '지도자' 무솔리니를 권좌에서 끌어내렸다.

납득을 해보자면, 그래도 표준 국가는 형식적 관료주의니, 그나마 지도자를 권좌에서 끌어 내릴 가능성이 있겠죠. 실전에서 이러한 납득이 되지 않았다면, 그냥 무솔리니가 권좌에서 내려왔다는 사실만 잡고 독해를 마무리합시다.

◇코멘트

나치가 독일, 무솔리니가 이탈리아라는 건 상식입니다.

[13~15] 문제 해설

13 윗글의 내용과 일치하지 <u>않는</u> 것은?

① 마르크스주의자들의 해석 중에는 계급 간 대립을 부인하면서 파시즘을 해석하는 경우도 있다.
② 이탈리아와 독일, 소련의 억압적 체제들을 하나의 범주로 파악한 것은 냉전 상황을 배경으로 하고 있다.
③ 파시즘이라는 용어는 이탈리아에서 특정 시기에 있었던 정치 현상을 가리켰지만, 지시 대상이 점차 확장되었다.
④ 전체주의 이론은 파시즘과 스탈린주의의 서로 다른 기반과 목적을 간과하고 표면적 특정만을 추출했다는 비판을 받았다.
⑤ 파시즘을 국수주의적이며 제국주의적인 성향의 대자본이 폭력을 수단으로 정권을 유지하려 한 정치 체제로 보는 것이 마르크스주의의 대표적 해석이다.

답 ①

1문단에 제시된 것처럼 마르크스주의자들은 기본적으로 계급 투쟁 개념에 바탕을 둡니다. 그러니 마르크스주의자들의 해석 중에는 계급 간 대립을 부인하면서 파시즘을 해석하는 경우도 있다고 보기는 어렵습니다. 또한 탈하이머와 바이다는 파시즘이 계급으로부터 상대적으로 자유로운 현상이라는 걸 보고 계급 간 대립을 부인했다고 오판하는 경우가 있는데, '상대적으로 자유로운' 것을 아예 '부인'한 것이라고 단정하면 안 됩니다.

오답 선지 분석

② : 3문단에 제시된 것처럼 2차 대전 이후에는 냉전의 분위기 속에서 이탈리아의 파시즘, 독일의 나치즘, 소련의 스탈린주의를 뭉뚱그려 전체주의로 범주화하는 경향이 나타났습니다.

③ : 1문단에 제시된 것처럼 본디 파시즘은 1919년에서 1945년까지 무솔리니가 이끈 정치 운동, 체제, 이념만을 지칭하는 용어였습니다. 그러나 1문단에 제시된 것처럼 얼마 후 히틀러의 나치즘 역시 파시즘의 하나로 취급되었고, 점차 그 용어가 가리키는 대상도 다양해져 갔습니다.

④ : 3문단에 제시된 것처럼 전체주의 이론은 파시즘과 스탈린주의는 전혀 다른 계급적 토대 위에서 서로 다른 목표를 추구하므로 동일한 범주로 묶일 수 없다는 비판이 제기되었습니다. 한계점은 필히 확보해야 합니다.

⑤ : 2문단에 제시된 것처럼 기본적으로 마르크스주의는 파시즘을 "금융 자본의 가장 반동적이고 국수주의적이며 제국주의적인 분파의 공공연한 테러 독재"로 규정합니다. 그러니 파시즘을 국수주의적이며 제국주의적인 성향의 대자본이 폭력을 수단으로 정권을 유지하려 한 정치 체제로 보는 것이 마르크스주의의 대표적 해석이라 할 수 있습니다.

◇코멘트

오답 선지 분석들은 단순 일치 수준입니다. 지문 독해 시 '대립쌍'을 정확하게 체크하는 습관을 갖춰야 합니다.

14 ㉠과 ㉡에 대한 설명으로 적절하지 <u>않은</u> 것은?

① ㉠은 파시즘의 최종 목표가 '파시즘적 인간'을 완성해 내는 것이고, 폭력의 사용 및 자본과의 협력은 이를 위한 도구였다고 보았다.
② ㉠은 파시즘이 역사적 상황의 변화로 인해 맞이한 민족적 고난을 지도적 엘리트에 의해 극복한다는 '신화'를 세력의 단결과 체제 유지의 수단으로 삼았다고 보았다.
③ ㉡은 독일 나치즘에서는 독단적 폭력이, 이탈리아 파시즘에서는 형식적 관료주의가 두드러졌다고 보았다.
④ ㉡은 파시즘 치하에서 이중적 권력 기구가 갈등 속에서도 병존하는 현상을 권위주의적 독재에서 파생한 것이라고 파악하였다.
⑤ ㉠은 파시즘에서 나타난 근대적 성격에 주목하여 혁명적 성격을 가졌다고 파악했고, ㉡은 기득권층과의 연합에 주목하여 혁명적 성격을 가지지 않았다고 파악했다.

㉠ : 그리핀 / ㉡ : 팩스턴

답 ①

4문단에 제시된 것처럼 ㉠에게 파시즘적 인간은 신화가 실현되기 위한 수단입니다. 즉 파시즘의 최종 목표가 파시즘적 인간이라고 볼 수 없습니다. 파시즘의 최종 목적은 혁명적인 변화입니

다. 수단과 목적을 정확하게 파악했어야 합니다.

② : ㉠에게 '신화'란 자유주의 몰락 이후의 질서라는 고난 속에서 쇠퇴의 위기에 처한 민족공동체가 새로운 엘리트의 지도 아래 부활한다는 것입니다. 그리고 ㉠은 '신화'를 수단으로 삼아 내적 응집력과 대중의 지지라는 추동력을 얻어낸다는 관점을 보였습니다. 즉 파시즘이 역사적 상황의 변화로 인해 맞이한 민족적 고난을 지도적 엘리트에 의해 극복한다는 '신화'를 세력의 단결과 체제 유지의 수단으로 삼았다고 볼 수 있습니다.

③ : 5문단에 특권 국가가 결국 우위를 점한 나치와 달리 무솔리니는 표준 국가의 영역에 더 큰 권력을 허용하였다는 점이 제시되었습니다. 표준 국가는 관료적으로 움직이는 것이고, 특권 국가는 당의 동형 기구로 독단적 폭력입니다. 이를 통해 독일 나치즘에서는 독단적 폭력(≒특권 국가)이, 이탈리아 파시즘에서는 형식적 관료주의가 두드러졌다고 보았음을 알 수 있습니다.

④ : 선지의 의미를 파악해야 합니다. 파시즘 치하에서 이중적 권력 기구가 갈등 속에서도 병존하는 현상은 5문단에 제시된 '표준 국가'가 독단적 '특권 국가'와 갈등을 빚으면서도 협력 속에 공존한다는 이중 국가를 의미합니다. 이때 5문단에서 ㉡이 파시즘을 전통적인 권위주의적 독재의 변종으로 규정하였고, '이중 국가' 개념을 파시즘 체제 분석에 적용시켰다는 것을 고려할 때 파시즘 치하에서 이중적 권력 기구가 갈등 속에서도 병존하는 현상을 권위주의적 독재에서 파생한 것이라고 파악하였다고 볼 수 있습니다.

⑤ : ㉠은 4문단에서 파시즘이 근대적 성격을 보여준 것에 주목하여 파시즘을 일종의 '근대적 혁명'이라고 보았습니다. 하지만 5문단에 제시된 것처럼 ㉡은 파시즘이 실은 기성 제도 및 전통적 엘리트 계층과 연합했다는 점을 중시하여 파시즘이 근대적 혁명이라는 주장을 거부하였습니다.

◇코멘트

수단과 목적의 구분, 다른 말 같은 뜻을 파악하는 미시적 태도의 중요성을 인식해야 합니다.

15 윗글을 바탕으로 <보기>의 (가)~(다)의 입장을 추론한 것으로 가장 적절한 것은?

> **보기**
>
> (가) 이탈리아 파시즘 치하에서 소유 관계와 계급 구조는 바뀌지 않았다. 그렇기에 파시스트 '혁명'을 굳이 혁명이라고 한다면 아마 문화 혁명 정도가 될 것이다. 동시에 파시즘이 전통문화와 타협하며 대중의 수동적 동의를 확보하려고 한 점을 보면, 그 문화 혁명이라는 것의 한계도 분명했다.
>
> (나) 무솔리니 내각을 통상의 다른 행정부처럼 분석하는 사람도 있다. 그러나 파시즘은 사회 개혁의 실패, 즉 이탈리아 고유의 민족적 모순의 발현이며, 따라서 '민족의 자서전'이다. 투쟁과 경쟁을 통한 진보가 아니라, 나태하게 계급 협력이 가능하다고 믿는 민족은 존중받을 수 없기 때문이다.
>
> (다) 파시즘은 소부르주아의 '정치적 육화'이다. 소부르주아는 의회를 파괴한 후에 부르주아 국가도 파괴하고 있다. 그것은 항상 더 큰 규모로 법의 권위를 사적 폭력으로 대체하고, 이 폭력을 혼란스럽게, 더 난폭하게 행사한다.

① (가)는 '소유 관계'와 '계급 구조'에 주목하는 것으로 보아 탈하이머와 바이다의 주장에 동의하는 입장을 보일 것이다.

② (가)는 '전통문화와 타협'하는 대중의 '수동적 동의'를 강조하는 것으로 보아 그리핀의 주장을 비판하는 입장을 보일 것이다.

③ (나)는 '사회 개혁'을 중시하고 '민족적 모순'을 언급하는 것으로 보아 그리핀의 주장에 동의하는 입장을 보일 것이다.

④ (다)는 '의회'와 '부르주아 국가'를 파괴한다는 점에 주목하는 것으로 보아 팩스턴의 주장에 동조하는 입장을 보일 것이다.

⑤ (다)는 '정치적 육화'라는 말로 '소부르주아'가 파시즘의 수단이라고 강조하는 것으로 보아 톨리아티의 주장을 비판하는 입장을 보일 것이다.

<보기> 분석

(가) : 파시즘에서 계급 구조 유지, 문화 혁명 정도, 전통과 타협한 수동적 동의

(나) : 파시즘은 사회 개혁의 실패, 민족적 모순의 발현, 나태한 계급 혁명 배척

(다) : 파시즘은 소부르주아의 정치적 육화, 폭력으로 세상 혼란.

답 ②

(가)는 전통문화와 타협하는 대중의 수동적 동의를 강조합니다. 이는 4문단에 제시된 것처럼 파시즘이 근대적 성격을 보여 근대적 혁명이라고 주장한 그리핀(특히 그리핀은 대중의 지지 강조)의 주장과 상충됩니다. 그러니 그리핀의 주장을 비판하는 입장이라 볼 수 있습니다.

오답 선지 분석

① : (가)가 소유, 계급 구조가 바뀌지 않았다고 주장했습니다. 그런데 2문단에 제시된 것처럼 탈하이머와 바이다는 파시즘이 계급으로부터 상대적으로 자유로운 현상이라 주장합니다. 즉 (가)가 탈하이머와 바이다의 주장에 동의한다고 보기는 어렵습니다.

③ : (나)는 파시즘은 사회 개혁의 실패로 봅니다. 그런데 4문단에 제시된 것처럼 그리핀은 파시즘을 근대적 혁명이라고 주장합니다. 그러니 (나)가 그리핀의 주장에 동의한다고 보기는 어렵습니다.

④ : (다)는 의회와 부르주아 국가를 파괴한다는 것에 주목하는 것은 맞습니다. 그런데 5문단에 제시된 것처럼 팩스턴은 파시즘이 기성 제도 및 전통적 엘리트 계층과의 연합이라는 관점입니다. 그러니 (다)가 팩스턴의 주장에 동조한다고 보기는 어렵습니다.

⑤ : 2문단에서 톨리아티는 파시즘이 소브루주아적 성격의 대중적 기반에 있다고 파악합니다. 그리고 (다)는 파시즘은 소부르주아의 정치적 육화라는 관점입니다. 즉 (다)가 톨리아티의 주장을 비판한다고 보기는 어렵습니다.

> ◇**코멘트**
>
> + 결국 <보기>의 관점을 파악하는 것, 지문에 제시된 관점을 파악하는 것이 핵심입니다.
> + 문제의 형식과 사고 과정이 22학년도 06월 모의고사 (가) 과정 이론에 대한 이해. (나) 재이론의 변천 <보기> 문항과 유사합니다. 같이 엮어 이렇게 <보기>에 제시된 관점과 지문의 관점을 엮는 사고를 점검해보는 것도 좋을 것 같습니다.

◇ 송병

- 기술의 목적
- 선천/후천, 단정/개연
- 공식은 정리, 비례 관계, 연결
- 비교 · 대조

기술의 목적이 핵심임을 인지해 유용한 패턴을 찾는 것이 핵심임을 인식했어야 합니다. 그리고 제시된 개념들을 구분하며 정리하는 것이 이 지문의 핵심입니다. 핵심을 통해 납득하며 정보를 정리하는 것의 중요성입니다.
미시적으로는 선천/후천, 단정/개연, 공식 정리와 연결, 은근한 비례 관계와 같은 빈출 포인트를 애초에 확보하는 것의 중요성을 느낄 수 있는 지문입니다.
추가적으로 그림이 제시되면 활용합시다.

> 대규모 데이터를 분석하여 데이터 속에 숨어 있는 유용한 패턴을 찾아내기 위해 다양한 기계학습 기법이 활용되고 있다.

글의 핵심을 명확하게 밝히며 지문을 시작하고 있습니다. '유용한 패턴'을 찾는 목적에 맞춰 글이 진행될 것임을 인식하고 독해를 시작합시다.

◇ 코멘트

기술 제재에서 목적은 핵심입니다.

> 기계학습을 위한 **입력 자료**를 **데이터 세트**라고 하며, 이를(데이터 세트를) 분석하여 유용하고 가치 있는 정보를 추출할 수 있다.

<입력 자료 = 데이터 세트>입니다. 이를 통해 유용하고 가치 있는 정보를 추출합니다. 즉 유용한 패턴을 찾는 목적을 위해 데이터 세트가 필요하겠네요. 정의를 정확하게 잡았으면, 충분합니다.

> **데이터 세트**의 각 행에는 개체에 대한 구체적인 정보가 저장되며, 각 열에는 개체의 특성이 기록된다.

데이터 세트 행에는 구체적 정보, 열에는 특성이 기록됩니다. 가볍게 행과 열 정도는 구분하고 독해를 진행합시다.

◇ 코멘트

행은 가로이고, 열은 세로입니다.

> 개체의 특성은 범주형과 수치형으로 구분되는데, 예를 들어 '성별'은 범주형이며, '체중'은 수치형이다.

상식적으로 납득할 수 있는 정보이죠? 수치로 구분되는 것은 수치형, 수치로 구분되지 않는 특성은 범주형입니다. 이 정도 내용은 자연스럽게 구분할 수 있어야 합니다.

> 기계학습 기법의 하나인 **클러스터링**은 데이터의 특성에 따라 유사한 개체들을 묶는 기법이다.

계속 글의 핵심을 생각해야 합니다. 우리의 핵심(목적)은 유용한 패턴입니다. 그러니 클러스터링이 데이터 특성에 따라 유사한 개체들을 묶는 것 = 유용한 패턴을 만드는 것 정도로 판단하고 독해를 진행할 수 있습니다.

> 클러스터링은 **분할법**과 **계층법**으로 나뉘는데, 이 둘은 모두 거리 개념에 기초하고 있다.

클러스터링을 구분해주고 있습니다. 분할법과 계층법이라는 두 종류가 있는데 '공통적'으로 거리 개념에 기초합니다. 당연히 두 대상을 구분한다는 인식과 공통점은 잡고 갔어야 합니다.

> 가장 많이 사용되는 거리 개념은 기하학적 거리이며, 두 개체 사이의 거리는 n차원으로 표현된 공간에서 두 개체를 점으로 표시할 때 두 점 사이의 직선거리이다.

거리 개념이 기하학적 거리와 점 사이 직선거리라는 개념 정도는 자연스럽게 이해 가능합니다. 자연스럽게 이해할 수 있는 정보는 자연스럽게 이해하며 독해를 진행해야 합니다.

> 거리를 계산할 때 특성들의 단위가 서로 다른 경우가 많은데, 이런 경우 특성 값을 **정규화**할 필요가 있다. 예를 들어 특정 과목의 학점과 출석 횟수를 기준으로 학생들을 묶을 경우 두 특성의 단위가 다르므로 두 특성 값을 모두 0과 1 사이의 값으로 **정규화**하여 클러스터링을 수행한다.

구체적 예시까지 활용하며 거리 계산 방법을 제시합니다. 두 특성 단위가 다를 때는 '정규화'가 필요하다는 정도로 확보하고 갔으면 충분합니다. 상식적으로도 다른 두 범주를 한 번에 처리하려면 그에 대한 방법이 필요하니까요.

앞선 문장을 통해 뒷말의 의미를 파악해야 합니다. 특히 구체적인 예시가 나오면 정확하게 예시가 앞말의 무엇에 대응하는지 파악해야 합니다.

현 수능은 지문의 길이가 과거에 비해 짧아졌습니다. 그럼에도 굳이 구체적인 예시를 제시하여 앞 문장을 설명하고 있다는 것은 출제자의 입장에서 학생이 그것을 이해하고 독해를 진행하길 요구하는 것이죠.

이처럼 단순 서칭이 아닌 이해와 추론이 강조되고 있는 현시점, 이를 위해 가장 필요한 능력은 저는 '다른 말 같은 뜻을 통한 의미 파악'이라고 생각합니다.

또한 범주형 특성에 거리 개념을 적용하려면 이를 수치형 특성으로 변환해야 한다.

범주형의 개념을 파악했으면 당연한 말이 됩니다. 범주형은 수치로 나타낼 수 없는 정보입니다. 그런 정보를 거리로 변환하려면 당연히 이를 수치로 변환하는 작업이 필요합니다. 개념을 확보하고, 상식적으로 납득하며 독해를 진행해야 합니다.

분할법은 전체 데이터 개체를 사전에 정한 개수의 클러스터로 구분하는 기법으로, 모든 개체는 생성된 클러스터 가운데 어느 하나에 속한다.

클러스터링은 분할법과 계층법으로 구분됩니다. 역시 분할법에 대한 정보를 먼저 제시합니다. 꽤나 중요한 문장입니다. 전체 데이터 개체를 '사전에 정한 개수'로 하고, '모든 개체'가 '어느 하나'에는 속합니다. 선천, 후천 포인트와 단정적 포인트는 핵심적인 부분이니 분할법이 미리 정해진 클러스터와 모든 개체가 어느 하나에는 포함된다는 사실은 필히 확보한 상태로 독해를 진행해야 합니다.

선천 / 후천 = 사전에 정해짐 / 나중에 정해짐

모든 개체 포함 / 모두 포함은 아님

애초에 기출 분석을 통해 (미시, 거시) / (개별, 전체) / (안, 밖) / (선천, 후천) / (모든, 일부) / (형식, 내용) / (가변, 불변) 등 대립쌍을 이루는 어휘 자체를 익혀 그에 대한 즉각적인 반응이 이루어져야 합니다.

실제로 대립쌍에 대한 이해는 지문 이해와 문제 풀이 시 굉장히 핵심적으로 기능하는 부분입니다. 필히 민감한 반응을 갖추시길 바랍니다.

지문에서도 '법규범은 외적 측면만 고려'가 지문을 관통하는 핵심이었습니다. 이 '외적만 고려'한다는 것이 결국 '외면성 명제'로 이어지니까요.

〈그림1〉에서 (b)는 (a)에 제시된 개체들을 분할법을 통해 세 개의 클러스터로 묶은 예이다.

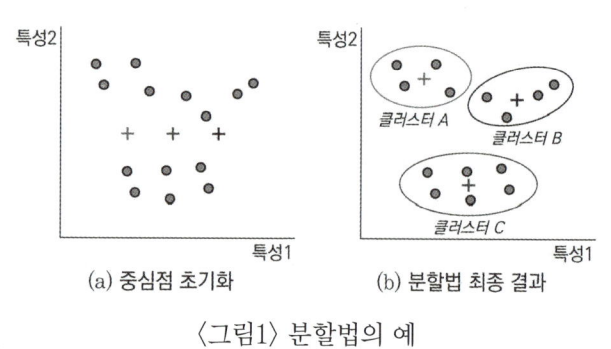

(a) 중심점 초기화   (b) 분할법 최종 결과

〈그림1〉 분할법의 예

<그림1>이 제시됩니다. 전체 데이터 개체가 사전에 정한 개수의 클러스터로 구분되고, 모든 개체는 사전에 생성된 클러스터 가운데 어느 하나에 속합니다. 이렇게 구체적 예시는 앞선 개념을 당겨 읽으며 이해해야 합니다.

그림이 제시되어 있어 직관적으로 이해하기 쉽습니다. 그림이 제시되었으면 그림을 활용합시다.

분할법에서는 클러스터에 속한 개체들의 좌표 평균을 계산하여 클러스터 중심점을 구한다.

중심점을 구하는 방법이 개체들 좌표 평균입니다. 하나의 공식이 제시된 것으로 필히 <개체 좌표 평균 = 클러스터 중심점> 정도로 공식을 정리하고 독해를 진행합시다.

고전적인 분할법인 K-민즈 클러스터링 (K-means clustering)에서는 거리 개념과 중심점에 기반하여 다음과 같은 과정으로 알고리즘이 진행된다.

K-민즈 클러스터링은 분할법입니다. 그러면 당연히 사전에 정한 개수의 클러스터로 모든 개체는 어느 하나에 속할 것입니다. 이를 인식하고 독해를 진행했으면 베스트입니다. 최소한 그림을 통해서 직관적으로라도 인식하고 독해를 진행했어야 합니다.

> 1) 사전에 K개로 정한 클러스터 중심점을 **임의의 위치**에 배치하여 초기화한다.

사전에 K개의 클러스터 중심점을 정한다는 건 계속 반복되는 정보입니다. 그런데 우리 마음대로가 아니라 임의로 배치시키네요. 임의 배치는 파악하고 독해를 진행합시다.

◇코멘트

재진술 시 추가된 정보는 파악해야 합니다.

> 2) 각 개체에 대해 K개의 중심점과의 거리를 계산한 후 가장 가까운 중심점에 해당 개체를 배정하여 클러스터를 구성한다.

거리를 계산하면 당연히 가까운 곳에 배치하겠죠? 이 정도는 상식적으로 납득할 수 있습니다.

> 3) 클러스터 별로 그에 속한 개체들의 좌표 평균을 계산하여 클러스터의 중심점을 다시 구한다.
> 4) 2)와 3)의 과정을 반복해서 수행하여 더 이상 변화가 없는 상태에 도달하면 알고리즘이 종료된다.

그리고 임의로 배치한 좌표 평균에서 다시 좌표를 구하고, 이게 변하지 않을 때까지 좌표를 계산합니다. 일련의 과정이 매우 친절하게 직접 끊어서 제시해줬으므로 큰 무리 없이 파악할 수 있었을 거라 생각합니다.

◇코멘트

앞서 분할법의 개념, 거기서도 핵심적인 포인트만 잘 잡았어도 제시된 과정을 이해하는 것이 크게 어렵지 않았을 겁니다. 구체적으로 제시된 개념, 거기서도 핵심적인 포인트는 확보해야 한다는 것은 인식하시면 좋겠습니다.

분할법에서는 이와 같이 개체와 중심점과의 거리를 계산하여 클러스터에 개체를 배정하므로 두 개체가 인접해 있더라도 가장 가까운 중심점이 서로 다르면 두 개체는 상이한 클러스터에 배정된다.

사실 당연한 말입니다. 모든 개체는 생성된 클러스터 가운데 '어느 하나'에 속합니다. 그러니 인접해 있어도 다른 중심점 '하나'에 해당하는 클러스터에 배정될 수 있습니다. 앞선 개념을 확보했다면 당연한 것이고, 그렇지 못했다면, 최소한 여기서라도 '가까워도 다를 수 있구나' 정도의 인식은 하고 독해를 진행했어야 합니다.

클러스터링 이 잘 수행되었는지 확인하려면 클러스터링 결과를 평가하는 품질 지표가 필요하다.

결과를 평가하려면 당연히 품질 지표가 필요하겠죠? 그러면 당연히 품질 지표가 무엇인지에 대한 설명이 제시될 겁니다. 명확하게 잡아봅시다.

> K-민즈 클러스터링의 경우 **품질 지표**는 개체와 그 개체가 해당하는 클러스터의 중심점 간 거리의 평균이다.

품질 지표에 대한 공식이 제시됩니다.
<품질 지표 = 개체, 개체 해당 클러스터 중심점 거리 평균>입니다. 공식이 제시되면 필히 정리하고 독해를 진행하는 것이 속편합니다.

◇코멘트

+ 공식이 제시되면 정리하고 가는 것이 속편합니다.
cf) 수능 20.11 BIS
+ 여기서 공식을 정리하지 않고 그냥 간 사람들 중 '품질 지표니까 높으면 좋은 거 아닌가? 그러니 클러스터 개수가 감소하면 품질 지표값은 떨어지는 거 아니야?'라고 오독하여 추론 문항을 틀리는 경우가 있습니다. 공식을 정리했다면, 하지 않을 오독이죠. 공식이 제시되면 그거 쓰는데 얼마 걸리지 않습니다. 그냥 속 편하게 쓰고 갑시다.

K-민즈 클러스터링에서 *K*가 정해졌을 때 개체와 해당 중심점 간 거리의 평균을 최소화하는 '전체 최적해'는 확정적으로 보장되지 않는다. 알고리즘의 첫 번째 단계인 초기화를 어떻게 하느냐에 따라 클러스터링 결과가 달라질 수 있으며, 경우에 따라 좋은 결과를 찾는 데 실패할 수도 있다.

클러스터링이 항상 좋은 결과를 찾는 것은 아닌가 봅니다. 클러스터링이 좋은 결과를 찾는 것은 단정적인 것이 아닌 개연적이라는 것을 필히 확보하고 독해를 진행했어야 합니다.

◇ tip 단정적 / 개연적

경우에 따라 좋은 결과를 찾는데 실패할 수도 있다.

⇒ 좋은 결과가 단정적으로 찾아오는 것이 아니다.

애초에 필히 의미를 파악하고 독해를 진행했어야 하는 부분입니다.

따라서 전체 최적해를 얻을 확률을 높이기 위해, 서로 다른 초기화를 시작으로 클러스터링 알고리즘을 여러 번 수행하여 나온 결과 중에 좋은 해를 찾는 방법이 흔히 사용된다.

그죠? 100% 장담할 수 없으니 많이 해 본 것 중에 가장 좋은 걸 선택한다는 건 자연스럽게 납득할 수 있는 정보입니다. 자연스럽게 납득할 수 있는 정보는 자연스럽게 납득했어야 합니다.

그런데 K-민즈 클러스터링 알고리즘의 한 가지 문제는 클러스터의 개수인 K를 미리 정해야 한다는 것이다.

분할법은 애초에 사전에 정한 개수의 클러스터로 진행됩니다. 그나마 친절하게 다시 한번 말해줬습니다. 이게 문제의 '원인'이라는 것이니 '문제의 원인 = 미리 클러스터 개수 정함' 정도로 파악하고 독해를 진행합시다.

◇코멘트

문제 상황만 파악하는 것이 아닌 문제에 대한 원인까지 파악하며 독해를 진행해야 합니다.

K가 커질수록 각 개체와 해당 중심점 간 거리의 평균은 감소한다.

당연히 클러스터 개수가 많아지면 분화되는 것이니 개체와 중심점 간 거리의 평균은 감소할 것입니다. 이렇게 제시된 관계를 이해하며 정리하는 것이 베스트고, 만약 그러지 못했다면 <K↑ - 거리 평균↓> 정도로 독해를 진행했어야 합니다.

◇코멘트

거리 평균은 무엇을 의미했죠? <품질 지표 = 개체, 개체 해당 클러스터 중심점 거리 평균>입니다. 이렇게 공식을 연결 지으며 독해해야 합니다. 실전에서 이런 연결이 어려울 수 있으니, 관계나 공식은 아예 간단하게 적는 것도 하나의 방법입니다.

극단적으로 모든 개체를 클러스터로 구분할 경우 개체가 곧 중심점이므로 이들 사이의 거리의 평균값은 0으로 최소화되지만, 클러스터링의 목적에 부합하는 유용한 결과라고 보기 어렵다.

우리 글의 핵심인 '유용한 패턴 찾기'라는 목적을 고려한다면 왜 모두를 구분하는 것이 유용한 결과가 아닌지 자연스럽게 납득할 수 있습니다. 상식적으로도 납득할 수 있는 정보라 그냥 지나갈 수 있었지만, 핵심을 상기하는 것의 중요성을 인식하시면 좋겠습니다.

따라서 작은 수의 K로 알고리즘을 시작하여 클러스터링 결과를 구한 다음 K를 점차 증가시키면서 유의미한 품질 향상이 있는지 확인하는 방법이 자주 사용된다.

그러니 K를 점점 증가시키고 유의미한 품질 변화를 파악하겠죠? 앞서 제시된 과정을 파악했다면 자연스럽게 납득할 수 있는 수준의 정보입니다.

한편, **계층법**은 클러스터 개수를 사전에 정하지 않아도 되는 장점이 있다.

이제야 계층법 얘기를 합니다. 그런데 바로 분할법과의 차이를 제시합니다. 이 친구는 클러스터 개수를 미리 정하지 않아도 됩니다. 명확한 차이이므로 필히 확보하고 독해를 진행했어야 합니다.

◇ tip 비교·대조 쌍

실제 독해 시 a와 b가 대조되는 전개 방향이라면 a를 읽을 때는 있는 그대로 정리를 잘하면서 독해를 하는 것으로 충분합니다. 그렇지만 a 이후 제시되는 b를 읽을 때는 a와의 공통점과 구분되는 차이를 생각하며 독해를 진행하는 습관이 필요합니다.

특히 이와 같이 지문에서 친절하게 둘을 구분해주고 있는 경우라면 필히 확보하고 독해를 진행해야 합니다. 이렇게 직접적으로 구분한 경우 출제될 가능성이 매우 높습니다.

〈그림2〉와 같이 개체들을 거리가 가까운 것들부터 차근차근 집단으로 묶어서 모든 개체가 하나로 묶일 때까지 추상화 수준을 높여가는 상향식으로 알고리즘이 진행되어 계통도를 산출한다.

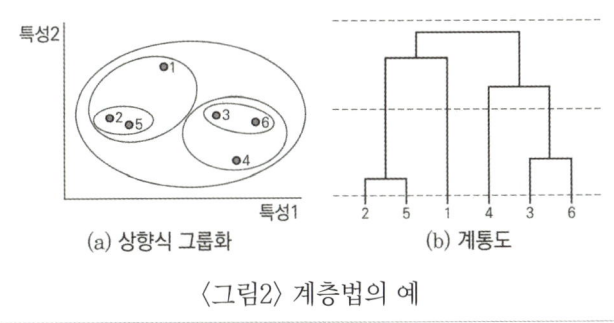

(a) 상향식 그룹화   (b) 계통도

〈그림2〉 계층법의 예

거리가 가까운 것부터 묶어서 하나로 묶일 때까지 추상화 수준을 높여갑니다. 즉 하나로 묶이는 것에 가까워질수록, 추상화 수준이 높아진다는 거죠? 비례 관계를 정확하게 잡고 독해를 진행했어야 합니다.

◇ **tip** 은근한 비례 관계

대놓고 지문에서 수식이나, 과학적 요소만이 비례 관계로 출제되는 것이 아닙니다. 이렇게 문장 자체를 통해 자연스럽게 따라오는 은근한 비례 관계 또한 선지로 정말 등장하는 요소입니다.

따라서 계층법은 개체들 간에 위계 관계가 있는 경우에 효과적으로 적용될 수 있다. 계통도에서 점선으로 표시된 수평선을 아래위로 이동해 가면서 클러스터링의 추상화 수준을 변경할 수 있다.

그렇겠죠? 계통도 그림만 봐도 위계 관계에 효율적이라는 건 자연스럽게 이해 가능합니다. 그리고 점선으로 표시된 수평선을 이동하며 추상도를 변경할 수 있겠죠. 당연히 앞서 비례 관계를 잡았다면, 올릴수록 추상도가 높아진다는 건 이해할 수 있을 겁니다.

[16~18] 문제 해설

16 윗글의 내용과 일치하는 것은?

① 클러스터링은 개체들을 묶어서 한 개의 클러스터로 생성하는 기법이다.
② 분할법에서는 클러스터링 수행자가 정확한 계산을 통해

초기 중심점을 찾아낸다.
③ 분할법은 하향식 클러스터링 기법이므로 한 개체가 여러 클러스터에 속할 수 있다.
④ 계층법으로 계통도를 산출할 때 클러스터 개수는 미리 정하지 않는다.
⑤ 계층법의 계통도에서 수평선을 아래로 내릴 경우 추상화 수준이 높아진다.

답 ④

계층법은 클러스터 개수를 사전에 정하지 않아도 되는 장점이 있습니다.

오답 선지 분석

① : 클러스터링은 데이터의 특성에 따라 유사한 개체들을 묶는 기법입니다. 즉 한 개의 클러스터로 생성하는 것이라 단정할 수 없습니다.

② : 분할법 중 K-민즈 클러스터링에서는 중심점을 임의의 위치에 배치합니다. 그러니 수행자가 정확한 계산을 통해 초기 중심점을 찾아내는 것이 아닙니다. 재진술 시 추가된 정보는 파악합시다.

③ : 분할법은 한 개체가 어느 하나의 클러스터에 속하는 겁니다.

⑤ : 계층법의 계통도에서 수평선을 아래로 내릴 경우 추상화 수준은 낮아집니다. 은근하게 제시된 비례 관계 역시 파악해야 합니다.

◇코멘트

단순 일치 수준의 문항입니다. 기본적으로 구분된 대상에 대한 각각을 파악해 빠르게 답을 고를 수 있어야 합니다.

17 K-민즈 클러스터링 에 대해 추론한 것으로 적절하지 않은 것은?

① 특성이 유사한 두 개체가 서로 다른 클러스터에 배치될 수 있다.
② 초기 중심점의 배치 위치에 따라 클러스터링의 품질이 달라질 수 있다.
③ 클러스터 개수를 감소시키면 클러스터링 결과의 품질 지표 값은 증가한다.
④ 초기화를 다르게 하면서 알고리즘을 여러 번 수행하면 전체 최적해가 결정된다.
⑤ K를 정하여 알고리즘을 진행하면 각 클러스터의 중심점은 결국 고정된 점에 도달한다.

K-민즈 클러스터링에서 K가 정해졌을 때 개체와 해당 중심점 간 거리의 평균을 최소화하는 '전체 최적해'는 확정적으로 보장되지 않습니다. 그러니 여러 번 수행한다 해서 전체 최적해가 결정된다고 단정할 수 없습니다.

오답 선지 분석

① : 특성이 유사한 두 개체라도 가까운 중심점이 다르면 두 개체는 상이한 클러스터에 배정됩니다. 그러니 특성이 유사한 두 개체라도 서로 다른 클러스터에 배치될 수 있습니다.

② : 알고리즘의 첫 번째 단계인 초기화를 어떻게 하느냐에 따라 클러스터링 결과가 달라질 수 있습니다. 그러니 초기 중심점의 배치 위치에 따라 클러스터링의 품질이 달라질 수 있습니다.

③ : 품질 지표 값 = 개체, 개체 해당 클러스터 중심점 거리 평균입니다. 그리고 K가 커질수록 각 개체와 해당 중심점 간 거리의 평균은 감소합니다. 그러면 클러스터 개수가 작아질수록 거리의 평균은 증가합니다. 즉 클러스터 개수를 감소시키면 클러스터링 결과의 품질 지표 값은 증가합니다. 공식은 정리하고 연결할 수 있어야 합니다.

⑤ : 4)2)와 3)의 과정을 반복해서 수행하여 더 이상 변화가 없는 상태에 도달하면 알고리즘이 종료됩니다. 그러니 이것이 최적일지 아닐지는 모르지만 언젠가는 클러스터의 중심점은 고정된 점에 도달합니다.

◇ 코멘트

추론 문항이라 했지만, 공식만 정확하게 정리했다면, 일치 수준의 문항입니다. 단정, 개연과 공식 정리의 중요성을 느끼시면 좋겠습니다.

18 <보기>의 사례에 클러스터링을 적용할 때 적절하지 않은 것은?

보 기

○○기업에서는 표적 시장을 선정하여 마케팅을 실행하기 위해 전체 시장을 세분화하고자 한다. 시장 세분화를 위해 특성이 유사한 고객을 묶는 기계학습 기법 도입을 검토 중이다. 이 기업에서는 고객의 거주지, 성별 나이, 수득 수준 등 인구 통계학적인 정보와 라이프 스타일에 관한 정보 등을 보유하고 있다.

① 고객 정보에는 수치형이 아닌 것도 있어 특성의 유형 변환이 요구된다.
② 고객 특성은 세분화 과정을 통해 계통도로 표현 가능하

므로 계층법이 효과적이다.
③ K-민즈 클러스터링 알고리즘을 실행하려면 세분화할 시장의 개수를 먼저 정해야 한다.
④ 나이와 소득수준과 같이 단위가 다른 특성을 기준으로 시장을 세분화할 경우 정규화가 필요하다.
⑤ 모든 고객을 별도의 세분화된 시장들로 구분하여 1:1 마케팅을 할 경우 K-민즈 클러스터링의 품질 지표 값은 0이다.

<보기> 분석

시장 세분화를 위한 특성 유사 고객 묶음 = 클러스터링 진행
거주지, 성별, 나이, 소득수준, 라이프 스타일
⇒ 범주형 정보도 있고, 수치형 정보도 있음.

답 ②

개체들을 거리가 가까운 것들부터 차근차근 집단으로 묶어서 모든 개체가 하나로 묶일 때까지 추상화 수준을 높여가는 상향식 방법입니다. 즉 계통도로 표현하는 것을 세분화 과정이라 보기 어렵습니다.
또한 계층법은 개체들 간에 위계 관계가 있는 경우에 효과적으로 적용할 수 있습니다. 그런데 고객 특성 정보들을 보면 이들이 위계 관계가 명확한 정보로만 구성되어 있지는 않다는 추론도 가능합니다.

오답 선지 분석

① : 고객 정보에서 성별은 지문에서 범주형으로 제시되었습니다. 그리고 클러스터링은 모두 거리 개념에 기초합니다. 그러니 클러스터링을 적용하려면 유형 변환이 필요합니다.

③ : 시장 세분화는 결국 클러스터링의 기준점을 설정하는 겁니다. 이때 K-민즈 클러스터링은 사전에 K개로 클러스터 중심점을 설정해야 하기에 세분화할 시장의 개수를 정해야 한다고 볼 수 있습니다.

④ : 특성들의 단위가 서로 다른 경우가 많은데, 이런 경우 특성 값을 정규화할 필요가 있습니다. 그러니 나이와 소득수준과 같이 단위가 다른 특성을 기준으로 시장을 세분화할 때는 정규화가 필요합니다.

⑤ : 모든 고객에 대한 1:1을 한다는 것은 모든 개체를 클러스터로 구분할 경우입니다. 이때는 이들 사이의 거리의 평균값이 0입니다. 품질 지표 값 = 거리의 평균값이니, 품질 지표 값은 0이 됩니다.

◇ 코멘트

<보기>의 정보가 지문에 무엇과 대응되는지 파악하는 것이 핵심입니다.

◇ **총평**

- 핵심 확보 (주장과 근거)
- 다른 말 같은 뜻
- 출제 포인트(문장 내 구분, 원인-해결)

지문에 제시된 관점(주장)과 그에 대한 근거를 파악하는 것이 핵심인 지문입니다. 지문 초반 요즘의 견해와 문제 상황이 등장합니다. 이후 벌리의 관점(주장)을 납득하기 위한 정보들(소유, 지배, 경영과 변화)을 설명합니다. 이때 지문 초반 파악한 핵심을 바탕으로 정보를 납득하며 독해하는 것이 가장 이상적인 독해 태도입니다. 이후 지문을 독해하며 제시되는 주장들에 대한 근거를 파악하며, 주장을 납득하는 독해가 핵심적이었습니다.

아마 해당 지문의 후반부는 상대적으로 독해가 수월했을 겁니다. (주장과 근거를 잘 파악하면 납득할 수 있는 수준) 지문 독해가 어려웠다면 초반부에서 어려움을 느꼈을 가능성이 높습니다. 만약 그렇다면 앞선 정보를 통해 뒷 내용을 납득(최소한 의미를 파악)하는 태도에 대해 다시금 돌아보시길 바랍니다.

한편 문제들은 지문 이해와 출제 포인트가 적절하게 반영된 높은 수준의 문항들입니다. 문항 해설 및 코멘트를 정독하시면 좋겠습니다.

> 오늘날 교과서적 견해에서 '소유와 지배의 분리'라는 개념은 전문 경영인 체제의 확립을 가리키지만 그로 인한 주주와 경영자 사이의 이해 상충을 내포한다.

교과서적 견해(관점)에서 '소유와 지배의 분리'를 제시합니다. 배경지식이 없다면, '왜 소유와 지배의 분리가 전문 경영인, 주주 경영자 이해 상충?'이라는 생각이 들 수 있습니다. 일단 초반 제시된 내용이니 납득되지 않더라도, 최소한 정리라도 하고 독해를 진행했어야 합니다.

◇ **코멘트**

'소유'는 내가 가지고 있는 것이고 / '지배'는 나의 의사대로 다룰 수 있는 것입니다. 우리가 일상에서 이를 완벽하게 구분하여 사용하지 않지만, 엄밀하게는 내가 가지고 있다고 무조건 뜻대로 다룰 수 있는 건 아니니까요.
이렇게 어휘의 의미를 파악했다면 납득이 수월해집니다.
['소유'하는 것과 '다루는 것'이 달라졌다. → '소유자'와 '전문 경영인'이 나뉘었다. (문맥상 경영인이 회사를 다루나?) → 그러면 주주(회사의 지분 소유자라는 정도는 상식)와 경영자는 당연히 싸우겠네]

이 해설을 보고 '실전에서 어떻게 저런 생각을 하나, 사후적이다.'라고 생각하실 수 있습니다. 하지만 실전에서 이렇게 완벽하게 첫 문장의 의미를 파악하지 못하더라도, 첫 문장을 정확하게 이해하려는 태도가 중요하다는 것은 변하지 않습니다. 최소한 그런 의식이 있으면 정리라도 하고 갈 수 있겠죠. 그리고 만약 소유와 지배의 의미를 정확하게 파악했다면 자연스럽게 위와 같은 사고과정이 진행됐을 겁니다. 이렇게 의미를 파악했다면 이후 독해가 수월해집니다. 최소한 분석의 과정에서는 '어휘의 의미를 통해 이렇게 의미를 파악해볼 수 있지 않나?' 정도를 스스로 느껴보시면 좋겠습니다.

> 다시 말해 주식 소유의 분산으로 인해 창업자 가족이나 대주주의 영향력이 약해져 경영자들이 회사 이윤에 대한 유일한 청구권자인 주주의 이익보다 자신들의 이익을 앞세우는 문제의 심각성을 강조하는 개념이다.

'다시 말해'이니 앞 문장에 대한 재진술입니다. '소유의 분산으로 가족, 대주주의 영향력 약화'는 당연히 '소유의 분산'으로 '지배'가 약화 되었다는 '소유와 지배의 분리'를 의미할 겁니다. 그리고 주주보다 경영자들이 자신의 이익을 앞세운다는 것은 그들 사이의 이해 상충을 보여준다 할 수 있겠죠. '다시 말해'를 보고 위와 같이 앞 문장을 통해 의미를 파악하며 독해를 진행했어야 합니다.

◇ **코멘트**

+ 문제가 등장하면 '원인'을 파악해야 합니다. 여기서 문제의 '원인'은 결국 '유일한 청구권자인 주주의 이익보다 우선되는 것이 있다는 것'이죠. 그러면 이를 해결하는 방법은 '원인'을 제거하는 것. 즉 주주의 이익을 우선하게 만들면 됩니다.
+ 접속 부사를 통해 문장의 의미를 생각해 보고 들어가면, 이처럼 의미 파악이 상대적으로 수월해지는 경우가 많습니다.

'유일한'

이윤에 대한 '유일한' 청구권자는 주주입니다. 지문에서 대놓고 '이윤은 주주만'이라고 제시해준 상황이니 납득하지 못하면 체크라도 했어야 합니다. (주주가 이윤 청구가 가능하다는 건 상식이겠죠?)

한정어에 대해서는 지문 독해 시에 핵심에 결부된 정보든, 부가적으로 제시된 정보든 응당 민감하게 처리해야 하는 표현들입니다. 이런 표현들은 범주 파악, 내용 이해에 필수적이고, 곧잘 문제화되는 부분입니다.

cf) 20.11 장기 이식의 문제점, 레트로바이러스에 대한 이해.

'이런 세포(레트로 감염되고 살아남은)로부터 유래된 자손의 **모든** 세포가 갖게 된 것이 **내인성 레트로바이러스**이다.'

그러나 ㉠벌리가 이 개념(소유와 지배의 분리)을 처음 만들었을 때 그 의미는 달랐다.

벌리의 관점에서 소유와 지배의 분리는 지금과 차이가 있나 봅니다. 당연히 벌리의 '관점'을 확보하는 것이 핵심입니다.

◇ 코멘트

관점을 확보하는 것은 핵심입니다.

그는 '회사체제'라는 현대 사회의 재산권적 특정을 포착하고자 이 개념을 고안했다.

'회사체제'를 파악하고자 소유와 지배의 분리를 이해합니다. 그러니 당연히 우리도 벌리의 '소유와 지배의 분리'에 대한 관점을 확보하는 것에서 시작해야 합니다.

그에게 있어서 '소유', '지배', '경영'은 각각 (1) 사업체에 대한 이익을 갖는 기능, (2) 사업체에 대한 권력을 갖는 기능, (3) 사업체에 대한 행위를 하는 기능을 지칭하는 개념이지

소유, 지배, 경영에 대한 개념을 제시해줬습니다. '소유는 이익 기능' / '지배는 권력 기능' / '경영은 행위 기능'입니다. 앞서 소유와 지배를 명확하게 구분하지 못했어도 여기서는 최소한 글자 그대로라도 의미를 확보하고 독해를 진행해야 합니다. 지문에서 핵심이 소유와 지배의 분리이니까요.

◇ 코멘트

교과서적 견해와 벌리의 견해는 구분해주는 것이 맞습니다. 그렇지만 앞서 '소유의 분산으로 대주주 영향 약화, 유일한 이윤 청구권자 주주'의 의미(소유와 지배의 분리)를 파악했다면 '소유는 이익 기능' / '지배는 권력(의사대로 다루니)'을 납득하고 독해를 진행하는 것이 조금은 수월했을 겁니다.

각 기능의 담당 주체를 지칭하는 것이 아니다.

소유, 지배, 경영이 주체를 지칭하는 것이 아니면 소유자, 지배자, 경영자와 일대일 대응을 이루지 않는 것이겠죠. 이렇게 문장 내에서 개념 간 구분이 진행된 경우 높은 확률로 출제되니 최소한 체크라도 해놨어야 합니다.

◇ tip 모두가 아는데 다수가 간과하는 부분

거시적으로(구조적으로) 두 쌍이 나올 때 차이점도 중요하지만, 공통점도 중요하다는 독해 태도는 거의 모든 학생들이 가지고 있을 것입니다. 그런데 대놓고 비교·대조 구조의 지문이 나올 때와는 달리 이 문장처럼 문장 내에서 공통점과 차이점을 제시하는 경우 이를 간과하고 넘어가는 경우가 많은 것 같습니다.

cf) 10 LEET 언어이해 [33~35] '철학적 글쓰기'

'물론 세 범주에 포섭되는 세 주제 영역(객관, 주관, 간주관)과 세 유형의 텍스트 양식(객관적성의 장르, 주관적성의 장르, 간주관성의 장르) 사이에 어떤 필연적인 일대일 대응이 요구되지는 않는다. 즉 하나의 범주에 속하는 주제는 다른 범주에 속하는 글쓰기 양식으로도 기술될 수 있다.'

⇒ 매우 유사한 문장 흐름을 보이고 있습니다. 예문을 가져온 지문도 매우 우수한 지문입니다. 구매자 전용 카페(문제편 교재에 qr코드 수록)에 요청 시 전달 드릴 수 있으니 꼭 한 번 풀고 분석해보시면 좋겠습니다.

벌리에 따르면 산업혁명 이전에는 이 세 기능이 통합된 경우가 일반적이었는데 19세기에 많은 사업체들에서 소유자가 (1)[소유]과 (2)[지배]를 수행하고 고용된 경영자들이 (3)[경영]을 수행하는 방식으로 분리가 일어났다. 20세기 회사체제에서는 많은 사업체들에서 (2)[지배]가 (1)[소유]에서 분리되었다.

시기에 따른 구분이 제시되고 있습니다. 이렇게 시기별 변화가 등장하는 경우는 높은 확률로 출제되니, 필히 정리하며 독해를 진행해야 합니다.

[산업혁명 이전 : 통합]
[19세기 소유자(소유 + 지배), 경영자(경영)]
[20세기 소유에서 지배의 분리]

만약 납득이 어렵다면 내용이 많지 않으니 간단하게 정리하고
가는 것도 방법입니다.

◇ 코멘트

'소유와 지배의 분리'입니다. 앞서도 이 둘이 처음에는 크게
구분되지 않는다고 했었죠. 그러니 [소유자가 소유 +지배]에
서 [소유에서 지배 분리]는 지문의 핵심을 계속 상기한다면
납득할 수 있습니다.

이제 (1)은 사업체의 소유권을 나타내는 증표인 주식
을 소유하는 것, 즉 비활동적 재산의 점유가 되었고, (2)
는 물적 자산과 사람들로 조직된 살아 움직이는 사업체
를 어떻게 사용할지를 결정하는 것, 즉 활동적 재산의
점유가 되었다.

대놓고 소유와 지배를 구분해주고 있습니다. 소유는 '비활동적'
재산이고, 점유는 '활동적 재산'입니다. 최소한 대놓고 대립된
비활동적과 활동적이라는 워딩을 통해 기계적으로라도 둘을 구
분했어야 합니다.

◇ 코멘트

개인적으로 충분히 납득할 수 있었다고 생각합니다. 주식이
소유권을 나타낸다는 것은 상식입니다. 그런데 주식이 움직
이지는 않죠. 그러니 '비활동적'이라는 것을 납득할 수 있습니
다. 이어서 친절하게 살아 움직이는 사업체에 대한 결정이라
했으니 지배가 활동적 재산의 점유라는 걸 알 수 있습니다.
우리가 지향할 방향은 이처럼 어휘와 문맥을 통해 의미를 파
악, 납득하며 독해를 진행하는 겁니다.

주식 소유가 다수에게 분산된 회사에서 (2)[지배]는
창업자나 그 후손, 대주주, 경영자, 혹은 모회사나 지주
회사의 지배자 등 이사를 선출할 힘을 가진 다양한 주체
에 의해 수행될 수 있다.

납득할 수 있습니다. 주식이 다수에게 분산되어 있다면, 소유권
이 다수에게 분산된 겁니다. 그러니 회사에 대한 '지배'는 한 명
에게 고정되어 있지 않고 다양한 주체에 의해 진행될 수 있겠죠.

◇ 코멘트

앞서 '주식 소유의 분산으로 경영자들이~' 이 부분에서 의미
를 파악하고 독해를 진행했다면 납득이 조금 더 수월했을 거
라 생각합니다.

사기업에서는 통합되어 있던 위험 부담 기능과 회사
지배 기능이 분리되어 주주와 지배자에게 각각 배치됨
으로써 회사라는 생산 도구는 전통적인 사유재산으로서
의 의미를 잃게 되었다.

위험 부담, 지배 기능이 '각각' 주주와 지배자에게 배치됩니다.
당연히 '각각'으로 제시했으니 [주주=위험 부담 / 지배자=지배
기능]은 연결하고 독해를 진행했어야 합니다.

이런 의미(전통적인 사유재산의 의미 잃음)에서 벌리
는 소유와 지배가 분리된 현대 회사를 준공공회사라고
불렀다.

지시어를 당겨 의미를 파악해야 합니다. 전통적 사유재산으로
의미를 잃었습니다. '사유재산'의 의미를 잃은 것이니 '준+공공
회사'라고 칭하는 것을 자연스럽게 납득할 수 있습니다.

◇ tip 당겨 읽기

해당 문장을 독해할 때의 핵심은 결국 '사유재산'으로의 의
미를 잃었다면, 당연히 '사유의 반대인 공공'이 떠오르게 됩니
다. 즉 지시어만 정확하게 당겨 읽었어도 문장을 자연스럽
게 납득할 수 있습니다.

항상 지시어에 해당하는 내용을 정확하게 파악해야 문장 자
체를 정확하게 이해할 수 있다는 인식을 갖추고 독해를 진행
해야 합니다.

cf) 17.09 사단과 법인격, 그에 대한 법인격 부인론 2번째
문항.

⇒ '~ 일인 주식회사에서는 일인 주주가 회사의 대표 이사가
되는 사례가 많다. 이처럼(일인 주주가 회사의 대표 이사가
됨) 일인 주주가 회사를 대표하는 기관이 되면 경영의 주체
가 개인인지 회사인지 모호해진다.' = '대표 이사는 주식회
사를 대표하는 기관이다.'

소유와 지배가 분리된 회사는 누구를 위해 운영되어
야 하는가?

당연히 이 물음에 대한 답이 핵심일 겁니다. 단순히 물음에 대

한 답이 핵심이라는 생각보다는, 앞서 나온 주체는 "소유자, 지배자, 경영자"입니다. 그러면 당연히 우리는 '이 셋 중 누구?'라는 점을 파악한다는 인식으로 독해를 진행해야 합니다.

> 벌리는 이 질문에 대해 가능한 세 가지 답을 검토한다.

세 가지 답입니다. 여기서도 '소유자, 지배자, 경영자 중 누구지?'라는 생각을 계속 견지해야 합니다.

> 첫째, 재산권을 불가침의 권리로 간주하는 전통적인 법학의 논리에 입각한다면 회사가 오로지 주주의 이익을 위해서만 운영되어야 한다는 견해가 도출될 수밖에 없다.

납득합시다. 재산권이 불가침 권리라면 매우 중요한 권리입니다. 그런 전통적 법학에서는 당연히 주주의 이익을 위해서'만' 운영됩니다. 주주는 주식을 '산' 사람들이고 그에 대한 소유 권리가 있으니까요.

> 그러나 자신의 재산에 대한 지배를 수행하는 소유자가 그 재산으로부터 나오는 이익을 전적으로 수취하는 것이 보호되어야 한다고 해서, 자신의 재산에 대한 지배를 포기한 소유자도 마찬가지로 이익의 유일한 청구권자가 되어야 한다는 결론을 도출하는 것은 잘못이다.

말이 어렵습니다. 만약 실전에서 정말 이해가 되지 않는다면 '주장과 근거'를 파악한다는 마음으로 '~하니까(근거다) + 소유자가 이익 유일한 건 잘못이다(주장이다)' 정도로라도 파악했어야 합니다.

> 둘째, 전통적인 경제학의 논리에 입각하면 회사는 지배자를 위해 운영되어야 한다는 견해가 도출될 수밖에 없다.

앞선 견해와 완전히 대비됩니다. 법적 논리와 달리 경제학 논리는 '지배자'를 위한 회사를 제시합니다. 당연히 '주장에 대한 근거'를 파악해야 합니다.

> 왜냐하면 경제학은 전통적인 법학과 달리 재산권의 보호 자체를 목적으로 보는 것이 아니라 재산권의 보호를 사회적으로 바람직한 목적을 위한 수단으로 보기 때문이다.

대놓고 둘의 차이를 제시합니다. 전통적 법학은 앞서 제시된 것처럼 재산권이 불가침 권리입니다. 그러니 재산권 보호 자체가 목적이라는 것은 납득할 수 있습니다. 그 반대로 재산권 보호가 사회적 이익을 위한 '수단'이라면 그와 다른 견해가 제시될 수 있겠죠.

> 재산권을 보호하는 이유가 재산의 보장 자체가 아니라 부를 얻으려는 노력을 유발하는 사회적 기능 때문이라면, 회사가 유용하게 사용되도록 하기 위해서는 회사를 어떻게 사용할지를 결정하는 지배자의 이익을 위해 회사가 운영되어야 한다.

계속 납득할 만하게 정보를 줍니다. 사회적 기능을 위해서면 단순 개인 소유가 아닌 '지배자가 굴릴 수 있게' 두는 것이 적절할 겁니다. 이처럼 납득했으면 베스트입니다.

만약 이렇게 납득하지 못했더라고 해도, 앞선 문장의 재진술 정도로 처리할 수 있습니다. '재산권 보호가 수단이다 = 노력을 유발하는 수단' / '지배자 위해 운영 = 지배자 이익 위해 운영' 정도로 처리할 수 있습니다.

◇ tip 다른 말 같은 뜻

독서는 결국 '의미'를 파악하며 읽는 것입니다. 독해 시, 기표(記標)가 다르더라도, 같은 기의(記意)를 가지고 있으면 적극적으로 같은 의미를 판단해 주어야 합니다.

단순히 이 부분에서 다른 말 같은 뜻을 파악하는 것을 넘어 해당 지문은 앞서 제시된 정보를 통해 납득하는 태도의 중요성을 보여주고 있습니다.

기본적인 어휘력과 배경지식으로 납득해야 할 내용을 납득하는 것과 앞선 정보를 통해 의미를 파악하며 독해하는 것이 핵심이라는 점을 정확하게 보여주고 있습니다.

그러나 위험을 부담하지 않는 지배자를 위해 회사가 운영되는 것은 최악의 결과를 낳는다.

위험을 부담하지 않으면 아무렇게나 도전해도 되겠죠? 그러니 최악의 결과가 나올 겁니다. 이정도는 자연스럽게 납득할 수 있어야 합니다.

셋째, 이처럼 법학과 경제학의 전통적인 논리를 소유와 지배가 분리된 회사체제에 그대로 적용했을 때 서로 다른 그릇된 결론들이 도출된다는 것은 두 학문의 전통적인 논리들이 전제하고 있는 19세기의 자유방임 질서가 회사체제에 더 이상 타당하지 않음을 보여준다.

첫 번째로 제시된 것도 완벽하지 않았고, 두 번째로 제시된 것도 완벽하지 않았습니다. 그러니 '전통적인' 관점 자체에 문제가 있다고 판단할 수 있습니다. 그러면 당연히 '자유방임 질서'라는 문제의 원인을 해결할 겁니다.

◇ tip 문제의 '원인' 그에 맞는 해결

지문의 구조에만 매몰되는 것은 지양해야 하지만, 글의 구조를 알고있다면 거시적인 흐름을 잡는 것에 있어 유리한 것은 사실입니다.

문제 상황이 제시되면 단순히 글의 구조를 잡아 흐름만을 파악하는 것을 넘어 정확하게 '원인'을 잡으면 이후 해결은 자연스럽게 납득됩니다. 여기서도 '자유방임'이 타당하지 않다고 했으니, 그를 해결하면(자유방임이 아닌) 해결은 따라 올 겁니다.

자유방임 질서가 기초하고 있던 사회가 회사체제 사회로 변화된 상황에서는, 회사가 '지배자를 위해 운영되어야 한다'는 견해는 최악의 대안이고 '주주를 위해 운영되어야 한다'는 견해는 차악의 현실적인 대안일 뿐이다.

앞서 제시된 내용을 재진술, 거의 요약해 놓은 수준입니다. 최악이고, 문제가 있는 수준이라는 것이죠. 앞서 제시된 워딩을 거의 그대로 활용했기에 이 정도는 납득하고 독해를 진행해야 합니다.

결국 회사체제에서 회사는 공동체의 이익을 위해 운영되어야 한다는 것이 벌리의 결론이다.

첫 번째는 '주주' 두 번째는 '지배자' 세 번째는 '경영자인가?'라고 생각했을 수 있지만, '공동체'랍니다. 일단 우리의 핵심 인물인 '벌리'의 관점(주장)이니 무조건 확보해야 합니다.

◇ 코멘트

+ '벌리의 관점'은 핵심입니다. 그러면 당연히 이렇게 벌리가 '공동체 이익'을 주장한 것에 대한 '근거'가 제시될 수밖에 없고 이 역시 핵심일 수밖에 없습니다. 주장에 대한 근거이니까요.
+ 글의 구조적으로도 앞선 두 경우 모두 주장과 근거를 제시해줬으니 공동체 이익을 우선하라는 경우에서도 근거를 제시한다고 예측할 수 있습니다. 둘 중 어떤 접근이든 '주장에 대한 근거'가 핵심이라는 점은 가져가시면 좋겠습니다.

하지만 이를(공동체의 이익을 위해 운영) 뒷받침할 법적 근거가 마련되지 않거나, 이를 실현할 합리적인 계획들을 공동체가 받아들일 준비가 안 된 상황에서는,

한 문장이 매우 깁니다. 호흡을 끊어 갑시다. 공동체를 위한 법적 근거나 계획이 없으면 당연히 조치가 필요할 겁니다. 이 정

도는 자연스럽게 생각할 수 있습니다.

> 회사법 영역에서 경영자의 신인의무의 대상, 즉 회사를 자신에게 믿고 맡긴 사람의 이익을 자신의 이익보다 우선해야 하는 의무의 대상을 주주가 아닌 다른 이해 관계자들로 확장해서는 안 된다고 벌리는 주장했다.

벌리의 주장(관점)을 파악해야 합니다. 회사법 내에서 경영자는 신인의무를 '주주로만' 해야 한다고 주장합니다. '주장과 근거'를 확보하는 것은 핵심이며 '주주가 아닌 다른 관계자로 확장하면 안 된다'라는 '한정'을 해주고 있기에 최소한 체크라도 해야 하는 부분입니다.

> ◇코멘트
>
> + 한정(단정)하는 표현을 체크하는 것은 핵심입니다.
> + 신인의무의 대상을 '즉~' 이후에 제시해주고 있습니다. 직접적으로 '신인의무는 ~다' 식으로 제시하지 않아도 문맥을 통해 구체적으로 제시된 개념은 가져가야 합니다.

> 이 때문에(주주의 이익만을 우선) 그는 회사가 주주를 위해 운영되어야 한다는 견해를 지지했던 것으로 흔히 오해된다.

지시어만 잘 당겨 읽어도 납득할 수 있습니다. 주주의 이익만을 우선한 사람이니 당연히 '주주만 챙기나?'라고 오해할 수 있습니다.

> 그러나 회사법에서 주주 이외에 주인을 인정하지 않아야 한다고 그가 주장한 이유는 주인이 여럿이면 경영자들이 누구도 섬기지 않게 되고 회사가 경제적 내전에 빠지게 될 것이며 경제력이 집중된 회사 지배자들의 사회적 권력을 키워주는 결과를 낳을 것이라고 보았기 때문이다.

'주장의 근거'입니다. 벌리의 관점은 공동체의 이익을 중시하는 겁니다. 그러니 지배자들의 권력이 커지는 상황을 막기 위해 '주주의 이익'을 중시하는 것이죠. 지배자들의 권력이 너무 커지면 공동체 이익이 보장되기 어려울 것이니까요.

> ◇코멘트
>
> 앞서 지문 초반 문제의 원인을 생각해 보면 이런 흐름이 납득될 수 있습니다. '소유와 지배의 분리'로 '주주의 이익보다 우선되는 것'이 발생하는 문제의 '원인'이 제시되었죠. 문제가 발생하면 '원인'을 제거하면 되니, 이렇게 '주주'만 신경 쓰게 만드는 것을 납득할 수 있습니다.

> 그는 회사법 영역에서 주주에 대한 신인의무를 경영자뿐 아니라 지배자에게도 부과하여 지배에 의한 회사의 약탈로부터 비활동적 재산권을 보호하는 것이 회사가 공동체의 이익을 위해 운영되도록 하기 위한 출발점이라고 보았다.

경영자, 지배자 모두 주주의 이익을 최우선해야(신인의무) 합니다. 주주를 보호하니, 주식과 같은 비활동적 재산(다른 말 같은 뜻)을 보호한다고 볼 수 있겠죠.

> ◇코멘트
>
> + 결국 '주장과 근거'를 잡는 것이 핵심입니다. '공동체의 이익을 위해 운영되어야 한다는 주장과 회사법 영역에서 주주 이익 우선이라는 근거'를 파악하는 것이 핵심인 것이죠.

> 그리고 소득세법이나 노동법, 소비자보호법, 환경법 등과 같은 회사법 바깥의 영역에서 공동체에 대한 회사의 의무를 이행하도록 하는 현실적인 시스템을 마련하고 정착시킴으로써 사회의 이익에 비활동적 재산권이 자리를 양보하도록 만들 수 있다고 보았다.

앞서서 회사법 영역이라는 것을 보고 반응하지 못했어도, 대놓고 대립되는 '회사법 바깥'이 등장한 순간 우리는 두 영역을 구분해주어야 합니다. '회사법 내'에서 출발점을 만들고 '회사법 밖'에서 시스템을 만든다는 정도로 의미를 파악했으면 충분합니다.

회사법 '내' / 회사법 '밖'

이 둘은 어휘 자체가 명확하게 대립되는 포인트입니다. 애초에 기출 분석을 통해 (미시, 거시) / (개별, 전체) / (안, 밖) / (선천, 후천) / (모든, 일부) / (형식, 내용) / (가변, 불변) 등 대립쌍을 이루는 어휘 자체를 익혀 그에 대한 즉각적인 반응이 이루어져야 합니다.

실제로 대립쌍에 대한 이해는 지문 이해와 문제 풀이 시 굉장히 핵심적으로 기능하는 부분입니다. 필히 민감한 반응을 갖추시길 바랍니다.

즉 벌리의 관점에서 사회적 시스템은 '회사법 밖'과 연결되는 개념이어야 합니다.

[19~21] 문제 해설

19 윗글의 내용에 비추어 볼 때 적절하지 <u>않은</u> 것은?

① 소유와 지배의 분리에 대한 오늘날 교과서적 견해는 전통적인 법학 논리에 입각한 견해를 받아들이고 있다.
② 벌리는 회사법에서 회사의 사회적 책임을 강조할 경우 회사 지배자들의 권력을 키워 주는 결과를 낳는다고 보았다.
③ 전통적인 경제학의 논리에 따르면 사회적으로 가장 좋은 결과를 낳을 수 있도록 재산권이 인정되는 것이 바람직하다.
④ 벌리에 따르면 주주가 회사 이윤에 대한 유일한 청구권자가 아니기 때문에 경영자의 신인의무 대상을 주주로 한정해서는 안 된다.
⑤ 벌리와 달리 오늘날 교과서적 견해에 따르면 대주주의 영향력이 강해지는 것이 소유와 지배의 분리에 따른 문제를 해결하는 데 도움이 될 수 있다.

답 ④

3문단에서 벌리는 자신의 재산에 대한 지배를 포기한 소유자도 마찬가지로 이익의 유일한 청구권자가 되어야 한다는 결론을 도출하는 것은 잘못된 것이라 주장했습니다. 즉 벌리가 주가가 회사 이윤에 대한 유일한 청구권자가 아니라 주장한 것은 맞습니다.
하지만 벌리는 6문단에서 경영자의 신인의무의 대상을 주주가 아닌 다른 이해 관계자들로 확장해서는 안 된다고 주장했습니다. 즉 신인의무 대상을 주주로 한정해서는 안 되는 것이 아닌,

신인의무 대상으로 한정한 것이죠.

매우 잘 만든 선지입니다. '유일한 성구권자가 아니다'라고 말했으면 통념적으로 '주주로 한정하면 안 되지 않나?'라고 착각할 가능성이 있습니다. 하지만 벌리의 '주장과 근거'가 핵심을 무조건 확보해야 한다는 점을 상기했다면, '벌리가 신인의무 대상은 주주로 한정했는데?'라고 판단하는 것이 조금은 더 수월했을 겁니다.

오답 선지 분석

① : 1문단에 따르면 오늘날 교과서적 견해에서 소유와 지배의 분리는 주식 소유의 분산으로 인해 창업자 가족이나 대주주의 영향력이 약해져 경영자들이 회사 이윤에 대한 유일한 청구권자인 주주의 이익보다 자신들의 이익을 앞세우는 상황을 강조합니다. 그리고 3문단에 따르면 전통적인 법학의 논리에 입각한다면 회사가 오로지 주주의 이익을 위해서만 운영되어야 한다는 견해가 도출될 수밖에 없습니다. 즉 전통적인 법학 논리는 '회사가 오로지 주주의 이익'을 고려해야 한다는 관점이고, 오늘날 교과서적 견해 역시 '회사 이윤에 대한 유일한 청구권자'를 주주로 한정하고 있으므로 오늘날 교과서적 견해가 전통적 법학 논리에 입각한 견해를 수용했다고 볼 수 있습니다.

② : 6문단에서 벌리는 회사가 공동체의 이익을 위해 운영되어야 한다는 주장을 뒷받침할 법적 근거가 마련되지 않거나, 이를 실현할 합리적인 계획들을 공동체가 받아들일 준비가 안 된 상황에서는 회사법 영역에서는 신인의무의 대상을 주주로 한정해야 한다고 주장합니다. 이에 대한 근거가 주인이 여럿이면 경영자들이 누구도 섬기지 않게 되고 회사가 경제적 내전에 빠지게 될 것이며 경제력이 집중된 회사 지배자들의 사회적 권력을 키워주는 결과를 낳는다는 점입니다. 즉 회사법에서 사회적 책임을 강조할 경우(주주 이익만을 고려하지 않을 경우)는 지배자들의 권력을 키워주는 결과가 도출된다고 볼 수 있습니다.
이렇게 엄밀하게 판단할 수도 있으며, 회사법 안과 밖의 대립쌍을 잡았다면 선지를 판단하는 것이 조금 더 수월했을 거라 생각합니다.

③ : 4문단에 제시된 것처럼 전통적인 경제학의 논리에 입각하면 회사는 지배자를 위해 운영되어야 한다는 견해가 도출됩니다. 왜냐하면 경제학은 전통적인 법학과 달리 재산권의 보호 자체를 목적으로 보는 것이 아니라 재산권의 보호를 사회적으로 바람직한 목적을 위한 수단으로 보기 때문입니다. 단순 일치 수준의 선지이지만, 주장과 근거를 묻는다는 점은 주목할 만합니다.

⑤ : 1문단에 오늘날 교과서적 견해는 주식 소유의 분산으로 인해 창업자 가족이나 대주주의 영향력이 약해져 경영자들이 회사 이윤에 대한 유일한 청구권자인 주주의 이익보다 자신의 이익을 앞세우는 문제의 심각성을 강조했습니다. 즉 문제의 원인이 대주주의 영향력 약화라는 점을 고려하면 대주주 영향력

강화는 교과서적 견해에서는 문제를 해결하는데 도움이 될 수 있습니다.

그런데 5문단에 제시된 것처럼 벌리에게 '지배자를 위해 운영되어야 한다'는 견해는 최악의 대안이고, '주주를 위해 운영되어야 한다'는 견해는 차악의 현실적인 대안일 뿐이며 회사는 공동체의 이익을 위해 운영되어야 한다는 관점이 제시됩니다. 즉 벌리에게 대주주의 영향력이 강화되는 것은 소유와 지배의 문제를 해결하는 것에 도움을 준다고 보기 어렵습니다.

◇코멘트

해당 지문의 핵심은 결국 '주장과 근거'를 파악하는 것이었습니다. 지문에서 '관점'이 제시되면 그 관점을 납득하려는 태도를 갖춰야 함을 꼭 알고 가시길 바랍니다.

20 지배 에 대한 ㉠의 생각으로 적절하지 않은 것은?

① 준공공회사에서는 공동체의 이익을 위해 수행되는 기능이다.
② 전통적인 의미의 사유재산에서는 소유자가 수행하는 기능이다.
③ 회사체제의 회사에서 이 기능의 담당자는 위험을 부담하지 않는다.
④ 회사체제의 회사에서는 활동적 재산을 점유한 자가 수행하는 기능이다.
⑤ '경영'의 담당자에 의해 수행될 수도 있다고 인정하지만 '경영'과 동일시하지 않는다.

답 ①

2문단에 제시된 것처럼 벌리는 소유와 지배가 분리된 현대 회사를 준공공회사라고 불렀습니다. 그리고 5문단에 따르면 벌리는 회사체제에서 회사는 공동체의 이익을 위해 운영되어야 한다고 주장합니다.
이때 '공동체의 이익을 위해' 운영되어야 한다는 것은 애초에 벌리의 '주장'이지 준공공회사에서 '수행되는 기능'은 아닙니다.
그러므로 준공공회사에서 공동체의 이익을 위해 수행되는 기능이라 하는 것은 적절하지 않습니다.

주장과 사실을 구분하는 논리적으로 매우 까다로운 선지였습니다. 참고로 수능 문학에서도 '꿈과 현실 / 기정과 실제'를 구분하는 경우가 있고, 이 경우 대부분 높은 오답률을 보입니다. 앞으로는 선지를 대할 때 '사실과 주장 등을 구분'하는 자세도 고려한다는 인식을 가지면 좋을 것 같습니다.

오답 선지 분석
②: 2문단에 제시된 것처럼 벌리에 따르면 산업혁명 이전에는

이 세 기능(소유, 지배, 경영)이 통합된 경우가 일반적이었습니다. 즉 전통적 의미의 사유재산에서는 소유자가 지배를 수행합니다.

③: 2문단에 제시된 것처럼 사기업에서는 통합되어 있던 위험 부담 기능과 회사 지배 기능이 분리되어 주주와 지배자에게 각각 배치됨으로써 회사라는 생산 도구는 전통적인 사유재산으로서의 의미를 잃게 되었습니다. 즉 회사체제의 회사에서 지배 기능의 담당자는 위험을 부담하지 않습니다.

④: 2문단에 제시된 것처럼 20세기 회사체제에서 지배는 물적 자산과 사람들로 조직된 살아 움직이는 사업체를 어떻게 사용할지를 결정하는 것, 즉 활동적 재산의 점유가 되었습니다.

⑤: 1문단에 제시된 것처럼 '소유', '지배', '경영'은 각각 (1) 사업체에 대한 이익을 갖는 기능, (2) 사업체에 대한 권력을 갖는 기능, (3) 사업체에 대한 행위를 하는 기능을 지칭하는 개념이지 각 기능의 담당 주체를 지칭하는 것이 아닙니다. 즉 지배는 '경영'의 담당자에 의해 수행될 수도 있다고 인정하지만 '경영'과 동일시하지 않습니다.

◇코멘트

정답 선지의 논리가 매우 까다롭습니다. 그래도 다른 선지들에 대한 판단은 크게 어렵지 않습니다. 만약 본인이 해당 문항에서 정답 판단이 어려웠다면 본인이 실전에서 어떻게 판단할 것인지(패스, 소거법 등)까지도 고려해보시면 좋겠습니다.

21 <보기>의 '뉴딜'에 대해 ㉠이 보일 반응으로 적절하지 않은 것은?

보 기

금융개혁에 초점을 맞춘 1차 뉴딜은 경영자들과 지배자들에게 주주에 대한 신인의무를 부과함으로써 주주의 재산권을 엄격하게 보호하는 원칙을 확립했다. 노사관계와 사회보장 등의 분야로 개혁을 확장했던 2차 뉴딜은 노동조합을 통한 노동자들의 제반 권리를 합법화했고 실업수당의 보장 수준과 기간을 강화했으며 사회보장제도를 확립했다. 이러한 1차 뉴딜과 2차 뉴딜의 차이점 때문에 뉴딜은 흔히 체계적인 청사진 없이 임기응변식으로 마련된 일관성 없는 정책들의 연속이었다고 평가받는다.

① 1차 뉴딜은 지배에 의해 회사가 약탈되는 것을 막기 위한 회사법 영역의 개혁이라고 볼 수 있다.
② 1차 뉴딜은 주주의 이익을 위해 회사가 운영되도록 하는

원칙을 확립한 개혁이라고 볼 수 있다.

③ 2차 뉴딜은 주주의 재산권이 사회의 이익에 자리를 양보하도록 만드는 개혁이라고 볼 수 있다.

④ 2차 뉴딜은 회사가 공동체의 이익을 위해 운영되도록 하기 위한 회사법 바깥 영역의 개혁이라고 볼 수 있다.

⑤ 1차 뉴딜과 2차 뉴딜은 준공공회사로의 변화를 추구한다는 점에서 일관성이 있다고 볼 수 있다.

답 ⑤

준공공회사는 소유와 지배가 분리된 현대 회사입니다.

그런데 1차 뉴딜에서 경영자들과 지배자들에게 주주에 대한 신인의무를 부과한다는 것을 고려하면 이미 소유와 지배가 분리된 현대 회사라는 점을 알 수 있습니다.

즉 준공공회사로의 변화를 추구한다고 볼 수 없습니다. 이미 준공공회사이니까요.

오답 선지 분석

①, ② : <보기>에 제시된 것처럼 1차 뉴딜은 경영자들과 지배자들에게 주주에 대한 신인의무를 부과하여 주주의 재산권을 보호하는 겁니다. 이는 6문단에 제시된 것처럼 회사법 영역에서 주주에 대한 신인의무를 경영자뿐 아니라 지배자에게도 부과하여 지배에 의한 회사의 약탈로부터 비활동적 재산권을 보호하는 것이 회사가 공동체의 이익을 위해 운영되도록 하기 위한 출발점이라 볼 수 있습니다.

③, ④ : 6문단에 제시된 것처럼 회사법 내에서 준비가 되고, 회사법 바깥의 영역에서 공동체에 대한 회사의 의무를 이행하도록 하는 현실적인 시스템을 마련하고 정착시킴으로써 사회의 이익에 비활동적 재산권(주식, 주식은 주주의 것)이 자리를 양보하도록 만들 수 있다고 보았습니다.

> ◇코멘트
>
> + 20번 문항처럼 독해를 잘했어도, 선지 자체의 의미 판단이 중요한 문항입니다. '준공공회사로의 변화'라면 '준공공회사가 아닌 상황'이 전제되어있어야 하니까요.
> + 추가로 회사법 '내'와 회사법 '바깥'이라는 대립쌍을 파악했다면 오답 선지 분석에 대한 판단은 수월했을 겁니다. 그러면 최소한 소거법으로라도 답을 고를 수 있습니다.

2022 언어이해 [22~24] 민주주의 규범

◇ 총평

- 핵심 확보
- 다른 말 같은 뜻, 대립쌍
- 구체적 예시, 그리고 연결

지문 초반 제시된 민주주의 규범의 개념을 확보하고 이를 계속 당겨 읽으며 다른 표현이라도 같은 뜻을 인식하며 의미를 파악하는 것이 핵심인 지문입니다. 구체적 예시로 나온 부분도 결국은 상호 관용과 제도적 자제라는 핵심을 상기하며 이 핵심에 대한 대립쌍의 의미를 파악하며 독해를 진행했어야 합니다.

이외 미시적으로 관형절도 당겨 읽는 태도, 어휘 자체를 통해 핵심을 확보하는 것의 중요성도 인식하시면 좋을 거 같습니다.

> 미국 **헌법**은 권력 기관 간 견제와 균형의 원리에 기초한 대통령제를 규정하고 있다.

상식적인 얘기로 지문을 시작하고 있습니다. 지문 시작에서 헌법에서 권력 기관 간 견제와 균형에 기초한 대통령제를 규정한다고 했으니, '헌법'으로 '견제와 균형'에 기초한다는 것은 정확하게 확보하고 독해를 진행합시다.

> ◇코멘트
>
> 무엇을 통해 무엇을 이루는지는 중요한 포인트입니다. 수단과 목적 같은 개념이죠. '헌법'을 통해 '견제와 균형'에 기초한다는 것은 필히 확보해야 합니다.

> 이는(헌법을 통한 견제와 균형) 특정 정치인이나 집단이 권력을 독식하거나 남용하지 못하도록 하여 민주주의를 지키도록 설계된 것이다.

헌법을 통한 견제와 균형이라는 점을 확보하고 독해를 진행했다면, 특정 집단이 권력을 독점하지 못한다는 것은 자연스럽게 이해될 수 있습니다. 앞선 정보를 통해 내용을 납득하며 독해하는 것의 중요성을 느껴야 합니다.

> 이러한 제도 설계는(헌법을 통한 견제와 균형의 대통령제는) 미국 역사에서 상당 기간 성공적으로 기능했다.

헌법을 통한 견제와 균형의 대통령제는 상당 기간 성공적이었습니다. '이러한'과 같은 지시 표현을 당겨 읽으며 독해를 진행했다면 자연스럽게 납득할 수 있습니다.

> 그러나 헌법이라는 보호 장치는 그 자체로 민주주의 정치 체제(견제와 균형)를 지키기에 충분치 않다.

헌법만으로는 민주주의 정치 체제를 지키기 충분하지 않답니다. 이는 문맥을 통해 파악하면 헌법만으로는 견제와 균형이 이루어지기 충분하지 않다는 것이겠죠? <헌법만으로는 견제와 균형이 완벽하지 않다> 정도는 확보하고, 그러면 무엇이 필요할지, 그것을 핵심으로 인식하고 독해를 진행합시다.

> 여기에는 헌법이나 법률에 명문화되지 않은 민주주의 **규범**도 중요한 역할을 해왔다.

무엇이 중요한지 명확하게 제시해줍니다. '명문화되지 않은 규범'이 중요한 역할을 한다니, 그렇다면 우리는 '명문화되지 않은 규범'을 지문의 핵심으로 인식하고, 이것이 어떻게 기능하는지를 파악하며 독해를 진행해야 합니다.

◇ tip 당겨 읽기 (관형절도 당겨 읽어라.)

해당 부분을 독해할 때 그냥 '규범'이라는 워딩만 챙겨가면 안 됩니다. 여기서 규범은 '명문화되지 않은 규범'입니다.

특정 대상을 수식해주는 관형어(절)이 있다면, 대상만을 확보하며 단순히 넘어갈 것이 아니라 관형어(절)과 대상 모두를 하나의 의미로 확보해주며 독해를 진행해야 합니다.

사소한 습관이지만 그 영향력은 사소하지 않고 정말 중요한 독해 태도이므로 꼭 습관화하시기를 바랍니다.

◇코멘트

여기서 규범을 정확하게 당겨 읽었다면, 명문화된 것만으로는 충분하지 않고, 명문화되지 않은 규범이 필요하다는 대립 쌍을 잡으며 독해를 완벽하게 진행할 수 있습니다.

> 민주주의 규범이 무너지면 민주주의도 위태로워진다.

민주주의 규범이 중요하다는 정보네요. 명문화되지 않은 규범이 중요하다고 했으니 이 정도는 자연스럽게 납득하며 독해를 진행했으면 충분합니다.

> 민주주의 유지에 핵심적 역할을 하는 규범은 민주주의보다 오랜 전통을 가진 '**상호 관용**'과 '**제도적 자제**'이다.

민주주의 규범을 구체적으로 구분해주고 있습니다. 상호 관용과 제도적 자제라는 두 대상에 대해 정확하게 파악한다는 인식을 가지고 독해를 진행해야 합니다.

◇코멘트

여기서 역시 '민주주의보다 오랜 전통을 가진' 상호 관용과 제도적 자제입니다. 계속 강조하지만, 관형절로 수식된 것은 하나의 덩어리로 파악하며 독해를 진행해야 합니다.

> **상호 관용**은 경쟁자가 권력을 차지할 권리를 나와 동등하게 가진다는 사실을 인정하는 것이다.

상호 관용은 경쟁자와 나의 권력에 대한 권리를 동등하게 인정합니다. '상호 + 관용'이라는 어휘 자체를 통해 이해할 수 있듯이 자연스럽게 파악하며 독해를 진행했어야 합니다.

> 반면 상대를 위협적인 **적**으로 인식할 때는 모든 수단을 동원해 이기려 한다.

'반면'이니 '권리를 인정하지 않나?' 정도의 생각을 할 수 있습니다. 역시 상대를 적으로 인식할 때는 모든 수단을 동원해 이기려 합니다. 이를 독해할 때 '적'인 경우와 '경쟁자'인 경우를 명확하게 구분하며 독해를 진행했어야 합니다. 즉 상대방이 경쟁자면 상호 관용이 가능하지만, 적으로 인식하면 상호 관용이 이루어지지 않는다는 정도로 의미를 파악했으면 베스트입니다.

> **제도적 자제**는 제도적으로 허용된 권력을 신중하게 행사하는 태도이다.

이 역시 '제도적 + 자제'입니다. 그러니 제도적으로 허용된 권력을 신중하게 행사하는 태도라는 것은 자연스럽게 납득할 수 있는 부분입니다. 이처럼 어휘 자체를 통해 정보를 납득할 수 있어야 합니다.

◇ tip 어휘 자체를 통한 이해

'상호 + 관용' = 상대방과 나의 권리를 인정

'제도적 + 자제' = 제도적으로 쓸 수 있는 것도 신중하게

이와 같이 어휘 자체를 통해 뜻을 확보하고 갈 때, 우리는 이해도와 납득의 수준에서 큰 차이를 보입니다.

어휘 자체에서 자연스럽게 납득할 수 있는 부분은 납득한 상태로 독해를 진행하는 습관을 갖추시길 바랍니다.

> 합법적 권력 행사라도 자제되지 않을 경우 기존 체제를 위태롭게 할 수 있다.

합법적이라 해도, 무조건 긍정적이라는 것은 아닙니다. 앞서 자제가 필요하다 했으니, 맥락상 당연히 자제해야 한다고 하겠죠. 우리도 <합법도 자제는 해야 한다> 정도로 의미를 확보하고 독해를 진행했어야 합니다.

> 제도적 자제의 반대 개념은 '헌법적 권력의 공격적 활용'이다. 이는 규칙을 벗어나지 않으면서도 그것을 최대한 활용하여 경쟁자를 경쟁의 장 자체에서 제거하려는 태도를 의미한다.

제도적 자제와 명확하게 구분되는 개념입니다. 규칙 내에서 그것을 최대한 활용하는 것이죠. 대립쌍으로 명확하게 제시된 부분이기에 필히 제도적 자제(규칙 내에서 자제), 공격적 활용(규칙 내 최대 활용) 정도로 독해를 진행했어야 합니다.

◇ tip 비교·대조 쌍

실제 독해 시 a와 b가 대조되는 전개 방향이라면 a를 읽을 때는 있는 그대로 정리를 잘하면서 독해를 하는 것으로 충분합니다. 그렇지만 a 이후 제시되는 b를 읽을 때는 a와의 공통점과 구분되는 차이를 생각하며 독해를 진행하는 습관이 필요합니다.

여기서 '어휘 자체'의 의미를 상기합시다. 제도적 '자제'이고 '권력의 공격적 활용'입니다. 그러니 당연히 권력을 함부로 쓰는 것과 법적으로 최대한 사용하는 것이라는 정도는 파악할 수 있습니다.

◇ 코멘트

'규칙을 벗어나지 않는' 선에서 진행되는 겁니다. 즉 규칙을 벗어나면 헌법적 권력의 공격적 활용이라 볼 수 없습니다. 이는 대립된 두 개념의 공통점이라고 볼 수 있습니다.

> 이 두 가지 규범(상호 관용, 제도적 자제)은 상호 연관되어 있다.

두 개념이 상호 연관되어 있다면, 우리는 당연히 이들의 관계 양상을 정확하게 파악해야 합니다. 관계 양상을 명확하게 잡아봅시다.

> 상대를 경쟁자로 받아들일 때, 제도적 자제도 기꺼이 실천한다. 제도적 자제의 실천은 관용적인 집단이라는 이미지를 갖게 함으로써 선순환이 이뤄진다.

상대를 '경쟁자'로 받으면 제도적 자제가 기꺼이 실천됩니다. 이는 앞서 상호 관용의 개념과 연결됩니다. 최소한 여기서 '경쟁자 인식 → 제도적 자제' 정도로는 정리된 상태로 독해를 진행했어야 합니다.

◇ 코멘트

우리의 핵심은 상호 관용과 제도적 자제의 관계 양상입니다. 그 점을 인식했다면, '상대방을 경쟁자로 받아들일 때 = 상호 관용 진행', 즉 상호 관용이 진행되면 제도적 자제도 기꺼이 따라온다는 이들의 관계 양상을 정확하게 파악할 수 있습니다. 이와 같이 문맥을 통해 의미를 파악하며 독해를 진행해야 합니다.

> 반면 서로를 적으로 간주할 때 상호 관용의 규범은 무너진다. 이러한 상황에서 정치인은 제도가 부여한 법적 권력을 최대한 활용하려 하며, 이는 상호 관용의 규범을 잠식해 경쟁자가 적이라는 인식을 심화하는 악순환을 가져온다.

서로를 적으로 간주하면 상호 관용은 무너집니다. 이는 앞서 제시된 내용을 복붙한 수준입니다. 그리고 상호 관용이 무너지면 제도적 자제도 무너지고 악순환이 진행됩니다. 앞서 '경쟁자 인식 → 제도적 자제' 정도로만 정확하게 확보했어도, 경쟁자인 경우, 적인 경우가 명확하게 구분된다는 것을 인식할 수 있습니다.

◇ 코멘트

지문 초반 정보를 확보하고, 문맥을 통해 의미를 파악하는 것의 중요성을 느끼시면 좋겠습니다. 상호 관용에서 경쟁자인 경우, 적인 경우를 정확하게 확보한 상태로 독해를 진행했다면, 사실상 해당 부분은 자연스럽게 의미를 납득하며 독해를 진행할 수 있는 수준입니다.

대놓고 지문에서 수식이나, 과학적 요소만이 비례 관계로 출제되는 것이 아닙니다. 이렇게 문장 자체를 통해 자연스럽게 따라오는 은근한 비례 관계 또한 선지로 정말 등장하는 요소입니다.

이 역시 상호 관용과 제도적 자제가 양의 상관관계에 가깝다는 것을 이해해야 합니다.

> 민주주의 규범이 붕괴하면 견제와 균형에 기초한 민주주의는 두 가지 상황에서 위기를 맞게 된다.

규범이 붕괴하면 위와 같이 상호 관용, 제도적 자제가 안 지켜집니다. 그러면 당연히 위기를 맞게 되겠죠? 두 가지 상황에서 위기를 맞게 된다니 당연히 구분한다는 인식으로 독해를 진행합시다.

> 첫 번째 상황은 **야당이 입법부를 장악**하면서 행정부 권력과 입법부 권력이 분열되었을 때이다. 이 경우 야당은 대통령을 공격하기˙위해 헌법에서 부여한 권력을 최대한 휘두른다.

야당이 입법부를 장악한 경우는 여당이 입법부를 장악하지 못한 상황입니다. 그러니 야당에서 대통령을 공격하기 위해 권력을 최대한 휘두르는, 즉 제도적 자제가 지켜지지 않는 상황이 발생할 겁니다.
<야당 입법부 장악 = 대통령 공격, 제도적 자제 없음> 정도로 정리된 상태로 독해를 진행했으면 충분합니다.

◇ 코멘트

야당 : 현재 정권을 잡고 있지 아니한 정당
여당 : 현재 정권을 잡고 있는 정당
이 정도 개념은 알고 있어야 합니다.

> 두 번째는 여당이 입법부를 장악함으로써 권력이 집중되는 상황이다. 여당은 민주주의 규범을 무시하고 대통령의 권력 강화를 위해 노력하며, 야당을 제거하기 위한 대통령의 탄압적 행위를 묵인하기도 한다.

여당이 입법부를 장악한 상황입니다. 당연히 구분하며 독해를 진행해야 합니다. 여당은 대통령 권력 강화를 돕고 야당을 제거하려 합니다. 이들 역시 제도적 자제는 없네요. 이를 독해할 때, 최소한 야당 권력, 여당 권력 각각은 정확하게 정리된 상태로 독해를 진행했어야 합니다.

야당이 큰 경우, 여당이 큰 경우는 명확하게 대립되는 부분입니다.

명확하게 대립되어 있으니 공통점과 차이점을 잡으며 독해를 진행하는 것이 어렵지 않았을 거라 생각합니다. 공통점(둘 다 규범 파괴) 차이점(야당은 대통령 공격, 여당은 대통령 수호) 정도로 잡았으면 충분합니다. 사실 야당과 여당의 뜻만 알고 있어도 해당 내용은 자연스럽게 이해할 수 있는 수준입니다.

대립쌍에 대한 이해는 지문 이해와 문제 풀이 시 굉장히 핵심적으로 기능하는 부분입니다. 필히 민감한 반응을 갖추시길 바랍니다.

cf) 23.09 (가) 아도르노의 미학

⇒ 동일성, 비동일성에 대한 의미 파악 이후 구분

> 미국 민주주의는 건국 이후 두 번의 큰 위기를 겪는다.

미국 민주주의가 두 번의 큰 위기를 겪었습니다. 그러면 당연히 이 두 위기를 구분한다는 인식으로 독해를 진행해 봅시다. 높은 확률로 상호 관용과 제도적 자제 관련되어 위기가 발생한다는 인식을 갖췄으면 베스트입니다.

> ㉠첫 번째 위기는 남북 전쟁으로 초래되었다. 노예제를 찬성한 남부의 백인 농장주들, 그리고 그들과 입장을 같이 한 민주당은 당시 노예제 폐지를 주장한 공화당을 **심각한 위협**으로 인식했다.

첫 번째 위기 상황이 제시됩니다. 구체적 예시는 상황을 정리하며 독해를 진행해야 합니다. 여기서 노예제 찬성(남부+민주당)이 노예제 폐지(공화당)을 '심각한 위협'으로 인식합니다. 심각한 위협으로 인식했으면 당연히 상호 관용과 제도적 자제가 이루어지지 않겠죠? 예시 상황을 정리하며 앞선 문맥을 통해 예시를 파악하며 독해를 진행해야 합니다.

지문의 구조에만 매몰되는 것은 지양해야 하지만, 글의 구조를 알고있다면 거시적인 흐름을 잡는 것에 있어 유리한 것은 사실입니다.

이는 구조적으로라도 접근해 중요한 포인트를 놓치지 말라는 의미입니다. 구조를 안다고 답이 나오는 것이 아닌, 구조를 통해 중요한 포인트를 알고 그 부분은 위와 같이 이해를 하고 진행하겠다는 인식이 갖춰져야 합니다.

결국 여기서 위기가 발생한 원인은 '노예제 폐지 주장'으로 인한 갈등입니다. 그러면 당연히 '노예제 폐지 주장'이 사라지면 문제 역시 해결될 겁니다.

> 남부는 미국 연방에서 탈퇴했고 결국 내전이 일어났다. 민주주의 규범이 다시 형성되기 시작한 것은 북부의 공화당과 남부의 민주당이 인종 문제를 전후 협상 대상에서 제외하면서부터이다. 전쟁에서 승리한 북부는 연방의 유지 등 정치적 필요에 의해 남부에서 군대를 철수하고 흑인의 인권 보장 노력도 중단한다. 민주당은 남부에서 흑인 인권을 억누르면서 그 지역에서 일당 지배의 기반을 구축한다. 이러한 일련의 사건으로 공화당에 대한 민주당의 적대감은 완화되었고, 그 결과 상호 관용의 규범도 회복된다.

민주주의 규범이 다시 형성된다는 것은 결국 상호 관용과 제도적 자제가 진행된다는 겁니다. 이것이 다시 형성되는 '원인'은 인종 문제를 전후 협상에서 제외하는 것이네요. <인종 문제 제외 → 상호 관용 회복> 정도로 원인과 결과를 파악하며 독해를 진행합시다.

◇ 코멘트

'원인'에 맞는 '해결'이 나온다는 인식을 갖췄으면 우리는 이를 수월하게 해결할 수 있습니다.

> 역설적이게도 남북 전쟁 이후의 민주주의 규범은 인종 차별을 묵인한 비민주적인 타협의 산물이었다. 그리고 오랜 기간 백인 중심으로 작동했던 민주주의를 유지하는 데 기여했다.

있는 그대로 지문의 관점을 납득하면 됩니다. 그냥 말 그대로 민주주의와 노예 제도는 상식적으로 상충됩니다. 그런 민주주의 규범이 인종 차별 묵인을 통해 회복되었다는 정도로 있는 그대로 파악하면 됩니다.

> ○두 번째 위기는 1960년대 이후 민주주의의 확대와 함께 일어났다

이제 두 번째 위기가 제시됩니다. 당연히 앞선 예시와는 다른 상황임을 인식하고 독해를 진행했어야 합니다. 이 위기의 원인은 '민주주의 확대'네요.

> 흑인의 참정권이 제도적으로 보장되었고, 대규모 이민으로 다양한 민족과 인종이 정치 체제로 유입되었다. 공화당과 민주당은 각기 다른 집단의 이익과 가치를 대변하게 되었다. 이후 양당 간 경쟁은 '당파적 양극화'로 치달았다.

민주주의가 확대되니, 대상이 늘어납니다. 그러니 공화당과 민주당이 다양한 이익과 가치를 대변해 당파적 양극화가 진행됩니다. 이 역시 예시 상황을 정리하며 <다양한 이익 가치 대변 → 당파적 양극화 진행> 정도로는 파악된 상태로 독해를 진행해야 합니다.

◇ 코멘트

당파적 양극화가 진행된다는 것은 결국 상호 관용과 제도적 자제가 지켜지지 않은 상황이라는 의미를 파악하며 독해를 진행했어야 합니다.

> 보수와 진보 간 정책적 차이뿐만 아니라 인종과 종교, 삶의 방식을 기준으로 첨예하게 나뉘어 정당 간 경쟁이 적대적 갈등으로까지 확대되었다.

역시 당파적 양극화가 진행되면 민주주의 규범이 진행되지 않겠네요. 서로에 대해 적대적 갈등까지 확대되고 있으니까요. 계속 문맥을 통해 의미를 파악하며 독해를 진행해야 합니다.

◇ tip **구체적인 예시, 그리고 연결**

구체적인 예시를 제시해줬으면 그렇게 제시된 이유가 있는 것이고 문제를 위한 글인 지문의 특성상 그 이유는 이해와 문제에 관련된 부분이 많습니다.

예시가 뜻하는 내용이 무엇인지 파악하는 것은 정말 중요합니다. 그렇게 연결된 지문의 내용과 구체적 예시는 문제화되어 나올 것이 분명하니까요.

이러한 상황에서 인종 차별에 의존한 기존의 민주주의 규범은 한계를 보이면서 붕괴했다. 따라서 미국 민주주의가 건강하게 작동하기 위해서는 새로운 민주주의 규범을 확립할 필요가 있다.

인종 차별을 하던 규범은 붕괴되었으니, 새로운 규범이 당연히 필요하겠죠. 문제가 있으면 해결해야 하니까요. 상식적으로 납득하며 독해를 진행했으면 충분합니다.

◇코멘트

글의 핵심을 파악하는 것의 중요성을 느끼시면 좋겠습니다.

[22~24] 문제 해설

22 윗글의 내용과 일치하는 것은?

① 상호 관용이 강화되면 제도적 자제는 약화되고 상호 관용이 약화되면 제도적 자제는 강화된다.
② 대통령과 입법부의 권력 행사가 합법적인 한, 민주주의 정치 체제 보호에 긍정적으로 작용한다.
③ 민주주의 규범은 민주주의 이념으로부터 탄생한 것으로 민주주의 제도의 확립을 통해 발전된다.
④ 민주주의 규범은 헌법이나 법률로 성문화될 때 민주주의 정치 체제를 보호하는 효과가 극대화된다.
⑤ 견제와 균형의 원리를 통해 민주주의를 보호하고자 한 헌법의 목적을 실현 가능하게 한 것은 민주주의 규범이다.

답 ⑤
지문 초반부터 견제와 균형이 헌법만으로는 충분하게 이루어지기 어렵고, 명문화되지 않은 민주주의 규범이 필요함이 제시되었습니다. 지문의 핵심을 파악했는지 요구한 문항입니다.

오답 선지 분석
① : 상호 관용이 강화되면, 제도적 자제가 약화된다고 볼 수 없습니다. 오히려 상호 관용이 약화될 때 제도적 자제가 무너지며 헌법적 권력의 공격적 활용이 진행됩니다. 은근한 비례 관계 역시 챙겨야 합니다.

② : 합법적 권력 행사라도 자제되지 않을 경우 기존 체제를 위태롭게 할 수 있습니다. 그러니 합법적인 한 민주주의 정치 체제 보호에 긍정적이라고 단정할 수 없습니다.

③ : 민주주의 규범은 민주주의보다 오랜 전통을 자랑하는 상호 관용과 제도적 자제입니다. 그러니 민주주의 이념으로부터 탄생했다고 보기는 어렵습니다.

④ : 민주주의 규범은 명문화되지 않은 것입니다. 관형절도 당겨 읽어야 합니다.

23 ㉠, ㉡에 대한 설명으로 가장 적절한 것은?

① ㉠을 거치면서 상호 관용과 제도적 자제의 규범이 건국 이후 처음으로 형성되었다.
② ㉠ 이후 형성된 민주주의 규범은 인종 차별적 특성으로 인해 정치 체제를 안정시키는 역할을 하지 못했다.
③ ㉡은 민주주의의 확대로 촉발된 당파적 양극화가 기존의 민주주의 규범을 붕괴시켰다는 데 그 원인이 있다.
④ ㉡은 다양한 집단의 정치 참여를 제도적으로 보장하는 방향으로 민주주의가 확대되면서 점차 완화되었다.
⑤ ㉠에서는 ㉡에서와는 달리 정당별 지지 집단이 뚜렷이 구분되는 현상이 나타났다.

㉠ : 첫 번째 위기 ⇒ 노예제가 원인
㉡ : 두 번째 위기 ⇒ 민주주의 확대로 당파적 양극화

답 ③
㉡의 원인은 민주주의 확대입니다. 그리고 여기서 당파적 양극화라는 결과가 초래됩니다. 그리고 이 당파적 양극화는 정당 간 적대적 갈등으로 확대되었다는 것을 통해 기존의 민주주의 규범을 붕괴시켰다는 것을 알 수 있습니다.

오답 선지 분석
① : 민주주의 규범이 다시 형성되기 시작한 것은 북부의 공화당과 남부의 민주당이 인종 문제를 전후 협상 대상에서 제외하면서부터입니다. 다시 형성되었다는 것은 그전에도 민주주의 규범이 있었다는 것으로 ㉠을 거치면서 민주주의 규범이 처음 형성되었다고 볼 수 없습니다.

② : ㉠ 이후 민주당은 남부에서 흑인 인권을 억누르면서 그 지역에서 일당 지배의 기반을 구축했고, 공화당에 대한 민주당의 적대감은 완화되었고, 그 결과 상호 관용의 규범도 회복되었습니다.

④ : ㉡은 민주주의의 확대와 함께 발생했습니다. 그러니 다양한 집단의 정치 참여를 제도적으로 보장하는 방안에서 점차 완화된 것이라 볼 수 없습니다. 오히려 다양한 민족과 인종이 정치 체제로 유입되며 문제가 생긴 겁니다.

⑤ : ㉠은 노예제 폐지와 노예제 찬성 집단이 각 정당을 지지하는 모습으로 극명하게 갈렸습니다. 그러나 ㉡ 역시 공화당과 민주당이 각기 다른 집단의 이익과 가치를 대변하며 당파적 양극화가 진행된 것에서 둘다 정당별 지지 집단이 뚜렷이 구분되었

다고 볼 수 있습니다.

◇코멘트

구체적 예시는 정리하여 앞선 개념을 통해 독해해야 합니다.

24 윗글을 바탕으로 <보기>에 대해 반응한 것으로 적절하지 않은 것은?

보 기

칠레는 성공적인 대통령제 민주주의 국가였다. 좌파에서 우파에 이르기까지 다양한 정당이 있었지만, 20세기 초 이후 민주주의 규범이 자리 잡고 있었기 때문이다. 그러나 1960년대에 이념적 대립에 따른 ⓐ당파적 양극화가 심화되었다. ⓑ좌파와 우파 정당은 서로를 위협적인 적으로 인식했다. 대통령으로 선출된 좌파 정당의 아옌데는 사회주의 정책 추진을 위해 의회의 협조가 필요했으나 여당은 의회 과반 의석을 확보하지 못한 상태였다. ⓒ그는 의회를 우회하여 국민투표를 실시하고자 했다. 이에 ⓓ좌파 야당은 과반 의석을 바탕으로 불신임 결의안을 잇달아 통과시켜 장관들을 해임했다. 칠레 헌법은 의회가 불신임 결의를 극히 예외적인 상황에서만 사용하도록 규정하고 있었고, ⓔ1970년 이전까지 그것이 사용된 적은 거의 없었다. 결국 1973년 8월 칠레 의회는 아옌데 행정부가 헌법을 위반했다는 결의안을 통과시켰고, 곧이어 군부 쿠데타가 발생함으로써 칠레 민주주의는 붕괴했다.

① ⓐ는 좌·우 이념을 중심으로 심화되었다는 점에서 1960년대 이후 미국에서 심화된 당파적 양극화와 성격이 다르군.
② ⓑ로 인해 1960년대 이후 칠레에서는 상호 관용의 규범이 붕괴되는 과정이 일어났겠군.
③ ⓒ로 볼 때, 아옌데 대통령은 권력을 법의 테두리 내에서 행사함으로써 제도적 자제 규범을 실천하고자 했었군.
④ ⓓ로 볼 때, 민주주의 규범이 붕괴된 상황에서 대통령 소속 정당이 의회 소수당인 경우 야당이 헌법적 권력을 공격적으로 활용할 가능성이 높군.
⑤ ⓔ로 볼 때, 1970년 이전의 칠레 정치인들은 민주주의 규범을 존중함으로써 민주주의 정착에 기여했겠군.

답 ③

대통령이 의회를 우회하여 국민투표를 실시하고자 했습니다. 이는 대통령의 권한을 최대한 사용하려 한 것으로 제도적 자제 규범을 실천하고자 했다고 보기 어렵습니다.

① : <보기>에서는 칠레의 상황은 이념적 대립에 따른 좌우 정당의 양극화만 제시되었습니다. 1960년대 이후 미국의 당파적 양극화는 '보수와 진보 간 정책적 차이뿐만 아니라 인종과 종교, 삶의 방식'을 다양한 기준으로 나뉜 것입니다. 한편 칠레는 '보수와 진보'라는 단일한 기준으로 나뉜 것이죠. 따라서 미국의 당파적 양극화 원인은 칠레의 당파적 양극화 원인을 포함하는 것이라고 볼 수 있습니다.

② : 서로를 '적'으로 인식했다면 당연히 상호 관용의 규범이 붕괴되었을 것입니다. 그리고 <보기>를 보면 야당이 권력을 자제하지 않았음을 파악할 수 있습니다.

④ : 야당이 입법부를 장악하면서 행정부 권력과 입법부 권력이 분열되었을 때 야당은 대통령을 공격하기 위해 헌법에서 부여한 권력을 최대한 휘두릅니다. <보기>에 제시된 상황 역시 대통령 소속 정당이 과반 의석을 확보하지 못했고, 야당이 헌법적 권력을 공격적으로 사용함을 알 수 있습니다.

⑤ : 1970년 이전까지 불신임 결의는 거의 사용된 적이 없었습니다. 그리고 <보기> 시작에 칠레가 성공적인 대통령제 민주주의 국가임이 제시되었습니다. 그러니 제도적 자제 등의 민주주의 규범을 존중하등로 민주주의 정착에 기여했다고 볼 수 있습니다.

◇코멘트

지문에서 대립쌍으로 제시된 표현(경쟁자인 경우, 적인 경우 / 야당이 큰 경우, 여당이 큰 경우)은 필히 확보해야 합니다. 이 대립쌍을 파악할 때 앞선 문맥을 통해 의미를 확보했어야 합니다.

◇ 총평

- 핵심 파악 (관점 확보) / 주장과 근거
- 다른 말 같은 뜻
- 조건은 답을 결정한다.

지문 초반 제시된 글의 핵심(공동체에 포함할 수 있는가?)를 파악하고 그에 대한 관점(주장과 근거)을 파악하는 것이 핵심이었습니다.
공동체에 포함할 수 없다는 '주장'에 대한 "근거"로 제시된 '진정한 감정'에 대한 이해가 이 지문의 핵심이었죠.
이를 위해 문맥상 의미를 파악(다른 말 같은 뜻)하며, 핵심이자 빈출되는 포인트인 주장과 근거, 조건 등에 대한 반응이 필수적이었습니다. 문항들 역시 '다른 말 같은 뜻'을 파악했는지 / '구체적 예시의 의미 파악'이 되었는지를 묻고 있습니다.

> 알파고가 인간 바둑 최고수를 꺾은 사건은 자연 세계에서 인간의 특권적 지위를 문제 삼고, 윤리학의 인간 중심적 전통에 도전한다.

우리 모두가 아는 얘기입니다. 알파고가 인간을 꺾은 이후 인간의 특별함에 대한 인식을 돌아보게 되었습니다. 당연히 그러면 해당 지문은 인간과 인공 지능에 대한 구분(혹은 동등)에 대해 이야기할 것입니다.

◇ 코멘트

철학적으로 '특정 대상을 어떻게 대할지'에 대한 문제는 자주 나오는 내용입니다. 17.06 유비논증 지문에서도 동물을 인간과 동등하게 대해야 한다는 주장이 나왔던 것처럼 '특정 대상을 어떻게 대할지'는 철학 지문에서 종종 나오는 내용입니다.

> 우리는 이제 인간과 같은 또는 더 뛰어난 지능을 지닌 인공 지능도 도덕적 고려의 대상으로 인정해야 하느냐는 물음에 직면하는 것이다.

화제가 명확하게 구체화 되었습니다. '인공 지능에 대한 도덕적 고려'가 우리 글의 핵심입니다. 그렇다면 당연히 '주장(관점)'을 파악하고 그에 대한 '근거'를 파악하는 것이 핵심입니다.

◇ 코멘트

'주장-근거'를 파악하는 것은 독해의 기본입니다. 주장과 근거가 제시되면 확보하고, 그를 통해 이후 내용의 의미를 파악하며 독해를 진행해야 합니다.

> 이 물음에(도덕 공동체로 인정해야 하나?) 선뜻 동의하지 못하는 사람들은 인간성의 핵심을 지적인 능력이 아니라 기쁨과 슬픔, 공포와 동정심 등의 감정적인 부분에서 찾으려 한다.

바로 관점이 제시되었습니다. 일단 '도덕 공동체'로 인정하지 않습니다. 그리고 근거를 '감정'에서 찾습니다. 일단 주장과 근거를 정확하게 확보하고 이후 추가적 설명이 제시될 때 이를 통해 납득한다는 인식을 가지고 독해를 진행해야 합니다.

> 예컨대 알파고는 경쟁에서 이겨도 승리를 기뻐하지 못하며, 우리도 알파고를 축하하며 함께 축배를 들 수 없다. 인간의 특정 작업이 인공 지능을 갖춘 로봇에 의해 대체되더라도 인간의 감정을 읽고 인간과 상호작용하는 작업은 대체되지 못하리라는 것이다.

'예컨대'라고 나왔으니 앞말에 대한 예시입니다. 당연히 '감정을 근거로 도덕 공동체에 포함하지 않는다'라는 점을 토대로 예시의 의미를 파악해야 합니다.
이를 고려한다면, '기뻐하지 못함, 축배 불가 ≒ 감정이 없으니' / '상호작용하는 작업 대체 불가 ≒ 감정 없으니 도덕 공동체 불가' 정도의 맥락으로 파악할 수 있습니다.

◇ tip 다른 말 같은 뜻

독서는 결국 '의미'를 파악하며 읽는 것입니다. 독해 시, 기표(記標)가 다르더라도, 같은 기의(記意)를 가지고 있으면 적극적으로 같은 의미를 판단해 주어야 합니다.

특히 인문 지문에서는 이처럼 '관점을 확보'하고 그에 맞춰 글자의 의미를 파악하는 것이 압도적으로 중요합니다.

'주장(포함 안 됨)과 근거(감정)'가 명확하게 제시되었고 바로 그에 대한 예시가 제시되었습니다. 예시를 통해서 이렇게 설명해준다는 것은 다른 글자이지만, 이를 통해 의미를 파악할 것을 출제 기관에서 명확하게 요구한 겁니다.

cf) 17.06 유비논증

'유비 논증을 활용해 동물 실험의 유효성을 주장하는 쪽은 인간과 ⓐ실험동물이 ⓑ유사성을 보유하고 있기 때문에 신

약이나 독성 물질에 대한 실험동물의 ⓒ반응 결과를 인간에게 안전하게 적용할 수 있다고 추론한다.'

⇒ <예시 : 실험 동물과 인간의 유사성 확인, 실험 동물(어떤 대상)을 통해 인간(다른 대상)에 대한 적용을 추론>

> 하지만 최근에는 감정을 가진 로봇, 곧 인공 감정을 제작하려는 열망이 뜨겁다.

관점을 통해 글을 읽읍시다. '감정이 없어 공동체로 인정하지 않음'이 관점인데, 인공 감정이 생기면 어떻게 될까요? 그러면 당연히 '인공 감정 등장 이후' 주장과 근거를 파악해야 합니다.

> 인간의 돌봄과 치료 과정을 돕는 로봇은 사용자의 세밀한 필요에 더 잘 부응할 것이다. 사람들은 인간과 정서적 교감을 하는 로봇을 점점 가족 구성원처럼 여기게 될지도 모른다.

인공 감정이 생긴다는 정도의 맥락입니다. 인공 감정이 생기면, 교감을 하고, 교감을 하면 구성원 취급을 한다는 정도는 자연스럽게 납득할 수 있습니다.

◇코멘트

이처럼 자연스럽게 납득할 수 있는 수준은 자연스럽게 납득해야 합니다.

> 그러면 로봇은 인간과 같은 감정을 가지고 인간과 상호작용하는 존재가 될 것인가? 로봇을 도덕 공동체에 받아들여야 하는가?

대놓고 물음이 제시되었습니다. 우리가 앞서 파악한 인공 감정 등장 이후' '도덕 공동체 포함'에 대한 주장과 근거를 파악한다는 인식을 가지고 독해를 진행해야 합니다.

◇코멘트

글의 핵심을 계속 상기하며 독해를 진행해야 합니다.

> 이 물음(인공 감정 가지면 포함되나?)에 답하려면 인간에게 감정의 핵심적인 역할은 무엇인지 생각해 보아야 한다.

물음에 대한 답은 당연히 핵심입니다. (글의 구조적으로도 이는 보편적으로 알고 있는 내용이죠) 그 답을 위한 '근거'가 감정의

역할이니, 이후 감정의 역할이 제시된다면 그를 통해 주장을 파악해야 합니다.

> 인공 지능의 연구도 그렇지만, 인공 감정의 연구도 인간의 감정을 닮은 기계를 만들려는 시도이면서

인공 지능 연구도 그렇지만 인공 감정 연구도 인간의 감정을 닮은 것을 만든다는 것은, 인간의 지능을 닮은 것을 만들려는 시도라는 것을 의미하겠죠. 이렇게 문장 내에 있는 의미를 파악하며 독해를 진행해야 합니다.

> 동시에 감정 과정에 대한 계산 모형을 통해 인간의 감정을 더 깊이 이해하는 과정이기도 하다.

인공 감정은 인간의 감정을 더 깊이 이해할 수 있게 만듭니다. 여기서 '감정에 대해 연구하니 인간 감정도 더 잘 알겠지'와 같이 문장 자체의 의미를 통해 납득하고 가면 베스트입니다.

◇코멘트

실전에서 만약 정말 내용 파악이 진행되지 않는다면, 이렇게 핵심과 직결된 정보가 제시된다면 체크(두 가지 의의가 있으니 넘버링도 괜찮겠죠)라도 해두고 독해를 진행해야 합니다. 의의, 한계 등은 무조건 출제되는 부분이니까요. 실제로 25번의 1번 선지가 이렇게 의의를 묻고 있습니다.

> 감정은 인지 과정과는 달리 적은 양의 정보로도 개체의 생존과 항상성 유지를 가능하게 해 주는 역할을 한다. 또 무엇을 추구하고 회피할지 판단하도록 하는 동기의 역할을 한다. 한편 우리는 사회적 상호작용에서 서로의 신체 반응이나 표정을 통해 미묘한 감정을 읽어내고 그에 적절히 반응하며, 그런 정서적 교감을 통해 공동체를 유지한다.

우리가 상식적으로 납득할 수 있는 내용입니다. 우리 지문에서 '근거'로 제시된 '감정'의 특징에 대해 다루고 있으니 핵심적인 내용일 겁니다. 어려운 내용이 아니니 쉽게 납득할 수 있지만, 만약 실전에서 글이 튕긴다해도, 최소한 '나열된' 정보이니 돌아와서 판단한다는 인식을 가지고 체크한 뒤 독해를 진행했어야 합니다.

수능, 리트 언어이해와 같은 글이 얼마나 짜임새 있게, 낭비가 없이 작성된 글인지 알 수 있는 대목입니다.

여기서 감정은 '신체 반응이나 표정~' 등으로 제시되어 있습니다. 이렇게 제시됐다면, 우리는 해당 예시들이 선지에 제시될 때 감정의 기능이라는 의미를 가지고 있다고 선지의 의미를 파악하고 선지 판단을 진행해야 합니다.

정리하자면 지문에서 이렇게 특정 개념에 대해 구체적인 예시가 등장한다면 문제화될 것을 인식하고 독해하시기를 권장합니다. 아주 사소하지만, 독해력 향상에 큰 도움이 되는 습관이라고 생각합니다.

cf) 17.06 유비논증 중 일부

'반면에 인간과 꼬리가 있는 실험동물은 꼬리의 유무에서 유사성을 갖지 않지만, 그것은 실험과 관련이 없는 특성이므로~'

⇒ 이후 선지에 '꼬리' 관련 얘기가 나오면 관련 없는 특성이라고 판단할 수 있어야 함.

실제로 '인간이 꼬리가 있는 실험동물과 차이가 있다는 사실은 동물 실험의 유효성을 주장하는 논증의 개연성을 낮춘다.'라는 선지가 제시되었습니다. 그리고 이를 판단할 때 '꼬리면 관련 없는 특성이라 개연성에 영향 못 주는데?'와 같이 판단이 진행되어야 합니다.

◇ 코멘트

문단 마지막에 '한편~'과 같이 나오는 문장은 주로 출제되는 경우가 많습니다.
cf) 18.06 DNS 스푸핑
'한편, 인터넷에 직접 접속은 안 되고 내부 네트워크에서만 서로를 식별할 수 있는 사설 IP 주소도 있다.'

그러나 로봇이 정말로 이러한 감정 경험을 하는지 판단하기는 쉽지 않다.

그렇죠? 로봇이 감정 경험 판단이 쉽다면 애초에 이런 논란도 생기지 않을 겁니다. 명확하면 논란이 생길 이유가 없으니까요. 자연스럽게 납득할 수 있는 내용입니다

철학자들은 인공 지능이 인간과 똑같은 인지적 과제를 수행했다고 하더라도 그것은 의미를 이해하지 못하기 때문에 진정한 지능이 아니라고 주장했다.

인공 지능이 과제를 수행해도 '의미'를 이해하지 못했답니다.

즉 과제 수행(결과)이 중요한 게 아니라, '의미'를 파악해야 인간적(진정한 지능)으로 인정할 수 있는 것이죠.

인공 감정에 대해서도 마찬가지로, 감정을 입력 자극에 대한 적절한 출력을 내놓는 행동들의 패턴이 아니라 내적인 감정 경험으로 이해한다면 인공 감정이 곧 인간의 감정이라고 말할 수 없다.

대놓고 '마찬가지로~'라고 제시해줬습니다. 당연히 앞 문장을 통해 의미를 파악하며 독해를 진행해야 합니다.
'출력을 내놓는 행동 패턴이 아닌, 내적 감정으로 판단하면 인공 감정은 감정이 아니다.' ≒ '과제 수행해도 의미 파악이 안 되면 지능이 아니다.'
즉 '과제 수행 ≒ 행동 패턴'이고 '의미 파악 ≒ 내적 감정'과 같이 문맥상 같은 의미를 파악하며 독해를 진행했어야 합니다.

◇ 코멘트

대놓고 '마찬가지로'라고 제시한 것에서 출제자는 문맥상 같은 의미를 파악하며 독해할 것을 직접적으로 요구하고 있는 겁니다. 이 정도면 매우 친절하게 제시해준 것으로, 우리는 문맥적 의미를 파악하고 독해를 진행해야 합니다.

인간만 보더라도 행동의 동등성은 심성 상태의 동등성을 함축하지 않기 때문에, 동일한 행동을 하는 두 사람이 서로 다른 감정을 느낄 수 있고 그 역도 가능하다.

행동이 같다고(행동의 동등성) 마음이 같다(심성 상태의 동등성)는 것이 아니죠. 어휘력만 갖춰져 있다면 당연하게 납득하고 독해를 진행할 수 있습니다. 마음과 행동이 다른 경우 우리 현실에서도 너무 빈번하니까요.

로봇의 경우에는 행동의 동등성이 곧 심성 상태의 존재성조차도 함축하지 않는다.

로봇은 '행동이 같아도' 심성 상태의 존재성, 즉 지문의 문맥상 '감정'이 있는지조차 알 수 없다는 의미겠죠. 어휘 자체의 중요성을 계속 알려주고 있습니다.

로봇이 감정을 가지기 위해서는 감정을 인식하고 표현하는 데 그쳐서는 안 되고 내적인 감정을 생성할 수 있어야 한다. 그러나 거기에는 현실적으로 상당히 어려운 전제 조건이 만족되어야 한다.

조건은 답을 결정합니다. 로봇이 감정을 가진다고 할 수 있는 '조건'을 제시합니다. 그렇다면 저 전제 조건들에 대한 정보는 어떤 방식으로든 문제화될 수 있음을 인식하고 독해를 진행해야 합니다.

첫째, 감정을 가진 개체는 기본적인 충동이나 욕구를 가진다고 전제된다. 목마름, 배고픔, 피로감 등의 본능이나 성취욕, 탐구욕 등이 없다면 감정도 없다.

감정을 가지는 조건이 제시됩니다. 여기서도 목마름, 배고픔, 성취욕, 탐구욕 등의 구체적 예시가 제시되었습니다. 만약 <보기>와 선지에서 이에 관련된 내용이 제시된다면 우리는 '감정의 조건'이라 판단할 수 있어야 합니다.

둘째, 인간과 사회적으로 상호작용하기 위해 인간이 가지는 것과 같은 감정을 가지려면, 로봇은 최소한 고등 동물 이상의 일반 지능을 가지고, 생명체들처럼 복잡하고 예측 불가능한 환경에 적응할 수 있어야 한다.

조건이 이어서 제시됩니다. 당연히 여기서도 '일반 이상의 지능'과 '예측 불가 적응' 등의 개념이 제시될 때 감정에 대한 조건이라는 점을 판단할 수 있어야 합니다.

그런데 복잡한 환경에 적응하여 행위할 수 있는 일반 지능을 가진 인공 지능에 도달하는 길은 아직 멀다. 현재 인공 지능이 제한적인 영역에서 주어진 과제를 얼마나 효율적으로 산출하는지 이외의 문제들은 부차적인 것으로 치부되고 있기 때문이다.

항상 우리는 '의미'를 파악해야 합니다. 로봇이 환경 적응이 멀었다는 것은 결국 '로봇을 공동체로 취급할 수 없다'라는 의미를 가집니다. 그리고 이것은 결국 '조건'을 만족할 수 없다는 의미로 파악할 수 있습니다.

그렇다면 ㉠진정한 감정이 없는 로봇을 도덕 공동체에 받아들일 이유는 없다.

관점이 일관되게 제시되고 있습니다. 당연히 '진정한 감정'이라는 조건을 충족하지 못하면 공동체에 포함된다는 결론이 도출될 수 없겠죠.

[25~27] 문제 해설

25 윗글에 대한 이해로 적절하지 않은 것은?

① 인공 지능과 인공 감정을 연구하면 인간의 지능과 감정까지 더 잘 알게 된다.
② 인공 지능에서 행동이 하는 역할은 인공 감정에서 내적인 감정 경험이 맡는다.
③ 인공 지능에 회의적인 철학자는 의미의 이해가 지능의

본질적 요소라고 생각한다.

④ 인간성의 핵심이 로봇에게도 있다면 로봇을 도덕적 고려의 대상으로 인정해야 한다.

⑤ 인공 감정은 현실적으로 만들기가 어렵고 만들어도 인간과 같은지 판단하기가 어렵다.

답 ②

4문단에서 철학자들은 인공 지능이 인간과 똑같은 인지적 과제를 수행했다고 하더라도 그것은 의미를 이해하지 못하기 때문에 진정한 지능이 아니라고 주장했습니다. 그리고 인공 감정에 대해서도 마찬가지로, 감정을 입력 자극에 대한 적절한 출력을 내놓는 행동들의 패턴이 아니라 내적인 감정 경험으로 이해한다면 인공 감정이 곧 인간의 감정이라고 말할 수 없다고 주장했습니다. 이는 지문 해설에 제시한 것처럼 대놓고 '마찬가지로'라고 제시했으니 앞 문장을 통해 의미를 파악했어야 합니다.
즉 '과제 수행 ≒ 행동 패턴'이고 '의미 파악 ≒ 내적 감정'입니다.

오답 선지 분석

① : 2문단에서 인공 감정의 연구도 인간의 감정을 닮은 기계를 만들려는 시도이면서 동시에 감정 과정에 대한 계산 모형을 통해 인간의 감정을 더 깊이 이해하는 과정임이 제시되었습니다.

③ : 4문단에서 철학자들은 인공 지능이 인간과 똑같은 인지적 과제를 수행했다고 하더라도 그것은 의미를 이해하지 못하기 때문에 진정한 지능이 아니라고 주장했습니다. 여기서 의미를 이해하지 못하기 때문에 진정한 지능이 아니라 주장한 것은 결국 의미 이해를 지능의 본질적인 요소로 생각한다고 볼 수 있습니다.

④ : 1문단에서 인공 지능도 도덕적 고려의 대상으로 인정해야 하느냐는 물음에 직면할 때 이에 반대하는 사람들이 인간성의 핵심을 지적인 능력이 아니라 기쁨과 슬픔, 공포와 동정심 등의 감정적인 부분에서 찾으려 함이 제시되었습니다. 그렇다면 저런 핵심적 부분까지 인간과 같다면 로봇을 도덕적 고려의 대상으로 인정하지 않을 이유가 없습니다. '조건'이 충족되면 그를 인정하지 않을 수 없는 것이죠.

⑤ : 5문단에서 로봇이 감정을 가지기 위해서는 감정을 인식하고 표현하는 데 그쳐서는 안 되고 내적인 감정을 생성할 수 있어야 하는데, 현실적으로 상당히 어려운 전제 조건이 만족되어야 함이 제시되었습니다. 즉 인공 감정은 현실적으로 만들기가 어렵습니다. 또한 4문단에서 로봇이 정말로 이러한 감정 경험을 하는지 판단하기는 쉽지 않음이 제시되었습니다. 즉 인공 감정은 인간과 같은지 판단하기도 어렵습니다.

26 윗글을 바탕으로 <보기>의 상황에 대해 추론한 것으로 적절하지 <u>않은</u> 것은?

보 기

로봇 A가 바둑에서 최고수를 꺾고 우승한 뒤 기뻐하는 모습을 보고 인간 B가 함께 기쁨을 표현했다.

① A에게 누군가를 이기려는 본능이 있다면 A의 기쁨이 진정한 감정일 가능성이 있겠군.

② A의 기쁨이 적절한 입력 자극과 출력에 의한 것이라면 A의 기쁨은 진정한 감정이라고 말할 수 있겠군.

③ A가 바둑 이외의 다양한 영역에서도 인간처럼 업무를 잘 수행한다면 A의 기쁨이 진정한 감정일 가능성이 있겠군.

④ A나 B 모두 기쁘지 않으면서도 겉으로는 기뻐하는 행동을 보일 수 있겠군.

⑤ B가 A의 기쁨을 알게 된 것은 A의 신체 반응이나 표정 때문이겠군.

답 ②

4문단에서 인공 감정에 대해서도 마찬가지로, 감정을 입력 자극에 대한 적절한 출력을 내놓는 행동들의 패턴이 아니라 내적인 감정 경험으로 이해한다면 인공 감정이 곧 인간의 감정이라고 말할 수 없음이 제시되었습니다.
즉 A의 기쁨이 적절한 입출력에 의한 것이라 하더라도 A의 기쁨은 진정한 감정이라 말할 수 없습니다.

오답 선지 분석

① : 5문단에서 감정을 가진 개체는 기본적인 충동이나 욕구를 가진다고 전제된다. 목마름, 배고픔, 피로감 등의 본능이나 성취욕, 탐구욕 등이 없다면 감정도 없음이 제시되었습니다. 즉 이기려는 본능이 있다면 A는 감정을 가진 개체일 가능성이 있으므로, A의 기쁨은 진정한 감정일 가능성이 있습니다.

③ : 5문단에 제시된 것처럼 인간과 사회적으로 상호작용하기 위해 인간이 가지는 것과 같은 감정을 가지려면, 로봇은 최소한 고등 동물 이상의 일반 지능을 가지고, 생명체들처럼 복잡하고 예측 불가능한 환경에 적응할 수 있어야 합니다. 즉 A가 바둑 이외의 다양한 영역에서도 인간처럼 업무를 잘 수행한다면 A의 기쁨이 진정한 감정일 가능성이 있습니다.

④ : 인간만 보더라도 행동의 동등성은 심성 상태의 동등성을 함축하지 않기 때문에, 동일한 행동을 하는 두 사람이 서로 다른 감정을 느낄 수 있고 그 역도 가능하다. 로봇의 경우에는 행동의 동등성이 곧 심성 상태의 존재성조차도 함축하지 않습니다. 즉 둘 다 행동과 심성이 동등하지 않을 수 있습니다.

⑤ : 3문단에서 우리는 사회적 상호작용에서 서로의 신체 반응이나 표정을 통해 미묘한 감정을 읽어내고 그에 적절히 반응하며, 그런 정서적 교감을 통해 공동체를 유지함이 제시되었습니다. 즉 인간인 B가 A의 기쁨을 알게 된 것은 신체 반응이나 표정 때문입니다.

◇코멘트

구체적 예시, 조건 등은 답을 결정합니다. 기출 분석에서 이렇게 정답으로 자주 등장하는 포인트를 챙겨두는 것 역시 중요합니다.

27 ㉠에 대해 문제를 제기한 것으로 가장 적절한 것은?

① 로봇이 감정에 휩싸인다면 복잡하고 예측 불가능한 환경에 잘 적응할 수 없지 않을까?
② 인간처럼 감정을 인식하고 표현하는 인공 감정 연구는 이미 상당한 수준에 올라 있지 않을까?
③ 인공 지능도 인간의 감정을 이해하고 배려한다면 인공 지능이 도덕적 고려를 할 수 있지 않을까?
④ 도덕 공동체에 있으면 내적 감정을 갖겠지만, 내적 감정을 갖는다고 해서 꼭 도덕 공동체에 포함해야 할까?
⑤ 비행기와 새의 비행 방식이 다르듯, 로봇은 인간과 다른 방식으로 감정의 핵심 역할을 수행할 수 있지 않을까?

㉠ : 진정한 감정이 없는 로봇을 도덕 공동체에 받아들일 이유는 없다.

답 ⑤
주장과 근거를 파악합시다.
해당 주장의 '근거'는 2문단에 제시된 것처럼 '감정의 핵심적인 역할'입니다. 주장에 대한 비판은 '해당 주장'에 대한 비판이 맞는지 '근거'에 대한 비판이 맞는지를 파악해야 합니다.
이 점을 고려할 때 '감정의 핵심 역할'이 로봇과 인간이 다른 방식으로 기능할 수 있다는 것은 ㉠에 대한 비판으로 적절합니다.

오답 선지 분석
① : 진정한 감정이 없는 로봇을 도덕 공동체에 받아들일 이유가 없다는 주장에 대해 로봇이 감정에 휩싸이면 적응이 어려울

것이라는 말은 문제 제기로 적절하지 않습니다. 사실 보자마자 완전 관련 없는 말이라고 생각이 들었을 겁니다.

② : 5문단에 제시된 것처럼 로봇이 감정을 가지기 위해서는 감정을 인식하고 표현하는 데 그쳐서는 안 되고 내적인 감정을 생성할 수 있어야 합니다. 즉 감정을 인식하고 표현하는 정도만으로는 로봇을 도덕 공동체에 받아들일 근거로 작용할 수 없습니다.

③ : ㉠은 진정한 감정이 없는 로봇을 도덕 공동체에 받아들일 이유는 없다는 입장입니다. 그런 입장이라면 인공 지능도 인간의 감정을 이해하고 배려하는 경지라면, 도덕 공동체에 받아들일 이유가 없다고 주장하지 못할 겁니다. 즉 이는 비판보단, 공통된 의견에 가깝습니다.

④ : ㉠은 진정한 감정이 없는 로봇을 받아들일 이유가 없다는 입장입니다. 이는 계속 강조한 것처럼 '조건'을 만족하면 공동체에 수용한다는 입장입니다. 그런데 해당 선지는 오히려 감정을 가져도 도덕 공동체에 포함해야 하는지 의문을 제시하고 있습니다. 그러니 ㉠ 자체에 대한 적절한 문제 제기로 보기는 어렵습니다.

* 문제점, 비판 등의 선지 구성
글에서 문제점, 비판의 내용으로 적절한 것은~ 이런 문제가 나왔을 때 오답을 만드는 방식으로 아예 상관없는 얘기를 하거나, 문제점을 지적하거나 비판을 하는 것이 아닌 주장을 강화하거나 옹호하는 내용을 넣은 경우가 빈번합니다.
즉 비판 문제를 대할 때는
1. A가 주장한 내용이 맞는가? (허수아비 공격이 아닌가)
2. 비판이 맞는가?
이 두 가지를 꼭 생

◇ 문제점, 비판 등의 선지 구성

글에서 문제점, 비판의 내용으로 적절한 것은~ 이런 문제가 나왔을 때 오답을 만드는 방식으로 아예 상관없는 얘기를 하거나, 문제점을 지적하거나 비판을 하는 것이 아닌 주장을 강화하거나 옹호하는 내용을 넣은 경우가 빈번합니다.

즉 비판 문제를 대할 때는

1. A가 주장한 내용이 맞는가? (허수아비 공격이 아닌가)
2. 비판이 맞는가?

이 두 가지를 꼭 생각하시길 바랍니다.

◇ 총평

- 핵심 확보
- 다른 말 같은 뜻

지문 초반 제시된 윤리규범과 법규범의 '차이'라는 핵심을 파악한다는 인식을 가졌어야 합니다. 그리고 대립쌍으로 제시된 '내적 동기'와 '외적 동기'를 구분하고, 이후 '외적 동기'가 법규범의 핵심이라는 점을 상기하며 이후 내용을 납득하는 태도가 핵심적이었습니다.

지문의 용어와 논리 전개 수준이 매우 어렵습니다. 하지만, 이렇게 어려운 글을 독해하며 우리는 이해를 지향해야 합니다. 그와 동시에 최소한 핵심으로 제시된 정보를 통해 문맥적 의미를 파악하며 독해를 진행하는 것의 중요성을 느껴야 합니다.

개인적으로 해당 지문에 대한 분석을 마친 뒤, 17.11 보험 지문을 독해해보시면 좋겠습니다. 이때 단순히 보험 지문은 '문제 해결 구조다'라는 접근보다는 초반에 제시된 보험의 정의 중 일부인 '보험은 같은 위험을 보유한 다수인이 위험 공동체를 형성'을 상기하며 이후 내용을 납득하며 읽어보시면 좋을 것 같습니다. 해당 교재에는 분량 및 교재 목적상 수록이 어려웠는데, (리트 지문 수록이 목적이니) 구매자 카페를 통해 이에 대한 해설을 제공해드리겠습니다.

> 윤리규범과 법규범은 인간에게 요구되는 행위가 무엇인지를 단순히 기술하는 것이 아니라 그러한 행위로 나아갈 것을 지시하는 규정적 성격을 지닌다는 점에서 유사하다.

윤리규범과 법규범의 공통점을 제시합니다. 여기서 어휘 자체에서 '단순 기술'과 '나아갈 것 규정'이라는 것이 대놓고 구분된다는 것을 납득하기는 어렵지 않을 거라 생각합니다.

◇ tip 모두가 아는데 다수가 간과하는 부분

거시적으로(구조적으로) 두 쌍이 나올 때 차이점도 중요하지만, 공통점도 중요하다는 독해 태도는 거의 모든 학생들이 가지고 있을 것입니다. 그런데 대놓고 비교·대조 구조의 지문이 나올 때와는 달리 이 문장처럼 문장 내에서 개념을 구분해주는 경우 이를 간과하고 넘어가는 경우가 많은 것 같습니다.

해당 부분에서도 대놓고 '단순 기술'과 '규정적 성격'을 구분해주고 있습니다. 그러니 우리도 제시된 규범들이 '규정적'이라는 점은 필히 확보하고 독해를 진행해야 합니다.

> 하지만 보다 구체적인 측면에서는 양자가 서로 명확하게 구별되는 특정을 지니고 있는 것도 사실이다. 칸트는 이 점을 매우 분명한 형태로 지적하고 있다.

윤리규범과 법규범은 '규정적 성격'이 공통되지만, 차이도 있습니다. 그렇다면 당연히 칸트의 '관점'에서 윤리규범과 법규범의 차이가 지문의 핵심일 것이라는 정도는 파악할 수 있습니다.

◇ 코멘트

지문의 핵심을 파악하고 독해를 진행하는 것은 매우 중요합니다.

지문 분석 첨언

실전에서는 '차이가 핵심이니 최소한 의미 파악은 진행되어야 한다'라는 인식은 가졌어야 합니다.
여기서 분석이니 조금 더 언급해본다면 실제로 해당 지문도 핵심인 '외면성 명제'에 대한 파악(결국 윤리규범과 법규범의 주된 차이점)이 이 지문을 장악하기 위해 가장 중요한 요소였습니다.

> 그의 설명에 따르면 법규범은 윤리규범과 달리 행위의 외적인 측면에 대해서만 관여할 뿐, 행위자가 어떤 심정에서 그러한 행위로 나아간 것인지에 대해서는 상관하지 않는다.

대놓고 둘의 차이를 제시해주고 있습니다. 법규범은 '외적만' 관여합니다. 즉 '심정'을 고려하지 않는다는 것은 '내적인 것'은 고려하지 않는다는 의미겠죠. 법규범과 윤리규범의 구분을 대립쌍을 인식해 잡았다면 파악이 조금 더 수월했을 겁니다.

◇ tip 대립쌍

'외적 / 내적'

이 둘은 어휘 자체가 명확하게 대립되는 포인트입니다. 애초에 기출 분석을 통해 (미시, 거시) / (개별, 전체) / (안, 밖) / (선천, 후천) / (모든, 일부) / (형식, 내용) / (가변, 불변) 등 대립쌍을 이루는 어휘 자체를 익혀 그에 대한 즉각적인 반응이 이루어져야 합니다.

실제로 대립쌍에 대한 이해는 지문 이해와 문제 풀이 시 굉장히 핵심적으로 기능하는 부분입니다. 필히 민감한 반응을 갖추시길 바랍니다.

지문에서도 '법규범은 외적 측면만 고려'가 지문을 관통하는 핵심이었습니다. 이 '외적만 고려'한다는 것이 결국 '외면성 명제'로 이어지니까요.

두 대상이 구분될 때 동등하게 구분될 수 있지만, 중점적으로 다루어지는 대상이 존재할 수 있습니다. 이 경우에도 '법규범'이 핵심이라는 점을 파악할 수 있습니다. (대놓고 법규범을 기준으로 고려하고 있으니)

법은 결국 모든 사람이 공존하는 가운데 각자의 의지가 자유로이 표출될 수 있게 보장하기 위한 외적인 형식에 관심이 있을 뿐이다.

대립쌍을 통해 핵심을 잡고 독해를 진행했어야 합니다. '법규범은 외적만' 신경 씁니다. 그러니 각자의 의지가 자유로이 표출되기 위한다는 '목적'을 이루기 위해 내적인 것에 신경 쓰지 않는다는(외적인 형식에 관심이 있을 뿐) 점을 파악했어야 합니다.

목적을 파악하는 것은 핵심입니다. 칸트가 이런 주장을 한 '목적'에 맞춰 글이 진행되고 있는 겁니다.

㉠칸트의 설명 체계에 의하면 법규범에 대하여 다음과 같은 세부 명제가 성립하게 된다.

대놓고 법규범에 대해 파악할 것을 요구하고 있습니다. 법규범의 핵심인 '외적인 것에만 관여한다'를 상기하며 독해를 진행합시다.

윤리 규범과 법규범 중, 법규범이 핵심이라는 점을 고려했다면, 법규범에 대해 파악해야 한다는 점은 자연스럽게 납득할 수 있습니다.

첫째, 법규범은 사람들에게 무엇을 해야 하고 무엇을 하지 말아야 하는지를 지시해 주는 처방을 담고 있다는 규정성 명제,

어휘 자체를 통해 납득합시다. '행위를 지시'하는 겁니다. 그러니 '행위를 규정'한다는 의미이므로 '규정성+명제 = 행위 지시' 정도로 의미를 납득할 수 있습니다.

둘째, 법규범은 사람들에게 오로지 외적으로 그것에 부합하게끔 행동한 것을 요구할 뿐, 그것을 따르는 것 자체가 행위의 이유가 될 것까지 요구하지는 않는다는 외면성 명제,

계속 어휘 자체를 통해 납득합시다. '오로지 외적'입니다. 그러니 '이유를 중시하지 않는 늑 내적인 것은 고려하지 않는' '외면성늑외적' 명제라는 것은 납득할 수 있습니다.

독서는 결국 '의미'를 파악하며 읽는 것입니다. 독해 시, 기표(記標)가 다르더라도, 같은 기의(記意)를 가지고 있으면 적극적으로 같은 의미를 판단해 주어야 합니다.

우리가 앞서 잡은 법규범과 윤리규범의 차이인 '오로지 외적에만 관여'를 고려한다면, '외적만' 고려하는 외면성 명제가 둘의 차이와 관련되었을 것이라는 생각을 할 수 있습니다. 이처럼 대립쌍으로 제시된 개념을 파악하고 독해를 진행한다면, 글의 핵심을 파악하는 것이 조금 더 수월해질 수 있습니다.

cf) 23.09 (가) 아도르노의 미학

'아도르노가 보는 대중 예술은 창작의 구성에서 표현까지 표준화되어 생산되는 상품에 불과하다. 그는 대중 예술의 규격성으로 인해 개인의 감상 능력 역시 표준화되고, 개인의 개성은 다른 개인의 그것과 다르지 않게 된다고 보았다.'

⇒ 해당 문장도 역시 문맥상 같은 의미를 파악하며 독해를 진행하는 것이 핵심이었습니다. 22.11 (가) 헤겔의 미학, 23.09 유류분권에 대한 이해에서도 그것이 핵심이었죠. 현 수능의 가장 핵심적인 독해 태도입니다.

셋째, 법규범은 특정한 목적을 공유하는 사람만이 아니라 그 관할 아래 놓여 있는 모든 사람을 구속한다는 무조건성 명제가 바로 그것이다.

'특정 목적 공유'하는 사람이 아닌 '모든' 사람을 구속합니다. 그러니 '무조건(조건 없이)' 사람들을 구속하는 '무조건성 명제'라는 것을 납득할 수 있습니다.

실제로 어휘 자체를 통해 자연스럽게 납득할 부분을 납득하고 독해를 진행하는 사람과 그렇지 못한 사람은 실전에서 상당한 차이를 보입니다.

칸트의 설명 체계라는 굉장히 어려워 보이는 말로 흐름을 제시해줬지만, 세 가지 명제들은 모두 '어휘 자체'의 의미를 통해 수월하게 납득할 수 있는 내용이었습니다.

앞서도 한번 말한 내용이지만, 우리나라에 철학, 경제, 법 이론이 들어올 때 대부분 원문이 아닌 번역문이 들어와서 제시되는 개념이 '한자어'인 경우가 많습니다. 그러니 당연히 인문, 경제, 법 등의 제재는 어휘 자체를 통해 의미 파악이 자연스럽게 되는 경우가 많습니다. 특히 인문 지문에서는 이처럼 '어휘 자체'를 통해 납득할 수 있는 경우가 많으니 꼭 인식하고 독해를 진행하시길 바랍니다.

cf) 20.06 금융 안전을 위한 미시 건전성 정책과 거시 건전성 정책의 관점 차⇒ '미시'와 '거시'라는 어휘 뜻을 통해 지문에 제시된 미시 건전성과 거시 건정성의 개념을 파악

> 하지만 칸트의 설명 체계에서 외면성 명제는 심각한 역설을 유발하는 것으로 보인다는 지적이 있다.

오로지 외적만 신경 쓴다는 외면성 명제가 '역설'을 유발한다는 것은 문제가 있다는 것이죠. 그렇다면 당연히 우리는 단순히 '문제 상황이 제시되었으니 해결책에 집중해야지!'가 아닌 '역설의 원인'을 파악한다는 태도가 필요합니다.

◇ 코멘트

구조를 알 때 글의 흐름을 파악하는 것이 유리한 건 맞습니다. 그러나 구조보다는 이렇게 '의미 파악' 자체에 중점을 두고 독해를 진행하는 것이 우선시 되어야 합니다.

> 이 점은(외면성 명제가 역설을 유발한다) 법규범이 어떤 종류의 명령으로 표현될 수 있을 것인지를 생각하는 과정에서 드러난다.

글의 흐름을 명확하게 제시해줍니다. '명령의 종류'로 인해 문제가 발생하는 것이죠. 그러면 우리는 '원인'에 집중해야 하니, '명령의 종류가 왜 역설을?' 정도의 생각을 했으면 베스트입니다.

> 우선 법규범은 그것을 따르는 사람들의 실질적 목적이나 필요를 전제로 하지 않으며, 오로지 외적인 자유만을 전제로 한다는 점에서 무조건적이며 단적으로 효력을 지닌다.

법규범은 '외적인 것'에만 집중하고 '실질적 목적 = 내적'인 것에 주목하지 않습니다. 그리고 앞서 법규범이 무조건성 명제를 가지고 있다고 했습니다. 그러니 무조건적이며 단적으로 효력을 지닌다 볼 수 있겠죠. 앞서 제시된 정보를 통해 내용을 납득해야 합니다.

> 따라서 일견 정언 명령만이 법규범을 표현할 수 있을 듯하다.

정언 명령에 대한 배경지식이 있다면, 당연하다고 납득할 수 있습니다. 만약 정언 명령을 모른다고 하더라도, 앞선 문장이 '무조건적이며 단적'이라는 것을 제시해줬고, '그에 따라' 정언 명령이 등장한 것이니 정언 명령은 '무조건적 명령'이라고 판단할 수 있습니다.

◇ 코멘트

+ '따라서'와 같이 접속 부사를 통해 의미를 파악할 수 있습니다.
+ 정언 명령은 '행위의 결과에 구애됨이 없이 행위 그것 자체가 선(善)이기 때문에 무조건 그 수행이 요구되는 도덕적 명령'입니다. 정언 명령은 고교 교육 과정에서도 등장하는 내용이므로 수능에서도 이처럼 앞 문장을 통해 스스로 의미를 파악할 것을 요구하는 것이 가능합니다.
개인적으로 해당 지문에 나오는 정언 명령과 가언 명령은 지식적으로 알고 있어야 한다고 생각합니다.

> 그런데 정언 명령에 복종하는 유일한 방식은 그것이 명령하고 있다는 이유에서 그것에 따르는 것이다.

정언 명령에 대한 배경지식이 있다면, '당연한 말'이 됩니다. 만약 그렇지 않다면, '명령하니 따르는 게 정언 명령이다' 정도로 파악하고 독해를 진행했어야 합니다.

> 명령이기 때문에 하는 행위와 그저 명령에 부합하는 행위는 구별되어야 한다.

만약 여기서 납득하지 못했다고 하더라도, 최소한 문장 내에서 대놓고 구분해주고 있기 때문에 글자 그대로라도 구분은 하고 독해를 진행했어야 합니다.

가령 형벌의 두려움 때문에 어쩔 수 없이 정언 명령이 요구하는 행위로 나아갔다면, 이를 정언 명령에 복종한 것이라고 말할 수는 없다.

대놓고 예시까지 제시해줬습니다. '어쩔 수 없이 한 행위'는 앞선 문장을 통해 '그저 명령에 부합하는 행위'라고 판단할 수 있습니다. 그러니 정언 명령에 복종했다고 볼 수 없겠죠. 명령하고 있다는 이유에서 하는 것이 정언 명령이니까요.

◇ tip **구체적인 예시, 그리고 연결**

앞선 문장을 통해 뒷말의 의미를 파악해야 합니다. 특히 구체적인 예시가 나오면 정확하게 예시가 앞말의 무엇에 대응하는지 파악해야 합니다.

현 수능은 지문의 길이가 과거에 비해 짧아졌습니다. 그럼에도 굳이 구체적인 예시를 제시하여 앞 문장을 설명하고 있다는 것은 출제자의 입장에서 학생이 그것을 이해하고 독해를 진행하길 요구하는 것이죠.

이처럼 단순 서칭이 아닌 이해와 추론이 강조되고 있는 현시점, 이를 위해 가장 필요한 능력은 저는 '다른 말 같은 뜻을 통한 의미 파악'이라고 생각합니다.

cf) 21.11 예약에 대한 이해

'이 채권의 급부 내용은 '예약상 권리자의 본계약 성립 요구에 대해 상대방이 승낙하는 것'이다. 회사의 급식 업체 공모에 따라 여러 업체가 신청한 경우 그중 한 업체가 선정되었다고 회사에서 통지하면 예약이 성립한다.'

⇒ 예약상 권리자의 본계약 성립 요구에 대해 상대방이 '승낙'한다는 것을 고려하면, 문맥상 업체 선정을 '통지'한 회사가 제안을 '승낙'한 것으로 볼 수 있습니다. 그러니 문맥상 '회사'가 상대방이 되고, 급식 업체가 예약상 권리자가 됩니다.

21.11 예약 지문에서 해당 예시를 정확하게 파악하지 못했다면, '예약의 유형에 따라 예약상 권리자가 요구할 수 있는 급부' 문항을 파악하기가 매우 어려웠을 겁니다. 실제로 오답률도 매우 높은 문항이었고요. 킬러 문항에서 이렇게 구체적 예시에 대한 의미 파악이 중요하다는 점을 느끼시면 좋겠습니다.

따라서 외면성 명제가 성립하는 한, 법규범이 정언 명령으로 표현된다는 것은 불가능할 것이다. 법규범은 그것을 따르는 내면의 동기까지 요구하지는 않는다는 점에서 윤리규범과 달라야 하기 때문이다.

정언 명령은 '명령하고 있다는 이유에서' 명령을 따릅니다. 즉 '내적인 이유 = 명령하고 있다는 이유로 따름'이니 '외적'만 신경 쓰는 외면성 명제가 있는 법규범에서는 당연히 성립할 수 없습니다.

◇ **코멘트**

대놓고 대립쌍으로 제시된 외면성 명제의 핵심인 '외적만 고려'를 파악했다면 납득이 수월했을 겁니다. 지문의 핵심을 확보하는 것의 중요성, 특히 그것이 대립쌍으로 제시되었다면 필히 그를 통해 이후 내용을 납득해야 함을 느끼시면 좋겠습니다.

그렇다면 법규범은 가언 명령으로 발하여질 것인가? 그렇지 않을 것이다.

계속 생각합시다. 우리는 '원인'을 파악해야 합니다. 가언 명령으로 말할 수 없는 '원인'에 집중합시다.

가언 명령이란 "만일 당신이 강제와 형벌의 위험을 피하고자 한다면, 법이 지시하는 바를 행하라."와 같은 구조를 취하게 될 텐데, 이 경우 사실상 법규범은 강제와 형벌의 위험을 피하고자 하는 사람들에 대해서만 그것이 지시하는 바를 행하게 할 뿐이어서, 앞에서 살펴본 무조건성 명제에 반하게 되기 때문이다.

앞선 부분보다 친절하게 설명해줍니다. '가언 명령'이 '위험을 피하고자 하는 사람들에 대해서만' 적용된다면 무조건적으로 적용되는 것이 아니죠. 그러니 당연히 무조건성 명제에 반할 겁니다.

결국 윤리규범과 법규범에 대해 일견 통용되는 것으로 보이는 규정성 명제와 무조건성 명제 외에 법규범에 특유한 외면성 명제를 도입하는 순간, 법규범은 정언 명령으로도 가언 명령으로도 표현될 수 없게 됨으로써

앞선 내용의 요약 수준입니다. 정언 명령도, 가언 명령도 사용할 수 없습니다. 그러니 정언, 가언 명령으로 표현할 수 없습니다.

종국적으로는 법규범에 한하여 규정성 명제를 인정할 수 없게 되는 역설적인 결과를 낳는다.

규정성 명제의 의미를 당겨 읽어야 납득할 수 있습니다. 규정성 명제는 '행동에 대한 지시'를 담고 있는 겁니다. 그런데 '정언, 가언 명령'으로 표현할 수가 없으면 '지시'를 할 수 없겠죠. 그러

니 규정성 명제가 성립할 수 없습니다.

다시 말해서 법규범이 어떤 행위가 요구되고 어떤 행위가 금지되는지를 단순히 기술하는 수준에 머물지는 않는다 하더라도, 역설적이게도 그에 따라 행하도록 지시·명령·요구할 수는 없게 된다는 것이다.

계속 앞선 내용을 통해 제시됩니다. '법규범'은 단순 기술이 아닌, 행위를 지시합니다. 그런데 '지시·명령·요구'를 하지 못한다는 것은 문맥상 '지시'하지 못한다는 것이죠.

하지만 윤리규범과 법규범의 차이를 오로지 법칙 수립 형식 내지 의무 강제 방식에서의 자율성과 타율성에서 찾는 칸트의 설명 체계에서 외면성 명제의 도입을 포기하기도 쉽지 않다.

윤리규범과 법규범의 차이는 앞서 제시되었지만 '외적 / 내적'입니다. 그러니 '법칙 수립 형식 내지 의무 강제 방식에서의 자율성과 타율성 ≒ 외적 / 내적'을 포기하는 것은 쉽지 않죠. 저걸로 구분했는데, 저걸 포기하면 차이가 없어지는 것이니까요.

그는 법칙 수립의 개념 자체를 규범과 동기라는 두 요소를 통해 정의하고 있기 때문에, 법규범에 관해서도 모종의 동기 자체는 제시될 수 있어야 한다. 그리고 그가 말하는 법규범에 어울리는 동기란 바로 타율적 강제라는 외적인 동기이다.

핵심인 '외적'을 가지고 있다면 계속 납득할 수 있는 정보입니다. 법칙에서 규범과 동기가 중요한데, 법규범은 '외적 동기'에만 주목하니까요.

따라서 법규범은 윤리규범과 달리 누가 스스로 그것을 지키지 않을 때 그것을 지키도록 다른 사람이 강제할 수 있게 되는 것이다.

이는 납득하는 태도가 두 가지로 나뉠 수 있습니다.

1. 상식적 납득
윤리는 자율성에 의해 강제될 수 있고, 법은 타율성에 의해 강제된다. 그러니 타율적 강제인 법규범은 다른 사람이 강제할 수 있다.

2. 문맥을 통한 파악
윤리규범은 '내적 동기'에 주목하고 법규범은 '외적 동기'에 주목한다. '내적'인 것은 내면 심리이므로 강제될 수 없다. 그런데 '외적'인 것은 드러나므로 그것을 강제할 수 있다.

둘 중 어떤 식으로 납득하였어도 무방합니다.

이렇듯 외면성이 법규범의 핵심적 징표를 이루고 있는 한, 칸트의 설명 체계에서 이를 무시하기는 어려울 것이며, 결국 외면성 명제의 도입에 따른 법적 명령의 역설도 쉽사리 해소될 수는 없을 것이다.

결론은 자명합니다. 그냥 '외면성 명제'의 역설이 해소되지 못하는 것이죠. 앞서 포기할 수 없다고까지 말했으니 이 정도는 자연스럽게 독해를 마무리할 수 있습니다.

[28~30] 문제 해설

28 외면성 명제 에 관한 내용으로 적절하지 않은 것은?

① 외면성 명제는 윤리규범과 법규범의 차이를 나타내는 것이다.
② 외면성 명제가 법규범을 기술적 명제로 환원시키는 것은 아니다.
③ 외면성 명제와 규정성 명제를 유지하는 한 무조건성 명제를 유지하기 어렵다.
④ 외면성 명제와 무조건성 명제를 유지하는 한 규정성 명제를 유지하기 어렵다.
⑤ 외면성 명제에 따르면 법칙 수립 과정에서 윤리규범은 의무강제와 결합하지 않게 된다.

답 ⑤

외면성 명제는 윤리규범과 법규범을 구분하는 기준입니다. 따라서 애초에 외면성 명제에 근거하여 윤리규범에 대한 판단을 진행하는 것이 적절하지 않습니다.

①: 1문단에 제시된 것처럼 법규범은 윤리규범과 달리 행위의 외적인 측면에 대해서만 관여할 뿐, 행위자가 어떤 심정에서 그러한 행위로 나아간 것인지에 대해서는 상관하지 않습니다. 그리고 2문단에 제시된 것처럼 외적인 측면에만 관여한다는 것은 오로지 외적으로 그것에 부합하게끔 행동할 것을 요구할 뿐, 그것을 따르는 것 자체가 행위의 이유가 될 것까지 요구하지는 않는다는 외면성 명제를 의미합니다. 따라서 외면성 명제는 윤리규범과 법규범의 차이를 나타내는 것이라 볼 수 있습니다.

②: 6문단에 제시된 것처럼 외면성 명제가 도입될 때 법규범이 어떤 행위가 요구되고 어떤 행위가 금지되는지를 단순히 기술하는 수준에 머물지는 않는다 하더라도, 역설적이게도 그에 따라 행하도록 지시·명령·요구할 수는 없음이 제시되었습니다. 여기서 그에 따라 행하도록 요구한다는 것은 1문단에 제시된 행위로 나아갈 것을 지시하는 규정적 성격이라 할 수 있습니다. 즉 외면성 명제가 법규범을 기술적 명제로 환원시키는 것은 아닙니다.

③: 5문단에 제시된 것처럼 외면성 명제를 유지할 때, 제시된 행위로 나아갈 것을 지시하는 규정적 성격을 포기하지 않는다면, 무조건성 명제에 반함이 제시되어 있습니다. 따라서 외면성 명제와 무조건성 명제를 유지하는 한 규정성 명제를 유지하기 어렵다고 볼 수 있습니다.

④: 6문단에 제시된 것처럼 법규범에 대해 규정성 명제와 무조건성 명제 외에 외면성 명제를 도입하는 순간, 법규범은 정언 명령으로도 가언 명령으로도 표현될 수 없게 됨으로써 종국적으로는 법규범에 한하여 규정성 명제를 인정할 수 없게 되는 역설적인 결과를 낳습니다.

◇ **코멘트**

대립쌍(외적/내적)을 통해 '외면성 명제'라는 핵심을 파악했다면, 정답 선지를 고르는 것(윤리규범은 외적이랑 관련 없는데?)과 오답 선지 분석들에 대한 판단이 조금 더 수월했을 겁니다.

29 ㉠에 대해 추론한 것으로 적절하지 <u>않은</u> 것은?

① 윤리규범과 법규범의 내용은 서로 동일할 수 있을 것이다.
② 규범의 규정적 성격은 명령의 형태로 표현되어야 할 것이다.
③ 정언 명령에 부합하는 행위를 아무 이유 없이 할 수는 없을 것이다.
④ 윤리적 이유가 아닌 다른 이유에서 법규범을 준수할 수 있어야 할 것이다.
⑤ 윤리규범과 법규범은 공동체의 모든 구성원에 대하여 효력을 지닐 것이다.

답 ③

4문단에 제시된 것처럼 명령이기 때문에 하는 행위와 그저 명령에 부합하는 행위는 구별되어야 합니다. 정언 명령에 부합하는 행위를 하더라도 아무 이유 없이 그저 명령에 부합만 하는 행위일 수도 있기에, 정언 명령에 부합하는 행위를 아무 이유 없이 할 수는 없을 것이라 보는 것은 적절하지 않습니다.

①: 1문단에 제시된 것처럼 윤리규범과 법규범은 인간에게 요구되는 행위가 무엇인지를 단순히 기술하는 것이 아니라 그러한 행위로 나아갈 것을 지시하는 규정적 성격을 지닌다는 점에서 유사합니다. 그리고 이를 통해 규정된 내용이 동일할 수도 있다고 판단할 수 있습니다. 또한 7문단에 제시된 것처럼 윤리규범과 법규범의 차이를 오로지 법칙 수립 형식 내지 의무 강제 방식에서의 자율성과 타율성으로 보는 칸트의 견해를 고려한다면, '내용'은 서로 동일하다고 판단할 수 있습니다.

②: 1문단에서 윤리규범과 법규범은 인간에게 요구되는 행위가 무엇인지를 단순히 기술하는 것이 아니라 그러한 행위로 나아갈 것을 지시하는 규정적 성격을 공통적으로 가지고 있음이 제시되었습니다. '행위를 지시한다는 것'이 명령이라 판단하는 것도 크게 무리는 없습니다. 조금 더 구체적으로 근거를 제시한다면, 3문단에 제시된 '법규범이 어떤 종류의 명령으로 표현될 수 있을 것인지를 생각하는 과정'이라는 점에서 '규범'의 규정적 성격(행위 지시 내용)이 명령의 형태로 표현되어야 한다고 볼 수 있습니다.

④: 4문단에서 법규범은 그것을 따르는 내면의 동기까지 요구하지는 않는다는 점에서 윤리규범과 달라야 함이 제시되었습니다. 이는 '내적' 동기가 아닌 '외적' 동기를 요구해야 한다는 법규범의 특징을 제시한 것으로 법규범이 윤리적 이유가 아닌 다른 이유에서 법규범을 준수할 수 있어야 할 것이라 추론할 수 있습니다.

⑤: 3문단에서 법규범은 특정한 목적을 공유하는 사람만이 아니라 그 관할 아래 놓여 있는 모든 사람을 구속한다는 무조건성 명제를 가짐이 제시되었습니다. 그리고 6문단에서 윤리규범과 법규범에 대해 일견 통용되는 것으로 보이는 규정성 명제와 무조건성 명제라는 점이 제시된 것을 통해 윤리규범과 법규범은 모두 무조건성 명제를 가지고 있다 볼 수 있으므로 모든 구성원에 대하여 효력을 지닐 것이라 볼 수 있습니다.

30 윗글을 바탕으로 <보기>를 설명한 것으로 가장 적절한 것은?

보 기

칸트는 외면성 명제를 현실 세계의 법규범에 관한 실용적 지식이 아니라 법규범의 개념에 내재한 필연성을 밝히는 분석적 진리로서 의도한 것이었지만, 이후의 전체주의 체제에 대한 역사적 경험에 비추어 볼 때, 그것은 정당한 국가 권력이 갖춰야 할 실질적 조건을 의미하는 것으로 드러났다.

① 칸트의 외면성 명제는 법적 명령의 역설을 초래함으로써 국가 권력의 정당성 기반을 약화시켰다.
② 칸트의 외면성 명제는 국가 권력이 사람들의 내면의 자유에 개입하려 해서는 안 된다는 것을 함의한다.
③ 칸트는 법규범의 독자성을 인정하고 이를 국가 권력의 정당성을 확보하기 위한 정치적 지도 원리로 삼고자 했다.
④ 칸트에 의거할 때 사람들이 법에 대한 심정적 지지 없이 단지 법에 부합하는 행위만을 할 때 전체주의 체제가 도래할 위험이 있다.
⑤ 칸트에 의거할 때 국가 권력의 행사는 사람들이 실제로 어떠한 이유에서 법을 준수하거나 위반하는지를 정확히 파악한 토대 위에서 이루어질 필요가 있다.

<보기> 분석
외면성 명제는 정당한 국가 권력이 갖추어야 할 실질적 조건이다.
⇒ 외면성 명제는 행위의 '내적 측면에 관여하지 않고', '외적인 측면만 관여'

답 ②
두 가지 접근이 가능할 것 같습니다.

1. 최대한 지식 없이.
<보기>에서는 전체주의를 겪고 보니 칸트의 외면성 명제가 정당한 국가의 실질적 조건임이 제시되었습니다. 즉 '외적인 측면에만' 관여해야 한다는 말이 제시되어야 하겠죠. 그러니 '외면성 명제'가 '내면'에 개입해서는 안 된다는 것을 함의한다 볼 수 있습니다.

2. 전체주의라는 점을 고려.

전체주의는 ' 전체주의란 개인의 모든 활동은 오로지 전체, 즉 민족이나 국가의 존립과 발전을 위하여 존재한다는 이념 아래 개인의 자유를 억압하는 사상 및 체제를' 의미합니다. 이렇게 자세하게 알지 못하더라도 '개인보다 국가나 전체를 고려하는데?' 정도의 의미는 상식적으로 알고 있을 겁니다.

이를 고려한다면, '전체주의'를 돌아보니 '외면성 명제'가 중요하다는 것은 인간의 '내적 자유, 이념 등'에 대해 함부로 통제하는 것이 적절하지 않다는 의미일 것으로, 외면성 명제는 국가 권력이 사람들의 내면의 자유에 개입하려 해서는 안 된다는 것을 함의한다고 볼 수 있습니다.

오답 선지 분석
① : <보기>에서 외면성 명제가 국가 권력이 갖춰야 할 상징적 조건이라 제시했습니다. 이런 갖춰야 할 조건인 외면성 명제가 국가 권력의 정당성 기반을 약화시킨다는 것은 적절하지 않습니다.

③ : <보기>는 칸트의 관점이 제시된 이후, 전체주의를 겪은 뒤 그 관점에 대한 해석을 하는 것입니다. 즉 칸트가 저런 원리(관점)을 가졌는지를 <보기>와 지문으로 판단하는 것은 적절하지 않습니다.

④ : <보기>에서 전체주의를 겪어보니 외면성 명제가 국가 권력이 갖춰야 할 상징적 조건이라 제시했습니다. 외면성 명제는 행위의 '내적'이 아닌 '외적'만 고려하는 것입니다. 이를 고려할 때 심정적 지지 없이 단지 법에 부합하는 행위만을 할 때 전체주의 체제가 도래할 위험이 있다고 보는 것은 적절하지 않습니다.

⑤ : <보기>에서 전체주의를 겪어보니 외면성 명제가 국가 권력이 갖춰야 할 상징적 조건이라 제시했습니다. 외면성 명제는 행위의 '내적'이 아닌 '외적'만 고려하는 것입니다. 그런데 국가 권력의 행사는 사람들이 실제로 어떠한 이유에서 법을 준수하거나 위반하는지를 정확히 파악한다는 것은 '내적'을 고려하는 것으로 적절하다 보기 어렵습니다.

23학년도 LEET 언어이해

◇ 총평

- 핵심 확보 (관점 파악)
- 다른 말 같은 뜻
- 구체적 예시, 그리고 연결

매우 좋은 지문입니다.

관점을 파악하고, 그를 확보하는 지문 독해의 핵심입니다. 우리는 '관점을 확보'한 상태로 그에 맞춰 '의미'를 파악하며 독해를 진행해야 합니다.

해당 지문 역시 지문에 제시된 관점(진솔함을 요구)을 확보하고, 그에 맞춰 각기 다르게 제시된 글자들의 '의미'를 파악하며 독해를 진행했어야 합니다. 결국 그렇게 글자의 '의미'를 파악하며 독해를 진행했다면, 지문 전체가 말하고 있는 의미를 파악할 수 있었을 겁니다.

해당 지문을 통해 관점을 파악하고, 그를 통해 의미를 파악하며 독해를 진행하는 태도의 중요성을 '스스로' 꼭 느껴보시길 바랍니다.

판사에게 진솔함이 요구되는가 하는 문제가 논의되고 있다.

글의 화제를 제시하고 있습니다. '진솔함'을 요구하는지에 대한 '논의'가 진행되고 있다고 대놓고 제시해줬으니, 우리도 글의 '핵심 화제'인 '진솔함'에 초점을 맞춰 독해를 진행해야 합니다.

◇ 코멘트

잘 쓴 글은 생각보다 친절합니다. 수능. 리트 등에서 대놓고 '중요하다', '핵심이다', '문제이다' 이런 식으로 제시된 내용은 출제자가 이를 핵심으로 설정했음을 알아 둡시다.

현대의 민주국가는 판사가 내리는 판결에 강제력을 부여하지만, 사법권의 행사에 민주적 통제가 미치도록 판결에 이유를 밝힐 것을 요구한다.

상식적으로 당연한 내용입니다. 판사의 판결에 강제력을 부여한다면, 그 이유를 밝혀야죠. 이렇게 상식적으로 당연한 내용은 자연스럽게 납득하며 독해를 진행할 수 있어야 합니다.

◇ 코멘트

글의 핵심은 판사의 진솔함입니다. 그러면 이렇게 판결을 내리는 것에서 판사의 진솔함이 필요한지 아닌지, 그에 대한 '관점'이 핵심이라는 것을 알 수 있습니다. 이렇게 핵심을 파악했다면, 이후 내용을 납득하는 것은 매우 수월해집니다.

이때(판결을 내릴 때) 판사는 판결의 핵심적인 근거에 관해 허위나 감춤 없이 자신이 믿는 바와 판단 과정을 분명히 드러내야 한다.

우리의 핵심은 '판사의 진솔함'입니다. 이렇게 판결을 내릴 때 핵심 근거를 허위 없이, 자신이 믿는 바를 제시해야 한다는 것은 결국 판사에게 '진솔함'이 필요하다는 것을 의미합니다. 핵심 화제를 생각하며, 문맥에 근거해 글자가 달라도 같은 의미를 적극적으로 파악해야 합니다.

◇ tip 다른 말 같은 뜻

독서는 결국 '의미'를 파악하며 읽는 것입니다. 독해 시, 기표(記標)가 다르더라도, 같은 기의(記意)를 가지고 있으면 적극적으로 같은 의미를 판단해 주어야 합니다.

여기서도

[핵심적 근거에 관해 허위나 감춤이 없어야 한다 = 진술해야 한다]

와 같이 다른 말 같은 뜻을 잡으며 독해를 진행했어야 합니다.

이렇게 다른 말 같은 뜻을 잡아 지문의 핵심을 파악했다면, 사실상 이후 제시되는 내용은 최소한의 구분 정도면 충분합니다.

cf) 23.09 유류분권에 대한 이해

'유류분은 피상속인의 무상 처분 행위가 없었다고 가정할 때 상속인들이 상속받을 수 있었을 이익 중 법으로 보장된 부분'

≒ '상속인들이 상속받을 수 있었을 이익은 상속 개시 당시에 피상속인이 가졌던 재산의 가치에 이미 무상 취득자에게 넘어간 재산의 가치를 더하여 산정'

≒ '유류분은 상속인들이 기대했던 이익 중 일부'

이처럼 글자가 다르더라도 문맥을 통해 글자의 의미를 파악하며 독해를 진행해야 합니다.

이에 대해서는(판사에게 진솔함 요구) '반대론'이 있다.

글의 화제 그대로 지문이 전개됩니다. 판사에게 진솔함이 요구되는지에 대해 논의가 진행되고 있다고 했으니, 진솔함을 요구하지 않는 반대론이 존재하겠죠.

　법원은 사회적 갈등과 긴장의 해소를 임무로 하므로 사형이나 낙태 문제와 같이 논란이 큰 사안을 다룰 때는 판사들의 의견이 일치된 것처럼 보이는 편이 바람직하며, 필요하면 내심의 근거와 다른 것을 판결 이유로 들거나 모호하게 핵심을 회피하는 편이 낫다는 견해가 대표적이다.

구체적 예시를 제시해줬습니다. 해당 예시는 분명한 '반대론 = 진솔함이 요구되지 않음'의 예시입니다. 법은 갈등과 긴장해소를 목적으로 내심과 다른 이유, 핵심을 회피하는 것은 결국 판사가 '진솔하지 않음'을 의미합니다. 이처럼 문맥적 의미를 파악하며 독해를 진행했어야 합니다.

　이런 반대론(진솔함 요구 안 함)은 시민들이 진실을 다룰 능력이 부족하다고 전제하고 있어 민주주의 원리에 반하므로 동의하기 어렵다.

진솔함을 요구하지 않는 것은 결국 시민들을 낮잡아 보는 겁니다. 반대론이라는 관점이 있지만, '지문의 관점'은 일단 '진솔함이 필요하다'는 '관점'이라는 점을 정확하게 확보해야 합니다. 관점 확보는 지문 독해의 핵심입니다. 결국 그 확보된 관점으로 문맥적 의미를 파악하는 경우가 빈번하니까요.

　다만 판사도 거짓말을 선택해야 할 예외 상황이 존재한다는 주장은 검토해 볼 만하다.

'진솔함'을 가져야 하지만, 그러지 못할 예외에 대해서 고려는 해본다는 것이겠죠. 예외적인 경우가 있을 수 있다는 것은 법 지문의 일반적인 흐름입니다.
만약 이에 대한 설명이 여기서 멈추면 그냥 글자 그대로 '그런 것도 존재하네' 정도만 챙겨가면 되고, 그렇지 않고 구체적 설명이 제시된다면 그 상황에 대한 이해가 필요할 겁니다.

　법과 양심에 따라 재판해야 하는 판사에게 양심은 곧 법적 양심을 의미하므로 법과 양심이 충돌할 일은 거의 없다.

'판사의 양심 = 법적 양심'입니다. 법적 양심은 법으로부터 나온 것이기 때문에 법과 (법적) 양심이 충돌할 일은 없어야 합니다. 일반적인 의미에서의 양심이라면 법과 충돌했을지도 모르지만, 일반적으로는 충돌이 없다는 정도로 파악했으면 충분합니다.

> 하지만 노예제도가 인정되던 시절에 노예제를 허용하지 않는 주(州)로 탈출한 노예에 대해 소유주가 소유권을 주장하는 것처럼 법적 권리와 도덕적 권리가 충돌할 뿐 아니라 법적 결론이 지극히 부정의한 결과를 초래하는 상황에서는 사정이 다르다.

'하지만'이라고 제시되었습니다. 앞서 일반적으로 '법과 양심이 충돌하지 않음'을 제시해준 뒤, '하지만~'을 통해 예시를 제시합니다. 당연히 법과 양심이 충돌하는 상황이겠죠.
즉 노예제도가 인정되는 상황처럼 도덕과 법이 충돌하는 상황은 문맥상 '법과 양심이 충돌하는 상황'이라는 의미를 파악했어야 합니다.

◇코멘트

접속 부사는 문장의 의미를 결정합니다. 이 역시 '하지만'의 의미를 파악하여 문맥적 의미에 맞춰 예시의 의미를 파악할 수 있었습니다. 접속 부사의 의미를 생각하며 독해를 진행하는 것은 의미 파악에 큰 도움을 줍니다.

> 이런 사안에서는 법적 권리를 무효로 할 근거는 찾기 어렵고, 그렇다고 법을 그대로 적용하는 것은 도덕적으로 옳지 않다.

노예제도가 인정되던 상황입니다. 법적으로 인정되는 것이죠. 그러니 이를 무효로 할 근거를 찾긴 어렵습니다. 하지만 노예제도가 도덕적으로 옳지는 않죠. 역시 앞선 예시 상황을 통해 납득하며 독해를 진행했어야 합니다.

> 판사는 도덕적 양심에 반해 법률을 적용하거나 도덕적 양심을 우선해 법률을 적용하지 않을 수 있을 것이다.

계속 앞선 문장을 통해 의미를 파악해야 합니다. 도덕적 양심에 반해 법률을 적용한다면, 이는 노예제도를 인정하는 것이겠죠. 그런데 양심을 우선해 법률을 적용하지 않으면 노예제도를 부정하는 것이겠죠. 그냥 두 상황이 있다고 생각하고 독해를 진행해도 무방하지만, 이처럼 앞선 문장을 통해 납득했다면 조금 더 명확하게 둘을 구분하며 독해를 진행할 수 있었을 겁니다.

> 그러나 전자는 판사의 양심을 부정하고, 후자는 판사의 직업상 의무를 위반한다.

도덕적 양심을 버리면, 당연히 양심이 부정됩니다. 법률을 적용하지 않으면 상식적으로 그건 판사가 아니죠. 딜레마 상황입니다. 결국 예시의 내용인 '도덕과 법의 충돌 상황 / 법과 양심의

충돌'이라는 점을 납득했으면 충분합니다.

◇코멘트

+ 노예제도가 인정되는 상황처럼 도덕과 법이 충돌하는 상황은 문맥상 '법과 양심이 충돌하는 상황'이라는 의미를 파악했다면 이후 내용들을 납득하는 것 역시 자연스럽게 진행됐을 겁니다.
+ 결국 '하지만~'부터 지금까지 글자는 다르지만, 의미는 같습니다.

> 사임하는 것은 누구에게도 도움이 되지 않으므로 도덕적 권리를 지지하는 판사에게 남은 선택은 그 법적 권리를 자신이 믿는 바와 다르게 당사자에게 표명하는 것밖에 없다.

그렇죠. 앞서 도덕적 양심을 우선하면 법률을 적용하지 않는다고 했습니다. 그러니 '도덕적 권리'를 지지하면 법적 권리를 다르게 표명(법 그대로 적용 안 함)할 수밖에 없겠죠. 계속 앞선 문장을 통해 의미를 파악하며 독해를 진행해야 합니다.

> 즉, 판사는 법적으로 인정되는 권리임을 부인할 수 없음에도 다른 합법적인 법해석을 만들어내고는 그런 법해석의 결과로 법적 권리가 부정되는 것처럼 판결함으로써 은밀하게 곤경에서 벗어나는 것이다.

'즉'이라고 나왔으니 앞선 내용의 정리입니다. 법적으로 인정되는 권리(노예제도 인정)인 상황에서 다른 합법적 법해석을 통한 판결을 제시(법 그대로 적용 안 함)하게 됩니다. 앞선 문장에서 제시한 내용을 재진술하고 있을 뿐입니다.
결국 이 경우에 근거를 속인 것은 '곤경에서 벗어나는 경우 = 도덕적 양심을 위해 진솔함을 유지하지 못한 경우 = 도덕적 권리를 지지하여 법적 권리 다르게 표명'을 의미하고 있습니다.

◇코멘트

접속 부사 '즉'의 의미를 잡았다면, 앞선 문장과 동일한 의미라는 생각을 가지고 해당 문장은 자연스럽게 납득할 수 있는 수준입니다. 접속 부사의 의미를 통해 문장의 의미를 파악하는 습관을 가집시다.

> 하지만 이런 논의(법과 양심이 충돌하는 상황)가 판사의 진술 의무를 부정하지는 못한다.

글의 '관점'이 명확하게 제시됩니다. 법과 양심이 충돌하는 상

황이 있다고 해도 진술 의무를 부정하지 못한다는 것은 결국 글은 앞서 제시한 것처럼 '진솔함을 요구'하고 있다는 관점을 다시금 파악해야 합니다.

> 오늘날 법과 도덕의 극단적인 괴리 현상은 드물며, 진실을 분별하고 지지하는 민주사회라면 판사가 묘책을 찾아야 하는 상황을 만들어내지 않을 것이다.

일단 현시점에서 '노예제도'와 같은 극단적 사례는 거의 없겠죠. 특히 북한도 아니고 민주사회라면 더더욱이요. 애초에 그럴 상황 자체가 거의 없기에 이를 근거로 '진솔 의무를 부정하면 안 된다는 관점'을 유지하고 있습니다.

> 하지만 법-도덕의 딜레마와 진술 의무는 노예제와 함께 완전히 사라지지 않았다. 판사가 특정 법률에 도덕적 저항감을 느끼는 일은 현대에도 계속되고 있다. 여기서 판사의 선택은 정의와 민주주의, 사법의 정당성에 지속적으로 영향을 미친다.

'하지만'이라고 제시되었으니 그런 사례가 있기는 있다는 것이겠죠. 이런 상황에서 판사의 선택은 당연히 민주주의와 사법에 영향을 미칠 겁니다. 당연하게 납득하면 충분합니다.

◇코멘트

이런 가치에 대한 갈등 상황에서 판사의 판결이 사회적인 영향을 줄 수 있다는 것은 상식적입니다.

> 진솔함의 중요성은 최근에는 다른 차원에서 제기되고 있다.

진솔함의 중요성이 다른 차원에서 제시되고 있다면, 당연히 어떤 차원에서 제시되고 있는지 파악한다는 인식으로 독해를 진행해야 합니다.

> 먼저 판사의 진솔함은 사법의 정당성을 수호하는 중요한 방책이 된다.

너무나 당연합니다. 사법의 정당성에 영향을 준다고 앞서 대놓고 말을 해줬고, 말을 하지 않았더라도 판사가 솔직하게 말하는 것은 당연히 사법의 정당성에 중요한 요소이겠죠.

> ㉠어떤 판사는 법이 모호하고 선례도 없어 판단이 매우 어려운 사안에서 창의적인 법해석을 한 경우에도 그런 사정(법이 모호하고 선례가 없어 판단이 어려운 사정)을 감춘다.

계속 핵심을 생각하며 글을 읽어야 합니다. 핵심은 '진솔함'입니다. 거기서 판사가 자신의 판단 과정을 '감춘다'는 것은 당연히 '진솔함'이 없다는 의미라는 점을 파악했어야 합니다.

> 이때 판사는 자신이 진정으로 믿는 법해석을 근거로 판결한 것이지만, 패소한 당사자를 설득하기 위해 판사들 사이의 상투적 표현법을 써서 이렇게 말하는 편이 더 좋다고 생각한다. "판사는 법을 만들지 않으며, 법을 발견하고, 법률을 기계적으로 적용할 뿐이다."

계속 핵심을 생각해야 합니다. 자신이 믿는 법해석을 근거로 했지만 상투적인 표현으로 돌려 말하는 것은 결국 '진솔함'이 없다는 것이죠. 앞선 내용과 글자만 다를 뿐 같은 얘기를 하고 있습니다.

> 더 심각한 것은 판사가 법 외적인 사정에 무관심하고 오직 법의 문언에 충실한 결과인 듯 판결 이유를 제시하지만, 실제로는 어떤 결과를 도출할 것인지 먼저 선택한 다음에 자신이 선호하는 결과를 보장하는 해석론을 개발해 제시하는 경우이다. 이때도 판사는 으레 동일한 표현법을 활용한다.

계속 같은 말일 뿐입니다. 법의 문언에 충실한 '척'하지만 결론을 정해놓고 그에 대해 끼워 맞춘다는 것은 결국 '진솔함'이 없는 상황인 것이죠.

◇코멘트

결국 수능 국어, 리트 언어이해는 '의미'를 파악하는 것이 핵심입니다. 이 의미를 파악하기 위해서는 기본적으로 글의 핵심(이렇게 관점을 제시하는 지문의 경우 관점이 핵심이죠)에 맞춰 문장의 의미를 파악해야 합니다.
해당 지문에서 스스로 문장의 의미를 생각하며 독해하셨다면 느낄 수 있겠지만, 결국은 '진솔함'이라는 핵심 관점으로 모든 내용이 전개되고 있습니다. 우리는 이렇게 핵심 관점에 맞춰 내용이 전개될 때 글자가 다르더라도, 그 의미를 파악하며 독해를 진행해야 합니다. 이것이 결국 수능 국어와 리트 언어이해와 같은 사고력 언어 시험의 핵심입니다.

하지만 이런 방편(진솔함 없음)에는 큰 위험이 도사리고 있다. 판사의 거짓말은 국민을 자율적 판단 능력을 갖춘 시민으로 존중하지 않음을 의미하며, 사법적 판단 과정의 실상이 드러나는 순간 사법의 권위와 정당성은 실추될 것이다.

진솔함이 없다는 것은 국민을 기만하는 것이며, 정당성을 보장하지 않습니다. 당연한 말이죠. 진솔함이 없다는 것은 거짓을 의미하며 이는 당연히 국민을 우롱하고, 거짓이 정당성을 보장하기는 어렵습니다.

◇ 코멘트

글의 관점은 '진솔함이 필요하다'임이 앞서 대놓고 제시되었습니다. 그 관점을 확보했다면, 이렇게 진솔함이 없으면 위험하다는 것은 진솔함이 필요하다는 지문의 관점과 같은 말이라는 것을 파악할 수 있습니다.

법원이 이런 위험에서 벗어나는 길은 진솔함으로 국민을 대하는 것이다. 이런 인식을 바탕으로 법–도덕 딜레마 상황에서 거짓이 정당화된다는 견해도 재검토되고 있다. 거짓으로 이룰 수 있는 것은 진솔함으로도 이룰 수 있다.

글의 관점을 강조하며 지문을 마무리하고 있습니다. 국민을 진솔함으로 대해야 하며, 거짓이 정당화된다는 것도 재검토하고, 거짓으로 이룰 수 있는 건 진솔함으로 이룰 수 있는 것은 결국 글자는 모두 다르지만 지문에서 '진솔함이 필요하다'는 입장과 같은 의미를 가지고 있습니다.

[1~3] 문제 해설

01 윗글의 내용과 일치하지 않는 것은?

① 판사의 진솔함은 법–도덕 딜레마와 민주주의를 서로 연결 짓는다.
② 판사의 진술 의무를 지지하는 견해는 판사가 판결에 이르는 과정에서 법 외적인 요소들을 고려하는 것을 허용한다.
③ 법–도덕 딜레마 상황에서 거짓말하기를 선택한 판사는 정의를 위해 행동하는 듯하지만, 사실은 법을 위해 법에 더 충실한 선택을 한다.
④ 판사의 진솔함이 사법의 정당성을 뒷받침한다는 견해에 의하면 법–도덕 딜레마 사안에서 판사는 더 이상 거짓말

하기를 선택해서는 안 된다.
⑤ 판사가 판결 이유를 밝혀야 한다는 것과 판결 이유를 진솔하게 작성해야 한다는 것은 별개이지만 모두 민주주의 원리에서 공동의 근거를 찾을 수 있다.

답 ③

2문단에서 도덕적 권리를 지지하는 판사가 법과 양심이 충돌하는 상황에서 '판사는 법적으로 인정되는 권리임을 부인할 수 없음에도 다른 합법적인 법해석을 만들어내고는 그런 법해석의 결과로 법적 권리가 부정되는 것처럼 판결함으로써 은밀하게 곤경에서 벗어나는 것'임이 제시되어 있습니다. 이는 자신의 도덕적 양심을 위해 법을 따르는 척을 하는 것입니다.
즉 법–도덕 딜레마 상황에서 거짓말하기를 선택한 판사는 법에 충실한듯하지만, 사실은 자신의 도덕적 양심에 충실한 선택을 한 것입니다.

오답 선지 분석

① : 3문단에 제시된 것처럼 법–도덕의 딜레마와 진술 의무는 노예제와 함께 완전히 사라지지 않았으며, 이 상황에서 판사의 선택이 민주주의와 사법의 정당성에 지속적으로 영향을 미침이 제시되었습니다. 그리고 진솔함을 갖추지 않은 경우에서도 5문단에서 판사의 거짓말은 국민을 자율적 판단 능력을 갖춘 시민으로 존중하지 않음을 의미함을 제시합니다. 즉 법–도덕 딜레마일지라도 진솔함을 유지해야 민주주의(국민 존중)를 유지할 수 있다는 것으로 판사의 진솔함은 법–도덕 딜레마와 민주주의를 서로 연결 짓는다고 볼 수 있습니다.

② : 판사의 진술 의무를 지지하는 견해는 '진솔함'을 요구하는 관점입니다. 4문단에 제시된 것처럼 이 견해는 '어떤 판사는 법이 모호하고 선례도 없어 판단이 매우 어려운 사안에서 창의적인 법해석을 한 경우에도 그런 사정을 감춘 경우'와 '판사가 법 외적인 사정에 무관심하고 오직 법의 문언에 충실한 결과인 듯 판결 이유를 제시하지만, 실제로는 어떤 결과를 도출할 것인지 먼저 선택한 다음에 자신이 선호하는 결과를 보장하는 해석론을 개발해 제시하는 경우'를 비판합니다.
이는 법 외적인 사안을 고려하지 않은 점을 밝히지 않는 것을 비판하고 있는 것이죠. 즉 이에 근거하여 판사의 진술 의무를 지지하는 견해는 법 외적인 고려(도덕적 고려 등)를 '허용'하며, 이런 판단 과정에 대해 '진솔함'이 필요하다는 점을 주장하고 있음을 알 수 있습니다.

④ : 4문단에 제시된 것처럼 판사의 진솔함은 사법의 정당성을 수호하는 중요한 방책입니다. 그리고 5문단에 제시된 것처럼 거짓으로 이룰 수 있는 것은 진솔함으로도 이룰 수 있습니다. 그러니 판사의 정당성이 사법의 정당성을 뒷받침한다는 견해에서는 법–도덕 딜레마 사안에서 판사가 거짓말하기를 선택하면 안 된다고(어차피 진실로도 이룰 수 있으니) 주장할 것입니다.

⑤ : 1문단에 제시된 것처럼 민주국가에서는 사법권의 행사에

민주적 통제가 미치도록 판결에 이유를 밝힐 것을 요구합니다. 하지만 '판결 이유'를 밝히는 것과 이를 '진솔하게 작성'해야 하는 것은 다른 이야기입니다. 4문단에 제시된 것처럼 '판결 이유를 진솔하지 않게' 제시할 수도 있으니까요. 즉 이 둘은 동일한 개념이 아닌 별개의 개념입니다.

하지만 1문단에 제시된 것처럼 민주적 통제가 미치도록 판결에 이유를 밝힐 것을 요구하고, 반대론에 대해 민주주의 원리에 반하므로 동의하기 어렵다는 것을 고려할 때 두 개념 모두 민주주의 원리에 근거함을 알 수 있습니다.

◇코멘트

정답 선지를 고르기 위해서 가장 핵심적인 능력은 문맥적 이해입니다. 지문 해설에서처럼 문장의 '의미'를 파악했어야 예로 제시된 거짓말하기를 선택한 상황에서 무엇에 충실하였는지를 판단할 수 있습니다.

02 ㉠에 대한 설명으로 가장 적절한 것은?

① 판사의 법해석은 법적 판단이 어렵다는 사정 때문에 상당한 재량이 행사된 결과이지만, 판사는 공식적으로는 그렇게 말하지 않을 것이다.
② 판사의 법해석은 기존 판례의 답습이 아니라 새로운 해석을 통한 것이며, 또한 판사도 공식적으로 그렇게 말할 것이다.
③ 판사의 법해석은 합법적인 해석 권한을 벗어난 것이지만, 판사는 공식적으로는 벗어나지 않았다고 말할 것이다.
④ 판사의 법해석은 선례의 도움 없이도 충분히 가능한 법 발견이 었으며, 또한 판사도 그렇게 말할 것이다.
⑤ 판사의 법해석은 법률을 기계적으로 적용한 결과이며, 또한 판사도 공식적으로 그렇게 말할 것이다.

발문 분석

㉠ : 어떤 판사는 법이 모호하고 선례도 없어 판단이 매우 어려운 사안에서 창의적인 법해석을 한 경우에도 그런 사정을 감춘다.
⇒ '진솔함'을 지키지 않는 경우.

답 ①

4문단에 제시된 것처럼 판사가 자신의 법해석의 사정을 감추는 것은 자신이 진정으로 믿는 법해석을 근거로 판결한 것이지만, 패소한 당사자를 설득하기 위해 판사들 사이의 상투적 표현법을 사용한 것으로, 진솔함을 지키지 않은 경우입니다.

즉 판사의 법해석은 법적 판단이 어렵다는 사정(법이 모호하고 선례도 없어 판단이 매우 어려움) 때문에 상당한 재량이 행사(그를 판단하기 위해 창의적인 법해석 행사)된 결과이지만, 판사는 공식적으로 그렇게 말하지 않을(판사들 사이의 상투적 표현법을 사용) 것입니다.

오답 선지 분석

② : 4문단에 제시된 것처럼 법이 모호하고 선례도 없어 판단이 매우 어려운 사안이니 판사의 법해석은 기존 판례의 답습이 아니라 새로운 해석을 통한 것은 적절하다 할 수 있습니다. 하지만 패소한 당사자를 설득하기 위해 판사들 사이의 상투적 표현법을 사용한 것으로 공식적으로 그렇게 말하지 않을 것입니다.

③ : 판사의 법해석은 합법적인 해석 권한을 벗어난 것이 아닙니다. 4문단에 제시된 것처럼 법이 모호하고 선례도 없어 판단이 매우 어려운 사안에서 창의적인 법해석을 한 경우이지만, 이것이 판사의 합법적 해석을 벗어난 것이라 단정할 수 없습니다.

④ : 4문단에 제시된 것처럼 패소한 당사자를 설득하기 위해 판사들 사이의 상투적 표현법을 사용할 것입니다. 그러니 판사는 선례의 도움 없이도 충분히 가능한 법 발견이 었다고 말하지 않을 것입니다.

⑤ : 4문단에 제시된 것처럼 법이 모호하고 선례도 없어 판단이 매우 어려운 사안에서 창의적인 법해석을 한 경우이므로 법률을 기계적으로 적용하였다고 보기 어렵습니다.

◇코멘트

결국은 다른 말 같은 뜻을 잡아야 합니다.

03 <보기>의 입장에서 윗글에 대해 추론한 것으로 적절하지 않은 것은?

보 기

미국의 사법적 판단 과정을 설명하는 대표적인 이론으로 '법형식주의'와 '법현실주의'가 거론된다. 전자에 의하면 판사는 중립적 심판자로서 사안에 법을 그대로 적용할 뿐이다. 여기에는 어떤 정치적 고려의 여지가 없으며, 판사에게는 엄격하게 법을 적용할 의무만 있다. 후자에 의하면 법은 곧 정치이고 판사는 법복 입은 정치인이다. 판사는 재판 중에 법 외적 고려에 따라 자신이 만든 법을 적용한다. 하지만 이런 표현은 판사가 판결에 이르기까지 실제 사법적 판단 과정의 양면을 극단적으로 단순화한 것이며, 실제의 과정을 제대로 설명할 수 없다. 문제는 판사들이 사법의 권위와 정당성을 중립적 재판기구라는 점에서 찾으면서 단순화된 이론이 표방하는 문구를 그대로 사용한다는 점이다. 판사의 진술함이 판사의 권력 남용을 저지하는 필수불가결한 요소라고 보는 '비판론자'는 판사들이 실제 사법적 판단 과정을 사실대로 말한 것이 아니라는 점을 지적하기 위해 그런 문구를 '고상한 거짓말'이라고 비판한다.

① 사법적 판단 과정도 민주적 통제의 대상이 된다고 보는 입장에서는 대중이 사법적 판단 과정의 실제를 정확하게 알아야 한다고 볼 것이다.

② 법현실주의자는 특정한 정치적 성향이 밝혀진 판사가 특정한 사건에서 어떤 판결을 내릴지 예상되는 것을 자연스럽게 여길 것이다.

③ 법형식주의자는 판사의 기본적 역할이자 임무는 도덕의 지배가 아닌 법의 지배를 관철하는 것이라고 보는 견해를 지지할 것이다.

④ 비판론자는 결과를 먼저 선택한 다음 이를 지지하는 법해석을 찾아내는 판사가 사용한 표현 문구에 대해 '고상한 거짓말'이라고 비판할 것이다.

⑤ 비판론자는 타당한 결과를 도출했더라도 이를 감추기 위해 거짓을 선택하는 것을 법의 왜곡과 법 발전의 정체가 초래되지는 않는다는 이유로 수긍할 것이다.

답 ⑤

비판론자는 판사의 진솔함이 판사의 권력 남용을 저지하는 '필수불가결한 요소'라는 관점입니다. 즉 타당한 결과를 도출했더라도 이를 감추기 위해 거짓을 선택하는 것은 비판론자의 입장에서는 필수불가결한 요소가 충족되지 않은 것으로 이들은 거짓을 선택한 것에 대해 수긍하지 않을 것입니다.

오답 선지 분석

① : 선지의 의미를 파악해야 합니다. 1문단에서 사법권의 행사에 민주적 통제가 미치도록 판결에 이유를 밝힐 것을 요구하였고, 이때 판사는 '진솔함'을 가져야 함(판단 과정 허위나 감춤 없어야 함)이 제시되었습니다. 즉 사법적 판단도 민주적 통제의 대상이 된다고 보는 입장은 진솔함을 요구하는 입장에 가깝습니다. 그러니 대중이 사법적 판단 과정의 실제를 정확하게 알아야 한다고 볼 것입니다.

② : 법현실주의자에 따르면 법은 곧 정치이고 판사는 법복 입은 정치인입니다. 이때 판사는 재판 중에 법 외적 고려에 따라 자신이 만든 법을 적용합니다. 법복을 입은 정치인이 외적 고려에 따라 자신이 만든 법을 적용한다는 것에서 정치적 성향에 따라 판결을 예상할 수 있다는 것을 추론할 수 있습니다. 따라서 법현실주의자는 특정한 정치적 성향이 밝혀진 판사가 특정한 사건에서 어떤 판결을 내릴지 예상되는 것을 자연스럽게 여길 것입니다.

③ : 법형식주의자는 판사는 중립적 심판자로서 사안에 법을 그대로 적용할 뿐이다. 여기에는 어떤 정치적 고려의 여지가 없으며, 판사에게는 엄격하게 법을 적용할 의무만 있습니다. 즉 다른 개념(도덕 등)을 고려하지 않고 '법만' 고려하는 것이죠. 그러니 법형식주의자는 판사의 기본적 역할이자 임무는 도덕의 지배가 아닌 법의 지배를 관철하는 것이라고 보는 견해를 지지할 것입니다.

④ : 선지의 의미를 파악해야 합니다. 결과를 먼저 선택한 다음 이를 지지하는 법해석은 5문단에 제시된 것처럼 실제로는 어떤 결과를 도출할 것인지 먼저 선택한 다음에 자신이 선호하는 결과를 보장하는 해석론을 개발해 제시하는 경우로, 이는 진솔함이 지켜지지 않는 경우입니다.

<보기>에 근거하면 비판론자는 판사들이 실제 사법적 판단 과정을 사실대로 말한 것이 아니라는 점(진솔함이 지켜지지 않음)을 고상한 거짓말이라 비판합니다. 즉 비판론자는 결과를 먼저 선택한 다음 이를 지지하는 법해석을 찾아내는 판사가 사용한 표현 문구에 대해(진솔함이 지켜지지 않음) '고상한 거짓말'이라고 비판할 것입니다.

◇코멘트

+ 법형식주의, 법현실주의는 어휘 자체에서 의미를 파악할 수 있습니다. '형식 + 주의'이고 / '현실 + 주의'니까요.

+ 법형식주의에서 '법을 적용할 의무만', 비판론자의 관점에서 '필수불가결'과 같은 한정어는 필히 확보해야 합니다.

+ 1번, 4번 선지는 의미를 파악한 뒤에 판단이 진행되어야 합니다. 결국 여기서도 의미를 파악하는 것은 다른 말 같은 뜻입니다.

2023 언어이해 [4~6]
도덕적 고려의 기준에 대한 정의와 관점

◇ 총평

- 핵심 확보
- 구체적 개념 확보
- 다른 말 같은 뜻, 구체적 예시
- 상위범주, 하위범주

좋은 지문입니다.
일단 지문에서 제시된 개념들이 꽤나 많습니다. 우리는 지문 초반 제시된 용어에 주목하며 그 개념의 의미를 확보하고 독해를 진행했어야 합니다. 그리고 그 의미를 확보한 상태로 지문에서 어떤 식으로 표현되어도, 글자가 달라도 같은 의미임을 고려하며 독해를 진행했어야 합니다.
추가적으로 개념 간 범주가 제시될 때 이들에 대한 범주 파악은 핵심이라는 점을 꼭 기억합시다.

도덕 공동체의 구성원은 도덕적 고려의 대상이 되는 존재로서

도덕 공동체의 구성원에 대한 개념을 제시해줬습니다. 도덕 공동체의 구성원 = 도덕적 고려의 대상이 되는 존재입니다. 지문 초반 이렇게 구체적 정의를 제시해줬다면 우리는 이후 독해 시, 선지 판단 시 둘 중 어떤 표현으로 나와도 이들이 같은 의미임을 생각하며 독해를 진행해야 합니다.

◇ 코멘트

독해 시 구체적으로 제시된 개념을 확보하고 갈 수 있을 정도의 기억력을 갖춰야 합니다. 이는 스스로 많이 읽고 그를 담아가며 독해하는 습관을 기를 때 향상됩니다.

도덕 행위자와 도덕 피동자로 구분된다.

도덕 공동체의 구성원를 구분해주고 있습니다. 일단 도덕 행위자와 피동자 모두 도적 공동체, 도덕적 고려의 대상이 되는 존재의 하위범주라는 것을 파악하고 독해를 진행해야 합니다.

◇ tip 상위범주 / 하위범주

지문 독해 시 상위범주와 하위범주를 인식하지 않고 독해해서 상위범주의 개념을 하위범주가 가지고 있다는 것을 인식하지 않고 독해를 진행하는 경우가 종종 발생합니다. 상·하위범주는 필히 확보하며 독해를 진행해야 합니다.

cf) 23.06 혈액 응고 및 순환 과정과 비타민 K의 역할.

비타민 K1이든, K2이든 결국은 비타민 K의 범주라는 것을 인식하고(그러면 상위범주에서 별 다른 언급이 안 나오면 공통점, 둘의 차이를 제시하는 것이 차이점) 독해를 진행해야 함.

도덕 행위자는 도덕 행위의 주체로서 자신의 행위에 따른 결과에 대해 책임질 수 있는 존재이다. 반면에 도덕 피동자는 영유아처럼 이성이나 자의식 등이 없기에 도덕적 행동을 할 수 없는 존재이다.

도덕 행위자와 도덕 피동자의 개념을 제시해주고 있습니다. 도덕 행위자와 피동자의 개념이 명확하게 구분되고 있습니다. 이렇게 지문 초반부터 두 개념을 구분해주고 있고, 행위자와 피동자라는 명확한 대립쌍 어휘를 통해 이들을 구분해줬기 때문에 필히 이들을 구분하고 독해를 진행했어야 합니다.

◇ tip 어휘 자체를 통한 이해

실제로 어휘 자체를 통해 자연스럽게 납득할 부분을 납득하고 독해를 진행하는 사람과 그렇지 못한 사람은 실전에서 상당한 차이를 보입니다.

'도덕 + 행위자'와 '도덕 + 피동자'가 대립되는 개념으로 제시되었습니다.

'행위자'는 스스로 행위할 수 있는 사람입니다. 그러니 '도덕 + 행위자'는 당연히 '도덕 행위의 주체'이며 '행위의 주체'이니 당연히 자신의 행위에 책임을 질 수 있습니다.

'피동자'는 스스로 행위할 수 없는 사람입니다. 스스로 할 수 없는 사람이니 이성이나 자의식이 없습니다. (이를 판단하려면 스스로 판단하는 것에 이성과 자의식이 필요하다는 것을 납득할 수 있는 지식이 필요합니다) 그리고 '피동자'이니 당연히 '스스로' 도덕적 행동을 '할 수 없'습니다.

이처럼 사실 어휘 자체를 통해 개념을 납득한다면 당연하게 납득할 수 있는 내용입니다.

수능, 리트 언어이해와 같은 글이 얼마나 짜임새 있게, 낭비가 없이 작성된 글인지 알 수 있는 대목입니다.

도덕 피동자의 구체적 예시로 '영유아'가 제시되었습니다. 그러면 우리는 이후 지문에서 '영유아'가 제시될 때 이를 '도덕 피동자'의 의미로 생각하며 독해를 진행해야 합니다.

이는 앞서 제시한 '도덕 공동체 구성원 = 도덕적 고려의 대상'과 같이 구체적 개념을 확보하고 두 개념이 같은 의미임을 파악하며 독해를 진행하는 것과 같은 맥락입니다.

만약 지문에서 이렇게 특정 개념에 대해 구체적인 예시가 등장한다면 문제화될 것을 인식하고 독해 시기를 권장합니다. 아주 사소하지만, 독해력 향상에 큰 도움이 되는 습관이라고 생각합니다.

cf) 20.09 점유·소유 중 일부

물건 중에서 **피아노, 금반지, 가방** 등과 같은 대부분의 동산은 점유에 의해 소유권이 공시된다.

⇒ 구체적으로 동산의 예시를 제시함.

그럼에도 영유아(도덕 피동자)는 도덕적 고려의 대상이라는 것이 우리의 상식인데, 영유아라고 해도 쾌락이나 고통을 느끼는 감응력이 있기 때문이다.

도덕 피동자가 도덕적 고려의 대상입니다. 이는 당연합니다. 앞서 도덕 행위자와 피동자는 도덕 공동체의 하위범주였으니까요. 당연히 도덕 피동자도 '도덕 공동체의 구성원 = 도덕적 고려의 대상이 되는 존재'입니다.
그리고 그 '기준'으로 '감응력'이 제시되었습니다. 여기서 관형절을 당겨 읽어 '감응력 = 쾌락과 고통 느낌'으로 개념을 확보하고 독해를 진행했어야 합니다.

특정 대상을 수식해주는 관형어(절)가 있다면, 대상만을 확보하며 단순히 넘어갈 것이 아니라 관형어(절)와 대상 모두를 하나의 의미로 확보해주며 독해를 진행해야 합니다.

사소한 습관이지만 그 영향력은 사소하지 않고 정말 중요한 독해 태도이므로 꼭 습관화하시기를 바랍니다.

cf) 23.06 육가의 『신어』, (나)『치평요람』의 관점

⇒ 역사를 관통하는 자연의 이치에 따라 천문·지리·인사 등 천하의 모든 일을 포괄한다는 ㉠통물(統物)과, 역사 변화 과정에 대한 통찰로서 상황에 맞는 조치를 취하고 기존 규정을 고수하지 않는다는 ㉡통변(通變)을 제시하였다.

⇒ ㉠과 ㉡의 개념을 'A는 B다.' 같은 형식이 아닌, 'B인 A~' 와 같은 형식으로 서술해주고 있고, 정의를 파악 여부가 출제됨.

+ 상위범주 / 하위범주를 파악하며 독해를 진행하는 것의 중요성을 느낄 수 있습니다.
+ 사실 감응력의 개념도 어휘력이 갖춰져 있다면 당연하게 납득할 수 있습니다.
[감응 : 어떤 느낌을 받아 마음이 따라 움직임]입니다.
사전적 의미와 완전히 같은 뜻은 아니지만, 감응이 '어떤 느낌을 받아~'와 같은 맥락을 알고 있다면 쾌락과 고통(느낌을 받아)을 느끼는 것이 감응력이라는 것을 자연스럽게 납득할 수 있습니다.

쾌락이나 고통을 느끼기에(감응력 있기에) 그것을 좇거나 피하려고 한다는 도덕적 이익을 가지고 있으므로 도덕적 고려의 대상이 되어야 한다는 것이다.

쾌락이나 고통을 느끼는 감응력은 도덕적 고려의 대상을 판단하는 기준입니다. 그러니 감응력이 있기에 도덕적 고려의 대상이 되는 건 당연하죠. 앞서 감응력의 개념을 파악했다면, 단순 반복되는 재진술일 뿐입니다.

문제로 직접적으로 출제되지는 않았지만, 도덕적 이익을 가지고 있다는 것은 감응력이 있다는 것과 유사한 맥락이라는 것 역시 파악할 수 있습니다.

> 싱어와 커루더스를 비롯한 많은 철학자들은 이러한 이유로 감응력을 도덕적 고려의 기준으로 삼는다.

앞서 본 내용과 같습니다. 우리는 이미 '감응력'이 도덕적 고려의 기준이라는 점을 파악했습니다. 계속 반복되고 있다고 생각하며 독해를 진행하면 충분합니다.

◇코멘트

'기준'은 대상을 결정짓는 '조건'입니다. 결국 '조건'은 필히 확보하고 가야 하는 핵심인 것처럼 '기준' 역시 확보하고 가야 할 요소인 것이죠.

> 싱어는 영유아뿐만 아니라 동물도 감응력이 있으므로 동물도 도덕 공동체에 포함해야 한다고 주장한다.

당연합니다. 감응력이 조건이면 당연히 동물이 감응력이 있다면 '도덕 공동체의 구성원 = 도덕적 고려의 대상'이 되어야 합니다. 싱어의 '관점'이니 <동물도 포함> 정도로 파악된 상태로 독해를 진행해야 합니다.

◇코멘트

'도덕적 고려 = 도덕 공동체'를 파악하며 독해를 진행했다면 조금 더 의미를 명확하게 확보할 수 있습니다. 이도 역시 다른 말 같은 뜻이죠.

> 반면에 커루더스는 고차원적 의식을 감응력의 기준으로 보아

커루더스에게 감응력의 정의는 달라집니다. 대놓고 차이가 있기 때문에 이는 명확하게 구분해야 합니다. 커루더스에겐 '감응력 ≒ 고차원적 의식'입니다.

> 동물을 도덕 공동체에서 제외하는데, 이 주장을 따르게 되면 영유아도 도덕적 고려의 대상(도덕 공동체)에서 제외되고 만다.

고차원적 의식이 감응력이라면 동물은 당연히 안 될 것이고, 이성이나 자의식이 없는 영유아도 당연히 도덕적 고려의 대상(도덕 공동체)가 되지 않을 겁니다. 지문에서도 제시한 내용이고, 상식적으로 납득할 수 있습니다. 영유아와 동물이 고차원 의식이 있다고 보기는 어려우니까요.

> 영유아는 언젠가 그런 의식이 나타날 것이므로 잠재적 구성원이라고 주장할 수도 있다. 그러나 문제는 그런 잠재성도 없는 지속적이고 비가역적인 식물인간의 경우이다. 식물인간은 고차원적 의식은 물론이고 감응력도 없다고 생각되는데 그렇다면 도덕적 공동체에서 제외되어야 하는가?

영유아의 경우는 미래를 얘기하면 되지만, 식물인간의 경우는 얘기가 어려워집니다. 식물인간도 도덕 공동체에서 제외되어야 할까요? 대놓고 지문에서 물음을 던져주었으니 '식물인간 도덕 공동체 포함'이 핵심임을 인식하고 독해를 진행해야 합니다.

◇코멘트

결국 그렇다면 '식물인간 도덕 공동체 포함'에 대한 '주장과 근거' 결국 이에 대한 '관점'을 파악하는 것이 핵심입니다.

> 식물인간을 흔히 의식이 없는 상태라고 판단하는 것은 식물인간이 어떤 자극에도 반응하지 못한다는 행동주의적 관찰 때문이다.

식물인간에 대한 판단 기준이 제시됩니다. 행동주의적 관찰 때문으로 이는 '어떤 자극에도 반응하지 못함을 근거로' 합니다. 당연히 관형절도 제시된 행동주의적 관찰의 개념을 확보했어야 합니다.

◇코멘트

어휘력이 갖춰졌다면, 자연스럽게 납득할 수 있습니다. '행동+주의적'이니 '자극에도 반응하지 못하는 = 행동이 없는' 정도의 맥락으로 의미를 납득하며 독해를 진행할 수 있습니다. 사실 어휘력이 갖춰진다면 의식하지 않고 자연스럽게 이처럼 의미가 파악됩니다. 항상 어휘력을 길러, 어휘를 통해 의미를 파악하며 갈 수 있어야 합니다.

> 이런 관찰(행동주의적 관찰)은 식물인간이 그 자극에 대한 질적 느낌, 곧 현상적 의식을 가지지 않는다고 결론 내린다.

계속 용어를 제시하며 지문이 전개됩니다. '자극에 대한 질적 느낌 = 현상적 의식'입니다. 약간은 정보량이 많다고 느낄 수도 있습니다. 그래도 구체적 개념은 필히 확보하며 독해를 진행해야 합니다.

사실 이런 지문은 '스스로' 개념을 확보하며 가는 능력이 매우 중요합니다. 이렇게 개념이 제시되고, 지문의 내용이 추상적이라 느낄 여지가 많기 때문에 애초에 개념을 정확하게 잡고 독해를 진행하지 않으면 지문 이해와 선지 판단에서 피를 볼 가능성이 높습니다. 시간을 좀 투자하더라도 개념을 잡으면서 가야 합니다.

> 어떤 사람이 현상적 의식이 없는 경우 그는 감응력이 없을 것이다. 그런데 거꾸로 감응력이 없다고 해서 꼭 현상적 의식을 가지지 못하는 것은 아니다.

만약 실전이라면 왜 그런지까지는 파악이 안 되었어도 이들의 관계는 파악하고, 최소한 메모라도 하고 독해를 진행해야 합니다. 개념 간 관계를 대놓고 제시해주고 있으니까요.

◇ tip 상위범주 / 하위범주

지문 독해 시 상위범주와 하위범주를 인식하지 않고 독해해서 상위범주의 개념을 하위범주가 가지고 있다는 것을 인식하지 않고 독해를 진행하는 경우가 종종 발생합니다. 상·하위범주는 필히 확보하며 독해를 진행해야 합니다.

매우 중요한 사고 과정입니다.

현상적 의식이 없으면, 감응력은 없습니다. 즉 감응력은 현상적 의식에 포함됩니다.

하지만 현상적 의식은 감응력이 없어도 존재할 수 있습니다.

즉 현상적 의식이 상위범주, 감응력이 하위범주인 것입니다. 이를 파악했다면 이후 현상적 의식에 대한 개념을 파악하기가 수월합니다.

상위범주 / 하위범주에 대한 구분은 필히 진행되어야 합니다.

◇ 코멘트

개념을 확보했다면 납득할 수 있습니다.
현상적 의식은 질적 느낌입니다. 그러니 질적 느낌도 가지지 못하는 사람이 쾌락과 고통을 느끼는, 감응력이 있다는 것은 말이 안 되죠.
그렇지만 쾌락과 고통을 느끼지 못한다고 해서 다른 질적 느낌도 모두 느끼지 못한다는 것은 적절하지 않겠죠.
이처럼 현상적 의식과 감응력의 개념을 확보하며 독해했다면 자연스럽게 이들의 관계를 납득할 수 있습니다.

> 즉, 현상적 의식 과 감응력 의 개념은 일치하지 않는다.

네 애초에 다른 개념임을 우리는 확보했습니다. 현상적 의식이 더 큰 범주입니다.

> 외부 자극에 좋고 싫은 적극적인 의미가 없어도 어떠한 감각 정보가 접수된다는 수동적인 질적 느낌을 가질 수 있기 때문이다.

의미를 파악합시다. 외부 자극에 좋고 싫은 적극적인 의미는 쾌락과 고통에 대응됩니다. 쾌락과 고통이 없어도, 즉 감응력이 없어도 수동적인 질적 느낌을 가질 수는 있겠죠.
즉 '현상적 의식 – 감응력 = 수동적인 질적 느낌'이라는 범주 파악을 진행할 수 있습니다.

> 반면 감응력은 수동적인 측면을 넘어서 그런 정보를 바라거나 피하고 싶다는 능동적인 측면을 포함한다.

감응력은 수동을 넘어 능동까지 포함합니다. 이는 애초에 앞서 제시된 감응력의 개념(쾌락이나 고통을 느끼기에(감응력 있기에) 그것을 좇거나 피하려고 한다는 도덕적 이익)의 복붙 수준입니다.

◇ 코멘트

상위범주 하위범주를 잡았다면, 아래와 같이 직관적으로 의미를 파악할 수 있습니다. 상위범주 하위범주가 제시되면 필히 파악해야 의미 파악과 선지 판단이 압도적으로 수월해집니다.

```
┌─── <현상적 의식> ─────────────┐
│      수동적인 측면             │
│  ┌── <감응력> ──────────────┐ │
│  │   능동적인 측면 포함      │ │
│  └─────────────────────────┘ │
└───────────────────────────────┘
```

> 이것은(능동적 측면 포함) 자신이 어떻게 취급받는지에 신경 쓸 수 있다는 뜻이므로, 감응력을 도덕적 고려의 기준으로 삼는 철학자들은 여기에 도덕적 고려를 해야 한다고 생각하는 것이다.

결국 감응력을 도덕적 고려의 기준(능동적 측면)으로 잡는 경우를 서술해주고 있을 뿐입니다.

> 행동주의적 기준으로 포착되지 않는 심적 상태는 도덕적 고려의 대상으로 여기지 않는 것이다.

행동주의적 기준으로 포착되지 않는 심적 상태는 무엇일까요? 어떤 자극에도 반응하지 못한다는 행동주의적 관찰입니다. 그러니 행동주의적 기준으로 포착되지 않는 심적 상태는 '현상적 의식 – 감응력'일 겁니다.

> 그렇다면 감응력이 없고 현상적 의식만 있는 식물인간은 도덕적 고려의 대상이 아닐까?

당연히 이에 대한 주장이 제시될 겁니다. 근거를 구분하며 주장을 파악한다는 인식을 가지고 독해를 진행합시다.

> 도덕적 고려는 어떤 존재가 가지고 있는 도덕적 속성으로 결정되는 것이 아니라, 도덕적 행위자가 그 존재와 맺는 구체적 관계에 의해 결정된다는 주장도 있다.

도덕적 고려의 근거로 '관계'가 제시됩니다. 주장의 근거를 파악하며 독해를 진행하는 것은 핵심입니다.

◇ 코멘트

수단과 목적, 주장과 근거, 문제의 원인과 해결 등을 파악하며 가는 것은 매우 중요합니다. 이들은 애초에 글에서 중요한 요소입니다.

> 다양한 존재들은 일상에서 상호작용하는데, 도덕 공동체의 가입 여부는 그러한 관계에 따라 정해진다는 것이다.

반복적으로 제시하고 있을 뿐입니다. 도덕적 고려의 대상이 되는 존재 = 도덕 공동체의 구성원임을 잡고 독해를 진행하고 있다면 단순 재진술로 느껴졌을 겁니다.

> 그러나 이런 관계론적 접근은 우리와 더 밀접한 관계를 갖는 인종이나 성별을 우선해서 대우하는 차별주의를 옹호할 수 있다. 그리고 똑같은 식물인간이 구체적 관계의 여부에 따라 도덕 공동체에 속하기도 하고 속하지 않기도 하는 문제도 생긴다.

상식적으로 납득할 수 있습니다. 관계에 따라 결정되면 차별이 있을 수도 있고, 관계라는 건 고정된 값이 아니니 변동이 있겠죠. 그러면 갑자기 도덕 공동체가 될 수도 있고 안 될 수도 있게 됩니다. 상식적으로 납득할 수 있는 내용은 납득하며 독해를 진

행해야 합니다.

> 결국 식물인간을 도덕적으로 고려하려면 식물인간에게서 도덕적으로 의미 있는 속성을 찾아야 한다.

네 관계와 같이 주변에 의지하는 건 문제가 있다고 대놓고 제시를 해줬으니 당연히 식물인간 자체에서 근거를 찾아야 합니다. 그러면 그 의미 있는 속성, 결국 '근거'를 파악하는 것이 핵심입니다.

> 감응력이 전혀 없이 오직 현상적 의식의 수동적 측면만을 가진 사람, 즉 '감응력 마비자'를 상상해 보자. 그는 현상적 의식을 가지고 있기는 하지만 못에 발을 찔렸을 때 괴로워하거나 비명을 지르지는 않는다. 그러나 안전한 상황에서 걸을 때와는 달리 발에 무언가가 발생했다는 정보는 접수할 것이다.

감응력이 없다는 것은 외부 자극에 좋고 싫은 적극적인 의미가 없다는 의미입니다. 그러니 수동적 측면만 가지고 있다면 적극적 의미 표현(괴로워하거나 비명)을 지르지 않겠죠. 한편 수동적 측면은 수동적인 질적 느낌입니다. 그러니 무언가가 발생했다는 정보 = 수동적 질적 느낌은 가지고 갈 수 있겠죠. 구체적으로 제시된 개념을 확보하여 예시를 납득해야 합니다.

◇ tip 구체적인 예시, 그리고 연결

지문에서 제시해준 구체적 개념 '감응력', '능동적 측면', '현상적 의식', '수동적 측면' 등을 확보하고 이후 제시되는 내용과 연결하며 독해를 진행해야 합니다.

단순 서칭이 아닌 이해와 추론이 강조되고 있는 현시점, 이를 위해 가장 필요한 능력은 저는 '다른 말 같은 뜻을 통한 범주화'라고 생각합니다.

> 이런 상태는 얼핏 도덕적 고려의 대상이 되기에 무언가 부족해 보인다. 하지만 감응력 마비자는 사실상 감응력이 있는 인간의 일상생활의 모습을 보여 준다.

현상적 의식의 수동적 측면만을 가지고 있는 모습이 인간의 일상 생활을 보여 줍니다. 지금 우리는 '식물인간을 도덕적으로 고려'하기 위한 '근거'를 파악하고 있습니다.
그렇다면 당연히 '감응력 마비자는 사실상 감응력이 있는 인간의 일상생활의 모습을 보여 준다'라는 것은 근거이고 우리는 이 의미를 파악해야 합니다.

예컨대 컴퓨터 자판을 오래 사용한 사람은 어느 자판에 어느 글자가 있는지를 보지 않고도 문서를 작성할 수 있다. 이 사람은 특별한 능동적인 주의력이 필요한 의식적 상태는 아니지만, 외부의 자극에 대한 정보가 최소한 접수되는 정도의 수동적인 의식적 상태에 있다고 해야 할 것이다.

감응력 마비자는 현상적 의식의 수동적 측면만을 가진 사람입니다. 우리가 일상적인 생활을 할 때 '수동적 의식 상태'에 있다는 것은 결국 감응력 마비자와 유사하다는 얘기죠. 그러니 식물인간도 우리와 유사하니 도덕 공동체에 포함시켜야 한다는 주장일 겁니다.

정도가 미약하다는 이유만으로는 그 상태를 도덕적으로 고려할 수 없다는 주장은 설득력이 부족하다. ㉠이와 마찬가지로 식물인간이 고통은 느끼지 못하지만 여전히 주관적 의식 상태를 가질 수 있다면, 이는 도덕 공동체에 받아들일 수 있는 여지가 있다는 것을 보여 준다.

결국 우리가 '수동적 의식 상태'에 있다는 것은 결국 감응력 마비자와 유사하니 식물인간을 도덕 공동체에 포함해야 한다는 얘기를 반복하고 있습니다.
주장(식물인간 도덕 공동체로 고려)에 대한 근거(수동적 의식 상태 있다는 것, 정도 차이일 뿐)를 파악하고 독해를 마무리했어야 합니다.

[4~6] 문제 해설

04 윗글에 대한 이해로 적절하지 않은 것은?

① 도덕적 행위를 할 수 없는 존재도 도덕 공동체에 들어올 수 있다.
② 도덕 피동자는 능동적인 주의력은 없지만 수동적인 의식적 상태는 있다.
③ 관계론적 접근에서는 동물이 도덕적 고려의 대상이 아닐 수도 있다.
④ 식물인간이 고통을 느끼지 못한다고 판단하는 것은 자극에 반응이 없기 때문이다.
⑤ 식물인간은 도덕 공동체의 구성원이 되어도 스스로 책임질 수 있는 존재는 아니다.

답 ②
1문단에 제시된 것처럼 도덕 피동자는 지문에서 영유아처럼 이

성이나 자의식이 없는 존재입니다. 영유아라고 해도 쾌락이나 고통을 느끼는 감응력이 있습니다. 그런데 3문단에 제시된 것처럼 감응력은 수동적인 측면을 넘어서 그런 정보를 바라거나 피하고 싶다는 능동적인 측면을 포함합니다. 즉 도덕 피동자가 능동적 주의력이 없다고 단정하는 것은 적절하지 않습니다.

오답 선지 분석
① : 1문단에 제시된 것처럼 도덕 피동자는 영유아처럼 이성이나 자의식 등이 없기에 도덕적 행동을 할 수 없는 존재입니다. 그런데 이러한 도덕 피동자는 도덕 공동체의 일부임이 1문단에 제시되어 있습니다. 즉 도덕적 행위를 할 수 없는 존재도 도덕 공동체에 들어올 수 있습니다.

③ : 4문단에 제시된 것처럼 관계적론적 접근은 도덕적 행위자가 그 존재와 맺는 구체적 관계에 의해 결정된다는 의미입니다. 이는 구체적 관계의 여부에 따라 도덕 공동체에 속하기도 하고 속하지 않기도 하는 문제가 발생할 수 있습니다. 즉 관계론적 접근에서는 동물이 도덕적 고려의 대상이 아닐 수도 있습니다.

④ : 3문단에 제시된 것처럼 식물인간을 흔히 의식이 없는 상태라고 판단하는 것은 식물인간이 어떤 자극에도 반응하지 못한다는 행동주의적 관찰 때문입니다. 이런 관찰(자극에 반응하지 못하는)은 식물인간이 그 자극에 대한 질적 느낌, 곧 현상적 의식을 가지지 않는다고 결론 내립니다.

⑤ : 도덕 공동체의 구성원이 되어도 스스로 책임질 수 있는 존재는 1문단에 제시된 도덕 행위자입니다. 하지만 2문단에 제시된 것처럼 식물인간은 고차원적 의식을 가지지 못합니다. 즉 식물인간은 도덕 피동자로 구분되어, 도덕 공동체의 구성원이 되어도 스스로 책임질 수 있는 존재는 아니라 평가할 수 있습니다.

◇코멘트

선지의 의미를 파악해야 합니다. 도덕적 행위를 할 수 없는 존재(1번 선지), 능동적 주의력(2번 선지), 자극에 반응이 없다(4번 선지), 스스로 책임질 수 있는 존재(5번 선지)와 같이 선지에 제시된 표현이 지문에서 무슨 의미에 대응되는지 판단해야 합니다.

05 현상적 의식 과 감응력 에 대해 추론한 것으로 가장 적절한 것은?

① '감응력 마비자'는 현상적 의식을 가지고 있지 못하다.
② 감응력은 정보 접수적 측면은 없지만 능동적 측면은 있다.
③ 현상적 의식과 달리 감응력은 행동주의적 기준으로 포착되지 않는다.

④ 커루더스는 현상적 의식이 있지만 감응력이 없는 존재를 고차원적 의식이 없다고 생각한다.

⑤ 싱어는 감응력 없이 현상적 의식의 상태에 있는 대상에게 위해를 가하는 것을 비윤리적이라고 주장할 것이다.

답 ④

2문단에 제시된 것처럼 커루더스는 고차원적 의식을 감응력의 기준으로 봅니다. 그리고 3문단에 제시된 것처럼 현상적 의식이 없는 경우 그는 감응력이 없지만, 감응력이 없다고 해서 꼭 현상적 의식을 가지지 못하는 것은 아닙니다.

즉 커루더스에게 현상적 의식이 있지만, 감응력이 없는 존재는 고차원적 의식이 없다고 생각할 것입니다.

커루더스의 감응력의 정의를 파악했어야 합니다.

오답 선지 분석

① : 5문단에 제시된 것처럼 현상적 의식의 수동적 측면만을 가진 사람이 '감응력 마비자'입니다. 즉 감응력 마비자는 현상적 의식의 수동적 측면은 가지고 있습니다.

② : 3문단에 제시된 것처럼 어떤 사람이 현상적 의식이 없는 경우 그는 감응력이 없을 것이다. 그런데 거꾸로 감응력이 없다고 해서 꼭 현상적 의식을 가지지 못하는 것은 아닙니다. 그리고 외부 자극에 좋고 싫은 적극적인 의미가 없어도 어떠한 감각 정보가 접수된다는 수동적인 질적 느낌을 가질 수 있습니다. 감응력은 수동적인 측면을 넘어서 그런 정보를 바라거나 피하고 싶다는 능동적인 측면을 '포함'합니다. 즉 감응력은 정보 접수적 측면과 능동적 측면 모두를 '포함'합니다.

③ : 3문단에 제시된 '행동주의적 기준으로 포착되지 않는 심적 상태는 도덕적 고려의 대상으로 여기지 않는 것이다'를 고려했을 때 행동주의적 기준으로 포착되는 심적 상태는 도덕적 고려의 대상입니다. 이에 앞서 감응력을 도덕적 고려의 기준으로 삼는 철학자들은 여기에 도덕적 고려를 해야 한다고 생각하는 것이 제시되었습니다. 즉 감응력은 행동주의적 기준으로 포착됩니다. 애초에 감응력이 현상적 의식의 하위범주입니다.

⑤ : 2문단에 제시된 것처럼 싱어와 커루더스를 비롯한 많은 철학자들은 이러한 이유로 감응력을 도덕적 고려의 기준으로 삼습니다. 즉 감응력이 없는 대상에게 위해를 가하는 것을 싱어는 비윤리적이라 주장하지 않을 것입니다.

◇코멘트

지문에서 구체적으로 제시한 개념의 정의를 파악하는 것의 중요성을 알려주는 문항입니다.

06 ㉠에 대한 비판으로 가장 적절한 것은?

① 감응력이 있는 현상적 의식을 가진 존재만을 도덕적으로 고려하면 고통과 쾌락을 덜 느끼는 사람을 차별하게 되지 않을까?

② 도덕 피동자가 책임질 수 있는 도덕적 행동을 할 수 없더라도 도덕 행위자는 도덕 피동자에게 도덕적 의무를 져야 하는 것 아닐까?

③ 외부의 자극에 대한 수동적인 의식적 상태는 자신이 어떻게 취급받는지에 신경 쓰지 않는다는 뜻인데 여기에 도덕적 고려를 할 필요가 있을까?

④ 식물인간의 도덕적 고려 여부는 식물인간이 누구와 어떤 관계를 맺느냐가 아니라 어떤 도덕적 속성을 가지고 있느냐를 보고 판단해야 하지 않을까?

⑤ 일상에서 특별한 능동적인 주의력이 필요한 의식 상태라고 하는 것도 알고 보면 외부 자극에 대한 정보가 최소한 접수되는 정도의 의식적 상태가 아닐까?

발문 분석

㉠ :이와 마찬가지로 식물인간이 고통은 느끼지 못하지만 여전히 주관적 의식 상태를 가질 수 있다면, 이는 도덕 공동체에 받아들일 수 있는 여지가 있다는 것을 보여 준다.

㉠에 대한 비판은 ㉠의 '주장, 근거'에 대한 '비판'이 진행되어야 함.

답 ③

선지의 의미를 파악해야 합니다.

여기서 선지의 외부의 자극에 대한 수동적인 의식적 상태는 식물인간에 대응되는 개념입니다. 그런데 3문단에 제시된 것처럼 감응력은 수동적인 측면을 넘어서 그런 정보를 바라거나 피하고 싶다는 능동적인 측면을 포함하며 이런 대상은 자신이 어떻게 취급받는지에 신경 쓸 수 있다는 뜻을 가집니다. 즉 감응력이 없는 존재는 자신이 수동적인 대상으로(상, 하위범주 고려) 자신이 어떻게 취급받는지 고려하지 않는 대상입니다.

즉 '외부의 자극에 대한 수동적인 의식적 상태는 자신이 어떻게 취급받는지에 신경 쓰지 않는다는 뜻인데 여기에 도덕적 고려를 할 필요가 있을까?'라는 비판은

'외부의 자극에 대한 수동적인 의식적 상태는 자신이 어떻게 취급받는지에 신경 쓰지 않는다는 뜻(식물인간)인데 여기에 도덕적 고려를 할 필요가 있을까? (식물인간에 대한 도덕적 고려가 필요할까?)'이므로 ㉠에 대한 비판으로 볼 수 있습니다.

오답 선지 분석

① : 5문단에 제시된 것처럼 식물인간을 도덕 공동체에 포함시키기 위해 '정도가 미약하다는 이유만으로는 그 상태를 도덕적으로 고려할 수 없다는 주장은 설득력이 부족하다'는 점을 근거

로 활용했습니다.

즉 '감응력이 있는 현상적 의식을 가진 존재만을 도덕적으로 고려하면 고통과 쾌락을 덜 느끼는 사람을 차별하게 되지 않을까?'라는 주장은 오히려 ㉠을 강화하는 근거로 활용될 수 있습니다.

② : '도덕 피동자가 책임질 수 있는 도덕적 행동을 할 수 없더라도 도덕 행위자는 도덕 피동자에게 도덕적 의무를 져야 하는 것 아닐까?'라는 물음은 도덕 행위자가 도덕 피동자에 대한 의무를 져야 한다는 것으로 이는 식물인간을 도덕 공동체에 포함하자는 ㉠을 강화하는 근거로 활용될 수 있습니다.

④ : 4문단에 제시된 것처럼 식물인간이 구체적 관계의 여부에 따라 도덕 공동체에 속하기도 하고 속하지 않기도 하는 문제가 발생하여 식물인간을 도덕적으로 고려하려면 식물인간에게서 도덕적으로 의미 있는 속성을 찾습니다. 즉 '식물인간의 도덕적 고려 여부는 식물인간이 누구와 어떤 관계를 맺느냐가 아니라 어떤 도덕적 속성을 가지고 있느냐를 보고 판단해야 하지 않을까?'는 식물인간을 도덕 공동체에 포함하자는 ㉠의 출발점에 가깝습니다.

⑤ : 5문단에서 식물인간을 도덕 공동체에 포함하는 것에 대한 근거로 우리의 일상적 상황을 특별한 능동적인 주의력이 필요한 의식적 상태는 아니지만, 외부의 자극에 대한 정보가 최소한 접수되는 정도의 수동적인 의식적 상태에 있다고 해야 할 것으로 규정했습니다.

즉 '일상에서 특별한 능동적인 주의력이 필요한 의식 상태라고 하는 것도 알고 보면 외부 자극에 대한 정보가 최소한 접수되는 정도의 의식적 상태가 아닐까?'라는 물음은 오히려 근거를 강화시켜주는 것에 가깝습니다.

◇ 문제점, 비판 등의 선지 구성

글에서 문제점, 비판의 내용으로 적절한 것은~ 이런 문제가 나왔을 때 오답을 만드는 방식으로 아예 상관없는 얘기를 하거나, 문제점을 지적하거나 비판을 하는 것이 아닌 주장을 강화하거나 옹호하는 내용을 넣은 경우가 빈번합니다.

즉 비판 문제를 대할 때는

1. A가 주장한 내용이 맞는가? (허수아비 공격이 아닌가)

2. 비판이 맞는가?

이 두 가지를 꼭 생각하시길 바랍니다.

2023 언어이해 [7~9] 단백질 합성, 그리고 신호서열 이론

◇ 총평

- 핵심 확보 (기출에 근거한)
- 비교 대조 쌍, 대립쌍
- 돌아올 줄 아는 것도 실력이다.

이 지문은 정보량이 많은 지문을 실전에서 어떻게 읽어야 하는지를 가장 극명하게 보여주는 지문이라 생각합니다. 정보량이 매우 많고, 실전에서 생명 관련 지식이 없다면 꽤나 부담스럽게 느껴졌을 지문입니다.

이런 지문을 실전에서 잘 읽는 것은 결국 '기출'에 근거합니다. 물론 평가원 기출에 비해 정보량이 많다는 정도의 차이는 있지만, 근본적으로 핵심이 생명 기출 지문에 나왔던 '위치'라는 점은 동일합니다.

'기출'에 근거했을 때 생명 지문은 '위치'가 핵심이라는 점을 숙지했다면 지문을 읽으면서 최소한 '위치'에 대한 구분은 진행했을 것이고, 완벽한 100% 수준의 이해에 도달하지 못했더라도, '위치'에 대한 구분으로 정보를 정리하면서 돌아올 부분을 체크했다면 문제를 푸는 수준까지는 도달할 수 있었을 겁니다.

지문 해설 역시 '위치'를 기준으로 정보를 '정리'하는 것에 초점이 맞춰져 있습니다. 실전에서 이렇게 정보량이 많은 지문은 '정리'와 사실 관계 파악 위주로 출제되기 때문이죠.

해당 지문을 통해 기출에서 제시된(지문 초반 제시된) 핵심을 통해 글을 읽어 나가는 큰 틀을 가질 수 있다는 점을 느끼시길 바랍니다.

※ 엮어보기 좋은 기출
개인적으로 이 지문은 20.06 개체성 지문과 유사한 포인트가 많다고 생각합니다.
지문 초반 제시된 화제인 '개체성'이라는 포인트로 정보를 정리해나가는 것(개체와 개체가 아닌 것)과 마지막에 나열된 조건들을 파악하는 것이 / '위치'라는 포인트로 정보를 정리해 나가고, 마지막 나열된 신호들을 파악하는 것과 굉장히 유사합니다.
해당 지문을 분석하고 20.06 개체성 지문을 같이 엮어서 보면 좋을 것 같습니다.

세포는 현미경으로 관찰하면 작은 물방울처럼 보이지만 세포 내부는 기름 성분으로 이루어진 칸막이에 의해 여러 구획으로 나누어져 있다.

세포에 대한 정보를 제시합니다. 기름으로 된 칸막이로 세포가 나누어져 있네요. 최소한 '세포 내부 구분' 정도는 파악하고 독해를 시작해야 합니다.

기출 분석의 중요성을 알려 주는 첫 문장입니다. 지금까지 기출에서 생명 지문이 제시될 때 '위치'는 굉장히 중요하게 다루어진 내용입니다. 안에서 밖으로 이동하는지, 밖에서 안으로 이동하는지 등의 정보 말이죠. 기출에서 빈출되는 흐름을 파악하고 있는 사람이었다면, 여기서 세포 내부가 '구획'되었다는 정보를 보고 '위치'가 핵심적인 정보라는 점을 파악하고 독해를 시작할 수 있었을 겁니다. 실제로 이 지문의 핵심도 '어디에서 어디로' 이동하는지입니다.
cf) 20.06 개체성에 대한 이해와 조건
38번 문항 4번 선지 '미토콘드리아의 대사 과정에 필요한 단백질은 미토콘드리아의 막을 통과하여 세포질로 이동해야 한다.'
A에서 B로 이동하는지, B에서 A로 이동하는지와 같이 '위치에 따른 이동'을 정확하게 파악하는 것은 생명 지문에서 핵심적으로 다루어진 요소입니다.

서랍 속의 칸막이가 없으면 물건이 뒤섞여 원하는 것을 찾기 힘들어지듯이 세포 안의 구획이 없으면 세포 안의 구성물, 특히 단백질이 마구 섞이게 되어 세포의 기능에 이상이 생길 수 있다.

그렇겠죠? 있어야 하는 자리에 단백질이 있어야 정상적으로 작동할 것이니까요. 역시 핵심은 '위치'라는 점을 강조해주고 있음을 파악하면 충분합니다.

그러므로 각각의 단백질은 저마다의 기능에 따라 세포 내 소기관들, 세포질, 세포 외부나 세포막 중 필요한 장소로 수송되어야 한다.

위치를 단순히 세포 안, 밖 수준을 넘어 네 가지로 구분해주고 있습니다. 당연히 이후 독해 시 '세포 내 소기관들, 세포질, 세포 외부나 세포막' 중 어디에서 어디로 이동하는지를 파악하는 것이 핵심이라는 점을 인식하고 본격적인 독해를 시작해야 합니다.

세포 외부로 분비된 단백질은 호르몬처럼 다른 세포에 신호를 전달하는 역할을 하고, 세포막에 고정되어 위치하는 단백질은 외부의 신호를 안테나처럼 받아들이는 수용체 역할을 하거나 물질을 세포 내부로 받아들이는 통로 역할을 수행한다.

세포 외부와 세포막에 고정된 '위치'에 있는 단백질의 기능을 제시합니다. '세포 외부는 신호 전달' / '세포막 고정은 수용체 및 통로'입니다. 납득하며 독해를 진행하면 베스트이지만, 실전에서 납득이 안 된다면 이건 정리(체크 혹은 필기)라도 하고 독

해를 진행해야 합니다. 생명 지문에서 위치에 따른 기능은 핵심이니까요.

납득을 한다면, 세포 밖에 있는 것이니 전달자 역할을 한다고 생각할 수 있고, 세포'막'에 고정되어 있으니 외부 신호를 받거나, '막'에 고정되어 있으니 통로로 기능한다고 생각할 수는 있습니다.
이렇게 납득이 되면 베스트이지만, 만약 안 되더라도 핵심 정보이니 정리라도 하고 독해를 진행해야 합니다. 실전에서는 어떻게든 문제를 맞춰야 하니까요.

반면 세포 내 소기관으로 수송되는 단백질이나 세포질에 존재하는 단백질은 각각 세포 내 소기관 또는 세포질에서 수행되는 생화학 반응을 빠르게 진행하도록 하는 촉매 역할을 주로 수행한다.

대놓고 차이를 제시해주고 있습니다. 세포 내로 수송되는 소기관과 세포질에 있는 단백질은 각각의 위치에서 '촉매'를 수행합니다. 다른 단백질을 수용하게 하는 것(신호 전달, 수용체, 통로), 안에서 촉매 역할을 하는 것이 구분되고 있다는 점 정도를 파악했으면 베스트입니다.

여기서도 납득한다면 '내부에 있는 것들이니 내부에서 합성을 돕나?' 정도로 생각할 수 있습니다. 사실 지문의 근거만으로는 불가능하고 지식적인 요인이 필요하죠. 이렇게 정보가 묵직하게 제시될 때 납득이 되면 좋지만 안 된다면 핵심(기출에 근거한)에 맞춰 독해를 진행(파악 혹은 정리)해야 합니다.

단백질은 mRNA의 정보에 의해 리보솜에서 합성된다.

계속 '위치'를 제시합니다. 단백질은 '리보솜'에서 합성됩니다. '리보솜'이 뭔지 모르니 구체적 설명이 제시되지 않는다면 글자 그 자체로(리보솜) 설명이 제시된다면 그 내용에 맞춰 파악해야 합니다.

이런 서술 흐름은 익숙해야 합니다. 'A는 B이다.' 'B는~' 식으로 서술해주면 구체적으로 서술된 개념을 확보해야 하고, 만약 워딩만 제시되면 워딩 정도만 체크하고 독해를 진행하면 충분합니다.

리보솜은 세포 내부를 채우고 있는 세포질에 독립적으로 존재하다가 mRNA와 결합하여 단백질 합성이 개시되면 세포질에 머물면서 계속 단백질 합성을 진행하거나 세포 내부의 소기관인 소포체로 이동하여 소포체 위에 부착하여 단백질 합성을 계속한다.

리보솜에 대한 설명을 제시합니다. 리보솜의 '위치'는 '세포질'에 존재하다가 합성 시작 이후 유지 혹은 '소포체'로 이동합니다. 우리의 핵심은 '위치'이므로 '세포질 / 소포체'와 같이 리보솜의 위치를 정리하고 독해를 진행해야 합니다.

리보솜이 이렇게 서로 다른 세포 내 두 장소에서 단백질 합성을 수행하는 이유는 합성이 끝난 단백질을 그 기능에 따라 서로 다른 곳으로 보내야 하기 때문이다.

계속 핵심은 '위치'입니다. 리보솜이 서로 다른 장소(세포질, 소포체)에서 합성을 진행하는 건 '서로 다른 곳', 즉 서로 다른 '위치'로 보내야 하기 때문이죠. 당연히 '서로 다른 위치'를 정리하는 것이 핵심입니다.

세포질에서 독립적으로 존재하는 리보솜에서 완성된 단백질은 주로 세포질, 세포핵·미토콘드리아와 같은 세포 내 소기관으로 이동하여 기능을 수행한다.

세포질의 리보솜은 '세포질, 세포핵·미토콘드리아와 같은 세포 내 소기관'으로 이동합니다. 미토콘드리아 등이 기관이 세포 내 소기관이라는 것은 기출에도 제시된 적이 있는 내용이기에 알아두었으면 자연스럽게 납득할 수 있습니다.

◇ tip 구체적인 예시

사실 세포 내 소기관으로 이동한다는 정도만 제시해줘도 문제를 출제하기에 무리가 없습니다. 그럼에도 굳이 '세포질, 세포핵, 미토콘드리아'와 같은 구체적 예시를 왜 제시해줬을까요?

당연히 선지에서 위와 같은 구체적 예시를 제시한 다음, 그것이 세포질의 리보솜에서 이동하는 '위치'임을 물어보기 위해서입니다. 전형적인 구체적 예시를 활용한 부분이죠.

cf) 20.09 점유·소유 중 일부

물건 중에서 **피아노, 금반지, 가방** 등과 같은 대부분의 동산은 점유에 의해 소유권이 공시된다.

⇒ 구체적으로 동산의 예시를 제시함.

반면 소포체 위의 리보솜에서 합성이 끝난 단백질은 세포 밖으로 분비되든지, 세포막에 위치하든지, 또는 세포 내 소기관들인 소포체나 골지체나 리소솜으로 이동하기도 한다.

'반면'이라고 대놓고 차이를 보여주고 있습니다. 소포체 위의 리보솜은 '세포 밖, 세포막, 소포체, 골지체, 리소솜'으로 이동합니다. 당연히 우리의 핵심은 '위치'이기에 리보솜이 서로 다른 장소(세포질, 소포체)에서 진행한 합성의 결과(위치)를 구분해줘야 합니다. 만약 암기가 어렵다면, 최소한 리보솜 합성을 물어볼 때 여기로 돌아와서 위치를 파악하고 간다는 인식은 진행해야 합니다.

◇ tip 비교 대조 쌍

대놓고 둘의 차이를 제시해주고 있으며, 우리의 핵심은 '위치'입니다. 당연히 이들이 출제될 것이라는 정도는 잡을 수 있습니다.

그런데 지문 해설에 제시한 것처럼 이렇게 정보가 묵직하게 제시되면 이를 완벽하게 구분하며 가는 것은 실전에서 되면 좋지만 안 될 경우 역시 고려해야 합니다.

저라면 최소한 '리보솜 위치 물어보면 여기로 돌아온다.' 정도의 생각은 진행할 것 같습니다. 추가적으로 구체적 예시들이 제시되었으니 그 내용이 제시되면 돌아와서라도 판단한다고 생각했어도 좋습니다.

기출을 통해 핵심적인 부분(위치)을 파악하고 그에 맞춰 독해를 진행하면서 실전에서 최소한 해야 할 것에 대한 생각을 해볼 수 있는 구간입니다.

소포체·골지체·리소솜은 모두 물리적으로 연결되어 있으므로 소포체 위의 리보솜에서 만들어진 단백질의 이동이 용이하다.

소포체 위의 리보솜에 대한 '위치'로 제시된 것들이 모두 연결되어 있답니다. 연결되어 있으니 이동은 당연히 용이하겠죠. 연결되어 있다는 정도만 파악하면 납득할 수 있습니다.

또한 세포막에 고정되어 위치하거나 세포막을 뚫고 분비되는 단백질은 소포체와 골지체를 거쳐 소낭에 싸여 세포막 쪽으로 이동한다.

또 '위치'에 따른 '이동 위치'를 제시합니다. 세포막 고정, 세포막 뚫는 놈은 [소포체·골지체 → 소낭 → 세포막]과 같은 과정 서술이 진행됩니다. 과정 서술이 납득이 안 된다면 적어두는 것도 방법입니다.

◇ tip 과정 서술

과정을 통으로 한 번에 정리하려고 하기는 현실적으로 버거운 부분입니다. 앞으로는 이런 과정 서술이 나오면 밀도가 높음을 인지하고, 의도적으로 속도를 낮춰 과정을 끊어 읽으며 각 단계에 대한 정보를 정확하게 정리해야 합니다.

소포체 위의 리보솜에서 완성된 단백질은 소포체와 근접한 거리에 있는 또 다른 세포 내 소기관인 골지체로 이동하여 골지체에서 추가로 변형된 후 최종 목적지로 향하기도 한다.

계속 '소포체 위'라는 '위치'에서 완성된 경우에 대해 얘기하고 있습니다. 이 경우 골지체로 이동하여 변형되는 경우도 있다고 합니다. 정말 계속 '위치'에 따른 구분을 요구하고 있습니다. 체감 정보량이 정말 상당한 경우입니다.

이 단백질 합성 후 추가 변형 과정은(소포체 위에서 골지체로 이동하여 변형) 아미노산이 연결되어서 만들어진 단백질에 탄수화물이나 지질 분자를 붙이는 과정으로서 아미노산만으로는 이루기 힘든 단백질의 독특한 기능을 부여해준다. 일부 소포체에서 기능하는 효소는 소포체 위의 리보솜에서 단백질 합성을 완료한 후 골지체로 이동하여 변형된 다음 소포체로 되돌아온 단백질이다.

'소포체 위에서 골지체로 이동한' 위치에 따른 단백질은 소포체에서 기능하는 '효소'가 될 수도 있네요. 이런 특수한 케이스가 있으니 예외적 경우로 출제될 수 있다는 생각 정도는 우리가 해줄 수 있을 것 같습니다.

과연 단백질은 어떻게 자기가 있어야 할 세포 내 위치를 찾아갈 수 있을까? 그것을 설명하는 것이 '신호서열 이론'이다.

지문의 모든 핵심이 '위치'였습니다. 이제 그 '위치'를 파악하는 이론을 제시합니다. 결국 여기서도 핵심은 '위치'에 대한 정보를 파악하는 겁니다.

어떤 단백질은 자기가 배송되어야 할 세포 내 위치를 나타내는 짧은 아미노산 서열로 이루어진 신호서열을 가지고 있다.

단백질이 자기가 가야 할 '위치'를 나타내는 아미노산 서열을 가지고 있습니다. 그러면 당연히 아미노산 서열에 의해 '위치'가 구분될 거고, 우리는 또 이 서열에 의한 '위치'를 구분해 주어야 합니다.

예를 들어 KDEL 신호서열은 소포체 위의 리보솜에서 합성된 후 골지체를 거쳐 추가 변형 과정을 거친 다음 소포체로 되돌아오는 단백질이 가지고 있는 신호서열이다.

KDEL은 '소포체 위'에서 '골지체'로 가서 변형이 되는 단백질입니다. 무조건 핵심은 '위치', 'A에서 B'로 같은 것이니 '소포체 위 → 골지체'로 최소한 체크라도 하셨어야 합니다.

또한 NLS는 세포질에 독립적으로 존재하는 리보솜에서 합성되어 세포핵으로 들어가는 단백질이 가지고 있는 신호서열이고 NES는 반대로 세포핵 안에 존재하다가 세포질로 나오는 단백질이 가지고 있는 신호서열이다.

역시 핵심은 '위치'입니다.
NLS는 '세포질 내'에서 '세포핵'으로 가는 것이고 / NES는 '세포핵'에서 '세포질'로 가는 겁니다. '반면'으로 제시한 것처럼 완벽하게 반대되는 상황이 제시되었네요.

◇ tip 대립쌍

애초에 생명 지문에서 '안 / 밖'을 구분하는 것은 핵심적인 내용입니다. 지문에서도 계속 '위치'를 구분하는 것이 핵심으로 제시된 것과 같은 이치죠.

기출 분석을 통해 (미시, 거시) / (개별, 전체) / (안, 밖) / (선천, 후천) / (모든, 일부) / (내용, 형식) 등 대립쌍을 이루는 어휘 자체를 익혀 그에 대한 즉각적인 반응이 이루어져야 합니다.

그리고 세포질에 독립적으로 존재하는 리보솜에서 만들어진 단백질을 미토콘드리아로 수송하기 위한 신호서열인 MTS도 있다.

계속 위치 파악입니다. '세포질'에서 '미토콘드리아'로 가는 것은 MTS입니다. 제시된 네 가지 서열을 '위치'에 따라 구분했어야 합니다.

신호 서열 네 가지를 '나열'하고 있습니다. 저라면 '위치'라는 핵심을 최소한 체크라도 하고 그에 대해 물어보면 무조건 돌아와서 확인하고 선지를 판단할 것 같습니다.

지문에 정보량이 매우 많았고, 생명 관련 지식이 없다면 해당 용어들을 엄밀하게 구분하며 독해하기란 어렵습니다. 저라면 '나열'된 정보이니 돌아와서 판단한다는 인식을 가질 것 같습니다.

멋있게 사후적으로 해설하는 것보단, 결국 이렇게 정보량이 많은 지문에서 '나열'까지 되고 있다면, 우리가 가능한 부분은 기출에 의한 태도적인 영역입니다. 실제로 해당 부분은 결국 '위치'라는 핵심에 의해 각각을 정리하는 것이 최선입니다. 그리고 그것을 '돌아와서라도 판단한다'라는 인식이죠. 지문 해설이 정리 수준이지만, 실제로 저는 이 지문을 처음 읽을 때 이처럼 '위치' 정도를 체크하고 8번 문항과 9번 문항을 풀 때 돌아와서 '위치'를 중심으로 선지를 판단했습니다.

cf) 20.06 개체성에 대한 이해

지문 마지막 '미토콘드리아가 개체성을 잃었다는 근거를' 나열하여 제시. 지문에서 핵심적인 정보이니 확보해야 함. 그런데 그것이 미비했다면 '나열된' 정보이니 돌아가서 판단한다는 인식을 가졌어야 함.

이러한 신호서열 이론을 증명하는 여러 실험이 수행되었다. ㉠KDEL 신호서열을 인위적으로 붙여준 단백질은 원래 있어야 할 곳 대신 소포체에 위치하는 것으로 관찰되어 KDEL이 소포체로의 단백질 수송을 결정하는 신호서열이라는 결론이 내려졌다.

KDEL은 소포체로 되돌아오는 단백질입니다. 그러니 KDEL 신호서열을 인위적으로 붙여준 놈이 소포체에 위치하는 것은 KDEL에 대한 강화 근거일 것이란 점은 쉽게 납득할 수 있습니다.

㉡소포체에 부착한 리보솜에서 만들어진 어떤 단백질이 특정한 신호서열이 있어서 세포 밖으로 분비되는 것인지, 아니면 그 단백질이 신호서열을 전혀 가지고 있지 않아서 세포 밖으로 분비되는 것인지 확인하는 실험도 수행되었는데 세포의 종류에 따라 각기 다르다는 결론이 내려졌다.

㉡은 '소포체'라는 위치에서 진행된 단백질이 내부로 가는지 외부로 가는지 따지는 겁니다. 역시 우리의 핵심은 '위치'입니다. '소포체'라는 위치에서 생성된 것에 다룬다는 것은 파악했어야

합니다.

㉢세포 내 특정 장소로 가기 위한 신호서열을 가지고 있지 않은 단백질이 어떻게 특정 장소로 이동하는지를 확인하는 실험을 한 결과 특정 장소로 수송하기 위한 신호서열을 가지고 있는 단백질과의 결합을 통해 신호서열이 지정하는 특정 장소로 이동할 수 있다는 결론을 얻었다.

특정 '위치'로 가는 서열이 없는데 이동하는 건 '결합을 통해' 진행됩니다. 앞서 네 가지 신호서열이 제시되었습니다. 그렇다면 위에 제시된 네 가지 신호 서열과 결합하면 거기로 갈 수 있다는 의미를 파악했어야 합니다. 우리의 핵심은 '위치'이니, 이동할 수 있다는 '위치'를 파악해야 합니다.

[7~9] 문제 해설

07 윗글의 내용과 일치하지 않는 것은?

① 세포막에서 수용체 역할을 하는 단백질은 소포체 위의 리보솜에서 합성된 것이다.
② 세포질 안에서 사용되는 단백질은 세포질에 독립적으로 존재하는 리보솜에서 합성된 것이다.
③ 골지체에서 변형된 후 소포체로 돌아온 단백질은 소포체 위의 리보솜에서 합성된 것이다.
④ 세포핵으로 수송되는 단백질은 세포 밖으로 분비되는 단백질과 다른 곳에 위치한 리보솜에서 합성된 것이다.
⑤ 미토콘드리아로 수송되는 단백질과 세포막에 위치하는 단백질은 같은 곳에 위치한 리보솜에서 합성된 것이다.

답 ⑤
선지의 의미를 파악해야 합니다.
미토콘드리아로 수송되는 단백질은 3문단에 제시된 세포질에서 독립적으로 존재하는 리보솜에서 완성된 단백질입니다. 그리고 세포막에 위치하는 단백질은 소포체 위의 리보솜에서 합성이 끝난 단백질입니다. 즉 이 둘은 다른 곳에 위치한 리보솜에서 합성된 것입니다.

오답 선지 분석
① : 2문단에 제시된 것처럼 세포막에 고정되어 위치하는 단백질은 외부의 신호를 안테나처럼 받아들이는 수용체 역할을 합니다. 그리고 3문단에 제시된 것처럼 소포체 위의 리보솜에서 합성이 끝난 단백질은 세포 밖으로 분비되든지, 세포막에 위치하든지, 또는 세포 내 소기관들인 소포체나 골지체나 리소솜으

로 이동합니다. 즉 세포막에서 수용체 역할을 하는 단백질은 소포체 위의 리보솜에서 합성된 단백질입니다.

② : 3문단에 제시된 것처럼 세포질에서 독립적으로 존재하는 리보솜에서 완성된 단백질은 주로 세포질, 세포핵·미토콘드리아와 같은 세포 내 소기관으로 이동하여 기능을 수행합니다. 즉 세포질 안에서 사용되는 단백질은 세포질에서 독립적으로 존재하는 리보솜에서 완성된 단백질입니다.

③ : 4문단에 제시된 것처럼 소포체 위의 리보솜에서 완성된 단백질은 소포체와 근접한 거리에 있는 또 다른 세포 내 소기관인 골지체로 이동하여 골지체에서 추가로 변형된 후 최종 목적지로 향하기도 합니다.

④ : 3문단에 제시된 것처럼 세포질에서 독립적으로 존재하는 리보솜에서 완성된 단백질은 주로 세포질, 세포핵·미토콘드리아와 같은 세포 내 소기관으로 이동하여 기능을 수행합니다. 한편 소포체 위의 리보솜에서 합성이 끝난 단백질은 세포 밖으로 분비됩니다. 즉 세포핵으로 수송되는 단백질은 세포 밖으로 분비되는 단백질과 다른 곳에 위치한 리보솜에서 합성된 것입니다.

◇코멘트

위치에 대한 파악이 핵심입니다.

08 윗글을 바탕으로 추론한 것으로 적절하지 <u>않은</u> 것은?

① KDEL 신호 서열을 가지고 있는 단백질은 NLS가 없을 것이다.
② KDEL 신호서열을 가지고 있는 소포체로 최종 수송된 단백질은 골지체에서 변형을 거쳤을 것이다.
③ NLS가 없는 세포핵 안에 존재하는 단백질은 NLS가 있는 다른 단백질과 결합하여 세포핵 안으로 수송되었을 것이다.
④ NLS가 있으나 NES가 없는 단백질은 합성 후 세포핵에 위치한 다음 NES가 있는 단백질과 결합하면 다시 세포핵 밖으로 나갈 수 있을 것이다.
⑤ NLS와 NES를 모두 가졌으나 세포 외부에서 발견되는 단백질은 세포질에 독립적으로 존재하는 리보솜에서 합성된 단백질과 결합하여 세포 외부로 이동하였을 것이다.

답 ⑤

5문단에 제시된 것처럼 NLS는 세포질에 독립적으로 존재하는 리보솜에서 합성되어 세포핵으로 들어가는 단백질이 가지고 있는 신호서열이고 NES는 반대로 세포핵 안에 존재하다가 세포질로 나오는 단백질이 가지고 있는 신호서열입니다. 그러면

이 두 신호서열은 세포 외부라는 '위치'와는 관련이 없습니다. 그렇다면 이는 6문단에 제시된 세포 내 특정 장소로 가기 위한 신호서열을 가지고 있지 않은 단백질이 어떻게 특정 장소로 이동하는지를 확인하는 실험을 한 결과 특정 장소로 수송하기 위한 신호서열을 가지고 있는 단백질과의 결합을 통해 신호서열이 지정하는 특정 장소로 이동할 수 있다는 결론을 얻은 상황입니다. 즉 저 둘 이외에 세포 외부로 갈 수 있는 다른 단백질과 결합한 것이라 추론할 수 있습니다.

그런데 3문단에 제시된 것처럼 세포질에서 독립적으로 존재하는 리보솜에서 완성된 단백질은 주로 세포질, 세포핵⊠미토콘드리아와 같은 세포 내 소기관으로 이동하여 기능을 수행합니다. 즉 세포질에 독립적으로 존재하는 리보솜에서 합성된 단백질은 세포 외부로 이동하는 단백질이 아니기에, 이와 결합하여 세포 외부로 이동하였을 것이라는 추론은 적절하지 않습니다.

오답 선지 분석

① : 5문단에 제시된 것처럼 KDEL 신호서열은 소포체 위의 리보솜에서 합성된 후 골지체를 거쳐 추가 변형 과정을 거친 다음 소포체로 되돌아오는 단백질이 가지고 있는 신호서열입니다. 그런데 NLS는 세포질에 독립적으로 존재하는 리보솜에서 합성되어 세포핵으로 들어가는 단백질이 가지고 있는 신호서열입니다. 즉 각각 합성되는 위치가 다른 단백질이 가지고 있는 신호서열로 KDEL 신호 서열을 가지고 있는 단백질은 NLS가 없을 것입니다.

② : 5문단에 제시된 것처럼 KDEL 신호서열은 소포체 위의 리보솜에서 합성된 후 골지체를 거쳐 추가 변형 과정을 거친 다음 소포체로 되돌아오는 단백질이 가지고 있는 신호서열입니다.

③ : 5문단에 제시된 것처럼 NLS는 세포질에 독립적으로 존재하는 리보솜에서 합성되어 세포핵으로 들어가는 단백질이 가지고 있는 신호서열입니다. 그런데 NLS가 없는데 세포핵 안에 존재하는 상황은 6문단에 제시된 포 내 특정 장소로 가기 위한 신호서열을 가지고 있지 않은 단백질이 어떻게 특정 장소로 이동하는지를 확인하는 실험을 한 결과 특정 장소로 수송하기 위한 신호서열을 가지고 있는 단백질과의 결합을 통해 신호서열이 지정하는 특정 장소로 이동할 수 있다는 결론이 내려진 상황입니다. 즉 NLS가 있는 다른 단백질과 결합하여(신호서열 가지고 있는 단백질과 결합) 세포핵 안으로 수송되었을 것이라 추론할 수 있습니다.

④ : 5문단에 제시된 것처럼 NLS는 세포질에 독립적으로 존재하는 리보솜에서 합성되어 세포핵으로 들어가는 단백질이 가지고 있는 신호서열이고 NES는 반대로 세포핵 안에 존재하다가 세포질로 나오는 단백질이 가지고 있는 신호서열입니다. 그렇다면 NLS가 있으나 NES가 없는 단백질은 합성 후 세포핵에 위치할 것입니다. 이후 NES가 있는 것과 결합하면 세포핵 안에 존재하다가 세포질로 나올 수 있다고 추론할 수 있습니다.

09 ㉠~ⓒ에 대한 평가로 적절한 것만을 <보기>에서 있는 대로 고른 것은?

보 기

a. KDEL 신호서열이 있는 어떤 단백질의 KDEL 신호서열을 인위적으로 제거하면 소포체로 이동하지 않는다는 실험 결과는 ㉠의 결론을 강화한다.

b. NLS를 가진 어떤 단백질의 NLS를 인위적으로 제거하면 세포 밖으로 분비된다는 실험 결과는 ⓛ의 결론을 강화한다.

c. MTS가 없는 어떤 단백질이 MTS가 있는 단백질과 결합하여 미토콘드리아에서 발견된다는 실험 결과는 ⓒ의 결론을 강화한다.

① a   ② b   ③ a, c
④ b, c   ⑤ a, b, c

답 ③

㉠KDEL 신호서열을 인위적으로 붙여준 단백질은 원래 있어야 할 곳 대신 소포체에 위치하는 것으로 관찰되어 KDEL이 소포체로의 단백질 수송을 결정하는 신호서열이라는 결론이 내려졌다.

a.KDEL 신호서열이 있는 어떤 단백질의 KDEL 신호서열을 인위적으로 제거하면 소포체로 이동하지 않는다는 실험 결과는 ㉠의 결론을 강화한다.

㉠은 KDEL 신호서열을 붙인 단백질이 소포체에 위치하게 된다는 주장입니다. 그러니 KDEL 신호서열을 인위적으로 제거했을 때 소포체로 이동하지 않는다는 실험 결과는 ㉠의 결론을 강화합니다.

ⓒ세포 내 특정 장소로 기기 위한 신호서열을 기지고 있지 않은 단백질이 어떻게 특정 장소로 이동하는지를 확인하는 실험을 한 결과 특정 장소로 수송하기 위한 신호서열을 가지고 있는 단백질과의 결합을 통해 신호서열이 지정하는 특정 장소로 이동할 수 있다는 결론을 얻었다.

c.MTS가 없는 어떤 단백질이 MTS가 있는 단백질과 결합하여 미

토콘드리아에서 발견된다는 실험 결과는 ⓒ의 결론을 강화한다.

ⓒ은 단백질과의 결합을 통해 신호서열이 지정하는 특정 장소로 이동할 수 있다는 결론입니다. 여기서 단백질을 미토콘드리아로 수송하기 위한 신호서열인 MTS가 없는 어떤 단백질이 MTS가 있는 단백질과 결합하여 미토콘드리아에서 발견된다는 실험 결과는 단백질과의 결합을 통해 신호서열이 지정하는 특정 장소로 이동할 수 있다는 결론을 강화합니다.

ⓛ소포체에 부착한 리보솜에서 만들어진 어떤 단백질이 특정한 신호서열이 있어서 세포 밖으로 분비되는 것인지, 아니면 그 단백질이 신호서열을 전혀 가지고 있지 않아서 세포 밖으로 분비되는 것인지 확인하는 실험도 수행되었는데 세포의 종류에 따라 각기 다르다는 결론이 내려졌다.

b.NLS를 가진 어떤 단백질의 NLS를 인위적으로 제거하면 세포 밖으로 분비된다는 실험 결과는 ⓛ의 결론을 강화한다.

ⓛ은 '소포체'에 부착한 리보솜에서 만들어진 단백질에 대한 얘기입니다. 그런데 5문단에 제시된 것처럼 NLS는 '세포질에 독립적으로 존재하는 리보솜에서 합성'된 단백질에 대한 얘기입니다.

즉 애초에 '위치'가 다르므로 ⓛ의 결론과 연관이 있다 보기 어렵습니다.

◇ 총평

- 핵심 확보 (관점 파악)
- 어휘 자체를 통한 이해
- 다른 말 같은 뜻
- 돌아올 줄 아는 것도 실력이다.

지문의 핵심은 제시된 역사학의 관점들을 파악하고 그에 맞춰 제시된 내용을 납득하며 독해를 진행하는 겁니다. 실제로 역사학 관점들이 어휘 자체를 통해 의미를 파악하기 어렵지 않았고, 관점을 파악하면 다른 말 같은 뜻을 잡으며 독해를 진행하기 어렵지 않은 지문이었습니다. <보기> 문제 같은 경우도 결국 각 관점에 대한 파악을 요구합니다. 하지만 다양한 인물이 등장해 약간은 불편함을 느낄 수도 있는 지문이었습니다.

기본적으로 관점을 확보하고 그에 맞춰 독해를 진행하는 것의 중요성을 느낀 뒤, 이렇게 다양한 인물이 등장할 때 실전적 태도를 생각하기 좋은 지문입니다.

農業 중심의 사회를 벗어나면서 급속한 산업화와 도시화에 따른 갈등이 나타나고 있던 19세기 말 미국에서는 **터너**가 이끌었던 혁신주의 역사학이 대두했다.

급속한 산업화로 인한 갈등 속 터너, 혁신주의 역사학이 등장합니다. '갈등' 속에 등장한 역사가와 역사학 관점이라는 것을 파악하고 독해를 진행했어야 합니다.

◇ 코멘트

+ 이는 문학에서도 자주 나오는 내용입니다. 급속한 변화가 발생하면 일반적으로 갈등이 존재합니다. 그러니 당연히 '갈등'을 핵심으로 잡고 독해를 진행해야 합니다.
+ 어휘 자체를 통해 납득할 수 있습니다. 혁신과 같은 변화가 갈등에서 비롯된다는 개념임을 납득하는 것은 어렵지 않습니다. 어휘 자체를 통해 혁신주의 역사학의 개념을 명확하게 확보하고 독해를 진행할 수 있습니다.

혁신주의 역사학의 특징은 역사의 핵심을 갈등이라고 본 점에 있다.

앞서 갈등을 핵심으로 잡지 못했어도, 여기서 대놓고 '핵심'을 '갈등'이라고 설정해주고 있습니다. 터너와 혁신주의 역사학의 핵심, 즉 관점을 '갈등'으로 확보하고 독해를 진행했어야 합니다.

◇ 코멘트

반복되는 표현은 핵심입니다. 첫 문장에서도 산업화로 인한 '갈등'이 제시되었고, 이후 대놓고 '핵심은 갈등'이라 표현해주고 있습니다.

예컨대, 야만과 문명이 공존하는 프런티어야말로 미국 발전의 근원이라고 주장한 **터너**는 산업이 발달한 북부와 농업이 지배적인 남부 사이의 갈등을 강조했다.

'예컨대'라는 예시이니 '갈등'이 핵심인 관점에 대한 예시입니다. 야만과 문명이 공존한다면 갈등이 있을 수 있겠죠? 그런 프런티어가 발전의 근원이라는 것, 결국 산업의 북부(문명), 농업의 남부(야만)의 갈등으로 역사가 진행된다는 것이죠.

◇ 코멘트

+ 미국이 북부와 남부의 '갈등'이 존재했다는 것은 상식입니다. 이런 상식이 있다면 결국 북부와 남부의 '갈등'이라는 핵심을 잡고 '갈등'으로 역사가 진행된다는 점을 파악하는 것은 어렵지 않습니다.

혁신주의 역사가 **베커**는 미국혁명이 과세를 둘러싼 아메리카 식민지와 모국 간의 투쟁임과 동시에 상층 상인과 지주를 비롯한 보수적이고 봉건적인 식민지 유력자와 하층 수공업자 및 노동자 사이에서 벌어진 권력 다툼이었다는 사실을 밝혀냄으로써 이중혁명론을 제시했다.

베커 역시 혁신주의 역사가입니다. 당연히 '갈등'을 핵심으로 역사를 파악할 겁니다. 베커 역시 '갈등'(식민지와 모국 / 유력자와 노동자)을 핵심으로 역사를 파악하고 있다는 점을 확보하며 독해를 진행해야 합니다.

혁신주의 역사학은 헌법을 금융업자, 상인 등으로 구성된 동산소유집단과 채무에 시달리던 소농 출신의 부동산 소유집단 사이의 싸움에서 전자가 승리하면서 만들어진 비민주적 문서로 파악하였다.

혁신주의 역사학이니 당연히 '갈등'을 핵심으로 볼 겁니다. 여기서 역시 동산 소유 집단과 부동산 소유 집단의 '갈등'으로 헌법이 만들어졌다는 관점이 유지되고 있습니다.

여기서 파악할 수 있는 것은 헌법이 동산 소유집단의 승리에 의해 만들어진 것이라는 점이죠. 법 지문에서 법 제정과 관련된 내용은 주의할 필요가 있습니다.

혁신주의 역사학은 1940년대까지 미국 역사학의 주류를 이루었다.

이런 갈등에 대한 관점이 주류를 이루었다네요. 이에 대한 구체적 얘기가 이어지거나 다른 관점이 제시될 수 있다는 정도는 생각하고 독해를 진행했어야 합니다.

결국 주어진 관점을 얼마나 정확하게 확보하는지가 핵심입니다. 세부적인 내용 일치를 돌아와서 확인하는 것은 실전에서 불가피합니다. 특히 터너, 베커, 혁신주의 역사학에서 헌법 등 다양한 인물과 관점이 제시되고 있습니다.
이들은 공통적으로 '갈등'으로 역사가 진행된다는 핵심을 같이 하지만, 세부적인 내용 일치가 나온다면 돌아와서 판단하는 자세가 필요하다는 점을 인식하며 독해를 진행했어야 합니다.

제2차 세계대전 이후에 나치 독일의 인권 탄압과 공산주의의 팽창에 놀란 보수적 미국인들은 혁신주의 역사학이 비판했던 미국적 가치, 즉 사유재산의 신성시, 개인주의, 경제적 자유주의에 대해 재평가하기 시작했다. 게다가 냉전질서에서 미국의 정체성을 보존하기 위해서는 국민적 단결이 필요했다.

글의 핵심을 계속 생각합시다. 앞서 계속 말하는 내용이 역사학, 즉 역사에 대한 관점입니다. 그런데 나치 정권에 놀라 미국적 가치를 재평가했고, 단결이 필요하다면 당연히 역사학의 관점이 바뀔 것입니다. 앞선 관점과의 차이를 파악한다는 인식으로 독해를 진행했어야 합니다.

혁신주의 역사학이 비판했던 가치를 재평가하며 '단결'이 필요합니다. 그러면 이후 제시되는 관점은 당연히 혁신주의 역사학과는 꽤나 다른 관점을 가지고 있겠죠. 거기에 '단결'이 중요하다면 '갈등'과는 상반된 얘기일 겁니다. 이렇게 의미를 파악했다면 이후 '합의'가 중점이라는 점은 무리 없이 파악할 수 있습니다.

이러한 배경에서 합의사학이 등장했는데, 그것의 특징은 미국사를 합의와 연속성의 시각에서 이해했다는 점이다.

앞서 코멘트처럼 내용을 생각하지 못했어도, 어휘 자체를 통해 의미를 파악할 수 있습니다. '단결'을 필요한 입장에서 '합의+사학'을 추구하니 당연히 합의와 연속성의 '관점'이 제시될 겁니다.

여기서 이러한 배경의 의미를 정확하게 당겨 읽었다면 (단결 필요) 합의사학의 의미를 수월하게 납득할 수 있습니다.

항상 지시어에 해당하는 내용을 정확하게 파악해야 문장 자체를 정확하게 이해할 수 있다는 인식을 갖추고 독해를 진행해야 합니다.

cf) 17.09 사단과 법인격, 그에 대한 법인격 부인론 2번째 문항.

⇒ '~ 일인 주식회사에서는 일인 주주가 회사의 대표 이사가 되는 사례가 많다. 이처럼(일인 주주가 회사의 대표 이사가 됨) 일인 주주가 회사를 대표하는 기관이 되면 경영의 주체가 개인인지 회사인지 모호해진다.' = '대표 이사는 주식회사를 대표하는 기관이다.'

혁신주의 역사가는 보수적인 유산자들과 하층민 간의 극적인 투쟁으로 미국혁명을 파악했으나, 합의사학을 대변하는 **호프스태터**는 미국적 가치를 공동이념으로 삼은 미국인들은 사회적 동질성을 유지하면서 갈등을 극소화했다고 주장했다.

혁신주의 역사학의 핵심은 '갈등'입니다. 그러니 보수와 하층민의 '투쟁 = 갈등'으로 미국혁명을 파악하겠죠. 하지만 합의사학자은 '합의, 단결'이 핵심입니다. 그러니 호프스태터는 당연히 '공동이념과 사회적 동질성, 갈등 국소화'가 제시될 수밖에 없습니다.

독서는 결국 '의미'를 파악하며 읽는 것입니다. 독해 시, 기표(記標)가 다르더라도, 같은 기의(記意)를 가지고 있으면 적극적으로 같은 의미를 판단해 주어야 합니다.

특히 지문에서 '관점'이 제시되었을 때 그 관점에 맞춰 독해를 진행하는 것은 매우 중요합니다. 혁신주의 역사학의 관점인 '갈등'과 합의사학의 관점인 '합의'를 확보했다면 이후 이들에 대한 내용이 제시되었을 때 납득하며 독해하는 것은 어렵지 않습니다.

이렇게 다른 말 같은 뜻을 잡아 지문의 핵심(의미 확장)을 파악했다면, 사실상 이후 제시되는 내용은 최소한의 구분 정도면 충분합니다.

cf) 18.09 LP

⇒ 고전 역학, 양자 역학의 관점 구분 후 의미 파악 / 고전 논리와 비고전 논리 관점 구분 후 의미 파악

> 이처럼 미국사는 기본적으로 혁명으로 인한 단절이나 중단 없이 연속성을 보여주었다는 데 합의사학은 주목하였다

'이처럼'이니 당연히 앞 문장에 대한 정리입니다. 당연히 혁명으로 인한 단절 중단(=갈등) 없이 연속성(합의, 단결)이 진행되었다고 볼 겁니다. 관점을 확보하고 그에 맞춰 독해를 진행해야 합니다.

> 그러므로 미국혁명은 상당히 제한적인 것이라고 평가되었다.

'그러므로'이니 앞이 '원인'입니다. 혁명을 단절이나 중단 없는, 즉 '합의'의 관점에서만 주목합니다. 그러니 제한적이라고 평가되겠죠. '혁명'인데 '합의'에 주목하고 있으니까요.

◇ 코멘트

물론 완벽한 합의에서 비롯된 혁명도 있을 수 있습니다. 일반적으로는 그렇지 않으니, 이 정도로 납득하며 가는 것은 무리가 없습니다.

> **하츠**가 미국에는 봉건적 과거가 없다는 **토크빌**의 지적에 공감하면서 주장하듯이,

하츠와 토크빌은 미국에 '봉건적 과거'가 없다고 주장합니다.

최소한 기계적으로라도 인물들의 관점이 제시되었으니 이를 확보하고 독해를 진행해야 합니다.

◇ 코멘트

이들의 관점은 무엇일까요? 합의사학에 범주에 해당할 겁니다.

> 구세계의 봉건적 압제로부터 도피한 사람들은 자유롭게 태어난 사람들이기에 자유로운 세계를 만들기 위해 굳이 혁명을 일으킬 필요는 없었기 때문이다.

하츠는 봉건적 과거가 없다는 입장입니다. 그러니 굳이 자유로운 세계를 만들기 위한 혁명이 필요하지도 않겠죠. 상식적으로 자연스럽게 납득할 수 있는 내용입니다.

◇ 코멘트

참고로 봉건은 세력이 있는 사람이 중앙 정부의 통제에서 벗어나 토지와 백성을 사유하던 일이라는 뜻으로 계급이 구분된 세상입니다. 상식적으로 알고 있으면 좋습니다.

> **비어드**와 같은 혁신주의 역사가가 헌법의 제정을 계급적인 갈등으로 파악했다면, 합의사학은 헌법 제정이 중산층의 합의를 통해 이루어졌다는 데 보다 많은 주의를 기울였다. 합의사학은 제헌의회에 참가한 대표들의 경제적 이해관계보다는 그들의 합의를 강조한 셈이다.

비어드와 같은 혁신주의는 앞서 본 것처럼 헌법 제정을 '계급 갈등'에 초점을 맞춥니다. 재진술 수준이죠. 그에 비해 합의사학은 당연히 헌법 제정이 '중산층의 합의'라는 관점으로 진행될 겁니다.

> 부어스틴은 미국인의 관대함과 타협의 정신을 프런티어에서 찾기도 했다.

부어스틴은 관대함과 타협을 프런티어에서 찾습니다. 당연히 관대함과 타협이 제시되었으니 부어스틴도 합의사학의 관점과 유사하다는 점은 어렵지 않게 파악할 수 있습니다.

개혁 사상에 대해 비판적인 태도를 유지하면서 미국의 자유주의적 전통과 국민적 합의를 강조한 합의사학은 50~60년대 미국 사학계를 주도했다.

앞서 혁신주의가 40년대를 지배한 뒤, 그 이후에 반대되는 관점으로 등장한 합의사학이 50년대를 유지합니다. 자연스럽게 납득할 수 있는 수준입니다.

1960년대 중반 이후 미국은 베트남전쟁과 민권운동으로 대변되는 이념적 격동기를 맞이했다. 이 같은 현실은 합의사학이 제시했던 미국의 밝은 과거상과 현재상에 대해 회의심을 갖게 했다.

앞서 사회적 변화가 제시되고(2차 세계대전) 역사학의 주류가 변한 것처럼 베트남전쟁 이후 당연히 합의사학에 대한 회의심이 제시됩니다. '합의'를 중시하던 합의사학에 대한 회의심이 제시되었으니 '합의'와는 상이한 '관점'이 제시될 겁니다.

합의사학과는 달리, 하지만 혁신주의 역사학과 마찬가지로 갈등과 빈곤에 주목한 경향이 등장했는데, 이를 신좌파 역사학 이라고 한다.

'혁신주의 역사학과 마찬가지로' 갈등과 빈곤에 주목하는 경향인 신좌파 역사학입니다. 정치를 잘 모르시더라도 '좌파 : 어떤 단체나 정당 따위의 내부에서 진보적이거나 급진적인 경향을 지닌 파'라는 뉘앙스 정도는 다들 아실 거라고 생각합니다. 그러니 당연히 '갈등과 빈곤'에 주목한 '신좌파 역사학'을 납득하는 것은 어렵지 않습니다.

이러한 움직임을(신좌파 역사학 관점, 갈등, 빈곤 중심) 선도한 역사가로는 외교사가 **윌리엄스**를 꼽을 수 있다.

윌러엄스는 신좌파 역사학, 즉 갈등 중심의 관점입니다. 역시 관점을 확보하고 독해를 진행하는 태도를 유지해야 합니다.

합의사학은 정책 결정자들이 19세기 말엽 이후에는 제국주의적 팽창정책으로부터 거리를 두었다고 보면서 1898년 식민지를 둘러싼 미국-스페인 전쟁을 "거대한 일탈"이라고 규정했다.

합의사학은 제국주의 정책에서 미국과 스페인 전쟁을 '일탈'로 규정합니다. 사실 그렇겠죠. '갈등'보다 '합의'를 중시하니 전쟁급의 큰 '갈등'을 '일탈'로 규정할 겁니다.
사실 바로 이후 문장에 나오지만, 이것만 보고도 윌리엄스가 이에 반대할 것이라는 점은 생각할 수 있어야 합니다.

윌리엄스는 이런 해석을 비판하며 정치인들이 국내의 분열을 호도하기 위해 혹은 자본의 이익을 위해 문호개방이라는 이름으로 해외 팽창정책을 주도했다고 주장했다.

역시 당연한 흐름이죠. 합의사학과 반대되는 관점이니 전쟁을 일탈로 취급한 사람들과는 반대되는 '갈등과 빈곤'에 주목합니다. 그러니 국내의 분열(갈등), 자본의 이익(빈곤)으로 팽창정책을 주도했다고 볼 것입니다.

하워드 진과 같은 신좌파 역사가는 혁신주의 역사학에 동조하면서 역사학을 이데올로기적 요구에도 부응해야 하는 학문으로 보았다.

하워드 진의 관점이 제시됩니다. 혁신주의 역사학에 동조하니 '갈등'에 주목할 겁니다. 거기에 이데롤로기적 요구까지 고려할 겁니다. '신좌파'니까요.

실제로 어휘 자체를 통해 자연스럽게 납득할 부분을 납득하고 독해를 진행하는 사람과 그렇지 못한 사람은 실전에서 상당한 차이를 보입니다.

해당 지문에 제시된 역사학의 관점들은 대부분 어휘 자체를 통해 이해할 수 있습니다.

'혁신주의 + 역사학'이며 급속한 산업화와 관련된 혁신이니 '갈등'이 핵심일 겁니다.

'합의+사학'이니 단결의 필요성으로 합의에 주목한 것이니 당연히 '합의와 연속'을 중시합니다.

'신좌파+역사학'이니 당연히 좌파의 관점인 갈등과 계급에 주목합니다.

이처럼 사실 어휘 자체를 통해 개념을 납득한다면 당연하게 납득할 수 있는 내용입니다.

> 하지만 혁신주의 역사학과 달리 신좌파 역사학은 역사를 물질적인 조건이나 계급 갈등으로 환원시키지는 않았다.

혁신주의 역사학과 신좌파 역사학이 아예 같지는 않습니다. 이렇게 둘의 차이를 제시해줬습니다.
저라면 일단 '환원은 안 했군' 정도로 차이를 잡고 독해를 진행할 것 같습니다. 이 차이를 제외하면 우리는 핵심인 '갈등'이 공통된다는 것은 확보하고 있습니다.
그러니 선지에서 혁신주의 역사학과 신좌파 역사학의 공통점이나 차이점을 물어본다면 해당 부분을 무조건 돌아와서 확인할 것 같습니다.

일단 정확하게 확보하고 가는 것이 베스트입니다. 하지만, 해당 지문은 등장한 인물이 매우 많고, 혁신주의 역사학과 신좌파 역사학의 차이가 이를 제외하면 거의 없어 자칫 혼동될 여지가 많습니다.
그래서 이렇게 돌아올 부분에 대한 판단을 하고 독해를 진행했습니다. 실전에서 이 돌아올 부분에 대한 본인의 틀을 만드는 것은 매우 중요합니다.

> 미국혁명과 헌법에 대한 연구에서 다수의 신좌파 역사가들은 유산계급과 무산계급 사이의 갈등 이외에도 민중의 역사와 권력관계에 주목했다

좌파이니 헌법 연구에서는 당연히 계급 갈등을 넘어 권력 관계까지 파악할 겁니다. '신좌파'이니까요. 어휘 자체를 통해 납득해야 합니다.

좌파는 사회계급과 경제적 불평등을 해소하려 하는 정치적 입장입니다. 좌파 자체가 계급을 고려할 수밖에 없는 단어입니다. 우파 좌파의 개념 정도는 상식으로 알고 있어야 합니다.

> 흑인들의 민권운동과 소수민족인 아메리카 원주민, 여성, 빈민들의 운동을 배경으로 태동했던 신좌파 역사학은 이러한 피지배집단이 혁명전쟁과 헌법 제정 과정에서 행한 능동적인 행위를 복원하는 데 주의를 기울였다.

이 역시 결국 당연합니다. 신좌파이니 이렇게 흑인, 소수민족, 여성들에 대한 관심을 기울이겠죠. 역시 어휘 자체(이는 상식이라 보는 것이 더욱 적절하겠네요)를 통해 납득하며 독해를 마무리했어야 합니다.

인간의 뇌는 한계가 있기 때문에 절대적인 정보량이 적더라도 다양한 인물과 개념어가 나오면 그 나름대로 독해 시 부담감이 있을 수밖에 없습니다, 이렇게 다양한 인물이 등장한 지문이라면 지문 내용을 완벽하게 구조화해서 독해하는 것은 한계가 있고 필연적으로 다시 지문으로 돌아오는 과정이 수반됩니다.

이때 돌아왔을 때 빠르게 정보를 찾기 위해 독해 시 인물 / 개념어에 잘 보이게 인물이름 처럼 표시하든, △ ○ ☆로 표시하든 자신이 편한 방법으로 표시하시면서 독해를 하시는 것을 권장합니다. 독해 시 밑줄을 남발하거나 기호를 남발하여 독해보다 기호가 주가 되는 상황은 발생하면 안 되지만, 기호의 단순 남발이 아닌 본인이 틀에 맞는 기호 사용은 문제 풀이에 효율성을 올려준다고 생각합니다.

물론 이상적으로는 글을 100% 완벽하게 독해해서 지문으로 돌아오지 않고 글을 읽는 것이지만, 그것이 힘들다는 것은 우리도 모두 알고 있고 그렇다면 그에 대한 자신의 대비책을 잡는 것도 '시험'을 보기 위한 본인의 능력입니다.

해당 지문은 객관적으로 어려운 난도의 지문은 아닙니다. 수능에 출제되어도 평이한 수준의 지문일 겁니다. 혁신주의 역사학, 합의사학, 신좌파 역사학의 관점이 명확하게 대립하고 있어 관점을 확보하고 납득하는 것이 크게 어렵지는 않았을 겁니다.

하지만 각각의 관점에서 다양한 인물이 등장하고 있기에 실전에서 11번 문제같은 유형을 풀 때는 꽤나 까다로울 수 있습니다. 인물이 다양하게 출제되면 인물 간 관점 파악을 묻는 것은 기본입니다. 그러니 인물이 많이(3명 이상) 제시된다면 필히 체크하며 돌아올 준비를 하는 실전적 태도 역시 필요합니다.

[10~12] 문제 해설

10 윗글의 내용과 일치하지 않는 것은?

① 19세기 후반 미국은 농업 중심의 사회에서 산업화 사회로의 이행이 진행되고 있었다.
② 19세기 말 국외로 세력을 확장하려는 미국의 정책은 스페인과 무력 충돌을 일으켰다.
③ 제2차 세계대전 직후에 보수 성향의 미국인들은 미국의 전통적 가치를 부활시키고자 했다.
④ 베트남전쟁은 미국인들이 경제적 자유주의에 대한 보편적 합의를 이루는 역사적 계기가 되었다.
⑤ 1960년대 이후 미국에서는 다양한 소수집단과 관련된 연구가 대두하였다.

답 ④

2문단에 제시된 것처럼 혁신주의 역사학이 비판했던 미국적 가치, 즉 사유재산의 신성시, 개인주의, 경제적 자유주의에 대해 재평가하기 시작했습니다. 그런데 3문단에 제시된 것처럼 1960년대 중반 이후 미국은 베트남전쟁과 민권운동으로 대변되는 이념적 격동기를 맞이했고, 이 같은 현실은 합의사학이 제시했던 미국의 밝은 과거상과 현재상에 대해 회의심을 갖게 했습니다.
즉 베트남전쟁은 미국인들이 경제적 자유주의에 대한 보편적 합의를 이루는 역사적 계기가 아닙니다. 오히려 이에 대한 회의심을 가지게 되었다는 것이 적절합니다.

오답 선지 분석

① : 1문단에 농업 중심의 사회를 벗어나면서 급속한 산업화와 도시화에 따른 갈등이 나타나고 있던 19세기 말 미국이라고 대놓고 제시되어 있습니다.

② : 3문단에 제시된 것처럼 합의사학은 19세기 말엽 이후에는 제국주의적 팽창정책으로부터 거리를 두었다고 보면서 1898년 식민지를 둘러싼 미국-스페인 전쟁을 "거대한 일탈"이라고 규정했습니다. 한편 윌리엄스는 이런 해석을 비판하며 정치인들이 국내의 분열을 호도하기 위해 혹은 자본의 이익을 위해 문

호개방이라는 이름으로 해외 팽창정책을 주도했다고 주장했습니다.

③ : 2문단에 제시된 것처럼 제2차 세계대전 이후에 나치 독일의 인권 탄압과 공산주의의 팽창에 놀란 보수적 미국인들은 혁신주의 역사학이 비판했던 미국적 가치, 즉 사유재산의 신성시, 개인주의, 경제적 자유주의에 대해 재평가하기 시작했습니다. 거기에 미국의 정체성을 보존하기 위해서는 국민적 단결이 필요했습니다. 즉 제2차 세계대전 직후에 보수 성향의 미국인들은 미국의 전통적 가치(정체성)를 부활시키고자 했음을 알 수 있습니다.

⑤ : 3문단에 제시된 것처럼 1960년대 중반 이후 미국은 베트남전쟁과 민권운동으로 대변되는 이념적 격동기를 맞이한 이후 신좌파 역사학이 등장했습니다. 그리고 신좌파 역사학은 이러한 피지배집단이 혁명전쟁과 헌법 제정 과정에서 행한 능동적인 행위를 복원하는 데 주의를 기울였습니다.

◇ **코멘트**

단순 일치 수준의 선지입니다. 시대가 변하면 관점이 변한다는 것을 파악했다면 무리 없이 판단할 수 있는 수준이었습니다.

11 윗글을 바탕으로 추론한 것으로 가장 적절한 것은?

① 터너는 부어스틴과 마찬가지로 프런티어가 미국 역사 발전에서 긍정적인 역할을 하였다고 볼 것이다.
② 베커는 하츠와 달리, 혁신주의적 개혁을 위한 국민적 합의가 미국사의 원동력이라고 볼 것이다.
③ 호프스태터는 유력 세력이 혁명에서 승리함으로써 갈등이 극소화되었다고 볼 것이다.
④ 윌리엄스는 19세기 말 미국의 국제적 영향력 행사를 예외적 현상으로 파악할 것이다.
⑤ 하워드 진은 윌리엄스와 마찬가지로 역사적 분석범위를 넓히면서 역사학의 정치화를 경계했을 것이다.

답 ①

1문단에 제시된 것처럼 터너는 프런티어야말로 미국 발전의 근원이라고 주장했습니다. 또한 2문단에 제시된 것처럼 부어스틴은 미국인의 관대함과 타협의 정신을 프런티어에서 찾습니다.
즉 이 둘 모두 프런티어가 미국 역사에 긍정적 영향을 끼쳤다고 판단했으므로, 프런티어가 미국 역사 발전에 긍정적인 역할을 하였다고 볼 것입니다.

② : 1문단에 제시된 베커는 혁신주의 역사학자이며, 2문단에 제시된 것처럼 하츠는 합의사학자입니다. 여기서 베커는 1문단에 제시된 것처럼 미국혁명이 과세를 둘러싼 아메리카 식민지와 모국 간의 투쟁임과 동시에 상층 상인과 지주를 비롯한 보수적이고 봉건적인 식민지 유력자와 하층 수공업자 및 노동자 사이에서 벌어진 '권력 다툼'이라는 점에 초점을 맞춥니다. 혁신주의 역사학의 관점인 '갈등'에 초점을 맞추는 것이죠. 즉 베커는 하츠와 달리, 혁신주의적 개혁을 위한 국민적 합의가 아닌, 갈등을 원동력이라 평가할 것입니다.

③ : 2문단에 호프스태터는 합의사학자로 미국적 가치를 공동 이념으로 삼은 미국인들은 사회적 동질성을 유지하면서 갈등을 극소화했다고 주장합니다. 이러한 합의사학은 기본적으로 혁명으로 인한 단절이나 중단 없이 연속성을 보여주었다는 데 주목하였습니다. 즉 호프스태터는 '유력 세력이 혁명에서 승리함으로써' 갈등이 극소화되었다고 보지 않습니다.

④ : 3문단에 제시된 것처럼 윌리엄스는 미국-스페인 전쟁 거대한 일탈로 본 관점을 비판하며 정치인들이 국내의 분열을 호도하기 위해 혹은 자본의 이익을 위해 문호개방이라는 이름으로 해외 팽창정책을 주도했다고 주장했습니다. 즉 19세기 말 미국의 국제적 영향력 행사를 예외적 현상으로 파악하지 않을 것입니다.

⑤ : 3문단에 제시된 것처럼 하워드 진과 같은 신좌파 역사가는 혁신주의 역사학에 동조하면서 역사학을 '이데올로기적 요구에도 부응'해야 하는 학문으로 보았습니다. 또한 다수의 신좌파 역사가들은 유산계급과 무산계급 사이의 갈등 이외에도 민중의 역사와 권력관계에 주목했습니다.
즉 신좌파 역사학자인 하워드 진과 윌리엄스 모두 역사학의 분석 범위를 넓힌 것은 맞습니다. (다른 관계도 주목) 하지만 '이데올로기적 요구에도 부응'해야 한다는 점을 고려할 때 역사학의 정치화를 경계했다고 보기는 어렵습니다.

◇코멘트

다양한 인물이 등장했습니다. 선지 자체는 관점을 통해 무난하게 파악할 수 있지만, 다양한 인물이 어떤 관점을 가지고 있는지 판단이 어려울 수 있습니다. 이런 경우 돌아가서 정확하게 판단하는 것도 실력이라는 점을 알아야 합니다.

12 윗글을 바탕으로 <보기>를 평가한 것으로 적절하지 않은 것은?

보 기

영국이 시행한 인지세법 등에 맞서 1774년 식민지 대표들이 필라델피아에 모여 제1차 대륙회의를 개최하면서 영국에 대한 조직적인 저항이 시작되었다. 당시 식민지 뉴욕의 정치는 상층 상인과 지주들과 같은 유력자들이 장악하고 있었는데, 독립전쟁은 하층 수공업자와 노동자 출신의 급진주의자들이 정치의 장으로 들어가도록 문을 열어 주었다. 독립전쟁은 1781년 뉴욕 요크타운 전투에서 영국군이 패배하면서 막을 내리게 되었다. 전쟁 이후 미국은 1787년 필라델피아에 모여 헌법의 제정을 논의하기에 이르렀다. 당시 가장 중요한 전제는, 강력하지만 동시에 주정부의 권리를 침해하지 않는 연방정부를 수립하는 것이었다. 필라델피아 제헌의회에는 해밀턴, 매디슨 등 소위 연방주의자와 제퍼슨 등의 반연방주의자 간의 대립이 있었고, 현상적으로는 연방주의자들의 승리로 볼 만했다.

① 혁신주의 역사학자라면, 필라델피아 제헌의회는 새로운 헌법에 의해 경제적 이익을 받을 수 있는 집단이 지배하고 있었다는 사실을 덧붙이려 하겠군.
② 합의사학자라면, 제1차 대륙회의와 요크타운 전투에 대해 봉건적 체제를 타파하는 시민혁명에서 미국의 가치와 동질성이 실현되는 과정이었다고 파악하겠군.
③ 합의사학자라면, 제퍼슨, 매디슨, 해밀턴 사이의 차이를 과장하지 않고, 헌법 제정에 대하여 연방주의자들의 승리라기보다는 정치적 합의를 도출한 사건으로 보겠군.
④ 신좌파 역사학자라면, 독립전쟁 당시 하층민들의 급진주의적 정치에서 여성이 차지한 역할을 새롭게 규명할 필요성을 제기하겠군.
⑤ 혁신주의 역사학자나 신좌파 역사학자라면, 독립혁명에서 식민지 뉴욕의 상층 부르주아지와 하층 수공업자들의 대립을 주요하게 취급하는 데 대하여 반대하지 않겠군.

답 ②

2문단에 제시된 것처럼 합의사학자인 하츠가 미국에는 봉건적 과거가 없다는 토크빌의 지적에 공감합니다. 즉 합의사학자의 입장에서는 봉건적 체제 자체가 존재하지 않았으므로 이를 타파하였다고 하는 것은 적절하지 않습니다.

오답 선지 분석

① : 1문단에 제시된 것처럼 혁신주의 역사학은 헌법을 금융업자, 상인 등으로 구성된 동산소유집단과 채무에 시달리던 소농 출신의 부동산 소유집단 사이의 싸움에서 전자가 승리하면서 만들어진 비민주적 문서로 파악합니다. 즉 혁신주의 역사학자

라면 경제적으로 이익을 받을 수 있는 전자(동산소유집단)가 있다는 사실에 주목할 겁니다.

③ : 2문단에 제시된 것처럼 합의사학은 미국사를 합의와 연속성의 시각에서 이해합니다. 그리고 합의사학을 대변하는 호프스태터는 미국적 가치를 공동이념으로 삼은 미국인들은 사회적 동질성을 유지하면서 갈등을 극소화했다고 주장합니다. 즉 합의사학자라면, 제퍼슨, 매디슨, 해밀턴 사이의 차이를 과장하지 않고, 헌법 제정에 대하여 연방주의자들의 승리라기보다는 정치적 합의를 도출한 사건으로 볼 것입니다.

④ : 3문단에 제시된 것처럼 신좌파 역사학은 흑인들의 민권운동과 소수민족인 아메리카 원주민, 여성, 빈민들의 운동을 배경으로 태동한 학문이고, 피지배집단이 혁명전쟁과 헌법 제정 과정에서 행한 능동적인 행위를 복원하는 데 주의를 기울입니다. 즉 신좌파 역사학자라면, 독립전쟁 당시 하층민들의 급진주의적 정치에서 여성이 차지한 역할을 새롭게 규명할 필요성을 제기할 것입니다.

⑤ : 1문단에 제시된 것처럼 혁신주의 역사학의 핵심은 갈등이고, 이들은 보수적이고 봉건적인 식민지 유력자와 하층 수공업자 및 노동자 사이에서 벌어진 권력 다툼(갈등)에 주목합니다. 또한 3문단에 제시된 것처럼 신좌파 역사가는 혁신주의 역사학에 동조합니다. 즉 이 둘 모두 독립혁명에서 식민지 뉴욕의 상층 부르주아지와 하층 수공업자들의 대립을 주요하게 취급하는 데 대하여 반대하지 않습니다.

◇코멘트

결국 혁신주의 역사학, 합의사학, 신좌파 역사학의 핵심(관점)을 파악하는 겁니다.

2023 언어이해 [13~15]
나이의 정치적 효과 파악, 그를 위한 변수 파악

◇ 총평

- 핵심 확보 (개념 확보)
- 다른 말 같은 뜻
- 구체적 예시, 그리고 연결
- 대립쌍 (이론과 실제)
- 돌아올 줄 아는 것도 실력

매우 매우 좋은 지문입니다.
지문 초반 '세 가지 효과'가 중요한 쟁점(핵심)임을 대놓고 제시합니다. 그리고 그 쟁점들에 대한 파악을 진행하는 것이 지문 전반부의 핵심이었죠.
이 세 가지 효과는 각각 개념을 제시해준 뒤 그에 대한 구체적 예시와 다른 말 같은 뜻이 반복되고 있습니다. 결국 문맥을 통해 '의미'를 파악했다면 같은 말이 반복된다 느끼며 독해를 진행할 수 있었을 겁니다.
지문 후반부는 이론과 실제가 다름을 제시한 뒤 계속 일관되게 '이론과 실제가 다름'이라는 의미를 반복적으로 재진술해주고 있습니다. 결국 이 역시 다른 말이지만 같은 '의미'를 파악했어야 합니다.
추가적으로 지문에서 나열된 정보를 돌아와서 판단하겠다는 인식 역시 챙겨갈 수 있습니다.
문제들은 '출제 포인트' / '개념의 적용' / '핵심으로 선지 의미 파악' 각각을 정확하게 묻고 있습니다. 정말 우수한 세트입니다.

나이의 정치적 효과를 분석하는 데 있어 가장 중요한 쟁점은 생애주기 효과(A), 기간 효과(P), 코호트 효과(C)를 구분하는 것이다.

글의 화제를 명확하게 제시해주고 있습니다. 대놓고 '중요한 쟁점'이라 했으니, 생애주기, 기간, 코호트 각각이 핵심적 변수라는 정도는 생각하고 독해를 진행할 수 있습니다.

◇코멘트

결국 지문에서도 이 변수들에 대한 정확한 이해가 기본이었습니다. 지문에서 대놓고 강조해준 포인트는 우리 역시 핵심으로 인식하고 독해를 시작해야 합니다.

> APC 효과의 관점에서 보면, 개인이 특정 시점에 갖는 정치 성향은 그가 속한 코호트, 조사 시점의 정치 사회 환경, 그리고 나이가 들며 변화해 가는 생애주기 효과에 의해 종합적으로 구성된다.

나이의 정치적 효과를 분석하는 것에 쟁점이 생애주기, 기간, 코호트 효과입니다. 그러니 정치 성향을 파악할 때 '코호트=코호트' / '조사 시점 환경 = 기간' / '변화하는 생애주기 = 생애주기'에 의해 종합적으로 구성되겠죠, 표현이 약간 바뀌었을 뿐 사실 같은 말을 반복하고 있습니다.

◇코멘트

여기서 코호트와 생애주기가 재진술된다는 것은 쉽게 납득할 수 있습니다. 그렇다면 기간 효과는 조사 시점의 정치 환경에 당연히 대응되는 정보일 겁니다.

cf) 22.11 (가) 헤겔의 미학 사고 과정 중 일부
"'직관'은 주어진 물질적 대상을 감각적으로 지각하는 지성이고, '표상'은 물질적 대상의 유무와 무관하게 내면에서 심상을 떠올리는 지성이며, '사유'는 대상을 개념을 통해 파악하는 순수한 논리적 지성이다. 이에 세 형태는 각각 '직관하는 절대정신', '표상하는 절대정신', '사유하는 절대정신'으로 규정된다. 헤겔에 따르면 직관의 외면성과 표상의 내면성은 사유에서 종합되고, 이에 맞춰 예술의 객관성과 종교의 주관성은 철학에서 종합된다."
⇒ 표상의 내면성은 앞서 제시된 '표상 = 물질적 대상 내면에서 심상을 떠올리는 지성이며,'에 직접적으로 대응됩니다. 그러니 편하게 납득할 수 있습니다.`
그런데 직관의 외면성은 '직관 = 감각적으로 지각'에 직접적으로 대응되진 않습니다. 하지만 문맥상 감각과 외면성은 대응됩니다. 이렇게 문장의 의미를 파악했어야 합니다.
어휘력을 사용하여 한 번만 더 생각해 보면 외면성 = 외적이니 외적 요소인 물질적 대상, 즉 감각이라 생각할 수 있겠죠. 그러면 예술의 객관성도 이해할 수 있습니다. 물질적 대상이니 '표상(종교)의 내면적 심상'보다는 당연히 객관적이겠죠. 그러면 당연히 종교(표상)는 상대적으로 주관적일 것입니다.

이처럼 사고하는 방식은 헤겔 지문에서 강하게 요구했던 문맥을 통한 의미 파악입니다. 물론 여기서 기간 효과의 의미를 명확하게 잡지 않았어도 뒷 내용을 통해 파악할 수는 있습니다.

하지만 여기서 이처럼 문맥적 의미를 파악했다면 이후 제시되는 내용은 재진술 수준으로 가볍게 처리할 수 있었을 겁니다.

> 우선 생애주기 효과는 "나이가 들수록 보수화된다."는 가설에 기반한다.

생애주기 효과의 개념을 제시합니다. 그런데 생각보다 내용이 상식적입니다. 나이가 들수록 보수화된다는 것은 우리가 어렵지 않게 납득할 수 있는 내용입니다.

◇코멘트

상식적으로 납득할 수 있는 내용은 납득하며 독해해야 합니다.

> 생애주기 효과가 말하는 보수화에는 비단 정치적 보수화뿐만 아니라 인지적 경직성과 권위주의적 성향의 증가도 포함된다.

글의 화제는 '정치적 효과'이지만, 보수가 정치를 넘어 인지, 권위주의까지 포함합니다. 이 역시 우리가 일반적으로 사용하는 '보수적이다'의 개념과 유사합니다. 기본적인 어휘력이 갖춰졌다면 자연스럽게 납득할 수 있습니다.

> 트루엣은 약 30,000명의 버지니아 주민들을 대상으로 생애 주기별 보수주의 점수를 측정하면서 50세 이후에는 보수화 성향이 지속되는 것을 확인하였다.

구체적 예시입니다. '나이를 먹을수록 보수화된다'라는 개념을 '50세 이후에는 보수화 성향이 지속되는' 예시를 통해 설명해주고 있습니다. 결국 다른 말 같은 뜻이네요.

> 그에 따르면 성별, 거주지별, 교육 수준별로 약간의 차이는 있지만 20~30대에는 낮은 보수주의 점수가 안정적으로 이어지는 반면, 30 ̄40대를 거치면서 이 점수가 급격히 높아지며, 50세 이후부터 생애주기의 끝까지 높은 보수주의 점수가 유지된다.

결국 계속 같은 말입니다. 약간의 차이는 있지만, '나이를 먹을수록 보수화된다'는 얘기를 반복해서 제시하고 있을 뿐입니다. 구체적 예시는 앞선 개념에 대응하며 독해를 진행해야 합니다.

핵심 개념의 의미(생애주기 효과=나이 먹을수록 보수화)를 제시해 준 뒤, 사례들을 제시하고 있습니다. 그러면 당연히 우리는 이들을 예시를 독해하듯이 핵심과 연결하며 독해해야 합니다.

단순 서칭이 아닌 이해와 추론이 강조되고 있는 현시점, 이를 위해 가장 필요한 능력은 저는 '다른 말 같은 뜻을 통한 범주화'라고 생각합니다.

◇ tip 단정적 / 개연적

'불변, 완전, 모든'과 같이 100%를 표현하는 '단정적 표현' + 선천적

'가변적, 불완전'과 같이 100%가 아님을 표현하는 '개연적 표현' + 후천적

이런 표현들에 대해서는 지문 독해 시에 핵심에 결부된 정보든, 부가적으로 제시된 정보든 응당 민감하게 처리해야 하는 표현들입니다. 이런 표현들은 범주 파악, 내용 이해에 필수적이고, 곧잘 문제화되는 부분입니다.

여기서 '성별, 거주지별, 교육 수준별로 약간의 차이는 있지만~'이 13번 문제의 답을 결정하는 문장입니다.

사람에 따라서는 약간 핵심과 떨어져 있다고 느낄 수도 있는 부분이지만 이는 출제 포인트로 빈출되는 단정 / 개연이죠.

사후적인 해설이 아닌, 애초에 이렇게 단정(차이 없음) / 개연(약간의 차이 있음) 같은 출제 포인트는 애초에 숙지해두어 독해 시 파악하고 독해를 진행해야 합니다.

다음으로 기간 효과는 특정 조사 시점의 영향을 받아 나타나는 차이를 의미한다.

이어서 기간 효과의 개념이 제시됩니다. 당연히 핵심적인 요소이니 확보해야 합니다. 기간 효과는 '특정 조사 시점의 영향'이 핵심입니다. 앞서는 '나이'로 인한 차이였는데 여기는 '조사 시점'이라는 둘의 구분까지 진행됐으면 베스트입니다.

◇ tip 비교·대조 쌍 / 대립쌍

실제 독해 시 a와 b가 대조되는 전개 방향이라면 a를 읽을 때는 있는 그대로 정리를 잘하면서 독해를 하는 것으로 충분합니다. 그렇지만 a 이후 제시되는 b를 읽을 때는 a와의 공통점과 구분되는 차이를 생각하며 독해를 진행하는 습관이 필요합니다.

◇ 코멘트

앞서 '조사 시점 환경 = 기간'이라는 점을 파악했다면, '특정 조사 시점 영향 = 조사 시점 환경'이라는 점을 조금 더 수월하게 납득할 수 있습니다.

즉, 특정 시점에 발생한 역사적 사건이나 급격한 사회 변동이 전 연령 집단의 사고방식이나 인식에 포괄적, 보편적 영향을 미치는 효과이다.

'즉'이라고 해줬으니 앞 내용의 정리입니다. '특정 조사 시점의 영향'이 핵심이니 '특정 조사 시점의 영향'에서 전 연령에 대한 영향을 평가하겠죠. 최소한 '특정 조사 시점의 영향'이라는 핵심을 계속 상기하며 독해를 진행해야 합니다.

◇ 코멘트

조금 더 잘 읽었다면, 앞서 말한 것처럼 '나이'와 '나이가 아닌 조사 시점'과 같이 두 개념을 구분해 줄 수 있습니다.

특정 시기의 사회화 과정이나 일부 세대에서 나타나는 효과가 아니라, 1987년 민주화나 1997년 IMF 구제금융 사례처럼 전 세대가 공유하는 경험에 따른 태도 변화를 지칭한다.

계속 같은 말이 반복됩니다. 특정 시기나 일부가 아닌 '특정 조사 시점의 영향'으로 전 세대가 공유하는 영향을 평가합니다. 결국 글자는 다르지만 계속하고 있는 말은 '특정 조사 시점의 영향'이라는 핵심입니다.

◇ tip 다른 말 같은 뜻

독서는 결국 '의미'를 파악하며 읽는 것입니다. 독해 시, 기표(記標)가 다르더라도, 같은 기의(記意)를 가지고 있으면 적극적으로 같은 의미를 판단해 주어야 합니다.

여기서도

[문법 단위들이 일반적 의미를 넘는다. = 물의 의미가 새롭게 규정되어 간다.]

와 같이 다른 말 같은 뜻을 잡으며 독해를 진행했어야 합니다.

이렇게 다른 말 같은 뜻을 잡아 지문의 핵심(의미 확장)을 파악했다면, 사실상 이후 제시되는 내용은 최소한의 구분 정도면 충분합니다.

cf) 23.06 이중차분법

'같은 수원을 사용하던 두 회사 중 한 회사만 수원을 바꿨는데 주민들은 자신의 수원을 몰랐다~'

⇒ 앞서 제시된 개념을 통해 예시 상황을 파악했어야 함.

이처럼 해당 지문도 제시한 개념에 맞춰 이어지는 내용을 파악해야 함.

그리고 코호트 효과는 정치사회화가 주로 이루어지는 청년기에 유권자들이 특정한 역사적 경험을 공유하면서 유사한 정치적 성향을 형성하고 그 독특성이 해당 연령 집단을 중심으로 이후에도 유지되는 현상을 의미한다.

코호트 효과의 개념을 제시합니다. '청년기의 경험'이 유지되는 현상입니다. 앞서 제시된 '전 연령'의 '조사 시점의 영향'이 아닌 '청년기의 경험'이 유지되는 현상입니다.

◇ 코멘트

대놓고 차이가 있는 부분입니다. 매우 친절하게 '기간 효과와 달리~' 식으로는 서술해주지 않았지만, 핵심 개념이 구분되고 있기에 이처럼 완벽하게 '차이'를 잡지 못하더라도 최소한 '구분'은 되며 각각에 대한 파악은 진행됐어야 합니다.

이렇게 형성된 정치 세대, 즉 코호트란 유사한 정치적 태도를 보이고 이념 성향을 공유하는 연령 집단을 의미한다.

애초에 코호트가 청년기 경험이 유지되는 현상입니다. 그러니 '이념 성향을 공유하는 연령 집단 = 청년기 경험 유지' 정도의

맥락으로 납득할 수 있습니다. 이 역시 결국 제시한 개념을 통해 계속 정보를 납득하며 독해를 진행하는 겁니다.

정치사회화 과정에서 형성된 정치적 세대 의식은 나이가 들면서 완고성이 증가하여 큰 변화 없이 지속되게 된다. 이는 중장년기보다 성년 초기 시점이 사회 변화나 역사적 사건들로부터 영향을 받기 더 쉽다는 사실을 전제로 한다.

당연합니다. 나이가 먹을수록 완고성이 증가한다는 것은 상식적이죠. 증장년기보다 성년 때 더 영향을 받는 것도 상식적입니다. 앞서 보수화를 제시해줬으니, 이게 설사 상식이 아니라고 할지라도, 지문에서 제시한 보수화의 개념을 통해 납득했어야 합니다. 또한 바로 앞서 '이후에도 유지되는 현상'이라 제시했으니 당연히 변화 없이 지속됩니다.

예컨대, 영국에서 2차 세계대전 이후 노동당 지지 성향이 강한 진보적 코호트가 등장하였다면 1980년대에는 대처 총리 집권기의 영향을 받아 보수적 코호트가 형성되었다는 연구들이 존재한다.

구체적 예시입니다. 당연히 '청년기 영향 유지'를 말하고 있을 겁니다. 세계대전 이후 노동당 지지 코호트가 등장한 것은 당연히 '청년기 영향' 때문일 겁니다. 그리고 '1980년대 영향을 받은 것 = 청년기 영향'의 맥락입니다.

◇ 코멘트

구체적 예시는 앞선 개념을 통해 의미를 파악해야 합니다.

한편 국내 선행 연구에 따르면, 한국전쟁 직후 등장한 소위 전후세대는 여타 코호트 집단에 비해 권위주의적 성향과 보수적 정치 성향이 더 강하다고 알려져 있으며, 한국 민주화 운동의 대명사라 할 수 있는 86세대나 탈권위를 유행시켰던 X세대의 경우 나이가 들어서도 보수화되는 경향이 상대적으로 완만한 것으로 나타났다.

또 구체적 예시입니다. 전후세대는 청년기에 전쟁을 겪어 '청년기 영향'으로 보수화되고, 86세대는 '청년기 민주화 영향'으로 보수화가 덜 됩니다. 결국 계속하고 있는 말은 '청년기 영향'이라는 코호트의 개념입니다.

이 세 효과는 개념적으로는 쉽게 구분되지만, 경험적으로는 이들을 구별하기 어렵다.

경제, 사회에서 일반적인 흐름입니다. 개념(이론)과 경험(실제)이 다른 현상이죠. 만약 몰랐다고 하더라도, 이는 평가원 기출에도 자주 제시된 흐름이기에 애초에 알고 계시는 것이 좋습니다.

> 세 개념 자체가 밀접하게 연관되어 있고, 독립적으로 개별 효과를 측정할 지표 역시 충분히 갖고 있지 않기 때문이다.

먹어 가는 나이, 조사 시기, 특정 시기의 경험 이 세 요소를 각각 개별적으로 완벽하게 분리하는 것은 당연히 어려울 겁니다. 그를 독립적으로 딱 하나만 떼놓기도 어렵다는 건 상식적으로 납득할 수 있습니다.

> 이러한 근본적 제약(개념 간 연관, 독립 측정 어려움) 속에서 나이 관련 변수들이 만들어내는 합성 효과를 구별하는 것이 지금까지 사회과학적 세대 연구의 핵심 과제였고 이를 해결하기 위한 다양한 연구 방법들이 고안되었다.

앞서 본 것처럼 밀접하게 얽힌 개념들을 완벽하게 분리하는 것은 어렵습니다. 각각의 개념이 합쳐진 '합성 효과'를 구분하는 것이 어렵겠네요.

> APC의 합성 효과를 구분해 개별 효과를 비교하기 위해서는 동일 코호트의 시간 흐름에 따른 태도 차이를 측정하는 종단면 디자인, 동일 시점에서 정치 세대 간의 태도 차이를 측정하는 횡단면 디자인, 다른 시점의 동일 연령대 집단의 태도 차이를 측정하는 시차 연구 디자인의 조합이 필요하다.

세 가지 디자인(연구 방법)이 제시되었습니다. 이렇게 각 디자인이 나열되고 있으니, 만약 종단면, 횡단면이 헷갈린다면 저라면 돌아와서 정의를 다시 파악하고 문제를 풀 거 같습니다.
정리하고 간다면 종단면은 '동일 코호트 다른 시간' / 횡단면은 '동일 시점 다른 세대' / 시차 연구는 '다른 시점 동일 연령'입니다. 코멘트에 기술한 것처럼 어휘를 통해 납득하면 베스트, 안 되면 위에 기술한 것처럼 나열된 정의이니 돌아와서 판단한다고 생각해야 합니다.

일반적으로 연령 집단은 조사 당시 나이, 기간 효과는 조사 연도, 코호트는 출생 연도와 같은 변수들로 측정된다.

납득합시다. '연령 + 집단'이니 조사 당시 나이입니다. 기간 효과는 특정 조사 시점의 영향이 핵심입니다. 그러니 조사 연도가 변수겠죠. 코호트는 청년기 특정 경험이 핵심이니, 출생 연도를 통해 청년기의 특정 경험을 변수로 잡을 겁니다.

그러나 연구의 난관은 우리가 혼재된 나이 효과를 구별하는 데 있어 식별 문제에 직면하게 된다는 것이다.

앞서 제시한 내용 그대로입니다. 세 개념 자체가 밀접하고 독립적으로 측정하기 어렵고, 합성 효과를 개별 효과로 구분하기가 어렵습니다. 거의 같은 말 수준으로 재진술하고 있습니다.

즉, 셋 중 두 정보로부터 다른 항의 값이 자동 도출되므로, 3개의 미지수(효괏값)와 3개의 정보(변수)가 있는 듯 보이지만, 실제로는 정보 하나가 부족한 셈이 된다.

'즉'이라고 했으니 앞 내용의 정리입니다. 사실 말이 좀 어렵습니다. 셋 중 두 정보로 하나가 나오니, 실제로는 하나가 부족하다. 까다롭네요. 하지만 우리는 이 문장의 '의미'는 알 수 있습니다. 결국 '혼재된 나이 효과를 구별하는 데 있어 식별 문제에 직면 = 합성 효과를 개별 효과로 구분이 어려움'이라는 의미입니다.

위의 연구 디자인을 적용하여 APC 효과를 통제된 하나의 개별 효과와 나머지 두 개가 이루는 합성 효과로 나누어 파악할 수는 있지만, 3개의 개별 효괏값으로 명확하게 구분해 내기 어렵다. 이러한 한계가 나이와 정치 성향의 관계에 대한 경험적 연구를 오랜 기간 가로막아 왔다.

계속 납득합시다. '혼재된 나이 효과를 구별하는 데 있어 식별 문제에 직면'합니다. 앞서 제시한 것처럼 셋 중 두 정보로부터 다른 항의 값이 자동 도출됩니다. 그러니 하나의 **통제된** 개별 효과(자동 도출)와 나머지 두 개(두 정보)가 이루는 합성 효과로 나누어 파악할 수는 있습니다.
결국 합성 효과를 명확하게 구분하기 어려운, 3개의 개별 효과를 값으로 명확하게 구분해 내기 어렵습니다. 계속 명확한 구분이 어렵다는 것을 재진술하고 있습니다. 이렇게 계속 같은 말을 반복하는 것은 그만큼 중요하다는 의미겠죠.

고정된 값인지 변할 수 있는 값인지 파악하는 것은 중요합니다. **관계식을 대할 때 '고정값과 유동 값'에 대한 인식을 갖추시길 바랍니다.** (대립쌍 같은 느낌이라 생각하면 좋습니다. 통제된 하나와 합성된 두 개는 명확하게 구분되니까요)

APC 효과를 통제된 하나의 개별 효과와 나머지 두 개가 이루는 합성 효과입니다.

즉 '통제된(고정된)' 값이 개별 효과이고 나머지가 합성 효과입니다.

이렇게 고정값에 대한 파악이 되었다면 두 번째 <보기> 문항에 대한 접근이 수월해집니다.

cf) 20 LEET 언어이해 우주 랑데부

◇코멘트

고정값, 유동 값으로 접근할 수도 있고, 관형절을 통해 제시한 개별 효과의 개념을 파악하는 것으로 접근할 수도 있습니다.

> 기술적으로 완전한 극복 방안은 없으며, 불완전하나마 여러 가지 수단을 통해 이 관계를 엿볼 수 있었을 뿐이다.

완전한 극복이 없다고 '단정'했습니다. 애초에 지문에서도 계속 반복하고 있는 말이 '각각에 대한 정확한 파악이 힘들다'입니다. 계속 의미가 반복되고 있습니다.

> 대부분 추정 모형에 일정한 제약을 가해서 문제를 피해 갔다. 부가정보를 이용해 세 효과 중 하나를 제외하거나, 아니면 한 효과가 고정되도록 설정하여 개입을 통제하는 방식으로 이 문제에서 벗어날 수 있다. 그 밖에도 세 변수 중 하나를 다른 대리변수로 대체하는 방법도 있다.

네 불완전하게나마 여러 수단을 사용하고 있네요. 저라면 이렇게 수단들을 나열해준다면 정확하게 읽되, 돌아와서 판단한다는 인식을 가질 것 같습니다. '나열된' 정보이니까요.

실전에서 우리가 지문에 있는 모든 내용을 암기하고 내려갈 수 있을까요? 실전이 아니라도 이렇게 정보가 '나열'된 경우에 각각의 개념어들을 모두 '외워서' 독해를 진행한다는 것은 몇몇 타고난 천재들 외에는 불가능한 경지입니다.

물론 압축적 서술, 이해를 더욱 요구하는 최근의 트렌드와 조금 다르다고 생각할 수 있지만, 이런 부분 역시 시험에 한 부분 정도는 존재하기에, 그리고 실전에서 체감상 더 많게 느껴질 수 있기에 이에 대한 대비 역시 필요한 부분입니다.

cf) 20.06 개체성에 대한 이해

지문 마지막 '미토콘드리아가 개체성을 잃었다는 근거를' 나열하여 제시. 지문에서 핵심적인 정보이니 확보해야 함. 그런데 그것이 미비했다면 '나열된' 정보이니 돌아가서 판단한다는 인식을 가졌어야 함.

> 하지만 이러한 방법 모두 임기응변일 뿐이고, 매우 특수한 조건에서만 활용 가능해 주의가 필요하다.

결국 계속하고 있는 말은? 모두 임기응변 수준이고 '혼재된 나이 효과를 구별하는 데 있어 식별 문제에 직면'하는 것이죠.
앞서 TIP을 통해서도 말씀드렸지만, 이론과 현실의 차이가 발생하면 그것은 핵심적인 대립 포인트임을 알 수 있습니다. 지문 후반부가 전부 다 현실적으로 어렵다는 얘기로 진행되고 있으니까요.

한정된 지문 분량에서 굳이 말을 반복해서 한다는 것은 이유가 있는 겁니다.

응당 강조되어야 하는, 중요한 부분이기에 반복해서 제시해 줬다고 자연스럽게 인식해야 합니다. 그리고 이런 중요한 부분은 문제화되기 좋은 부분이죠.

<보기> 문항도 '완벽한 파악이 어렵다'는 '이론과 실제의 차이'가 정답 선지로 출제되었습니다.

[13~15] 문제 해설

13 윗글의 내용과 일치하지 않는 것은?

① 조사 시기와 조사 당시 연령을 알면 코호트 집단을 특정

할 수 있다.

② 트루엣의 연구에 따르면 생애주기 효과는 개인의 사회 경제적 배경과는 무관하다.

③ 식별 문제의 해결을 위한 방편으로 추정 모형에 제약 조건을 적용하기도 한다.

④ 문제 해결을 위해 세 변수 중 하나를 다른 대리변수로 대체하는 방법을 사용하기도 한다.

⑤ 나이와 정치 성향과의 관계 연구에서 APC의 개별 효과를 각각 구분해 내는 방법은 아직 없다.

답 ②

2문단에서 트루엣은 생애주기 효과에 대한 연구를 설명하며 성별, 거주지별, 교육 수준별로 약간의 차이는 있다고 제시했습니다.

즉 생애주기 효과가 개인의 사회경제적 배경과는 '무관하다'고 단정할 수 없습니다.

오답 선지 분석

① : 6문단에 제시된 것처럼 일반적으로 연령 집단은 조사 당시 나이, 기간 효과는 조사 연도, 코호트는 출생 연도와 같은 변수들로 측정됩니다. 그리고 셋 중 두 정보로부터 다른 항의 값이 자동 도출됩니다. 그러니 조사 시기와 조사 당시 연령을 알면 코호트 집단을 특정할 수 있습니다.

다른 방식으로 4문단에 제시된 것처럼 코호트 효과는 청년기에 유권자들이 특정한 역사적 경험을 공유하면서 유사한 정치적 성향을 형성하고 그 독특성이 해당 연령 집단을 중심으로 이후에도 유지되는 현상을 의미합니다. 즉 조사 시기와 조사 당시 연령을 알면 그 대상의 청년기 시기를 알 수 있으므로 코호트 집단을 특정할 수 있습니다.

③ : 6문단에 제시된 것처럼 대부분 추정 모형에 일정한 제약을 가해서 문제를 피해 감을 알 수 있습니다.

④ : 6문단에 제시된 것처럼 부가정보를 이용해 세 효과 중 하나를 제외하거나, 아니면 한 효과가 고정되도록 설정하여 개입을 통제하는 방식이 있습니다. 즉 한 효과를 고정하도록 설정하는, 셋 중 하나를 다른 대리변수로 대체하는 방법을 사용할 수도 있습니다.

⑤ : 6문단에 제시된 것처럼 APC 효과를 통제된 하나의 개별 효과와 나머지 두 개가 이루는 합성 효과로 나누어 파악할 수는 있지만, 3개의 개별 효괏값으로 명확하게 구분해 내기 어려우며, 기술적으로 완전한 극복 방안은 없습니다.

◇코멘트

단정, 개연과 같은 출제 포인트를 익혀야 합니다.

---

14 윗글을 바탕으로 추론한 것으로 적절한 것만을 <보기>에서 있는 대로 고른 것은?

보기

ㄱ. 한국 유권자들을 대상으로 2022년 7월 24일에 정치의식 조사를 실시한다면, X세대의 권위주의 성향 점수가 한국 전후 세대보다 평균적으로 낮게 나올 것이다.

ㄴ. 1980년대에 50대였던 영국 전후 세대와 비교해 2010년대에 같은 50대가 된 대처 세대가 평균적으로 더 진보적 정치 성향을 드러내는 조사 결과가 존재한다면, 기간 효과가 주요하게 작용했다고 판단해 볼 수 있다.

ㄷ. 영국의 대처 세대가 30대 때였던 1990년도 조사에서보다 50대가 되어서인 2010년 조사에서 이념적으로 덜 보수적이라는 결과가 나왔다면, 2010년 조사 당시 영국의 다른 정치 코호트들 또한 진보적 분위기의 시대적 영향을 받았을 수 있다.

① ㄱ   ② ㄷ   ③ ㄱ, ㄴ
④ ㄴ, ㄷ   ⑤ ㄱ, ㄴ, ㄷ

답 ⑤

<보기> 판단 과정

우리에게 지문에서 주어진 정보는 단 세 가지
생애주기 효과
기간 효과
코호트 효과입니다.

그리고 <보기>에서 'ㄱ'은 매우 평이하여 큰 문제가 되지 않지만, 'ㄴ'과 'ㄷ'을 판단하는 사고 과정에 주목해야 합니다.

선지의 의미를 판단하고, 추론하는 것은 지문에 근거해야 합니다. 그런데 우리는 딱 세 가지 정보를 받았습니다.

그러면 선지의 의미를 판단하고, 추론하는 과정에서 '제시된 세 가지 효과'의 적용 여부를 추론하며 의미를 판단하고 추론이 진행되어야 합니다.

ㄱ. 한국 유권자들을 대상으로 2022년 7월 24일에 정치의식 조사를 실시한다면, X세대의 권위주의 성향 점수가 한국 전후 세대보다 평균적으로 낮게 나올 것이다.

4문단에 제시된 것처럼 한국전쟁 직후 등장한 소위 전후세대는 여타 코호트 집단에 비해 권위주의적 성향과 보수적 정치 성향이 더 강하다고 알려져 있으며, 한국 민주화 운동의 대명사라 할 수 있는 86세대나 탈권위를 유행시켰던 X세대의 경우 나이가 들어서도 보수화되는 경향이 상대적으로 완만한 것으로 나타났습니다.

즉 X세대의 권위주의 성향 점수가 한국 전후 세대보다 평균적으로 낮게 나올 것입니다.

ㄴ. 1980년대에 50대였던 영국 전후 세대와 비교해 2010년대에 같은 50대가 된 대처 세대가 평균적으로 더 진보적 정치 성향을 드러내는 조사 결과가 존재한다면, 기간 효과가 주요하게 작용했다고 판단해 볼 수 있다.

'ㄴ'의 상황은 1980년대에 50대였던 영국 전후 세대와 비교해 2010년대에 같은 50대가 된 대처 세대를 비교하고 있습니다. 즉 '다른 시기 / 같은 나이'를 비교한 겁니다.

2문단에 제시된 것처럼 50세 이후부터 생애주기의 끝까지 높은 보수주의 점수가 유지된다는 점을 고려했을 때 이들에게 생애주기는 큰 차이가 없을 겁니다.

그러면 남은 변수는 조사 시점과 코호트 두 가지로 특정 조사 시점의 영향을 받아 나타나는 차이를 의미하는 기간 효과가 주요하게 작용했다고 판단해 '볼 수'는 있습니다.

ㄷ. 영국의 대처 세대가 30대 때였던 1990년도 조사에서보다 50대가 되어서인 2010년 조사에서 이념적으로 덜 보수적이라는 결과가 나왔다면, 2010년 조사 당시 영국의 다른 정치 코호트들 또한 진보적 분위기의 시대적 영향을 받았을 수 있다.

2문단에 제시된 것처럼 생애주기 효과는 "나이가 들수록 보수화된다."는 가설에 기반합니다.

그런데 'ㄷ'의 상황은 30대 때였던 1990년도 조사에서보다 나이를 먹은 50대가 되어서인 2010년 조사에서 이념적으로 덜 보수적이라는 결과가 도출됩니다. 이는 생애주기 효과로는 설명할 수 없습니다.

또한 4문단에 제시된 것처럼 청년기에 유권자들이 특정한 역사적 경험을 공유하면서 유사한 정치적 성향을 형성하는 것이 코호트이니 이들의 변화를 코호트로도 설명할 수 없습니다.

그렇다면 3문단에 제시된 것처럼 특정 시점에 발생한 역사적 사건이나 급격한 사회변동이 전 연령 집단의 사고방식이나 인식에 포괄적, 보편적 영향을 미치는 효과인 기간 효과를 고려해 봅시다. 나이를 먹었는데 오히려 보수적 경향이 덜해졌으니 '특정 시점에 발생한 역사적 사건이나 급격한 사회변동이 전 연령 집단의 사고방식이나 인식'에 영향을 주었다고 추론할 수 있습니다.

그러면 이 시기에 있던 사건으로 '덜 보수적'이 되었으니 사회에 '진보성'을 높인 사건이 있었다고 추론할 수 있습니다. 그러니 이 시기에 특정한 역사적 경험을 공유하면서 유사한 정치적 성향을 형성하는 코호트들도 사회에 '진보성'을 높인 사건에 영향을 받았다고 볼 수 있습니다.

◇코멘트

+ 지문에서 개념을 제시하고, 예시를 통해 개념을 납득시켰습니다. 그리고 선지에서 지문에서 납득한 내용을 바탕으로 선지의 의미를 판단할 것을 요구하고 있습니다.

+ 지문에서 제시한 개념은 세 가지 효과입니다. 그러니 판단의 근거도 세 가지 효과라는 점을 생각해야 합니다. 추론 역시 1차적으로는 지문의 근거를 통해 진행돼야 합니다.

15 윗글을 바탕으로 <보기>의 내용을 이해한 것으로 가장 적절한 것은?

보 기

아래 그림은 나이의 정치적 효과를 측정하기 위한 연구 디자인을 도식화한 것이다. 조사는 t1, t2의 시점에 이루어졌다. A(t1)와 B(t1)는 각각 t1 기준 청년 코호트와 중년 코호트를 나타내며, 시간이 경과한 t2에는 각각 중년기와 노년기에 이르게 된다.

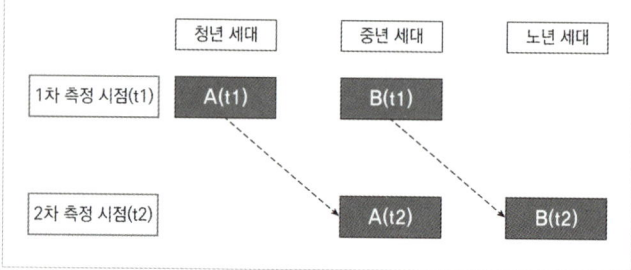

① A(t1)와 A(t2)의 차이는 코호트를 고정한 채 도출해 낸, 기간 효과와 코호트 효과의 합성 효과이다.

② A(t1)와 B(t1)의 차이는 동일 시간대의 다른 코호트 간 차이를 측정하는 종단면적 연구 디자인을 적용하여 알 수 있다.

③ A(t2)와 B(t2)의 차이는 조사 시점을 고정하여 얻은 코호트 간 차이로서 생애주기 효과의 개입이 통제되고 있다.

④ B(t1)와 A(t2)의 차이는 다른 시점의 동일 연령대 집단의 태도 차이를 비교하는 시차 연구 디자인을 적용하여 알 수 있지만, 기간 효과와 코호트 효과를 구분하기 어렵다.

⑤ B(t1)와 B(t2)의 차이는 동일 연령대 집단의 태도 차이를 측정하는 시차 연구 디자인을 적용하여 알 수 있다.

<보기> 분석

A(t1) : 1차시기 + 청년 / B(t1) : 1차 시기 + 중년
A(t2) : 2차시기 + 중년 / B(t2) : 2차 시기 + 노년

여기서 이들을 비교할 때 시기, 나이 등이 구분되니 나열된 세

가지의 디자인이 활용될 수 있음을 판단했으면 베스트, 그러지 못했더라도 선지에서 물어봤을 때 돌아가도 무방.

앞선 <보기> 문제를 풀었던 것과 같이 우리에게 제시된 개념은 세 가지 효과. 그러므로 세 가지 효과를 적용해야 함.

답 ④

[B(t1) : 1차 시기 + 중년]이고 [A(t2) : 2차시기 + 중년]입니다. 즉 나이는 같고 측정 시기가 다른 경우이죠. 그러니 5문단에 제시된 것처럼 다른 시점의 동일 연령대 집단의 태도 차이를 측정하는 시차 연구 디자인을 활용할 수 있습니다.
여기서 동일 연령대라는 것은 생애주기 효과가 유사함을 의미합니다.
한편 6문단에서 APC 효과를 '통제된(고정값)' 하나의 개별 효과와 나머지 두 개가 이루는 합성 효과로 나누어 파악할 수는 있지만, 3개의 개별 효괏값으로 명확하게 구분해 내기 어렵다는 것이 제시됐습니다.
즉 생애주기 효과가 통제되었는데, 나머지 두 효과인 기간 효과와 코호트 효과를 구분하긴 어려울 겁니다.

오답 선지 분석

① : [A(t1) : 1차시기 + 청년]이고, [A(t2) : 2차시기 + 중년]입니다. 4문단에 제시된 것처럼 코호트 효과는 정치사회화가 주로 이루어지는 청년기에 유권자들이 특정한 역사적 경험을 공유하면서 유사한 정치적 성향을 형성하고 그 독특성이 해당 연령 집단을 중심으로 이후에도 유지되는 현상입니다. 그러니 코호트가 고정되었다는 것은 맞습니다.

그런데 6문단에 제시된 것처럼 APC 효과를 통제된 하나의 개별 효과와 나머지 두 개가 이루는 합성 효과로 나누어 파악합니다. 그러면 여기서 통제된 값은 코호트입니다.

즉 A(t1)와 A(t2)의 차이 코호트를 고정한 채 도출해 낸 생애주기 효과와 기간 효과의 합성 효과입니다.

② : [A(t1) : 1차시기 + 청년]이고, [B(t1) : 1차 시기 + 중년]입니다. 이들은 시기는 같고 나이가 다릅니다. 즉 동일 코호트의 시간 흐름에 따른 태도 차이를 측정하는 종단면 디자인이 아닌, 동일 시점에서 정치 세대 간의 태도 차이를 측정하는 횡단면 디자인이 적용될 겁니다.

③ : [A(t2) : 2차시기 + 중년]이고, [B(t2) : 2차 시기 + 노년]입니다. 이들은 시기는 같고 나이가 다릅니다. 그런데 생애주기 효과는 "나이가 들수록 보수화된다."는 가설에 근거합니다. 즉 이들의 나이는 다르므로 생애주기 효과의 개입이 통제되고 있다고 볼 수 없습니다.

⑤ : [B(t1) : 1차 시기 + 중년]이고, [B(t2) : 2차 시기 + 노년]입니다. 애초에 이들은 연령대가 다릅니다. 그러니 동일 연령대 집단의 태도 차이를 측정하는 시차 연구 디자인을 적용하는 것은 적절하지 않습니다.

◇코멘트

+ 정답 선지와 2번 선지를 판단하기 위한 고정값에 대한 반응, 오답 선지 분석들의 판단에 쓰인 나열된 정보 판단을 검토하시길 바랍니다.
+ 추가로 핵심인 '구분이 어렵다'라고 계속 반복된 내용만이라도 확보했다면 지문 내용에 대한 이해도가 조금 떨어지더라도 '답'을 고르는 것은 가능했을 거라 생각합니다.

◇ 들어가기에 앞서

(가) 문학에 대한 평론 / (나) 작품의 구성은 수능에서 과거에도 출제된 적이 있던 유형입니다. 이런 유형은 (가)를 평이한 인문 지문 정도로 파악하고, (나)에서 (가)에서 제시된 내용을 연결하며 독해를 진행하는 겁니다. <보기>를 (가)에 적용한다는 인식이면 더 좋죠.
결이 완전 같지는 않지만 17.09 전기성을 다룬 복합 지문을 생각하면 좋을 것 같습니다.

(가)

1960년대 근대화 담론은 해방과 분단으로 공고화된 민족주의를 경제성장의 동력으로 동원한다.

어휘력이 중요합니다. 담론은 '논의'와 유사한 뜻으로, 근대화에 대한 논의에서 민족주의가 핵심적으로 작용했다는 정도로 파악하면 충분합니다.

◇ 코멘트

우리나라 근대화 시기에 '민족주의'가 일반적으로 퍼져있다는 것은 상식입니다. 특히 문학에서 이런 점을 비판하는 내용은 자주 출제되죠. 아마 이 교재를 사용하시는 분들은 다아는 내용이겠지만, 그래도 중요하니 근대화(혹은 산업화) 시기에 발생한 문제(인간 소외 등)는 문학사에서 중요하다는 것은 지식으로 가져갑시다.

민족주의에 기반한 근대화를 비판하는 것이 용인되지 않았던 분위기에서, 김자림의 희곡 「이민선」(1964)은 이민과 여성을 매개로 시대의 단층을 드러낸다.

글의 핵심이 제시됩니다. '민족주의'가 핵심 담론으로 제기된 시기이니 당연히 비판이 용인되지 않습니다. 이런 상황에서 '이민'과 '여성'이 핵심으로 작용했다니 이민과 여성이라는 핵심에 맞춰 글이 전개될 것이라 판단할 수 있습니다.

◇ 코멘트

과거 전후 시기에 반공으로 인해 민족주의를 비판하는 것이 어렵다는 건 앞서 말한 것처럼 당연한 얘기죠. 이런 시기에 외국 이민이 많았고(동일한 맥락은 아니지만, 국제시장 영화를 생각하면 이해가 쉬울 겁니다), 여성이 사회적으로 억압받았죠.
사실 이는 지문에만 근거한 해설이 아닌 배경지식을 매우 적극적으로 사용한 얘기입니다. 그럼에도 제가 이런 말씀을 드리는 이유는 현재 수능, 리트는 너무나도 고여있기에, 일반적인 수준에서 지식적인 부분을 채우는 것 역시 매우 중요하다는 것을 말씀드리고 싶기 때문입니다.

당시 브라질 영농 이민은 경제성장뿐 아니라 인구 억제를 위해 산업화 과정에서 도태된 국민들을 겨냥하고 있었다.

핵심인 '이민'이 제시됩니다. '이민'이 도태된 국민들을 겨냥한다고 했으니, 「이민선」에서 등장하는 인물들은 '주로' 도태된 국민일 것이라는 판단을 하고 독해를 진행했으면 베스트입니다.

「이민선」의 중심 서사를 이루는 **창수네 일가**를 살펴보자. **창수**에게 브라질은 사탕무를 심어 부를 일구는 미래다. 해방을 맞아 귀국하던 감격을 잊지 못하는 **창수댁**은 이민으로 고향을 떠나야 하는 회한에서 쉽게 벗어나지 못한다. **아들 만세**는 농업에는 관심이 없고 이민을 통해 예술로 "세계 속에 한국을 이해시키는 정신적 지주"가 되기를 바란다. **딸 소라**는 성인임에도 원숭이 인형을 들고 다니며 유년기의 감상에서 벗어나지 못한 인물로, 이민을 '속일 줄도 속을 줄도 모르는 그대로의' 존재인 인형의 고향에 가는 여정으로 생각한다. **창수의 처남 덕보**는 제대 후 실업자로 있다가 속이고 미워하는 아수라장 같은 이 땅에 지쳐 이민을 결심한다.

창수네 일가 인물들에 대한 정보를 '나열'해주고 있습니다. 가장 이상적인 독해와 해설은
[창수 : 부를 희망] / [창수댁 : 고향 떠남 회한] / [만세 : 예술 희망] / [소라 : 순수함] / [덕보 : 실업자 지쳤음]
이와 같이 인물의 특징을 모두 확보하고 독해를 진행하는 것이겠죠. 하지만 이렇게 인물들이 나열되고 있을 때 이 특징을 모두 정확하게 확보하고 가는 것은 어렵습니다.
항상 강조하지만, 다양한 인물이 나열되고 있을 때, 전체적인 맥락을 확보하면서(여기서는 '이민'이 핵심이고 이들이 도태된 국민이 아닐까? 정도의 핵심) 나열된 정보들에 대한 사실 일치는 돌아와서 판단한다는 인식을 갖는 것입니다.

이민단의 다른 가족도 사정이 있다. 득찬은 실업 상태를 견디다 못해 아내와 자식, 아버지와 동생까지 데리고 왔다. 월남민 피양댁은 이민을 위해 깡패 물개와 복덕방 영감을 끌어들여 가족을 급조하고 돈으로 좌지우지한다. 피양댁의 친딸 보비도 이민단에 동참하나 조국에서 추방되는 듯하여 소극적이다.

여기서도 [득찬 : 실업, 가족과 동행] / [피양댁 : 가족 급조] / [보미 : 소극적]과 같이 인물의 캐릭터를 확보하며 독해하면 베스트이지만, 현실적으로 돌아올 준비를 해야 합니다.

세 일가가 부산에 도착해 이민을 축하하는 파티까지 열었지만, 창수네 일가는 빚보증 때문에, 피양댁 일가는 물개에 얽힌 투서 때문에 이민선을 타지 못하고 보름 가량을 보낸다. 그동안 보비는 만세의 포부에 감동하고 그의 연인이자 이민의 지지자가 된다. 창수는 피양댁의 요구대로 헐값에 땅을 팔려 하나 무산되었다. 이민선이 출항하기 전날, 창수는 다른 해결의 실마리를 찾았고, 소라는 그녀를 백치로 여기던 물개에게 겁탈당한 뒤 바다에 투신한다. 이에 이민을 포기하려 했던 만세는 이상을 포기하지 말라는 보비의 독려로 의지를 회복하지만, 창수댁은 이민선 탑승 직전 소라의 버려진 인형을 발견하고 착란을 일으켜 지금을 해방 후 귀국하던 날로 안다. 애국가의 주악 소리를 배경으로 창수 일가는 착란 상태의 창수댁을 부축하여 승선한다.

실전에서 바로 앞부분부터, '줄거리를 얘기하니까 요약 정도만 하자.'와 같은 사고 과정이 진행되는 것은 어려울 겁니다.
혹시 앞서 나왔던 지문인 23 LEET 언어이해 지문 중 '미국 역사에 대한 다양한 역사학 관점과 역사가' 지문이 기억나실까요?
그 지문이 이 지문과 완전 동일하지는 않지만 같은 포인트가 있습니다. 지문에서 굉장히 다양한 특징(그 지문에서는 각 역사가들의 관점)이 제시되었다는 것이죠.
일반적으로 지문에서 정보가 '나열'되고 있다면 정보량은 많아지고 이해를 요하는 깊이는 줄어듭니다. 계속 강조하지만 몇몇 천재를 제외하면 실전에서 '나열'된 정보를 모두 암기하고 내려가는 것도 어려운 일이고요.
이렇게 정보가 '나열'되고 있을 때 실전에서 진행할 본인만의 태도를 꼭 숙지합시다.

◇ tip 다양한 인물 / 개념어의 등장?

인간의 뇌는 한계가 있기 때문에 절대적인 정보량이 적더라도 다양한 인물과 개념어가 나오면 그 나름대로 독해 시 부담감이 있을 수밖에 없습니다, 이렇게 다양한 인물이 등장한 지문이라면 지문 내용을 완벽하게 구조화해서 독해하는 것은 한계가 있고 필연적으로 다시 지문으로 돌아오는 과정이 수반됩니다.

이때 돌아왔을 때 빠르게 정보를 찾기 위해 독해 시 인물 / 개념어에 잘 보이게 인물이름 처럼 표시하든, △ ○ ☆로 표시하든 자신이 편한 방법으로 표시하시면서 독해를 하시는 것을 권장합니다. 독해 시 밑줄을 남발하거나 기호를 남발하여 독해보다 기호가 주가 되는 상황이 발생하면 안 되지만, 기호의 단순 남발이 아닌 본인이 틀에 맞는 기호 사용은 문제 풀이에 효율성을 올려준다고 생각합니다.

물론 이상적으로는 글을 100% 완벽하게 독해해서 지문으로 돌아오지 않고 글을 읽는 것이지만, 그것이 힘들다는 것은 우리도 모두 알고 있고 그렇다면 그에 대한 자신의 대비책을 잡는 것도 '시험'을 보기 위한 본인의 능력입니다.

cf) 18.11 오버슈팅

「이민선」은 근대화를 이민으로 은유하면서도 여성에 대한 억압과 배제의 모습을 출항하는 이민선의 얼룩처럼 남겨둔다.

우리 글의 핵심은 '이민'과 '여성'이었습니다. 이제 여성에 대한 내용이 전개될 것이라는 정도는 파악할 수 있습니다.

◇코멘트

근대화 시기에 여성이 억압받고 배제 받았다는 정도는 상식적으로 알고 있어야 합니다.

개인들의 합의를 유보한 채 미래의 환상을 내세워 이민을 이끌어가는 남성들의 강박이 암시되는 것이다.

당연한 말이죠? 여성이 억압받고 배제되고 있다고 했으니 개인의 합의를 유보하는 남성이 등장하는 것은 매우 자연스럽습니다.

여성인물들은 전쟁을 거치며 요구되었던 가정과 국가에 헌신하는 '좋은' 여성의 상과, 비난의 대상이던 성적 만족과 이익을 좇다 파멸하는 '나쁜' 여성의 상 사이의 다양한 빛깔로 남아 있다.

좋은 여성과 나쁜 여성을 구분해주고 있습니다. 문장 내에서 이렇게 구분한 대상은 출제되는 요소이므로 이에 대한 구분은 필히 진행되었어야 합니다.

특히 여기서 '~헌신하는 좋은 여성' / '~이익 좇다 파멸하는 나쁜 여성'과 같이 좋은 여성과 나쁜 여성의 개념을 관형절로 서술해서 구분해주었습니다. 이런 식으로 구분된 개념은 독해 시 놓치는 경우가 많은데 이에 대해서도 주의해야 합니다.

◇ **tip** 모두가 아는데 다수가 간과하는 부분

거시적으로(구조적으로) 두 쌍이 나올 때 차이점도 중요하지만, 공통점도 중요하다는 독해 태도는 거의 모든 학생들이 가지고 있을 것입니다. 그런데 대놓고 비교·대조 구조의 지문이 나올 때와 달리 이 문장처럼 문장 내에서 공통점과 차이점을 제시하는 경우 이를 간과하고 넘어가는 경우가 많은 것 같습니다.

cf) 23.06 이중차분법 중 일부

사건을 경험한 표본들로 구성된 **'시행집단'**의 결과와, 사건을 경험하지 않은 표본들로 구성된 **'비교집단'**의 결과를 비교하여 사건의 효과를 평가한다.

⇒ 앞서 제시된 좋은 여성, 나쁜 여성과 유사한 문장이죠. 관형절을 통해 개념을 제시하고, 그 두 개념이 문장 내에서 명확하게 구분되고 있습니다. 23.06에서 시행집단과 비교집단을 명확하게 구분하지 못해 오답률이 굉장히 높은 문항이 등장하였습니다.

아마 이 리트 지문에서는 '좋은' '나쁜'과 같이 명확하게 개념이 구분되고 있어 크게 어렵지는 않았을 겁니다. 그래도 이처럼 두 개념이 구분되는 경우, 관형절로 개념이 제시되는 경우 주의하는 태도를 챙겨가기엔 좋은 예시입니다.

그럼에도 작품에서 여성인물들은 자기 안에 잠재된 사회·역사적 비판의 가능성을 충분히 펼치지는 못했다.

여성 인물들이 억압받았지만, 신여성적인 면모를 보이지는 못했나 봅니다. 우리의 핵심은 '여성'이니 적극적으로 비판하지 못했다는 정도로는 파악하고 독해를 진행했어야 합니다.

창수댁의 정신 착란이나 소라의 인형 등이 얼룩처럼 남지만 이민선은 가속을 태우고 출항한다. 바로 여기에서 여성인물을 통해 당대를 문제시하면서도, 한편으로 그에 대한 회의를 접어두고 근대화 논리에 수긍하는 여성 극작가의 모순된 정체성을 읽을 수 있다.

등장하는 여성 인물들이 '적극적인 비판'은 하지 못합니다. 그

것처럼 여성 인물들로 문제를 제시하지만, 결국 그냥 수긍하고 간다는 얘기가 제시되는 것이죠. 역시 다른 말 같은 뜻을 파악했으면 충분합니다.

◇ **tip** 다른 말 같은 뜻

독서는 결국 '의미'를 파악하며 읽는 것입니다. 독해 시, 기표(記標)가 다르더라도, 같은 기의(記意)를 가지고 있으면 적극적으로 같은 의미를 판단해 주어야 합니다.

(나)

[부산에 도착한 첫날 밤 세 가족은 파티를 연다.]

창수댁:(한쪽이 터진 트렁크를 들고) 여보, 이것 좀 보세요. 뚜껑을 덮으니까 또 터지겠죠. (돌아보지 않는 창수를 보고) 아니 여보, 당신은 남의 것을 보듯 거들떠보지도 않는구려. (창수, 외면하고 서 있다.)

창수:인젠 제에발 그 구질구질한 짐짝을 끌구 다니지 말자구 했잖소. [……] 바다 깊이 때 묻은 과거를 수장해 버리란 말요. 새로운 옷을 입으려거든 낡은 것을 미련 없이 벗어버려야 하는 거야.

창수댁:(트렁크를 뺏으며) 안 돼요. 하나두 버릴 수 없어요. 이것들은 지난 세월을 말해 주는 웃음과 울음과 한숨이 섞여 부서진 감정의 파편들이에요.

창수:(끌어 올리며) 지지리 못난 여편네야. (점점 흥분된 어조로) 우리는 내일 새벽 떠나는 거야. 우리의 이민선 쨍카호를 타고 신천지를 향해 저 푸른 바다를 뚫구 나가는 거야. 예수가 죽음에서 부활하듯이 우리도 다시 사는 거야. (돌아보며) 그러니 그 구질구질한 과거는 저 바다에 처 넣으란 말이야. (광적인 몸부림으로) 자 여러분 술, (컵을 들고) 이 번쩍이는 소망에 행운이 있으라.

최소한 파악할 것
창수댁과 창수가 갈등을 보인다.

최대한 이해
(가)를 생각하면 쉽게 파악할 수 있습니다. 창수에게 이민은 부를 일구는 미래이지만, 창수댁에게 이민은 고향을 떠나야 하는 회한에서 쉽게 벗어나지 못하는 상황을 의미하죠. 그러니 창수댁과 창수가 이런 갈등을 보인다는 것은 어렵지 않게 파악할 수 있습니다.

모두:(술잔을 쳐들고) 브라보!
창수댁:만세야, 이 노끈으로 같이 얽어매 보자. 손을 빌
     어라.
득찬:자 누구든지 나와 춤을 춰요, 소리두 하구.
영찬:내 소리 한 마디 하겠어요.
모두:여 - (좋아라 박수를 친다.)

    영찬, 장타령*을 하며 신나게 엉덩이춤을 춘다. 모두
들 손뼉으로 박자를 맞춘다.

창수:여보게들, 우리 이다음엔 상파울루 제일가는 호텔
     에서 만나세. 거기서 우린 샴페인을 펑펑 터뜨리구
     갓 구운 칠면조 고기를 뜯으면서 우리들의 성공담
     을 신나게 지껄여 보세나, 하하…….

    일동, 왁자지껄 웃어 댄다.

최소한 파악할 것 & 최대한 이해
(가)에 제시된 세 일가가 부산에 도착해 이민을 축하하는 파티
까지 열었다는 내용이 그대로 드러났다.

◇ tip 각주 확인

출제자가 각주를 제시한 이유는 그것이 문제 풀이에 직결되
거나, 내용 이해에 필요하기 때문일 겁니다. 여기서도 [장타
령 : 동냥하는 사람이 돌아다니며 구걸을 할 때 부르는 노래]
입니다. 이렇게 장타령의 뜻을 확보하고, 이후 덕보의 반응
을 파악했어야 18번 문제를 맞출 수 있습니다.

덕보:(불쑥 튀어나오더니 목멘 소리로) 그, 그만들 하슈,
     그만. (괴로운 듯 머리를 움켜쥐며) 제에발 부탁
     이오. [……] 그렇지 않아도 우린 거, 거지 떼…….
     (영찬, 천천히 일어선다.)
모두:뭐?
덕보:(고개를 쳐들며) 유쾌한 거지 떼지 뭡니까?

최소한 파악할 것
다들 신나게 놀지만, 덕보는 분노한다.

최대한 이해
덕보는 장타령을 부르며 놀고 있는 사람들에게 일침을 날립니
다. 사실 여기서 '장타령'의 기능을 명확하게 파악하고 가는 것
은 실전적이지 못하죠.
언제나 문학은 사실을 가져가고 선지에서 의미를 '판단'해주면

된다는 정도를 각했으면 베스트입니다.

[16~18] 문제 해설

16 윗글의 내용에 대한 이해로 적절하지 <u>않은</u> 것은?

① 만세는 이민선에 오를 때까지 적극적인 이민 의지로 일
   관한 반면, 보비는 이민에 소극적인 태도를 지녔다가 변
   화한다.
② 창수는 브라질에 대한 환상을 바탕으로 이민의 현실을
   낙관하는 반면, 덕보는 이민의 현실을 비판적으로 본다.
③ 덕보는 사회의 비정함을 비관하며 이민에 접근하는 반
   면, 소라는 순수함을 동경하며 이민에 접근한다.
④ 창수는 경제적인 성공이 이민의 목표인 반면, 만세는 예
   술을 통한 국위 선양이 이민의 목표이다.
⑤ 피양댁은 이민을 위해 가족을 새로 구성하는 반면, 득찬
   은 기존의 가족 관계를 유지한다.

답 ①
보비는 이민에 소극적인 태도를 지녔다가 변화하지만, 만세는
적극적인 의지로 일관하지 않습니다.
(가) 2문단에서 '피양댁의 친딸 보비도 이민단에 동참하나 조국
에서 추방되는 듯하여 소극적이다.' 이후 3문단에서 '보비는 만
세의 포부에 감동하고 그의 연인이자 이민의 지지자가 된다'라
고 제시된 것을 통해 이민에 소극적이다가 적극적으로 변했음
을 알 수 있습니다.
한편 만세는 (가) 3문단에 제시된 것처럼 '소라가 그녀를 백치
로 여기던 물개에게 겁탈당한 뒤 바다에 투신하여 이민을 포기
하려 했'습니다. 즉 만세는 이민을선에 오를 때까지 적극적인
이민 의지로 "일관"하지 않았습니다.

오답 선지 분석
② : (가) 2문단에서 '창수에게 브라질은 사탕무를 심어 부를 일
구는 미래다'라고 제시한 점과 (나)에서 '우리의 이민선 쨍카호
를 타고 신천지를 향해 저 푸른 바다를 뚫구 나가는 거야. 예수
가 죽음에서 부활하듯이 우리도 다시 사는 거야. / 이 번쩍이는
소망에 행운이 있으라.'라고 말한 것을 통해 창수가 브라질에
대한 환상을 바탕으로 이민의 현실을 낙관하고 있음을 알 수 있
습니다.

한편 (가) 2문단에서 '창수의 처남 덕보는 제대 후 실업자로 있
다가 속이고 미워하는 아수라장 같은 이 땅에 지쳐 이민을 결
심'했음이 제시되었습니다. 하지만 이것만으로는 덕보가 이민
의 현실을 어떻게 바라보는지 알기 어렵습니다. 그런데 (나)에
서 덕보가 '그렇지 않아도 우린 거, 거지 떼'라고 말한 것을 통해

이민의 현실을 비판적으로 보고 있음을 알 수 있습니다.

③ : (가) 2문단에서 '창수의 처남 덕보는 제대 후 실업자로 있다가 속이고 미워하는 아수라장 같은 이 땅에 지쳐 이민을 결심'했음이 제시되었습니다 그러니 사회의 비정함을 비판해 이민에 접근했다고 판단할 수 있습니다. 한편 (가) 2문단에서 소라가 '이민을 '속일 줄도 속을 줄도 모르는 그대로의' 존재인 인형의 고향'에 가는 것이라 생각한 것을 통해 순수함을 동경하며 이민에 접근했음을 알 수 있습니다.

④ : (가) 2문단에서 '창수에게 브라질은 사탕무를 심어 부를 일구는 미래다'라고 제시한 것을 통해 경제적 성공이 이민의 목표임을 알 수 있습니다. 한편 (가) 2문단에서 '아들 만세는 농업에는 관심이 없고 이민을 통해 예술로 "세계 속에 한국을 이해시키는 정신적 지주"가 되기를 바'람이 제시되어 있습니다.

⑤ : (가) 2문단에 '월남민 피양댁은 이민을 위해 깡패 물개와 복덕방 영감을 끌어들여 가족을 급조하고 돈으로 좌지우지'했다는 것을 통해 피양댁이 가족을 새로 구성(급조)했음을 알 수 있습니다. 한편 2문단에서 '득찬은 실업 상태를 견디다 못해 아내와 자식, 아버지와 동생까지 데리고'를 통해 득찬은 가족을 유지(아내, 자식 아버지, 동생 데리고 옴)했음을 알 수 있습니다.

> ◇코멘트
>
> '나열'된 인물들의 정보를 가벼운 사실 일치 수준으로 요구하고 있습니다. 이처럼 나열된 정보는 돌아가서 판단할 수 있다는 인식을 갖춰야 합니다.

17 여성인물을 형상화하는 극작가의 관점을 추론한 것으로 적절하지 않은 것은?

① 경제적 이해타산을 중시했던 피양댁을 통해 남성중심적 근대화가 요구하는 '좋은' 여성상을 형상화한다.
② 물개에게 폭력을 당한 소라를 통해 남성중심적 근대화에서 희생되는 전후 여성의 현실을 형상화한다.
③ 이민을 함께 하지 못하게 된 소라를 통해 성장 지향의 근대화에서 낙오된 전후 여성의 일면을 형상화한다.
④ 민족적 열정을 지닌 남성 주체와 관계를 맺고 있는 보비를 통해 근대화의 논리에 젖어드는 전후 여성의 양상을 형상화한다
⑤ 정신 착란에 빠진 채 이민선에 타게 되는 창수댁을 통해 근대화 과정에 강제로 참여할 수밖에 없었던 전후 여성의 모습을 형상화한다.

답 ①

(가) 4문단에서 '여성인물들은 전쟁을 거치며 요구되었던 가정

과 국가에 헌신하는 '좋은' 여성의 상과, 비난의 대상이던 성적 만족과 이익을 좇다 파멸하는 '나쁜' 여성의 상 사이의 다양한 빛깔로 남아 있음'이 제시되었습니다. 즉 '경제적 이해타산을 중시했던 피양댁'은 '나쁜' 여성상에 가깝습니다.

② : (가) 3문단에서 '소라는 그녀를 백치로 여기던 물개에게 겁탈당한 뒤 바다에 투신'했음이 제시되었습니다. 그리고 (가)의 4문단에서 「이민선」은 근대화를 이민으로 은유하면서도 여성에 대한 억압과 배제의 모습을 출항하는 이민선의 얼룩처럼 남겨'두었음이 제시되었습니다. 즉 '소라'라는 순수한 여성 인물이 겁탈당하는 상황을 통해 남성중심적 근대화에서 희생되는 전후 여성의 현실을 형상화하였다고 볼 수 있습니다.

③ : (가) 1문단에서 '1960년대 근대화 담론은 해방과 분단으로 공고화된 민족주의를 경제성장의 동력으로 동원'했다는 내용을 통해 성장 지향의 근대화를 파악할 수 있습니다. 그리고 4문단에서 「이민선」은 근대화를 이민으로 은유하면서도 여성에 대한 억압과 배제의 모습을 출항하는 이민선의 얼룩처럼 남겨'둔 것의 예시로 소라의 인형 등이 얼룩처럼 남지만 이민선은 가족을 태우고 출항한 것이 제시되었습니다. 즉 남성으로 인해 사망한 소라를 통해 성장 지향의 근대화에서 낙오된 전후 여성의 일면을 그려냈다고 볼 수 있습니다.

④ : (가) 1문단에서 '보비는 이민단에 동참하나 조국에서 추방되는 듯하여 소극적'이었습니다. 하지만 2문단에서 '보비는 만세의 포부에 감동하고 그의 연인이자 이민의 지지자가' 되었습니다. 여기서 만세는 1문단에 제시된 것처럼 '이민을 통해 예술로 "세계 속에 한국을 이해시키는 정신적 지주"가 되기를 바'라는 인물입니다. 즉 민족적 열정을 지닌 남성 주체(만세의 야망)와 관계를 맺고 있는 보비(감동함)를 통해 '근대화 논리에 수긍하는 여성'의 모습을 그려냈다고 볼 수 있습니다.

⑤ : (가) 3문단에서 '창수댁은 이민선 탑승 직전 소라의 버려진 인형을 발견하고 착란을 일으켜 지금을 해방 후 귀국하던 날로 안다. 애국가의 주악 소리를 배경으로 창수 일가는 착란 상태의 창수댁을 부축하여 승선'했음이 제시되었습니다. 이는 4문단에 제시된 「이민선」은 근대화를 이민으로 은유하면서도 여성에 대한 억압과 배제의 모습을 출항하는 이민선의 얼룩처럼 남겨'둔 것을 의미한다고 볼 수 있으므로, 근대화 과정에 강제로 참여할 수밖에 없었던(지문에서 정신 착란이 있음에도 승선한 것) 전후 여성의 모습을 형상화한다고 볼 수 있습니다.

> ◇코멘트
>
> (가) 문학 평론, (나) 문학 지문이 나온 경우 (가)는 <보기>와 유사합니다. (가)에 제시된 관점(여성주의)을 통해 (나)에 접근해야 합니다.

18 (가)를 바탕으로 (나)를 감상할 때 가장 적절한 것은?

① '한쪽이 터진 트렁크'는 과거의 경험에 대한 등장인물들의 유사한 태도를 보여주는군.
② '바다'는 등장인물이 육체적 죽음을 극복하고 정신의 재생을 꿈꾸는 공간이군.
③ '이민선'은 격정적인 기억 속의 '신천지'로 등장인물을 인도하는 상징이군.
④ '노끈'은 등장인물의 파편화된 기억을 원래대로 복원하려는 의지를 보여주는군.
⑤ '장타령'은 낙관적인 기대에 부푼 등장인물들이 현재의 처지를 환기하도록 하는 계기이군.

답 ⑤

(나)에서 창수가 '이 번쩍이는 소망에 행운이 있으라'라고 말한 뒤. 영찬이 장타령을 하며 신나게 엉덩이춤을 출 때 모두들 손뼉으로 박자를 맞춥니다. (가)에 근거하면 '브라질 영농 이민은 경제성장뿐 아니라 인구 억제를 위해 산업화 과정에서 도태된 국민들'입니다. 그런 이들이 이민을 가는 과정에서 신나게 파티를 하며 놀고 있습니다. 즉 이들이 낙관적 기대를 가지고 있다는 것을 파악할 수 있습니다.

이런 상황에서 덕보는 제발 그만 좀 하라며 다른 인물들에게 우린 거지 떼라며 괴로워하고 있습니다.

특히 각주로 제시해준 장타령이 '동냥하는 사람 늑 거지'가 돌아다니며 구걸을 할 때 부르는 노래라는 점과 장타령 이후 덕보의 발언을 고려할 때 장타령이 낙관적 기대에 부푼 등장인물들(이민 가면서 행운이 있을 거라 기대)에게 현재의 처지(도태된 국민)를 환기하도록 하는 계기라 평가할 수 있습니다.

오답 선지 분석

① : 창수는 트렁크를 보고 '인젠 제에발 그 구질구질한 짐짝을 끌구 다니지 말자구 했잖소 / 바다 깊이 때 묻은 과거를 수장해 버리란 말요'라고 말합니다. 하지만 창수댁은 '(트렁크를 뺏으며) 안 돼요. 하나두 버릴 수 없어요. 이것들은 지난 세월을 말해 주는 웃음과 울음과 한숨이 섞여 부서진 감정의 파편'이라 말합니다. 즉 한쪽이 터진 트렁크는 과거의 경험에 대한 상반된 태도를 보여주고 있습니다.

② : 창수는 '우리의 이민선 쨍카호를 타고 신천지를 향해 저 푸른 바다를 뚫구 나가는 거야. 예수가 죽음에서 부활하듯이 우리도 다시 사는 거야. (돌아보며) 그러니 그 구질구질한 과거는 저 바다에 처 넣으란 말이야.'라고 말합니다. 즉 창수에게 바다는 과거를 묻는다는 의미로 사용되고 있습니다. 여기서 '육체적 죽음'을 극복했다는 것을 찾아보기는 어렵습니다. 적절하게 표현한다면 '과거의 경험'을 묻어두고 '정신의 재생'을 꿈꾼다고 보는 것이 적절합니다.

③ : 창수는 '우리의 이민선 쨍카호를 타고 신천지를 향해 저 푸른 바다를 뚫구 나가는 거야.'라고 말합니다. (가) 2문단에 근거할 때 창수에게 브라질 이민은 사탕무를 심어 부를 일구는 '미래'입니다. 즉 신천지는 격정적인 '기억 속'이 아닌 '인물이 꿈꾸는 미래'로 보는 것이 적절합니다.

④ : (가) 2문단에 제시된 것처럼 '창수댁은 이민으로 고향을 떠나야 하는 회한에서 쉽게 벗어나지 못'합니다. 그리고 (나)에서 트렁크를 버리지 못하는 것에서 이런 심리가 간접적으로 드러납니다. 이를 고려할 때 아들인 만세에게 '노끈으로 같이 얽어매 보자. 손을 빌어라'라고 말하는 것은 과거의 기억을 간직하는 것이지 '파편화된 기억을 복원'하는 것이 아닙니다.

기억을 '간직'하는 것과 '복원'하는 것은 다릅니다. 일상 어휘적으로 판단했어야 하는 문항이죠. 이는 23.06 신동엽, 「향아」 34번 문항의 1번 선지인 '(가)에서 '차라리 그 미개지에로 가자'라는 화자의 권유는 공동체의 터전을 "확장"하여~'처럼 일상 언어적 판단을 요구한 문항이라 볼 수 있습니다.

◇코멘트

해당 문항은 리트에서도 오답률이 60%에 육박하는 문항이었습니다. 개인적인 생각으로 오히려 수능 상위권 학생들이 풀었다면 오답률이 낮을 수도 있는 문항이라 생각합니다. 출제기관이 제시한 각주는 언제나 '필요하기 때문'에 제시한 것이라는 인식을 가져야 합니다.

◇ 총평

- 대립쌍(지문 흐름 / 어휘 자체)
- 다른 말 같은 뜻
- 지식의 필요성
- 비례 관계
- 그림, 그래프 제시

매우 좋은 지문입니다. 지문 초반부터 대립쌍으로 효율성 시각과 다른 시각을 구분합니다. 그리고 제도가능곡선 모델을 설명함에 있어서도 전통과 현재의 대립쌍을 구분합니다. 이후 제도가능곡선을 이해함에 있어 독재와 자유라는 두 대립쌍의 관계를 파악하는 것이 핵심이었습니다.

이 대립쌍을 파악하기 위해서는 결국 '문맥적 의미'를 파악하며 독해를 진행했어야 합니다. 이 의미는 '다른 말 같은 뜻'을 파악하는 것과 '상식적 사고'를 통해 파악되는 것 두 가지 모두가 갖춰져 있어야 했습니다. 추가로 그래프의 도움을 좀 받을 수 있었죠.

이처럼 두 가지를 통해 의미를 파악하는 것을 기본으로 하되, 그게 어려울 시 최소한 제시된 상황 자체를 '정리'라고 하고 가는 실전적 태도까지 고려하기 좋은 지문입니다.

선지 역시 핵심인 대립쌍 파악(지문 흐름과 어휘 자체)을 요구하고 있습니다.

> 제도의 선택에 대한 설명에는, 합리적인 주체인 사회 구성원들이 사회 전체적으로 가장 이익이 되는 제도를 채택한다고 보는 효율성 시각과

제도의 선택에 대한 '관점'을 제시하고 있습니다. 필히 확보해야 합니다. 사회 전체적으로 가장 이익이 되는 제도가 '효율성'입니다. 이제 지문에서 '가장 효율적'이라는 개념은 '가장 이익'과 같은 맥락으로 파악하며 독해해야 합니다.

◇ 코멘트

+ 저는 처음 읽으며 '그지 효율적이니까 결국은 가장 이익이겠지' 정도로 파악했습니다. '효율적'이라는 건 결국 '들인 노력에 비하여 얻는 결과가 큰 것'이니 결과적으로는 가장 이익이라는 내용을 자연스럽게 납득할 수 있습니다.
+ 경제 지문에서 '가장 효율적 ≒ 가장 이익'의 맥락으로 사용되는 경우는 '종종' 등장합니다. 지문에서 제시된 문맥적 의미(이 경우에는 관점을 확보하고 가는 태도)를 파악하며 독해를 진행해야 합니다.

> 이데올로기·경로의존성·정치적 과정 등으로 인해 효율적 제도의 선택이 일반적이지 않다고 보는 시각이 있다.

대놓고 두 관점의 차이를 보여줍니다. '효율성'을 선택한다는 입장과 '효율성'이 일반적이지 않다는 대립을 보여주고 있다는 의미를 파악해야 합니다.

◇ 코멘트

'효율적 제도는 가장 이익이 되는 제도'입니다. 그런데 이념이나, 다른 것들을 따지면 가장 이익이 되는 것을 고려하기 어려울 수 있겠죠. 이렇게 이해까지 되면 베스트입니다. 최소한 의미를 파악하고(효율성이 일반적이지 않다) 이해는 되면 이상적입니다. 분석 시에는 의미를 이해하는 것까지 나아갑시다.

> 효율성 시각은 어떤 제도가 채택되고 지속될 때는 그만한 이유가 있을 것이라는 직관적 호소력을 갖지만, 전통적으로는 특정한 제도가 한 사회에 가장 이익이 되는 이유를 제시하는 설명에 그치고 체계적인 모델을 제시하지는 못했다고 할 수 있다.

효율성 시각의 장단을 제시합니다. '가장 이익'이 되는 것이니 직관적으로 납득하기는 쉽겠죠. 그런데 '체계적이지는 못합'니다. '체계적이지 못함'이 원인이라는 정도로 파악했으면 베스트입니다.

◇ tip 문제의 '원인' 그에 맞는 해결

이 지문에서 가장 중요한 사고라고 하기는 어렵지만, 글을 자연스럽게 읽으려면 이렇게 읽었으면 좋았다는 것을 말해보겠습니다.

효율성 시각의 문제의 원인이 '체계성이 없다'라는 점을 파악했다면, 당연히 그에 대한 해결은 '체계성을 만드는 것'일 겁니다.

이를 파악했다면 이후 제시되는 제도가능곡선 모델이 '~효율성 시각에서도 설명할 수 있게 해준다'라는 것의 의미가 '체계성을 만들어 준다.' 정도라는 점을 파악할 수 있습니다.

'원인'에 맞는 해결이 따라오는 것이니까요.

이론적 상황과 현실이 다른 경우는 경제학에서 일반적인 흐름입니다. 그와 유사하게 직관적으로는 부합하지만 엄밀함이 떨어진다는 것 역시 일반적인 흐름이죠. 리트 언어이해와 기출을 통해 이런 일반적인 흐름에 익숙해져서 의미 파악이 조금 더 수월하게 진행될 수 있을 겁니다.

이런 난점들을 극복하려는 제도가능곡선 모델 은, 해결하려는 문제에 따라 동일한 사회에서 다른 제도가 채택되거나 또는 동일한 문제를 해결하기 위해 사회에 따라 다른 제도가 선택되는 이유를 효율성 시각에서도 설명할 수 있게 해준다.

만약 앞서 '원인'을 파악하지 못했더라도, '이런 난점 = 체계가 없다는' 것을 당겨 읽었으면 '다른 제도 채택되는 상황 = 체계 없이 보이는 상황', '효율성 시각에서 설명 가능 = 체계적 설명 가능' 정도로 파악할 수 있습니다.

항상 지시어에 해당하는 내용을 정확하게 파악해야 문장 자체를 정확하게 이해할 수 있다는 인식을 갖추고 독해를 진행해야 합니다. 특히 이 경우는 지시어를 정확하게 당겨 읽을 때 문장의 의미를 정확하게 파악할 수 있는 가능성이 높아집니다.

cf) 19.11 계약에 대한 이해

'이러한 사건(의사 표시가 작용한 것이 아닌 이행 불능에 의함)을 통해서도 법률 효과가 발생한다.'

바람직한 제도에 대한 전통적인 생각은 시장과 정부 가운데 어느 것을 선택해야 할 것인가를 중심으로 이루어졌다.

경제 지문의 일반적인 흐름입니다. '전통적 시각'과 '현재의 시각'을 구분하는 것은 매우 일반적이죠. 여기서도 전통 '시장과 정부 이분'과 같이 관점을 확보하고 독해를 진행했어야 합니다. 당연히 이후 관점과 대비될 겁니다.

그러나 제도가능곡선 모델은 자유방임에 따른 무질서의 비용과 국가 개입에 따른 독재의 비용을 통제하는 데에는 기본적으로 상충관계가 존재한다는 점에 착안한다.

'그러나'라고 나왔으니 당연히 문장의 의미는 '시장과 정부를

이분하지 않는다'일 겁니다. 결국 '자유에 따른 무질서 ≒ 모든 것을 시장에 맡김'과 '국가 개입 ≒ 독재'가 '상충관계≒이분하지 않음' 정도로 파악될 수 있는 겁니다.

+ 기본적으로 접속 부사의 의미를 통해 문장의 의미가 선제적으로 결정될 수 있다는 점을 알아야 합니다.
+ 배경지식으로 애덤 스미스의 '보이지 않는 손' 정도를 알고 있다면 자유방임의 관점을 납득하기가 조금 더 수월했을 겁니다. 경제 지문에서 자유 방임 등이 제시된다면 고전 경제학을 생각해볼 법합니다.

이는 법, 경제, 과학 등에서 빈번한 흐름입니다. 전통과 다른 관점을 구분하는 것 이상적인 것과 현실적인 것 등을 구분하는 흐름은 하나의 대립쌍으로 기출에서 이미 자주 빈출된 표현입니다.

대립쌍에 대한 이해는 지문 이해와 문제 풀이 시 굉장히 핵심적으로 기능하는 부분입니다. 필히 민감한 반응을 갖추시길 바랍니다.

cf) 20.06 / 금융 안전을 위한 미시 건전성 정책과 거시 건전성 정책의 관점 차

'이처럼 전통적인 경제학에서는~ / 그러나 글로벌 금융 위기 이후 금융 시스템이 와해되어 경제 불안이 확산되면서 기존의 접근 방식에 대한 자성이 일어났다.'

⇒ 해당 지문과 유사하게 전통과 다른 관점을 구분해주고 있음. 여기서도 전통적 관점은 이원적 방식을 주장했지만, 이후의 관점은 이원적 방식을 따르지 않음

전통적 관점을 제시해주고 '그러나~'라고 하며 관점이 반대되는 경우를 제시한 것이 이미 기존 기출에서 일반적으로 쓰이고 있다는 점을 알 수 있음.

제가 같은 'tip'을 연속으로 적는 경우가 거의 없는데, 그만큼 중요해서입니다.

여기서는 '독재'와 '자유'라는 명확한 두 대립쌍이 제시되었습니다. 독재와 자유는 어휘 자체에서 명확하게 대립되고 있죠. 이렇게 명확한 대립쌍은 필히 파악하며 독해를 진행해야 합니다.

실제로 이후 내용도 독재와 자유의 상충관계라는 두 대립쌍의 관계 파악을 초점으로 두고 있습니다.

> 힘세고 교활한 이웃이 개인의 안전과 재산권을 침해할 가능성을 줄이려면 국가 개입에 의한 개인의 자유 침해 가능성이 증가하는 것이 일반적이라는 것이다.

구체적 예시입니다. 당연히 '시장과 독재의 상충'에 대해 다룰 겁니다. 개인의 안전을 침해할 가능성을 줄이면, 자유 침해 가능성이 증가합니다. 즉 정부 개입이 증가하면, 개인의 자유가 줄어드는 것이죠. 내용에 대한 납득이 되지 않더라도, 최소한 비례 관계가 제시되었으니 <국가 개입↑-자유↓> 정도로 정리는 하고 독해를 진행했어야 합니다.

◇ 코멘트

사실 어느 정도 상식적인 얘기입니다. 국가의 개입이 늘어나면 일반적으로 개인의 자유는 줄어들겠죠. 이렇게 상식적인 수준에서 비례 관계를 납득하며 독해하는 것이 베스트, 그렇지 않다면 최소한 정리라도 하고(저는 납득되지 않았을 경우 아예 필기를 권장합니다) 독해를 진행했어야 합니다.

> 이런 상충관계에 주목하여 이 모델은 무질서로 인한 사회적 비용(무질서 비용)과 독재로 인한 사회적 비용(독재 비용)을 합한 총비용을 최소화하는 제도를 효율적 제도라고 본다.

당연합니다. 효율적 제도의 정의는 사회 전체적으로 가장 이익이 되는 모델입니다. 그러니 '총비용이 최소화'되는 경우가 당연히 효율적 제도일 겁니다.

◇ tip 다른 말 같은 뜻

독서는 결국 '의미'를 파악하며 읽는 것입니다. 독해 시, 기표(記標)가 다르더라도, 같은 기의(記意)를 가지고 있으면 적극적으로 같은 의미를 판단해 주어야 합니다.

여기서도 [국가 개입 ≒ 독재 ≒ 정부]가 같은 의미로 쓰였고, [시장 ≒ 자유] 정도의 맥락으로 사용되었습니다.

즉 독재와 자유라는 두 대립쌍이 파악된 뒤, 이후 독해 시 이 중 어떤 표현으로 제시되어도 같은 의미를 가지고 있는 것은 같다고 판단하며 독해를 진행해야 합니다.

cf) 23.09 아도르노의 미학

◇ 코멘트

지문 초반 제시된 개념(관점)을 확보하며 독해하는 것은 매우 중요합니다.

> 가로축과 세로축이 각각 독재 비용(정부 개입)과 무질서 비용(시장)을 나타내는 평면에서 특정한 하나의 문제를 해결하기 위한 여러 제도들을 국가 개입 정도 순(독재 비용 순 = 정부 개입 순)으로 배열한 곡선을 생각해 보자.

괄호친 것처럼 문맥적 의미를 파악하며 독해를 진행해야 합니다. 독재 비용과 무질서 비용의 '상충관계'를 파악하는 것이니, 독재 비용 순으로 제시된 그래프를 파악한다는 정도의 의미를 잡았으면 충분합니다.

> 이 곡선의 한 점은 어떤 제도를 국가 개입의 증가 없이 도달할 수 있는 최소한의 무질서 비용으로 나타낸 것이다.

앞서 제시한 그래프는 여러 제도를 국가 개입 정도 순으로 배열한 곡선입니다. 그러니 어떤 한 점이 그래프에 대한 한 점이라는 정도로는 파악이 돼야 합니다. 점이 모여서 선이 된다는 것은 상식이니까요.

그 곡선 중 한 점은 당연히 그 상황에서의 무질서 비용과 관련될 겁니다. 우리는 전통적 생각과 달리 무질서 비용과 독재의 상충관계에서 효율적인 상황을 파악합니다. 그러니 이들의 관계로 그래프가 구성된다는 것은 자연스럽게 납득할 수 있습니다.

이 곡선은 한 사회의 제도적 가능성, 즉 국가 개입을 점진적으로 증가시키는 제도의 변화를 통해 얼마나 많은 무질서를 감소시킬 수 있는지를 나타내므로 ⑦제도가능곡선이라 부를 수 있다.

국가 개입을 증가시키는 변화라면, 독재 정도의 변화입니다. 당연히 '상충관계'이니 그에 따라 무질서가 감소되는 정도를 나타낼 겁니다. 국가의 개입이 늘어나면 일반적으로 개인의 자유(≒무질서)는 줄어든다는 비례 관계를 최소한 파악이라도 했어야 이 내용을 납득할 수 있습니다.

그러니 비례 관계가 제시되면 이해하는 것이 베스트, 그러지 못했더라도 정리라도 하고 독해를 진행해야 합니다. 이처럼 비례 관계를 통해 내용이 연결되는 경우가 많으니까요.

이때 무질서 비용과 독재 비용을 합한 총비용의 일정한 수준을 나타내는 기울기 -1의 직선과 제도가능곡선의 접점에 해당하는 제도가 선택되는 것이 효율적 제도의 선택이다. 이 모델은 기본적으로 이 곡선이 원점 방향으로 볼록한 모양이라고 가정한다.

실전에서 왜 기울기가 -1이 가장 효율적인지 완벽하게 납득할 수 있을까요? 저는 조금 어렵다고 생각합니다. 실전에서 완벽한 납득이 어려운 경우는 '있는 그대로라도' 가져갈 수 있어야 합니다.
제가 여기서 있는 그대로 가져갈 수 있다고 생각하는 점은 <그래프>가 제시되어 있기 때문입니다. 출제기관은 무의미하게 그래프를 그려주지 않습니다. 해당 지문 역시 그래프를 한 번이라도 봤다면 기울기 45°가 그대로 있으니 '대체로 접하는 것이 특이점이고 경제 지문에서는 접하는 것이 효율적이고 합리적이라 생각할 수 있군' 정도로 있는 그대로 독해를 진행하는 것까지는 어렵지 않습니다.

+ 실전에서 <그림>, <그래프> 등이 제시되면 출제기관이 필요하기 때문에 제시한 겁니다. 이것을 통해 문장의 의미를 파악할 수 있어야 합니다.
+ 완벽한 이해는 아니지만, 저는 처음 이 내용을 접할 때 최솟값을 파악하는 것이니 수학에서 '접할 때'와 같은 특수 상황을 파악하는 것처럼 '접하는 특수, 특수, 특수 상황을 의미하나?' 정도로 납득했습니다.

제도가능곡선 위의 점들 가운데 대표적인 제도들을 공적인 통제의 정도에 따라 순서대로 나열하자면

대표적 제도를 '공적 통제의 정도'에 따라 나열한다는 것은 '독재 정도, 국가 개입 정도'에 따라 '나열'한다는 겁니다. 나열되는 정보는 돌아와서 판단해도 충분하지만, 이처럼 '독재 정도'에 따라 나열된다 했으니 제시되는 내용의 의미를 파악하기는 수월할 겁니다.

이처럼 언제나 1순위는 문장의 의미를 파악하며 독해하는 것입니다.

1) 각자의 이익을 추구하는 경제주체들의 동기, 즉 시장의 규율에 맡기는 사적 질서, 2) 피해자가 가해자에게 소(訴)를 제기하여 일반적인 민법 원칙에 따라 법원에서 문제를 해결하는 민사소송, 3) 경제주체들이 해서는 안 될 것과 해야 할 것, 위반 시 처벌을 구체적으로 명기한 규제법을 규제당국이 집행하는 정부 규제, 4) 민간 경제주체의 특정 행위를 금지하고 국가가 그 행위를 담당하는 국유화 등을 들 수 있다.

[시장 규율에 따른 사적 질서 ≒ 독재 정도 가장 낮음 ≒ 시장 규율이니까]
[민법에 따름 ≒ 독재 정도가 조금 증가 / 왜지? 라고 생각할 수 있지만, 일단 '독재 정도에 따라 나열'된다고 했으니 의미를 잡아야 함 / 시장 규율에 전임하는 것이 아닌 어쨌든 국가가 개입한 것이니 정도로 납득 가능]
[규제당국 집행의 정부 '규제' ≒ 정부가 직접 규제하니 민사소송보단 국가 개입 정도 증가, 즉 독재 증가]
[정부가 특정 행위 '금지' ≒ 규제를 넘어 금지하는군, 그러니 당연히 독재 정도 최상]
이처럼 '독재 정도'에 따라 나열된다는 앞 문장의 의미를 통해 뒤에 제시된 나열된 정보들의 의미를 파악하며 독해할 수 있습니다.

이 네 가지는 대표적인 제도들이고 현실적으로는 이들이 혼합된 제도도 가능하다.

이 역시 일반적인 흐름이죠? 이론과 실제의 차이로, 실제에서는 명확하게 떨어지는 것이 아닌 혼합될 수도 있다는 일반적 흐름 정도로 납득하면 충분합니다.

무질서와 독재로 인한 사회적 총비용의 수준은 곡선의 모양보다 위치에 의해 더 크게 영향을 받는데,

'총비용의 수준'은 모양보다 위치에 더 영향받습니다. 왜 그럴까요? 실전에서 이를 완벽하게 이해하기는 어렵습니다. 이런 경우 대소 관계는 '파악'하고 독해를 진행해야 합니다.
[비용 수준 : 모양<위치]

그 위치를 결정하는 것은 구성원들 사이에 갈등을 해결하고 협력을 달성할 수 있는 한 사회의 능력, 즉 시민적 자본이다.

사회적 총비용은 위치에 영향을 받습니다. 그럼 위치를 결정한다는 것은 총비용이 결정하는 것이죠. 이렇게 의미를 파악했다면, 협력과 갈등을 해결하는 시민적 능력(자본)이 중요하다는 점을 납득할 수 있습니다. 협력과 갈등이 해결되는 능력이 높다면 돈이 덜 들 것이니까요.

따라서 불평등이 강화되거나 갈등 해결 능력이 약화되는 역사적 변화를 경험하면 이 곡선이 원점에서 멀어지는 방향으로 이동한다.

만약 납득하지 못했다면 이 역시 비례 관계로 <시민적 자본↓ - 원점과의 거리↑> 정도로 정리하고 독해를 이어갔어야 합니다.

이러한 능력(사회의 능력 ≒ 시민적 자본)이 일종의 제약 조건이라면, 어떤 제도가 효율적일 것인지는 제도가능곡선의 모양에 의해 결정된다.

시민적 자본은 일종의 제약 조건입니다. 정책 이전에 이미 사회의 능력은 갖춰져 있는 상황이니까요. 이렇게 지시어를 당겨 읽어 의미를 파악했어야 합니다.
그러면 이제 이렇게 사회의 능력이 정해진 상황에서 제도의 효율성을 결정 짓는 것은 '모양'입니다. 위치는 이미 결정된 정도로 취급되니까요.

그런데 동일한 문제를 해결하기 위한 제도가능곡선이라 하더라도 그 모양은 국가나 산업마다 다르기 때문에 같은 문제를 해결하기 위한 제도가 국가와 산업에 따라 다를 수 있다.

일단 그렇다고 납득할 수 있습니다. 상황이 다르니 해결 방향도 다를 수 있겠죠? 실전이라면 이 정도로 납득만 되었어도 충분합니다.

예컨대 국가 개입이 동일한 정도로 증가했을 때, 개입의 효과가 큰 정부를 가진 국가(A)는 그렇지 않은 국가(B)에 비해 무질서 비용이 더 많이 감소한다. 그러므로 전자가 후자에 비해 곡선의 모양이 더 가파르고 곡선상의 더 오른쪽에서 접점이 형성된다.

계속 강조하지만, 비례 관계는 납득하는 것이 베스트 그러지 못한다면 정리라도 하고 독해를 진행해야 합니다.
최소한 여기서도 [개입 효과↑ ≒ 무질서 비용 감소폭↑ ≒ 오른쪽]과 같이 관계를 정리라도 하고 독해를 진행해야 합니다.

◇코멘트

제 생각에는 충분히 실전에서도 납득할 수 있습니다. 일단 독재 비용과 무질서 비용은 상충관계입니다. 그리고 개입 효과가 크다는 것은 국가가 개입했을 때 변화량이 크다는 것으로 개입 효과가 크면 무질서 비용이 더 많이 감소할 겁니다. (개입 효과↑ ≒ 무질서 비ㄷ용 감소폭 / 관계 납득)
그러면 오른쪽으로 간다는 것은 어떻게 납득될까요? 이건 <그래프>를 한 번만 바라만 줬어도 바로 납득할 수 있습니다. '기울기가 커지니 접점이 오른쪽'으로 옮겨갔으니까요. (개입 효과↑ ≒ 오른쪽 / 관계 납득)

제도가능곡선 모델의 제안자들은 효율적 제도가 선택되지 않는 경우도 많다는 것을 인정한다.

역시 현실과 이론은 다르니까요. 현실에서는 그러지 않는 경우도 있다는 일반적 흐름이라는 점을 파악했으면 충분합니다.

그러나 자생적인 제도 변화의 이해를 위해서는 효율성의 개념을 재정립한 제도가능곡선 모델을 통해 효율성 시각에서 제도의 선택에 대해 체계적인 설명을 제시하는 것이 중요하다고 본다.

그럼에도 제도가능곡선 모델이 중요하다고 제시하네요. 이 역시 흔한 마무리 수준으로 '의의'를 제시했다는 정도로 판단했으면 충분합니다.

19 윗글의 내용에 비추어 볼 때 적절하지 않은 것은?

① 소유와 지배의 분리에 대한 오늘날 교과서적 견해는 전통적인 법학 논리에 입각한 견해를 받아들이고 있다.
② 벌리는 회사법에서 회사의 사회적 책임을 강조할 경우 회사 지배자들의 권력을 키워 주는 결과를 낳는다고 보았다.
③ 전통적인 경제학의 논리에 따르면 사회적으로 가장 좋은 결과를 낳을 수 있도록 재산권이 인정되는 것이 바람직하다.
④ 벌리에 따르면 주주가 회사 이윤에 대한 유일한 청구권자가 아니기 때문에 경영자의 신인의무 대상을 주주로 한정해서는 안 된다.
⑤ 벌리와 달리 오늘날 교과서적 견해에 따르면 대주주의 영향력이 강해지는 것이 소유와 지배의 분리에 따른 문제를 해결하는 데 도움이 될 수 있다.

답 ①
2문단에서 '바람직한 제도에 대한 전통적인 생각은 시장과 정부 가운데 어느 것을 선택해야 할 것인가를 중심으로 이루어졌다. 그러나 제도가능곡선 모델은 자유방임에 따른 무질서의 비용과 국가 개입에 따른 독재의 비용을 통제하는 데에는 기본적으로 상충관계가 존재한다는 점에 착안한다'라고 제시되어 있습니다.
즉 전통적 생각은 시장과 정부 중 하나를 택하는 이분법적 사고를 택했지만, 제도가능곡선 모델은 '그러나'에서 파악할 수 있듯이 이런 이분법적 사고가 아닌, 두 요소가 상충된다는 관계에 주목하였다는 점을 알 수 있습니다.

오답 선지 분석
② : 1문단에 제시된 것처럼 제도가능곡선 모델은 해결하려는 문제에 따라 동일한 사회에서 다른 제도가 채택되거나 또는 동일한 문제를 해결하기 위해 사회에 따라 다른 제도가 선택되는 이유를 효율성 시각에서도 설명할 수 있게 합니다. 즉 제도가능곡선 모델에 따르면 문제의 특성에 의해서도 효율적인지 결정될 수 있습니다.

③ : 6문단에 제시된 것처럼 제도가능곡선 모델의 제안자들은 효율적 제도가 선택되지 않는 경우도 많다는 것을 인정합니다.

④ : 1문단에 제시된 것처럼 제도가능곡선 모델은 체계적인 모델을 제시하지는 못했다는 난점을 극복하려는 문제에 따라 등장한 모델입니다. 그러니 일반적 체계에 대해 설명을 진행하지 못했다는 것은 적절하지 않습니다.

⑤ : 6문단에 제시된 것처럼 제도가능곡선 모델의 제안자들은 효율적 제도가 선택되지 않는 경우도 많다는 것을 인정하는 것

이지 '사회 전체적으로 가장 이익이 되는 제도가 선택된다고 설명하지는 않는다'라고 단정하지 않습니다.

◇코멘트

대립쌍으로 제시된 내용은 출제 요소입니다. 아마 2, 3, 4번 선지는 쉽게 지우고 1, 5번 선지에서 고민했을 가능성이 높은데 대립쌍을 파악했다면 1번 선지를 골랐을 겁니다.

20 지배 에 대한 ㉠의 생각으로 적절하지 않은 것은?

① 준공공회사에서는 공동체의 이익을 위해 수행되는 기능이다.
② 전통적인 의미의 사유재산에서는 소유자가 수행하는 기능이다.
③ 회사체제의 회사에서 이 기능의 담당자는 위험을 부담하지 않는다.
④ 회사체제의 회사에서는 활동적 재산을 점유한 자가 수행하는 기능이다.
⑤ '경영'의 담당자에 의해 수행될 수도 있다고 인정하지만 '경영'과 동일시하지 않는다.

답 ③

선지의 의미를 먼저 파악해야 합니다.

선지에 제시된 '정부에 대한 언론의 감시 및 비판 기능이 잘 작동하여 개인의 자유에 대한 침해 가능성이 낮은 사회'는 정부가 개입해도 사회적 비용이 과하게 지출되지 않을 겁니다. 즉 무질서 비용을 줄이기 위한 사회적 비용이 적게 투자되는 것이죠. 이미 그에 대한 시스템이 잘 갖춰져 있으니까요. 이는 정부 개입이 효과적으로 진행될 수 있음을 의미합니다.

그렇다면 5문단에 제시된 것처럼 '그러므로 전자(정부 개입 효과적)가 후자에 비해 곡선의 모양이 더 가파르고 곡선상의 더 오른쪽에서 접점이 형성된'다는 점을 통해 곡선상의 더 왼쪽에 위치한 제도가 효율적이지 않음을 파악할 수 있습니다.

오답 선지 분석

① : 효율적 제도의 의미는 1문단에 제시된 것처럼 사회 전체적으로 '가장' 이익이 되는 상황입니다. 그러니 민사소송과 정부 규제가 혼합된 제도가 효율적 제도라면 당연히 민사소송이나 정부 규제는 이 제도보다 무질서 비용과 독재 비용을 합한 값이 더 클 수밖에 없습니다.

② : 선지는 '클 수 있다'라는 개연적 내용에 대한 판단을 요구합니다. 시민적 자본이 풍부한 사회는 애초에 사회적 비용의 총 수준이 낮습니다. 그러니 시민적 자본의 수준이 낮은 사회에서 효율적인 것이 시민적 자본의 수준이 높은 사회에서 비효율적

인 것보다 절댓값은 클 수도 있습니다. 유럽, 남미 축구 3등이 아시아 축구 1등보다 축구를 잘 '할 수도' 있는 경우를 생각하면 이해가 쉬울 겁니다.

④ : '교도소 운영을 국가가 아니라 민간이 맡았을 때 재소자의 권리가 유린되거나 처우가 불공평해질 위험이 너무 커진다면'의 의미는 국가의 개입 시 효과가 더 큰 상황이라 생각할 수 있습니다. 즉 개입의 효과가 큰 정부를 가진 국가(A) 상황인 것이죠. 그러니 5문단에 제시된 것처럼 '그러므로 전자가 후자에 비해 곡선의 모양이 더 가파르고 곡선상의 더 오른쪽에서 접점이 형성된'다는 점을 통해 곡선이 가팔라서 접점이 곡선의 오른쪽에서 형성되기 쉽다고 판단할 수 있습니다.

⑤ : 경제주체들이 교활하게 사적 이익을 추구함으로써 평판이 나빠져 장기적인 이익이 줄어들 것을 염려해 스스로 바람직한 행위를 선택할 가능성이 큰 산업의 경우는 정부의 개입보다 사적 규제가 더 영향이 큰 상황을 의미합니다. 즉 5문단에 제시된 '그러므로 전자가 후자에 비해 곡선의 모양이 더 가파르고 곡선상의 더 오른쪽에서 접점이 형성'된다는 것의 반대 상황으로 큰 산업의 경우에는 접점이 곡선의 왼쪽에서 형성되기 쉬울 겁니다.

◇코멘트

선지에서 '상황'이 제시되어 있다면, 우리는 지문에서 구체적 예시를 읽는 것처럼 그 상황의 의미를 판단해야 합니다. 실제로 요즘 고난도 선지는 선지의 '의미'를 파악한 뒤, 선지 판단이 진행되어야 합니다.

그렇다면 저는 왜 여기서 예시를 활용한 판단을 진행할 수 있었을까요?

일단 선지에서 '왼쪽, 오른쪽'을 묻습니다. 그러면 당연히 지문에 제시되었던 '예컨대 국가 개입이 동일한 정도로 증가했을 때, 개입의 효과가 큰 정부를 가진 국가(A)는 그렇지 않은 국가(B)에 비해 무질서 비용이 더 많이 감소한다.'의 예시를 활용해야 한다는 판단을 할 수 있습니다.
그러니 선지에 제시된 상황이 A국에 가까운 상황인지, B국에 가까운 상황인지 의미를 파악하고 이후 선지 판단을 진행하게 됩니다.

21 <보기>의 '뉴딜'에 대해 ㉠이 보일 반응으로 적절하지 <u>않은</u> 것은?

보 기

> 금융개혁에 초점을 맞춘 1차 뉴딜은 경영자들과 지배자들에게 주주에 대한 신인의무를 부과함으로써 주주의 재산권을 엄격하게 보호하는 원칙을 확립했다. 노사관계와 사회보장 등의 분야로 개혁을 확장했던 2차 뉴딜은 노동조합을 통한 노동자들의 제반 권리를 합법화했고 실업수당의 보장 수준과 기간을 강화했으며 사회보장제도를 확립했다. 이러한 1차 뉴딜과 2차 뉴딜의 차이점 때문에 뉴딜은 흔히 체계적인 청사진 없이 임기응변식으로 마련된 일관성 없는 정책들의 연속이었다고 평가받는다.

① 1차 뉴딜은 지배에 의해 회사가 약탈되는 것을 막기 위한 회사법 영역의 개혁이라고 볼 수 있다.

② 1차 뉴딜은 주주의 이익을 위해 회사가 운영되도록 하는 원칙을 확립한 개혁이라고 볼 수 있다.

③ 2차 뉴딜은 주주의 재산권이 사회의 이익에 자리를 양보하도록 만드는 개혁이라고 볼 수 있다.

④ 2차 뉴딜은 회사가 공동체의 이익을 위해 운영되도록 하기 위한 회사법 바깥 영역의 개혁이라고 볼 수 있다.

⑤ 1차 뉴딜과 2차 뉴딜은 준공공회사로의 변화를 추구한다는 점에서 일관성이 있다고 볼 수 있다.

<보기> 파악

철도회사, 대기업 발달 후 노동자 피해, 경쟁자 진입 방해
⇒ 이것의 의미를 파악하는 것이 중요. 이렇게 사회적 피해가 발생한다는 것은 결국 사회적 비용이 커짐을 의미. 이처럼 <보기> 독해 시 지문의 내용과 연결지을 수 있어야 함.

이후 규제국가 탄생 ⇒ 국가 개입 ↑

답 ①

철도회사와 대기업이 발달하여 오히려 사회적 피해가 발생했습니다. 이는 사회 전체적으로 가장 이익이 되는 상황과 오히려 멀어진 것입니다.
이때 5문단에 제시된 것처럼 '불평등이 강화되거나 갈등 해결 능력이 약화되는 역사적 변화를 경험하면 이 곡선이 원점에서 멀어지는 방향으로 이동'합니다. 즉 오히려 철도회사와 대기업이 발달하면서 제도가능곡선이 원점과 더욱 멀어졌을 겁니다.

오답 선지 분석

② : 6문단에 제시된 것처럼 제도가능곡선 모델을 통해 효율성 시각에서 제도의 선택에 대해 체계적인 설명을 제시하는 것이 중요하다고 판단합니다. 그러니 불평등이 심하지 않았던 때(철도회사와 대기업 발달 전)에는 민사소송이 일반적으로 담당하고 있었으니, 민사소송이 효율적이었다고 판단할 것입니다.

③ : 6문단에 제시된 것처럼 제도가능곡선 모델을 통해 효율성 시각에서 제도의 선택에 대해 체계적인 설명을 제시하는 것이 중요하다고 판단합니다. 즉 이들은 선택된 제도가 효율적이라 판단하는 것이죠. 그러니 19세기 후반에 미국에서 발생한 문제에 대한 대응으로 규제국가가 등장하였다는(제도의 선택이 됐다는) 점을 고려할 때 제도가능곡선 모델을 바탕으로 무질서 비용과 독재 비용을 합한 사회적 총비용이 19세기 후반보다 줄었을 것이라 추론할 수 있습니다.

④ : 철도회사와 대기업의 발달로 문제가 발생하여, 규제국가가 등장합니다. 문제가 있던 상황에는 사회적 비용이 증가했을 것이니 제도가능곡선의 모양과 위치가 변화했을 겁니다. 규제국가는 당연히 그에 대응하여 효율적 제도를 선택한 결과일 겁니다.

⑤ : 철도회사와 대기업이 발달한 이후에 소송 당사자들 사이의 불평등과 사법부의 부패가 심해진 상황은 무질서 비용이 늘어난 상황으로, 동일한 정도의 국가 개입이 진행될 때 더 많은 무질서 비용의 감소가 이루어질 수 있는 상황입니다. 그러니 6문단에 제시된 예시처럼 '곡선의 모양이 더 가파를' 것입니다.

◇코멘트

<보기>에 제시된 상황의 의미를 판단해야 합니다.
cf) 19.06 LIFA 키트 <보기> 문항
살모넬라'균' ⇒ 균은 직접 방식에 대응된다!
이런 핵심적 사고 과정으로 지문의 내용과 <보기>의 내용은 대응시켜야 합니다.

◇ 총평

- 핵심 확보 (관점 파악)
- 다른 말 같은 뜻
- 실전적 사고

답을 고를 수준으로 의미를 '파악'하는 것은 할 만한 지문이지만, 의미를 완벽하게 이해하는 것은 매우 어려운 지문입니다. 결국 독해의 기본은 화제에 입각해 독해를 진행하는 것입니다. 지문 초반 '낭만적인 것'의 의미와 '낭만주의와의 관계'를 핵심으로 제시했습니다. 그러니 이후 제시되는 문장의 의미를 파악할 때 우리는 정보를 '낭만적인 것'의 의미와 '낭만주의와의 관계'로 파악하며 독해해야 합니다.

그리고 인문 지문의 핵심은 '관점 파악'입니다. 결국 헤겔의 '낭만적인 것'의 의미와 '낭만주의와의 관계'의 의미를 파악했어야 하는 것이죠.

실전에서 이 지문을 완벽하게 이해하기는 헤겔 관련 지식이 없다면 매우 어려울 겁니다. 하지만, '낭만적인 것'의 의미와 '낭만주의와의 관계'의 의미를 파악한다는 태도로 핵심에 맞춰 '이성과 철학' / '가장 높은 것과 열등'이라는 헤겔의 관점을 파악했다면 답을 고르기는 어렵지 않았을 겁니다.

이 정도 수준의 글에서 의미를 완벽하게 이해하는 것은 실전에서 어려울 수 있지만, 최소한 핵심에 맞춘 의미 파악이 진행된다면, 답을 고르는 것은 가능하다는 점을 꼭 느끼셔야 합니다.

결국 핵심을 확보하고(글에서 제시한 방향과 관점) 그에 맞춰 의미를 파악하는 것이 지문 독해의 핵심입니다.

> 헤겔에게서 '낭만'은 일차적으로는 예술의 형식과 역사 및 장르를 유형학적으로 단계화하는 미학적 맥락에서 등장하지만, 그 실질적 내용 면에서는 ㉠그의 정신철학 전체의 핵심을 적확하게 드러내는 개념이라 할 수 있다.

헤겔의 '낭만'을 '형식, 유형'과 '내용'이라는 대립쌍으로 구분하고 있습니다. 형식과 내용의 대립쌍은 핵심적이므로 필히 '내용적으로는 철학의 핵심'이라는 개념을 가져가야 합니다.

◇ tip 대립쌍

예술의 '형식과 유형' / '내용' 면에서 정신철학의 핵심

이 둘은 어휘 자체가 명확하게 대립되는 포인트입니다. 애초에 기출 분석을 통해 (미시, 거시) / (개별, 전체) / (안, 밖) / (선천, 후천) / (모든, 일부) / (내용, 형식) 등 대립쌍을 이루는 어휘 자체를 익혀 그에 대한 즉각적인 반응이 이루어져야 합니다.

◇ 코멘트

잘 쓴 글은 생각보다 친절합니다. 수능. 리트 등에서 대놓고 '중요하다', '핵심이다', '문제이다' 이런 식으로 제시된 내용은 출제자가 이를 핵심으로 설정했음을 알아 둡시다. 지문에서 핵심은 '낭만'의 정신철학 전체의 핵심에 대응되는 내용일 겁니다.

> 이 개념(낭만)은 그 명칭이 주는 익숙함으로 인해 종종 오해를 불러일으킨다.

낭만이 애초에 형식과 내용적으로 다른 맥락에서 사용됩니다. 그러니 오해를 불러일으킬 수 있다는 건 자연스럽게 납득할 수 있습니다.

> 따라서 정확한 이해를 위해서는 이 개념을 '낭만적인 것'이라는 범주로 좀 더 엄밀하게 규정하고, 이것이 특히 예술적 내지 사상적 노선으로 공인된 '낭만주의'와 어떤 관계를 지니는지를 밝혀야 한다.

지문의 핵심이 제시됩니다. 낭만을 '낭만적인 것'으로 규정하고, 낭만주의와의 관계를 파악합니다.

즉 지문에서의 핵심은 '낭만적인 것'의 의미 / '낭만주의와의 관계'입니다. 이제 지문을 읽으며 이 핵심을 파악하는 것에 초점을 맞춰야 합니다.

> 주목할 것은, '낭만적인 것'이 일차적으로 그 단어적인접성에서 보이듯이 낭만주의를 하나의 하위범주로 포괄하지만, 궁극적으로는 낭만주의와 대립 관계를 보이기까지 한다는 점이다.

'낭만적인 것의 의미와 낭만주의의 관계'가 핵심입니다. 여기선 그 관계를 구체적으로 제시합니다. '낭만적인 것'이 낭만주의를 포괄하지만, 대립적이라니 말이 굉장히 추상적입니다.

일단 이렇게 납득할 정보가 충분하지 않은 경우 (앞서 낭만적인 것과 낭만주의에 대한 개념이 구체적으로 제시되지 않아 문

맥적 의미 파악이 어려움) 제시한 그대로 '낭만주의는 낭만적인 것의 하위범주 + 대립도 함'처럼 글자 그대로라도 내용을 가져가고 이후 제시되는 내용을 통해 의미를 더욱 구체적으로 파악해야 합니다.

◇코멘트

+ 첫 문장, 첫 문단의 중요성을 몇 번을 말해도 부족함이 없습니다. 이렇게 첫 문단 마지막 문장에서 직관적으로 납득하기 어려운(하위범주이면서 대립한다는 것이 직관적으로 이해될 수 있는 내용이라 보기는 어렵죠) 내용이 제시되면 이를 확보하고, 이후 내용을 통해 의미를 파악하는 것이 핵심임을 인식해야 합니다.
+ 앞서 출제기관이 대놓고 '낭만적인 것의 의미와 낭만주의와의 관계'가 핵심임을 제시했습니다. 그러니 일단 그에 직결되는 정보를 납득하지 못하더라도 글자 그대로라도(하위범주이다 / 대립하기도 함) 가져가야 합니다.

이성주의의 가장 강한 형태의 판본을 구축하려는 헤겔의 관점에서 볼 때 무한한 상상력과 감수성이 핵심인 낭만주의는 응당 극복되어야 할 전형적인 지적 미성숙의 상태이다.

헤겔이 '이성주의'를 지향하니 무한한 상상력과 감수성의 낭만주의는 당연히 열등하게 취급한다는 건 납득할 수 있습니다. 여기서 우리의 핵심은 '낭만적인 것의 의미와 낭만주의와의 관계'입니다. 여기서 낭만주의가 미성숙 상태라고 제시한 것은 결국 '낭만주의와의 관계'에서 낭만주의는 '미성숙'한 대상으로 규정됨을 확보하는 겁니다.

◇코멘트

+ 근대 시기에 '이성주의'가 '이성만을 최우선'으로 두고 다른 영역을 열등하게 두었다는 정도는 알고 있으면 좋습니다.
+ 이는 09, 15, 18 LEET 언어이해, 22학년도 수능에서 제시된 헤겔의 관점을 알고 있다면(이성, 철학을 사랑하는 남자 헤겔) 자연스럽게 납득할 수 있습니다. 현재 수능이 시행된지 30년 정도, 리트가 시행된지 10년이 넘었습니다. 기출문제들이 매우 많이 쌓였고, 출제기관에서도 출제되었던 내용들에 대한 숙지를 요구하고 있는 경향을 보입니다. 그러니 빈출된 개념(관점)은 이제 지식적으로 알고 있어야 합니다.

그런데 흥미롭게도 그는 인간 지성이 정점에 이른 단계에 대해서도, 즉 엄밀한 개념에 이거하여 최고도의 사유를 수행하는 사변적 이성 및 그러한 이성의 활동장인 철학까지도 종종 '낭만적'이라고 부를 뿐 아니라, 사변적 이성과 철학을 가장 완전한 의미에서 '낭만적인 것'이라고 평가한다.

낭만주의는 헤겔에게 분명히 지적 미성숙의 상태입니다. 그런데 최고의 위치에 있는 이성과 철학을 '낭만적'이라 칭하고, '낭만적인 것'이라 칭합니다.
계속 핵심을 생각합시다. 우리의 핵심은 '낭만적인 것의 의미와 낭만주의와의 관계'입니다. 그 핵심에 맞춰
낭만적인 것은 '이성과 철학의 완전함' ⇒ '낭만적인 것'의 의미
'낭만적인 것'은 완전함 / '낭만주의'는 '미성숙' ⇒ '낭만적인 것'과 '낭만주의'의 관계
이처럼 문맥적 의미를 파악했어야 합니다.

◇코멘트

결국 우리는 '핵심'을 확보하고 그에 맞춰 문장의 의미를 파악해야 합니다. 지문의 핵심은 '낭만적인 것의 의미와 낭만주의와의 관계'이니 이후 제시되는 내용을 '낭만적인 것의 의미'라는 맥락에 의해 파악해야 하고, '낭만주의와의 관계'에 의해 파악해야 합니다.

'낭만적인 것'의 정점은 낭만주의의 대척인 이성적 사변인 반면, 낭만주의는 그 명칭이 무색하게 오히려 '낭만적인 것'의 저급한 미완 단계로 평가되는 것이다.

문맥적 의미를 파악합시다. '낭만적인 것'의 정점은 사변적 이성과 철학일 겁니다. 그런데 낭만주의는 앞서 제시된 것처럼 전형적인 지적 미성숙의 상태입니다. 결국 앞선 말을 재진술하고 있는 수준입니다. 2문단 내내 재진술되며 제시된 '낭만적인 것'은 헤겔에게 철학, 이성과 가까운 범주이며, 낭만주의는 열등한 범주라는 헤겔의 관점을 파악했어야 합니다.

◇코멘트

인문 지문에서 '관점'은 핵심입니다. 특히 이렇게 하나의 관점이 깊이 있게 제시될수록 결국 관점을 확보하고 그에 맞춰 문맥적 의미를 파악해야 합니다.
여기서도 우리는 결국 '낭만적인 것'과 '낭만주의'에 대한 헤겔의 관점을 확보했어야 합니다. 핵심 관점은 결국 '낭만적인 것'은 헤겔에게 철학, 이성과 가까운 범주이며, 낭만주의는 열등한 범주입니다. 결국 이 확보한 관점으로 이후 문장의 내용을 파악하며 독해를 진행해야 합니다.

이러한 착종된 용어법을 이해하기 위해서는 그가 몇 몇 지점에서 '낭만적인 것'을 '기독교적인 것'과 같은 의미로 사용하고 있다는 점에 유의해야 한다.

우리는 1문단에 제시된 낭만적인 것의 의미와 낭만주의와의 관계 ⇒ 이후 구체화되어 낭만적인 것은 이성과 가까운 범주, 낭만주의는 열등 범주라는 점 파악했습니다. 이 과정에서 핵심은 이것이 '왜?'라는 물음이었습니다. 그 물음에 대한 답이 제시되었습니다. '낭만적인 것'과 '기독교적인 것'의 의미를 파악하는 것이 핵심입니다.

◇ 코멘트

사실 여기서 이후 내용을 이미 파악할 수 있습니다. 헤겔에게 낭만적인 것은 이성과 철학에 가까운 범주입니다. 그러니 기독교적인 것이 같은 의미로 사용되고 있는 지점은 당연히 '기독교적인 것'이 이성과 철학에 가까운 범주로 사용되는 것을 의미할 겁니다.

◇ tip 다른 말 같은 뜻

독서는 결국 '의미'를 파악하며 읽는 것입니다. 독해 시, 기표(記標)가 다르더라도, 같은 기의(記意)를 가지고 있으면 적극적으로 같은 의미를 판단해 주어야 합니다.

'낭만적인 것'과 '기독교적인 것'이 같은 의미로 사용되는 경우에 대해 얘기합니다. 그러면 우리는 당연히 '낭만적인 것 = 이성과 철학의 범주와 가까움'이라는 핵심적인 관점에 맞춰 이후 '기독교적인 것'의 내용을 파악해야겠죠.

실제로 이후 지문 해설에도 제시되었지만, 완벽한 이해는 어렵더라도 결국 '낭만적인 것 = 기독교적인 것'을 통해 의미를 파악할 수 있습니다.

이렇게 다른 말 같은 뜻을 잡아 지문의 핵심(의미 확장)을 파악했다면, 사실상 이후 제시되는 내용은 최소한의 구분 정도면 충분합니다.

cf) 22.11 헤겔의 미학

'낭만적인 것'과 낭만주의의 관계에서와 유사하게, '기독교적인 것'은 비록 언어석으로 종교석 색채를 풍기기는 하지만, 제도화된 신앙 및 교리 체계로서의 기독교를 넘어서는 정신철학적 범주이다.

'기독교적인 것'은 종교적 색채 같지만, 정신철학적 범주입니다. 앞서 '낭만적인 것'은 헤겔에게 철학, 이성과 가까운 범주였죠. '기독교적인 것' 역시 앞서 제시한 것처럼 같은 맥락으로 사

용되고 있음을 파악해야 합니다.

그에 따르면 정신의 가장 저급한 단계는 객체에 대한 주체의 의존성이 가장 지배적인 감각적 지각의 단계이며, 가장 고급한 단계는 그러한 대상 의존성을 완전히 극복한 정신적 주체의 순수하고 내면적인 재귀적 작동인 '반성', 즉 이성적 사유이다.

최소한 여기서도 헤겔이 '이성적 사유'를 가장 높게 보고 있다는, '낭만적인 것'과 유사한 관점을 제시해주고 있다는 점을 파악해야 합니다.

이해한다면 헤겔에게 감각적 지각의 단계는 하급이며 순수한 정신적 작동, 이성이 최강입니다. 앞서 헤겔은 '낭만적인 것'은 헤겔에게 철학, 이성과 가까운 범주이며, 낭만주의는 열등한 범주라는 관점을 보였습니다. 그러니 의존적인 것을 낮게 보고 '이성적 사유'를 가장 높은 위치에 취급했다는 것은 이해할 수 있습니다.

◇ 코멘트

일단 최소한 파악해야 한다는 것처럼 헤겔의 관점과 '낭만적인 것 ≒ 기독교적인 것'에 대한 얘기를 진행한다는 '맥락'에 맞춰 '이성과 철학'이라는 관점을 잡고 그와 유사한 맥락이라는 의미는 파악했어야 합니다. 그리고 이해가 되면 좋은 것이죠.

이는(이성적 사유를 고급으로 본 것) 절대자, 곧 '신'이 어떤 인격체가 아니라 세계의 근본적 존재 구조 내지 원리로서의 '이성'이라고 보는 그의 절대적 관념론에 의거한다.

헤겔이 이성적 사유를 고급으로 본 것은 신이 인격이 아닌 '이성'이라는 관념에 의거합니다. 말이 매우 어렵지만 결국 헤겔이 '이성'을 가장 높은 위치에 두고 있다는 '관점'이 일관되게 제시되고 있다는 점은 파악했어야 합니다.

◇ 코멘트

이성을 가장 높게 보니 '기독교적인 것'이 '낭만적인 것'과 같은 맥락으로 사용되는 경우가 존재할 수 있는 겁니다. 둘 다 헤겔에게는 '이성'을 가장 높은 것으로 봤다는 의미입니다.

절대자 그 자체가 완전한 이성적 구조, 즉 개념의 엄밀하고도 완전한 자기 운동 체계이므로,

헤겔은 신을 인격이 아닌 '이성'이라고 봅니다. 그러니 절대자가 완전한 이성 = 완전한 자기 운동으로 진행됩니다. 재진술 수준이네요.

> 그것에 호응하는 인간 지성의 형식 역시 개념적 사유 능력인 이성이어야 한다는 것이다.

완전한 이성인 절대자에 호응하는 인간은 당연히 사유할 때 이성으로 진행되어야겠죠. 결국 말이 매우 어렵고 완벽하게 이해하는 것은 불가능에 가깝지만 핵심인 헤겔의 관점 '이성'은 파악하며 독해를 진행해야 합니다.

> ◇코멘트
>
> 22학년도 수능과 이전에 리트에 출제된 헤겔을 이해하는 것과는 급이 다르게 '완벽한 이해'는 불가능에 가까운 수준입니다. 하지만 결국 하고자 하는 '의미 파악'은 진행할 수 있습니다.
> 결국 인문 지문은 '관점 파악'이 핵심이고 우리는 헤겔의 '관점'인 '이성, 철학 중시'를 파악했으니까요.

> 여기서 '기독교적인 것'이란, 어떤 물리적 대상을 매개로 절대자와 만나려는 원시적 지성성을 극복하여 순수한 내면적 정신성을 성취하는 지성의 단계를 통칭한다.

지금 우리는 '낭만적인 것 ≒ 기독교적인 것'의 맥락이 가능한 이유를 파악하고 있습니다. '기독교적인 것'이 '이성'을 높은 위치에 두었고 순수한 내면적 정신을 통한 지성을 통칭한다면 당연히 '이성과 철학'의 범주와 가까운 낭만적인 것과 유사한 맥락으로 사용될 수 있을 겁니다.

> 따라서 가장 완전한 의미에서 '기독교적인 것'은 순수한 개념적 반성을 통해 진리를 인식하는 철학에서 달성된다.

결국 '기독교적인 것'은 철학에서 달성됩니다. 그러니 이성과 철학의 범주에 가까운 '낭만적인 것'과 유사한 맥락으로 전개될 수 있겠죠. 결국 완벽한 이해는 되면 좋지만, 최소한 관점을 확보하고 그를 통해 의미(이성과 철학)를 파악해야 합니다.

> 반면 기독교는 자연적 대상의 숭배 또는 매개를 넘어섰다는 점에서 '기독교적인 것'이기는 하지만, 개념적 반성을 필요조건으로 하는 지성의 완전한 순수 내면성에는 미치지 못하기에, '기독교적인 것'의 불완전한 단계로 평가된다.

'낭만적인 것'과 '낭만주의'의 관계와 거의 유사합니다. '기독교'는 '기독교적인 것'에 포함되지만, 그보다 열등한 단계인 것이죠. 앞서도 '낭만적인 것과 기독교적인 것'이 유사한 경우에 대해 제시한다고 제시했습니다. 사실 그 맥락을 파악했다면, 완벽하게 이해는 못 해도 의미 파악은(낭만적인 것, 낭만주의 관계와 비슷하네) 가능합니다

> ◇코멘트
>
> 논의 전개 범주가 맥락이 유사한 것이지 낭만주의와 기독교가 유사하다는 의미는 아닙니다. '기독교적인 것'과 '낭만적인 것'은 유사한 맥락이지만, '낭만주의'와 '기독교'는 의미하는 바가 다릅니다.

> 이상을 근거로 할 때 '기독교적인 것'은 '내면적 지성성'으로 바꾸어 부를 때 그 본질적 의미가 제대로 드러난다.

기독교적인 것이 '정신적 주체의 순수하고 내면적인 재귀적 작동인 '반성', 즉 이성적 사유'에 가깝습니다. 그러니 기독교적인 것이 '내면적 지성성 ≒ 내면의 재귀적 작동인 이성'으로 부를 때 의미가 드러난다는 것은 납득할 수 있습니다.

> ◇코멘트
>
> 계속 확보한 관점으로 이후 내용을 파악해야 합니다. 결국 계속하고 있는 말은 '이성과 철학'을 헤겔이 높은 위치로 둔다. 정도의 맥락입니다.

> 내면적 지성성에는 여러 단계가 있고 그 완전한 단계는 개념적 사유를 통한 철학인 한에서, '기독교적인 것'은 '기독교'와 단순 등치될 수 없는 것이다.

해당 문장을 완벽하게 이해하려면 지식이 필요합니다. 하지만 최소한 기독교적인 것은 이성과 철학에 가깝다는 점을 통해 기독교적인 것과 기독교가 단순 등치가 아니란 점을 가볍게라도 납득할 수 있습니다.

◇코멘트

이는 헤겔의 철학을 알아야 완벽(?)하게 이해할 수 있습니다. 22 수능 헤겔의 미학 지문에서 알 수 있듯이 헤겔에게 가장 높은 단계는 철학입니다. 그리고 그것은 그 지문에서도 사유에 대응됐었죠. 이처럼 지식을 알았다면 그냥 납득할 수 있는 내용이지만, 관련 지식이 없다면 실전에서 해당 문장을 완벽하게 이해하기는 어려울 겁니다.

그렇더라도 실전에서 **인문 지문은 결국 제시한 관점을 통해 의미를 파악하며 읽는 겁니다.**

'기독교적인 것'을 이렇게 이해할 때 '낭만적인 것'과 낭만주의의 관계가 밝혀진다.

기독교적인 것도 이성과 철학에 가깝습니다. 그리고 낭만적인 것은 종종 기독교적인 것과 같게 쓰입니다. 그러니 결국 이성과 철학 / 낭만주의의 관계가 밝혀진다는 맥락 정도로 파악할 수 있습니다.

감성과 상상력의 무제한적 발산, 즉 '가슴속의 모든 것을 표출할 수 있는 자유'를 지향하는 낭만주의가 주어진 경험 세계를 넘어서는 지적 주체의 내면적 작동을 중심 원리로 하는 것은 분명하기에 낭만주의는 의심할 바 없이 '낭만적인 것'의 하나이다.

저는 실전에서 이 문장을 이해하기는 어렵다고 생각합니다. 실전이라면 '앞서 제시한 대로 낭만주의는 낭만적인 것의 하위 범주다' 정도로 파악하고 독해를 진행했을 것 같습니다.

그러나 낭만주의가 달성하는 정신의 내면성은 개념적 반성성에 의거한 철학적 사유의 내면성에는 아직 이르지 못한 열등한 것이며, 이에 낭만주의는 '낭만적인 것'의 완전한 전형이 될 수 없다.

낭만주의는 '무한한 상상력과 감수성이 핵심'입니다, '기독교적인 것'에서 순수한 내면적 정신성을 성취하는 지성의 단계가 제시된 점을 고려했을 때 낭만주의가 철학적 사유의 내면성에 이르지 못했다는 것은 납득할 수 있습니다.

◇코멘트

완벽하게 납득하지 못했더라도, 낭만주의가 철학적 사유보다 열등하게 취급된다는 맥락은 우리는 파악했었습니다.

그리고 낭만주의가 완전한 낭만적인 것이 될 수 없다는 것도 이미 앞서 제시되어 알고 있죠.

완벽하게 이해하지 못했어도 '관점'을 확보(이성과 철학이 짱)하고 글을 읽었다면 의미를 파악(여기서 결국 낭만주의는 이성과 철학의 범주와 유사한 낭만적인 것이 될 수 없다는 것)할 수 있습니다.

진정으로 '낭만적인 것'은 철학적 사유에서 비로소 성취된다.

관점을 확보하고 의미를 파악하는 겁니다. '낭만적인 것'이 이성과 철학에서 진행될 수 있다는 말은 확보한 관점을 재진술한 수준입니다.

[22~24] 문제 해설

22 윗글의 내용과 일치하는 것은?

① 상호 관용이 강화되면 제도적 자제는 약화되고 상호 관용이 약화되면 제도적 자제는 강화된다.
② 대통령과 입법부의 권력 행사가 합법적인 한, 민주주의 정치 체제 보호에 긍정적으로 작용한다.
③ 민주주의 규범은 민주주의 이념으로부터 탄생한 것으로 민주주의 제도의 확립을 통해 발전된다.
④ 민주주의 규범은 헌법이나 법률로 성문화될 때 민주주의 정치 체제를 보호하는 효과가 극대화된다.
⑤ 견제와 균형의 원리를 동해 민주주의를 보호하고자 한 헌법의 목적을 실현 가능하게 한 것은 민주주의 규범이다.

답 ②

3문단에서 헤겔이 '몇몇 지점에서 '낭만적인 것'을 '기독교적인 것'과 같은 의미로 사용하고 있다는 점에 유의해야' 함을 밝혔습니다. 이후 '기독교적인 것'이란, 어떤 물리적 대상을 매개로 절대자와 만나려는 원시적 지성성을 극복하여 순수한 내면적 정신성을 성취하는 지성의 단계를 통칭함이 제시되었습니다.

이는 '낭만적인 것'과 '기독교적인 것'이 같은 맥락에서 사용되는 경우에 대한 얘기로 '낭만적인 것' 역시 이와 같은 맥락으로 파악될 수 있다고 볼 수 있습니다.

그리고 3문단에 제시된 것처럼 기독교는 자연적 대상의 숭배 또는 매개를 넘어섰다는 점에서 '기독교적인 것'에 포함됩니다. 그러니 '기독교'는 정신적 작동 방식의 측면에서 '낭만적인 것('

기독교적인 것'과 같은 범주)'에 속한다고 볼 수 있습니다.

오답 선지 분석

① : 1문단에서 '낭만주의'가 '낭만적인 것'의 하위범주임이 제시되었고, 3문단에서 '기독교'가 '기독교적인 것'의 하위범주임이 제시되었습니다. 그런데 지문에서 3문단에서 헤겔이 '몇몇 지점에서 '낭만적인 것'을 '기독교적인 것'과 같은 의미로 사용하고 있다는 점이 제시된 것이지 이들의 하위범주가 같은 의미로 사용되고 있다는 것은 아닙니다.

③ : 3문단에 제시된 것처럼 기독교는 자연적 대상의 숭배 또는 매개를 넘어섰다는 점에서 '기독교적인 것'이기는 하지만, 개념적 반성을 필요조건으로 하는 지성의 완전한 순수 내면성에는 미치지 못하기에, '기독교적인 것'의 불완전한 단계입니다. 그리고 4문단에 제시된 것처럼 낭만주의가 달성하는 정신의 내면성은 개념적 반성성에 의거한 철학적 사유의 내면성에는 아직 이르지 못한 열등한 것입니다. 그러니 이들 모두 완전한 형태의 내면적 지성성을 획득한다고 볼 수 없습니다.

④ : 4문단에 제시된 것처럼 낭만주의가 달성하는 정신의 내면성은 개념적 반성성에 의거한 철학적 사유의 내면성에는 아직 이르지 못한 열등한 것이며 진정으로 '낭만적인 것'은 철학적 사유에서 비로소 성취됩니다. 즉 최고도의 '기독교적인 것'은 예술사조로서의 '낭만주의'를 통해 성취될 수 없습니다.

⑤ : 3문단에 제시된 것처럼 '기독교적인 것'이란, 어떤 물리적 대상을 매개로 절대자와 만나려는 원시적 지성성을 극복하여 순수한 내면적 정신성을 성취하는 지성의 단계를 통칭합니다. 그리고 내면적 지성성에는 여러 단계가 있고 그 완전한 단계는 개념적 사유를 통한 철학인 한에서, '기독교적인 것'은 '기독교'와 단순 등치될 수 없는 것입니다. 이때 '낭만주의'와 '기독교'는 각각 이들의 하위범주이지만 불완전한 단계로 평가됩니다. 즉 '낭만적인 것'과 '기독교적인 것'은 모든 단계에서 순수한 개념적 반성을 통해 수행되는 것이 아닌 '완전한 단계'에서 수행되는 것입니다.

◇코멘트

매우 어렵습니다. 그럼에도 답은 지문의 핵심인 '낭만적인 것 ≒ 기독교적인 것'을 파악하는 것에서 출제되었습니다. 핵심(관점)을 파악하고 그를 통해 문장의 의미를 파악하는 것(저 둘이 같다, 그러면 기독교적인 것에 속한다는 것은 낭만적인 것에 속한다)의 중요성을 느껴야 합니다.

23 ㉠, ㉡에 대한 설명으로 가장 적절한 것은?

① ㉠을 거지면서 상호 관용과 세노석 자세의 규범이 건국 이후 처음으로 형성되었다.
② ㉠ 이후 형성된 민주주의 규범은 인종 차별적 특성으로 인해 정치 체제를 안정시키는 역할을 하지 못했다.
③ ㉡은 민주주의의 확대로 촉발된 당파적 양극화가 기존의 민주주의 규범을 붕괴시켰다는 데 그 원인이 있다.
④ ㉡은 다양한 집단의 정치 참여를 제도적으로 보장하는 방향으로 민주주의가 확대되면서 점차 완화되었다.
⑤ ㉠에서는 ㉡에서와는 달리 정당별 지지 집단이 뚜렷이 구분되는 현상이 나타났다.

답 ②

3문단에 제시된 것처럼 헤겔이 몇몇 지점에서 '낭만적인 것'을 '기독교적인 것'과 같은 의미로 사용하고 있다는 점에 유의해야 합니다.
그리고 헤겔에게 가장 고급한 단계는 그러한 대상 의존성을 완전히 극복한 정신적 주체의 순수하고 내면적인 재귀적 작동인 '반성', 즉 이성적 사유입니다. 그 이유로 절대자 그 자체가 완전한 이성적 구조, 즉 개념의 엄밀하고도 완전한 자기 운동 체계이므로, 그것에 호응하는 인간 지성의 형식 역시 개념적 사유 능력인 이성이어야 한다는 것이 제시되었습니다.
즉 헤겔이 인간 지성의 형식 역시 개념적 사유 능력인 이성이어야 한다는 것은 절대자 그 자체가 완전한 이성적 구조, 즉 개념의 엄밀하고도 완전한 자기 운동 체계이기 때문입니다.
이는 결국 참된 인식의 수행 방식은(인간 지성의 형식 역시 이성이어야 함) 궁극적 대상의 존재 구조에 대응해야 한다고 생각할 것(절대자의 이성적 구조를 따라야 하기 때문)입니다.

오답 선지 분석

① : 3문단에 제시된 것처럼 헤겔에게 '기독교적인 것'은 순수한 개념적 반성을 통해 진리를 인식하는 철학에서 달성되며 신앙과 예술은 열등한 것입니다. 그러니 정신의 재귀적 작동은 신앙과 예술의 영역에서 최고도로 이루어진다고 생각하지 않을 것입니다.

③ : 3문단에 제시된 것처럼 헤겔은 인간 지성의 형식 역시 개념적 사유 능력인 이성이어야 한다고 생각합니다. 여기서 '이성' 자체가 개념에 연쇄를 통한 논리적 추론에 가깝습니다. 그러니 구체적 현실에 대한 체험을 출처를 개념의 연쇄를 통한 논리적 추론보다 높게 평가하지 않을 겁니다.

④ : 3문단에 제시된 것처럼 헤겔은 '신'이 어떤 인격체가 아니라 세계의 근본적 존재 구조 내지 원리로서의 '이성'이라고 봅니다. 즉 헤겔이 인격화된 절대자의 존재를 증명하는 데서 최고의 인식이 이루어진다고 여기지 않을 것입니다.

⑤ : 4문단에 제시된 것처럼 감성과 상상력의 무제한적 발산,

즉 '가슴속의 모든 것을 표출할 수 있는 자유'를 지향하는 낭만주의는 열등한 것입니다. 그러니 정신 내면의 자유로운 상상력의 작동에서 최고의 지적 탁월성이 달성된다고 여길 것이라 보기 어렵습니다.

◇코멘트

엄밀하게 근거를 잡기는 어렵습니다. 하지만 헤겔의 핵심 관점인 '이성과 철학 사랑'을 파악했다면 답을 고를 수준으로 선지를 판단하기는 어렵지 않습니다.

24 윗글을 바탕으로 <보기>에 대해 반응한 것으로 적절하지 <u>않은</u> 것은?

보 기

칠레는 성공적인 대통령제 민주주의 국가였다. 좌파에서 우파에 이르기까지 다양한 정당이 있었지만, 20세기 초 이후 민주주의 규범이 자리 잡고 있었기 때문이다. 그러나 1960년대에 이념적 대립에 따른 ⓐ당파적 양극화가 심화되었다. ⓑ좌파와 우파 정당은 서로를 위협적인 적으로 인식했다. 대통령으로 선출된 좌파 정당의 아옌데는 사회주의 정책 추진을 위해 의회의 협조가 필요했으나 여당은 의회 과반 의석을 확보하지 못한 상태였다. ⓒ그는 의회를 우회하여 국민투표를 실시하고자 했다. 이에 ⓓ좌파 야당은 과반 의석을 바탕으로 불신임 결의안을 잇달아 통과시켜 장관들을 해임했다. 칠레 헌법은 의회가 불신임 결의를 극히 예외적인 상황에서만 사용하도록 규정하고 있었고, ⓔ1970년 이전까지 그것이 사용된 적은 거의 없었다. 결국 1973년 8월 칠레 의회는 아옌데 행정부가 헌법을 위반했다는 결의안을 통과시켰고, 곧이어 군부 쿠데타가 발생함으로써 칠레 민주주의는 붕괴했다.

① ⓐ는 좌 · 우 이념을 중심으로 심화되었다는 점에서 1960년대 이후 미국에서 심화된 당파적 양극화와 성격이 다르군.
② ⓑ로 인해 1960년대 이후 칠레에서는 상호 관용의 규범이 붕괴되는 과정이 일어났겠군.
③ ⓒ로 볼 때, 아옌데 대통령은 권력을 법의 테두리 내에서 행사함으로써 제도적 자제 규범을 실천하고자 했었군.
④ ⓓ로 볼 때, 민주주의 규범이 붕괴된 상황에서 대통령 소속 정당이 의회 소수당인 경우 야당이 헌법적 권력을 공격적으로 활용할 가능성이 높군.
⑤ ⓔ로 볼 때, 1970년 이전의 칠레 정치인들은 민주주의 규범을 존중함으로써 민주주의 정착에 기여했겠군.

<보기> 분석

헤겔은 회화를 음악·시문학과 동일한 장르군으로 위치 이동시킴이는 네덜란드인들 고유의 자기 확신과 자유 지향성이 평범한 일상의 사실적 묘사 속에 깊이 스며듦에 근거함.

답 ④

4문단에 제시된 것처럼 헤겔은 '가슴속의 모든 것을 표출할 수 있는 자유'를 지향하는 낭만주의가 주어진 경험 세계를 넘어서는 지적 주체의 내면적 작동을 중심 원리로 하는 것은 분명하기에 낭만주의는 의심할 바 없이 '낭만적인 것'의 하나로 규정합니다.

즉 지적 주체의 내면적 작동이 낭만적인 것 중 하나로 규정될 수 있는 근거인 것입니다.

한편 <보기>에서 헤겔은 네덜란드인들 고유의 자기 확신과 자유 지향성이 평범한 일상의 사실적 묘사 속에 깊이 스며듦에 근거로 회화를 낭만적인 것으로 분류합니다.

그러니 회화적 표현이 근본적으로 주체의 정신적 내면성에 의거한다는 점(<보기> 내용)에서 건축·조각보다는 음악·시문학과 더 동질적이라는 생각을 근거로 장르군을 옮겼다고 판단할 수 있습니다.

오답 선지 분석

① : 헤겔이 예술이 철학적 사변의 한계를 넘었다고 볼 리가 없습니다. 4문단에 제시된 것처럼 헤겔에게 낭만주의가 '낭만적인 것'의 범주에 들어갈 수는 있지만, '낭만적인 것'의 완전한 전형이 될 수 없습니다. 그러니 예술이 철학적 사변의 한계를 넘었다고 보지 않을 것입니다.

② : <보기>에서는 회화에 네덜란드인들 고유의 자기 확신과 자유 지향성이 평범한 일상의 사실적 묘사 속에 깊이 스며들었다고 제시되었습니다. 즉 헤겔에게 강조된 지점은 사실적 묘사 속 스며든 고유의 자기확신과 자유 지향성이지 일상의 사실적 묘사 자체가 아닙니다. 그러니 헤겔이 인간의 본질을 세속의 미시적 현실에서 찾아야 한다고 보지 않을 것입니다. 애초에 헤겔의 관점을 파악했다면 적절하다 보기 어려운 선지입니다.

③ : 헤겔이 장르화를 낭만적인 것으로 기술한 것은 네덜란드인들 고유의 자기 확신과 자유 지향성이 평범한 일상의 사실적 묘사 속에 깊이 스며들어 있다는 '위대한 정신성'에 근거하기 때문입니다. 기독교의 교리가 확고부동한 삶의 규범으로 함축되어 있다는 판단은 존재하지 않습니다. 애초의 헤겔의 핵심이 기독교의 교리가 아니라는, 헤겔의 관점을 파악했다면 적절하다 보기 어려운 선지입니다.

⑤ : 애초에 낭만주의라고 하여 낭만적인 것이라 단정할 수 없습니다. 낭만적인 것이 상위범주이기 때문이죠.

또한 헤겔이 장르화를 낭만적인 것으로 기술한 것은 네덜란드인들 고유의 자기 확신과 자유 지향성이 평범한 일상의 사실적 묘사 속에 깊이 스며들어 있다는 '위대한 정신성'에 근거하기 때문입니다. 즉 상상력의 무제한적 발산을 추구하는 낭만주의의 미적 전략으로 네덜란드 장르화를 '낭만적인 것'으로 설명하였다고 보기 어렵습니다.

◇ 코멘트

이 역시 완벽한 근거를 모두 파악해 답을 고르기는 어렵습니다. 하지만 헤겔의 관점인 이성과 철학의 절대 존엄을 파악했다면, 답을 고르기는 무리가 없습니다.

2023 언어이해 [25~27] 중력파 검출의 원리 파악

◇ 종평

- 기술의 목적 파악
- 비례 관계
- 정리, 파악, 납득
- 다른 말 같은 뜻

지문에서 중력파를 검출하는 것이 목적임을 파악하고, 이를 위해 빛의 세기가 핵심적임을 파악했어야 합니다. 사실 지문 초반 목적을 파악하는 것과 비례 관계를 납득하는 것은 크게 어렵지 않습니다. 상식적이거든요.
하지만 지문 후반부에서 비례 관계 속에서 의미를 파악하며 가기가 매우 어렵습니다. 그러므로 이후 제시되는 비례 관계들의 의미를 파악하며(최소한 정리라도 해서) 관계들에 대한 연결이 진행하기 위해 노력했어야 합니다.
이렇게 비례 관계들의 의미를 판단할 때 다른 말 같은 뜻을 잡아 같은 의미를 같게 파악해야 하는 것이 이상적이지만, 최소한 여백의 공간에 비례 관계를 정리하여 그것을 통해서라도 의미를 연결할 수 있어야 함을 보여주는 지문입니다.

블랙홀 쌍성계와 같은 천체에서 발생한 중력파가 지구를 지나가는 동안, 지구 위에서는 중력파의 진행 방향과 수직인 방향으로 공간이 수축 팽창하는 변형이 시간에 따라 반복적으로 일어난다.

중력파에 대한 얘기로 지문을 시작합니다. 중력파가 지구를 지나가면 그에 수직 방향으로 공간이 '수축 팽창'하는 것이 반복됩니다. 배경지식이 없으니 명확하게 파악하는 것은 어렵지만, 중력파로 인해 '공간 변화 반복'이 일어난다는 정도는 파악하고 독해를 진행해야 합니다.

최초로 중력파를 검출한 '라이고(LIGO)'는 〈그림 1〉과 같이 미국 핸퍼드와 리빙스턴에 위치하며, 〈그림 2〉와 같은 레이저 간섭계를 사용한다.

<그림>이 제시되었습니다. 무조건 <그림>을 활용하여 정보를 납득하겠다는 인식을 가지고 독해를 진행해야 합니다.

◇ 코멘트

실전에서 <그림>, <그래프> 등이 제시되면 출제기관이 이를 필요로 하기 때문에 제시한 겁니다. 이것을 통해 문장의 의미를 파악할 수 있어야 합니다.

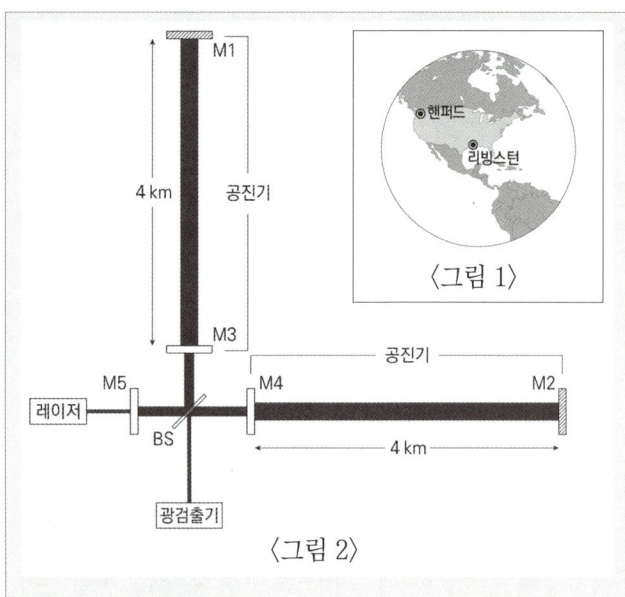

〈그림 1〉

〈그림 2〉

레이저에서 나온 빛은 빔가르개(BS)에 의해 두 개의
경로로 나뉘고 각 경로의 끝에 있는 거울(M1, M2)에

'레이저' 부분에서 빛이 나오고 M1, M2로 이동합니다. 〈그림〉
에 간단하게 표시만 해도 직관적으로 납득할 수 있습니다.

의해 반사되어 되돌아와 다시 BS에 의해 각각 두 갈
래로 나뉘며 광검출기에서 서로 중첩된다.

이후 거울에서 반사되어 BS로 인해 두 갈래로 갈리고, 광검출
기에서 서로 만납니다.

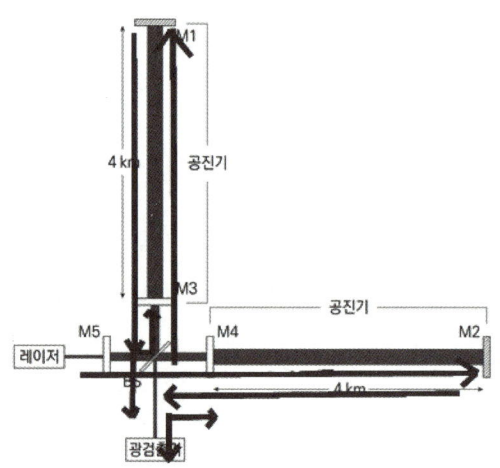

대략 위와 같이 〈그림〉에 표시 정도만 했어도 제시된 내용을
납득하는 것은 어렵지 않습니다. 〈그림〉이 제시되면 제시된 이
유가 있으므로 활용합시다.

실전에서 여기까지 생각한다면 정말 대단한 사람입니다. 반
사된 빛이 BS에 의해 '각각' 두 갈래로 나뉩니다. 그리고 광
검출기에서 서로 중첩됩니다. 그러면 각각 하나씩 검출기로
간 건 맞는데, 각각 하나씩 나뉜 빛이 어디로 갔다는 것인지
는 제시되지 않았습니다.
개인적으로 '각각 두 갈래'라는 워딩에 민감하게 반응했어도
파악하기 힘든 수준이라 생각합니다. 실전이라면 그림을 통
해 파악 정도만 됐어도 충분하고, 분석이니 '그러게?' 정도
로 생각해 볼 만한 요소입니다.

두 경로 사이에 미세한 길이 차이가 발생하면 중첩된
빛의 세기에 차이가 발생하는데,

길이 차이가 발생하면 빛의 세기가 차이가 발생할 것이라는 정
도는 납득할 수 있습니다. 길이가 멀어지면 당연히 빛이 약해진
다고 납득할 수 있으니까요.

간섭계가 놓인 면을 중력파가 통과하며 공간의 수축
과 팽창이 반복되면 빛이 지나는 두 경로의 길이 차가
시간에 따라 변화하고 광검출기에서 측정되는 빛의 세
기가 그에 따라 변화한다.

중력파가 지구를 지나가면 공간이 수축 팽창합니다. 그러니 중
력파가 통과하면 길이 차가 발생할 것이고, 당연히 빛의 세기가
변화할 겁니다. 여기까지는 제시된 정보(혹은 상식적으로 당연)
를 통해 자연스럽게 납득하며 독해를 진행할 수 있습니다.

이를 측정하면(빛의 세기를 측정하면) 중력파의 세기
와 진동수를 알아낼 수 있다.

중력파는 빛의 세기를 측정해서 알아낼 수 있습니다. 그렇다면
이제 우리가 독해 시 핵심으로 봐야 하는 것은 빛의 세기에 대
한 정보입니다.

왜 빛의 세기를 핵심으로 파악할 수 있을까요? 기술 지문에서 기술의 '목적'은 핵심입니다. 여기서는 중력파 검출이 목적이라는 것은 너무나도 당연합니다. 그런데 중력파의 세기와 진동수를 파악하는 것이 빛의 세기를 측정하며 진행됩니다. 즉 빛의 세기 측정과 중력파 파악은 같은 맥락으로 파악해도 되는 것이죠. 그러니 이제 '빛의 세기'와 관련된 정보들이 핵심이라는 점을 파악할 수 있습니다.

이 역시 기술 지문에서 기술의 핵심이 '목적'이라는 사고를 통해 진행될 수 있는 생각입니다.

중력파는 공간을 일정한 비율로 변형시키므로 간섭계의 경로 길이를 되도록 크게 하는 것이 길이의 변화량을 크게 할 수 있어 유리하지만 약 4km가 건설할 수 있는 한계이다.

만약 실전에서 납득하기 어렵다면 <경로 길이↑-변화량↑> 정도로 정리는 하고 독해를 진행했어야 합니다.

참고로 비례 관계가 납득되지 않을 때 시험지에서 공간이 좀 있는 여백에 비례 관계를 모두 정리해 놓으면 비례 관계를 연결하여 같은 의미를 파악하기가 좀 더 수월합니다. 이런 정말 극한의 실전적 태도 역시 생각해봐야 합니다.

사실 납득하면 당연합니다. 중력파가 공간을 변형시키니, 공간이 크다면 변형되는 정도가 클 것입니다. (변화율이 같으면 1cm가 변화한 것과 10cm가 변화한 것의 변화'량'은 다를 수밖에 없겠죠) 이렇게 납득하고 독해를 진행했으면 베스트입니다. 개인적으로 이 정도는 실전에서도 충분히 가능하다고 생각합니다.

이를 극복하기 위해 라이고에서는 기본적인 간섭계에 두 개의 거울(M3, M4)을 추가하여 '공진기'를 구성하고 각 공진기의 두 거울 사이를 빛이 여러 번 왕복하도록 함으로써 유효 경로 길이를 늘리는 방법을 사용하였다.

거울을 활용하면 빛이 계속 반사가 이루어질 겁니다. (서로를 바라보도록 설치된 엘리베이터 거울 같은 느낌) 이 정도는 당연히 납득할 수 있고, 그러면 총 이동 거리는 당연히 늘어날 겁니다.

〈그림 2〉에서 M1과 M3, M2와 M4 사이에 공진기가 형성되고, M1과 M2의 반사율은 100%인 반면 M3, M4는 약 1%의 투과율을 갖도록 하여 빛이 출입할 수 있도록 하였다.

M1과 M2의 반사율이 100%면 모든 빛이 반사됩니다. 그런데 M3과 M4가 약 1%의 투과율을 갖는다면 이 과정이 반복될수록 빛이 조금씩 밖으로 빠져나온다는 점은 상식적으로 파악할 수 있습니다.

이 경우 공진기 밖으로 나온 빛은 두 거울 사이를 수백 번 왕복한 셈이고 따라서 유효 길이가 1,000km 이상에 이른다. 하지만 유효 길이의 변화량은 여전히 원자 크기의 십만분의 일 정도에 불과한데, 어떻게 중력파의 검출이 가능하였던 것일까?

1%만 투과되도록 했을 때 밖으로 나온(투과된) 빛은 마주 보는 두 거울 사이를 계속 반복하다가 나온 빛일 겁니다. 따라서 1000km 이상 운동했다는 것이 비상식적인 이야기는 아닙니다. 그런데 아직도 측정에는 부족함이 있나 봅니다. 그렇다면 당연히 '빛의 세기'와 관련된 정보(기술의 목적에 직결)들을 통해 중력파 검출이 가능할 것이고, 결국 저것에 대한 변수를 파악(정리라도)하는 것이 핵심입니다.

사고 과정을 간단하게 기술한다면
'두 거울 사이를 계속 왕복 -> 길이가 매우 길겠군 -> 지문에서는 그걸 1000km이상이라고 제시하고 있군.'
정도로 파악할 수 있고, 이와 유사하게 파악했으면 매우 우수한 사고 과정입니다.

원자의 크기보다도 한참 작은 미세한 길이 변화의 측정이 가능한 이유는 여러 번 측정하여 평균을 취하면 측정값의 정확도를 향상할 수 있다는 사실에 있다.

답은 간단합니다. 여러 번 측정하여 평균값을 사용합니다. 일단 앞서 수백 번 왕복했다고 했으니 여러 번 측정하여 평균을 취한다는 것은 납득할 수 있습니다.

이처럼 바로 앞 문장을 통해 납득되는 정보는 자연스럽게 납득하며 독해를 진행할 수 있어야 합니다.

간섭계는 결국 광검출기에서 빛의 세기를 측정하는 것인데 양자 물리에서 빛은 '광자'라고 부르는 입자로 여겨지며 이때 빛의 세기는 광자의 개수에 비례한다.

우리의 핵심인 '빛의 세기'가 제시됩니다. 빛의 세기가 광자의 개수에 비례한다고 했으니 최소한 <빛의 세기 = 광자의 개수> 정도로 정리는 하고 독해를 진행했어야 합니다.

즉, 광검출기는 광자의 개수를 측정하는 것이며 측정할 때마다 무작위로 달라지는 광자 개수의 요동이 간섭신호의 잡음으로 나타나게 되는데 이를 '산탄 잡음'이라고 한다.

우리는 평균값을 구해야 합니다. 지문에서 광자 개수(빛의 세기) 요동을 간섭신호의 잡음으로 정의해주었고, 이것이 산탄 잡음입니다. 그렇다면 이들은 '빛의 세기'라는 핵심에 직결된 정보이므로 이들에 대한 관계 파악이 제시되면 필히 파악(정리라도)하고 독해를 진행해야 합니다.

빛의 세기 측정에서 신호의 크기는 광자의 개수 N에 비례하고, 광자 개수의 요동에 의한 잡음은 N의 제곱근 ($\sqrt{N}$)에 비례한다.

우선 빛의 세기가 광자의 개수라는 점은 앞서 파악했으니 '빛의 세기 측정에서 신호의 크기는 광자의 개수 N에 비례'한다는 것은 자연스럽게 납득할 수 있습니다.
그리고 광자 개수의 요동에 의한 잡음은 N의 제곱근($\sqrt{N}$)에 비례한다는 것을 자연스럽게 납득하는 것은 실전에서 불가능에 가깝겠죠. 그러니 저라면 필기라도 하고 독해를 이어갔을 겁니다.

따라서 '신호대잡음비(신호크기/잡음크기)'는 $\sqrt{N}$에 비례하여 증가한다. 예를 들어 광자의 개수가 1개일 때에 비해 100개일 때, 신호는 100배 증가하지만 잡음은 10배만 증가하므로 신호대잡음비는 10배 증가하게 된다.

공식이 제시되면 정리해야 합니다. 이후 신호대잡음비가 제시되면 분명히 이 공식을 활용하여 판단할 때가 있을 겁니다. 신

호대잡음비는 정리하면 $\frac{N}{\sqrt{N}}$에 비례하는 것으로 $\sqrt{N}$이라는 것을 파악할 수 있습니다. 숫자에 약한 문과들을 위해 구체적 예시까지 친절하게 제시해주고 있어 이들의 관계를 파악 어렵지 않았을 겁니다.

따라서 광자의 개수를 늘리면 산탄 잡음에 의한 신호대잡음비를 증가시킬 수 있는데

납득한(정리한) 공식을 활용하면 당연합니다. 광자의 개수가 N이니 신호대잡음비는 $\sqrt{N}$에 비례하니, 당연히 광자의 개수가 늘면 산탄 잡음에 의한 신호대잡음비는 증가합니다.
비례 관계가 제시되면 최소한 정리라도 하고 독해를 진행해야 하는 이유를 알 수 있습니다.

> 공진기는 그 안에 레이저 빛을 가둠으로써 간섭계 내부의 광자 개수를 증가시키는 역할도 한다.

공진기 내부에서 광자의 개수가 증가합니다. 그러면 공진기를 거치면 빛의 세기가 커질 것이라는 생각이 자연스럽게 따라와야 합니다. 우리에게 '빛의 세기 = 광자의 개수'니까요.

> 하지만 이 정도로는 원하는 신호대잡음비를 얻기에 부족하고 레이저의 출력을 높이는 데에 한계가 있다.

광자 개수를 저렇게 증가시켜도 원하는 신호대잡음비를 못 얻습니다. 이는 광자 개수를 더 늘려야 한다는 것이죠. 그렇다면 뒷말은 납득할 수 있습니다. 광자의 개수를 늘려야 하지만, 레이저 출력을 높이는(빛의 세기를 강하게 하는=광자의 개수를 늘리는 것) 것에 한계가 있는 것이죠.

◇ 코멘트

그렇다면 중력파 검출은 '빛의 세기', 그중에서도 '빛의 세기를 강하게' 만드는 것이 '목적'에 부합한다는 것을 판단할 수 있습니다. 계속 세기를 올리려고 하니까요.

> 이를 해결하기 위해 〈그림 2〉에서와 같이 BS에서 레이저 쪽으로 되돌아가는 빛을 반사하여 다시 간섭계로 보내는 출력 재활용 거울(M5)을 설치하여 간섭계에 사용되는 유효 레이저 출력을 원하는 수준으로 높인다.

그림을 통해 파악합시다. BS에서 다시 빛을 반사해 재활용하면 빛 자체가 많아집니다. 그러니 빛의 세기가 약해서 문제가 발생한 것을 고려할 때 원하는 정도의 신호대잡음비를 얻는 것에 조금 더 가까워질 수 있을 겁니다.

◇ 코멘트

이게 앞서 사후적으로 생각할 수 있다는 코멘트(각각 나뉜 빛)와 연결됩니다. 실전에서 잡았으면 이상적이고, 만약 못 잡았다고 해도 <그림>을 통해 주어진 팩트(빛 재활용 → 양 많아짐)를 납득했으면 충분합니다.

> 빛의 입자적 성질은 간섭신호에 '복사압 잡음'이라고 불리는 또 다른 잡음을 일으키는데, 광자가 거울에 충돌하며 '복사압'이라는 힘을 작용하여 거울이 미세하게 움직이기 때문이다.

'또 다른 잡음'이 등장합니다. 산탄 잡음에 의한 신호대 잡음비

와 구분해줘야 합니다. 복사압 잡음은 광자가 거울에 충돌해서 발생합니다.

◇ 코멘트

우리의 핵심은 '빛의 세기'를 통한 중력파 검출입니다. 그러면 이 정보 역시 '빛의 세기'와 어떤 관계를 보이는지 파악해야 합니다.

> 광자 개수의 요동이 거울의 요동과 그에 따른 간섭계 경로 길이의 요동을 유발하여 간섭신호의 잡음으로 나타나는데,

광자로 인해 발생하는 간섭신호가 복사압 잡음입니다. 앞서 제시한 것처럼 광자가 거울에 충돌하는 것이 복사압 잡음을 만드는 원인임을 밝히고 있습니다.

> 거울의 질량이 클수록 거울의 요동이 작아진다.

거울의 질량이 크면 당연히 요동이 작아지겠죠? 묵직하면 요동이 작아진다는 건 상식이니까요. 그러면 충돌로 인해 발생하는 복사압 잡음이 작아질 겁니다.

◇ 코멘트

납득이 안 되면 적어두기라도 해야 하지만, 이 정도는 납득되어야 합니다.

◇ 공식 정리

■ 빛의 세기 ⇒ 광자 개수 N에 비례
■ 광자 개수 요동 잡음 ⇒ $\sqrt{N}$에 비례
■ 신호대잡음비 = $\dfrac{신호크기}{잡음크기}$ ⇒ $\sqrt{N}$에 비례
■ 복사압 잡음 ≒ 거울 요동 ≒ 광자의 요동

> 그러므로 복사압 잡음에 의한 신호대잡음비는 광자 개수의 요동이 작을수록, 거울의 질량이 클수록 커진다.

신호대잡음비는 $\dfrac{신호크기}{잡음크기}$입니다. 공식이 제시되면 정리하고 활용해야 합니다. 그러면 복사압 잡음에 의한 신호대잡음비는 $\dfrac{신호크기}{복사압 잡음크기}$입니다.

저렇게 정리가 됐다면 아래와 같은 사고 과정이 진행될 수 있습니다.

1. [복사압 잡음 ≒ 거울 요동 ≒ 광자의 요동]이다.
2. 복사압 잡음에 의한 신호대잡음비는 복사압 잡음과 반비례('분자/분모'이니)
3. 광자 개수 요동이 작은 것, 거울 질량이 큰 것(요동↓)은 복사압 잡음이 작은 것을 의미한다. 그러니 해당 문장의 내용은 납득된다.

> 또한 거울의 요동은 힘이 작용하는 시간이 길수록 더 커지므로

거울의 요동이 커진다는 것은 복사압 잡음이 커진다는 것을 의미합니다. 그러면 시간이 길수록 복사압 잡음이 커진다는 것으로 파악할 수 있습니다.

> 복사압 잡음에 의한 신호대잡음비는 진동수가 작을수록 급격히 감소하며,

시간이 길수록 복사압 잡음이 커진다는 것은, 복사압 잡음에 의한 신호대잡음비가 감소하는 것을 의미합니다. (복사압 잡음과 복사압 잡음에 의한 신호대잡음비 관계 파악됐어야 함)
그러면 진동수가 작을수록 복사압 잡음에 의한 신호대잡음비가 감소한다는 것에서 진동수가 작을수록 복사압 잡음이 커짐을 알 수 있습니다.
그러면 '진동수가 작을수록'이 '시간이 길다'는 것과 유사한 맥락임을 파악할 수 있습니다.

> 산탄 잡음에 의한 신호대잡음비는 진동수가 클수록 완만히 감소한다.

진동수를 기준으로 산탄 잡음에 의한 것과 복사압 잡음에 의한 것은 반대 관계입니다. 그런데 이들은 급격과 완만함이라는 차이도 가지고 있습니다. 여기서 급격과 완만에 대해 완벽하게 파악하는 것은 어렵습니다. 물어보면 돌아와서 판단해야 합니다.

> 따라서 두 잡음의 합으로 결정되는 신호대잡음비가 가장 크게 되는 진동수 대역이 존재하며, 중력파의 진동수가 이 영역에 들어올 때 중력파가 검출될 확률이 가장 높다.

우리의 핵심은 중력파 검출입니다. 이를 위해 빛의 세기가 강해야 하죠. 그리고 빛의 세기가 강하다는 것은 신호대잡음비가 가장 큰 상황을 의미합니다. 그러니 이때 중력파가 검출될 확률이 가장 높다는 것은 납득하며 독해를 마무리할 수 있습니다.

◇코멘트

앞서 진동수가 작으면 복사압 잡음에 의한 신호대잡음비는 급격하게 감소하고, 산탄 잡음에 의한 신호대잡음비는 진동수가 클수록 완만히 감소합니다. 즉 진동수에 의한 변화가 급격, 완만으로 다릅니다. 이렇게 급격, 완만을 제시해줬고 <보기>의 그래프가 그런 양상을 보이고 있다면 이를 활용할 수 있다는 정도의 생각은 할 수 있습니다.

◇ tip 다른 말 같은 뜻

독서는 결국 '의미'를 파악하며 읽는 것입니다. 독해 시, 기표(記標)가 다르더라도, 같은 기의(記意)를 가지고 있으면 적극적으로 같은 의미를 판단해 주어야 합니다.

제시된 비례 관계들이 '빛의 세기'라는 핵심에 대해 어떤 의미로 연결되는지를 파악해야 합니다. 결국 우리의 핵심은 중력파 검출이라는 목적이고 그것을 위해 빛의 세기로 글의 정보를 연결해야 하니까요.

제시된 비례 관계를 연결하는 것은 핵심적인 능력입니다. 의미를 파악하는 것을 기본으로 두고, 그것이 안 될 때 본인이 어떻게 할 것인지까지 생각하시면 좋을 것 같습니다.

cf) 22.11 트리핀 딜레마

[25~27] 문제 해설

25 윗글의 내용과 일치하지 <u>않는</u> 것은?

① 중력파는 레이저 간섭계의 경로 길이 변화로 감지한다.
② 공진기는 간섭계 내부에서 빛의 세기를 증가시키는 역할을 한다.
③ 산탄 잡음에 의한 신호대잡음비는 레이저 출력이 클수록 작아진다.
④ 복사압 잡음은 광자 개수의 요동 때문에 발생한다.
⑤ 복사압 잡음에 의한 신호대잡음비는 진동수가 클수록 커진다.

답 ③

4문단에서 광자의 개수를 늘리면 산탄 잡음에 의한 신호대잡음비를 증가시킬 수 있다고 제시되어 있습니다. 그리고 레이저 출력은 빛의 세기이므로, 4문단에 제시된 것처럼 광자의 개수에 비례합니다. 즉 산탄 잡음에 의한 신호대잡음비는 레이저 출력이 클수록 커집니다.

① : 2문단에 제시된 것처럼 간섭계가 놓인 면을 중력파가 통과하며 공간의 수축과 팽창이 반복되면 빛이 지나는 두 경로의 길이 차가 시간에 따라 변화하고 광검출기에서 측정되는 빛의 세기가 그에 따라 변화하는데, 그 변화를 측정하여 중력파의 세기와 진동수를 알아낼 수 있습니다. 즉 중력파는 레이저 간섭계의 경로 길이 변화로 감지합니다.

② : 4문단에 제시된 것처럼 공진기는 그 안에 레이저 빛을 가둠으로써 간섭계 내부의 광자 개수를 증가시키는 역할을 수행합니다. 광자의 개수는 빛의 세기와 비례하므로 공진기는 간섭계 내부에서 빛의 세기를 증가시키는 역할을 한다고 볼 수 있습니다.

④ : 5문단에 광자가 거울에 충돌하며 '복사압'이라는 힘을 작용하여 거울이 미세하게 움직인다는 점과 광자 개수의 요동이 거울의 요동과 그에 따른 간섭계 경로 길이의 요동을 유발하여 간섭신호의 잡음으로 나타난다는 점이 복사압 잡음이라는 것이 제시되어 있습니다.

⑤ : 5문단에 제시된 것처럼 복사압 잡음에 의한 신호대잡음비는 진동수가 작을수록 급격히 감소합니다. 즉 진동수가 클수록 복사압 잡음에 의한 신호대잡음비는 커질 겁니다.

◇코멘트

어려운 지문에 비해 선지는 일치 수준으로 제시되었습니다. 어려운 지문일지라도 포기하지 않으면 이 정도 수준의 문항은 맞출 수 있습니다.

26 윗글을 바탕으로 추론한 것으로 적절한 것만을 <보기>에서 있는 대로 고른 것은?

보 기

ㄱ. 중력파가 검출될 때, 광검출기에서 측정되는 빛의 세기는 일정하다.
ㄴ. 출력 재활용 거울의 반사율을 감소시키면 간섭신호에서 복사압 잡음이 감소한다.
ㄷ. 각 공진기를 구성하는 두 거울 사이의 거리를 늘리면 중력파에 의한 경로 길이 변화량이 늘어난다.

① ㄱ   ② ㄴ   ③ ㄷ
④ ㄱ, ㄴ   ⑤ ㄱ, ㄷ

답 ⑤

ㄴ. 출력 재활용 거울의 반사율을 감소시키면 간섭신호에서 복사압 잡음이 감소한다.

의미를 파악해야 합니다. 거울의 반사율이 줄어든다는 것은 거울의 투과율이 늘어난다는 뜻으로, 빠져나가는 빛이 늘어난다는 것을 의미합니다. 그러면 전체 광자의 수는 줄어들게 됩니다. 그리고 5문단에서 광자가 거울에 충돌하며 '복사압'이라는 힘을 작용하여 거울이 미세하게 움직이기 때문이다. 광자 개수의 요동이 거울의 요동과 그에 따른 간섭계 경로 길이의 요동을 유발하여 간섭신호의 잡음으로 나타남이 제시되었습니다.

즉 광자가 거울에 충돌할 때 복사압 잡음이 발생하는 것으로 광자의 개수가 줄어들면 복사압 잡음이 감소할 것이라 추론할 수 있습니다.

ㄷ. 각 공전기를 구성하는 두 거울 사이의 거리를 늘리면 중력파에 의한 경로 길이 변화량이 늘어난다.

3문단에서 간섭계의 경로 길이를 되도록 크게 하는 것이 길이의 변화량을 크게 할 수 있음이 제시되었습니다. 그리고 기본적인 간섭계에 두 개의 거울(M3, M4)을 추가하여 '공진기'를 구성하고 각 공진기의 두 거울 사이를 빛이 여러 번 왕복하도록 함으로써 유효 경로 길이를 늘리는 방법을 사용하여 유효 길이가 1,000km 이상으로 만들어 경로 길이의 변화량을 늘린 것을 고려할 때 각 공진기를 구성하는 두 거울 사이의 거리를 늘리면 중력파에 의한 경로 길이 변화량이 늘어난다고 추론할 수 있습니다.

ㄱ. 중력파가 검출될 때, 광검출기에서 측정되는 빛의 세기는 일정하다.

중력파 검출 과정에서 2문단에 제시된 것처럼 두 경로 사이에 미세한 길이 차이가 발생하면 중첩된 빛의 세기에 차이가 발생합니다. 그리고 간섭계가 놓인 면을 중력파가 통과하며 공간의 수축과 팽창이 반복되면 빛이 지나는 두 경로의 길이 차가 시간에 따라 변화하고 광검출기에서 측정되는 빛의 세기가 그에 따라 변화합니다. 즉 중력파가 검출될 때, 광검출기에서 측정되는 빛의 세기는 일정하지 않고 변화합니다.

◇코멘트

비례 관계를 납득했다면 접근이 조금 더 수월했을 겁니다. 하지만, 납득하지 못했더라도 정리라도 해놨으면 답을 맞출 수는 있습니다.

27 <보기>에서 특정한 물리량 에 해당하는 것만을 있는 대로 고른 것은?

보 기

다음 그래프는 어떤 중력파검출기의 민감도(1/신호대잡음비)를 진동수에 따라 나타낸 것이다. 여기서 신호대잡음비는 산탄 잡음과 복사압 잡음 모두에 의한 것이다. 특정한 물리량 을 증가시킴으로써 현재 실선으로 나타난 민감도를 점선과 같은 민감도로 개선하고자 한다.

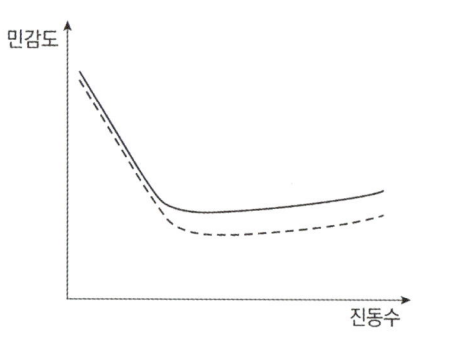

ㄱ. 거울의 질량

ㄴ. 레이저의 출력

ㄷ. 출력 재활용 거울의 투과율

① ㄱ   ② ㄷ   ③ ㄱ, ㄴ
④ ㄴ, ㄷ   ⑤ ㄱ, ㄴ, ㄷ

<보기> 분석

민감도를 실선에서 점선으로 바꾸는 것은 민감도를 낮추는 것이다.

민감도는 (1/신호대잡음비)로 결국 신호대잡음비를 늘리는 것이 민감도를 낮추는 방법이다.

여기서 신호대잡음비는 산탄 잡음 신호대잡음비와 복사압 잡음 신호대잡음비가 모두 포함되는 것.

답 ③

ㄱ. 거울의 질량

우선 산탄 잡음은 거울의 질량과 큰 연관이 없으니, 복사압 잡음을 고려하면 된다는 사고 과정이 진행되어야 합니다.

5문단에서 광자가 거울에 충돌하며 복사압 잡음이 '복사압'이라는 힘을 작용하여 거울이 미세하게 움직이는 것임이 제시되었습니다. 그리고 거울의 질량이 클수록 거울의 요동이 작아짐이 제시되었습니다.

즉 거울의 질량이 커지면 복사압 잡음이 작아집니다. 이때 복사압 잡음에 의한 신호대잡음비는 $\dfrac{\text{신호크기}}{\text{복사압 잡음크기}}$ 이므로 신호대잡음비는 증가합니다.

그러므로 민감도를 낮추는 영역이라 판단할 수 있습니다.

여기서부터 실전적 풀이를 먼저 말씀드린다면,
'ㄱ'은 무조건 맞습니다.

그런데 '레이저 출력'을 늘리는 것과 '출력 재활용 거울의 투과율'을 늘리는 것은 서로 상충됩니다. 출력 재활용 거울의 투과율을 높이면 빛이 많이 빠져나간다는 것으로 레이저 출력을 줄이는 상황에 대응되니까요.

그러니 답은 [ㄱ, ㄴ] 또는 [ㄱ, ㄷ]으로 구성될 수밖에 없습니다. 그런데 선지에 [ㄱ, ㄷ]이 없습니다. 출제자가 너무 어렵다고 생각한 것인지 나름의 배려를 해줬습니다.

그러니 3번 선지를 답으로 고르는 것까지는 무조건 진행했어야 합니다. 실전에서는 이렇게 최후의 수단으로 선지 간 관계를 통해 정답을 고를 수도 있어야 합니다. 일반적인 5지 선다에서도 4개의 선지가 같은 말을 하고 하나의 선지가 다른 말을 하면 일반적인 경우 그게 답인 것과 같이 정말 최후의 상황에서 사용해야 하는 경우와 유사합니다.

ㄴ. 레이저의 출력

ㄷ. 출력 재활용 거울의 투과율

5문단에서 복사압 잡음에 의한 신호대잡음비는 광자 개수의 요동이 작을수록, 커짐이 제시되었습니다.

레이저의 출력을 늘린다는 것은 광자 개수가 증가한다는 것을 의미합니다. 그러면 광자 개수가 늘어날 때 복사압 잡음에 의한 신호대잡음비는 줄어듭니다. 그런데 레이저 출력이 늘어나면, 산탄 잡음에 의한 신호대잡음비는 증가합니다.

그렇다면 총 신호대잡음비를 어떻게 구할 수 있을까요?

1. 핵심에 근거한 풀이

지문에서는 계속 레이저 출력을 높이는 것에 집중했습니다. (4문단에서 레이저 출력을 높이는데 한계가 있다 = 레이저 출력을 높이는 것은 중력파 검출에 유리하지만, 한계가 있어 다른 방안을 쓰는 것이라는 의미임 / 빛의 세기를 충분하게 해야 한다는 것이 지문 초반 반복됨)

그러니 '개선'한다는 측면에서 '당연히 계속 집중한 레이저 출력을 높이는 것은 도움이 될 것이다.'라는 판단이 가능합니다.

이는 지문의 핵심인 '중력파 검출'을 위해 '빛의 세기 강화'가 필요하다는 점을 잘 잡은 독해로, 핵심을 정확하게 잡으면 답은 고를 수 있다는 점을 보여주는 문항입니다. 현실적으로 실전이라면 이렇게까지 생각하는 게 최선일 겁니다.

2. 근거 파악

그래프를 보면 진동수가 낮은 영역에서 민감도가 급격하게 낮아지고, 진동수가 높은 영역으로 가면 민감도가 완만하게 증가합니다.

지문에서 복사압 잡음에 의한 신호대잡음비는 진동수가 작을수록 급격히 감소하며, 산탄 잡음에 의한 신호대잡음비는 진동수가 클수록 완만히 감소함을 제시해줬습니다.

즉 민감도 감소의 영역은 복사압 잡음에 의한 신호대잡음비의 영향을 많이 받은 부분이며, 민감도 증가 부분은 산탄 잡음에 의한 영향을 더 많이 받았음을 알 수 있습니다.

민감도를 개선하려면 두 영역 모두에 대한 개선이 필요합니다. 이때 ㄱ에서 거울의 질량을 높였으니 복사압 잡음을 줄여 복사압 잡음에 의한 신호대잡음비를 늘렸습니다.

그러면 우리는 이제 산탄 잡음에 의한 신호대잡음비를 늘려야 합니다. 그러므로 이를 늘릴 수 있는 레이저 출력이 적절하고, 투과율을 높이는 것은 적절하지 않습니다.

2023 언어이해 [28~30] 법의 폭력에 대한 관점 파악

◇ 총평

- 핵심 확보 (관점 파악)
- 다른 말 같은 뜻
- 어휘 자체를 통한 이해
- 비교 대조 쌍 / 대립쌍

지문 독해가 크게 어렵지는 않습니다.

기본적으로 대립쌍을 통해 제시된 내용들을 '기준점'에 맞춰 독해를 진행하며 초반 내용을 파악해야 합니다. 이 과정에서 구분된 개념의 '공통점'을 확보하는 것도 중요하다는 점을 배워갈 수 있습니다.

이후 어휘 자체를 통해 개념을 파악하고, 납득하는 것의 중요성을 알 수 있습니다.

마지막으로 공통된 요소가 제시되었을 때 스스로 비교·대조를 진행할 수 있어야 한다는 점을 파악할 수 있습니다.

> 벤야민은 폭력이 모든 합법적 권력의 탄생과 구성 과정에 개입함을, 그리고 그것이 금지하고 처벌하는 방식뿐만 아니라 법 자체를 제정하고 부과하며 유지하는 방식으로도 작동함을 밝히고자 했다.

벤야민의 '폭력'에 대한 관점을 제시합니다. 폭력이 '합법적 권력의 탄생, 구성, 금지 처벌, 법 자체~'를 유지하는 방식으로 작동한다는 것은 폭력이 '법적인 대부분에 관여'한다는 정도의 맥락입니다.

만약 저라면 위와 같이 맥락을 잡아두고, 선지에서 디테일한 일치(폭력이 어디까지 작동하는지 물어보는 등)를 물어본다면 돌아와서 판단한다는 인식을 가질 것 같습니다.

> 「폭력 비판을 위하여」에서 그는 목적의 정의로움과 수단의 정당성에 대한 ㉠자연법론과 ㉡법실증주의의 입장 차이를 논의의 출발점으로 삼았다.

대놓고 두 관점의 차이의 '기준점'을 제시합니다. '목적의 정의로움'와 '수단의 정당성'에 대해 두 관점(㉠, ㉡)이 어떤 차이를 가지고 있는지 '기준점'에 맞춰 독해를 진행합시다.

◇ tip 기준점

아무 의미가 없는 것들을 구분해서 비교하지 않습니다. 분명 명확하게 구분되는 '기준'이 있기에 두 대상이 구분되는 겁니다. 그렇기에 '기준점'을 인식하고 그에 맞춰 독해를 진행하시기를 권장합니다.

벤야민에 따르면, 고전적인 자연법론은 법 창출과 존속의 근거를 신이나 자연, 혹은 이성과 같은 형이상학적이고 외부적인 실체의 권위로부터 구한다. 또한 합당한 자격을 부여받은 외적 실체의 정당한 목적을 위해 사용되는 폭력은 문제가 되지 않는다고 본다.

자연법론에 대한 관점이 제시됩니다. '목적의 정의와 수단의 정당성'이라는 기준에 맞춰 독해를 진행해야 합니다. 자연법론은 수단의 정당성을 '외부'에서 찾고, '정당한 목적'이 있으면 폭력은 문제되지 않습니다.

단순히 정보를 [자연법론 : 이성과 같은 형이상학적이고 외부적 실체로 권위 구함 + 자격 있는 외적 실체의 목적이면 폭력 문제 안 됨] 이렇게 단순 정리를 하는 것이 아닌 '기준점'에 맞춰 문장의 의미를 파악하며 독해를 진행해야 합니다.

반면 법실증주의는 폭력을 수단으로 사용하기 위한 절차적 정당성이 확보되었는지 여부에 주목한다.

자연법론은 '외적 근거'를 통한 정당성에 주목합니다. 그런데 법실증주의는 '절차'에 주목합니다. 대놓고 두 지점이 주목하는 특성이 대립쌍을 통해 제시되고 있습니다. 대립쌍은 핵심적이므로, 이제 '절차적 근거(내적)'에 초점을 맞춰 독해를 진행합시다.

◇ **tip 대립쌍**

외적 근거 / 내적 근거(절차적 정당성)

이 둘은 어휘 자체가 명확하게 대립되는 포인트입니다. 애초에 기출 분석을 통해 (미시, 거시) / (개별, 전체) / (안, 밖) / (선천, 후천) / (모든, 일부) (내용, 형식) 등 대립쌍을 이루는 어휘 자체를 익혀 그에 대한 즉각적인 반응이 이루어져야 합니다.

실제로 대립쌍에 대한 이해는 지문 이해와 문제 풀이 시 굉장히 핵심적으로 기능하는 부분입니다. 필히 민감한 반응을 갖추시길 바랍니다.

벤야민은 자연법론보다는 법실증주의가 폭력 비판의 가설적 토대로 더 적합하다고 판단했다.

당연히 그렇다면 폭력 비판으로 법실증주의가 '왜?' 더 적절한지를 파악하는 것이 핵심입니다. 최소한 이런 물음은 가지고 독해를 진행해야 합니다.

◇ **코멘트**

항상 문맥을 통해 의미를 파악해야 합니다. 지금까지 제시된 정보는 자연법론은 '외적에 근거' 법실증주의는 '내적 정당성'에 근거한다는 것입니다. 그러면 이후 '왜?'라는 물음을 읽을 때도 이를 통해 의미를 파악할 수 있다는 생각을 해야 합니다.

근본규범으로 전제된 헌법으로부터 법 효력의 근거를 도출하는 법실증주의는 법체계의 자기정초적 성격을 강조함으로써 법 제정 과정의 폭력을 읽어낼 단서를 제공해 주어, 폭력 보존의 계보에 대한 비판적 탐색을 가능케 하기 때문이다.

생각합시다. 법실증주의는 '절차적 정당성'에 주목합니다. 결국 법실증주의가 '법체계의 자기정초적 성격을 강조함으로써 법 제정 과정의 폭력을 읽어'낼 수 있는 것은 법실증주의가 '절차적 정당성'을 주목하기 때문에 '제정 과정'을 읽어내려갈 수 있기 때문인 것이죠.

◇ **tip 다른 말 같은 뜻**

독서는 결국 '의미'를 파악하며 읽는 것입니다. 독해 시, 기표(記標)가 다르더라도, 같은 기의(記意)를 가지고 있으면 적극적으로 같은 의미를 판단해 주어야 합니다.

결국 문맥을 통해 의미를 파악하는 태도는 핵심입니다. 여기서도 '절차적 정당성 = 내적 정당성'이라는 핵심을 통해 '법 제정 과정의 폭력 읽어냄 = 절차 정당성 따지니 제정 과정 따지겠네, 당연하다' 정도의 사고 과정이 진행될 수 있습니다.

cf) 23.09 유류분권에 대한 이해

그렇지만 벤야민은 법실증주의가 목적과 수단의 관계에 대한 잘못된 전제를 자연법론과 공유한다고 보았다.

법실증주의가 폭력 비판을 위해 더 적절하다 해놓고, 둘 다 잘못된 전제를 공유하고 있답니다. 두 대상이 구분될 때 '공통점'을 파악하는 건 너무 중요한데, 친절하게 이렇게 이후 내용을 공통점으로 파악하며 읽으라고 강조해주고 있습니다.

정당화된 수단이 목적의 정당성을 보증한다고 보는 경우든 정당한 목적을 통해 수단이 정당화될 수 있다고 보는 경우든, 목적과 수단의 상호지지적 관계를 전제로 폭력의 정당성을 판단한다.

수단이 목적을, 목적이 수단을 정당화하든 결국 서로 상호지지적이라는 건 어렵지 않게 파악할 수 있습니다. 어려운 내용은 아니고 이렇게 자연스럽게 납득할 수 있는 건 자연스럽게 납득해야 합니다.

> 그러나 법의 관심은 이러저러한 목적 혹은 수단을 평가하는 데 있는 것이 아니라 법의 폭력 자체를 수호하는 데 있다고 파악했다.

약간은 불친절하게 서술되었다고 볼 수 있습니다. 결국 이렇게 파악한 사람은 누구일까요? '벤야민'입니다. 벤야민에게 법의 관심은 '폭력 자체에 대한 수호'로 여겨짐을 파악했어야 합니다.

◇ 코멘트

22 예비 시행 동일론 이원론 지문에서도 이렇게 스스로 관점의 주체를 파악했어야 합니다. 관점의 주체를 맥락에 맞춰 파악할 수 있어야 합니다.
특히 요즘 평가원 비문학에서 주체를 숨기고 서술되는 건 아주 일반적입니다. 일반적으로 앞부분에서 철학자/사상가를 한 번 제시했다면 이후에는 문맥을 고려하여 해당 주체의 의견이라고 받아들여야 합니다.

> 또한 법이 스스로 저지르는 폭력만을 정당한 '강제력'으로 상정하고 다른 모든 형태의 폭력적인 것들은 '폭력'으로 치부하는 문제에 관해 양편 모두 충분한 관심을 두지 않아 왔음을 지적했다.

'또한'이라 얘기하니 당연히 둘의 공통점을 계속 제시할 겁니다. 두 입장 모두 법의 폭력은 '강제력'이지만, 다른 형태는 '폭력'으로 치부합니다. 벤야민이 이를 지적한 것이니, 벤야민은 '법의 폭력'에 대해서도 관심을 가진다는 점을 다시금 확보해야 합니다.

◇ 코멘트

애초에 벤야민이 폭력 비판으로 법실증주의가 '왜?' 더 적절한지를 얘기하고 있었습니다. 그러니 벤야민이 이렇게 법의 폭력에 대한 관심을 두지 않는 걸 지적하는 건 사실 당연한 흐름입니다.
핵심을 계속 잡고 독해를 진행하면 당연하게 납득할 수 있는 내용이고, 그렇지 않았더라도 여기서라도 벤야민의 관점(법의 폭력에 대해서도)을 파악해야 합니다.

> 벤야민은 자연법과 법실증주의가 감추어 온 법의 내재적 폭력성을 설명하기 위해 법정립적 폭력과 법보존적 폭력을 새롭게 개념화했다.

앞서 벤야민이 '법의 폭력'에 대해서 관심을 가진다는 것을 파악했다면, 그를 파악하기 위해 '법정립적 폭력과 법보존적 폭력'에 관심을 가진다는 점을 자연스럽게 납득할 수 있습니다.

◇ tip 어휘 자체를 통한 이해

실제로 어휘 자체를 통해 자연스럽게 납득할 부분을 납득하고 독해를 진행하는 사람과 그렇지 못한 사람은 실전에서 상당한 차이를 보입니다.

'법+정립+적+폭력'입니다. 그러니 법을 정립하기 위한 폭력에 해당하는 내용일 겁니다. 그리고 '법+보존+적+폭력'입니다. 그러니 법을 보존하기 위한 폭력일 겁니다.

이처럼 어휘 자체의 의미를 파악한다면 이들의 개념을 납득하는 것이 더욱 수월해집니다.

> 전자의 사례로 무정부적 위력이나 전쟁 등을, 후자의 사례로 행형제도와 경찰제도 등을 제시한 점에서 이들이 각각 근대 국가의 입법 권력과 행정 권력에 대응하는 한정된 개념으로 사용되었다고 보기 어렵다.

문장의 의미를 파악하자면, 결국 법정립적, 법보존적 폭력이 입법과 행정에 일대일 대응이 아니라는 정도입니다. 이렇게 일대일 대응이 아니라는 점을 파악하기는 어렵지 않았을 거라 생각합니다.

◇ 코멘트

법정립적 폭력이 전쟁 등입니다. 그런데 전쟁을 입법에 대응된다고 보기 어렵다는 건 납득할 수 있습니다. 그리고 법보존적 폭력이 행형제도입니다. 만약 행형제도가 행정 권력에 대응되는 것으로 보기 어렵다는 걸 납득하기 어려울 수는 있습니다.
그래도 최소한 '전쟁'이 입법 권력에 대응하는 것으로 한정되기 어렵다는 것을 통해 '일대일 대응이 아니군' 정도의 문맥적 의미를 납득할 수 있습니다.

> 법정립적 폭력은 법 목적을 위한 강제력이 정당화된 폭력의 위치를 독점하는 과정을 보여준다.

법정립적 폭력은 어휘 자체의 의미를 통해 알 수 있듯이 법을 정립하기 위한 폭력입니다. 그러니 법의 목적을 위해 정당화된 폭력(법의 정립을 위해 정당화된 폭력) 정도로 납득하는 것은 어렵지 않습니다.

> 여기서 폭력은 법 제정의 수단으로 복무하지만,

더욱 구체적으로 제시됩니다. '법을 정립하기 위한 폭력'이니 폭력이 법 제정의 수단으로 복무한다는 것은 동어 반복입니다. 다른 말 같은 뜻인 것이죠.

> 목적한 바가 법으로 정립되는 순간 퇴각하는 것이 아니라 자신의 도구적 성격을 넘어서 힘 자체가 된다.

그런데 '법정립적 폭력'은 정립되고 끝나는 게 아니라 수단의 영역을 넘어서기까지 합니다. 벤야민에게 이런 점은 당연히 비판점일 것이라는 생각까지 진행됐으면 베스트입니다.

> 그렇기에 법과 폭력의 관계는 목적과 수단의 관계 또는 선후관계로 편입될 수 없다.

당연합니다. 법을 정립하기 위한 폭력(수단)이 어느 순간 힘 자체(목적)가 되어버리니까요. 계속 앞선 문장을 통해 뒷 내용을 납득하며 독해를 진행해야 합니다.

> 한편 법보존적 폭력은 이미 만들어진 법을 확인하고 적용하고자 하는, 그리고 이로써 법의 규율 대상에 대한 구속력을 유지하고자 하는 반복적이고 제도화된 노력들이다.

어휘 자체의 의미를 통해 이해합시다. 법을 보존하기 위한 폭력입니다. 그러니 이미 만들어진 법을 적용하고자 하는. 구속력을 '유지'하고자 하는 노력이겠죠. 결국 '법 보존 ≒ 법 유지 위함' 정도로 다른 글자이지만, 어휘 자체를 통해 같은 뜻을 파악할 수 있습니다.

> 법은 구속적인 것으로 확언됨으로써 보존되며, 그 보존을 통한 재확언이 다시금 법을 구속하는 것이다.

법은 구속적인 것으로 확언되는 것은 법이 정립되는 것을 의미합니다. 그러니 법정립적 폭력에 가깝겠죠. 그리고 그것이 보존되며 재확언되는 것은 법이 유지되는 것으로 법보존적 폭력의 범주일 겁니다.
결국 다른 말이지만 같은 의미를 잡아 법정립과 법보존이 연결되어 있다는 정도의 맥락임을 파악했어야 합니다.

◇ 코멘트

> 결국 법정립적, 법보존적이라는 어휘 자체의 의미를 파악했다면, 어휘의 의미를 통해 자연스럽게 납득할 수 있는 개념들입니다. 어휘 자체를 통해 개념을 납득하는 습관을 갖추시길 바랍니다.

> 더 나아가 그는 법 정립과 법 보존의 이러한 순환 회로(구속으로 확언 보존, 보존으로 재확언 구속)를 신화적 폭력이라 명명하면서 그것을 신적 폭력과 구별 짓는다.

법 정립과 보존이 순환 회로라는 것은 앞 문장의 의미를 그대로 받는 말입니다. 이런 순환이 '신화적 폭력'이며 이것이 '신적 폭력'과 구분됩니다. 이렇게 글자가 유사하지만 뜻이 구분되는 경우 우리는 이를 필히 구분해야 합니다.

◇ tip 언어에 대한 민감함

과거 수능에서 %와 %p의 차이로 인해 상당한 논란이 된 적이 있습니다. 얼핏 보면 큰 차이가 없어보이지만 %와 %p는 다른 뜻을 가지고 있습니다.

'신화적 폭력'과 '신적 폭력'은 글자가 매우 유사합니다. 하지만 벤야민의 관점에서는 이 둘이 명확하게 구분되고 있습니다.

다른 말 같은 뜻을 잡는 것도 중요하지만, 이처럼 같은 말(비슷한) 다른 뜻을 잡는 것 역시 중요합니다. 우리는 '의미를 파악'하는 것이 가장 우선시 되니까요.

> 신적 폭력은 법을 허물어뜨리는 순수하고 직접적인 폭력이다. 벤야민은 이것(신적 폭력)이 신화적 폭력의 순환 회로를 폭파하고 새로운 질서로 나아가게끔 하는 적극적 동력임을 주장한다.

신적 폭력이 법을 허물어뜨리는 폭력입니다. 이렇게 구체적으로 제시해준 개념을 확보하고 독해를 진행하면 이후 내용은 당연합니다. 당연히 법적 폭력의 순환을 보이는 '신화적 폭력'을 '신적 폭력'이 부신다는 것이 벤야민의 관점일 겁니다.

이런 서술 흐름은 익숙해야 합니다. 'A는 B이다.' 'B는~' 식으로 서술해주면 구체적으로 서술된 개념을 확보해야 하고, 만약 워딩만 제시되면 워딩 정도만 체크하고 독해를 진행하면 충분합니다. 여기서 신적 폭력의 개념을 구체적으로 서술해주었고, 이를 확보하고 뒷 문장을 읽었다면 '법을 부시니까 당연히 신화적 폭력을 부시지'라고 납득할 수 있습니다.

> 출간 당시엔 크게 주목받지 못한 「폭력 비판을 위하여」가 반세기 넘게 지나 법과 폭력의 관계를 규명하려는 연구자들의 관심을 끌게 된 데에는 데리다의 비판적 독해가 주요한 계기를 제공했다.

데리다라는 인물이 등장합니다. 데리다의 비판적 독해가 주요한 계기를 제공했다면 당연히 데리다의 관점을 핵심으로 잡고 독해를 진행해야 합니다.

> 데리다는 「법의 힘」에서 합법화된 폭력을 소급적으로 정립하는 법의 발화수반적 힘을 분석했다.

어휘가 어렵습니다. 어휘력이 갖춰져있다면, 합법화된 폭력을 정립하는 법의 '말에 따르는 힘'을 분석했다는 것을 파악할 수 있고, 이렇게 '발화수반적'의 의미를 파악했다면 이후 제시되는 내용은 자연스럽게 납득할 수 있습니다.

> 그는 법 언어 행위를 통해 적법한 권력과 부정의한 폭력 사이의 경계가 비로소 그어진다고 설명했다.

말에 따르는 힘을 분석했으니, 당연히 언어 행위를 통해 적법과 부정의 폭력을 구분할 겁니다. 어휘력의 중요성을 알 수 있습니다.

> 또한 법보존적 폭력은 법정립적 폭력에 이미 내재되어 있다고 보았다.

법을 보존하는 폭력이 법을 정립하는 것에 내재되어 있다는 건 무슨 의미일까요? 일단 완벽하게 이해하지 못하더라도 데리다의 관점에서 [법보존⊂법정립] 정도로 상위범주 하위범주 파악은 진행됐어야 합니다.

지문 독해 시 상위범주와 하위범주를 인식하지 않고 독해해서 상위범주의 개념을 하위범주가 가지고 있다는 것을 인식하지 않고 독해를 진행하는 경우가 종종 발생합니다. 상위범주 하위범주는 자주 출제되는 요소이므로 최소한 파악은 하고 독해를 진행해야 합니다.

cf) 15.11A 단백질의 합성과 분해

제한아미노산은 단백질 합성에 필요한 각각의 필수아미노산의 양에 비해 공급된 어떤 식품에 포함된 해당 필수아미노산의 양의 비율이 가장 낮은 필수아미노산을 말한다.

⇒ ① 필수아미노산을 제외한 다른 아미노산도 제한아미노산이 될 수 있겠군.

⇒ 필수아미노산 중 일부가 제한아미노산인 것으로 필수아미노산을 제외한 나머지는 제한아미노산이 될 수 없음. 이는 필수아미노산이 제한아미노산의 상위범주라는 것을 파악했어야 함을 알려 줌.

> 정립은 자기보존적인 반복에 대한 요구를 내포하며, 자신이 정립했다고 주장하는 것을 보존하기 위해 재정립되어야 하기 때문이다.

말이 좀 어렵습니다. 정립이 자기보존에 대한 요구를 '내포'합니다. 정립이 '보존'을 내포하는 것이니 보존적 폭력이 정립적 폭력에 내재되어 있다는 것은 납득할 수 있습니다.

사실 저렇게 문장의 의미를 파악할 수도 있고 '~ 때문이다'라고 했으니 결국 앞말에 대한 설명 수준이니 앞말의 해석 정도로 의미를 판단해도 충분합니다.

> 더 나아가 그는 법을 정립하고 보존하는 신화적 폭력과 법을 허물어뜨리는 신적 폭력이 뚜렷이 구분될 수 없으며, 만일 후자를 벤야민이 지지했던 방식으로 이해할 경우 자칫 메시아주의로 귀결되거나 전체주의에 복무하는 것으로 해석될 여지가 있음을 지적했다.

대놓고 벤야민과 다른 관점을 보입니다. 신화적 폭력과 신적 폭력을 구분하지 않으며, 지적합니다. 대놓고 두 관점의 차이가 제시되었으니 확보하고 독해를 마무리해야 합니다.

실제 독해 시 a와 b가 대조되는 전개 방향이라면 a를 읽을 때는 있는 그대로 정리를 잘하면서 독해를 하는 것으로 충분합니다. 그렇지만 a 이후 제시되는 b를 읽을 때는 a와의 공통점과 구분되는 차이를 생각하며 독해를 진행하는 습관이 필요합니다.

대놓고 a 이후 b가 제시되거나, 'a와 달리 b는~' 식으로 친절하게 서술해주지는 않았습니다. 하지만, 이렇게 스스로 공통된 요소가 나왔을 때 우리는 비교·대조를 진행해줄 수 있어야 합니다.

여기서도 '신화적 폭력'과 '신적 폭력'이라는 앞서 제시된 개념과 동일한 개념에 대한 관점을 서술해주고 있습니다. 이런 경우 역시 당연히 관점 간 비교가 출제될 수 있다는 점을 인식해야 합니다.

cf) 21.09 행정입법 <보기> 문항

[28~30] 문제 해설

28 윗글의 내용과 일치하는 것은?

① 벤야민은 법정립적 폭력을 신화적 폭력에, 법보존적 폭력을 신적 폭력에 각각 속하는 것으로 규정한다.
② 벤야민은 신적 폭력이 도래함으로써 법 정립과 법 보존의 순환 회로가 더 강고해질 수 있음을 우려한다.
③ 벤야민은 법의 수단으로 사용되는 폭력은 자신의 목적을 달성하는 순간 힘을 상실하여 소거된다고 주장한다.
④ 데리다는 폭력의 적법성이 법 언어 행위를 통해 사후적으로 정립되지 않는다고 본다.
⑤ 데리다는 법을 보존하기 위한 반복적이고 제도화된 폭력들이 법정립적 폭력에 포함되어 있다고 이해한다.

답 ⑤
선지의 의미를 파악해야 합니다. 법을 보존하기 위한 반복적이고 제도화된 폭력은 4문단에 제시된 '이미 만들어진 법을 확인하고 적용하고자 하는, 그리고 이로써 법의 규율 대상에 대한 구속력을 유지하고자 하는 반복적이고 제도화된 노력'인 법보존적 폭력이라는 것을 알 수 있습니다.
그러면 선지는 데리다는 법보존적 폭력이 법정립적 폭력에 포함되어 있다고 이해한다는 것으로, 이는 5문단에 제시된 데리다가 '법보존적 폭력은 법정립적 폭력에 이미 내재되어 있다고 보았다'는 것을 통해 적절함을 알 수 있습니다.

① : 4문단에 제시된 것처럼 벤야민은 법 정립과 법 보존의 이러한 순환 회로를 신화적 폭력이라 명명하면서 그것을 신적 폭력과 구별 짓습니다. 법정립적 폭력, 법보존적 폭력을 각각 신화적, 신적 폭력에 속하는 것으로 규정한 것이 아닙니다.

② : 4문단에 제시된 것처럼 벤야민은 신적 폭력이 신화적 폭력의 순환 회로를 폭파하고 새로운 질서로 나아가게끔 하는 적극적 동력임을 주장합니다.

③ : 4문단에 제시된 것처럼 벤야민은 폭력은 법 제정의 수단으로 복무하지만, 목적한 바가 법으로 정립되는 순간 퇴각하는 것이 아니라 자신의 도구적 성격을 넘어서 힘 자체가 된다고 주장합니다.

④ : 5문단에 제시된 것처럼 데리다는 법 언어 행위를 통해 적법한 권력과 부정의한 폭력 사이의 경계가 비로소 그어진다고 설명합니다. 즉 폭력의 적법성이 법 언어 행위를 통해 사후적으로 정립된다는 입장입니다.

◇코멘트

단순 일치 수준의 선지입니다. 정답 선지에서 선지의 의미를 파악하는 태도는 현 경향을 잘 반영하는 선지입니다.

29 윗글을 바탕으로 ㉠과 ㉡을 이해한 것으로 적절하지 않은 것은?

① ㉠은 정당성 판단의 준거가 될 법적 권위를 법 바깥에서 구한다.
② ㉡은 수단의 절차적 정당화 여부에 따라 법의 폭력성을 판단해야 한다고 주장한다.
③ ㉠과 ㉡은 목적이나 수단 중 어느 한쪽이 정당화되면 다른 쪽의 정당성도 보증된다고 전제한다.
④ ㉠보다 ㉡이 법의 정립과 보존 과정에 내재된 폭력을 발견하는 데 더 유용하다.
⑤ ㉠과 달리 ㉡은 법적으로 승인된 폭력이 자신을 법 바깥의 폭력들과 차등화하는 문제에 주목한다.

답 ⑤
2문단에 제시된 것처럼 벤야민은 법실증주의가 목적과 수단의 관계에 대한 잘못된 전제를 자연법론과 공유한다고 보았습니다. 그리고 법이 스스로 저지르는 폭력만을 정당한 '강제력'으로 상정하고 다른 모든 형태의 폭력적인 것들은 '폭력'으로 치부하는 문제에 관해 양편 모두 충분한 관심을 두지 않아 왔음을 지적했습니다.

즉 ㉠과 ㉡은 모두 법적으로 승인된 폭력이 자신을 법 바깥의 폭력들과 차등화하는 문제에 주목하지 않습니다.

오답 선지 분석

① : 2문단에 제시된 것처럼 자연법론은 법 창출과 존속의 근거를 신이나 자연, 혹은 이성과 같은 형이상학적이고 외부적인 실체의 권위로부터 구합니다.

② : 2문단에 제시된 것처럼 법실증주의는 폭력을 수단으로 사용하기 위한 절차적 정당성이 확보되었는지 여부에 주목합니다.

③ : 3문단에 제시된 것처럼 벤야민은 법실증주의가 목적과 수단의 관계에 대한 잘못된 전제를 자연법론과 공유한다고 보았습니다. 이는 정당화된 수단이 목적의 정당성을 보증한다고 보는 경우든 정당한 목적을 통해 수단이 정당화될 수 있다고 보는 경우든, 목적과 수단의 상호지지적 관계를 전제로 폭력의 정당성을 판단한다는 것으로, ㉠과 ㉡은 목적이나 수단 중 어느 한 쪽이 정당화되면 다른 쪽의 정당성도 보증된다고 전제함을 알 수 있습니다.

④ : 2문단에서 벤야민은 법실증주의가 폭력 비판의 가설적 토대로 더 적합하다고 판단했고, 이에 대한 근거로 법실증주의는 법체계의 자기정초적 성격을 강조함으로써 법 제정 과정의 폭력을 읽어낼 단서를 제공해 주어, 폭력 보존의 계보에 대한 비판적 탐색을 가능케 하기 때문임을 제시했습니다. 따라서 법실증주의가 법의 정립과 보존 과정에 내재된 폭력을 발견하는데 더 유용하다고 판단할 수 있습니다.

◇코멘트

단순 일치 수준의 선지입니다. 차이점을 넘은 공통점까지 핵심이라는 점을 파악하면 좋겠습니다.

30 윗글을 바탕으로 <보기>를 평가한 것으로 가장 적절한 것은?

보 기

A : 민주적 정치체제에서 법 제정 권력을 다룰 때, 논의 대상은 의회의 입법권으로 좁혀져야 한다. 정치적 자유의 행사를 통해 구성된 권력이 아닌 강제적 힘에 의해 정초된 법은 처음부터 불법이다. 따라서 국가법이 제정되고 유지되는 과정에 폭력이 난입할 여지는 없다.

B : 국가법은 불법체류자 등을 법적 보호로부터 배제하는 동시에 바로 그 배제를 통해 규율 대상으로 포획한다. 이때 법과 폭력은 안과 바깥이 구분되지 않는 '뫼비우스의 띠' 안에서 무한히 순환한다. 우리는 더 나은, 혹은 덜 나쁜 법의 정립을 입법권의 자장 안에서 고민하기보다는 신화적 폭력을 넘어서 국가법 자체를 탈정립할 신적 폭력을 지지할 필요가 있다.

① A는 법 정립 과정에 폭력이 개입하지 않는다고 본 데서, 벤야민과 관점을 같이한다.
② A는 적법한 강제력과 적법하지 않은 폭력이 처음부터 다른 기원을 가진다고 주장한 데서, 벤야민과는 견해를 달리하고 데리다와는 견해를 같이한다.
③ B는 법과 폭력의 순환 고리를 끊어낼 순수하고 직접적인 폭력을 지지한 데서, 벤야민과 입장을 같이한다.
④ B는 신적 폭력과 신화적 폭력의 구분을 전제한 데서, 벤야민과는 견해를 달리하고 데리다와는 견해를 같이한다.
⑤ A와 B는 모두 법 정립 권력을 입법 권력에만 한정 지은 데서, 벤야민과 입장을 같이한다.

<보기> 분석

A : 국가법 제정, 유지에서 폭력이 난입할 여지는 없다.
제정, 유지는 법정립, 법보존에 대응됨. 그렇다면 A는 법정립, 법보존 폭력이 없다는 입장임.

B : 신화적 폭력을 넘어서 국가법 자체를 탈정립할 신적 폭력을 지지할 필요가 있음

답 ③

<보기>에서 B는 신화적 폭력을 넘어서 국가법 자체를 탈정립할 신적 폭력을 지지할 필요가 있음을 주장합니다. 이는 4문단에서 벤야민이 신적 폭력이 신화적 폭력의 순환 회로를 폭파하고 새로운 질서로 나아가게끔 하는 적극적 동력임을 주장한 것과 입장을 같이 합니다.

오답 선지 분석

① : <보기>에서 A는 국가법 제정, 유지에서 폭력이 난입할 여지는 없다고 주장합니다. 하지만 벤야민은 4문단에서 법정립적 폭력과 법보존적 폭력을 주장한 것에서 법 정립 과정에 폭력이 개입한다고 보았음을 알 수 있습니다.

② : 3문단에서 벤야민은 법이 스스로 저지르는 폭력만을 정당한 '강제력'으로 상정하고 다른 모든 형태의 폭력적인 것들은 '폭력'으로 치부하는 문제에 관해 양편 모두 충분한 관심을 두지 않아 왔음을 지적했습니다. 즉 벤야민은 적법한 강제력과 적법하지 않은 폭력이 서로 다른 기원을 가진다는 것을 비판한 것이죠.

한편 데리다는 법 언어 행위를 통해 적법한 권력과 부정의한 폭력 사이의 경계가 비로소 그어진다고 설명했습니다. 법 언어 행위를 통해 '비로소' 경계가 그어지는 것이니 그전에는 이들의 견해가 다르지 않다는 입장으로, 처음부터 다른 기원을 가지지 않는다고 보는 입장임을 알 수 있습니다.

따라서 벤야민과는 견해를 달리하고 데리다와도 견해를 달리합니다.

④ : <보기>에서 B가 신화적 폭력을 넘어서 국가법 자체를 탈정립할 신적 폭력을 지지할 필요가 있다는 것을 통해 신적 폭력과 신화적 폭력의 구분을 전제했음을 알 수 있습니다. 이는 4문단에 제시된 것처럼 순환 회로를 신화적 폭력이라 명명하면서 그것을 신적 폭력과 구별 짓는 벤야민의 견해와 같으며, 5문단에 제시된 것처럼 신화적 폭력과 법을 허물어뜨리는 신적 폭력이 뚜렷이 구분될 수 없다는 데릴다의 견해와 상이합니다.

⑤ : A는 법 제정 권력을 다룰 때, 논의 대상은 의회의 입법권으로 좁혀져야 한다고 주장한 것에서, 법 정립 권력을 입법 권력으로 한정 지었음을 알 수 있습니다.
하지만 4문단에서 벤야민이 법정립적 폭력과 법보존적 폭력 각각을 근대 국가의 입법 권력과 행정 권력에 대응하는 한정된 개념으로 사용되었다고 보기 어렵다고 주장한 것에서, 벤야민이 법 정립 권력을 입법 권력에만 한정 짓지 않은 것을 알 수 있습니다.

◇코멘트

막상 선지는 단순 일치 수준의 선지입니다. 비교·대조 된 포인트는 핵심이라는 정도는 생각할 수 있을 것 같습니다.

이제 **오르비**가
학원을 재발명합니다

전화 : 02-522-0207 문자 전용 : 010-9124-0207 주소: 강남구 삼성로 61길 15 (은마사거리 도보 3분)

smart is sexy
Orbi.kr

오르비학원은

모든 시스템이 수험생 중심으로 더 강화됩니다.

모든 시설이 최고의 결과가 나올 수 있도록 설계됩니다.

집중을 위해 오르비학원이 수험생 옆으로 다가갑니다.

오르비학원과 시작하면

원하는 대학문이 가장 빠르게 열립니다.

전화 : 02-522-0207   문자 전용 : 010-9124-0207   주소 : 강남구 삼성로 61길 15 (은마사거리 도보 3분)

출발의 습관은 수능날까지 계속됩니다.
형식적인 상담이나
관리하고 있다는 모습만 보이거나
학습에 전혀 도움이 되지 않는
보여주기식의 모든 것을 배척합니다.

쓸모없는 강좌와 할 수 없는 계획을 강요하거나
무모한 혹은 무리한 스케줄로
1년의 출발을 무의미하게 하지 않습니다.
형식은 모방해도 내용은 모방할 수 없습니다.

smart is sexy
Orbi.kr

개인의 능력을 극대화 시킬 모든 계획이 오르비학원에 있습니다.

주간리트

수능 국어의
질적 공부를 위한
리트 언어이해

orbibooks

Contents

교재 구매자분들을 위한 공지 사항, 질의응답, 상담 창구 공지

교재 구매자분들과 소통하는 창구로 네이버 카페 '조남희 국어'를 개설하였습니다.

교재 구매자분들은 공지 사항, 질의응답, 상담, 오타 · 오류 문의 등 해당 창구를 이용해주시면 감사하겠습니다.
원활한 소통을 위해 '조남희 국어' 카페를 가입해주시면 감사하겠습니다.

링크 : https://cafe.naver.com/jonamhi

QR 코드 - 모바일

인사말

안녕하십니까. 「주간 리트」 저자 조남희입니다.

2017년 이후 수능 국어는 절대적 난도로는 쉬운 시험이 단 한 차례도 존재하지 않았습니다. 작년에 시행된 2023학년도 수능은 2022학년도라는 역대급 시험 직후 시행된 시험으로 '상대적'으로 평이하다는 평가를 받지만, 등급컷 자체를 보면 '객관적'으로 쉬운 난도의 시험은 아니었습니다.

물론 수능 국어의 난도가 올랐다 해도, 수능 국어를 대비하기에 가장 기본이 되어야 하는 자료가 '수능 국어 기출 문제'라는 사실은 자명합니다. 하지만, 현재 수능 국어의 수준을 고려할 때 기출'만' 가지고 시험을 대비하기는 '일반적으로' 어려움이 있다는 점 역시 이견이 없을 겁니다.

그렇다면 수능 국어의 난도가 이렇게 올랐다는 평가를 받는 이유는 무엇일까요? 다양한 이유가 있지만 크게 두 측면으로 요약할 수 있습니다.

1. 지문의 압축적 서술
2. 선지의 재구성 서술

현재 수능 국어는 압축적으로 제시된 글을 '스스로' '문맥적 의미'를 파악해 이해하기를 요구하고 있으며, 이러한 문맥적 이해를 평가하기 위해 단순 일치 수준으로 끝나던 과거의 선지 수준과 달리 지문 내 용어를 재구성하여 선지가 구성되고 있습니다.

이런 상황 속 리트 언어이해는 현시점 수능 국어의 난도가 오른 원인과 결을 같이하는, 수능 국어와 비견될 수 있는 퀄리티를 가진, 유일한 국가 공인 기출 자료입니다. 이로 인해 많은 강사분들이 과거 리트 언어이해를 강의 및 주간지에 활용하고 계십니다.

그런데 수능 국어의 난도가 오른 원인과 가장 유사한 어려움을 담고 있는 '2020학년도 이후 리트 언어이해 기출'은 난도와 인·현강 차이 등을 이유로 '현장 강의 자료'에는 자주 등장하지만, '시중 자료'에는 상대적으로 등장하지 않는 경향을 보이고 있습니다.

이런 경향에 맞춰 2024학년도 수능 국어 대비로 출판된 「주간 리트」는 어렵지만, 수능이 어려워진 이유와 가장 유사한 어려움을 담고 있는 2020학년도부터 2023학년도까지의 최신 리트 기출을 수록하였습니다. 여러분들이 지문의 압축적 서술에서 문맥적 의미를 스스로 파악할 수 있는 근본적인 독해력을 갖춰 재구성된 선지를 판단하는 틀을 확립할 수 있게 함을 목표로 제작되었습니다.

본 교재를 구매하신 분들이라면, 수능 국어에서 일정 수준 이상의 점수를 목표하시는 분들이라 생각합니다. 여러분들이 지향하는 목표에 도달하는 그 길에, 「주간 리트」가 보탬이 될 수 있길 바라며 간단하게 공부 방향과 교재 내용에 대한 소개를 진행하겠습니다. 중요한 내용이므로, 필히 읽어보시는 것을 권장합니다.

수능 국어를 공부하는 방향, 그에 맞춘 교재 소개

    수능 국어는 큰 틀에서 구분한다면 '질적 공부'와 '양적 공부'의 병행이 필요합니다.
일반적으로 '질적 공부'는 평가원 기출을 통해 본인의 독해를 스스로 교정 · 점검하며 근본적인 독해력 향상, 문맥적 이해에 초점을 맞춘 공부이며,
'양적 공부'는 사설 문항을 통해 많은 글을 접하며, 점검 · 교정된 본인의 사고 과정으로 낯선 글에 대한 처리를 익숙하게 만드는 것에 초점을 맞춘 공부입니다.

    '질적 공부'에서 가장 핵심이 되는 자료는 '평가원 기출'입니다. 그러나 평가원 기출의 양은 한정되어 있고, 일정 수준 이상의 목표를 가지신 분들이 수험기간 동안 평가원 기출만 보기에는 절대적인 양이 부족한 것도 사실입니다.

    앞서도 밝혔지만, 리트 언어이해는 현시점 수능 국어의 난도가 오른 원인과 결을 같이하는, 수능 국어와 비견될 수 있는 퀄리티를 가진, 유일한 국가 공인 기출 자료입니다. 이 점을 고려하여 「주간 리트」는 주간지 등에서 정해진 분량을 채우기 위해 일회성으로 리트 언어이해 기출이 소비되는 것과는 달리, 수능 국어와 비견될 수 있는 퀄리티를 가진 리트 언어이해 기출을 '질적 공부'의 도구로 활용하는 것을 목표로 제작되었습니다. 이러한 '질적 공부'를 목표로 제작된 「주간 리트」는 아래와 같은 특징을 가지고 있습니다.

    본 교재는 시중의 평범한 리트 문제집들처럼 문제와 답 혹은 간단한 지문 요약 정도의 서술이 아닌 각 지문에 대한 저자의 '사고 과정'이 제시되어 있습니다. 예시로 리트 언어이해 기출을 담으면 이후 여러분들이 풀어야 하는 귀한 지문들이 스포일러가 될 수 있으니, 저자의 현강 자료 평가원 기출 문항 해설을 예로 들어 「주간 리트」의 해설이 어떤 스타일인지 확인해보겠습니다.

예시1 2023학년도 9월 모의평가. 아도르노의 예술관 해설 中 발췌.

> (가)
>   **아도르노**는 문화 산업에 의해 양산되는 **대중 예술**이 <u>이윤 극대화를 위한 상품으로 전락함으로써</u> <u>예술의 본질을 상실</u>했을 뿐 아니라 <u>현대 사회의 모순과 부조리를 은폐</u>하고 있다고 지적했다.

지문 시작부터 아도르노의 대중 예술에 대한 관점을 직접적으로 제시해주고 있습니다. 〈대중 예술 = 상품 전락, 본질 상실, 은폐〉와 같이 제시된 관점을 필히 확보하고 독해를 진행해야 합니다.

코멘트
+ 22학년도 수능 헤겔의 미학 지문에서도 헤겔의 관점 '예술〈종교〈철학'을 정확하게 확보하고 그에 대응하며 독해를 진행하는 것이 핵심이었습니다.

+ '관점'이 제시되면 해당 관점을 필히 확보하며 독해를 진행해야 합니다. 관점이 구체화되며 글이 전개되든, 다른 관점과의 비교를 통해 글이 전개되든 결국 관점을 확보하고 그것을 통해 대응하고, 비교하며 독해를 진행해야 한다는 사실은 변하지 않습니다.

> 아도르노가 보는 대중 예술은 창작의 구성에서 표현까지 표준화되어 생산되는 상품에 불과하다.

앞서 관점을 확보하면 그대로 대응되는 내용입니다. 〈창작의 구성에서 표현까지 표준화되는 상품 = 이윤 극대화를 위한 상품〉 정도의 맥락으로 처리해줬으면 충분합니다.

코멘트
상식적으로 이윤 극대화를 위한 상품이면 일반적으로 '공장식 생산' 정도로 처리해줄 수 있습니다. 그러니 표준화되어 생산된다는 것은 이윤 극대화를 위한 상품과 대응되는 내용이겠죠. 기본적인 상식과 어휘력이 갖춰질 때 자연스럽게 납득할 수 있는 정보가 늘어납니다.

> 그는 대중 예술의 규격성으로 인해 개인의 감상 능력 역시 표준화되고, 개인의 개성은 다른 개인의 그것과 다르지 않게 된다고 보았다.

계속 앞선 개념을 통해 납득해야 합니다. 〈대중 예술의 규격성 = 표준화되어 생산〉 정도의 맥락이고, 이것을 수용하는 개인들 역시 〈표준화되어 생산〉된다는 정도의 맥락일 겁니다. 계속 문맥을 통해 의미를 파악하며 독해를 진행해야 합니다.

> 특히 모든 것을 상품의 교환 가치로 환원하려는 자본주의 사회에서, 대중 예술은 개인의 정체성마저 상품으로 ⓐ전락시키는 기제로 작용한다는 것이다.

계속 납득합시다. 〈표준화되어 생산〉되는 대중 예술로 개인들 역시 〈표준화되어 생산되는 수준〉입니다. 그러니 자본주의 사회에서 개인의 정체성마저 〈표준화되어 생산되는 수준〉으로 취급되는 것이죠.

tip 다른 말 같은 뜻
결국 첫 문단의 내용은 '표준화되어 생산되는 정도에 대한 배척'으로 요약됩니다. 이는 단순한 문단 요약이 아닌, 첫 문단이 제시된 관점을 구체화하는 식으로 '재진술'되고 있기 때문입니다.
현 수능은 이와 같이 다른 말이지만 같은 뜻인 것을 스스로 찾을 것, 결국 문맥적 이해를 강하게 요구하고 있습니다. 수험생인 우리는 이를 위해 스스로 문맥을 통해 의미를 파악해야 합니다.

이처럼 기본적으로 문장 단위로 저자의 사고 과정을 서술합니다. 그리고 추가적으로 언급할 수 있는 부분에 대해서 코멘트를 달아 본인의 독해와 저자의 독해를 비교하며, 스스로의 사고과정을 교정·점검하여 본질적 독해력 향상, 즉 문맥적 이해에 초점을 맞춘 질적 공부의 진행을 돕고 있습니다. 그리고 핵식적인 사고 과정을 학생들이 명시적으로 납득할 수 있게, 이를 'tip'을 활용하여 많은 학생들이 느끼는 '질적 공부'에서의 추상성을 극복할 수 있게 제작되었습니다.

이러한 문맥적 이해를 향상시키는 것을 기본으로, 기출에서 빈출되는 포인트로 실전 강령이 필요한 부분들에 대한 코멘트가 필요한 부분은 그에 맞춰 진행되어야 하는 사고 과정을 관련 기출을 근거로 기술하였습니다.

예시2 2023학년도 9월 모의평가. 유류분권의 목적, 적용 조건과 결과 해설 中 발췌.

> 만약 상속인이 피상속인의 자녀 한 명뿐이면, 상속받을 수 있었을 이익의 $\frac{1}{2}$만 보장된다. (= 유류분 = 무상 처분 행위 없었을 때 보장되는 부분)

구체적 예시를 제시해줍니다. 해당 예시가 유류분의 구체적 예시라는 인식을 필히 했어야 합니다. 예시를 통해 유류분에 대해 구체적으로 설명해주고 있고, '법으로 보장된 부분'이라는 개념을 구체화시켜주고 있는 겁니다. 실전에서 저는 '한 명일 때는 1/2'이라는 구체적 수치까지는 완벽하게 외우지는 못했습니다. 하지만 최소한 '유류분은 무상 처분 행위 없는 거 가정할 때 기준으로 일부만 받는다.' + '구체적 수치는 돌아와서 확인한다.'는 인식은 갖췄습니다.

코멘트

+ 구체적 예시는 필히 문제화됩니다. 이는 아래의 예를 통해서도 확인할 수 있습니다.
  cf) 19.11 가능세계
  "만약 다보탑이 개성에 있다면, 다보탑은 개성에 있다."
  ⇒ '만약 A면 A이다?' = "만약 Q이면 Q이다."를 비롯한 필연적인 명제!
+ 구체적 수치는 돌아와서 확인해도 충분합니다. '구체적 수치는 돌아와서 확인하되, 수치 간 대소 비교 등의 상대적 파악 정도는 진행하는 것이 베스트입니다.' 이런 원칙에 맞게 저는 '유류분 즉, 보상되는 부분이 전부는 아니군' 정도로 생각하고 독해를 진행했고, 10번의 내용 일치 문제의 정답을 상대적으로 쉽게 접근할 수 있었습니다.

이처럼 리트 언어이해를 통해, '질적 공부'의 기본인 '문맥적 이해' 능력을 키우는 것을 기본으로, 평가원 기출에 근거한 실전에서 진행되어야 하는 태도를 추가한, 저자의 사고 과정을 기술하였습니다.

자료의 홍수라 불리는 이 시점, 시중에 다양한 리트 자료가 많지만, 「주간 리트」는 본질적 독해력인 문맥적 이해와 실전적 사고 모두를 가져갈 수 있는 최상의 교재입니다.

저자가 생각하는 교재 활용 방향

  본 교재는 리트 언어이해를 수능 국어를 위한 '질적 공부'로 활용하는데, 최상의 교재가 되는 것을 목표로 제작하였습니다. 그러니 단순히 문제를 풀고 바로 해설을 참고하여 간단하게 사고 과정을 점검하는 '양적 공부'와는 달리, 여러분들이 '평가원 기출'을 공부하듯이 해당 교재를 사용하시길 바랍니다.

  기본적으로 저자가 생각하는 교재 활용 방향은 아래와 같습니다.

1. 시간제한을 두고 문제를 푼다. [7~10분 내외]

2. 채점 전, '스스로' 본인의 사고 과정 및 선지 판단 과정을 점검한다.

3. 채점 후, '스스로' 문맥적 이해를 점검하며, 추가로 실전적으로 처리했어야 하는 포인트를 점검한다.

4. 해설을 통해 저자의 사고 과정과 본인의 사고 과정을 비교하며, 점검·교정한다.

5. 추가적으로 모르는 '어휘', 지식적 내용을 점검한다.

  본 과정은 이제는 정석으로 여겨지는 기출 분석 과정입니다. 위는 참고 사항으로 본인이 가지고 있는 추가적인 분석 방법이 있다면, 상황에 맞게 적절하게 활용하시면 됩니다.

주간 리트를 만든 사람들

저자

조남희 중앙대학교 국어국문학과

現 대치이강

現 「주간리트」 저자

前 상상국어평가연구소 검토위원

검토진

김민석 GIST 물리학과

오민석 전북대학교 의예과

이선우 『삼극사기』 저자

안수재 『혜윰모의고사』 대표 저자

조경민 『만점의 생각』 저자, 『P.I.R.A.M(피램) 문학 시리즈』 공동 저자

강사, 출제진, 저자, 의대생

수능 국어 '강의', '출제', '집필', '응시'

각 영역의 전문가들이 「주간 리트」를 제작에 참여했습니다.

이 자리를 빌려 검토진분들께 감사의 인사를 남깁니다.

교재 소개를 마치며

    본 교재를 구매하신 여러분들은 수능 국어를 공부하며 리트 언어이해까지 공부하시는, 일정 수준 이상의 성취를 목표하시는 분들이라 생각합니다.

    일정 수준 이상의 성취를 목표한다는 것은 일반적으로 목표로 도달하는 길에 수반되는 내적 불안과 고통이 크다는 것을 의미합니다.

    그 불안과 고통을 감내할 각오를 마치고, 목표를 이루기 위해, 성취를 위해 달려가는 여러분들을 진심으로 응원하며, 결과적으로 입시에서 건승하여, 본인의 목표를 위해 나아가실 수 있길 바라겠습니다.

2022년 12월

조남희 배상

1

20학년도 **LEET** 언어이해

법률은 언어로 기술되어 있다. 따라서 법조문의 의미도 원칙적으로 그 사회의 언어 문법에 따라 이해되어야 한다. 하지만 필요에 따라 법조문의 문법 단위들은 일반적 의미를 넘어서는 개념으로 나아가기도 한다. '-물(物)'은 물건이나 물질이라는 사전적 의미를 갖는 형태소인데, '창문(窓門)'의 '창'이나 '문'같이 독자적으로 쓰일 수 있는 자립형태소가 아니라 '동화(童話)'의 '동'과 '화'처럼 다른 어근과 결합할 필요가 있는 의존형태소이다. 이 '물'의 의미가 학설과 판례에서 그리고 입법에서도 새롭게 규정되어 가는 모습을 법의 세계에서 발견할 수 있다.

형사소송법은 압수의 대상을 "증거물 또는 몰수할 것으로 사료되는 물건"으로 정하고 "압수물"이라는 표현도 사용하고 있어서, 전통적으로 압수란 유체물(有體物)에 대해서만 가능한 것으로 이해되었다. 그런데 디지털 증거가 등장하고 그 중요성이 날로 높아짐에 따라 변화가 일게 되었다. 디지털 증거는 유체물인 저장 매체가 아니라, 그에 담겨 있으면서 그와 구별되는 무형의 정보 자체가 핵심이다. 또한 저장 매체 속에는 특정 범죄 사실에 관련된 정보 외에 온갖 사생활의 비밀까지 담긴 일도 많다. 그리하여 정보 그 자체를 압수해야 한다는 인식이 생겨났고, 마침내 출력이나 복사도 압수 방식으로 형사소송법에 규정되었다. 민사소송에서 증거조사의 대상이 되는 문서는 문자나 기호, 부호로써 작성자의 일정한 사상을 표현한 유형물이라 이해된다. 이 때문에 문자 정보를 담고 있는 자기 디스크 등을 문서로 볼 수 있는지에 대한 논쟁이 일었다. 이를 해결하기 위해 민사소송법 제374조에 "정보를 담기 위하여 만들어진 물건"에 대한 규정을 두게 되었지만, 여전히 매체 중심의 태도를 유지하고 있어서, 일찍이 정보 자체를 문서로 인정한 다른 여러 법률들과 대비된다. 최근에 제정된 법률에서는 위 조항에 대한 특칙을 두어 정보 자체를 문서로서 증거조사할 수 있는 근거도 마련되었다.

형법은 문서, 필름 등 물건의 형태를 취하는 음란물의 제조와 유포를 처벌하도록 하고 있다. 판례는 음란한 영상을 수록한 디지털 파일 그 자체는 유체물이 아니므로 음란물로 볼 수 없다고 보았다. 하지만 사회 문제로 대두된 아동 포르노그래피의 유포를 차단하기 위해 신설된 법령에서는 필름·비디오물·게임물 외에 통신망 내의 음란 영상에 대하여도 '아동·청소년 이용 음란물'로 규제한다. 비디오물과 게임물의 개념도 변화를 겪어 왔다. 과거에 게임 관계 법령에서 비디오물은 "영상이 고정되어 있는 테이프나 디스크 등의 물체"로 정의되었고, 게임물은 이에 포함되었다. 이후에 게임 산업이 발전하면서 새로운 법률을 제정하여 게임물에 대한 독자적 정의를 마련할 때, 유체물에 고정되어 있는지를 따지지 않는 영상물로 규정하기 시작하였다. 이 과정에서 게임물과 개념적으로 분리된 비디오물은 종전처럼 다루어질 수밖에 없었다. 하지만 곧이어 관련 법령이 정비되어 이 또한 "연속적인 영상이 디지털 매체나 장치에 담긴 저작물"이라 정의하게 되었다.

판례는 또한 재산 범죄인 장물죄에서 유통이 금지된 장물의 개념을 재물, 곧 취득한 물건 그 자체로 본다. 그러면서 전기와 같이 '관리할 수 있는 동력'은 장물이 될 수 있다고 한다. 그런데 동력에 대하여 재물로 간주하는 형법 제346조를 절도와 강도의 죄, 사기와 공갈의 죄, 횡령과 배임의 죄, 손괴죄에서는 준용하고 있지만, 장물죄에서는 그렇지 않다. 판례는 위 조문이 주의를 불러일으키는 기능을 할 뿐이라 보는 것이다. 그런데 재물을 팔아서 얻은 무언가는 이미 동일성을 상실한 탓에 더 이상 장물이 아니라 하였다. 또한 물건이 아닌 재산상 가치인 것을 취득했다고 해도 그 역시 장물은 아니라고 보았는데, 이에 대해서는 ㉠비판이 있다. 오늘날 금융 거래 환경에서 금전이 이체된 예금계좌상의 가치가 유체물인 현금과 본질적으로 다르지 않다는 것이다. 언어의 의미는 사전에 쓰인 정의대로 고정되어 있기만 한 것이 아니라, 사람들이 그것을 사용하기에 따라 항상 새롭게 규정되는 것이며, 언어를 통해 비로소 인식되는 법의 의미도 마찬가지라 할 수 있다.

01 윗글의 내용과 일치하는 것은?

① 디지털 정보는 그것을 담고 있는 매체와 결합되어 있다는 특성 때문에 저장 장치를 압수하는 방식으로 압수 절차가 이루어져야 한다는 한계가 있다.

② 전자적 형태의 문자 정보는 문자나 기호로 되어 있지 않은 문서이기 때문에 정보 자체만을 증거조사의 대상으로 삼을 수 없다.

③ 형법상 음란물은 유체물인 반면에 아동·청소년 이용 음란물은 무체물이란 점에서 양자의 차이가 있다.

④ 비디오물은 영상이 매체나 장치에 담긴 저작물이라 정의되면서 유체물에 고정되어 있는지를 따질 필요가 없게 되었다.

⑤ 게임물에 관한 입법의 변천 과정은 규제의 중심이 콘텐츠에서 매체로 옮겨갔음을 보여 준다.

02 ㉠의 대상으로 가장 적절한 것은?

① 장물을 팔아서 생긴 현금을 장물죄의 적용 대상으로 보지 않는다는 태도

② 장물의 개념을 범죄로 취득한 물건 그 자체로 한정하여서는 안 된다는 태도

③ 관리할 수 있는 전기도 현행 형법상 장물죄에서 규율하는 재물로 인정한다는 태도

④ 은행 계정에 기록된 자산 가치에 대해서 장물죄의 규정을 적용하지 않는다는 태도

⑤ 장물죄에서 형법 제346조의 준용이 없더라도 그 죄에서 규정하는 재물에는 동력이 포함된다는 태도

03 윗글을 바탕으로 <보기>를 설명할 때, 가장 적절한 것은?

> **보 기**
>
> 형법 제129조 제1항은 "공무원 또는 중재인이 그 직무에 관하여 뇌물을 수수, 요구 또는 약속한 때에는 5년 이하의 징역 또는 10년 이하의 자격정지에 처한다."라고 규정한다. 이에 대한 근래의 판결에 "뇌물죄에서 뇌물(賂物)의 내용인 이익이라 함은 금전, 물품 기타의 재산적 이익뿐만 아니라 사람의 수요·욕망을 충족시키기에 족한 일체의 유형·무형의 이익을 포함하며, 제공된 것이 성적 욕구의 충족이라고 하여 달리 볼 것이 아니다."라는 판시가 있었다.

① '뇌물'에서의 '물'은 사전적 의미보다 축소된 개념으로 해석되는 문법 단위이다.

② '뇌물'과 '장물'에서의 '물'은 자립형태소와 결합하지 않았다는 점에서, '증거물'에서의 '물'과 차이가 있다.

③ '게임물'에서의 '물'은 물건에 한정되는 개념으로 변화함으로써 '뇌물'에서의 '물'보다 좁은 의미를 갖게 되었다.

④ '뇌물'로 보는 대상에는 재물뿐 아니라 광범위한 이익까지 인정되므로, '뇌물'에서의 '물'과 '장물'에서의 '물'은 동일한 의미를 가진다.

⑤ '압수물'의 개념 변화는 압수 방식을 새롭게 해석한 결과라는 점에서, '뇌물'에서 '물'의 의미 변화가 입법으로 규정한 결과라는 것과 차이가 있다.

고려 말에는 관료들이 동시에 여러 처를 두는 경우나 처와 첩의 구분이 모호한 경우가 많았다. 이 때문에 토지나 봉작(封爵) 등을 누가 받을 것인가를 두고 친족 사이에 소송이 빈번하였다. 이러한 분쟁을 해결하고 성리학적 가족 윤리를 확립하기 위해 조선 태종 때부터 본격적으로 중혼 규제 방침을 정하였다.

1413년(태종 13)에 사헌부에서는, "부부는 인륜의 근본이니 적처와 첩의 분수를 어지럽히면 안 됩니다. 전 왕조 말에 이러한 기강이 무너졌으니 이제라도 바로잡아야 합니다. 앞으로는 혼서(婚書)의 유무와 혼례식 여부로 처와 첩을 구분하고, 처와 첩의 지위를 바꾼 경우에는 처벌 후 원래대로 바꾸며, 처가 있는데도 다시 처를 취한 자는 처벌 후 후처를 이혼시키십시오. 만약 당사자가 이미 죽어 바꾸거나 이혼할 수 없는 경우에는 선처(先妻)를 적처로 삼아 봉작하고 토지를 지급해야 할 것입니다."라고 아뢰었다. 이것이 받아들여져 ㉠규제가 시작되었다.

그런데 다음 해인 1414년(태종 14)에 대사헌 유헌 등은 위 규제를 기본으로 다음과 같이 몇 가지 ㉡수정 보완 기준을 제시하였다. "세월이 많이 지나 증빙 자료가 많지 않습니다. 이제 은의(恩義)가 깊고 얕음과 동거 여부를 고려하여, 선처와는 은의가 약하고 후처와 종신토록 같이 살았다면, 후처라도 작첩(爵牒)과 수신전(守信田)을 주고 노비는 자식에게 균분(均分)하게 하십시오. 만약 처첩의 자식들 사이에 적통을 다투는 경우에는 신분, 혼서 및 혼례를 조사하여 판결하며, 처인지 첩인지에 따라 그 자식에게 노비를 차등 분급하게 하고, 세 명의 처를 둔 경우에는 선후를 논하지 말고, 그중 종신토록 같이 산 자에게 작첩과 수신전을 주되 노비는 세 처의 자식에게 균분하게 하십시오. 영락 11년(태종 13) 3월 11일 이후부터 처가 있는데 또 처를 얻은 자는 엄히 징계하여 후처와 이혼시키되, 그중 드러나지 않다가 아버지가 죽은 후 자손들이 적통을 다투면 선처를 적통으로 삼으십시오."

이상의 기준은 이후 「육전등록」에도 수록되어 실시되었다. 그런데 이제 자식이 아버지의 다른 처와 어떤 관계로 설정되어야 하는지에 논란이 발생하였다. 세종 때 이담 아들의 사례가 대표적이었다. 이담은 백 씨와 혼인한 상태에서 다시 이 씨에게 장가들었다. 이는 태종 13년 이전의 일이어서 처벌의 대상은 아니었으나, 1448년(세종 30) 이 씨가 사망하면서 새로운 문제가 발생하였다. 백 씨의 아들인 이효손이 이 씨를 위한 상복을 입지 않자, 이 씨의 아들인 이성손이 사헌부에 고발한 것이다. 이효손이 상복을 어떻게 입어야 하는지를 두고 다음과 같이 조정 관료들의 의견이 갈렸다.

ⓐ집현전에서 아뢰기를, "예에는 두 명의 처를 두지 않는 것이 정도(正道)이지만, 전 왕조 말에 여러 명의 처를 두는 것이 너무 일반적이었으므로 한시적으로 모두 적처로 인정하였습니다. 「육전등록」에서 이미 여러 처를 인정하였으니 이효손은 이 씨를 위해서도 상복을 3년 입어야 합니다."라고 하였다.

ⓑ예조에서 아뢰기를, "「육전등록」에서 여러 처를 모두 인정하기는 하였으나 국가에서 주는 작첩과 수신전은 한 사람에게 그쳤습니다. 이는 국가가 정도를 지향하였음을 보여주는 것입니다. 백 씨는 선처이고 이담과 평생 동거하였으니 그 의리가 이 씨와 같지 않습니다. 이효손이 이 씨를 위해 친모와 똑같이 한다면 친모를 내치는 꼴이 될 것이므로 상복은 1년 입어야 합니다. 이렇게 한다고 해서 이 씨를 첩모로 대우하는 것에 이르지는 않을 것입니다."라고 하였다.

ⓒ이조판서 정인지는 아뢰기를, "예에는 두 명의 처를 두지 않는데, 「육전등록」에서 은의와 동거 여부를 고려함으로써 문란함을 방기하게 되었습니다. 이를 항구적인 법식으로는 삼을 수는 없으니, 두 아내의 아들들은 각각 자기 어머니에 대해서만 상복을 입게 해야 할 것입니다."라고 하였다.

ⓓ경창부윤 정척은 아뢰기를, "이 씨가 이효손에게 계모가 되는 것은 아니지만, 「육전등록」상 선처·후처의 법에 의거해서 이를 계모에 견주어 상복을 3년 입고, 훗날 백 씨의 상에는 이성손이 3년을 입게 하는 것이 좋겠습니다."라고 하였다.

ⓔ어떤 이는 "이제라도 이 씨를 강등하여 첩모로 대우하여 첩모를 위한 상복을 입는 것이 마땅합니다."라고 하였다.

04 윗글의 내용과 일치하는 것은?

① ㉠에서는 처와 첩을 구분할 때 생사 여부를 기준으로 하였다.

② ㉡에서는 처인지 첩인지에 따라 그 자식들에게 노비를 차등 분급하였다.

③ ㉠과 달리 ㉡에서는 처를 첩으로 바꾸거나 첩을 처로 바꾸면 처벌을 받았다.

④ ㉡과 달리 ㉠에서는 다처일 경우 모든 처와 이혼해야 하였다.

⑤ ㉠과 ㉡ 모두에서 영락 11년 3월 11일 이후부터 은의와 동거 여부를 중혼 허용의 기준으로 삼았다.

05 ⓐ~ⓔ에 대한 설명으로 적절하지 않은 것은?

① ⓐ의 논리에 따르면 이성손은 백 씨 사후에 백 씨를 위해 3년간 상복을 입어야 한다.

② ⓑ의 논리에 따르면 아버지의 적처라도 경우에 따라 어머니로서의 대우에 대한 판단이 달라야 한다.

③ ⓑ와 ⓒ 중 어느 쪽의 논리를 따르더라도 백 씨와 이 씨는 모두 적처로 인정된다.

④ ⓒ와 ⓓ 중 어느 쪽의 논리를 따르는지에 따라 이효손이 이 씨를 위해 상복을 입는 여부가 달라진다.

⑤ ⓓ와 ⓔ 중 어느 쪽의 논리에 따르더라도 이효손은 이 씨를 위해 상복을 입지 않아도 된다.

06 윗글을 바탕으로 <보기>에 대해 추론할 때, 적절하지 않은 것은?

보 기

1415년(태종 15) 박일룡은 자신의 어머니를 적처로 인정하고 자신을 적자로 인정해달라며 소(訴)를 제기하였다. 그의 아버지 박길동은 이조판서를 지낸 인물로, 1390년(고려 공양왕 2) 상인(商人) 노덕만의 서녀(庶女)인 노 씨를 혼례 없이 들여 박일룡을 낳았다. 이후 박길동은 1395년(태조 4) 현감 김거정의 딸인 김 씨와 혼서를 교환하고 혼례를 거친 후 그 사이에 박이룡을 낳았다. 한편 김 씨와 혼인한 상태에서 1402년 대사헌 허생의 딸인 허 씨와 혼서를 교환하고 혼례를 거친 후 그 사이에 박삼룡을 낳았다. 김 씨는 친정인 창녕에 거주하였으며, 박길동은 허 씨와 한양에서 평생 동거하였다. 박이룡과 박삼룡 모두 어려서, 집안의 큰일은 첫아들인 박일룡이 실질적으로 도맡았다. 1413년 5월 박길동이 죽었는데, 이때에 이르러 박일룡이 소를 제기한 것이었다.

① 박길동 사망 직후에 소가 제기되어 그 해에 판결되었다면, 작첩과 수신전은 김 씨에게 주어졌을 것이다.

② 박길동이 소가 제기될 당시까지 생존해 있었다고 해도 중혼에 대해 처벌받지는 않았을 것이다.

③ 박일룡이 집안의 일을 주관하는 아들이라는 점은 판결에 영향을 주지 않았을 것이다.

④ 이 소송에서 작첩과 수신전은 은의나 동거 여부를 따져 허 씨에게 주어졌을 것이다.

⑤ 이 소송에서는 세 명의 처를 둔 경우의 규정을 적용하여 판결이 내려졌을 것이다.

현대 생명과학의 핵심적인 키워드들 중 하나는 오믹스(omics)이다. 단일 유전자, 단일 단백질의 기능과 구조 분석에 집중하였던 과거의 생명과학과 달리, 오믹스는 거시적인 관점에서 한 개체, 혹은 하나의 세포가 가지고 있는 유전자 전체의 집합인 '유전체'를 연구하는 유전체학, RNA 전체 즉 '전사체'에 대한 연구인 전사체학, 단백질 전체의 집합인 '단백질체'를 연구하는 단백질체학 등의 연구를 통칭한다.

분자생물학 이론에 따르면 DNA가 가지고 있는 유전자 정보의 일부만이 전사 과정을 통해 RNA로 옮겨진다. 그리고 RNA 중의 일부만이 번역 과정을 통해 단백질로 만들어진다. 어떠한 생물 개체나 어떠한 세포와 같은 특정 생명 시스템의 유전체는 그 시스템이 수행 가능한 모든 기능에 대한 유전 정보를 총괄하여 가지고 있다. 한 인간이라는 시스템과 그 인간의 간(肝)세포라는 또 다른 시스템의 유전체는 동일한 정보를 가지고 있지만, 인간의 간세포와 생쥐의 간세포의 유전체는 각각 서로 다른 정보를 가지고 있다. 한편 전사체는 유전체 정보의 일부분 즉 유전체 정보들 중 현재 수행 중일 가능성이 큰 기능에 대한 정보를 가지고 있고, 단백질체는 전사체의 일부분 즉 실제로 수행 중인 기능에 대한 정보를 담고 있다. ㉠생명체에서 생화학 반응의 촉매 작용과 같은 필수적인 '일'을 직접 수행하는 물질은 단백질체를 이루는 단백질들이다.

인간에게는 2만 종 이상의 단백질이 있고, 인체의 세포들은 종류에 따라 전체 단백질 중 일부를 서로 다른 조합으로 가지고 있다. 즉 피부 세포, 신경 세포, 근육 세포 등에서 공통으로 발견되는 단백질도 있고, 한 종류의 세포에서만 발견되는 단백질도 있다. 세포는 외부의 자극이나 내재된 프로그램에 의해 한 종류에서 다른 종류의 세포로 변화하는 과정을 겪는데, 이러한 현상을 '분화'라고 한다. 분화를 통해 다른 세포로 변하게 되면 가지고 있는 단백질의 조합도 달라진다. 세포의 분화는 개체 발생 과정에서 주로 관찰되지만, 정상 세포가 암세포로 바뀌는 과정도 분화 과정이라 할 수 있다.

어떤 환자의 암세포와 정상 세포를 대상으로 단백질체학 응용 연구를 수행하는 경우를 생각해 보자. 암세포의 단백질체와 정상 세포의 단백질체를 서로 비교해 보면, 정상 세포에 비하여 암세포에서 양이 변화되어 있는 단백질을 발견할 수 있다. 과학자들은 이러한 단백질을 새로운 암 치료 표적 단백질 후보로 찾아내어 연구를 진행한다. ㉡암세포에서 정상 세포보다 양이 늘어나 있는 단백질은 발암 단백질의 후보가 될 수 있고, 암세포에서 정상 세포보다 양이 줄어든 단백질은 암 억제 단백질의 후보가 될 수 있다.

그렇다면 이렇게 찾아낸 단백질이 2만 종 이상의 단백질 중 어느 것인지 알아내는 과정은 어떻게 진행될까? 단백질은 20종류의 아미노산이 일렬로 연결된 형태를 가지며, 단백질 하나의 아미노산 개수는 평균 500개 정도이다. 서로 다른 단백질은 서로 다른 아미노산 서열을 가지기 때문에 특정 단백질의 아미노산 서열을 알면 그 단백질이 어떤 단백질인지 알아낼 수 있다.

단백질의 아미노산 서열을 알기 위한 실험 방법은 여러 가지가 있는데, 그중의 하나가 펩타이드의 분자량 분석이다. 미지의 단백질에 트립신을 가하여 평균 10개 정도의 아미노산으로 이루어진 조각인 펩타이드로 자른 후 분자량을 측정한다. 트립신은 특정 아미노산을 인지하여 자르므로 어떤 아미노산과 아미노산 사이가 잘릴 것인지 예측할 수 있다. 실제로 단백질체를 분석한 데이터는 펩타이드의 분자량 값과 펩타이드들 간의 상대적인 양을 숫자로 표현한 값으로 나타난다. 모든 인간 단백질의 아미노산 서열, 아미노산의 분자량이 이미 알려져 있으므로, 암세포 단백질체와 정상 세포 단백질체에 트립신을 가하여 얻은 ㉢펩타이드의 분자량 분석을 통해 치료용 표적 후보 단백질을 알아낼 수 있다.

07 윗글의 내용과 일치하는 것은?

① 신경 세포의 모든 RNA는 단백질로 번역된다.
② 인간 간세포의 유전체 정보는 인간 간세포의 단백질체 정보의 일부이다.
③ 인간 간세포의 단백질체 정보는 생쥐 간세포의 단백질체 정보와 동일하다.
④ 암세포는 피부나 근육의 세포와 달리 정상 세포에서 분화한 것이 아니다.
⑤ 암세포의 단백질체 정보는 정상 세포의 단백질체 정보와 동일하지 않다.

08 윗글에서 추론한 내용으로 적절하지 <u>않은</u> 것은?

① 세포의 분화 과정 동안 세포의 유전체 정보는 변화하지 않는다.
② 어떤 단백질에 트립신을 첨가한 후에 생성되는 펩타이드들의 아미노산 서열은 동일하다.
③ 인간의 신경 세포와 근육 세포의 기능이 서로 다른 이유는 단백질체 정보가 서로 다르기 때문이다.
④ 어떤 단백질의 아미노산 서열을 알면 트립신 처리 후 그 단백질에서 생성될 펩타이드들의 분자량을 예측할 수 있다.
⑤ 어떤 단백질에서 유래한 특정 펩타이드의 양이 정상 세포에서 보다 암세포에서 더 많다면 그 단백질은 발암 단백질의 후보이다.

09 ⊙~ⓒ에 대한 <보기>의 설명 중 적절한 것만을 있는 대로 고른 것은?

ㄱ. 최초의 생명체가 DNA나 단백질은 가지고 있지 않고 RNA만 가지고 있었다면, ⊙의 설득력은 약화된다.
ㄴ. 양이 많아지면 덩어리를 이루어 오히려 기능이 비활성화되는 단백질이 있다면, ⓒ의 설득력은 약화된다.
ㄷ. 트립신을 첨가한 서로 다른 단백질에서 같은 분자량을 지닌 펩타이드가 생성된다면, ⓒ의 설득력은 강화된다.

① ㄱ   ② ㄷ   ③ ㄱ, ㄴ
④ ㄴ, ㄷ   ⑤ ㄱ, ㄴ, ㄷ

채만식의 소설 「탁류」는 1935년에서 1937년에 이르는 2년간의 이야기로, 궁핍화가 극에 달해 연명에 관심을 가질 수밖에 없었던 조선인의 현실을 중요한 문제로 삼은 작품이다. 그런데 채만식이 「탁류」에서 현실을 대하는 태도에는 식민지 근대화 과정에 대한 작가의 민감한 시선이 들어 있었다. 그는 전 지구적 자본주의 시스템과 토착적 시스템의 갈등에 의해서 만들어진, 게다가 식민지적 상황 때문에 더욱더 굴곡진 수많은 우여곡절에 주목하였다. 채만식의 민감한 시선은 「탁류」에서 집중적으로 그려진 '초봉'의 몰락 과정에서도 구체적으로 드러난다. 그것은 인간과 사물을 환금의 가능성으로만 파악하는 자본주의의 기제가 인간의 순수한 영혼을 잠식해 들어가고, 그러면서 그 이윤 추구의 원리를 확대 재생산하는 과정을 보여 준다.

소설의 앞부분에서 초봉은 경제적 어려움에 시달리는 가족을 위해서라면 자기희생을 마다하지 않는 순수한 영혼의 소유자로 등장한다. 태수는 그런 초봉에게 끊임없이 베풀면서 초봉을 그녀의 ⊙고유한 영토로부터 끌어낸다. 그런 베풂을 순수 증여라고 해도 될까. 아니, 꽤나 검은 의도를 숨기고 행한 증여이니 그것은 사악한 증여라고 해야 할 터이다. 하여간 태수는 끊임없이 증여하고 선물하면서 초봉의 고유한 모럴, 그러니까 노동을 통해 조금씩 무언가를 축적해 가는 삶의 방식을 회의에 빠뜨린다. 그리고 그 증여 행위를 집요하게 반복함으로써 초봉의 호의적인 시선을 얻어낸다. 하지만 그 순간이란 ⓒ하나의 변곡점과도 같은 것이었다. 그때부터 그는 초봉에게 증여한 것의 대가로 무언가를 요구함으로써 초봉을 타락한 교환가치의 세계 속으로 끌어들인다.

초봉이 교환의 정치경제학에 익숙해질 무렵, 제호가 초봉에게 접근한다. 제호는 객관적인 지표를 가지고 초봉의 육체를 돈으로 측량하고 그와의 거래를 제안한다. 초봉 또한 제호가 자신의 상품성을 그만치 높게 봐 주자 이 거래를 흔쾌하게 받아들인다. 비록 그 교환이 서로 간의 의지가 관철된 것이었어도 이 거래 이후로 초봉은 상품으로 전락하게 된다. 그리고 그런 초봉에게 형보가 나타나 초봉과 송희 모녀의 호강을 구실로 가학성을 노골적으로 드러내면서 잉여의 성적 착취를 반복한다. 형보는 이 타락한 사회에 동화된 초봉이 어떠한 고통을 겪게 될지라도 이 세계 바깥으로 나갈 용기를 낼 수 없을 것이라고 확신하고 있었기에 초봉의 거부감을 아랑곳하지 않았다.

'초봉의 몰락'은 이렇듯 초봉이 교환의 정치경제학을 자기화함으로써 ⓒ영혼이 없는 자동인형으로 전락하는 것으로 귀결되었다. 그리고 그 과정에서 초봉은 아버지 정주사가 미두*로 일확천금을 꿈꾸듯 자신의 인격을 버리고 스스로를 상품으로 만들어 나갔다. 자신에 대한 착취에 강렬한 거부감을 가지기도 하였지만 결국에는 모든 것을 상품화하는, 특히 여성의 몸을 상품화하는 자본주의 기제의 ⓔ노회함과 집요함 앞에 굴복하고 말았다. 그렇다면 「탁류」에는 추악한 세상의 탁류에서 벗어날 가능성이 전혀 없는 것일까? 채만식은 「탁류」에서 그 특유의 냉정한 태도로 한편으로는 부정적인 삶의 양태들을 냉소하고 풍자하는가 하면, 다른 한편으로는 보다 의미 있는 삶의 형식 혹은 보다 나은 미래를 가능케 할 잠재적 가능성이나 가치들을 끈질기게 탐색해 내었다.

"위험이 있는 곳에 구원의 힘도 함께 자란다."라는 ⓜ횔덜린의 말을 좀 뒤집어 말하자면, 「탁류」가 세상을 위험이 가득한 곳으로 묘사할 수 있었던 것은 아마도 그 위험 속에 같이 자라는 구원의 힘을 어느 정도 감지했기 때문이리라. 그 구원의 가능성은 소설의 결말 부분에서 초봉이 형보를 죽였다는 점으로만 한정되지는 않는다. 「탁류」에는 개념의 위계를 갖춰 계기가 제시되는 것은 아니나 타락한 교환의 질서 바깥으로 나갈 수 있는 여러 계기들이 곳곳에 흩어져 있다. 딸 송희를 낳으면서 초봉이 어머니 마음을 갖게 되는 것도, 자유주의자이자 냉소주의자인 계봉이 일하는 만큼의 대가를 얻어야 한다는 철칙을 지니고 살아가는 것도, 승재가 남에게 그저 베풀려고 하는 것도 모두 그에 해당하는 것들이다. 이것들 중에서도 초봉과 승재의 삶에서 드러나는 증여의 삶은 「탁류」가 타락한 세계를 넘어설 수 있는 길로 제시하는 것이며, 이를 우리는 '증여의 윤리'라고 부를 수 있을 터이다.

*미두(米豆): 미곡의 시세를 이용하여 약속으로만 거래하는 일종의 투기 행위

10 윗글에 대한 설명으로 가장 적절한 것은?

① 시대의 특수성을 고려하여 삶의 양태에 대한 소설가의 비판적 인식을 추적한다.
② 인물의 내면 심리에 대한 세밀한 분석을 통해 소설가의 내면 심리를 천착한다.
③ 궁핍으로 인한 연명의 문제보다 윤리의 문제를 중시한 소설가의 인식을 비판한다.
④ 인간의 존재론적 모순에 대한 소설가의 염세적 시선에 주목하여 삶의 의미를 반추한다.
⑤ 현실을 대하는 소설가의 이중적 태도를 인물들이 표방하는 이념의 분석을 통해 통찰한다.

11 '초봉'의 몰락 과정 과 관련하여 ㉠~㉤을 이해할 때, 적절하지 않은 것은?

① ㉠은 자본주의 기제로부터 영향을 받기 이전에 가족에 대한 증여자로서 '초봉'이 지녔던 순수한 영혼을 환기한다.
② ㉡은 '초봉'이 노동에 의해 빈곤에서 벗어날 수 있다는 믿음을 되찾으면서 교환의 정치경제학이라는 틀 속에 빠져들기 시작한다는 점을 알려준다.
③ ㉢은 '초봉'이 물신주의적 가치관을 수용하게 됨으로써 인간과 사물을 환금의 가능성으로만 파악하게 되었음을 나타낸다.
④ ㉣은 '초봉'의 몰락 과정이 순진성의 세계를 끈덕지고도 교활하게 파괴하는 식민지 근대화 과정과 상통함을 보여준다.
⑤ ㉤은 구원의 힘이 역설적 방식으로 존재함을 강조하는 것으로, 왜곡된 자본주의 논리를 벗어날 힘이 '초봉'의 몰락 과정에서 생성되어 가기도 함을 시사해 준다.

12 윗글을 바탕으로 <보기>를 감상할 때, 적절하지 않은 것은?

보기

계봉이는 승재가 오늘도 아침에 밥을 못 하는 눈치를 알고 가서, 더구나 방세가 밀리기는커녕 이달 오월 치까지 지나간 사월 달에 들여왔는데, 또 이렇게 돈을 내놓는 것인 줄 잘 알고 있다.

계봉이는 승재의 그렇듯 근경 있는 마음자리가 고맙고, 고마울 뿐 아니라 이상스럽게 기뻤다. 그러나 그러면서도 한편으로는 얼굴이 꼿꼿하게 들려지지 않을 것같이 무색하기도 했다.

"이게 어인 돈이고?"

계봉이는 돈을 받는 대신 뒷짐을 지고 서서 준절히 묻는다.

"그냥 거저……."

"그냥 거저라니? 방세가 이대지 많을 리는 없을 것이고……."

"방세구 무엇이구 거저, 옹색하신데 쓰시라구……."

계봉이는 인제 알았다는 듯이 고개를 두어 번 까댁까댁하더니,

"나는 이 돈 받을 수 없소."

하고는 입술을 꽉 다문다. 장난엣말로 듣기에는 음성이 너무 강경했다.

승재는 의아해서 계봉이의 얼굴을 짯짯이 건너다본다. 미상불, 여전한 장난꾸러기 얼굴 그대로는 그대로지만, 그러한 중에도 어디라 없이 기색이 달라진 게, 일종 오만한 빛이 드러났음을 볼 수가 있었다.

승재는 분명히 단정하기는 어려우나, 혹시 나의 뜻을 무슨 불순한 사심인 줄 오해나 받은 것이 아닌가 하는 생각도 들었다. 그렇게 생각하고 보니, 비록 마음이야 담담하지만 일이 좀 창피한 것도 같았다. (중략)

계봉이는 문제된 오 원짜리 지전을 내려다본다. 아무리 웃고 말았다고는 하지만 그대로 집어 들고 들어가기가 좀 안되었다. 그러나 그렇다고 종시 안 가지고 가기는 더 안되었다. 잠깐 망설이다가 할 수 없이 그는 돈을 집어 든다.

-채만식, 「탁류」-

① 초봉을 전락시킨 돈은 이윤 추구 원리의 작동을, 승재가 계봉에게 건네는 '돈'은 순수 증여를 표상하는 것으로 볼 수 있겠군.
② 제호는 속물주의적 논리를 통해 자신의 의지를 관철하고, 승재는 '마음'의 가치를 통하여 자신의 선의를 드러낸다고 볼 수 있겠군.
③ 형보는 돈의 위력을 믿고 초봉의 고통을 아랑곳하지 않고, 계봉은 자존심 때문에 '근경 있는 마음자리'에 대해 양가적인 태도를 보인다고 볼 수 있겠군.
④ 태수의 과잉 증여와는 달리, 승재의 증여는 대가를 바라는 '불순한 사심'을 지니지 않은 것이기에 타락한 교환 세계에서 벗어날 희망의 표지로 볼 수 있겠군.
⑤ 교환의 정치경제학을 무의식적으로 자기화한 초봉과는 달리, '입술'을 꽉 다무는 계봉의 모습은 '증여의 윤리'를 의식적으로 수용하려는 태도를 나타낸 것으로 볼 수 있겠군.

'좋은 세금'의 기준과 관련하여 조세 이론은 공정성과 효율성을 거론하고 있다. 경제주체들이 경제적 능력 혹은 자신이 받는 편익에 따라 세금을 부담하는 경우 공정한 세금이라는 것이다. 또한 조세는 경제주체들의 의사 결정을 왜곡하여 조세 외에 추가로 부담해야 하는 각종 손실 또는 비용, 즉 초과 부담이라는 비효율을 초래할 수 있는데 이러한 왜곡을 최소화하는 세금이 효율적이라는 것이다.

19세기 말 ㉠헨리 조지가 제안했던 토지가치세는 이러한 기준에 잘 부합하는 세금으로 평가되고 있다. 그는 토지 소유자의 임대소득 중에 자신의 노력이나 기여와는 무관한 불로소득이 많다면, 토지가치세를 통해 이를 환수하는 것이 바람직하다고 주장했다. 토지에 대한 소유권은 사용권과 처분권 그리고 수익권으로 구성되는데, 사용권과 처분권은 개인의 자유로운 의사에 맡기고 수익권 중 토지 개량의 수익을 제외한 나머지는 정부가 환수하여 사회 전체를 위해 사용하자는 것이 토지가치세의 기본 취지이다. 조지는 토지가치세가 시행되면 다른 세금들을 없애도 될 정도로 충분한 세수를 올려줄 것이라고 기대했다. 토지가치세가 토지단일세라고도 지칭된 것은 이 때문이다. 그는 토지단일세가 다른 세금들을 대체하여 초과 부담을 제거함으로써 경제 활성화에 크게 기여할 것으로 보았다. 토지단일세는 토지를 제외한 나머지 경제 영역에서는 자유 시장을 옹호했던 조지의 신념에 잘 부합하는 발상이었다.

토지가치세는 불로소득에 대한 과세라는 점에서 공정성에 부합하는 세금이다. 조세 이론은 수요자와 공급자 중 탄력도가 낮은 쪽에서 많은 납세 부담을 지게 된다고 설명한다. 토지는 세금이 부과되지 않는 곳으로 옮길 수 없다는 점에서 비탄력적이며 따라서 납세 부담은 임차인에게 전가되지 않고 토지 소유자가 고스란히 떠안게 된다는 점에서 토지가치세는 공정한 세금이 된다. 한편 토지가치세는 초과 부담을 최소화한다는 점에서 효율적이기도 하다. 통상 어떤 재화나 생산요소에 대한 과세는 거래량 감소, 가격 상승과 함께 초과 부담을 유발한다. 예를 들어 자동차에 과세하면 자동차 거래가 감소하고 부동산에 과세하면 지역 개발과 건축업을 위축시켜, 초과 부담이 발생하게 된다. 그러나 토지가치세는 토지 공급을 줄이지 않아 초과 부담을 발생시키지 않는다. 토지가치세 도입에 따른 여타 세금의 축소가 초과 부담을 줄여 경제를 활성화한다는 G7 대상 연구에 따르면, 이러한 세제 개편으로 인한 초과 부담의 감소 정도가 GDP의 14~50%에 이른다.

하지만 토지가치세는 일부 국가를 제외하고는 현실화되지 못했는데, 여기에는 몇 가지 이유가 있다. 토지가치세는 이론적인 면에서 호소력이 있으나 현실에서는 복잡한 문제가 발생한다. 토지에 대한 세금이 가공되지 않은 자연 그대로의 토지에 대한 세금이어야 하나 이러한 토지는 현실적으로 찾기 어렵다. 토지 가치 상승분과 건물 가치 상승분의 구분이 쉽지 않다는 것도 어려움을 가중한다. 토지를 건물까지 포함하는 부동산으로 취급하여 그에 과세하는 국가에서는 부동산 거래에서 건물을 제외한 토지의 가격이 별도로 인지되는 것이 아니므로, 건물을 제외한 토지의 가치 평가가 어렵다. 조세 저항도 문제가 된다. 재산권 침해라는 비판이 거세지면 토지가치세를 도입하더라도 세율을 낮게 유지할 수밖에 없어, 충분한 세수가 확보되지 않을 수 있다. 토지가치세는 빈곤과 불평등 문제에 대한 조지의 이상을 실현하는 데에도 적절한 해법이 되지 못한다는 비판에 직면하고 있다. 백 년 전에는 부의 불평등이 토지에서 비롯되는 부분이 컸지만, 오늘날 전체 부에서 토지가 차지하는 비중이 19세기 말에 비해 크게 감소했다. 토지 소유의 집중도 또한 조지의 시대에 비해 낮다. 따라서 토지가치세의 소득 불평등 해소 능력에도 의문이 제기된다.

오늘날 토지가치세는 새롭게 주목받고 있는데, 이는 '외부 효과'와 관련이 깊다. 첨단산업 분야의 대기업들이 자리를 잡은 지역 주변에는 인구가 유입되고 일자리가 늘어난다. 하지만 임대료가 급등하고 혼잡도 또한 커진다. 이 과정에서 해당 지역의 부동산 소유자들은 막대한 이익을 사유화하는 반면, 임대료 상승이나 혼잡비용 같은 손실은 지역민 전체에게 전가된다. 이러한 상황에서 높은 세율의 토지가치세가 본격적으로 실행에 옮겨질 수 있다면 불로소득에 대한 과세를 통해 외부 효과로 인한 피해를 보상하는 방안이 될 수 있다.

13 ㉠에 대한 설명으로 가장 적절한 것은?

① 개량되지 않은 토지에서 나오는 임대료 수입은 불로소득으로 여겼다.
② 토지가치세로는 재정에 필요한 조세 수입을 확보할 수 없다고 보았다.
③ 토지의 처분권은 보장하되 사용권과 수익권에는 제약을 두자고 주장하였다.
④ 토지가치세는 경제적 효율성 제고를 통하여 공정성을 높이는 방안이라고 보았다.
⑤ 모든 경제 영역에서 시장 원리를 사회적 가치에 부합하게 규제해야 한다고 주장하였다.

14 윗글에서 추론한 내용으로 적절하지 않은 것은?

① 정부가 높은 세율의 토지가치세를 도입한다면, 외부 효과로 발생한 이익의 사유화를 완화할 수 있을 것이다.
② 자동차세의 인상이 자동차 소비자들의 의사 결정에 영향을 미치지 않는다면, 자동차세는 세수 증대에 효과적일 것이다.
③ 토지가치세가 단일세가 되어 누진세인 근로소득세가 폐지된다면, 고임금 근로자가 저임금 근로자보다 더 많은 혜택을 얻게 될 것이다.
④ 조지의 이론을 계승하는 학자라면, 부가가치 생산에 기여한 부분에 대해서는 세금을 부과하지 않는 것이 바람직하다고 보았을 것이다.
⑤ 부동산에 대해 토지와 건물을 구분하여 과세할 수 있다면, 토지가치세의 도입으로 토지의 공급 감소와 가격 상승 문제가 해소되어 조세 저항이 줄어들 것이다.

15 윗글을 바탕으로 <보기>의 사례를 평가할 때, 적절하지 않은 것은?

> **보기**
>
> ○ X국은 요트 구매자에게 높은 세금을 부과하는 사치세를 도입하여 부유층의 납세 부담을 늘리려고 하였다. 그러나 부자들은 요트 구매를 줄이고 지출의 대상을 바꾸었다. 반면 요트 생산 시설은 다른 시설로 바꾸기 어려웠고 요트 공장에서 일하던 근로자들은 대량 해고되었다. 아울러 X국은 근로소득세를 인상해서 부족한 세수를 보충하였다.
>
> ○ Y국은 국민의 건강 증진을 위해 담배 소비를 줄이려는 목표로 담배세를 인상하였다. 그러나 담배세 인상으로 인한 담배 가격 상승에도 불구하고 담배 소비는 거의 감소하지 않았다. 정부의 조세 수입은 크게 증가하였지만 소비자들의 불만이 고조되었다.

① 공급자에게 부과되는 토지가치세와 달리, X국의 '사치세' 및 Y국의 '담배세'는 소비자에게 부과되고 있군.
② 초과 부담을 발생시키는 X국의 '사치세'와는 달리, Y국의 '담배세' 및 토지가치세는 초과 부담을 거의 발생시키지 않는군.
③ 과세 대상자 이외의 타인에게 납세 부담이 추가되는 X국의 '사치세'와 달리, Y국의 '담배세'와 토지가치세에서는 납세 부담이 과세 대상자에게 집중되는군.
④ 탄력도가 낮은 쪽에서 납세 부담을 지게 만들 수 있는 토지가치세와 달리, X국의 '사치세' 및 Y국의 '담배세'는 탄력도가 높은 쪽에서 납세 부담을 지게 하는군.
⑤ 조세 개편의 정책 목표를 달성하지 못한 X국의 '사치세' 및 Y국의 '담배세'와 달리, 토지가치세는 도입할 때 거둘 수 있는 경제 활성화 효과가 최근 연구에서 확인되고 있군.

20세기 초 프랑스에서 발생한 드레퓌스 사건은 지식인이라는 집단을 조명하고, 억압적 권력에 저항하는 비판적 지식인이라는 이상을 부각하는 계기가 되었다. 신학을 중심으로 지식이 축적되고 수도원의 사제들이 권력을 행사하는 전문가 지식인으로 존재했던 중세에도 아벨라르와 같은 비판적 지식인이 존재했다. 계몽주의 시대에는 특정 분야를 깊이 파고들지 못하더라도 모든 분야를 두루 섭렵할 수 있는 능력을 지닌 사람을 지식인으로 정의하기도 했다. 한 예로 18세기의 백과전서파는 근대적 분류 체계로 지식을 생산해 개인이 시각 매체에 의존하여 지식을 소비하는 문자 문화시대의 지평을 열었다. 이런 과정에서 지식 권력은 지식의 표준 장악을 둘러싸고 중앙 집중화되었다.

드레퓌스 사건은 근대적 지식인상에 대한 논쟁을 불러일으켰다. ㉠만하임은 지식인 가운데도 출신, 직업, 재산, 정치적·사회적 지위 등에 차이가 있는 경우가 많기에 지식인을 단일 계급으로 간주할 수 없으며, 지식인은 보편성에 입각해 사회의 다양한 계급적 이해들을 역동적으로 종합하여 최선의 길을 모색해야 한다고 보았다. 반면 ㉡그람시는 계급으로부터 독립적인 지식인이란 신화에 불과하다고 지적하면서 계급의 이해에 유기적으로 결합하여 그것을 당파적으로 대변하는 유기적 지식인을 대안으로 제시하였다. 이때 소외 계급의 해방을 위한 과제는 역사적 보편성을 지니며, 지식인은 소외 계급에게 혁명적 자의식을 불어넣고 조직하는 역할을 자임한다. ㉢사르트르는 만하임과 그람시의 지식인 개념 사이에서 긴장을 유지했다. 부르주아 계급에 속한 지식인은 지배 계급이 요구하는 당파적 이해와 지식인이 추구해야 할 보편적 지식 간의 모순을 발견하고, 보편성에 입각하여 소외 계급의 해방을 추구해야 한다. 하지만 그 지식인은 결코 유기적 지식인이 될 수 없는 존재이다. 결국 소외 계급에서 출현한 전문가가 유기적 지식인이 되도록 계급의식을 일깨우는 계몽적 역할이 지식인에게 부여되는 것이다.

오늘날 인터넷의 발달로 가상공간이 열려 탈근대적 지식 문화와 사회 공간이 창조되면서 지식의 개념도 변하고 있다. 또한 디지털화된 다양한 정보들이 연쇄적으로 재조합되면서 하이퍼텍스트 형태를 띠게 된다. 정해진 시작과 끝이 없고 미로나 뿌리줄기같이 얽혀 있어 독자의 입장에서 어떤 길을 선택하느냐에 따라 텍스트의 복수성이 무한해졌다. 그 결과 지식 생산자에 해당하는 저자의 권위는 사라지고 지식 권력은 탈중심화된다. 하

이퍼텍스트와 새로운 독자의 탄생은 집단적이고 감정이입적인 구술 문화가 지녔던 특성들을 지식 문화에서 재활성화한다. 특히 가상공간에서 정보와 지식이 공유와 논박을 거쳐 소멸 또는 확산되는 과정은 새로운 지식을 생산해 내는 기제로서 집단 지성을 출현시킨다. 집단 지성은 엘리트 집단으로부터 지식 권력을 회수하고 새로운 민주주의의 가능성을 열어놓기도 한다. 그러나 이는 대중의 자율성에 기초한 참여와 협업을 전제할 때 가능하며, 참여와 협업이 결여될 때 순응주의가 등장하고 집단 지성은 군중심리로 전락할 수도 있다.

하이퍼텍스트 시대에 집단 지성이 출현함에 따라 기존의 지식인상은 재조명될 필요가 있다. 특히 프랑스 68 혁명 이후 등장했던 이론가들을 소환할 만하다. 예를 들어 ㉣푸코는 대중의 대변자로서의 지식인이 불필요한 시대에서도 여전히 대중의 지식 및 담론을 금지하고 봉쇄하는 권력 체계와 이 권력 체계의 대리인 역할을 자임하는 고전적 지식인의 존재에 주목했다. 푸코는 이들을 보편적 지식인으로 규정한 후 이를 대체할 새로운 지식인상으로 특수적 지식인을 제시했다. 그가 말하는 특수적 지식인은 거대한 세계관이 아니라 특정한 분야에서 전문적인 지식을 지니고 있는 존재이다. 그리고 자신의 분야에 해당하는 구체적인 사안에 정치적으로 개입하면서 일상적 공간에서 투쟁한다. 푸코에 따르면 진실한 담론은 지식과 미시권력 간의 관계에서 발견될 뿐이다.

한편 지식인상의 탈근대적 모색에 있어 근대론적 시각을 더하려는 시도도 있다. ㉤부르디외에 따르면, 지식인은 사회 총자본의 관점에서 볼 때에는 지배 계급에 속하지만, 경제 자본보다 문화 자본의 비중이 더 큰 문화 생산자적 속성을 지니며, 시장의 기제에 따라 부르주아지에 의해 지배받는다. 이런 점에서 볼 때 지식인은 피지배 분파에 속한다. 따라서 이 문화생산자들은 각자의 특수한 영역에 대한 상징적 권위를 가지고 지식인의 자율성을 위협하는 권력에 저항하며 사회 전체에 보편적인 가치를 전파해 나가는 투쟁을 전개할 때에만 비로소 지식인의 범주에 들 수 있다. 부르디외는 이 과정에서 역사적인 따라서 한시적인 보편을 개념화한다. 그리고 지식인은 정치활동을 통하여 권력이 보편적인 것처럼 제시하는 특수성들을 역사화하는 역할과, 보편적인 것, 예컨대 과학·철학·문학·법 등에 접근하는 조건들을 보편화하는 역할을 함께 수행한다.

16 윗글의 내용과 일치하는 것은?

① 권력에 대한 비판적 지식인은 드레퓌스 사건과 함께 비로소 출현했다.
② 계몽주의 시대의 지식인은 특정 분야의 전문가라는 특권적 위상을 지녔다.
③ 근대의 지식인은 개개인의 차이에도 불구하고 보편성을 추구해야 하는 존재로 인식되었다.
④ 탈근대의 지식인은 자신의 전문 분야에서 제기되는 문제의 정치적 특성을 인정하지 않으려는 존재이다.
⑤ 탈근대의 대중은 자율적인 참여와 협업에 기초하여 권력에 대한 순응주의로부터 벗어났다.

17 탈근대적 지식 문화 에 관한 설명으로 가장 적절한 것은?

① 구술 문화적 특성을 공유하는 다양한 텍스트들이 형성되고 지식이 전파된다.
② 지식의 표준을 장악하려는 경쟁을 통해 중앙 집중적 지식 권력의 영향력이 커진다.
③ 사회적 지식의 형성에서 지식을 처음 생산한 자의 권위가 이전 시대보다 강화된다.
④ 문화생산자적 속성을 지닌 지식인의 사회적 지위가 부르주아 계급에서 피지배 계급으로 전락한다.
⑤ 집단 지성이 엘리트로부터 지식 권력을 회수하여 대중의 지식 및 담론을 규제하는 새로운 권력 체계를 형성한다.

18 ㉠~㉤에 대한 이해로 가장 적절한 것은?

① ㉠은 지식인이 전문 지식과 보편적 지식의 종합을 통해 동질적인 계급으로 형성될 수 있는 존재라고 여겼을 것이다.
② ㉡은 지식인이 계급적 이해관계와 이성적 사유 사이의 모순으로부터 출발하여 보편성을 향해 부단히 나아가야 하는 불안정한 존재라고 여겼을 것이다.
③ ㉢은 지식인이 서로 적대 관계에 있는 계급들 중 어느 쪽과 제휴해 있어도 개별 계급의 한계를 딛고 계급적 이해들을 종합할 수 있는 존재라고 여겼을 것이다.
④ ㉣은 지식인이 자신의 특수 분야와 관계된 미시권력에 저항해 보편적 지식을 전파하는 운동을 전개해야 하는 존재라고 여겼을 것이다.
⑤ ㉤은 지식인이 범주의 측면에서 보편적 지식인과 특수적 지식인으로 명확하게 구분할 수 없는 존재라고 여겼을 것이다.

세상은 변화를 겪는다. 사람이 그렇게 여기는 이유는 시간이 흐른다고 생각하기 때문이다. 그런데 4차원주의자는 시간이 흐르지 않는다고 주장한다. 시간이 흐르지 않는다면, 과거, 현재, 미래는 똑같이 존재할 것이다. 이러한 견해를 가진 사람을 ㉠영원주의자라고 한다. 시간의 흐름 여부에 대한 인식의 차이는 과거, 현재, 미래에 대한 개념 혹은 표상의 차이를 가져 온다. 영원주의자들에게 매 순간은 시간의 퍼즐을 이루는 하나의 조각처럼 이미 주어져 있다. 영원주의자에게 시제는 특별한 의미를 가지지 않으며, 과거, 현재, 미래 사이에는 앞 또는 뒤라는 관계만이 존재한다. 현재는 과거의 뒤이고 동시에 미래의 앞일 뿐이다. 영원주의 세계에서 한 사람은 각 시간 단계를 가지는데, 그 사람이 없던 수염을 기르면 이는 시간의 흐름에 따른 변화가 아니다. 외모의 차이는 단지 그 사람의 서로 다른 단계 사이의 차이일 뿐이다. 반면에 3차원주의자는 시간이 흐른다는 견해를 내세운다. 시간이 흐른다면, 과거, 현재, 미래 시제는 모두 다른 의미나 표상을 지닌다. 이러한 생각을 지니는 이들 중에 오직 현재만이 존재한다고 보는 사람이 바로 현재주의자이다. 그들에게는 이미 지나간 과거와 아직 도래하지 않은 미래는 존재하지 않으므로, 지금 주어진 현재만이 존재한다.

시간여행은 시간에 관한 견해가 첨예하게 대립하는 주제이다. 현재주의자에 따르면, 현재에서 과거, 미래의 특정 시점을 찾아가는 것은 영원주의자의 생각처럼 시간 퍼즐의 여러 조각 중 하나를 찾아가는 것이 아니다. ㉡현재주의자 중에 다수는 시간여행이 불가능하다고 주장한다. 누군가가 시간여행을 하려면 과거나 미래로 이동할 수 있어야 하지만, 이미 흘러간 과거와 아직 오지 않은 미래는 실재하지 않는다. 이를 도착지 비존재의 문제라고 할 수 있다.

현재주의자 중에도 시간여행이 가능하다고 보는 사람이 있다. 과거로의 시간여행을 시작하는 현재 시점 T_n에서 과거의 특정 시점 T_{n-1}은 실재가 아니다. 그러나 시간여행자가 T_{n-1}에 도착할 때 그 시점은 그에게 현재가 되어 존재하지 않을까? 하지만 이는 과거를 마치 현재인 양 여기게 하는 속임수라고 보는 사람도 있다. 과거 시점 T_{n-1}에 도착한다면, 과거는 이제 현재가 된다. 그러나 시간여행의 가능성을 따질 때 우리가 관심을 가지는 현재는 애초에 출발하는 시점인 T_n이지 과거의 도착지인 T_{n-1}이 아니다. 만일 T_{n-1}이 현재가 된다는 것이 중요하다면, T_{n-1}에 도착한 사람에게 T_n은 이제 미래가 된

다는 것 역시 중요하다. 그런데 현재주의자는 미래의 비존재를 주장하므로, T_{n-1}에 도착한 시간여행자는 존재하지 않는 미래에서 출발하여 현재에 도착한 셈이다. 이것이 바로 출발지 비존재의 문제이다. 결국 3차원주의 세계에서 시간여행이 가능하다는 점을 보여주려면 출발지 비존재의 문제를 해소해야 한다.

시간여행의 가능성을 믿는 3차원주의자는 '출발지 비존재'를 '출발지 미결정'으로 보게 되면 문제가 해소된다고 주장할 수 있다. 시간여행자가 과거 T_{n-1}에 도착하는 순간, 그는 실재하지 않는 미래로부터 현재로 이동한 것이 아니라 미결정된 미래로부터 현재로 이동한 것이 된다. 그렇다고 하더라도 출발지 비존재의 문제와 마찬가지로, 미래는 아직 존재하지 않기에 전혀 결정되지 않았으며 아직 결정되지 않은 것이 다른 어떤 것의 원인이 될 수 없으므로 시간여행은 여전히 불가능하다는 비판에 직면할 수 있다. 그러나 T_{n-1}에 도착하는 사건의 원인이 T_n에서의 출발이라는 점을 고려한다면, T_{n-1}에 도착하는 순간 미래 사건이 되는 시간여행은 도착 시점에서 이미 결정된 사건으로 여겨질 수 있다. 즉 미래는 계속 미결정된 것이 아니라, 시간여행 여부에 따라 미결정되었다고도 할 수 있고 결정되었다고도 할 수 있다. 이에 ㉢조건부 결정론자는 출발지 미결정의 문제가 해소되어 시간여행에 걸림돌이 없다고 주장한다. 그러나 시간여행이 3차원주의와 양립할 수 없음을 고수하는 이들은 출발지 비존재의 문제를 출발지 미결정의 문제로 대체하여 이를 해소하는 전략을 받아들이지 않을 것이다.

19 ⊙~ⓒ에 관한 설명으로 가장 적절한 것은?

① ⊙과 ⓛ은 모두 미래가 이미 결정되어 있는 시간이라고 본다.
② ⊙과 ⓛ은 모두 시간여행에서 과거에 도착하는 순간 출발지는 더 이상 존재하지 않는다고 본다.
③ ⊙과 ⓒ은 모두 과거로 출발하는 시간여행이 가능하다고 본다.
④ ⓛ과 달리 ⓒ은 시제가 특별한 의미를 가지지 않는다고 본다.
⑤ ⓒ과 달리 ⓛ은 시간여행에 필요한 도착지가 존재한다고 본다.

20 윗글에서 추론한 내용으로 적절하지 않은 것은?

① 3차원주의자 중에는 과거를 거슬러 올라갈 수 없는 시간으로 여기는 사람이 있을 것이다.
② 현재주의자는 누군가의 외모가 변한 것을 보면 이는 시간이 흘렀기 때문이라고 생각할 것이다.
③ 4차원주의자는 도래하지 않은 시간으로부터 이미 지나간 시간으로 시간의 흐름을 거슬러 올라갈 수 있다고 생각할 것이다.
④ 시간여행이 가능하다고 믿는 3차원주의자는 출발지 미결정의 문제가 해결되면 출발지 비존재의 문제가 해소된다고 생각할 것이다.
⑤ 시간여행의 가능성을 부인하는 3차원주의자는 우리가 미래에 도착하는 순간 도착지가 생겨난다는 주장에 대해, 그 경우에도 출발지 비존재의 문제가 남아 있다고 비판할 것이다.

21 윗글을 바탕으로 <보기>를 설명할 때, 적절하지 않은 것은?

> **보 기**
>
> 밴드 결성 전, 존 레논은 자신이 유명한 가수가 될 것이라는 예언을 듣는다. 자신의 미래가 궁금해진 레논은 마침 타임머신 실험 소식을 듣고 10년 후의 미래로 가고자 자원하였다. 10년 후, 그의 밴드는 유명해지고 데뷔 이전 머리가 짧았던 그는 긴 머리를 가지게 된다. 만일 10년 후로의 시간여행이 가능하다면, 미래를 방문한 무명의 레논은 장발의 록 스타인 자신을 직접 보게 될 것이다. 그러나 이는 '동일한 것은 서로 구별될 수 없다.'라는 ⓐ원리에 위배된다. 즉 '동일한 사람이 무명이면서 동시에 스타이다.'라는 ⓑ논리적 모순이 발생하는 것이다. 이 문제가 해소되지 않으면 레논은 10년 후로 시간여행을 할 수 없다.

① 시간여행의 도착지가 존재하지 않는다는 논리에 따를 경우, ⓐ에 위배되는 사건은 아예 일어나지 않겠군.
② 레논의 서로 다른 단계 중에 현재 단계가 뒤의 단계를 방문할 수 있다고 가정하면, 영원주의자에게 ⓑ는 문제가 되지 않겠군.
③ 조건부 결정론자의 논리에 따를 경우, 레논이 미래에 도착하면 자신의 10년 후 모습을 직접 보기 이전이라도 도착 순간에 이미 출발지 비존재의 문제가 해소되겠군.
④ 미래에 도착하는 시점의 레논과 미래에 있던 레논이 동일한 외모를 가질 수 있다고 가정하면, 현재주의자는 ⓐ에 위배되는 일이 발생하지 않았다고 주장할 수 있겠군.
⑤ 두 사람이 만나는 시간은 제3의 관찰자가 볼 때는 동시인 것처럼 보이지만 각자의 시간 흐름에서는 동시가 아니라고 가정하면, 현재주의자 중에는 ⓑ가 해소될 수 있다고 보는 사람도 있겠군.

우리 행위의 가치를 평가할 때 언제나 우선적이어서 여타의 모든 가치들의 조건을 이루는 선의지라는 개념이 있다. 이 선의지 개념을 발전시키기 위해, 먼저 도덕적 의무라는 개념에 대해 생각해 보자. '의무에 어긋나는' 것으로 인식된 모든 비도덕적인 행위에 대해서는 비록 그런 행위들이 이런저런 의도에는 유용하다고 할지라도 여기서는 고려하지 않겠다. 이런 행위는 의무와 충돌하므로, 과연 그 행위들이 '의무에서 비롯하는' 것일 수 있느냐는 물음이 이 행위 자체에서 아예 발생할 수 없기 때문이다. 의무에서 비롯하는 행위는 어떤 조건도 없이 오로지 당위(當爲)에 의거한 행위이다. 의무에 어긋나는 행위를 의무에서 비롯하는 행위와 구별하는 것은 쉽다. 이와 달리 '의무에 맞는' 행위를 의무에서 비롯하는 행위와 구별하는 것은 어렵다. 의무에 맞는 행위를 유발하는 동인은 다양해서, 어떤 것은 행위자의 이해관계에서 출발하기도 하고, 다른 어떤 것은 사랑이나 동정심 등의 감정에 의해 나타나기도 한다.

예컨대 자신의 이득이 우선인 ㉠의사가 수입을 늘리기 위해 최선을 다해 진료한다면, 그의 행위는 의무에 맞는 일이다. 하지만 환자가 정당하게 대우받는 것처럼 보인다고 해서 이 행위가 의무에서 비롯하여 행해졌다고 말할 수는 없다. 한편 공감 능력이 뛰어나 이웃의 불행에 발 벗고 나서서 돕는 ㉡사람이 있다. 그의 행위는 의무에 부합하며 매우 칭찬받을 만하지만 아무런 도덕적 가치를 갖지 못하며 단지 성격적 특성이 발현된 것일 뿐이다. 공감하는 행위가 의무에 맞고 칭찬과 격려를 받을 만하더라도 도덕적 존경의 대상은 아니다. 하지만 이 박애주의자가 뇌 손상으로 공감 능력을 상실하고도 다만 의무로 인식하여 타인을 돕는 경우라면, 그 행위는 비로소 진정한 도덕적 가치를 갖게 된다.

의무에서 비롯하는 행위는 그 도덕적 가치를 행위에서 기대되는 결과에 의존하지 않으며 대신에 행위를 결정하는 동기인 의지에서 구한다. 결과는 다른 원인으로 성취될 수도 있으며, 이성적 존재자의 의지가 요구되지도 않는다. 반면에 무조건적인 최고선은 이성적 존재자의 의지에서 만날 수 있을 뿐이다. 이런 연유로 오직 법칙에 대한 표상, 즉 법칙 자체에 대한 생각만이 우리가 도덕적이라고 부르는 탁월한 선을 이룬다. 물론 기대된 결과가 아닌 법칙의 표상이 의지를 규정하는 근거가 되는 한, 이 표상은 이성적 존재자에게서만 발생한다. 이 탁월한 선은 이미 법칙에 따라 행동하는 인격 자체에 있으므로 우리는 결과에서 이 선을 기대해서는 안 된다.

이러한 탁월한 선에 따르면, ㉢거짓 약속을 하는 사람의 주관적 원리는 모든 사람을 위한 보편적 법칙이 될 수 없다. 거짓 약속을 하는 행위를 보편적 법칙으로 삼고자 한다면, 그 어떤 약속도 있을 수 없는 모순이 발생한다. 즉 행위자의 주관적 원리는 보편적 법칙이 되자마자 자기 파괴를 겪게 된다.

행위를 규정하는 의지를 단적으로 그리고 제한 없이 선하다고 할 수 있으려면 법칙을 표상할 때 이로부터 기대되는 결과를 고려하지 않고 표상하는 것이 의지를 규정해야만 한다. 어떤 법칙을 준수할 때 의지에서 일어날 수 있는 모든 충동을 의지에서 빼앗는다면, 이제 남아 있는 것이라곤 행위 일반의 보편적 합법칙성뿐이므로, 이것만을 의지를 일으키는 원리로 사용해야 한다. 다시 말해 나는 내 주관적 원리가 보편적 법칙이 되어야 한다고 바랄 수 있도록 오로지 그렇게만 행위를 해야 한다.

22 윗글의 내용과 일치하는 것은?

① 결과가 이성적 존재자의 공감을 얻는다면 그 행위는 도덕적이다.
② 도덕적 가치 판단은 동기인 의지와 품성인 덕을 모두 고려해야 한다.
③ 어떤 행위가 만인의 보편적 이익을 지향한다면 그 행위는 도덕적이다.
④ 감정에서 우러나는 자발적 행위라야 진정한 도덕적 가치를 가진다.
⑤ 이타적인 동기에서 유발되는 행위 자체는 도덕적 존경의 대상이 될 수 없다.

23 윗글에 대한 이해로 적절하지 않은 것은?

① '의무에 맞는' 행위는 '의무에 어긋나는' 행위가 될 수도 있다.
② '의무에 맞는' 행위는 '의무에서 비롯하는' 행위가 아닐 수도 있다.
③ '의무에서 비롯하는' 행위는 '의무에 맞는' 행위가 될 수밖에 없다.
④ '의무에 어긋나는' 행위는 '의무에 맞는' 행위와 유발 동인이 동일할 수도 있다.
⑤ '의무에서 비롯하는' 행위는 '의무에 어긋나는' 행위와 달리 이성적 존재자의 선의지에 따른다.

24 윗글의 입장에서 ㉠~㉢을 평가할 때, 가장 적절한 것은?

① ㉠이 자신의 평판을 위해서일지라도 모든 환자를 똑같이 대우한다면, 그의 행위는 탁월한 선이 발현된 것으로서 도덕적으로 정당하다.
② ㉡이 법칙에 대한 표상만으로 자신의 의지를 규정하여 이웃을 돕는다면, 그의 행위는 도덕적으로 정당하다.
③ ㉡이 보편적 합법칙성에 부합하도록 인격의 탁월성을 극대화할 수 있다면, 그의 행위는 도덕적으로 정당하다.
④ ㉢의 주관적 원리가 보편적 법칙과 최고선 사이의 모순을 극복할 수 있다면, 그의 행위는 도덕적으로 정당할 수 있다.
⑤ ㉢이 친구를 도우려는 선한 의도에서 자신의 이익에 대한 고려를 완전히 배제할 수 있다면, 그의 행위는 도덕적으로 정당할 수 있다.

1965년 제미니 4호 우주선은 지구 주위를 도는 궤도에서 최초의 우주 랑데부를 시도했다. 궤도에 진입하여 중력만으로 운동 중이던 우주선은 같은 궤도상 전방에 있는 타이탄 로켓과 랑데부하기 위해 접근하고자 했다. 조종사는 속력을 높이기 위해 우주선을 목표물에 향하게 하고 후방 노즐을 통하여 일시적으로 연료를 분사하였다. 하지만 이 후방 분사를 반복할수록 목표물과의 거리는 점점 더 멀어졌고 연료만 소모하자 랑데부 시도를 포기했다.

연료를 분사하면 우주선은 분사 방향의 반대쪽으로 추진력을 받는다. 이는 뉴턴의 제3법칙인 '두 물체가 서로에게 작용하는 힘은 항상 크기가 같고, 방향은 반대이다.'로 설명할 수 있다. 질량이 큰 바위를 밀면, 내가 바위를 미는 힘이 작용이고, 바위가 나를 반대 방향으로 미는 힘이 반작용이다. 똑같은 크기의 힘을 주고받았는데 내 몸만 움직이는 이유는 뉴턴의 제2법칙인 '같은 크기의 힘을 물체에 가했을 때, 물체의 질량과 가속도는 반비례한다.'로 설명할 수 있다. 연료를 연소해 기체를 분사하는 힘은 작용이고, 그 반대 방향으로 우주선에 작용하는 추진력은 반작용이다. 우주선에 비해 연료 기체의 질량은 작더라도 연료 기체를 고속 분사하면 우주선은 충분한 가속도를 얻는다.

지구 궤도를 도는 우주선은 우주에 자유롭게 떠 있는 것 같지만, 기체 분사에 의한 힘 외에 중력이 작용하고 있어서 그 영향을 고려해야 한다. 우주선은 지구의 중력을 받으며 원 또는 타원 궤도를 빠르게 돈다. 이때 궤도를 한 바퀴 도는 데 걸리는 시간인 주기는 궤도의 지름이 클수록 더 길다. 우주선은 속력과 관련된 운동 에너지(K)와 중력에 관련된 중력 위치 에너지(U)를 가진다.

$$K = \frac{1}{2}mv^2, U = -\frac{GMm}{r},$$

G:만유인력 상수, M:지구의 질량, m:우주선의 질량, r:지구중심과 우주선의 거리, v:우주선의 속력.

운동 에너지는 우주선 속력의 제곱에 비례한다. 우주선의 중력 위치 에너지는 우주선이 지구에서 무한대 거리에 있으면 0으로 정의되고, 지구에 가까워지면 그 값은 작아지므로 음수이다. 즉, 우주선이 지구에 가까울수록 중력 위치 에너지는 작아지고, 멀수록 중력 위치 에너지는 커진다. 운동 에너지와 중력 위치 에너지의 합인 역학적 에너지(E)는 $E = K + U$로 표현된다. 지구의

중력만 작용할 때, 궤도 운동하는 우주선의 역학적 에너지는 크기가 일정하게 보존된다. 역학적 에너지가 보존될 때, 궤도 운동하는 우주선이 지구 중심에서 멀어지면 속력이 느려지고 가까워지면 속력이 빠르게 된다. 또한 원 궤도에서 작용하는 중력의 크기가 클수록 속력이 빨라진다. 우주선의 궤도는 연료 분사로 속력을 조절해 〈그림〉과 같이 바뀔 수 있다. 우주선이 운동하는 방향을 전방, 반대 방향을 후방이라 하자. 〈그림〉의 원 궤도에 있는 우주선이 궤도의 접선 방향으로 후방 분사하여 운동 에너지를 증가시키면, 그만큼 역학적 에너지도 증가하여 우주선은 기존의 원 궤도보다 지구로부터 더 멀리 도달할 수 있는 〈그림〉의 큰 타원 궤도로 진입한다. 하지만 전방 분사하면, 운동 에너지가 감소하고 〈그림〉의 작은 타원 궤도로 진입하여 우주선은 기존보다 지구에 더 가까워진다.

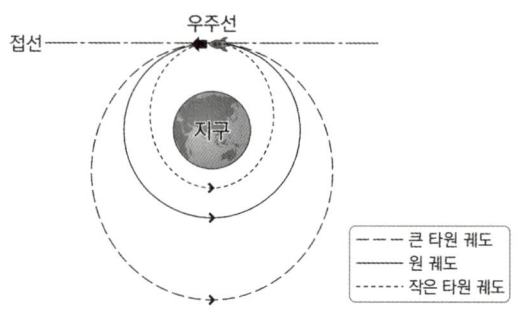

〈그림〉 우주선의 궤도와 접선

목표물과 우주선이 같은 원 궤도에서 같은 방향으로 운동할 때, 목표물이 전방에 있는 경우, 우주선이 후방 분사를 하면 궤도의 접선 방향으로 우주선의 속력이 빨라져서 큰 타원 궤도로 진입하게 된다. 따라서 분사가 끝나면, 속력이 주기적으로 변화하고 목표물과의 거리가 더 멀어진다. 반대로, 목표물이 후방에 있는 경우 전방 분사를 하면 〈그림〉의 작은 타원 궤도로 진입한 우주선의 속력은 원 궤도에서보다 더 느려진 진입 속력과 더 빨라진 최대 속력 사이에서 변화한다. 이때 목표물과의 거리는 더 멀어진다.

랑데부에 성공하려면 우주선을 우리의 직관과 반대로 조종해야 한다. 우주선과 목표물이 같은 원 궤도에서 같은 운동 방향일 때 목표물이 전방에 있다고 하자. 이때 우주선이 일시적으로 전방 분사하면 속력이 느려지고, 기존보다 더 작은 타원 궤도로 진입해서 목표물보다 더 빠른 속력으로 운동할 수 있다. 하지만 궤도가 달라서, 진입한 타원 궤도의 주기가 기존 원 궤도의 주기보다 더 짧다는 것을 이용하여 한 주기 혹은 여러 주기 후 같은 위치에서 만나도록 속력을 조절한다. 목표물보다 낮은

위치에서 충분히 가까워지면, 우주선이 접근하여 랑데부한다.

25 윗글의 내용과 일치하지 <u>않는</u> 것은?

① 뉴턴의 제3법칙은 우주선 추진의 원리 중 하나이다.
② 원 궤도의 지름이 클수록 우주선의 속력이 더 빨라진다.
③ 타원 궤도 운동 중인 우주선은 역학적 에너지가 보존된다.
④ 우주선이 분사하는 연료 기체는 우주선보다 가속도가 크다.
⑤ 원 궤도에 있는 우주선이 속력을 늦추면 회전 주기가 짧아진다.

26 윗글을 바탕으로 추론할 때, <보기>에서 적절한 것만을 있는 대로 고른 것은?

> 보기
>
> ㄱ. 제미니 4호가 원 궤도상에서 후방 분사를 한 경우라면, 후방 분사 이후의 궤도는 지구로부터 더 멀어질 수 있다.
> ㄴ. 타원 궤도에 있는 우주선의 운동 에너지 크기와 중력 위치 에너지 크기는 일정하게 유지된다.
> ㄷ. 원 궤도에 있는 우주선이 궤도의 접선 방향 분사로 역학적 에너지를 증가시키면, 진입한 궤도에서 우주선의 최대 중력 위치 에너지는 커진다.

① ㄱ   ② ㄴ   ③ ㄱ, ㄷ
④ ㄴ, ㄷ   ⑤ ㄱ, ㄴ, ㄷ

27 윗글을 바탕으로 <보기>를 이해할 때, 적절하지 <u>않은</u> 것은?

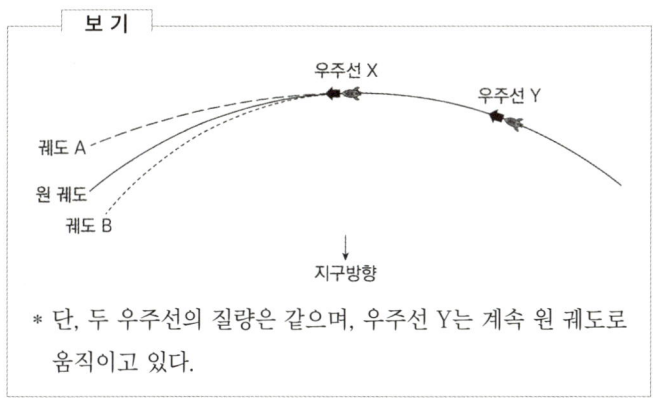

> 보기
>
> * 단, 두 우주선의 질량은 같으며, 우주선 Y는 계속 원 궤도로 움직이고 있다.

① 전방 분사한 우주선 X가 진입한 궤도에서 가지는 최대 운동 에너지는 우주선 Y보다 더 크다.
② 우주선 X는 궤도 A에서의 최소 중력 위치 에너지가 궤도 B에서의 최소 중력 위치 에너지보다 크다.
③ 후방 분사한 이후의 우주선 X의 중력 위치 에너지의 최솟값은 우주선 Y의 중력 위치 에너지와 같다.
④ 우주선 X가 궤도 A로 진입한 경우, 지구를 한 바퀴 도는 동안 우주선 Y와 같은 운동 에너지를 가지는 궤도상의 지점은 하나이다.
⑤ 우주선 X와 우주선 Y의 가능한 거리 중 최댓값은 우주선 X가 궤도 B로 진입한 경우가 궤도 A로 진입한 경우보다 작다.

과학 기술이 발달하고 일상의 삶에 미치는 영향이 점점 커짐에 따라 법정에서 과학 기술 전문가의 지식을 필요로 하는 사례도 늘고 있다. 유전자 감식에 의한 친자 확인, 디지털 포렌식을 통한 범죄 수사 등은 이미 낯설지 않고, 최근에는 연륜연대학에 기초한 과학적 증거의 활용도 새롭게 관심을 끌고 있다.

연륜연대학이란, 나이테를 분석하여 나무의 역사를 재구성하는 과학이다. 온대림에서 자라는 대부분의 수목은 매년 나이테를 하나씩 만들어 내는데, 그것의 폭, 형태, 화학적 성질 등은 수목이 노출되어 있는 환경의 영향을 받는다. 예를 들어 나이테의 폭은 강수량이 많았던 해에는 넓게, 가물었던 해에는 좁게 형성된다. 따라서 연속된 나이테가 보여 주는 지문과도 같은 패턴은 나무의 생육 연대를 정확히 추산하기 위한 단서가 된다.

[A]
2005년에 400개의 나이테를 가진 400년 된 수목을 베어 냈는데, 그 단면에서 1643년부터 거슬러 1628년까지 16년 동안 넓은 나이테 5개, 좁은 나이테 5개, 넓은 나이테 6개 순으로 연속된 특이 패턴이 보였다고 하자. 한편 인근의 역사 유적에 대들보로 사용된 오래된 목재는 나무의 중심부와 그것을 둘러싼 332개의 나이테를 보여 주지만 베어진 시기를 알 수 없었는데, 만일 그 가장자리 나이테에서 7개째부터 앞서의 수목과 동일한 패턴이 발견된다면 그 목재로 사용된 나무는 1650년경에 베어졌고 1318년경부터 자란 것이라는 결론을 내릴 수 있다. 나아가 그 목재를 유적의 기둥 목재와 비슷한 방식으로 비교하여, 나이테 기록을 보다 먼 과거까지 소급할 수 있다.

이와 같이 나이테를 통한 비교 연대 측정은 예술 작품이나 문화재 등의 제작·건립 시기를 추정하는 과학적 기법을 제공하기도 하지만, 종종 법률적 사안의 해결에 도움을 주기도 한다. 수목으로 소유지 경계를 표시하던 과거에는 수목의 나이를 확인하는 것이 분쟁 해결에 중요한 역할을 담당하였다. 형사 사건에서도 나이테 분석을 활용한 적이 있다. 1932년 린드버그의 아기를 납치·살해한 범인을 수목 과학자인 콜러가 밝혀낸 일화는 잘 알려져 있다. 그는 범행 현장에 남겨진 수제 사다리의 목재를 분석함으로써, 그것이 언제 어느 제재소에서 가공되어 범행 지역 인근의 목재 저장소로 운반되었는지를 추적하는 한편, 용의자의 다락방 마루와 수제 사다리의 일부가 본래 하나의 목재였다는 사실도 입증해 냈다.

나이테 분석의 활용 잠재성이 가장 큰 영역은 아마도 환경 소송 분야일 것이다. 과학자들은 나이테에 담긴 환경 정보의 종단 연구를 통해 기후 변동의 역사를 고증하고, 미래의 기후 변화를 예측하는 데 주로 관심을 기울여 왔다. 하지만 나이테에 담긴 환경 정보에는 비단 강수량이나 수목 질병만이 아니라 중금속이나 방사성 오염 물질, 기타 유해 화학 물질에 대한 노출 여부도 포함되므로 이를 분석하면 특정 유해 물질이 어느 지역에 언제부터 배출되었는지를 확인할 수 있을 것이다. 넓은 의미의 연륜연대학 중에서 이처럼 수목의 화학적 성질에 초점을 맞춘 연구만을 따로 연륜화학이라 부르기도 한다.

[B]
한편 과학 기술 전문가의 견해가 법정에서 실제로 유의미하게 활용되기 위해서는 일정한 기준을 충족해야 하는데, 이 점은 나이테 분석도 마찬가지다. 법원으로서는 전문가의 편견 및 오류 가능성이나 특정 이론의 사이비 과학 여부 등에도 신경을 쓸 수밖에 없기 때문이다. 나이테 분석을 통한 환경오염의 해석은 분명 물리적 환경 변화의 해석에서보다 고려해야 할 변수도 많고, 아직 그 역사도 상당히 짧다. 하지만 이 같은 해석 기법이 환경 소송을 주재할 법원의 요구에 부응할 수 있는 과학 기술적 토대를 갖추었다고 평가하는 견해가 점차 늘어나고 있다.

28 윗글로 보아 적절하지 않은 것은?

① 나이테 분석이 이미 생성된 나이테만을 대상으로 할 수밖에 없다면, 아직 발생하지 않은 변동을 예측하는 데는 사용되지 못할 것이다.

② 특정 수목이 소유지 경계 획정 시 성목(成木)으로 심은 것이라면, 그 나이테의 개수가 경계 획정 시기까지 소급한 햇수보다 적지 않을 것이다.

③ 발생 연도가 확실한 사건에 대한 지식이 추가되면, 비교할 다른 나무가 없어도 특정 수목의 생육 연대를 비교적 정확하게 추산하는 것이 가능하다.

④ 배후지의 나무와 달리 차로변의 가로수만 특정 나이테 층에서 납 성분이 발견되었다면, 그 시기에는 납을 함유한 자동차 연료가 사용되었다고 추정하는 것이 가능하다.

⑤ 가장자리 나이테 층뿐 아니라 심부로도 수분과 양분이 공급되는 종류의 나무라면, 나이테 분석을 통해 유해 화학 물질의 배출 시기를 추산할 때 오차가 발생할 것이다.

29 [A]에 대해 추론한 내용으로 옳지 않은 것은?

① 2005년에 베어 낸 수목은 1605년경부터 자랐을 것이다.

② 대들보로 사용된 목재의 가장자리에서 10번째 나이테는 폭이 넓을 것이다.

③ 대들보로 사용된 목재의 가장자리에서 20번째 나이테는 폭이 좁을 것이다.

④ 대들보로 사용된 목재의 가장자리에서 15번째 나이테는 1635년경에 생겼을 것이다.

⑤ 대들보로 사용된 목재와 기둥 목재의 나이테 패턴 비교 구간은 1318년경에서 1650년경 사이에 있을 것이다.

30 [B]를 참조하여 <보기>의 입장들을 설명할 때, 적절하지 않은 것은?

보기

X국에는 과학적 연구 자료를 법적으로 활용하는 기준에 대하여 다음과 같은 입장들이 있다. 각각의 입장에서 전문가의 '나이테 분석에 근거한 연구 결과'가 어떻게 이용될지 생각해 보자.

A: 관련 분야 전문가들의 일반적 승인을 얻은 것만을 증거로 활용한다.

B: 사안에 대한 관련성이 인정되는 한 모두 증거로 활용하되, 전문가의 편견 개입 가능성이나 쟁점 혼란 또는 소송 지연 등의 사유가 있을 경우에는 활용하지 않는다.

C: 사안에 대한 관련성이 인정되고, 일정한 신뢰성 요건(검증 가능성, 적정 범위 내의 오차율 등)을 갖춘 것은 모두 증거로 활용한다.

① A를 따르는 법원이 수목의 병충해 피해 보상을 판단할 때 해당 연구 결과를 유의미하게 활용한다면, 나이테를 통한 비교 연대 측정 방법은 대체로 인정된다고 추정할 수 있군.

② A를 따르는 법원이 공장의 유해 물질 배출로 인한 피해의 배상을 판단할 때 해당 연구 결과를 유의미하게 활용한다면, 연륜화학의 방법은 대체로 인정된다고 추정할 수 있군.

③ B를 따르는 법원이 방사능 피해 보상 문제에서 해당 연구 결과를 유의미하게 활용한다면, 그 연구의 수행자가 피해 당사자의 입장을 적극 대변하는 인물이라고 추정할 수 있군.

④ C를 따르는 법원이 장기간의 가뭄으로 인한 농가 피해의 보상을 판단할 때 해당 연구 결과를 유의미하게 활용한다면, 나이테 분석은 사이비 과학이 아니라고 추정할 수 있군.

⑤ C를 따르는 법원이 홍수로 인한 농가 피해의 보상을 판단할 때 해당 연구 결과를 유의미하게 활용하지 않는다면, 연륜연대학의 방법이 일정한 신뢰성의 요건을 충족하지 못한다고 추정할 수 있군.

21학년도 LEET 언어이해

비즈니스 프로세스는 고객 가치 창출을 위해 기업 또는 조직에서 업무를 처리하는 과정을 말한다. 업무 처리 과정을 업무흐름도로 도식화하는 과정을 프로세스 모델링이라 하며, 그 결과물을 프로세스 모델이라고 한다. 프로세스 모델은 업무 처리 활동 및 활동들 간의 경로로 구성된다. 프로세스 모델이 효율적으로 작동하고 있는지를 확인, 분석, 수정 · 보완, 개선하는 작업이 필요한데, 프로세스 마이닝은 그중 한 기법이다. 프로세스 마이닝은, 시뮬레이션처럼 실제 이벤트 로그 수집 이전에 정립한 프로세스 모델 중심 분석기법과, 데이터 마이닝처럼 프로세스를 고려하지 않는 데이터 중심 분석기법을 연결하는 역할을 한다.

프로세스 마이닝은 정보시스템을 통해 확보한 이벤트 로그에서 프로세스에 관련된 가치 있는 정보를 추출하는 것이다. 이벤트 로그란 정보시스템에 축적된 비즈니스 프로세스 수행 기록인데, 이것이 프로세스 마이닝의 출발점이 된다. 이벤트 로그는 행과 열로 표현되는 이차원 표 형태이다. 업무 활동으로 발생한 이벤트는 행으로 추가되며, 각 열에는 이벤트의 속성들이 기록된다. 이때 기록되는 속성으로 필수적인 것은 사례 ID, 활동명, 발생 시점이며, 다양한 분석을 위해 그 외 속성들도 추가될 수 있다. 이벤트 로그는 사용자에게 도움이 되는 정보를 직접 제공할 수 없는 원데이터이므로, 그것을 우리가 사용할 수 있는 정보로 변환해 주어야 한다. 프로세스 마이닝에는 프로세스 발견, 적합성 검증, 프로세스 향상의 세 가지 유형이 있다.

프로세스 발견이란 프로세스 분석가가 알고리즘을 통해 이벤트 로그로부터 프로세스 모델을 도출하는 것을 말하는데, 이때 분석가는 별다른 업무 지식 없이도 작업을 수행할 수 있다. 만일 도출된 프로세스 모델이 복잡하여 유의미한 분석이 곤란할 경우, 퍼지 마이닝이나 클러스터링 기법을 활용할 수 있다. 퍼지 마이닝은 실행 빈도가 낮은 활동을 제거 또는 병합하거나, 그 활동들 간의 경로를 제거함으로써 프로세스 모델을 단순화해 주는 기법이다. 이때 프로세스 모델에 나타난 활동과 경로에 대한 임곗값을 설정하여 모델의 복잡도를 조절할 수 있다. 클러스터링은 특성이 유사한 사례들을 같은 그룹으로 묶어주는 기법이다. 전체 이벤트 로그를 대상으로 프로세스를 도출할 때 복잡한 프로세스 모델이 도출될 경우, 이 기법을 적용하여 이벤트 로그를 여러 개로 나눌 수 있다. 이렇게 세분화된 이벤트 로그에 프로세스 발견 기법을 적용하면, 프로세스 모델의 복잡도가 줄어든다.

적합성 검증이란 기존의 프로세스 모델과 이벤트 로그 분석에서 도출된 결과를 비교하여 어느 정도 일치하는지를 확인하는 것이다. 이때 기존의 프로세스 모델과 이벤트 로그에서 도출된 결과물이 불일치하는 경우가 발생하는데, 먼저 기존의 프로세스 모델이 적절함에도 불구하고 업무 담당자가 이를 준수하지 않는 경우를 들 수 있다. 이 경우에는 현실 세계의 실제 업무 수행 실태를 교정해야 한다. 이와 달리 이벤트 로그의 분석 결과물이 더 적절한 것으로 판단되는 경우에는 기존의 프로세스 모델을 수정할 필요가 있다.

프로세스 향상에는 두 유형이 있다. 하나는 기존의 프로세스 모델을 '수정'하는 것이며, 다른 하나는 업무 수행 시간 및 담당자 등 이벤트 로그 분석에서 얻은 부가적 정보를 추가하여 발견된 프로세스 모델을 '확장'하는 것이다. 확장의 예로는 이벤트 로그로부터 도출된 프로세스 모델에 프로세스 내 병목지점과 재작업 흐름을 시각화하는 것을 들 수 있다.

프로세스 마이닝은 데이터 과학에 근거를 두고 프로세스 분석가가 업무 전문가와 협업하여 기업이 수행하는 비즈니스 프로세스에 대한 문제점을 진단하고 개선 방안을 도출하는 데 기여할 수 있다.

01 윗글과 일치하는 것은?

① 이벤트 로그는 프로세스 마이닝의 출발점이지만 그 자체로는 유용한 정보라 할 수 없다.
② 업무 전문가의 충분한 지식 없이 이벤트 로그로부터 프로세스 모델을 도출하기는 어렵다.
③ 프로세스 발견은 프로세스에 내재된 업무 관련 규정을 이벤트 로그로부터 도출하는 것이다.
④ 클러스터링은 복잡한 프로세스 모델을 여러 개의 세부 프로세스 모델로 구분해 주는 기법이다.
⑤ 이벤트 로그에서 업무 담당자를 파악하여 기존의 프로세스 모델에 활동과 경로를 추가하는 것은 프로세스 수정이다.

02 '프로세스 마이닝'에 대해 추론한 것으로 적절하지 않은 것은?

① 프로세스 마이닝을 도입하면 내부 규정의 준수 여부에 대한 감독이 용이해진다.
② 프로세스 마이닝을 통해 기존의 프로세스 모델이 실제로 어떻게 수행되는가를 파악할 수 있다.
③ 프로세스 마이닝은 판에 박힌 단순한 업무뿐 아니라 비정형적인 업무 처리 과정의 분석에도 활용된다.
④ 프로세스 마이닝은 예상된 이벤트 로그에 적용할 프로세스 모델 중심의 업무 성과 분석 및 개선 기법이다.
⑤ 프로세스 마이닝은 기존의 프로세스 모델뿐 아니라 발견으로 도출된 프로세스 모델을 향상하는 데에도 활용된다.

03 <보기>의 사례에 프로세스 마이닝을 적용할 때 가장 적절한 것은?

> **보기**
>
> ○○병원에서는 외래 환자의 과도한 대기 시간을 줄이고 의료 서비스의 품질을 개선하기 위해 외래 환자 진료 프로세스를 분석하고자 한다. 이 병원에서는 질환별로 진행해야 하는 표준 진료 프로세스를 임상진료 지침으로 수립해 두고 있다. 프로세스 마이닝 도구를 사용하여 프로세스 모델을 도출하였더니 지나치게 복잡한 프로세스 모델이 도출되어 분석이 곤란한 상황이다. 또한 환자의 민감한 개인 의료정보가 저장된 이벤트 로그를 프로세스 분석가에게 제공할 경우 정보 보호 및 프라이버시 이슈가 존재하고, 병원의 기밀이 유출될 우려가 제기되어 이를 해결하고자 한다.

① 복잡도 문제를 해결하기 위해 연령 및 질환을 기준으로 이벤트 로그의 사례를 클러스터링 하려면 필수적 속성만 이벤트 로그에 있어도 된다.
② 적합성 검증 결과 기존의 프로세스 모델과 이벤트 로그 분석 결과가 불일치하면 의료진에 대한 제재 조치나 지침 재교육이 필수적이다.
③ 이벤트 속성의 임곗값을 조절하여 빈번하게 수행되는 진료 프로세스 수행 패턴을 파악할 수 있다.
④ 환자의 개인정보 보호를 위해 사례 ID를 제외하고 이벤트 로그를 작성해야 한다.
⑤ 외래 환자의 대기 시간 분석을 위해서는 프로세스 확장이 필요하다.

15세기 초 브루넬레스키가 제안한 선원근법은 서양의 풍경화에 큰 변화를 가져왔다. 고정된 한 시점에서 대상을 통일적으로 배치하는 기하학적 투시도법으로 인간의 눈에 보이는 대로 자연을 화폭에 담을 수 있게 된 것이다. 문학 비평가 가라타니 고진은 이러한 풍경화의 원리를 재해석한 '풍경론'을 통해 특정 문학 사조를 추종하는 문단의 관행을 비판했다.

고진에 따르면, 풍경이란 고정된 시점을 가진 한 사람에 의해 통일적으로 파악되는 대상이다. 내 눈 앞에 펼쳐진 풍경은 있는 그대로 존재하는 자연이 아니라 내가 보았기 때문에 여기 있는 것이며, 그런 점에서 모든 풍경은 내가 새롭게 발견한 대상이 된다. '풍경'은 단순히 외부에 존재해서가 아니라 주관에 의해 지각될 때 비로소 풍경이 된다.

고진은 이러한 과정을 '풍경의 발견'이라 부르고, 이를 근대인의 고독한 내면과 연결시켰다. 가령, 작가 구니키다 돗포의 소설에는 외로움을 느끼지만 정작 자기 주변의 이웃과 사귀지 않고 산책길에 만난 이름 모를 사람들이나 이제는 만날 일이 없는 추억 속의 존재들을 회상하며 그들에게 자신의 감정을 일방적으로 투사하는 주인공이 등장한다. 죽어갈 운명이라는 점에서는 모두가 동일하다면서, 주인공은 인간이란 누구든 다 친근한 존재들이라 말한다. 실제 이웃과의 관계 맺기를 기피한 채, 주인공은 현실적으로 아무 상관이 없는 사람들과 하나의 세계를 이루어 살고 있다. 고진은 인간마저도 하나의 풍경으로 취급해 버리는 주인공으로부터, 전도(顚倒)된 시선을 통해 풍경을 발견하는 '내적 인간'의 전형을 읽는다. 이로부터 고진은 "풍경은 오히려 외부를 보지 않는 자에 의해 발견된 것"이라는 결론을 얻는다.

고진의 풍경론은 한쪽에서는 내면성이나 자아라는 관점을, 다른 한쪽에서는 대상의 사실적 묘사라는 관점을 내세우며 대립하는 문단의 세태를 비판하기 위해 제시되었다. 주관의 재현과 객관의 재현을 내세우기에 마치 상반된 듯 보이지만 사실 두 관점은 서로 얽혀 있다는 것이다. 이미 풍경에 익숙해진 사람은 주관에 의해 배열된 세계를 벗어나지 못하고, 눈에 보이는 것이 본래적인 세계의 모습이라 믿는다. 풍경의 안에 놓여 있으면서도 풍경의 밖에 서 있다고 믿는 것이다. 고진은 만일 이러한 믿음에서 나온 외부 세계의 모사(模寫)를 리얼리즘이라 부른다면 그것이 곧 전도된 시선에서 비롯된 것임을 알아야 한다고 말한다. 리얼리즘의 본질을 '낯설게 하기'에서 찾는 러시아 형식주의의 견해 또한 마찬가지

이다. 너무 익숙해서 실은 보고 있지 않은 것을 보게 만들어야 한다는 이 견해를 따른다면, 리얼리즘은 항상 새로운 풍경을 창출해야 한다. 따라서 리얼리스트는 언제나 '내적 인간'일 수밖에 없다.

물론 자신이 풍경 안에 갇혀 있다는 사실을 자각하는 이가 있을 수도 있다. 작가 나쓰메 소세키는 '문학이란 무엇인가'라는 질문을 던졌을 때, 자신이 참고해 온 문학책들이 자신의 통념을 만들고 강화했을 뿐이라는 사실을 깨닫고는 책들을 전부 가방에 넣어 버렸다. "문학 서적을 읽고 문학이 무엇인가를 알려고 하는 것은 피로 피를 씻는 일이나 마찬가지라고 생각했기 때문"이다. 고진은 소세키야말로 자신이 풍경에 갇혀 있다는 사실을 자각했던 것이라 본다. 일단 고정된 시점이 생기면 그에 포착된 모든 것은 좌표에 따라 배치되며 이윽고 객관적 세계의 형상을 취한다. 이 세계를 의심하기 위해서는 결국 자신의 고정된 시점 자체에 질문을 던지며 회의할 수밖에 없다. 이른바 '풍경 속의 불안'이 시작되는 것이다.

그렇다면 만일 선원근법에 의존하지 않는 풍경화, 예컨대 서양의 풍경화가 아닌 동양의 산수화를 고려한다면 고진의 풍경론은 달리 해석될까. 기하학적 투시도법을 따르지 않은 산수화에는 그야말로 자연이 있는 그대로 재현된 것처럼 보이니 말이다. 그러나 산수화의 소나무조차도 화가의 머릿속에 있는 소나무라는 관념을 묘사한 것이지 특정 시공간에 실재하는 소나무가 아니다. 요컨대 질문을 던지며 회의한들 그 외의 방식으로는 세계와 대면하는 방법을 알지 못하기에 막연한 불안이 생기는 사태를 막을 수는 없다. 그럼에도 불구하고 문학을 다루는 사람은 자신의 전도된 시선을 의심하는 일에 게을러서는 안 된다. 전도된 시선의 기만적 구도는 풍경 속의 불안을 느끼는 이들에 의해서만 감지될 수 있다. 이 미묘한 앞뒷면을 동시에 살피려는 시도가 없다면, 우리는 풍경의 발견이라는 상황을 보지 못할 뿐 아니라 단지 풍경의 눈으로 본 문학만을 쓰고 해석하게 될 것이다.

04 윗글과 일치하지 않는 것은?

① 브루넬레스키의 선원근법은 풍경화에 사실감을 부여했다.
② 러시아 형식주의자들은 익숙한 세계를 새롭게 인식해야 한다고 주장했다.
③ 산수화와 풍경화는 기하학적 투시도법의 적용 여부에 따라 대상의 재현 양상이 대비된다.
④ 나쓰메 소세키는 문학 서적을 통해서 문학을 연구하는 작업이 자기 반복이라고 보았다.
⑤ 구니키다 돗포는 공적 관계를 기피하고 사적 관계에 몰두하는 인물을 소설의 주인공으로 삼았다.

05 '전도된 시선'을 설명한 것으로 가장 적절한 것은?

① 세계의 미묘한 앞뒷면을 동시에 살피는 것이다.
② 내면의 세계를 외부자의 시선으로 발견하는 것이다.
③ 현실을 취사선택하여 비현실적 세계를 만드는 것이다.
④ 실재로서 존재했지만 아무도 보지 못했던 풍경을 보는 것이다.
⑤ 주관적 시각을 통해 구성된 세계를 객관적 현실이라 믿는 것이다.

06 윗글에 따를 때 고진의 관점에서 <보기>에 나타난 최재서의 입장을 해석한 것으로 가장 적절한 것은?

> **보 기**
>
> 최재서는 내면성과 자아의 실험적 표현을 추구하는 이상의 소설을 사실적 묘사라는 관점에서 '리얼리즘의 심화'라고 비평한 바 있다. 이상의 「날개」에는 돈을 사용하는 법도 모르고 친구를 사귀지도 않으며 자신의 작은 방을 벗어나지 않는 주인공이 등장한다. 최재서에 따르면, 자폐적으로 자기 세계에 갇혀 지내는 사내의 심리에 주목한 「날개」는 특정 대상의 내면까지도 '주관의 막을 제거한 카메라'를 들이대어 투명하게 조망한 사례이다. 대상에 따라 관점은 이동할 수 있다는 것, 문학 작품의 해석에 미리 확정된 관점이나 범주란 없다는 것이 최재서의 결론이다.

① 대상에 따라 관점이 이동할 수 있다는 의견은, 고진에게는 작가의 머릿속에 있는 관념이 서양 풍경화의 방식으로 재현되는 것이라 해석되겠군.
② 작품 해석에서 미리 확정된 범주란 없다는 의견은, 고진에게는 주관이 외부를 적극적으로 파악하여 풍경 속의 불안을 벗어난 것이라 해석되겠군.
③ 내면성과 자아의 실험적 표현을 추구하는 작품도 리얼리즘에 속할 수 있다는 의견은, 고진에게는 풍경 안에 갇혀 있음을 자각한 것이라 해석되겠군.
④ 「날개」가 대상의 내면에 '주관의 막을 제거한 카메라'를 들이댔다는 의견은, 고진에게는 주관의 재현과 객관의 재현을 내세우며 대립하는 것이라 해석되겠군.
⑤ 이상이 「날개」에서 자폐적으로 자기 세계에 갇혀 지내는 사내를 그렸다는 의견은, 고진에게는 풍경을 지각하지 못하는 '내적 인간'의 전형을 그린 것이라 해석되겠군.

평등은 자유와 더불어 근대 사회의 핵심 이념으로 자리 잡고 있다. 인간은 가령 인종이나 성별과 상관없이 누구나 평등하다고 생각한다. 모든 인간은 평등하다고 말하는데, 이 말은 무슨 뜻일까? 그리고 그 근거는 무엇인가? 일단 이 말을 모든 인간을 모든 측면에서 똑같이 대우하는 절대적 평등으로 생각하는 이는 없다. 인간은 저마다 다르게 가지고 태어난 능력과 소질을 똑같게 만들 수 없기 때문이다. 절대적 평등은 개인의 개성이나 자율성 등의 가치와 충돌하기도 한다.

평등에 대한 요구는 모든 불평등을 악으로 보는 것이 아니라 충분한 이유가 제시되지 않은 불평등을 제거하는 데 목표를 두고 있다. '이유 없는 차별 금지'라는 조건적 평등 원칙은 차별 대우를 할 때는 이유를 제시할 것을 요구하고 있다. 이것은 어떤 이유가 제시된다면 특정한 부류에 속하는 사람들에게는 평등한 대우를, 그 부류에 속하지 않는 사람들에게는 차별적 대우를 하는 것을 허용한다. 그렇다면 사람들을 특정한 부류로 구분하는 기준은 무엇인가? 이것은 바로 평등의 근거에 대한 물음이다.

근대의 여러 인권 선언에 나타난 평등 개념은 개인들 사이의 평등성을 타고난 자연적 권리로 간주하였다. 하지만 이러한 자연권 이론은 무엇이 자연적 권리이고 권리의 존재가 자명한 이유가 무엇인지 등의 문제에 부딪히게 된다. 그래서 롤스는 기존의 자연권 사상에 의존하지 않는 방식으로 인간 평등의 근거를 마련하려고 한다. 그는 어떤 규칙이 공평하고 일관되게 운영되며, 그 규칙에 따라 유사한 경우는 유사하게 취급된다면 형식적 정의는 실현된다고 본다. 하지만 롤스는 형식적 정의에 따라 규칙을 준수하는 것만으로는 정의를 담보할 수 없다고 생각한다. 그 규칙이 더 높은 도덕적 권위를 지닌 다른 이념과 충돌할 수 있기에, 실질적 정의가 보장되기 위해서는 규칙의 내용이 중요한 것이다.

롤스는 인간 평등의 근거를 설명하면서 영역 성질(range property) 개념을 도입한다. 예를 들어 어떤 원의 내부에 있는 점들은 그 위치가 서로 다르지만 원의 내부에 있다는 점에서 동일한 영역 성질을 갖는다. 반면에 원의 내부에 있는 점과 원의 외부에 있는 점은 원의 경계선을 기준으로 서로 다른 영역 성질을 갖는다. 그는 평등한 대우를 받기 위한 영역 성질로서 '도덕적 인격'을 제시한다. 도덕적 인격이란 도덕적 호소가 가능하고 그런 호소에 관심을 기울이는 능력이 있다는 것인데, 이 능력을 최소치만 갖고 있다면 평등한 대우에 대한 권한을

갖게 된다. 도덕적 인격이라고 해서 도덕적으로 훌륭하다는 뜻이 아니라 도덕과 무관하다는 말과 대비되는 뜻으로 쓰고 있다. 그런데 어린 아이는 인격체로서의 최소한의 기준을 충족하고 있는지가 논란이 될 수 있다. 이에 대해 롤스는 도덕적 인격을 규정하는 최소한의 요구 조건은 잠재적 능력이지 그것의 실현 여부가 아니기에 어린 아이도 평등한 존재라고 말한다.

싱어는 위와 같은 롤스의 시도를 비판한다. 도덕에 대한 민감성의 수준은 사람에 따라 다르다. 그래서 도덕적 인격의 능력이 그렇게 중요하다면 그것을 갖춘 정도에 따라 도덕적 위계를 다르게 하지 말아야 할 이유가 분명하지 않다고 말한다. 그리고 평등한 권리를 갖는 존재가 되기 위한 최소한의 경계선을 어디에 그어야 하는지도 문제로 남는다고 본다. 한편 롤스에서는 도덕적인 능력을 태어날 때부터 가지고 있지 않거나 영구적으로 상실한 사람은 도덕적 지위를 가지고 있지 못하게 되는데, 이는 통상적인 평등 개념과 어긋난다. 그래서 싱어는 평등의 근거로 '이익 평등 고려의 원칙'을 내세운다. 그에 따르면 어떤 존재가 이익, 즉 이해관계를 갖기 위해서는 기본적으로 고통과 쾌락을 느낄 수 있는 능력을 갖고 있어야 한다. 그리고 그 능력을 가진 존재는 이해관계를 가진 존재이기 때문에 평등한 도덕적 고려의 대상이 된다. 이때 이해관계가 강한 존재를 더 대우하는 것이 가능하다. 반면에 그 능력을 갖지 못한 존재는 아무런 선호나 이익도 갖지 않기 때문에 평등한 도덕적 고려의 대상이 되지 않는다.

07 '평등'을 설명한 것으로 가장 적절한 것은?

① 형식적 정의에서는 차별적 대우가 허용되지 않는다.
② 조건적 평등과 달리 절대적 평등은 결과적인 평등을 가져온다.
③ 불평등은 충분한 이유가 있더라도 평등의 이념에 부합하지 않는다.
④ 규칙에 따라 유사한 경우는 유사하게 취급해도 결과는 불평등할 수 있다.
⑤ 인간의 능력은 절대적으로 평등하게 만들 수 있지만 자율성에 어긋날 수 있다.

08 '롤스와 싱어를 이해한 것으로 적절하지 않은 것은?

① 롤스에서 평등의 근거가 되는 특성을 가지지 못한 존재는 부도덕하다.
② 롤스에서 영역 성질은 정도의 차를 감안하지 않는 동일함을 가리킨다.
③ 싱어에서는 인간이 아닌 존재가 느끼는 고통과 쾌락도 도덕적으로 고려해야 한다.
④ 싱어에서는 도덕적으로 평등하다고 인정받는 사람들도 차별적 대우를 받을 수 있다.
⑤ 롤스와 싱어는 도덕에 대한 민감성이 사람마다 다름을 인정한다.

09 <보기>에 대한 반응으로 적절하지 않은 것은?

> **보 기**
>
> ∘ 갑은 고통을 느끼는 능력과 도덕적 능력을 회복 불가능하게 상실하였다.
> ∘ 을은 도덕적 능력을 선천적으로 결여했지만 고통을 느낄 수 있다.
> ∘ 병은 질병으로 인해 일시적으로 도덕적 능력을 상실하였다.

① 갑에 대해 싱어는 도덕적 고려의 대상이 아니라고 보겠군.
② 을이 도덕적 능력이 있는 사람보다 더 고통을 느낀다면 싱어는 더 대우를 받아야 한다고 생각하겠군.
③ 을이 도덕적 고려의 대상임을 설명할 수 있다는 점에서 싱어는 자신의 설명이 통상적인 평등 개념에 부합한다고 생각하겠군.
④ 병에 대해 롤스는 그 질병에 걸리지 않은 사람과 달리 평등하지 않게 생각하겠군.
⑤ 갑과 을에 대해 싱어는 롤스가 도덕적 인격임을 설명하지 못할 것이라고 보겠군.

살펴보건대, ㉠ 상고 시대 법에서 오형(五刑)은 중죄인에 대하여 이마에 글자를 새기고(묵형) 코나 팔꿈치, 생식기를 베어 내고(의형, 비형, 궁형), 죽이는(대벽) 형벌이었다. 다만 정상이 애처롭거나 신분과 공로가 높은 경우에는 예외적으로 오형 대신 유배형을 적용하였다. 나머지 경죄는 채찍이나 회초리를 쳤는데 따져볼 여지가 있는 경우에는 돈으로 대속할 수 있도록, 곧 속전(贖錢)할 수 있도록 하였다. 또 과실로 저지른 행위는 유배나 속전 할 것 없이 처벌하지 않았다. 그러나 배경을 믿고 범행을 저질렀거나 재범한 경우에는 유배나 속전 할 사유에 해당하더라도 형을 집행하였다.

형법은 선왕들이 통치에서 전적으로 믿고 의지하는 도구는 아니었지만 교화를 돕는 수단이었고, 백성들이 그른 짓을 하지 않도록 역할을 해 왔다. 그렇다면 신체를 상하게 하여 악을 징계한 것도 당시에는 고심 끝에 차마 어쩔 수 없이 행하는 하나의 통치였던 것이다. ㉡지금의 법을 보면, 유배형과 노역형이 간악한 이를 효과적으로 막지 못하고 있다. 그렇다고 해서 그보다 더 무거운 형벌로 과도하게 적용하면 죽이지 않아도 될 범죄자를 죽일 수 있어 적당하지 않다. 따라서 예전처럼 의형, 비형을 적용한다면, 신체는 다쳐도 목숨은 보전될 뿐만 아니라 뒷사람에게 경계도 되니 선왕의 뜻과 시의에 알맞은 일이다.

지금은 살인과 상해에 대하여도 속전할 수 있도록 하여, 재물 있는 이들이 사람을 죽이거나 다치게 하도록 만드니, 무고한 피해자에게는 이보다 더 큰 불행이 있겠는가? 그리고 살인자가 마을에서 편안히 살고 있으면, 부모의 원수를 갚으려는 효자가 어떻게 그대로 보겠는가? 변방으로의 유배를 그대로 집행하는 것이 양쪽을 모두 보전하는 일이다. 선왕들이 중죄인에 대하여 죽이거나 베면서 조금도 용서하지 않은 것은 그 죄인도 또한 피해자에게 잔혹히 했기 때문이니, 그 형벌의 시행이 매우 참혹해 보이지만 실상은 마땅히 해야 할 일을 집행한 것이다.

어떤 이가 말하기를, 신체에 가하는 형벌인 육형(肉刑)으로 오형만 있었던 상고 시대에 순임금이 그 참혹함을 차마 볼 수 없어서 유배, 속전, 채찍, 회초리의 형벌을 만들었다고 한다. 그렇다고 하면 요임금 때까지는 채찍이나 회초리에 해당하는 죄에도 묵형이나 의형을 집행했다는 말인가? 그러니 오형에 처하던 것을 순임금이 법을 바로잡아 속전할 수 있도록 하였다는 말은 옳지 않다. 의심스럽다든가 해서 중죄를 속전할 수 있도록 한다

면, 부자들은 처벌을 면하고 가난한 이들만 형벌을 받을 것이다.

지금의 사법기관은 응보에 따라 화복(禍福)이 이루어진다는 말을 잘못 알고서, 죄의 적용을 자의적으로 하여 복된 보답을 구하려는 경향이 있다. 죄 없는 이가 억울함을 풀지 못하고 죄 지은 자가 되려 풀려나게 하는 것은 악을 행하는 일일 뿐이니 무슨 복을 받겠는가? 지금의 사법관들은 죄수를 신중히 살핀다는 흠휼(欽恤)을 잘못 이해하여서, 사람의 죄를 관대하게 다루어 법 적용을 벗어나도록 해 주는 것으로 안다. 그리하여 죽여야 할 이들을 여러 구실을 들어 대부분 감형되도록 한다. 참형에 해당하는 것이 유배형이 되고, 유배될 것이 노역형이 되고, 노역할 것이 곤장형이 되고, 곤장 맞을 것을 회초리로 맞게 되니, 이는 뇌물을 받아 법을 가지고 논 것이지 어찌 흠휼이겠는가?

인명은 지극히 중한 것이다. 만약 무고한 사람이 살해되었다면, 법관은 마땅히 자세히 살피고 분명히 조사하여 더는 의심의 여지가 없게 해야 할 것이다. 그리고 이렇게 한 뒤에는 반드시 목숨으로 갚도록 해야 한다. 이로써 죽은 자의 원통한 혼령을 위로할 뿐 아니라, 과부와 고아가 된 이가 원수 갚고자 하는 마음을 위로할 수 있으며, 또한 천리를 밝히고 나라의 기강을 떨치는 일이다. 보는 이들의 마음을 통쾌하게 할 뿐 아니라 후대의 징계도 되니, 또한 좋지 않겠는가.

지금은 교화가 쇠퇴하여 인심이 거짓을 일삼으며, 저마다 자신의 잇속만 챙기면서 풍속도 모두 무너졌다. 극악한 죄인은 죄를 받지 않고, 선량한 백성들은 자의적인 형벌의 적용을 면치 못하기도 한다. 또 강자에게는 법을 적용하지 않고 약자에게는 잔인하게 적용한다. 권문세가에는 너그럽고 한미한 집에는 각박하다. 똑같은 일에 법을 달리하고 똑같은 죄에 논의를 달리하여, 간사한 관리들이 법조문을 농락하고 기회를 잡아 장사하니, 그것은 단지 살인자를 죽이지 않고 형법을 방기하는 잘못에 그치는 일이 아니다. 이 통탄스러움을 이루 말로 다할 수 있겠는가.

- 윤기, 「논형법(論刑法)」 -

10 글쓴이의 입장과 일치하는 것은?

① 교화를 중시하고 형벌의 과도한 적용을 삼가야 한다고 생각한다.
② 살인을 저지른 중죄인이 유배되는 일은 없어야 한다고 주장한다.
③ 인명이 소중하므로 사형과 같은 참혹한 형벌의 폐지에 찬성한다.
④ 형벌로 보복을 대신하려고 하는 응보적인 경향에 대해 반대한다.
⑤ 무고하게 살해된 피해자를 고려하면 의형은 합당한 처벌이라고 본다.

11 윗글에 따라 ㉠, ㉡을 설명한 것으로 가장 적절한 것은?

① ㉠에서는 경미한 죄에도 오형을 적용하도록 되어 있었다.
② ㉠에서는 중죄에 대한 형벌을 육형으로 하는 것이 원칙이었다.
③ ㉡에서는 유배형도 정식의 형벌이므로 속전의 대상이 되지 않는다.
④ ㉠에서 오형에 해당하지 않는 형벌은 ㉡에서도 집행하지 않는다.
⑤ ㉠에서의 오형은 잔혹한 형벌이라 하여 ㉡에서는 모두 사라지게 되었다.

12 윗글과 <보기>를 비교 평가한 것으로 적절하지 않은 것은?

> **보기**
>
> 상고 시대에 유배형은 육형을 가해서는 안 되는 관료에게 베푸는 관용의 수단으로서 공식적인 형벌이 아니라 임시방편과 같은 것이었다. 또 속전은 의심스러운 경우에 적용한 것이지 꼭 가벼운 형벌에만 해당했던 것도 아니었다. 여기서 속은 잇는다[續]는 데서 따다가 대속한다[贖]는 의미로 된 것이니, 육형으로 끊어진 팔꿈치를 다시 붙일 수 없는 참혹함을 받아들이지 못하는 어진 정치에서 비롯한 것임을 알 수 있다. 지금의 법에서 속전은 정황이 의심스럽거나 사면에 해당하는 경우에만 비로소 허용된다. 그에 해당하는 경우가 아니라면 부유함으로 처벌을 요행히 면해서는 안 되며, 해당하는 경우이면 가난뱅이는 속전도 필요 없다. 죽여야 할 사람을 끝없이 살리려고만 한다면 어찌 덕이 되겠는가. 흠휼은 한 사람이라도 죄 없는 자를 죽이지 않으려는 것이지 살리기만 좋아하는 것이 아니다.

① 법을 엄격하게 집행해야 한다고 보는 점은 두 글이 같은 태도이다.
② 속전의 남용에 대해 흠휼을 오해한 소치로 보는 점은 두 글이 같은 태도이다.
③ 상고 시대에 중죄를 속전할 수 있었는지에 대해서는 두 글이 서로 달리 보고 있다.
④ 중죄에 대한 속전이 부자들의 전유물이므로 폐지하자는 것에 대해서는 두 글이 다른 태도를 보일 것이다.
⑤ 유배의 효과가 없을 때 의형이나 비형을 되살릴 수 있다는 것에 대해서는 두 글이 같은 태도를 보일 것이다.

68혁명 이후 구조에서 차이로, 착취에서 자유나 배제로 문제 설정이 변화하고, 신자유주의적 반(反)정치의 경향이 강화되었던 1980년대에 르포르는 '정치적인 것'의 활성화를 제기하였다. 그에 앞서 아렌트가 고대 아테네의 시민적 덕성의 복원을 통한 정치적인 것의 활성화를 제기했다면, 르포르는 근대 민주주의 자체의 긴장에 주목하면서 '인권의 정치'를 통한 정치적인 것의 부활을 시도하였다. 그는 인권을 공적 공간의 구성 요소로 파악하면서 개인에 내재된 자연권으로 보거나 개인의 이해관계에 기반한 소유권적 관점에서 파악하려는 자유주의적 입장을 거부한다. 르포르는 자유주의가 인간의 권리를 개인의 권리로 환원시킴으로써 사회적 실체에 접근하지 못하고, 결국 민주주의를 개인과 국가의 표상관계를 통해 개인들의 이익의 총합으로서 국가의 단일성을 확보하기 위한 수단으로 볼 뿐이라고 비판한다.

르포르는 1789년 「인권선언」의 조항들이 '개인적 자유'보다 '관계의 자유'를 의미한다고 본다. 선언의 제4조에서 언급한 '타인에게 해를 끼치지 않는 모든 것을 할 수 있는 자유'는 사회적 공간이 권력에 대해 권리들의 자율성을 향유한다는 의미이자, 어떤 것도 그 공간을 지배할 수 없다는 의미이다. 그리고 제11조에서 언급한 '생각과 의견의 자유로운 소통의 자유' 역시 근대 사회의 시민이 자신의 생명과 재산에 대한 위협을 느끼지 않고 의견을 표현할 수 있는 권리를 의미한다. 르포르는 이러한 권리가 개인과 개인의 존엄성에 대한 보호라기보다는 개인들끼리의 공존 형태, 특히 권력의 전능으로 인해 인간 간의 관계가 침탈될 우려에서 비롯된 특정한 공존 형태에 대한 정치적 개념이라고 본다.

르포르는 ㉠권리와 권력의 관계에 주목한다. 18세기에 형성된 인간의 권리는 사회 위에 군림하는 권력의 표상을 붕괴시키는 자유의 요구로부터 출현했다. 근대에 '인간의 권리'는 '시민의 권리'로서 존재해 왔다. 인간은 특정 국민국가의 성원으로서 국가권력에 의해 인정될 때, 즉 이방인이었던 아렌트가 포착했던 '권리들을 가질 수 있는 권리'가 전제될 때 비로소 권리를 향유할 수 있다. 하지만 르포르가 제기하는 것은 권력이 권리에 순응해야 한다는 점이다. 특히 저항권은 시민 고유의 것이지 결코 국가에게 그것의 보장을 요구할 수 없는 것이다. 그것은 권력에 대한 권리의 선차성이며, 권력이 권리에 어떤 영향도 미칠 수 없다는 것을 의미한다.

하지만 그의 비판자들은 권리가 권력을 통해서만 존재해 온 역사를 르포르가 간과하고 있다고 지적한다. 인권의 정치를 통한 권리의 확장은 권력의 동시적인 확장, 나아가 전체주의적 권력의 등장을 가져올 수 있다는 것이다. 근대 민주주의의 속성인 인민과 대표의 동일시에 따른 대표의 절대화를 통해 '하나로서의 인민'과 '사회적인 것의 총체로서의 당'에 대한 표상의 일치, 당과 국가의 일치, 결국 '일인' 통치로 귀결된 전체주의가 그 예라고 르포르를 비판한다.

물론 르포르도 새로운 권리의 발생이 국가권력을 강화시킬 수 있음을 인정한다. 따라서 국가권력에 대한 제어와 감시가 필요하며, 억압에 대한 저항으로서 정치적 자유가 강조된다. 공적 영역에서 실현되는 정치적 자유는, 시민들의 관계를 표현하는 장치이자 권력에 대한 통제 수단으로서 정치적인 것의 활성화를 통해 공론장과 같은 민주적 공간을 구성한다. 그러한 민주적 공간을 구성하는 권리로부터 법률이 형성된다. 따라서 권리의 근원은 그 누구에 의해서도 독점되지 않는 권력이어야 한다. 국가권력은 상징적으로는 단일하지만 실제적으로는 민주적으로 공유되어야 함에도, 이를 오해한 것이 전체주의이다.

결국 르포르는 권력이 제어할 수 있는 틀을 넘어 쟁의가 발생하는 장소로서 민주주의 국가를 제시함으로써 법이 인정하는 한에서 권리를 사유하는 자유주의적 법치국가의 한계를 넘어서고자 하며, 역사적으로 다양한 권리들이 권력이 정한 경계를 넘어서 생성되어 왔다는 점을 강조한다. 이때 인권의 정치는 차별과 배제에 대한 저항과 새로운 주체들의 자유를 위한 무기가 된다. 나아가 '권리들을 가질 수 있는 권리'라는 관념은 인간의 권리의 실현 조건으로서 국가권력이라는 틀 자체를 거부하면서, 자신이 거주하는 곳에서 권리의 실현을 요구하는 급진적 흐름으로서 세계시민주의의 가능성을 보여준다.

13 윗글과 일치하지 <u>않는</u> 것은?

① 아렌트는 시민적 덕성의 복원을 통해, 르포르는 인권의 정치를 통해 공적 공간의 민주화에 대해 사유한다.
② 르포르는 근대 국가권력의 상징적 측면에서, 자유주의자들은 개인과 국가의 표상관계를 통해 권력의 단일성을 이해한다.
③ 자유주의자들은 자연권 혹은 소유권적 관점에서 개인의 권리를 파악하면서 민주주의를 개인의 권리들의 관계가 만들어 내는 쟁의의 공간으로 이해한다.
④ 전체주의는 근대 민주주의가 피통치자로서의 인민과 통치자로서의 대표를 동일시하는 경향이 극단화될 때 나타난다.
⑤ 세계시민주의는 인간의 권리가 실현되는 조건으로 국민국가의 성원이라는 전제를 거부할 필요가 있음을 주장한다.

14 윗글에 따를 때 ㉠에 대한 르포르의 관점을 이해한 것으로 적절하지 <u>않은</u> 것은?

① 국가권력이 보장할 수 없는 시민 고유의 권리가 존재할 수 있다고 본다.
② 근대의 민주적 권력은 상징적 및 실제적 권력의 단일성에 근거하여 권리를 확장시켜 왔다고 본다.
③ 근대국가에서는 국가권력이 개인을 국민이라는 성원으로 인정하는 한에서 권리를 부여해 왔다고 본다.
④ 국가권력이 설정한 권리의 한계를 극복하면서 국민국가 초기에 인정되지 않았던 권리들이 인정받았다고 본다.
⑤ 권리를 사회적 관계의 산물로 이해함으로써 권리는 누구도 독점할 수 없는 민주적 공간을 구성하는 동력이 된다고 본다.

15 르포르 와 <보기>의 푸코 를 비교한 것으로 가장 적절한 것은?

> **보 기**
>
> 푸코 는 개인의 삶 자체가 위험이라는 인식하에서 국가가 출생에서 죽음에 이르기까지의 개인의 삶 전체를 관리하는 '생명관리권력의 시대'가 등장하였다고 주장한다. 근대에 개인의 권리의 확대는 개인을 위험으로부터 보호하려는 문제의식에서 비롯되었지만, 그것은 동시에 국가가 더 깊이 개인의 삶에 침투하는 권력으로 전환되는 역설을 낳았다. 개인이 권력의 시선, 즉 규율을 내면화함으로써 권력이 만들어 낸 주체가 되어간다는 점에서, 근대의 자율적 주체는 사라져 버렸다. 푸코는 개인에 대한 억압을 강조했던 기존의 권력 관념을 대신하여 국가권력이 생산적 권력임을 강조한다.

① 르포르는 권리에 대한 권력의 종속을 비판했다면, 푸코는 개인의 삶에 침투하는 권력의 특성에 주목했다.
② 르포르는 인권의 정치를 통해 민주주의의 확장을 주장했다면, 푸코는 권리에 대한 요구를 통해 권력을 제한하려 했다.
③ 르포르는 권리의 확장이 가져올 수 있는 권력의 비대화 및 독점화를 우려했다면, 푸코는 자율적 주체에 의한 권리의 확장을 주장했다.
④ 르포르는 권력이 설정한 경계를 넘어 권리의 주체를 형성할 것을 주장했다면, 푸코는 국가권력이 권력의 시선을 내면화하는 주체를 생산하고 관리한다는 점에 주목했다.
⑤ 르포르는 전체주의가 될 위험에서 벗어나기 위한 해결책을 근대 민주주의 내에서 찾으려 했다면, 푸코는 권력으로부터 개인의 안전을 확보하기 위한 해결책을 권력 내에서 찾으려 했다.

18세기 후반 이후, 이슬람 세계는 제국주의 침략을 받기 시작했고, 이슬람 신자들은 그에 맞서 저항하였다. 그중 눈에 띄는 것은 수피 종단들이 여러 지역에서 군사적 저항을 주도했다는 점이다. 대표적인 것이 알제리, 리비아, 수단에서의 항쟁이었다. 어떻게 이들이 상당한 기간 동안 열강에 맞서 저항할 수 있었을까?

수피즘은 신과의 영적 합일을 통한 개인적 구원을 추구한다. 수피즘을 따르는 이들인 수피는 속세의 욕심에서 벗어나 모든 것을 신께 의탁하며, 금욕적으로 살고자 했다. 8세기 초에 수피즘이 싹텄고, 9세기에는 독특한 신비주의 의식이 나타났다. 수피가 걷는 개인적인 영적 도정은 길을 잃을 수도, 자아도취에 빠져 버릴 수도 있었기에 위험하기도 했다. 그 때문에 그들은 영적 선배들을 스승으로 모시게 되었고, 거의 맹목적으로 스승을 따라야 했다. 10세기 말 수피들은 종단을 구성하기 시작했다. 수피 종단은 지역과 시기에 따라 성쇠를 거듭했지만, 점차 많은 동조자를 얻었다.

북아프리카의 경우, 수피 종단들은 한동안 쇠락하다가 18세기 이후 강력하게 재조직되어 선교와 교육기관의 역할도 담당했고, 지역 밀착을 통해 생활 공동체를 형성하는 구심점이 되면서 항쟁에 필요한 기반을 이미 갖추고 있었다. 이 지역에서 수피즘 지도자들이 외세에 맞서 부족들 간 이견을 봉합하고 결집시킬 수 있었던 요인 중 하나는 종교적 권위였다. 특히 알제리 항쟁을 이끌었던 압드 알 카디르와 리비아 항쟁 지도자였던 아흐마드 알 샤리프가 성인으로 존경받은 것은 정치적 권위를 확보하는 데 큰 도움이 되었다.

수니파에서 가장 엄격한 와하비즘은 성인을 인정하지 않고, 심지어 은사를 받기 위해 예언자 무하마드의 묘소에서 기도하는 것도 알라 외의 신성을 인정하는 것이라고 보아 배격했다. 하지만 수피즘에서는 성인의 존재를 인정했다. 성인은 왈리라고 불리는데, 질병과 불임을 치료하고 액운을 막는 등의 이적을 행할 수 있다는 것이다. 성인들의 묘소는 순례의 대상이 되었고, 이를 중심으로 설립된 수피즘 수도원은 지역 공동체의 중심이 되는 경우가 많았다.

한편 북서 아프리카의 수피즘 신자들은 혈통을 중시하는 베르베르 토속 신앙의 영향을 짙게 받아 무라비트를 성인으로 숭배했다. 무라비트는 코란 학자, 종교 교사 등을 통칭하는 용어였지만, 이 지역에서는 특정 수피 종단을 이끄는 왈리를 가리킨다. 무라비트는 신의 은총인 바라카를 가졌다고 여겨져 존경을 받았다. 무라비트는 특정 가문 출신 중 영적으로 선택된 소수만이 될 수 있었는데, 대표적으로는 예언자 무하마드의 후손인 샤리프 가문이 있다. 압드 알 카디르와 아흐마드 알 샤리프는 모두 이 가문 출신의 무라비트였다.

북동 아프리카에서 일어난 수단 항쟁의 주역인 무함마드 아흐마드의 경우는 달랐다. 그는 성인 가문 출신은 아니었지만, 당시 만연한 마흐디 의 도래에 대한 기대감을 충족시켜 종교적 권위를 얻고 이를 다시 정치적 권위로 전환시킴으로써 항쟁의 중심이 되었다. 이슬람교에서 마흐디란 종말의 순간 인류를 올바른 길로 인도하고 정의와 평화의 시대를 가져오는 구원자이다. 또한 마흐디는 부정의를 제거하고 신정주의 국가를 건설하는 개혁적 지도자이기도 하다. 마흐디 사상은 민간 신앙에서 출발하여 퍼진 것이었고, 특히 토속 신앙의 영향을 많이 받았던 수피들은 종단 지도자를 마흐디로 쉽게 받아들였다. 1881년, 무함마드 아흐마드는 자신이 예언자 무하마드의 생애와 사건을 재현하는 존재인 마흐디라고 선언했고, 이를 통해 여러 수피 종단과 부족 간의 갈등을 수습하여 외세에 맞서는 결속력을 만들었다.

더불어 수피즘의 의식에 참여한 이들 간에 생기는 형제애는 초국가적 조직망의 형성과 상호 협조를 가능하게 했다. 항쟁의 중심이었던 수피 종단들은 여러 나라에 수도원 중심의 조직을 가지고 있었다. 이들은 정보 교환, 물자 조달, 은신처 제공을 통해 항쟁을 뒷받침했다. 이처럼 영적 권위와 물질적 기반이 어우러져 비폭력 평화주의를 지향하던 종교 집단이 열강에 맞서 오랜 동안 저항할 수 있었던 것이다.

16 윗글과 일치하지 <u>않는</u> 것은?

① 수피 종단들이 행했던 선교 활동은 알제리와 리비아, 수단에서 성공을 거두었다.
② 와하비즘 신봉자들은 예언자 무하마드를 특별한 존재로 받들면 일신교적 원칙을 어긴다고 보았다.
③ 수피들은 고유한 영적 의식의 참여를 통해 만들어진 연대 의식을 바탕으로 국제적 조직망을 구성했다.
④ 수피즘은 세속을 떠나 신에게 모든 것을 맡기는 삶을 추구하면서도 지역 공동체와의 협조를 중시했다.
⑤ 개인적 구원의 희구와 지도자에 대한 추종 간의 모순은 수피즘의 결과적 쇠락을 초래한 주요 원인이었다.

17 마흐디 에 대한 이해로 가장 적절한 것은?

① 수단의 수피즘에서 마흐디는 무하마드의 후손으로 받아들여지는 구원자를 의미했다.
② 마흐디는 신비주의적 의식을 통해 알라와 하나가 되는 경지에 이르렀을 때 완성된다.
③ 탁월한 군사적 능력을 지녀 외세를 막아 내는 국가 지도자로 존경받는 인물이 마흐디이다.
④ 마흐디가 신정주의 국가를 건설할 것이라는 개혁적 개념은 이슬람 경전에서 그 기원을 찾을 수 있다.
⑤ 무함마드 아흐마드가 마흐디로 인정받은 것은 당시가 종말의 시대로 여겨지고 있었음을 알려준다.

18 <보기>를 바탕으로 윗글에 관해 추론한 것으로 적절하지 <u>않은</u> 것은?

> **보 기**
>
> "창조주시여, 당신은 현세와 내세에서 나의 반려자이십니다."라는 코란의 구절을 바탕으로 '알라의 반려자'라는 뜻의 왈리를 추앙하는 사상인 윌라야가 나타났다. 성인은 인류와 알라를 가로막는 욕망에서 초탈한 인물이어서 알라와 인류의 중재자로서 권능을 지닌다고 여겨졌고, 사후에도 권위가 남아 있었다. 묘소는 중립 지대였으며, 적대적 부족들도 함께 모이는 장터 역할도 했다. 일부 사람들은 최후의 심판일에 예언자 무하마드가 중재자로서 신도들을 구원할 것이라고 믿었다. 그가 예언자이면서 왈리라고 생각한 것이다.

① 초월적 능력은 지니지 않아도 무라비트가 될 수 있는 것은 예언자 무하마드의 혈통을 지녔기 때문일 것이다.
② 왈리가 특별한 능력을 시현한다고 믿어졌던 것은 윌라야에 의거해 신과 인간 사이에 중재자가 있다고 믿었기 때문일 것이다.
③ 왈리의 묘소를 중심으로 설립된 수피즘 수도원이 종종 지역 공동체의 중심이 된 것은 사후에도 권위가 남았기 때문일 것이다.
④ 압드 알 카디르가 부족 간의 이견을 봉합하고 결집할 수 있었던 것은 그가 욕망에서 초탈한 인물이라고 여겨졌기 때문일 것이다.
⑤ 샤리프 가문이 바라카를 지닐 수 있다고 인정되는 가문이 된 것은 예언자 무하마드가 최후의 심판에서 맡을 역할 때문일 것이다.

조선 시대를 관통하여 제례는 왕실부터 민간에 이르기까지 폭넓게 시행되었으며, 그 중심에는 유학자들이 있었다. 그런 만큼 유학자들에게 제사의 대상이 되는 귀신은 주요 논제일 수밖에 없었고, 이들의 귀신 논의는 성리학의 자연철학적 귀신 개념에 유의하여 유학의 합리성과 윤리성의 범위 안에서 제례의 근거를 마련하는 데 비중을 두었다.

성리학의 논의가 본격화되기 전에는 대체적으로 귀신을 인간의 화복과 관련된 신령한 존재로 여겼다. 하지만 15세기 후반 남효온은 귀신이란 리(理)와 기(氣)로 이루어진 자연의 변화 현상으로서 근원적 존재의 차원에 있지는 않지만 천지자연 속에 실재하며 스스로 변화를 일으키는 존재라고 설명하여, 성리학의 자연철학적 입장에서 귀신을 재해석하였다. 이에 따라 귀신은 본체와 현상, 유와 무 사이를 오가는 존재로 이해되었고, 이 개념은 인간의 일에 적용되어 인간의 탄생과 죽음에 결부되었다. 성리학의 일반론에 따르면, 인간의 몸은 다른 사물과 마찬가지로 기로 이루어져 있고, 생명을 다하면 그 몸을 이루고 있던 기가 흩어져 사라진다. 기의 소멸은 곧바로 이루어지지 않고 일정한 시간을 두고 진행된다. 흩어지는 과정에 있는 것이 귀신이므로 귀신의 존재는 유한할 수밖에 없었고, 이는 조상의 제사를 4대로 한정하는 근거가 되었다.

기의 유한성에 근거한 성리학의 귀신 이해는 먼 조상에 대한 제사와 관련하여 문제의 소지를 안고 있었기에 귀신의 영원성에 대한 근거 마련이 필요했다. 이와 관련하여 ㉠서경덕은 기의 항구성을 근거로 귀신의 영원성을 주장하였다. 모든 만물은 기의 작용에 의해 생성 소멸한다고 전제한 그는 삶과 죽음 사이에는 형체를 이루는 기가 취산(聚散)하는 차이가 있을 뿐 그 기의 순수한 본질은 유무의 구분을 넘어 영원히 존재한다고 설명하였다. 기를 취산하는 형백(形魄)과 그렇지 않은 담일청허(湛一淸虛)로 구분한 그는 기에 유무가 없는 것은 담일청허가 한결같기 때문이라 주장하였다. 나아가 담일청허와 관계하여 인간의 정신이나 지각의 영원성도 주장하였다. 이 같은 서경덕의 기 개념은 우주자연의 보편 원리이자 도덕법칙인 불변하는 리와, 존재를 구성하는 질료이자 에너지인 가변적인 기라는 성리학의 이원적 요소를 포용한 것이었으며, 물질성과 생명성도 포괄한 것이었다.

㉡이이는 현상 세계의 모든 존재는 리와 기가 서로 의존하여 생겨난다는 입장을 분명히 하는 한편, 귀신이라는 존재가 지나치게 강조되면 불교의 윤회설로 흐를 수 있고, 귀신의 존재를 무시하면 제사의 의의를 잃을 수 있다는 점에 주목하였다. 그는 불교에서 윤회한다는 마음은 다른 존재와 마찬가지로 리와 기가 합쳐져 일신(一身)의 주재자가 된다고 규정하였다. 마음의 작용인 지각은 몸을 이루는 기의 작용이기 때문에 그 기가 한 번 흩어지면 더 이상의 지각 작용은 있을 수 없다고 지적하여 윤회 가능성을 부정하였다. 아울러 그는 성리학의 일반론을 수용하여 가까운 조상은 그 기가 흩어졌더라도 자손들이 지극한 정성으로 제사를 받들면 일시적으로 그 기가 모이고 귀신이 감통의 능력으로 제사를 흠향할 수 있다고 보았다. 기가 완전히 소멸된 먼 조상에 대해서는 서로 감통할 수 있는 기는 없지만 영원한 리가 있기 때문에 자손과 감통이 있을 수 있다고 주장하였다. 하지만 감통을 일으키는 것이 리라는 그의 주장은 작위 능력이 배제된 리가 감통을 일으킨다는 논리로 이해될 수 있어 논란의 소지가 있는 것이었다.

이이의 계승인인 낙론계 유학자들은 귀신을 리와 기 어느 쪽으로 해석하는 것이 옳은가라는 문제의식으로 논의를 전개하였다. 김원행은 귀신이 리와 기 어느 것 하나로 설명될 수 없으며, 리와 기가 틈이 없이 합쳐진 묘처(妙處), 즉 양능(良能)에서 그 의미를 찾아야 한다고 주장하였다. 그는 양능이란 기의 기능 혹은 속성이지만 기 자체의 무질서한 작용이 아니라 기에 원래 자재(自在)하여 움직이지 않는 리에 따라 발현하는 것이라 설명하여 귀신을 리나 기로 지목하더라도 상충되는 것이 아니라고 보았다. 김원행의 동문인 송명흠도 모든 존재는 리와 기가 혼융한 것이라고 전제하고, 귀신을 리이면서 기인 것, 즉 형이상에 속하고 동시에 형이하에 속하는 것이라고 설명하였다. 그는 사람들이 귀신을 리로 보지 않는 이유는 양능을 기로만 간주하였기 때문이라 비판하고, 제사 때 귀신이 강림할 수 있는 것은 기 때문이지만 제사 주관자의 마음과 감통하는 주체는 리라고 설명하였다. 이처럼 기의 취산으로 귀신을 설명하면서도 리의 존재를 깊이 의식한 것은 조상의 귀신을 섬기는 의례 속에서 항구적인 도덕적 가치에 대한 의식을 강화하고자 한 것이었다.

19 윗글에 대한 이해로 적절하지 <u>않은</u> 것은?

① 성리학적 귀신론은 신령으로서의 귀신 이해를 대체하는 것이었다.
② 조선 성리학자들은 먼 조상에 대한 제사가 단순한 추념이 아니라고 보았다.
③ 생성 소멸하는 기를 통해 귀신을 이해하는 것은 윤회설을 반박하는 논거였다.
④ 귀신의 기가 항구적인 감통의 능력을 가진다는 것은 제사를 지내는 근거였다.
⑤ 조선 성리학자들은 귀신이 자연 현상과 관계된 것이라는 공통적인 인식을 가졌다.

20 ㉠, ㉡에 대한 설명으로 가장 적절한 것은?

① ㉠은 형체의 존재 여부를 기의 취산으로 설명하면서 본질적인 기는 유와 무를 관통한다고 보았다.
② ㉠은 기를 형백과 담일청허로 이원화하여 삶과 죽음에 각각 대응시켜 인간과 자연을 일원적으로 구조화하였다.
③ ㉡은 생명이 다하면 기는 결국 흩어져 사라지기 때문에 제사의 주관자라 하더라도 결국에는 조상과 감통할 수 없게 된다고 보았다.
④ ㉡은 인간의 지각은 리에 근거한 기이지만 기는 소멸하더라도 리는 존재하기 때문에 지각 자체는 사라지지 않는다고 파악하였다.
⑤ ㉠과 ㉡은 모두 기의 취산을 통해 삶과 죽음의 영역을 구분하였기 때문에 귀신의 영원성에 대한 근거를 물질성을 지닌 근원적 존재에서 찾았다.

21 낙론계 유학자들 의 입장과 부합하는 진술을 <보기>에서 고른 것은?

┌─ 보 기 ──────────────────────────
ㄱ. 귀신을 기의 유행으로 말하면 형이하에 속하고, 리가 실린 것으로 말하면 형이상에 속하는 것이다.
ㄴ. 리가 있으면 기가 있고 기가 있으면 리가 있으니 어찌 혼용하여 떨어지지 않는 지극한 것이 아니겠는가.
ㄷ. 기가 오고 가며 굽고 펼치는 것은 기가 스스로 그러한 것이니 귀신이 없음에 어찌 의심이 있을 수 있겠는가.
ㄹ. 제사 때 능히 강림할 수 있게 하는 것은 리이고, 강림하는 것은 기이니, 귀신의 강림은 기의 강림이라 할 수 있지 않겠는가.
────────────────────────────────

① ㄱ, ㄴ　　　② ㄱ, ㄷ　　　③ ㄴ, ㄷ
④ ㄴ, ㄹ　　　⑤ ㄷ, ㄹ

빈곤 퇴치와 경제성장에 관해 다양한 견해가 제시되고 있다. 빈곤의 원인으로 지리적 요인을 강조하는 삭스는 가난한 나라의 사람들이 '빈곤의 덫'에서 빠져나오기 위해 외국의 원조에 기초한 초기 지원과 투자가 필요하다고 주장한다. 그가 보기에 대부분의 가난한 나라들은 열대 지역에 위치하고 말라리아가 극심하여 사람들의 건강과 노동성과가 나쁘다. 이들은 소득 수준이 너무 낮아 영양 섭취나 위생, 의료, 교육에 쓸 돈이 부족하고 개량종자나 비료를 살 수 없어서 소득을 늘릴 수 없다. 이런 상황에서는, 초기 지원과 투자로 가난한 사람들이 빈곤의 덫에서 벗어나도록 해주어야만 생산성 향상이나 저축과 투자의 증대가 가능해져 소득이 늘 수 있다. 그런데 가난한 나라는 초기 지원과 투자를 위한 자금을 조달할 능력이 없기 때문에 외국의 원조가 필요하다는 것이다.

제도의 역할을 강조하는 경제학자들의 견해는 삭스와 다르다. 이스털리는 정부의 지원과 외국의 원조가 성장에 도움이 되지 않는다고 본다. 그는 '빈곤의 덫' 같은 것은 없으며, 빈곤을 해결하기 위해 경제가 성장하려면 자유로운 시장이 잘 작동해야 한다고 본다. 가난한 사람들이 필요를 느끼지 않는 상태에서 교육이나 의료에 정부가 지원한다고 해서 결과가 달라지지 않으며 개인들이 스스로 필요한 것을 선택하도록 해야 한다고 보기 때문이다. 마찬가지 이유로 이스털리는 외국의 원조에 대해서도 회의적인데, 특히 정부가 부패할 경우에 원조는 가난한 사람들의 처지를 개선하지는 못하고 부패를 더욱 악화시키는 결과만 초래한다고 본다. 이에 대해 삭스는 가난한 나라 사람들의 소득을 지원해 빈곤의 덫에서 빠져나오도록 해야 생활수준이 높아져 시민사회가 강화되고 법치주의가 확립될 수 있다고 주장한다.

빈곤의 원인이 나쁜 제도라고 생각하는 애쓰모글루도 외국의 원조에 대해 회의적이지만, 자유로운 시장에 맡겨 둔다고 나쁜 제도가 저절로 사라지는 것도 아니라고 본다. 그는 가난한 나라에서 경제성장에 적합한 좋은 경제제도가 채택되지 않는 이유가 정치제도 때문이라고 본다. 어떤 제도든 이득을 얻는 자와 손실을 보는 자를 낳으므로 제도의 채택 여부는 사회 전체의 이득이 아니라 정치권력을 가진 세력의 이득에 따라 결정된다는 것이다. 따라서 그는 지속적인 성장을 위해서는 사회 전체의 이익에 부합하는 경제제도가 채택될 수 있도록 정치제도가 먼저 변화해야 한다고 주장한다.

제도의 중요성을 강조한 나머지 외국의 역할과 관련

해 극단적인 견해를 내놓는 경제학자들도 있다. 로머는 외부에서 변화를 수입해 나쁜 제도의 악순환을 끊는 하나의 방법으로 불모지를 외국인들에게 내주고 좋은 제도를 갖춘 새로운 도시로 개발하도록 하는 프로젝트를 제안한다. 콜리어는 경제 마비 상태에 이른 빈곤국들이 나쁜 경제제도와 정치제도의 악순환에 갇혀 있으므로 좋은 제도를 가진 외국이 군사 개입을 해서라도 그 악순환을 해소해야 한다고 주장한다.

배너지와 뒤플로는 일반적인 해답의 모색 대신 "모든 문제에는 저마다 고유의 해답이 있다."는 관점에서 빈곤 문제에 접근해야 한다고 주장하고 구체적인 현실에 대한 올바른 이해에 기초한 정책을 강조한다. 두 사람은 나쁜 제도가 존재하는 상황에서도 제도와 정책을 개선할 여지는 많다고 본다. 이들은 현재 소득과 미래 소득 사이의 관계를 나타내는 곡선의 모양으로 빈곤의 덫에 대한 견해들을 설명한다. 덫이 없다는 견해는 이 곡선이 가파르게 올라가다가 완만해지는 '뒤집어진 L자 모양'이라고 생각함에 비해, 덫이 있다는 견해는 완만하다가 가파르게 오른 다음 다시 완만해지는 'S자 모양'이라고 생각한다는 것이다. 현실 세계가 뒤집어진 L자 모양의 곡선에 해당한다면 아무리 가난한 사람이라도 시간이 갈수록 점점 부유해진다. 이들을 지원하면 도달에 걸리는 시간을 조금 줄일 수 있을지 몰라도 결국 도달점은 지원하지 않는 경우와 같기 때문에 도움이 필요하다고 보기 어렵다. 그러나 S자 곡선의 경우, 소득 수준이 낮은 영역에 속하는 사람은 시간이 갈수록 소득 수준이 '낮은 균형'으로 수렴하므로 지원이 필요하다. 배너지와 뒤플로는 가난한 사람들이 빈곤의 덫에 갇혀 있는 경우도 있고 아닌 경우도 있으며, 덫에 갇히는 이유도 다양하다고 본다. 따라서 빈곤의 덫이 있는지 없는지 단정하지 말고, 특정 처방 이외에는 특성들이 동일한 복수의 표본집단을 구성함으로써 처방의 효과에 대한 엄격한 비교 분석을 수행하고, 지역과 처방을 달리하여 분석을 반복함으로써 이들이 어떻게 살아가는지, 도움이 필요한지, 처방에 대한 이들의 수요는 어떠한지 등을 파악해야 빈곤 퇴치에 도움이 되는 지식을 얻을 수 있다고 본다. 빈곤을 퇴치하지 못하는 원인이 빈곤에 대한 경제학 지식의 빈곤이라고 생각하는 것이다.

22 윗글과 일치하지 않는 것은?

① 지리적 요인의 역할을 강조하는 경제학자라면 외국의 원조에 대해 긍정적이다.
② 제도의 역할을 강조하는 경제학자라 하더라도 자유로운 시장의 역할을 중시하는 경우도 있다.
③ 제도의 역할을 강조하는 경제학자라면 정치제도 변화가 경제성장을 위한 전제조건이라고 생각한다.
④ 제도의 역할을 강조하는 경제학자라 하더라도 외국이 성장에 미치는 역할을 중시하지 않는 경우도 있다.
⑤ 지리적 요인의 역할을 강조하는 경제학자만이 빈곤의 덫에서 빠져나오려면 초기 지원이 필요하다고 생각하는 것은 아니다.

23 배너지와 뒤플로 의 입장을 설명한 것으로 가장 적절한 것은?

① 제도보다 정책을 중시한다는 점에서 애쓰모글루에 동의한다.
② 가난한 사람들의 수요를 중시한다는 점에서 이스털리에 동의한다.
③ 거대한 문제를 우선해서는 안 된다고 보는 점에서 콜리어에 동의한다.
④ 정부가 부패해도 정책이 성과를 낼 수 있다고 보는 점에서 삭스에 반대한다.
⑤ 빈곤 문제를 해결하는 일반적인 해답이 있다고 보는 점에서 로머에 동의한다.

24 윗글을 바탕으로 <보기>를 이해한 것으로 적절하지 않은 것은?

> **보기**
>
> 아래 그래프에서 S자 곡선은 현재 소득과 미래 소득의 관계를 표시한 것이다(45°선은 현재 소득과 미래 소득이 같은 상태를 나타낸다). 특정 시기 t의 소득이 a1이라면 t+1 시기의 소득은 a2이고, t+2 시기의 소득은 a3임을 알 수 있다. S자 곡선에서는 복수의 균형이 존재한다. 여기서 '균형'이란 한 번 도달하면 거기서 벗어나지 않을 상태를 말한다. 물론 외부적 힘이 가해질 경우에는 균형에서 벗어날 수도 있다.

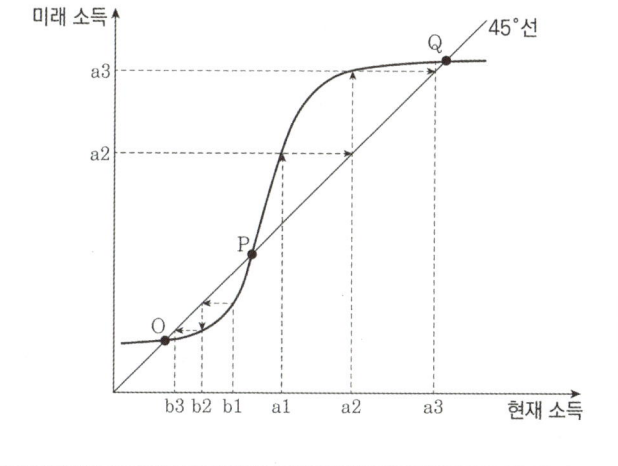

① 배너지와 뒤플로는 점 O를 '낮은 균형'이라고 보겠군.
② 삭스라면 지원으로 소득을 b3에서 b1으로 이동하도록 해야 한다고 보겠군.
③ 삭스라면 지원이 없을 경우에는 b3에서는 생산성이 향상되지 않는다고 보겠군.
④ 이스털리라면 점 P의 왼쪽 영역이 없는 세계를 상정하므로 점 P가 원점이라고 보겠군.
⑤ 이스털리라면 a1에서 지원이 이루어진다 해도 균형 상태의 소득 수준은 변하지 않는다고 보겠군.

암세포의 대사 과정은 정상 세포와 다른 것으로 알려져 있다. 오토 바르부르크가 발표한 '바르부르크 효과'에 따르면 암세포는 '해당작용'을 주된 에너지 획득 기전으로 수행하고 또 다른 에너지 획득 방법인 '산화적 인산화'는 억제한다.

세포는 영양분으로 섭취한 큰 분자를 작은 분자로 쪼개는 과정을 통해 ATP를 생성하는데 이 과정을 '이화작용'이라고 한다. 또한 ATP와 같은 고에너지 분자의 에너지를 이용하여 세포의 성장과 분열을 위해 작은 분자로부터 단백질, 핵산과 같은 거대 분자를 합성하는 과정을 '동화작용'이라고 한다. 이화작용을 통해 ATP를 생산하기 위해 세포는 영양 물질을 내부로 수송하는데, 가장 대표적인 영양 물질인 포도당은 세포 내부로 이동하여 해당작용과 산화적 인산화를 통해 작은 분자로 분해된다. 이론적으로 포도당 1개가 가지고 있는 에너지가 전부 ATP로 전환될 경우 36개 또는 38개의 ATP가 만들어진다. 이 중 2개의 ATP는 세포질에서 일어나는 해당작용을 통해, 나머지는 미토콘드리아에서 대부분 산화적 인산화를 통해 만들어진다.

해당작용과 산화적 인산화는 수행되는 장소도 다르지만 요구 조건도 다르다. 해당작용에는 산소가 필요하지 않지만, 산화적 인산화에는 필수적이다. 세포 내부에 산소가 부족하면 산화적 인산화는 일어나지 못하고 해당작용만 진행되며, 이 경우에는 해당작용의 최종 산물인 피루브산이 젖산으로 바뀌는 젖산 발효가 일어난다. 심폐 기능에 비해 과격한 운동을 하였을 때 근육 세포에서 생성된 젖산이 근육에 축적된다. 젖산 발효 과정은 해당작용에 필요한 조효소 NAD^+의 재생산을 위해 필수적이다. NAD^+로부터 해당작용의 또 다른 생성물인 조효소 NADH가 생성되기 때문이다. 해당작용에서 포도당 1개가 2개의 피루브산으로 분해될 때 NADH가 2개 만들어지고, NADH 1개당 3개의 ATP를 산화적 인산화를 통해 만들 수 있는데, 젖산 발효를 하는 세포는 NADH를 에너지가 낮은 상태인 NAD^+로 전환하는 손해를 감수한다.

바르부르크 효과는 산소가 있어도 해당작용을 산화적 인산화에 비해 선호하는 암세포 특이적 대사 과정인 '유산소 해당작용'을 뜻한다. 암세포가 더 빨리 분열하는 악성 암세포로 변하면 산화적 인산화에 대한 의존을 줄이고 해당작용에 대한 의존이 증가한다. 약물 처리 등으로 그 반대의 경우가 되면, 해당작용에 대한 의존이 줄고 산화적 인산화에 대한 의존이 증가한다. 유산소 해당작용을 수행하는 암세포는 포도당 1개당 ATP 2개만을 생산하는 효율이 떨어지는 해당작용에 에너지 생산을 대부분 의존하므로 정상 세포에 비해 포도당을 더 많이 세포 내부로 수송하고 젖산을 생산한다.

바르부르크 효과의 원인에 대해 다음 세 가지 설명이 있다. 첫 번째는 암세포의 빠른 성장 때문에 세포의 성장에 필요한 거대 분자를 동화작용을 통해 만들기 위해 해당작용의 중간 생성 물질을 동화작용의 재료로 사용하려고 해당작용에 집중한다는 것이다. 두 번째는 체내에서 암세포의 분열로 암 조직의 부피가 커져서 산소가 그 내부까지 충분히 공급되지 못하기 때문에 암세포가 산소가 없는 환경에 적응하도록 진화했다는 것이다. 세 번째는 미토콘드리아의 기능을 암세포가 억제하여 미토콘드리아에 의해 유발되는 세포 자살 프로그램의 실행을 방해함으로써 스스로의 사멸을 막으려 한다는 이론이다. 바르부르크는 이러한 암세포 특이적 대사과정의 변이를 발암의 원인으로 설명하였다. 그러나 최근의 연구에서는 발암 유전자의 활성화와 암 억제 유전자에 생기는 돌연변이가 주된 발암 원인이고, 바르부르크 효과는 암의 원인이라기보다는 그러한 돌연변이에 의한 결과로 발생하는 것으로 밝혀졌다.

25 윗글과 일치하는 것은?

① 해당작용의 산물 중 NADH는 미토콘드리아에서 ATP를 추가로 생산하는 데 사용되지 않는다.
② 해당과정 중 소비되는 NADH의 재생산은 해당작용의 지속적 수행에 필수적이다.
③ 심폐기능에 비해 과격한 운동을 하면 근육에서 젖산은 늘어나고 NAD^+는 줄어든다.
④ 동화작용에서 거대 분자를 만들 때 해당작용의 중간 생성물이 사용된다.
⑤ 바르부르크 효과에 의해 암 억제 유전자의 돌연변이가 유발된다.

26 윗글에서 추론한 것으로 적절하지 <u>않은</u> 것은?

① 미토콘드리아의 기능이 상실되면 NADH로부터 ATP를 만들지 못한다.
② 유산소 해당작용을 수행하는 암세포는 산소가 충분히 존재할 때에도 해당과정의 산물을 NAD^+와 젖산으로 전환시킨다.
③ 포도당 1개가 가지고 있는 에너지가 전부 ATP로 전환될 때 미토콘드리아에서 34개 또는 36개의 ATP가 만들어진다.
④ 포도당 1개가 피루브산 2개로 분해되었고 이때 생성된 조효소의 에너지도 모두 미토콘드리아에서 ATP로 전환되었다면, 이 과정에서 생성된 ATP는 모두 8개이다.
⑤ 암세포의 유산소 해당작용 과정 중 포도당 1개당 생산되는 ATP의 개수는 정상세포의 산소가 있을 때 수행되는 해당작용의 과정 중 포도당 1개당 생산되는 NADH의 개수보다 많다.

27 윗글과 <보기>를 바탕으로 한 설명으로 가장 적절한 것은?

> **보기**
>
> 암을 진단하기 위해 사용되는 PET(양전자 방출 단층촬영)는 방사성 포도당 유도체를 이용하는 핵의학 검사법이다. 방사성 포도당 유도체는 포도당과 구조적으로 유사하여 암 조직과 같은 포도당의 흡수가 많은 신체 부위에 수송되어 축적되므로 단층 촬영을 통해 체내에서 양전자를 방출하는 방사성 포도당 유도체의 분포를 추적할 수 있다.

① 피루브산이 젖산으로 전환되는 양이 증가하면 방사성 포도당 유도체의 축적이 줄어들 것이다.
② 포도당이 피루브산으로 전환되는 양이 감소하면 방사성 포도당 유도체의 축적이 늘어날 것이다.
③ 세포 내부의 산소가 줄어들어도 동일한 양의 ATP를 생성하려면 방사성 포도당 유도체의 축적이 늘어날 것이다.
④ ATP의 생성을 해당작용에 좀 더 의존하도록 대사 과정의 변화가 일어난다면 방사성 포도당 유도체의 축적이 줄어들 것이다.
⑤ ATP의 생성을 산화적 인산화에 좀 더 의존하도록 대사 과정의 변화가 일어난다면 방사성 포도당 유도체의 축적이 늘어날 것이다.

법을 해석할 때 반드시 그 문언에 엄격히 구속되어야 하는가를 놓고 오랫동안 논란이 있어 왔다. 한편에서는 법의 제정과 해석이 구별되어야 함을 이유로 이를 긍정하지만, 다른 한편에서는 애초에 법의 제정 자체가 완벽할 수 없는 이상, 사안에 따라서는 문언에 구애되지 않는 편이 더 바람직하다고 본다.

전통적인 법학방법론은 이 문제를 법률 문언의 한계 내에서 이루어지는 해석 외에 '법률의 문언을 넘은 해석'이나 '법률의 문언에 반하는 해석'을 인정할지 여부와 관련지어 다루고 있다. 학설에 따라서는 이들을 각각 '법률내재적 법형성'과 '초법률적 법형성'이라 부르며, 전자를 특정 법률의 본래적 구상 범위 내에서 흠결 보충을 위해 시도되는 것으로, 후자를 전체 법질서 및 그 지도 원리의 관점에서 수행되는 것으로 파악하기도 한다. 하지만 이러한 설명이 완전히 만족스러운 것은 아니다. 형식상 드러나지 않는 법률적 결함에 대처하는 것도 일견 흠결 보충이라 할 수 있지만, 이는 또한 법률이 제시하는 결론을 전체 법질서의 입장에서 뒤집는 것과 별반 다르지 않기 때문이다.

한편 종래 법철학적 논의에서는 문언을 이루고 있는 언어의 불확정성에 주목하는 경향이 두드러졌다. 단어는 언어적으로 확정적인 의미의 중심부와 불확정적인 의미의 주변부를 지니며, 중심부의 사안에서는 문언에 엄격히 구속되어야 하지만 주변부의 사안에서는 해석자의 재량이 인정될 수밖에 없다고 보는 견해가 대표적이다. 가령 ⓞ 주택가에서 야생동물을 길러서는 안 된다는 규칙이 있을 때, 초원의 사자가 '야생동물'에 해당한다는 점에 대해서는 의문이 없지만, 들개나 길고양이, 혹은 여러 종류의 야생동물의 유전자를 조합하여 실험실에서 창조한 동물이 그에 해당하는지는 판단하기 어렵기 때문에 결국 해석자가 재량껏 결정해야 한다는 것이다.

[A]
그러나 이러한 견해에 대해서는 주변부의 사안을 해석자의 재량에 맡기기보다는 규칙의 목적에 구속되게 해야 할 뿐 아니라, 심지어 중심부의 사안에서조차 규칙의 목적에 대한 조회 없이는 문언이 해석자를 온전히 구속할 수 없다는 반론이 제기되고 있다. 인근에서 잡힌 희귀한 개구리를 연구·보호하기 위해 발견 장소와 가장 유사한 환경의 주택가 시설에 둘 수 있을까? 이를 긍정하는 경우에도 그러한 개구리가 의미상 '야생동물'에 해당한다는 점 자체를 부인할 수는 없을 것이다.

최근에는 기존의 법학방법론적 논의와 법철학적 논의

를 하나의 연결된 구성으로 제시함으로써 각각의 논의에서 드러났던 난점을 극복하려는 시도가 이루어지고 있다. 이에 따르면 문언이 합당한 답을 제공하는 표준적 사안 외에 아무런 답을 제공하지 않는 사안이나 부적절한 답을 제공하는 사안도 있을 수 있는데, 이들이 바로 각각 문언을 넘은 해석과 문언에 반하는 해석이 시도되는 경우라 할 수 있다. 양자는 모두 이른바 판단하기 어려운 사안이라는 점에서는 공통적이지만, 전자를 판단하기 어려운 까닭은 문언의 언어적 불확정성에 기인하는 것인 반면, 후자는 문언이 언어적 확정성을 갖추었음에도 불구하고 그것이 제공하는 답을 올바른 것으로 받아들일 수 없어 보이는 탓에 판단하기 어려운 것이라는 점에서 서로 구별되어야 한다.

그렇다면 판단하기 어려운 사안에서는 더 이상 문언을 신경 쓰지 않아도 되는 것일까? 그렇지는 않다. 문언이 답을 제공하지 않기 때문에 해석을 통한 보충이 필요한 경우라 하더라도 규칙의 언어 그 자체가 해석자로 하여금 규칙의 목적을 가늠하도록 인도해 줄 수 있으며, 문언이 제공하는 답이 부적절하고 어리석게 느껴질 경우라 하더라도 그러한 평가 자체가 어디까지나 해석자의 주관이라는 한계 속에서 이루어지는 것임을 부정할 수 없기 때문이다. 뻔히 부적절한 결과가 예상되는 경우에도 문언에 구속될 것을 요구하는 것은 일견 합리적이지 않아 보일 수 있다. 그럼에도 불구하고 문언을 강조하는 입장은 '재량'이 연상시키는 '사람의 지배'에 대한 우려와, 민주주의의 본질에 대한 성찰을 배경으로 하는 것임을 이해할 필요가 있다. 법률은 시민의 대표들이 지난한 타협의 과정 끝에 도출해 낸 결과물이다. 엄밀히 말해 오로지 법률의 문언 그 자체만이 민주적으로 결정된 것이며, 그 너머의 것에 대해서는, 심지어 입법 의도나 법률의 목적이라 해도 동등한 권위를 인정할 수 없다. 이러한 입장에서는 법률 적용의 결과가 부적절한지 여부보다 그것이 부적절하다고 결정할 수 있는 권한을 특정인에게 부여할 것인지 여부가 더 중요한 문제일 수 있다. 요컨대 해석자에게 그러한 권한을 부여하는 것이 바람직하지 않다고 생각하는 한, 비록 부적절한 결과가 예상되는 경우라 하더라도 여전히 문언에 구속될 것을 요구하는 편이 오히려 합리적일 수도 있는 것이다.

28 윗글과 일치하는 것은?

① 전통적인 법학방법론 학설의 입장에서는 결국 문언을 넘은 해석과 문언에 반하는 해석을 구별하지 않는다.

② 종래의 법철학 학설 중 의미의 중심부와 주변부의 구별을 강조하는 입장에서는 해석에 있어 법률의 목적보다 문언에 주목한다.

③ 민주주의의 본질을 강조하는 입장에서는 비록 법률의 적용에 따른 것이라도 실질적으로 부적절한 결과를 인정할 수는 없다고 본다.

④ 법률 적용 결과의 합당성을 강조하는 입장에서는 문언이 제공하는 답이 부적절한지 여부는 해석자의 주관에 따라 달라질 수 있다고 주장한다.

⑤ 법학방법론과 법철학의 논의를 하나의 연결된 구성으로 제시하는 입장에서는 언어적 불확정성으로 인해 법률이 부적절한 답을 제공하는 사안에 주목한다.

29 판단하기 어려운 사안 에 대한 진술로 가장 적절한 것은?

① 법률의 문언이 극도로 명확한 경우에는 판단하기 어려운 사안이 발생하지 않는다.

② 판단하기 어려운 사안의 해석을 위해 법률의 목적에 구속되어야 하는 것은 아니다.

③ 문언을 넘은 해석은 문언이 해석자를 전혀 이끌어 주지 못할 때 비로소 시도될 수 있다.

④ 문언에 반하는 해석은 법률의 흠결이 있을 때 이를 보충하기 위한 것인 한 정당화될 수 있다.

⑤ 형식상 드러나 있는 법률의 흠결을 보충하기 위해서도 해당 법률의 본래적 구상보다는 전체 법질서를 고려한 해석이 필요하다.

30 [A]의 입장에서 ㉠을 해석한 것으로 가장 적절한 것은?

① 규칙의 목적이 야생의 생물 다양성을 보존하기 위한 것이라면, 멸종 위기 품종의 길고양이를 입양하는 것이 허용될 것이다.

② 야성을 잃어버린 채 평생을 사람과 함께 산 사자가 '야생동물'의 언어적 의미에 부합한다면, 그것을 기르는 것도 허용되지 않을 것이다.

③ 규칙의 목적이 주민의 안전을 확보하는 것이라면, 길들여지지 않는 야수의 공격성을 지닌 들개를 기르는 것이 금지될 수도 있을 것이다.

④ 인근에서 잡힌 희귀한 개구리를 관상용으로 키우는 것이 허용되었다면, '야생동물'의 언어적 의미를 주거에 두고 감상하기에 적합하지 않은 동물로 보았을 것이다.

⑤ 여러 종류의 야생동물의 유전자를 조합하여 실험실에서 창조한 동물을 기르는 것이 금지되었다면, '야생동물'의 언어적 의미를 자연에서 태어나 살아가는 동물로 보았을 것이다.

3

22학년도 LEET 언어이해

5 · 16 군사쿠데타 이후 집권세력은 '부랑인'을 일소하여 사회의 명랑화를 도모한다는 명분 아래 사회정화 사업을 벌였다. 무직자와 무연고자를 '개조'하여 국토 건설에 동원하려는 목적으로 〈근로보도법〉과 〈재건국민 운동에 관한 법률〉을 제정 · 공포했다. 부랑인에 대한 사회복지 법령들도 이 무렵 마련되기 시작했는데, 〈아동복리법〉에 '부랑아보호시설' 관련 규정이 포함되었고 〈생활보호법〉에도 '요보호자'를 국영 또는 사설 보호시설에 위탁할 수 있음이 명시되었다.

실질적인 부랑인 정책은 명령과 규칙, 조례 형태의 각종 하위 법령에 의거하여 수행되었다. 특히 ㉠〈내무부 훈령 제410호〉는 여러 법령에 흩어져있던 관련 규정들을 포괄하여 부랑인을 단속 및 수용하는 근거 조항으로 기능했다. 이는 걸인, 껌팔이, 앵벌이를 비롯하여 '기타 건전한 사회 및 도시 질서를 저해하는 자'를 모두 '부랑인'으로 규정했다. 헌법, 법률, 명령, 행정규칙으로 내려오는 위계에서 행정규칙에 속하는 훈령은 상급 행정기관이 하급 기관의 조직과 활동을 규율할 목적으로 발하는 것으로서, 원칙적으로는 대외적 구속력이 없으며 예외적인 경우에만 법률의 위임을 받아 상위법을 보충한다. 위 훈령은 복지 제공을 목적으로 한 〈사회복지사업법〉을 근거 법률로 하면서도 거기서 위임하고 있지 않은 치안유지를 내용으로 한 단속 규범이다. 이를 통한 인신 구속은 국민의 자유와 권리를 필요한 경우 국회에서 제정한 법률로써 제한하도록 규정한 헌법에 위배되는 것이기도 하다.

1961년 8월 200여 명의 '부랑아'가 황무지 개간 사업에 투입되었고, 곧이어 전국 곳곳에서 간척지를 일굴 개척단이 꾸려졌다. 1950년대 부랑인 정책이 일제 단속과 시설 수용에 그쳤던 것과 달리, 이 시기부터 국가는 부랑인을 과포화 상태의 보호시설에 단순히 수용하기보다는 저렴한 노동력으로 개조하여 국토 개발에 활용하고자 했다. 1955년부터 통계 연표에 수록되었던 '부랑아 수용보호 수치 상황표'가 1962년에 '부랑아 단속 및 조치 상황표'로 대체된 사실은 이러한 변화를 시사한다.

이 같은 정책 시행의 결과로 부랑인은 과연 '개조'되었는가? 개척의 터전으로 총진군했던 부랑인 가운데 상당수는 가혹한 노동 조건이나 열악한 식량 배급, 고립된 생활 등을 이유로 중도에 탈출했다. 토지 개간과 간척으로 조성된 농지를 분배 받기를 희망하며 남아 있던 이들은 많은 경우 약속된 땅을 얻지 못했으며, 토지를 분배받은 경우라도 부랑인 출신이라는 딱지 때문에 헐값에

땅을 팔고 해당 지역을 떠났다. 사회복지를 위한 제도적 기반이 충분히 갖추어져 있지 않은 상황에서 사회법적 '보호' 또한 구현되기 어려웠다. 〈아동복리법 시행령〉은 부랑아 보호시설의 목적을 '부랑아를 일정 기간 보호하면서 개인의 상황을 조사 · 감별하여 적절한 조치를 취함'이라 규정했으나, 전문적인 감별 작업이나 개별적 특성과 필요를 고려한 조치는 드물었고 규정된 보호 기간이 임의로 연장되기도 했다. 신원이 확실하지 않은 자들을 마구잡이로 잡아들임에 따라 수용자 수가 급증한 국영 또는 사설 복지기관들은 국가보조금과 민간 영역의 후원금으로 운영됨으로써 결국 유사 행정기구로 자리매김했다. 그중 일부는 국가보조금을 착복하는 일도 있었다.

국가는 〈근로보도법〉과 〈재건국민운동에 관한 법률〉 등을 제정하여 부랑인을 근대화 프로젝트에 활용할 생산적 주체로 개조하고자 하는 한편, 그러한 생산적 주체에 부합하지 못하는 이들은 〈아동복리법〉이나 〈생활보호법〉의 보호 대상으로 삼았다. 또한 각종 하위 법령을 통해 부랑인을 '예비 범죄자'나 '우범 소질자'로 규정지으며 인신 구속을 감행했다. 갱생과 보호를 지향하는 법체계 내부에 그 갱생과 보호의 대상을 배제하는 기제가 포함되어 있었던 것이다.

국가는 부랑인으로 규정된 개개의 국민을 경찰력을 동원해 단속 · 수용하고 복지기관을 통해 규율했을 뿐만 아니라, 국민의 인권과 복리를 보장할 국가적 책무를 상당 부분 민간 영역에 전가시킴으로써 비용 절감을 추구했다. 당시 행정당국의 관심은 부랑인 각각의 궁극적인 자활과 갱생보다는 그가 도시로부터 격리된 채 자활 · 갱생하고 있으리라고 여타 사회구성원이 믿게끔 하는 데에 집중되었던 것으로 보인다. 부랑인은 사회에 위협을 가하지 않을 주체로 길들여지는 한편, 국가가 일반 시민으로부터 치안 관리의 정당성을 획득하기 위한 명분을 제공했다.

01 윗글의 내용과 일치하는 것은?

① 부랑인 정책은 갱생 중심에서 격리 중심으로 초점이 옮겨 갔다.
② 부랑아의 시설 수용 기간에 한도를 두는 규정이 법령에 결여되어 있었다.
③ 부랑인의 수용에서 행정기관과 민간 복지기관은 상호 협력적인 관계였다.
④ 개척단원이 되어 도시를 떠난 부랑인은 대체로 개척지에 안착하여 살아갔다.
⑤ 부랑인 정책은 치안 유지를 목적으로 하여 사회복지 제공의 성격을 갖지 않았다.

02 ㉠에 대한 비판으로 적절하지 않은 것은?

① 상위 규범과 하위 규범 사이의 위계를 교란시켰다.
② 근거 법령의 목적 범위를 벗어 나는 사항을 규율했다.
③ 법률을 제정하는 국회의 입법권을 행정부에서 침해하는 결과를 초래했다.
④ 부랑인을 포괄적으로 정의함으로써 과잉 단속의 근거로 사용될 여지가 있었다.
⑤ 부랑인 단속을 담당하는 하급 행정기관이 훈령을 발한 상급 행정기관의 지침을 위반하도록 만들었다.

03 <보기>의 내용을 윗글에 적용한 것으로 적절하지 않은 것은?

> **보 기**
>
> 국가는 방역과 예방 접종, 보험, 사회부조, 인구조사 등 각종 '안전장치'를 통해 인구의 위험을 계산하고 조절한다. 그 과정에서 삶을 길들이고 훈련시켜 효용성을 최적화함으로써 '순종적인 몸'을 만들어내는 기술이 동원된다. 이를 통해 정상과 비정상, 건전 시민과 비건전 시민의 구분과 위계화가 이루어지고 '건전 사회의 적'으로 상정된 존재는 사회로부터 배제된다. 이는 변형된 국가인종주의의 발현으로 이해할 수도 있다. 고전적인 국가인종주의가 선천적이거나 역사적으로 구별되는 인종을 기준으로 이원 사회로 분할하는 특징이 있다면, 변형된 국가인종주의는 단일 사회가 스스로의 산물과 대립하며 끊임없이 '자기 정화'를 추구한다는 점에서 차이가 있다

① 부랑인을 '우범 소질'을 지닌 잠재적 범죄자로 규정한 것은 한 사회의 '자기 정화'를 보여준다고 할 수 있다.
② 부랑인을 '개조'하여 국토 개발에 동원하고자 한 것은 삶을 길들이고 훈련시키는 기획을 보여준다고 할 수 있다.
③ 부랑인을 생산적 주체와 거기에 이르지 못한 주체로 구분 지은 것은 변형된 국가인종주의의 특정을 보여준다고 할 수 있다.
④ 치안관리라는 명분을 위해 부랑인의 존재를 이용한 것은 건전 시민과 비건전 시민의 구분과 위계화를 보여준다고 할 수 있다.
⑤ 부랑인의 갱생을 지향하는 법체계에 배제의 기제가 내재된 것은 '순종적인 몸'을 만들어내는 기술과 '안전장치'가 배척 관계임을 보여준다고 할 수 있다.

현대의 환경 위기는 인류의 생존 문제일 뿐 아니라 근대 이후 구현되어 온 인본주의적 가치들을 위협할 수 있는 요인이기도 하다. 즉 그것은 '생존'을 빌미로 하는 신유형의 독재나 제국주의를 유발함으로써 자유, 인권, 평등의 가치에 근거한 민주주의나 세계시민주의 등의 이념들을 위기에 처하게 할 수 있다는 점에서도 문제인 것이다. 환경 위기는 특히 '철학적 근대'에 관한 담론에서 중요 주제로 부각된다. 이 위기는 자연과 인간을 근본적으로 차별하는 세계관을 사상적 토대로 하고, 또한 그러한 세계관은 인간의 이성적 주체성을 전면에 등장시킨 근대의 철학적 혁명에서 비롯되었기에, 사상사적 맥락에서 가장 큰 책임을 져야 하는 것이 바로 철학적 근대라고 지적되기 때문이다. 그러나 철학적 근대는 경시할 수 없는 미덕을 동시에 지니기 때문에, 그대로의 수용도 원천적 거부도 선택할 수 없는 딜레마적 문제이다. 저 숭고한 인본주의적 가치들은 무엇보다도 인간의 지성적·실천적 자율성을 주창한 철학적 근대를 통해 정초되었기 때문이다.

철학적 근대는 ㉠데카르트주의의 발흥 및 완성의 과정으로 이루어진다는 것이 일반적 통념이다. 이성적 사유 주체의 절대적 확실성을 철학의 제1 원리로 논증하는 이 사상 체계에서 자연은 주체에 대해 근본적 타자로서, 그 어떤 자기 목적이나 내면도 없는 단적인 물질적 실체, 즉 '길이, 넓이, 깊이로 연장된 것'이라는 열등한 존재로 인식된다. 인간과 자연의 이러한 위계적 이원화는 인간의 자연 지배를 정당화하는 토대가 되거니와, 기계론적으로 양화되는 연장의 영역으로 정위된 자연은 인간 마음대로 사용할 수 있는 유용한 자재 창고로 여겨지게 된 것이다.

자연과학적 실험의 보편화는 더욱 과격화된 철학적 자연관의 출현을 촉발한다. 자연은 '인식'과 '사용'의 대상이던 것에서 나아가 '제작'의 대상으로까지 여겨지게 된다. 진리를 발견되는 것이 아니라 만들어지는 것으로 보는 이러한 노선은 ㉡칸트주의에서 특히 전형적으로 대두한다. 즉 의지의 규범인 도덕 준칙과 마찬가지로 지성의 대상인 자연 법칙 또한 그 입법권이 자율적 주체인 인간에게 부여되는 것이다. 자연은 한낱 조야한 질료로서 주어질 뿐, 그 구체적 존재 형식은 인식 주체로서의 인간의 지적 틀에 의해 결정된다는 것이다. 물론 이 사상에서 자연의 자기 목적이 중요한 화두로 제기되기도 하지만, 이 역시 세계를 대하는 인간의 심적 태도의 차원에서 상정될 뿐이다.

이러한 추이로부터 짐작하면, 철학적 근대의 완성판이라 불리는 객관적 관념론은 어떤 노선보다도 강한 이성주의적 면모를 지니는 까닭에, 자연에 대한 억압적 지배를 정당화하는 궁극의 사조라는 죄명을 뒤집어쓸 개연성이 클 것이다. 하지만 이 철학 사조는 그러한 혐의가 근본적 몰이해에서 비롯된 것이라고 항변할 수 있는 상당한 근거를 지니는데, 흥미롭게도 그 근거는 이 사조가 철학적 근대의 핵심 원리인 '이성'의 위상을 극한으로 강화한다는 점에 있다. 객관적 관념론은 문자 그대로 관념의, 구체적으로는 이성의 객관적 진리치를 정당화하고자 한다. 중요한 것은 여기서 '이성'이 이전의 근대 철학에서와는 사뭇 다른 층위의 의미를 지닌다는 점이다. 즉 '이성'은 단지 지적 능력의 특정한 형식이나 단계를 지칭하는 것에서 나아가 근본적으로는 존재론적·형이상학적 위상까지 지니는 최상위의 범주 또는 섭리를 가리킨다. '모든 것은 개념, 판단, 추론이다'라는 헤겔의 말처럼, 이성은 '세계의 모든 것에 선행하면서 동시에 그 모든 것을 가능케 하는 조건', 즉 '삼라만상의 선험적인 논리적 구조 내지 원리'라는 절대적 위상을 지니며, 이에 모든 자연사와 인간사는 이러한 절대적 이성이 시공간의 차원으로 외화한 현상적 실재로 설명된다. 즉 자연은 절대적 이성에 따라 존재하고 변화하는 사물 양태의 이성이고, 지성적 주체인 인간은 절대적 이성에 따라 사유하고 성숙하여 절대적 이성의 인식에 도달해 가는 의식 양태의 이성이기에, 양자는 본질적으로 동근원적이라는 것이다.

객관적 관념론은 오히려 최고도로 강화된 이성주의를 통해 철학적 근대의 딜레마에 대한 해결을 모색할 수 있음을 보여준다. 그것은 이성적 주체의 위상을 정당화하면서도 동시에 무분별한 자연 지배를 경계할 수 있는 논거를 제시한다. 그 때문에 현대의 환경 철학 담론에서 근대를 원천적으로 거부하는 포스트모더니즘이 상당한 공감을 얻고 있는 와중에도 객관적 관념론에 기반을 둔 자연철학의 계발이 주목을 받는 것이다.

04 윗글에 대한 이해로 가장 적절한 것은?

① 가장 강화된 이성주의는 인간에 대한 자연의 형이상학적 우위를 정초한다.
② 현대의 환경 위기는 새로운 억압적 정치 체제의 대두와 함께 도래한 것이다.
③ 포스트모더니즘은 철학적 근대의 딜레마를 이성에 근거하여 해소하고자 한다.
④ 인본주의적 이념들의 사상적 토대를 제공한 것은 철학적 근대의 주목할 만한 성과이다.
⑤ 인간의 이성적 주체성을 옹호하는 철학사적 흐름은 억압적 자연관으로 귀결될 수밖에 없다.

05 ㉠과 ㉡을 비교한 것으로 적절하지 않은 것은?

① ㉠은 ㉡과 달리 자연의 자기 목적을 이성적 인식의 기준으로 설정한다.
② ㉡은 ㉠과 달리 인간을 자연 법칙을 수립하는 주체로 승인한다.
③ ㉠과 ㉡은 모두 자연을 인식과 사용의 대상으로 생각한다.
④ ㉠과 ㉡은 모두 자연에 대한 인간 이성의 우위를 주장한다.
⑤ ㉠과 ㉡은 모두 환경 위기에 대한 철학적 책임이 있는 것으로 평가된다.

06 객관적 관념론 에 대해 추론한 것으로 적절하지 않은 것은?

① 자연 법칙을 탐구하는 자연과학은 의식 양태의 이성이 사물 양태의 이성을 인식하는 것이라고 여길 수 있을 것이다.
② 이성의 위상을 지고의 형이상학적 차원까지 높임으로써 자연법칙도 인간 의식의 투영을 통해 만들어지는 것으로 여길 것이다.
③ 삼라만상이 절대적 이성의 발현이므로 반이성으로 보이는 어떤 것도 궁극적으로는 이성 영역에 포섭된다고 설명할 수 있을 것이다.
④ 이성이 절대적 진리치를 지닌다는 관점에 의거하여 모든 역사적 사건도 이성의 법칙에 따라 진행되는 것으로 이해할 수 있을 것이다.
⑤ 억압적 자연 지배의 책임을 져야 한다는 비판이 제기된다면 자연과 인간의 동근원성을 강조하는 일원론적 관점을 근거로 반박할 수 있을 것이다.

소설을 읽는다는 것은 이야기를 하는 누군가의 목소리를 듣는다는 것을 뜻한다. 독자에게 특정한 배경 속에서 여러 인물들이 펼치는 사건에 대해 '말하는 주체'를 우리는 화자라고 부른다. 그래서 독자는 항상 화자의 목소리를 통해서 허구 세계에 대한 정보를 얻는다. 가령 등장인물의 대화가 직접화법으로 표현된 장면을 떠올려 보자. 드라마가 화자 없이 등장인물의 대사로 진행된다는 점에서 이 장면도 드라마와 유사하게 느낄 수 있겠지만, 사실은 화자가 의도적으로 간접화법 대신 직접화법을 채택한 것이어서 독자에게 대화를 직접 듣는다는 착각을 이끌어내려는 책략이라고 보아야 한다. 독자는 화자가 자신의 말로 바꾸었는가 혹은 그렇지 않았는가 상관없이 언제나 그의 목소리를 들을 뿐이다.

화자가 사건에 대해 말하기 위해서는 먼저 사건을 보는 것이 필요하다. ㉠브룩스와 워렌은 순전히 화자가 보는 위치를 기준으로 일인칭과 삼인칭을 구분한 뒤, 목격자로서 사건을 관찰하는지 그렇지 않으면 탐구자로서 사건을 분석하는지에 따라 일인칭 주인공 시점과 일인칭 관찰자 시점, 작가 관찰자 시점과 전지적 작가 시점으로 구분한다. 그렇지만 이들의 논의는 삼인칭 시점에서 '화자'의 시점을 '작가'의 시점으로 치환하였고, 특정 인물의 내면을 그려내는 것과 모든 인물의 내면을 그려내는 것을 전지적 작가 시점으로 뭉뚱그렸다는 비판을 받았다.

'보는 주체'로서의 화자의 역할에 대한 또 다른 접근은 ㉡랜서에 의해 이루어졌다. 그는 화자의 역할을 이야기의 내용이나 주제와 결합시켰다. 기존 논의가 '시점'이라는 딸에서 짐작할 수 있듯이 사건을 보는 위치에 치중했던 것을 반성하고, 사건을 보는 입장도 고려하고자 했다. 화자가 다른 공간적 위치에 서거나 다른 이념적 입장을 가질 때, 같은 사건도 다르게 인식되어 다르게 재현된다는 것이다. 그래서 랜서는 화자를 작가가 창조한 세계를 보여주는 인식틀이라고 언급했다. 독자가 화자를 통해서 이야기를 접한다는 점을 고려할 때, 독자가 바라볼 수 있는 시선과 들을 수 있는 목소리는 항상 화자에 의존한다는 것을 알려준 셈이다.

이와 관련하여 화자가 작품에 개입하는 것과 독자에게 진실을 전달하는 방식을 둘러싼 ㉢플라톤의 고전적인 문제제기는 흥미롭다. 그는 모방을 논하면서 영혼의 진정성 문제를 연결시킨다. 화자의 개입을 최소화하여 독자들이 실재와 가상을 착각하게 만들수록 진정성을 의심한 반면, 주관적인 논평을 섞는 방식으로 화자를 떠올리게 할수록 좀 더 진정성을 지닌 것으로 평가했던 것이다. 이러한 관점을 소설에 비추어 보면 화자를 이야기에 개입하여 객관성을 훼손하는 존재로 바라보던 태도에서 벗어나야 한다는 것을 시사한다. 즉 소설은 화자 때문에 객관성에 도달할 수 없는 것이 아니라 화자 덕분에 다른 양식과 구별되는 독자성을 획득할 수 있었던 것이다.

이렇듯 소설의 화자에 대해 지금까지 다양한 논의가 진행되었지만, 수많은 소설작품을 포괄할 만큼 충분히 정교하지 못한 것은 사실이다. 그리고 개별 작품의 경우에도 하나의 시점을 처음부터 끝까지 유지한 작품을 찾는 것이 쉽지 않다. 우리가 훌륭하다고 손꼽는 작품들 또한 그러하다. 따라서 화자의 위치나 입장, 역할 등을 이론적으로 따지기보다 구체적인 작품 감상과 결부시키는 편이 훨씬 현명하다. 작가 또한 메시지를 전달하는 데 가장 효과적인 방법이 무엇인지를 고민하는 것이다. 소설을 읽는 것을 등장인물, 화자, 독자가 정보량을 둘러싸고 벌이는 일종의 게임으로 바라보자는 견해가 바로 그것이다. 이 견해에 따르면 동일한 사건이라도 누가 정보를 더 많이 갖느냐에 따라 다른 이야기로 변주될 수 있다. 가령 화자가 등장인물이 모르는 정보를 독자에게 제공하는 경우, 자신이 처한 위기를 모르는 등장인물을 지켜보며 독자는 마음을 졸일 수밖에 없다. 하지만 등장인물과 독자가 동일한 정보를 공유하는 경우, 독자는 인물과 같은 수준으로 작중의 상황을 이해하고 함께 퍼즐을 풀어가는 기분으로 사건을 경험할 것이다. 그리고 등장인물이 독자에게 공개하지 않은 비밀을 숨기고 있는 경우, 독자는 결말에 이르러서야 사건의 전모를 파악하면서 반전의 효과를 체험할 수도 있다. 이처럼 어떤 메시지를 전달하는 데 어울리는 화자를 창조하는 일은 작품의 성공과 실패를 가르는 첫걸음이다.

07 윗글의 내용과 일치하는 것은?

① 독자가 소설을 감상하고자 할 때, 독자와 접촉하며 정보를 제공하는 존재는 화자이다.

② 소설이 진행되는 동안 하나의 시점을 유지하는 것이 예술적으로 성공하는 지름길이다.

③ 소설에서 등장인물의 대화를 직접화법으로 묘사할 때에는 화자의 목소리가 개입하지 않는다.

④ 드라마에서는 통상 등장인물의 목소리뿐만 아니라 '말하는 주체'의 목소리도 관객에게 직접 들린다.

⑤ 이야기되는 사건이 같다면 작가가 화자의 위치나 입장, 독자와의 관계를 변화시켜도 다른 소설로 만들기 어렵다.

08 ㉠~㉢에 대한 이해로 적절하지 않은 것은?

① ㉠은 현실에 존재하는 작가와 작가가 창조한 화자를 개념적으로 구분하지 않고 있다.

② ㉡은 화자에 대해 이야기를 수용하는 독자의 입장에 영향을 미치는 인식틀로 작용한다고 보고 있다.

③ ㉢은 독자들이 실재와 가상을 혼동하지 않도록 하는 것이 진정성 있는 태도라고 판단하고 있다.

④ ㉠과 ㉡은 '말하는 주체'에 선행하는 '보는 주체'로서의 화자의 역할을 소설의 내용적 측면에서 분석하고 있다.

⑤ ㉡과 ㉢은 화자를 통해서 작가의 입장이나 태도를 파악할 수 있다고 믿고 있다.

09 윗글을 바탕으로 <보기>를 평가한 것으로 적절하지 않은 것은?

> **보 기**
>
> 시내에 나갔다 왔다. 그사이 누군가가 집에 다녀간 흔적이 있다. 조심스러운 손길이었지만 분명히 집을 뒤졌다. 몇몇 물건들은 도저히 찾을 수가 없다. 가져간 것이 분명하다. 도둑일까? 집에 도둑이 든 일은 지금껏 없었다.
>
> 저녁에 퇴근한 은희에게 집에 도둑이 들었다고 말했다. 은희는 딱한 얼굴로 나를 바라보며 그런 일은 없었다고 한다. 뭐가 없어졌느냐고 묻는데 생각이 나지 않았다. 그러나 분명히 뭐가 없어졌다. 느낄 수 있다. 그런데 입 밖으로 꺼내 말할 수가 없다.
>
> "치매에 걸리면 다들 그런대요. 며느리도 도둑이라고 하고 간호사도 도둑이라고 하고."
>
> 그래, 그걸 도둑망상이라고들 하지. 나도 그건 알아. 그런데 이건 망상이 아니야. 분명히 뭔가 없어졌다고. 일지와 녹음기는 몸에 지니고 있으니 무사했지만 다른 무언가가 사라졌다.
>
> "그래, 개가 없어졌다. 개가 없어졌어."
>
> "아빠, 우리 집에 개가 어디 있어요?"
>
> 이상하다. 분명히 개가 있었던 것 같은데.
>
> ―김영하, 「살인자의 기억법」―

① 화자가 주인공과 동일한 인물이기 때문에, 독자들은 주인공의 내면 변화를 파악할 수 있겠군.

② 화자가 다른 등장인물과 함께 허구세계에 있기 때문에, 독자들은 사건의 전모를 모른 채 상황이 발생할 때마다 긴장감을 경험할 수 있겠군.

③ 주인공과 화자와 독자의 정보가 일치하기 때문에, 독자들은 주인공과 등장인물들에 대한 화자의 정보를 객관적 사실로 받아들일 수 있겠군.

④ 주인공인 화자가 다른 등장인물의 내면을 파악할 수 없기 때문에, 독자들은 자신의 상황을 정확히 알지 못하는 주인공을 안타깝게 느낄 수 있겠군.

⑤ 모든 등장인물에 대한 정보가 화자의 시선과 목소리로 전달되기 때문에, 독자들은 다른 등장인물의 진실이 뒤늦게 알려지면 이야기의 흐름이 달라지리라 기대할 수 있겠군.

개체의 생존을 위해서는 움직이는 물체의 시각 정보를 효율적으로 처리하는 것이 중요하다. 예를 들어 숲속을 걸을 때 특별한 주의를 기울이지 않았음에도 복잡한 형태의 나무들 사이에서 작은 동물의 움직임을 재빨리 알아챌 수 있다. 나무는 움직이지 않으므로 시간차를 두고 획득한 두 이미지의 차이를 통해 그 움직임을 간단히 알아챌 수 있을 것 같지만, 실제로는 가만히 한곳을 응시하더라도 안구가 끊임없이 움직이고 있어 망막에 맺히는 이미지 전체가 시간에 따라 변하므로 더 정교한 정보 처리가 필요하다. 최근 미세전극이 일정한 간격으로 촘촘히 배열된 마이크로칩을 이용하여 망막에서 발생하는 전기적 신호를 실시간으로 관찰할 수 있게 되면서 이러한 고차원 시각 정보 처리가 뇌에서 전적으로 이루어지는 것이 아니라 망막에서 시작된다는 증거들이 발견되었다.

망막은 어떻게 전체 이미지가 흔들리는 속에서 작은 동물의 움직임에 대한 정보를 골라내는 것일까? 망막에는 빛에 반응하는 광수용체세포와 일정한 영역에 분포한 여러 광수용체세포에 연결되어 최종 신호를 출력하는 신경절세포가 존재한다. 신경절세포 가운데 특정 종류는 각 세포가 감지하는 부분이 이미지 전체의 이동 경로와 같은 경로를 따라 움직일 때는 전기적 신호를 발생하지 않고 다른 경로를 따라 움직일 때만 신호를 발생한다. 안구의 움직임에 의한 상의 떨림은 망막 위에서 전체 이미지가 같은 방향으로 움직이는 변화를 만드는데, 작은 동물의 상은 이와는 이동 경로가 다르므로 그 부분에 분포한 특정 종류의 신경절세포만이 신호를 발생하게 되어 작은 움직임도 잘 볼 수 있게 된다.

망막의 또 다른 신호 처리의 예로 움직이는 테니스공을 치는 경우를 생각해 보자. 충분한 밝기의 빛이 도달하더라도 망막에서 시각 정보가 처리되는 데 수십 분의 1초가 걸린다. 강하게 친 테니스공은 이 시간 동안 약 2m를 이동할 수 있어서 라켓을 벗어나기에 충분한데도 어떻게 그 공을 정확히 쳐 낼 수 있을까?

이를 알아보기 위해 연구자들은 ㉠마이크로칩 위에 올려진 도롱뇽의 망막에 막대 모양의 상을 맺히게 하고 상의 밝기와 이동속도 등을 변화시켜 가며 망막에서 발생하는 신호를 측정하였다. 폭이 0.13mm인 막대 모양의 상을 1/60초 동안만 맺히게 한 후에 상 아래에 위치한 하나의 신경절세포에서 출력되는 신호를 측정한 실험의 경우, 광수용체에서 전기 신호가 발생하고 여러 신경세포를 거치는 과정에서 시간 지연이 일어나므로, 상이 맺힌 순간부터 약 1/20초 후에 신경절세포에서 신호가 발생하기 시작하여 약 1/20초 동안 지속되었다. 상을 일정한 속도로 움직이며 상의 이동 경로에 위치한 여러 신경절세포에서 발생하는 신호를 측정한 실험의 경우, 실제 상이 도달한 위치보다 더 앞에 위치한 신경절세포에서 신호가 발생하기 시작하여 상의 앞쪽 경계와 같은 위치 혹은 이보다 앞선 위치에서 신호가 최대가 되었다.

개별 신경절세포의 시간 지연에도 불구하고 상의 앞쪽 경계에서 최대가 되는 모양의 신호를 만들기 위해서는 특별한 기제가 필요하다. 첫째는 신경절세포 반응의 시간 의존성이다. 즉, 밝기가 변화한 직후 신경절세포의 출력 신호가 최대가 되고 이후 점차 작아진다. 둘째, 신경절세포 신호증폭률의 동적 조절이다. 즉, 물체가 이동할 때 신경절세포는 물체의 이동 방향으로 가장 먼저 자극되는 광수용체의 신호를 크게 증폭하여 받아들이고 곧바로 증폭률을 떨어뜨려 신호의 세기를 줄여버린다. 상의 이동 경로에 위치한 신경절세포들에서 각각 이러한 기제에 따라 발생한 신호들이 합쳐져서 만들어지는 출력 신호는, 그 형태가 상의 앞쪽 경계면 혹은 그보다 앞선 지점에 대응하는 위치에서 그 세기가 최대가 되는 비대칭적인 모양이 된다.

물체와 주변의 밝기 차이가 작거나 속력이 너무 커서 증폭률의 변화가 물체의 이동 속력에 맞추어 재빨리 이루어지지 못하면, 이러한 기제가 잘 작동하지 못하여 시간 지연에 대한 보상이 잘 이루어지지 않는다. 어두울수록, 그리고 테니스공이 빠르게 움직일수록 정확하게 맞히기 어려운 이유도 이와 관련이 있다.

10 윗글의 내용과 일치하는 것은?

① 신경절세포는 광수용체에서 발생한 전기적 신호를 원래 세기대로 출력한다.

② 한곳을 가만히 응시할 때는 망막에 형성된 이미지의 떨림이 발생하지 않는다.

③ 정지한 물체의 상에 대해 전기적 신호를 출력하지 않는 신경절세포가 존재한다.

④ 마이크로칩은 망막에 도달한 빛을 전기적 신호로 변환시켜 관찰 가능하게 만든다.

⑤ 빛의 밝기가 일정할 때 하나의 신경절세포에서 발생하는 신호의 세기는 일정하다.

11 <보기>의 실험에 대한 설명으로 적절한 것만을 있는 대로 고른 것은?

> 보기
>
> 다음 그림은 ㉠의 실험에서 어느 순간 망막에 형성된 빛의 밝기 분포와 신경절세포의 출력 신호를 위치에 따라 나타낸 것이다. 그래프 a, b, c는 각각 서로 다른 조건에서 측정한 결과로서, b와 c는 속력이 같고 상과 주변의 밝기 차가 다르고, a는 속력이 다르다. a, b, c 모두 상의 이동 방향은 같다.

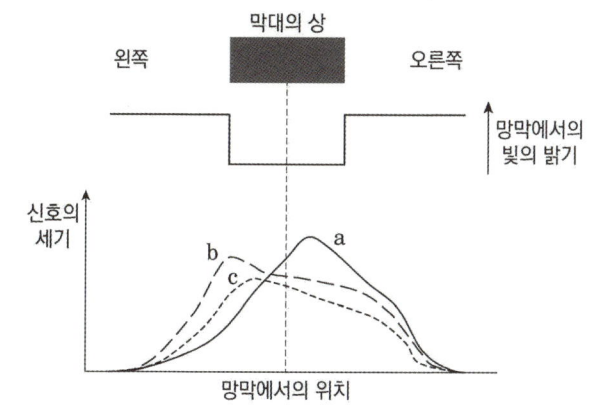

> ㄱ. 상은 오른쪽에서 왼쪽으로 이동하고 있다.
>
> ㄴ. 상의 속력은 a가 b보다 크다.
>
> ㄷ. 상과 주변의 밝기 차는 b가 c보다 작다.

① ㄱ   ② ㄴ   ③ ㄷ

④ ㄱ, ㄴ   ⑤ ㄴ, ㄷ

12 윗글을 바탕으로 '도롱뇽이 파리를 응시하는 상황'을 이해한 것으로 가장 적절한 것은?

① 날아가는 파리가 속력을 줄이면 상이 맺힌 위치의 개별 신경절세포에서의 시간 지연이 감소한다.

② 아래위로 천천히 움직이는 물체 위에 앉아 있는 도롱뇽은 수평으로 날아가는 파리의 움직임을 알아채지 못한다.

③ 배경이 밝고 파리의 색이 어두울수록 상의 위치와 신경절세포의 출력 신호가 최대가 되는 위치 사이의 오차가 크다.

④ 망막에 맺힌 날아가는 파리의 상에서 머리 부분에서 발생하는 신호의 증폭률은 몸통 부분에서 발생하는 신호의 증폭률보다 작다.

⑤ 도롱뇽이 눈을 깜박일 때, 정지한 파리의 상이 1/60초 동안 사라지면 파리의 상이 있던 위치의 신경절세포에서는 1/60초보다 오래 신호가 지속된다.

파시즘을 규정하기란 쉽지 않다. 본디 파시즘은 1919년에서 1945년까지 무솔리니가 이끈 정치 운동, 체제, 이념만을 지칭하는 용어였다. 그러나 얼마 후 히틀러의 나치즘 역시 파시즘의 하나로 취급되었고, 점차 그 용어가 가리키는 대상도 다양해져 갔다. 이에 따라 파시즘에 대한 해석 및 정의는 용어의 대상만큼이나 넓은 스펙트럼을 가지게 되었다.

비교적 일찍 나타난 것은 기본적으로 계급투쟁 개념에 바탕을 둔 마르크스주의적 해석인데, 대표적인 것은 '코민테른 테제'이다. 이에 따르면, 파시즘이란 "금융 자본의 가장 반동적이고 국수주의적이며 제국주의적인 분파의 공공연한 테러 독재"이다. 즉, 파시즘이 자본주의의 도구이며, 대자본의 대리인이라고 파악한 것이다. 하지만 모든 마르크스주의자들이 이 해석을 받아들인 것은 아니다. 톨리아티는 파시즘이 소부르주아적 성격의 대중적 기반 위에 있었다고 파악했으며, 나아가 탈하이머와 바이다는 파시즘이 계급으로부터 상대적으로 자유로운 현상이라고 보았다. 그들에 따르면, 자본과 노동이 대립하면서 어느 한쪽이 절대 우위를 갖추지 못하면 제3의 세력이 등장하는데, 파시즘이 그 예라는 것이다. 이러한 마르크스주의적 해석에 대해 오늘날의 연구는 대체로 파시즘과 거대 자본 사이의 조화와 협력보다는 긴장과 갈등 국면을 강조한다. 또한 코민테른 테제는 지나친 단순화의 산물이라는 비판도 제기되었다.

한편 2차 대전 이후에는 냉전의 분위기 속에서 이탈리아의 파시즘, 독일의 나치즘, 소련의 스탈린주의를 뭉뚱그려 전체주의로 범주화하는 경향이 나타났다. 이 경향을 '전체주의 이론'으로 칭할 수 있는데, 이 이론은 전체주의의 특징을 메시아 이데올로기, 유일 정당, 비밀경찰의 테러, 대중 매체의 독점, 무력 장악, 경제의 통제로 꼽았다. 이는 전체주의를 '문제화'하고 그 위험성을 경고했다는 점에서는 의미가 있었으나, 파시즘과 스탈린주의는 전혀 다른 계급적 토대 위에서 서로 다른 목표를 추구하므로 동일한 범주로 묶일 수 없다는 비판이 제기되었다.

이와 같은 연구사적 전통 속에서 1970년대 이후에는 파시즘을 아예 개별적 사례로만 미시적으로 연구하는 경향이 나타났다. 그러다가 1990년대 말, ㉠그리핀이 새로운 시각에서 일반화된 개념을 제시하여 각국의 유사한 사례들에 적용할 수 있게 했다. 그에 따르면, 파시즘은 근대적 대중 정치의 한 부류로서, 특정한 민족 혹은 종족 공동체의 정치 문화와 사회 문화에 대한 혁명적

인 변화를 목적으로 삼는다. 그리고 '신화'를 수단으로 삼아 내적 응집력과 대중의 지지라는 추동력을 얻어낸다. 그 '신화'란 자유주의 몰락 이후의 질서라는 고난 속에서 쇠퇴의 위기에 처한 민족공동체가 새로운 엘리트의 지도 아래 부활한다는 것이다. 파시스트는 이 신화의 틀 내에서 민족공동체의 구성원을 적대적인 세력과 구분하고, 후자에 대해 폭력을 행사하는 것을 의무로 믿었다. 그들에게 폭력은 곧 죽어가는 민족의 '치유'였기 때문이다. 그러나 '치유'만으로는 부족했고, 신화가 실현되기 위해서는 구성원이 오직 역동성과 민족에 대한 헌신으로만 무장한 '파시즘적 인간'으로 거듭 나는 것이 필요했다. 그는 또 신화의 궁극적인 실현, 즉 '민족의 유토피아'를 건설하기 위해 자본주의 경제 질서를 수용하고 과학 문명의 성과를 환영하는 근대적 성격을 보여준 것에 주목하여 파시즘을 일종의 '근대적 혁명'이라고 보았다.

물론 그리핀의 주장에 동의하지 않는 연구자들도 있다. 예를 들어 ㉡팩스턴은 파시즘이 근대적 혁명이라는 주장을 거부하면서, 파시즘을 전통적인 권위주의적 독재의 변종으로 규정한다. 그는 혁명으로 보이는 파시즘이 실은 기성 제도 및 전통적 엘리트 계층과 연합했다는 점을 중시하기 때문이다. 그는 '이중 국가' 개념을 파시즘 체제 분석에 적용시켰다. '이중 국가'는 합법성에 따라 관료적으로 움직이는 '표준 국가'가 당의 '동형 기구'로 만들어진 독단적 '특권 국가'와 갈등을 빚으면서도 협력 속에 공존한다는 개념이다. 이탈리아의 경우, 당 지부장은 임명직 시장에, 당 서기는 지사에, 파시스트 민병대는 군대에 해당했다. 팩스턴에 따르면, 파시즘 정권은 형식적 관료주의와 독단적 폭력이 혼합된 기묘한 형태였다. 세부적 차이가 있다면, 특권 국가가 결국 우위를 점한 나치와 달리 무솔리니는 표준 국가의 영역에 더 큰 권력을 허용하였다는 점이다. 최종적으로 1943년 7월 연합국의 진격으로 파시즘이 국가 이익에 더는 부합하지 않는다고 판단한 표준 국가는 '지도자' 무솔리니를 권좌에서 끌어내렸다.

13 윗글의 내용과 일치하지 <u>않는</u> 것은?

① 마르크스주의자들의 해석 중에는 계급 간 대립을 부인하면서 파시즘을 해석하는 경우도 있다.

② 이탈리아와 독일, 소련의 억압적 체제들을 하나의 범주로 파악한 것은 냉전 상황을 배경으로 하고 있다.

③ 파시즘이라는 용어는 이탈리아에서 특정 시기에 있었던 정치 현상을 가리켰지만, 지시 대상이 점차 확장되었다.

④ 전체주의 이론은 파시즘과 스탈린주의의 서로 다른 기반과 목적을 간과하고 표면적 특정만을 추출했다는 비판을 받았다.

⑤ 파시즘을 국수주의적이며 제국주의적인 성향의 대자본이 폭력을 수단으로 정권을 유지하려 한 정치 체제로 보는 것이 마르크스주의의 대표적 해석이다.

14 ㉠과 ㉡에 대한 설명으로 적절하지 <u>않은</u> 것은?

① ㉠은 파시즘의 최종 목표가 '파시즘적 인간'을 완성해 내는 것이고, 폭력의 사용 및 자본과의 협력은 이를 위한 도구였다고 보았다.

② ㉠은 파시즘이 역사적 상황의 변화로 인해 맞이한 민족적 고난을 지도적 엘리트에 의해 극복한다는 '신화'를 세력의 단결과 체제 유지의 수단으로 삼았다고 보았다.

③ ㉡은 독일 나치즘에서는 독단적 폭력이, 이탈리아 파시즘에서는 형식적 관료주의가 두드러졌다고 보았다.

④ ㉡은 파시즘 치하에서 이중적 권력 기구가 갈등 속에서도 병존하는 현상을 권위주의적 독재에서 파생한 것이라고 파악하였다.

⑤ ㉠은 파시즘에서 나타난 근대적 성격에 주목하여 혁명적 성격을 가졌다고 파악했고, ㉡은 기득권층과의 연합에 주목하여 혁명적 성격을 가지지 않았다고 파악했다.

15 윗글을 바탕으로 <보기>의 (가)~(다)의 입장을 추론한 것으로 가장 적절한 것은?

> **보 기**
>
> (가) 이탈리아 파시즘 치하에서 소유 관계와 계급 구조는 바뀌지 않았다. 그렇기에 파시스트 '혁명'을 굳이 혁명이라고 한다면 아마 문화 혁명 정도가 될 것이다. 동시에 파시즘이 전통문화와 타협하며 대중의 수동적 동의를 확보하려고 한 점을 보면, 그 문화 혁명이라는 것의 한계도 분명했다.
>
> (나) 무솔리니 내각을 통상의 다른 행정부처럼 분석하는 사람도 있다. 그러나 파시즘은 사회 개혁의 실패, 즉 이탈리아 고유의 민족적 모순의 발현이며, 따라서 '민족의 자서전'이다. 투쟁과 경쟁을 통한 진보가 아니라, 나태하게 계급 협력이 가능하다고 믿는 민족은 존중받을 수 없기 때문이다.
>
> (다) 파시즘은 소부르주아의 '정치적 육화'이다. 소부르주아는 의회를 파괴한 후에 부르주아 국가도 파괴하고 있다. 그것은 항상 더 큰 규모로 법의 권위를 사적 폭력으로 대체하고, 이 폭력을 혼란스럽게, 더 난폭하게 행사한다.

① (가)는 '소유 관계'와 '계급 구조'에 주목하는 것으로 보아 탈하이머와 바이다의 주장에 동의하는 입장을 보일 것이다.

② (가)는 '전통문화와 타협'하는 대중의 '수동적 동의'를 강조하는 것으로 보아 그리핀의 주장을 비판하는 입장을 보일 것이다.

③ (나)는 '사회 개혁'을 중시하고 '민족적 모순'을 언급하는 것으로 보아 그리핀의 주장에 동의하는 입장을 보일 것이다.

④ (다)는 '의회'와 '부르주아 국가'를 파괴한다는 점에 주목하는 것으로 보아 팩스턴의 주장에 동조하는 입장을 보일 것이다.

⑤ (다)는 '정치적 육화'라는 말로 '소부르주아'가 파시즘의 수단이라고 강조하는 것으로 보아 톨리아티의 주장을 비판하는 입장을 보일 것이다.

대규모 데이터를 분석하여 데이터 속에 숨어 있는 유용한 패턴을 찾아내기 위해 다양한 기계학습 기법이 활용되고 있다. 기계학습을 위한 입력 자료를 데이터 세트라고 하며, 이를 분석하여 유용하고 가치 있는 정보를 추출할 수 있다. 데이터 세트의 각 행에는 개체에 대한 구체적인 정보가 저장되며, 각 열에는 개체의 특성이 기록된다. 개체의 특성은 범주형과 수치형으로 구분되는데, 예를 들어 '성별'은 범주형이며, '체중'은 수치형이다.

기계학습 기법의 하나인 클러스터링은 데이터의 특성에 따라 유사한 개체들을 묶는 기법이다. 클러스터링은 분할법과 계층법으로 나뉘는데, 이 둘은 모두 거리 개념에 기초하고 있다. 가장 많이 사용되는 거리 개념은 기하학적 거리이며, 두 개체 사이의 거리는 n차원으로 표현된 공간에서 두 개체를 점으로 표시할 때 두 점 사이의 직선거리이다. 거리를 계산할 때 특성들의 단위가 서로 다른 경우가 많은데, 이런 경우 특성 값을 정규화할 필요가 있다. 예를 들어 특정 과목의 학점과 출석 횟수를 기준으로 학생들을 묶을 경우 두 특성의 단위가 다르므로 두 특성 값을 모두 0과 1 사이의 값으로 정규화하여 클러스터링을 수행한다. 또한 범주형 특성에 거리 개념을 적용하려면 이를 수치형 특성으로 변환해야 한다.

분할법은 전체 데이터 개체를 사전에 정한 개수의 클러스터로 구분하는 기법으로, 모든 개체는 생성된 클러스터 가운데 어느 하나에 속한다. 〈그림1〉에서 (b)는 (a)에 제시된 개체들을 분할법을 통해 세 개의 클러스터로 묶은 예이다. 분할법에서는 클러스터에 속한 개체들의 좌표 평균을 계산하여 클러스터 중심점을 구한다. 고전적인 분할법인 K-민즈 클러스터링 (K-means clustering)에서는 거리 개념과 중심점에 기반하여 다음과 같은 과정으로 알고리즘이 진행된다.

1) 사전에 K개로 정한 클러스터 중심점을 임의의 위치에 배치하여 초기화한다.
2) 각 개체에 대해 K개의 중심점과의 거리를 계산한 후 가장 가까운 중심점에 해당 개체를 배정하여 클러스터를 구성한다.
3) 클러스터 별로 그에 속한 개체들의 좌표 평균을 계산하여 클러스터의 중심점을 다시 구한다.
4) 2)와 3)의 과정을 반복해서 수행하여 더 이상 변화가 없는 상태에 도달하면 알고리즘이 종료된다.

분할법에서는 이와 같이 개체와 중심점과의 거리를 계산하여 클러스터에 개체를 배정하므로 두 개체가 인

접해 있더라도 가장 가까운 중심점이 서로 다르면 두 개체는 상이한 클러스터에 배정된다.

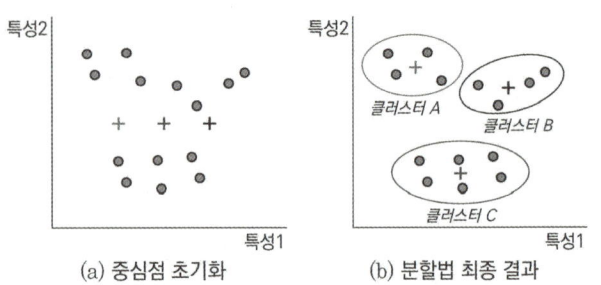

〈그림1〉 분할법의 예

클러스터링이 잘 수행되었는지 확인하려면 클러스터링 결과를 평가하는 품질 지표가 필요하다. K-민즈 클러스터링의 경우 품질 지표는 개체와 그 개체가 해당하는 클러스터의 중심점 간 거리의 평균이다. K-민즈 클러스터링에서 K가 정해졌을 때 개체와 해당 중심점 간 거리의 평균을 최소화하는 '전체 최적해'는 확정적으로 보장되지 않는다. 알고리즘의 첫 번째 단계인 초기화를 어떻게 하느냐에 따라 클러스터링 결과가 달라질 수 있으며, 경우에 따라 좋은 결과를 찾는 데 실패할 수도 있다. 따라서 전체 최적해를 얻을 확률을 높이기 위해, 서로 다른 초기화를 시작으로 클러스터링 알고리즘을 여러 번 수행하여 나온 결과 중에 좋은 해를 찾는 방법이 흔히 사용된다. 그런데 K-민즈 클러스터링 알고리즘의 한 가지 문제는 클러스터의 개수인 K를 미리 정해야 한다는 것이다. K가 커질수록 각 개체와 해당 중심점 간 거리의 평균은 감소한다. 극단적으로 모든 개체를 클러스터로 구분할 경우 개체가 곧 중심점이므로 이들 사이의 거리의 평균값은 0으로 최소화되지만, 클러스터링의 목적에 부합하는 유용한 결과라고 보기 어렵다. 따라서 작은 수의 K로 알고리즘을 시작하여 클러스터링 결과를 구한 다음 K를 점차 증가시키면서 유의미한 품질 향상이 있는지 확인하는 방법이 자주 사용된다.

한편, 계층법은 클러스터 개수를 사전에 정하지 않아도 되는 장점이 있다. 〈그림2〉와 같이 개체들을 거리가 가까운 것들부터 차근차근 집단으로 묶어서 모든 개체가 하나로 묶일 때까지 추상화 수준을 높여가는 상향식으로 알고리즘이 진행되어 계통도를 산출한다. 따라서 계층법은 개체들 간에 위계 관계가 있는 경우에 효과적으로 적용될 수 있다. 계통도에서 점선으로 표시된 수평선을 아래위로 이동해 가면서 클러스터링의 추상화 수준을 변경할 수 있다.

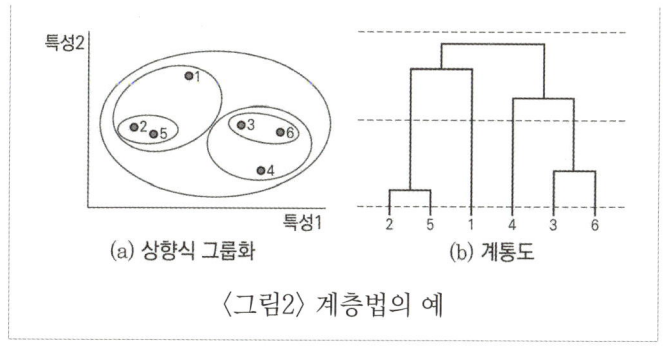

〈그림2〉 계층법의 예

(a) 상향식 그룹화   (b) 계통도

16 윗글의 내용과 일치하는 것은?

① 클러스터링은 개체들을 묶어서 한 개의 클러스터로 생성하는 기법이다.
② 분할법에서는 클러스터링 수행자가 정확한 계산을 통해 초기 중심점을 찾아낸다.
③ 분할법은 하향식 클러스터링 기법이므로 한 개체가 여러 클러스터에 속할 수 있다.
④ 계층법으로 계통도를 산출할 때 클러스터 개수는 미리 정하지 않는다.
⑤ 계층법의 계통도에서 수평선을 아래로 내릴 경우 추상화 수준이 높아진다.

17 K-민즈 클러스터링 에 대해 추론한 것으로 적절하지 않은 것은?

① 특성이 유사한 두 개체가 서로 다른 클러스터에 배치될 수 있다.
② 초기 중심점의 배치 위치에 따라 클러스터링의 품질이 달라질 수 있다.
③ 클러스터 개수를 감소시키면 클러스터링 결과의 품질 지표 값은 증가한다.
④ 초기화를 다르게 하면서 알고리즘을 여러 번 수행하면 전체 최적해가 결정된다.
⑤ K를 정하여 알고리즘을 진행하면 각 클러스터의 중심점은 결국 고정된 점에 도달한다.

18 <보기>의 사례에 클러스터링을 적용할 때 적절하지 않은 것은?

보 기

○○기업에서는 표적 시장을 선정하여 마케팅을 실행하기 위해 전체 시장을 세분화하고자 한다. 시장 세분화를 위해 특성이 유사한 고객을 묶는 기계학습 기법 도입을 검토 중이다. 이 기업에서는 고객의 거주지, 성별 나이, 소득 수준 등 인구 통계학적인 정보와 라이프 스타일에 관한 정보 등을 보유하고 있다.

① 고객 정보에는 수치형이 아닌 것도 있어 특성의 유형 변환이 요구된다.
② 고객 특성은 세분화 과정을 통해 계통도로 표현 가능하므로 계층법이 효과적이다.
③ K-민즈 클러스터링 알고리즘을 실행하려면 세분화할 시장의 개수를 먼저 정해야 한다.
④ 나이와 소득수준과 같이 단위가 다른 특성을 기준으로 시장을 세분화할 경우 정규화가 필요하다.
⑤ 모든 고객을 별도의 세분화된 시장들로 구분하여 1:1 마케팅을 할 경우 K-민즈 클러스터링의 품질 지표 값은 0이다.

오늘날 교과서적 견해에서 '소유와 지배의 분리'라는 개념은 전문 경영인 체제의 확립을 가리키지만 그로 인한 주주와 경영자 사이의 이해 상충을 내포한다. 다시 말해 주식 소유의 분산으로 인해 창업자 가족이나 대주주의 영향력이 약해져 경영자들이 회사 이윤에 대한 유일한 청구권자인 주주의 이익보다 자신들의 이익을 앞세우는 문제의 심각성을 강조하는 개념이다. 그러나 ⊙벌리가 이 개념을 처음 만들었을 때 그 의미는 달랐다. 그는 '회사체제'라는 현대 사회의 재산권적 특정을 포착하고자 이 개념을 고안했다. 그에게 있어서 '소유', '지배', '경영'은 각각 (1) 사업체에 대한 이익을 갖는 기능, (2) 사업체에 대한 권력을 갖는 기능, (3) 사업체에 대한 행위를 하는 기능을 지칭하는 개념이지 각 기능의 담당 주체를 지칭하는 것이 아니다.

벌리에 따르면 산업혁명 이전에는 이 세 기능이 통합된 경우가 일반적이었는데 19세기에 많은 사업체들에서 소유자가 (1)과 (2)를 수행하고 고용된 경영자들이 (3)을 수행하는 방식으로 분리가 일어났다. 20세기 회사체제에서는 많은 사업체들에서 (2)가 (1)에서 분리되었다. 이제 (1)은 사업체의 소유권을 나타내는 증표인 주식을 소유하는 것, 즉 비활동적 재산의 점유가 되었고, (2)는 물적 자산과 사람들로 조직된 살아 움직이는 사업체를 어떻게 사용할지를 결정하는 것, 즉 활동적 재산의 점유가 되었다. 주식 소유가 다수에게 분산된 회사에서 (2)는 창업자나 그 후손, 대주주, 경영자, 혹은 모회사나 지주회사의 지배자 등 이사를 선출할 힘을 가진 다양한 주체에 의해 수행될 수 있다. 사기업에서는 통합되어 있던 위험 부담 기능과 회사 지배 기능이 분리되어 주주와 지배자에게 각각 배치됨으로써 회사라는 생산 도구는 전통적인 사유재산으로서의 의미를 잃게 되었다. 이런 의미에서 벌리는 소유와 지배가 분리된 현대 회사를 준공공회사라고 불렀다.

소유와 지배가 분리된 회사는 누구를 위해 운영되어야 하는가? 벌리는 이 질문에 대해 가능한 세 가지 답을 검토한다. 첫째, 재산권을 불가침의 권리로 간주하는 전통적인 법학의 논리에 입각한다면 회사가 오로지 주주의 이익을 위해서만 운영되어야 한다는 견해가 도출될 수밖에 없다. 그러나 자신의 재산에 대한 지배를 수행하는 소유자가 그 재산으로부터 나오는 이익을 전적으로 수취하는 것이 보호되어야 한다고 해서, 자신의 재산에 대한 지배를 포기한 소유자도 마찬가지로 이익의 유일한 청구권자가 되어야 한다는 결론을 도출하는 것은 잘

못이다.

둘째, 전통적인 경제학의 논리에 입각하면 회사는 지배자를 위해 운영되어야 한다는 견해가 도출될 수밖에 없다. 왜냐하면 경제학은 전통적인 법학과 달리 재산권의 보호 자체를 목적으로 보는 것이 아니라 재산권의 보호를 사회적으로 바람직한 목적을 위한 수단으로 보기 때문이다. 재산권을 보호하는 이유가 재산의 보장 자체가 아니라 부를 얻으려는 노력을 유발하는 사회적 기능 때문이라면, 회사가 유용하게 사용되도록 하기 위해서는 회사를 어떻게 사용할지를 결정하는 지배자의 이익을 위해 회사가 운영되어야 한다. 그러나 위험을 부담하지 않는 지배자를 위해 회사가 운영되는 것은 최악의 결과를 낳는다.

셋째, 이처럼 법학과 경제학의 전통적인 논리를 소유와 지배가 분리된 회사체제에 그대로 적용했을 때 서로 다른 그릇된 결론들이 도출된다는 것은 두 학문의 전통적인 논리들이 전제하고 있는 19세기의 자유방임 질서가 회사체제에 더 이상 타당하지 않음을 보여준다. 자유방임 질서가 기초하고 있던 사회가 회사체제 사회로 변화된 상황에서는, 회사가 '지배자를 위해 운영되어야 한다'는 견해는 최악의 대안이고 '주주를 위해 운영되어야 한다'는 견해는 차악의 현실적인 대안일 뿐이다. 결국 회사체제에서 회사는 공동체의 이익을 위해 운영되어야 한다는 것이 벌리의 결론이다.

하지만 이를 뒷받침할 법적 근거가 마련되지 않거나, 이를 실현할 합리적인 계획들을 공동체가 받아들일 준비가 안 된 상황에서는, 회사법 영역에서 경영자의 신인 의무의 대상, 즉 회사를 자신에게 믿고 맡긴 사람의 이익을 자신의 이익보다 우선해야 하는 의무의 대상을 주주가 아닌 다른 이해 관계자들로 확장해서는 안 된다고 벌리는 주장했다. 이 때문에 그는 회사가 주주를 위해 운영되어야 한다는 견해를 지지했던 것으로 흔히 오해된다. 그러나 회사법에서 주주 이외에 주인을 인정하지 않아야 한다고 그가 주장한 이유는 주인이 여럿이면 경영자들이 누구도 섬기지 않게 되고 회사가 경제적 내전에 빠지게 될 것이며 경제력이 집중된 회사 지배자들의 사회적 권력을 키워주는 결과를 낳을 것이라고 보았기 때문이다. 그는 회사법 영역에서 주주에 대한 신인의무를 경영자뿐 아니라 지배자에게도 부과하여 지배에 의한 회사의 약탈로부터 비활동적 재산권을 보호하는 것이 회사가 공동체의 이익을 위해 운영되도록 하기 위한 출발점이라고 보았다. 그리고 소득세법이나 노동법, 소비자보호법, 환경법 등과 같은 회사법 바깥의 영역에서 공동체에 대한 회사의 의무를 이행하도록 하는 현실

적인 시스템을 마련하고 정착시킴으로써 사회의 이익에 비활동적 재산권이 자리를 양보하도록 만들 수 있다고 보았다.

19 윗글의 내용에 비추어 볼 때 적절하지 <u>않은</u> 것은?

① 소유와 지배의 분리에 대한 오늘날 교과서적 견해는 전통적인 법학 논리에 입각한 견해를 받아들이고 있다.
② 벌리는 회사법에서 회사의 사회적 책임을 강조할 경우 회사 지배자들의 권력을 키워 주는 결과를 낳는다고 보았다.
③ 전통적인 경제학의 논리에 따르면 사회적으로 가장 좋은 결과를 낳을 수 있도록 재산권이 인정되는 것이 바람직하다.
④ 벌리에 따르면 주주가 회사 이윤에 대한 유일한 청구권자가 아니기 때문에 경영자의 신인의무 대상을 주주로 한정해서는 안 된다.
⑤ 벌리와 달리 오늘날 교과서적 견해에 따르면 대주주의 영향력이 강해지는 것이 소유와 지배의 분리에 따른 문제를 해결하는 데 도움이 될 수 있다.

20 지배 에 대한 ㉠의 생각으로 적절하지 <u>않은</u> 것은?

① 준공공회사에서는 공동체의 이익을 위해 수행되는 기능이다.
② 전통적인 의미의 사유재산에서는 소유자가 수행하는 기능이다.
③ 회사체제의 회사에서 이 기능의 담당자는 위험을 부담하지 않는다.
④ 회사체제의 회사에서는 활동적 재산을 점유한 자가 수행하는 기능이다.
⑤ '경영'의 담당자에 의해 수행될 수도 있다고 인정하지만 '경영'과 동일시하지 않는다.

21 <보기>의 '뉴딜'에 대해 ㉠이 보일 반응으로 적절하지 <u>않은</u> 것은?

> 보 기
>
> 금융개혁에 초점을 맞춘 1차 뉴딜은 경영자들과 지배자들에게 주주에 대한 신인의무를 부과함으로써 주주의 재산권을 엄격하게 보호하는 원칙을 확립했다. 노사관계와 사회보장 등의 분야로 개혁을 확장했던 2차 뉴딜은 노동조합을 통한 노동자들의 제반 권리를 합법화했고 실업수당의 보장 수준과 기간을 강화했으며 사회보장제도를 확립했다. 이러한 1차 뉴딜과 2차 뉴딜의 차이점 때문에 뉴딜은 흔히 체계적인 청사진 없이 임기응변식으로 마련된 일관성 없는 정책들의 연속이었다고 평가받는다.

① 1차 뉴딜은 지배에 의해 회사가 약탈되는 것을 막기 위한 회사법 영역의 개혁이라고 볼 수 있다.
② 1차 뉴딜은 주주의 이익을 위해 회사가 운영되도록 하는 원칙을 확립한 개혁이라고 볼 수 있다.
③ 2차 뉴딜은 주주의 재산권이 사회의 이익에 자리를 양보하도록 만드는 개혁이라고 볼 수 있다.
④ 2차 뉴딜은 회사가 공동체의 이익을 위해 운영되도록 하기 위한 회사법 바깥 영역의 개혁이라고 볼 수 있다.
⑤ 1차 뉴딜과 2차 뉴딜은 준공공회사로의 변화를 추구한다는 점에서 일관성이 있다고 볼 수 있다.

미국 헌법은 권력 기관 간 견제와 균형의 원리에 기초한 대통령제를 규정하고 있다. 이는 특정 정치인이나 집단이 권력을 독식하거나 남용하지 못하도록 하여 민주주의를 지키도록 설계된 것이다. 이러한 제도 설계는 미국 역사에서 상당 기간 성공적으로 기능했다. 그러나 헌법이라는 보호 장치는 그 자체로 민주주의 정치 체제를 지키기에 충분치 않다. 여기에는 헌법이나 법률에 명문화되지 않은 민주주의 규범도 중요한 역할을 해왔다.

민주주의 규범이 무너지면 민주주의도 위태로워진다. 민주주의 유지에 핵심적 역할을 하는 규범은 민주주의보다 오랜 전통을 가진 '상호 관용'과 '제도적 자제'이다. 상호 관용은 경쟁자가 권력을 차지할 권리를 나와 동등하게 가진다는 사실을 인정하는 것이다. 반면 상대를 위협적인 적으로 인식할 때는 모든 수단을 동원해 이기려 한다. 제도적 자제는 제도적으로 허용된 권력을 신중하게 행사하는 태도이다. 합법적 권력 행사라도 자제되지 않을 경우 기존 체제를 위태롭게 할 수 있다. 제도적 자제의 반대 개념은 '헌법적 권력의 공격적 활용'이다. 이는 규칙을 벗어나지 않으면서도 그것을 최대한 활용하여 경쟁자를 경쟁의 장 자체에서 제거하려는 태도를 의미한다.

이 두 가지 규범은 상호 연관되어 있다. 상대를 경쟁자로 받아들일 때, 제도적 자제도 기꺼이 실천한다. 제도적 자제의 실천은 관용적인 집단이라는 이미지를 갖게 함으로써 선순환이 이뤄진다. 반면 서로를 적으로 간주할 때 상호 관용의 규범은 무너진다. 이러한 상황에서 정치인은 제도가 부여한 법적 권력을 최대한 활용하려 하며, 이는 상호 관용의 규범을 잠식해 경쟁자가 적이라는 인식을 심화하는 악순환을 가져온다.

민주주의 규범이 붕괴하면 견제와 균형에 기초한 민주주의는 두 가지 상황에서 위기를 맞게 된다. 첫 번째 상황은 야당이 입법부를 장악하면서 행정부 권력과 입법부 권력이 분열되었을 때이다. 이 경우 야당은 대통령을 공격하기 위해 헌법에서 부여한 권력을 최대한 휘두른다. 두 번째는 여당이 입법부를 장악함으로써 권력이 집중되는 상황이다. 여당은 민주주의 규범을 무시하고 대통령의 권력 강화를 위해 노력하며, 야당을 제거하기 위한 대통령의 탄압적 행위를 묵인하기도 한다.

미국 민주주의는 건국 이후 두 번의 큰 위기를 겪는다. ㉠첫 번째 위기는 남북 전쟁으로 초래되었다. 노예제를 찬성한 남부의 백인 농장주들, 그리고 그들과 입장을 같이 한 민주당은 당시 노예제 폐지를 주장한 공화당을 심각한 위협으로 인식했다. 남부는 미국 연방에서 탈퇴했고 결국 내전이 일어났다. 민주주의 규범이 다시 형성되기 시작한 것은 북부의 공화당과 남부의 민주당이 인종 문제를 전후 협상 대상에서 제외하면서부터이다. 전쟁에서 승리한 북부는 연방의 유지 등 정치적 필요에 의해 남부에서 군대를 철수하고 흑인의 인권 보장 노력도 중단한다. 민주당은 남부에서 흑인 인권을 억누르면서 그 지역에서 일당 지배의 기반을 구축한다. 이러한 일련의 사건으로 공화당에 대한 민주당의 적대감은 완화되었고, 그 결과 상호 관용의 규범도 회복된다. 역설적이게도 남북 전쟁 이후의 민주주의 규범은 인종 차별을 묵인한 비민주적인 타협의 산물이었다. 그리고 오랜 기간 백인 중심으로 작동했던 민주주의를 유지하는 데 기여했다.

㉡두 번째 위기는 1960년대 이후 민주주의의 확대와 함께 일어났다. 흑인의 참정권이 제도적으로 보장되었고, 대규모 이민으로 다양한 민족과 인종이 정치 체제로 유입되었다. 공화당과 민주당은 각기 다른 집단의 이익과 가치를 대변하게 되었다. 이후 양당 간 경쟁은 '당파적 양극화'로 치달았다. 보수와 진보 간 정책적 차이뿐만 아니라 인종과 종교, 삶의 방식을 기준으로 첨예하게 나뉘어 정당 간 경쟁이 적대적 갈등으로까지 확대되었다. 이러한 상황에서 인종 차별에 의존한 기존의 민주주의 규범은 한계를 보이면서 붕괴했다. 따라서 미국 민주주의가 건강하게 작동하기 위해서는 새로운 민주주의 규범을 확립할 필요가 있다.

22 윗글의 내용과 일치하는 것은?

① 상호 관용이 강화되면 제도적 자제는 약화되고 상호 관용이 약화되면 제도적 자제는 강화된다.
② 대통령과 입법부의 권력 행사가 합법적인 한, 민주주의 정치 체제 보호에 긍정적으로 작용한다.
③ 민주주의 규범은 민주주의 이념으로부터 탄생한 것으로 민주주의 제도의 확립을 통해 발전된다.
④ 민주주의 규범은 헌법이나 법률로 성문화될 때 민주주의 정치 체제를 보호하는 효과가 극대화된다.
⑤ 견제와 균형의 원리를 통해 민주주의를 보호하고자 한 헌법의 목적을 실현 가능하게 한 것은 민주주의 규범이다.

23 ㉠, ㉡에 대한 설명으로 가장 적절한 것은?

① ㉠을 거치면서 상호 관용과 제도적 자제의 규범이 건국 이후 처음으로 형성되었다.
② ㉠ 이후 형성된 민주주의 규범은 인종 차별적 특성으로 인해 정치 체제를 안정시키는 역할을 하지 못했다.
③ ㉡은 민주주의의 확대로 촉발된 당파적 양극화가 기존의 민주주의 규범을 붕괴시켰다는 데 그 원인이 있다.
④ ㉡은 다양한 집단의 정치 참여를 제도적으로 보장하는 방향으로 민주주의가 확대되면서 점차 완화되었다.
⑤ ㉠에서는 ㉡에서와는 달리 정당별 지지 집단이 뚜렷이 구분되는 현상이 나타났다.

24 윗글을 바탕으로 <보기>에 대해 반응한 것으로 적절하지 않은 것은?

보 기

칠레는 성공적인 대통령제 민주주의 국가였다. 좌파에서 우파에 이르기까지 다양한 정당이 있었지만, 20세기 초 이후 민주주의 규범이 자리 잡고 있었기 때문이다. 그러나 1960년대에 이념적 대립에 따른 ⓐ당파적 양극화가 심화되었다. ⓑ좌파와 우파 정당은 서로를 위협적인 적으로 인식했다. 대통령으로 선출된 좌파 정당의 아옌데는 사회주의 정책 추진을 위해 의회의 협조가 필요했으나 여당은 의회 과반 의석을 확보하지 못한 상태였다. ⓒ그는 의회를 우회하여 국민투표를 실시하고자 했다. 이에 ⓓ좌파 야당은 과반 의석을 바탕으로 불신임 결의안을 잇달아 통과시켜 장관들을 해임했다. 칠레 헌법은 의회가 불신임 결의를 극히 예외적인 상황에서만 사용하도록 규정하고 있었고, ⓔ1970년 이전까지 그것이 사용된 적은 거의 없었다. 결국 1973년 8월 칠레 의회는 아옌데 행정부가 헌법을 위반했다는 결의안을 통과시켰고, 곧이어 군부 쿠데타가 발생함으로써 칠레 민주주의는 붕괴했다.

① ⓐ는 좌·우 이념을 중심으로 심화되었다는 점에서 1960년대 이후 미국에서 심화된 당파적 양극화와 성격이 다르군.
② ⓑ로 인해 1960년대 이후 칠레에서는 상호 관용의 규범이 붕괴되는 과정이 일어났겠군.
③ ⓒ로 볼 때, 아옌데 대통령은 권력을 법의 테두리 내에서 행사함으로써 제도적 자제 규범을 실천하고자 했었군.
④ ⓓ로 볼 때, 민주주의 규범이 붕괴된 상황에서 대통령 소속 정당이 의회 소수당인 경우 야당이 헌법적 권력을 공격적으로 활용할 가능성이 높군.
⑤ ⓔ로 볼 때, 1970년 이전의 칠레 정치인들은 민주주의 규범을 존중함으로써 민주주의 정착에 기여했겠군.

알파고가 인간 바둑 최고수를 꺾은 사건은 자연 세계에서 인간의 특권적 지위를 문제 삼고, 윤리학의 인간 중심적 전통에 도전한다. 우리는 이제 인간과 같은 또는 더 뛰어난 지능을 지닌 인공 지능도 도덕적 고려의 대상으로 인정해야 하느냐는 물음에 직면하는 것이다. 이 물음에 선뜻 동의하지 못하는 사람들은 인간성의 핵심을 지적인 능력이 아니라 기쁨과 슬픔, 공포와 동정심 등의 감정적인 부분에서 찾으려 한다. 예컨대 알파고는 경쟁에서 이겨도 승리를 기뻐하지 못하며, 우리도 알파고를 축하하며 함께 축배를 들 수 없다. 인간의 특정 작업이 인공 지능을 갖춘 로봇에 의해 대체되더라도 인간의 감정을 읽고 인간과 상호작용하는 작업은 대체되지 못하리라는 것이다.

하지만 최근에는 감정을 가진 로봇, 곧 인공 감정을 제작하려는 열망이 뜨겁다. 인간의 돌봄과 치료 과정을 돕는 로봇은 사용자의 세밀한 필요에 더 잘 부응할 것이다. 사람들은 인간과 정서적 교감을 하는 로봇을 점점 가족 구성원처럼 여기게 될지도 모른다. 그러면 로봇은 인간과 같은 감정을 가지고 인간과 상호작용하는 존재가 될 것인가? 로봇을 도덕 공동체에 받아들여야 하는가? 이 물음에 답하려면 인간에게 감정의 핵심적인 역할은 무엇인지 생각해 보아야 한다. 인공 지능의 연구도 그렇지만, 인공 감정의 연구도 인간의 감정을 닮은 기계를 만들려는 시도이면서 동시에 감정 과정에 대한 계산 모형을 통해 인간의 감정을 더 깊이 이해하는 과정이기도 하다.

감정은 인지 과정과는 달리 적은 양의 정보로도 개체의 생존과 항상성 유지를 가능하게 해 주는 역할을 한다. 또 무엇을 추구하고 회피할지 판단하도록 하는 동기의 역할을 한다. 한편 우리는 사회적 상호작용에서 서로의 신체 반응이나 표정을 통해 미묘한 감정을 읽어내고 그에 적절히 반응하며, 그런 정서적 교감을 통해 공동체를 유지한다.

그러나 로봇이 정말로 이러한 감정 경험을 하는지 판단하기는 쉽지 않다. 철학자들은 인공 지능이 인간과 똑같은 인지적 과제를 수행했다고 하더라도 그것은 의미를 이해하지 못하기 때문에 진정한 지능이 아니라고 주장했다. 인공 감정에 대해서도 마찬가지로, 감정을 입력 자극에 대한 적절한 출력을 내놓는 행동들의 패턴이 아니라 내적인 감정 경험으로 이해한다면 인공 감정이 곧 인간의 감정이라고 말할 수 없다. 인간만 보더라도 행동의 동등성은 심성 상태의 동등성을 함축하지 않기 때문에, 동일한 행동을 하는 두 사람이 서로 다른 감정을 느낄 수 있고 그 역도 가능하다. 로봇의 경우에는 행동의 동등성이 곧 심성 상태의 존재성조차도 함축하지 않는다.

로봇이 감정을 가지기 위해서는 감정을 인식하고 표현하는 데 그쳐서는 안 되고 내적인 감정을 생성할 수 있어야 한다. 그러나 거기에는 현실적으로 상당히 어려운 전제 조건이 만족되어야 한다. 첫째, 감정을 가진 개체는 기본적인 충동이나 욕구를 가진다고 전제된다. 목마름, 배고픔, 피로감 등의 본능이나 성취욕, 탐구욕 등이 없다면 감정도 없다. 둘째, 인간과 사회적으로 상호작용하기 위해 인간이 가지는 것과 같은 감정을 가지려면, 로봇은 최소한 고등 동물 이상의 일반 지능을 가지고, 생명체들처럼 복잡하고 예측 불가능한 환경에 적응할 수 있어야 한다. 그런데 복잡한 환경에 적응하여 행위할 수 있는 일반 지능을 가진 인공 지능에 도달하는 길은 아직 멀다. 현재 인공 지능이 제한적인 영역에서 주어진 과제를 얼마나 효율적으로 산출하는지 이외의 문제들은 부차적인 것으로 치부되고 있기 때문이다. 그렇다면 ㉠진정한 감정이 없는 로봇을 도덕 공동체에 받아들일 이유는 없다.

25 윗글에 대한 이해로 적절하지 <u>않은</u> 것은?

① 인공 지능과 인공 감정을 연구하면 인간의 지능과 감정까지 더 잘 알게 된다.

② 인공 지능에서 행동이 하는 역할은 인공 감정에서 내적인 감정 경험이 맡는다.

③ 인공 지능에 회의적인 철학자는 의미의 이해가 지능의 본질적 요소라고 생각한다.

④ 인간성의 핵심이 로봇에게도 있다면 로봇을 도덕적 고려의 대상으로 인정해야 한다.

⑤ 인공 감정은 현실적으로 만들기가 어렵고 만들어도 인간과 같은지 판단하기가 어렵다.

26 윗글을 바탕으로 <보기>의 상황에 대해 추론한 것으로 적절하지 <u>않은</u> 것은?

> ┌─ 보기 ─┐
>
> 로봇 A가 바둑에서 최고수를 꺾고 우승한 뒤 기뻐하는 모습을 보고 인간 B가 함께 기쁨을 표현했다.

① A에게 누군가를 이기려는 본능이 있다면 A의 기쁨이 진정한 감정일 가능성이 있겠군.

② A의 기쁨이 적절한 입력 자극과 출력에 의한 것이라면 A의 기쁨은 진정한 감정이라고 말할 수 있겠군.

③ A가 바둑 이외의 다양한 영역에서도 인간처럼 업무를 잘 수행한다면 A의 기쁨이 진정한 감정일 가능성이 있겠군.

④ A나 B 모두 기쁘지 않으면서도 겉으로는 기뻐하는 행동을 보일 수 있겠군.

⑤ B가 A의 기쁨을 알게 된 것은 A의 신체 반응이나 표정 때문이겠군.

27 ㉠에 대해 문제를 제기한 것으로 가장 적절한 것은?

① 로봇이 감정에 휩싸인다면 복잡하고 예측 불가능한 환경에 잘 적응할 수 없지 않을까?

② 인간처럼 감정을 인식하고 표현하는 인공 감정 연구는 이미 상당한 수준에 올라 있지 않을까?

③ 인공 지능도 인간의 감정을 이해하고 배려한다면 인공 지능이 도덕적 고려를 할 수 있지 않을까?

④ 도덕 공동체에 있으면 내적 감정을 갖겠지만, 내적 감정을 갖는다고 해서 꼭 도덕 공동체에 포함해야 할까?

⑤ 비행기와 새의 비행 방식이 다르듯, 로봇은 인간과 다른 방식으로 감정의 핵심 역할을 수행할 수 있지 않을까?

윤리규범과 법규범은 인간에게 요구되는 행위가 무엇인지를 단순히 기술하는 것이 아니라 그러한 행위로 나아갈 것을 지시하는 규정적 성격을 지닌다는 점에서 유사하다. 하지만 보다 구체적인 측면에서는 양자가 서로 명확하게 구별되는 특정을 지니고 있는 것도 사실이다. 칸트는 이 점을 매우 분명한 형태로 지적하고 있다. 그의 설명에 따르면 법규범은 윤리규범과 달리 행위의 외적인 측면에 대해서만 관여할 뿐, 행위자가 어떤 심정에서 그러한 행위로 나아간 것인지에 대해서는 상관하지 않는다. 법은 결국 모든 사람이 공존하는 가운데 각자의 의지가 자유로이 표출될 수 있게 보장하기 위한 외적인 형식에 관심이 있을 뿐이다.

㉠칸트의 설명 체계에 의하면 법규범에 대하여 다음과 같은 세부 명제가 성립하게 된다. 첫째, 법규범은 사람들에게 무엇을 해야 하고 무엇을 하지 말아야 하는지를 지시해 주는 처방을 담고 있다는 규정성 명제, 둘째, 법규범은 사람들에게 오로지 외적으로 그것에 부합하게끔 행동할 것을 요구할 뿐, 그것을 따르는 것 자체가 행위의 이유가 될 것까지 요구하지는 않는다는 외면성 명제, 셋째, 법규범은 특정한 목적을 공유하는 사람만이 아니라 그 관할 아래 놓여 있는 모든 사람을 구속한다는 무조건성 명제가 바로 그것이다.

하지만 칸트의 설명 체계에서 외면성 명제는 심각한 역설을 유발하는 것으로 보인다는 지적이 있다. 이 점은 법규범이 어떤 종류의 명령으로 표현될 수 있을 것인지를 생각하는 과정에서 드러난다. 우선 법규범은 그것을 따르는 사람들의 실전적 목적이나 필요를 전제로 하지 않으며, 오로지 외적인 자유만을 전제로 한다는 점에서 무조건적이며 단적으로 효력을 지닌다. 따라서 일견 정언 명령만이 법규법을 표현할 수 있을 듯하다.

그런데 정언 명령에 복종하는 유일한 방식은 그것이 명령하고 있다는 이유에서 그것에 따르는 것이다. 명령이기 때문에 하는 행위와 그저 명령에 부합하는 행위는 구별되어야 한다. 가령 형벌의 두려움 때문에 어쩔 수 없이 정언 명령이 요구하는 행위로 나아갔다면, 이를 정언 명령에 복종한 것이라고 말할 수는 없다. 따라서 외면성 명제가 성립하는 한, 법규범이 정언 명령으로 표현된다는 것은 불가능할 것이다. 법규범은 그것을 따르는 내면의 동기까지 요구하지는 않는다는 점에서 윤리규범과 달라야 하기 때문이다.

그렇다면 법규범은 가언 명령으로 발하여질 것인가? 그렇지 않을 것이다. 가언 명령이란 "만일 당신이 강제와 형벌의 위험을 피하고자 한다면, 법이 지시하는 바를 행하라."와 같은 구조를 취하게 될 텐데, 이 경우 사실상 법규범은 강제와 형벌의 위험을 피하고자 하는 사람들에 대해서만 그것이 지시하는 바를 행하게 할 뿐이어서, 앞에서 살펴본 무조건성 명제에 반하게 되기 때문이다.

결국 윤리규범과 법규범에 대해 일견 통용되는 것으로 보이는 규정성 명제와 무조건성 명제 외에 법규범에 특유한 외면성 명제를 도입하는 순간, 법규범은 정언 명령으로도 가언 명령으로도 표현될 수 없게 됨으로써 종국적으로는 법규범에 한하여 규정성 명제를 인정할 수 없게 되는 역설적인 결과를 낳는다. 다시 말해서 법규범이 어떤 행위가 요구되고 어떤 행위가 금지되는지를 단순히 기술하는 수준에 머물지는 않는다 하더라도, 역설적이게도 그에 따라 행하도록 지시·명령·요구할 수는 없게 된다는 것이다.

하지만 윤리규범과 법규범의 차이를 오로지 법칙 수립 형식 내지 의무 강제 방식에서의 자율성과 타율성에서 찾는 칸트의 설명 체계에서 외면성 명제의 도입을 포기하기도 쉽지 않다. 그는 법칙 수립의 개념 자체를 규범과 동기라는 두 요소를 통해 정의하고 있기 때문에, 법규범에 관해서도 모종의 동기 자체는 제시될 수 있어야 한다. 그리고 그가 말하는 법규범에 어울리는 동기란 바로 타율적 강제라는 외적인 동기이다. 따라서 법규범은 윤리규범과 달리 누가 스스로 그것을 지키지 않을 때 그것을 지키도록 다른 사람이 강제할 수 있게 되는 것이다. 이렇듯 외면성이 법규범의 핵심적 징표를 이루고 있는 한, 칸트의 설명 체계에서 이를 무시하기는 어려울 것이며, 결국 외면성 명제의 도입에 따른 법적 명령의 역설도 쉽사리 해소될 수는 없을 것이다.

28 외면성 명제 에 관한 내용으로 적절하지 <u>않은</u> 것은?

① 외면성 명제는 윤리규범과 법규범의 차이를 나타내는 것이다.
② 외면성 명제가 법규범을 기술적 명제로 환원시키는 것은 아니다.
③ 외면성 명제와 규정성 명제를 유지하는 한 무조건성 명제를 유지하기 어렵다.
④ 외면성 명제와 무조건성 명제를 유지하는 한 규정성 명제를 유지하기 어렵다.
⑤ 외면성 명제에 따르면 법칙 수립 과정에서 윤리규범은 의 무강제와 결합하지 않게 된다.

29 ㉠에 대해 추론한 것으로 적절하지 <u>않은</u> 것은?

① 윤리규범과 법규범의 내용은 서로 동일할 수 있을 것이다.
② 규범의 규정적 성격은 명령의 형태로 표현되어야 할 것이다.
③ 정언 명령에 부합하는 행위를 아무 이유 없이 할 수는 없을 것이다.
④ 윤리적 이유가 아닌 다른 이유에서 법규범을 준수할 수 있어야 할 것이다.
⑤ 윤리규범과 법규범은 공동체의 모든 구성원에 대하여 효력을 지닐 것이다.

30 윗글을 바탕으로 <보기>를 설명한 것으로 가장 적절한 것은?

> 보 기
>
> 칸트는 외면성 명제를 현실 세계의 법규범에 관한 실용적 지식이 아니라 법규범의 개념에 내재한 필연성을 밝히는 분석적 진리로서 의도한 것이었지만, 이후의 전체주의 체제에 대한 역사적 경험에 비추어 볼 때, 그것은 정당한 국가 권력이 갖추어야 할 실질적 조건을 의미하는 것으로 드러났다.

① 칸트의 외면성 명제는 법적 명령의 역설을 초래함으로써 국가 권력의 정당성 기반을 약화시켰다.
② 칸트의 외면성 명제는 국가 권력이 사람들의 내면의 자유에 개입하려 해서는 안 된다는 것을 함의한다.
③ 칸트는 법규범의 독자성을 인정하고 이를 국가 권력의 정당성을 확보하기 위한 정치적 지도 원리로 삼고자 했다.
④ 칸트에 의거할 때 사람들이 법에 대한 심정적 지지 없이 단지 법에 부합하는 행위만을 할 때 전체주의 체제가 도래할 위험이 있다.
⑤ 칸트에 의거할 때 국가 권력의 행사는 사람들이 실제로 어떠한 이유에서 법을 준수하거나 위반하는지를 정확히 파악한 토대 위에서 이루어질 필요가 있다.

23학년도 LEET 언어이해

판사에게 진술함이 요구되는가 하는 문제가 논의되고 있다. 현대의 민주국가는 판사가 내리는 판결에 강제력을 부여하지만, 사법권의 행사에 민주적 통제가 미치도록 판결에 이유를 밝힐 것을 요구한다. 이때 판사는 판결의 핵심적인 근거에 관해 허위나 감춤 없이 자신이 믿는 바와 판단 과정을 분명히 드러내야 한다. 이에 대해서는 '반대론'이 있다. 법원은 사회적 갈등과 긴장의 해소를 임무로 하므로 사형이나 낙태 문제와 같이 논란이 큰 사안을 다룰 때는 판사들의 의견이 일치된 것처럼 보이는 편이 바람직하며, 필요하면 내심의 근거와 다른 것을 판결 이유로 들거나 모호하게 핵심을 회피하는 편이 낫다는 견해가 대표적이다. 이런 반대론은 시민들이 진실을 다룰 능력이 부족하다고 전제하고 있어 민주주의 원리에 반하므로 동의하기 어렵다. 다만 판사도 거짓말을 선택해야 할 예외 상황이 존재한다는 주장은 검토해 볼 만하다.

법과 양심에 따라 재판해야 하는 판사에게 양심은 곧 법적 양심을 의미하므로 법과 양심이 충돌할 일은 거의 없다. 하지만 노예제도가 인정되던 시절에 노예제를 허용하지 않는 주(州)로 탈출한 노예에 대해 소유주가 소유권을 주장하는 것처럼 법적 권리와 도덕적 권리가 충돌할 뿐 아니라 법적 결론이 지극히 부정의한 결과를 초래하는 상황에서는 사정이 다르다. 이런 사안에서는 법적 권리를 무효로 할 근거는 찾기 어렵고, 그렇다고 법을 그대로 적용하는 것은 도덕적으로 옳지 않다. 판사는 도덕적 양심에 반해 법률을 적용하거나 도덕적 양심을 우선해 법률을 적용하지 않을 수 있을 것이다. 그러나 전자는 판사의 양심을 부정하고, 후자는 판사의 직업상 의무를 위반한다. 사임하는 것은 누구에게도 도움이 되지 않으므로 도덕적 권리를 지지하는 판사에게 남은 선택은 그 법적 권리를 자신이 믿는 바와 다르게 당사자에게 표명하는 것밖에 없다. 즉, 판사는 법적으로 인정되는 권리임을 부인할 수 없음에도 다른 합법적인 법해석을 만들어내고는 그런 법해석의 결과로 법적 권리가 부정되는 것처럼 판결함으로써 은밀하게 곤경에서 벗어나는 것이다.

하지만 이런 논의가 판사의 진술 의무를 부정하지는 못한다. 오늘날 법과 도덕의 극단적인 괴리 현상은 드물며, 진실을 분별하고 지지하는 민주사회라면 판사가 묘책을 찾아야 하는 상황을 만들어내지 않을 것이다. 하지만 법-도덕의 딜레마와 진술 의무는 노예제와 함께 완전히 사라지지 않았다. 판사가 특정 법률에 도덕적 저항

감을 느끼는 일은 현대에도 계속되고 있다. 여기서 판사의 선택은 정의와 민주주의, 사법의 정당성에 지속적으로 영향을 미친다.

진술함의 중요성은 최근에는 다른 차원에서 제기되고 있다. 먼저 판사의 진술함은 사법의 정당성을 수호하는 중요한 방책이 된다. ㉠어떤 판사는 법이 모호하고 선례도 없어 판단이 매우 어려운 사안에서 창의적인 법해석을 한 경우에도 그런 사정을 감춘다. 이때 판사는 자신이 진정으로 믿는 법해석을 근거로 판결한 것이지만, 패소한 당사자를 설득하기 위해 판사들 사이의 상투적 표현법을 써서 이렇게 말하는 편이 더 좋다고 생각한다. "판사는 법을 만들지 않으며, 법을 발견하고, 법률을 기계적으로 적용할 뿐이다." 더 심각한 것은 판사가 법 외적인 사정에 무관심하고 오직 법의 문언에 충실한 결과인 듯 판결 이유를 제시하지만, 실제로는 어떤 결과를 도출할 것인지 먼저 선택한 다음에 자신이 선호하는 결과를 보장하는 해석론을 개발해 제시하는 경우이다. 이때도 판사는 으레 동일한 표현법을 활용한다.

하지만 이런 방편에는 큰 위험이 도사리고 있다. 판사의 거짓말은 국민을 자율적 판단 능력을 갖춘 시민으로 존중하지 않음을 의미하며, 사법적 판단 과정의 실상이 드러나는 순간 사법의 권위와 정당성은 실추될 것이다. 법원이 이런 위험에서 벗어나는 길은 진술함으로 국민을 대하는 것이다. 이런 인식을 바탕으로 법-도덕 딜레마 상황에서 거짓이 정당화된다는 견해도 재검토되고 있다. 거짓으로 이룰 수 있는 것은 진술함으로도 이룰 수 있다.

01 윗글의 내용과 일치하지 않는 것은?

① 판사의 진술함은 법-도덕 딜레마와 민주주의를 서로 연결 짓는다.

② 판사의 진술 의무를 지지하는 견해는 판사가 판결에 이르는 과정에서 법 외적인 요소들을 고려하는 것을 허용한다.

③ 법-도덕 딜레마 상황에서 거짓말하기를 선택한 판사는 정의를 위해 행동하는 듯하지만, 사실은 법을 위해 법에 더 충실한 선택을 한다.

④ 판사의 진술함이 사법의 정당성을 뒷받침한다는 견해에 의하면 법-도덕 딜레마 사안에서 판사는 더 이상 거짓말하기를 선택해서는 안 된다.

⑤ 판사가 판결 이유를 밝혀야 한다는 것과 판결 이유를 진술하게 작성해야 한다는 것은 별개이지만 모두 민주주의 원리에서 공동의 근거를 찾을 수 있다.

02 ㉠에 대한 설명으로 가장 적절한 것은?

① 판사의 법해석은 법적 판단이 어렵다는 사정 때문에 상당한 재량이 행사된 결과이지만, 판사는 공식적으로는 그렇게 말하지 않을 것이다.

② 판사의 법해석은 기존 판례의 답습이 아니라 새로운 해석을 통한 것이며, 또한 판사도 공식적으로 그렇게 말할 것이다.

③ 판사의 법해석은 합법적인 해석 권한을 벗어난 것이지만, 판사는 공식적으로는 벗어나지 않았다고 말할 것이다.

④ 판사의 법해석은 선례의 도움 없이도 충분히 가능한 법 발견이었으며, 또한 판사도 그렇게 말할 것이다.

⑤ 판사의 법해석은 법률을 기계적으로 적용한 결과이며, 또한 판사도 공식적으로 그렇게 말할 것이다.

03 <보기>의 입장에서 윗글에 대해 추론한 것으로 적절하지 않은 것은?

> **보 기**
>
> 미국의 사법적 판단 과정을 설명하는 대표적인 이론으로 '법형식주의'와 '법현실주의'가 거론된다. 전자에 의하면 판사는 중립적 심판자로서 사안에 법을 그대로 적용할 뿐이다. 여기에는 어떤 정치적 고려의 여지가 없으며, 판사에게는 엄격하게 법을 적용할 의무만 있다. 후자에 의하면 법은 곧 정치이고 판사는 법복 입은 정치인이다. 판사는 재판 중에 법 외적 고려에 따라 자신이 만든 법을 적용한다. 하지만 이런 표현은 판사가 판결에 이르기까지 실제 사법적 판단 과정의 양면을 극단적으로 단순화한 것이며, 실제의 과정을 제대로 설명할 수 없다. 문제는 판사들이 사법의 권위와 정당성을 중립적 재판기구라는 점에서 찾으면서 단순화된 이론이 표방하는 문구를 그대로 사용한다는 점이다. 판사의 진술함이 판사의 권력 남용을 저지하는 필수불가결한 요소라고 보는 '비판론자'는 판사들이 실제 사법적 판단 과정을 사실대로 말한 것이 아니라는 점을 지적하기 위해 그런 문구를 '고상한 거짓말'이라고 비판한다.

① 사법적 판단 과정도 민주적 통제의 대상이 된다고 보는 입장에서는 대중이 사법적 판단 과정의 실제를 정확하게 알아야 한다고 볼 것이다.

② 법현실주의자는 특정한 정치적 성향이 밝혀진 판사가 특정한 사건에서 어떤 판결을 내릴지 예상되는 것을 자연스럽게 여길 것이다.

③ 법형식주의자는 판사의 기본적 역할이자 임무는 도덕의 지배가 아닌 법의 지배를 관철하는 것이라고 보는 견해를 지지할 것이다.

④ 비판론자는 결과를 먼저 선택한 다음 이를 지지하는 법해석을 찾아내는 판사가 사용한 표현 문구에 대해 '고상한 거짓말'이라고 비판할 것이다.

⑤ 비판론자는 타당한 결과를 도출했더라도 이를 감추기 위해 거짓을 선택하는 것을 법의 왜곡과 법 발전의 정체가 초래되지는 않는다는 이유로 수긍할 것이다.

도덕 공동체의 구성원은 도덕적 고려의 대상이 되는 존재로서 도덕 행위자와 도덕 피동자로 구분된다. 도덕 행위자는 도덕 행위의 주체로서 자신의 행위에 따른 결과에 대해 책임질 수 있는 존재이다. 반면에 도덕 피동자는 영유아처럼 이성이나 자의식 등이 없기에 도덕적 행동을 할 수 없는 존재이다. 그럼에도 영유아는 도덕적 고려의 대상이라는 것이 우리의 상식인데, 영유아라고 해도 쾌락이나 고통을 느끼는 감응력이 있기 때문이다. 쾌락이나 고통을 느끼기에 그것을 좇거나 피하려고 한다는 도덕적 이익을 가지고 있으므로 도덕적 고려의 대상이 되어야 한다는 것이다.

싱어와 커루더스를 비롯한 많은 철학자들은 이러한 이유로 감응력을 도덕적 고려의 기준으로 삼는다. 싱어는 영유아뿐만 아니라 동물도 감응력이 있으므로 동물도 도덕 공동체에 포함해야 한다고 주장한다. 반면에 커루더스는 고차원적 의식을 감응력의 기준으로 보아 동물을 도덕 공동체에서 제외하는데, 이 주장을 따르게 되면 영유아도 도덕적 고려의 대상에서 제외되고 만다. 영유아는 언젠가 그런 의식이 나타날 것이므로 잠재적 구성원이라고 주장할 수도 있다. 그러나 문제는 그런 잠재성도 없는 지속적이고 비가역적인 식물인간의 경우이다. 식물인간은 고차원적 의식은 물론이고 감응력도 없다고 생각되는데 그렇다면 도덕적 공동체에서 제외되어야 하는가?

식물인간을 흔히 의식이 없는 상태라고 판단하는 것은 식물인간이 어떤 자극에도 반응하지 못한다는 행동주의적 관찰 때문이다. 이런 관찰은 식물인간이 그 자극에 대한 질적 느낌, 곧 현상적 의식을 가지지 않는다고 결론 내린다. 어떤 사람이 현상적 의식이 없는 경우 그는 감응력이 없을 것이다. 그런데 거꾸로 감응력이 없다고 해서 꼭 현상적 의식을 가지지 못하는 것은 아니다. 즉, 현상적 의식과 감응력의 개념은 일치하지 않는다. 외부 자극에 좋고 싫은 적극적인 의미가 없어도 어떠한 감각 정보가 접수된다는 수동적인 질적 느낌을 가질 수 있기 때문이다. 반면 감응력은 수동적인 측면을 넘어서 그런 정보를 바라거나 피하고 싶다는 능동적인 측면을 포함한다. 이것은 자신이 어떻게 취급받는지에 신경 쓸 수 있다는 뜻이므로, 감응력을 도덕적 고려의 기준으로 삼는 철학자들은 여기에 도덕적 고려를 해야 한다고 생각하는 것이다. 행동주의적 기준으로 포착되지 않는 심적 상태는 도덕적 고려의 대상으로 여기지 않는 것이다.

그렇다면 감응력이 없고 현상적 의식만 있는 식물인간은 도덕적 고려의 대상이 아닐까? 도덕적 고려는 어떤 존재가 가지고 있는 도덕적 속성으로 결정되는 것이 아니라, 도덕적 행위자가 그 존재와 맺는 구체적 관계에 의해 결정된다는 주장도 있다. 다양한 존재들은 일상에서 상호작용하는데, 도덕 공동체의 가입 여부는 그러한 관계에 따라 정해진다는 것이다. 그러나 이런 관계론적 접근은 우리와 더 밀접한 관계를 갖는 인종이나 성별을 우선해서 대우하는 차별주의를 옹호할 수 있다. 그리고 똑같은 식물인간이 구체적 관계의 여부에 따라 도덕 공동체에 속하기도 하고 속하지 않기도 하는 문제도 생긴다. 결국 식물인간을 도덕적으로 고려하려면 식물인간에게서 도덕적으로 의미 있는 속성을 찾아야 한다.

감응력이 전혀 없이 오직 현상적 의식의 수동적 측면만을 가진 사람, 즉 '감응력 마비자'를 상상해 보자. 그는 현상적 의식을 가지고 있기는 하지만 못에 발을 찔렸을 때 괴로워하거나 비명을 지르지는 않는다. 그러나 안전한 상황에서 걸을 때와는 달리 발에 무언가가 발생했다는 정보는 접수할 것이다. 이런 상태는 얼핏 도덕적 고려의 대상이 되기에 무언가 부족해 보인다. 하지만 감응력 마비자는 사실상 감응력이 있는 인간의 일상생활의 모습을 보여 준다. 예컨대 컴퓨터 자판을 오래 사용한 사람은 어느 자판에 어느 글자가 있는지를 보지 않고도 문서를 작성할 수 있다. 이 사람은 특별한 능동적인 주의력이 필요한 의식적 상태는 아니지만, 외부의 자극에 대한 정보가 최소한 접수되는 정도의 수동적인 의식적 상태에 있다고 해야 할 것이다. 정도가 미약하다는 이유만으로는 그 상태를 도덕적으로 고려할 수 없다는 주장은 설득력이 부족하다. ㉠이와 마찬가지로 식물인간이 고통은 느끼지 못하지만 여전히 주관적 의식 상태를 가질 수 있다면, 이는 도덕 공동체에 받아들일 수 있는 여지가 있다는 것을 보여 준다.

04 윗글에 대한 이해로 적절하지 <u>않은</u> 것은?

① 도덕적 행위를 할 수 없는 존재도 도덕 공동체에 들어올 수 있다.
② 도덕 피동자는 능동적인 주의력은 없지만 수동적인 의식적 상태는 있다.
③ 관계론적 접근에서는 동물이 도덕적 고려의 대상이 아닐 수도 있다.
④ 식물인간이 고통을 느끼지 못한다고 판단하는 것은 자극에 반응이 없기 때문이다.
⑤ 식물인간은 도덕 공동체의 구성원이 되어도 스스로 책임질 수 있는 존재는 아니다.

05 현상적 의식 과 감응력 에 대해 추론한 것으로 가장 적절한 것은?

① '감응력 마비자'는 현상적 의식을 가지고 있지 못하다.
② 감응력은 정보 접수적 측면은 없지만 능동적 측면은 있다.
③ 현상적 의식과 달리 감응력은 행동주의적 기준으로 포착되지 않는다.
④ 커루더스는 현상적 의식이 있지만 감응력이 없는 존재를 고차원적 의식이 없다고 생각한다.
⑤ 싱어는 감응력 없이 현상적 의식의 상태에 있는 대상에게 위해를 가하는 것을 비윤리적이라고 주장할 것이다.

06 ㉠에 대한 비판으로 가장 적절한 것은?

① 감응력이 있는 현상적 의식을 가진 존재만을 도덕적으로 고려하면 고통과 쾌락을 덜 느끼는 사람을 차별하게 되지 않을까?
② 도덕 피동자가 책임질 수 있는 도덕적 행동을 할 수 없더라도 도덕 행위자는 도덕 피동자에게 도덕적 의무를 져야 하는 것 아닐까?
③ 외부의 자극에 대한 수동적인 의식적 상태는 자신이 어떻게 취급받는지에 신경 쓰지 않는다는 뜻인데 여기에 도덕적 고려를 할 필요가 있을까?
④ 식물인간의 도덕적 고려 여부는 식물인간이 누구와 어떤 관계를 맺느냐가 아니라 어떤 도덕적 속성을 가지고 있느냐를 보고 판단해야 하지 않을까?
⑤ 일상에서 특별한 능동적인 주의력이 필요한 의식 상태라고 하는 것도 알고 보면 외부 자극에 대한 정보가 최소한 접수되는 정도의 의식적 상태가 아닐까?

세포는 현미경으로 관찰하면 작은 물방울처럼 보이지만 세포 내부는 기름 성분으로 이루어진 칸막이에 의해 여러 구획으로 나누어져 있다. 서랍 속의 칸막이가 없으면 물건이 뒤섞여 원하는 것을 찾기 힘들어지듯이 세포 안의 구획이 없으면 세포 안의 구성물, 특히 단백질이 마구 섞이게 되어 세포의 기능에 이상이 생길 수 있다. 그러므로 각각의 단백질은 저마다의 기능에 따라 세포 내 소기관들, 세포질, 세포 외부나 세포막 중 필요한 장소로 수송되어야 한다.

세포 외부로 분비된 단백질은 호르몬처럼 다른 세포에 신호를 전달하는 역할을 하고, 세포막에 고정되어 위치하는 단백질은 외부의 신호를 안테나처럼 받아들이는 수용체 역할을 하거나 물질을 세포 내부로 받아들이는 통로 역할을 수행한다. 반면 세포 내 소기관으로 수송되는 단백질이나 세포질에 존재하는 단백질은 각각 세포 내 소기관 또는 세포질에서 수행되는 생화학 반응을 빠르게 진행하도록 하는 촉매 역할을 주로 수행한다.

단백질은 mRNA의 정보에 의해 리보솜에서 합성된다. 리보솜은 세포 내부를 채우고 있는 세포질에 독립적으로 존재하다가 mRNA와 결합하여 단백질 합성이 개시되면 세포질에 머물면서 계속 단백질 합성을 진행하거나 세포 내부의 소기관인 소포체로 이동하여 소포체 위에 부착하여 단백질 합성을 계속한다. 리보솜이 이렇게 서로 다른 세포 내 두 장소에서 단백질 합성을 수행하는 이유는 합성이 끝난 단백질을 그 기능에 따라 서로 다른 곳으로 보내야 하기 때문이다. 세포질에서 독립적으로 존재하는 리보솜에서 완성된 단백질은 주로 세포질, 세포핵·미토콘드리아와 같은 세포 내 소기관으로 이동하여 기능을 수행한다. 반면 소포체 위의 리보솜에서 합성이 끝난 단백질은 세포 밖으로 분비되든지, 세포막에 위치하든지, 또는 세포 내 소기관들인 소포체나 골지체나 리소솜으로 이동하기도 한다. 소포체·골지체·리소솜은 모두 물리적으로 연결되어 있으므로 소포체 위의 리보솜에서 만들어진 단백질의 이동이 용이하다. 또한 세포막에 고정되어 위치하거나 세포막을 뚫고 분비되는 단백질은 소포체와 골지체를 거쳐 소낭에 싸여 세포막 쪽으로 이동한다.

소포체 위의 리보솜에서 완성된 단백질은 소포체와 근접한 거리에 있는 또 다른 세포 내 소기관인 골지체로 이동하여 골지체에서 추가로 변형된 후 최종 목적지로 향하기도 한다. 이 단백질 합성 후 추가 변형 과정은 아미노산이 연결되어서 만들어진 단백질에 탄수화물이나 지질 분자를 붙이는 과정으로서 아미노산만으로는 이루기 힘든 단백질의 독특한 기능을 부여해준다. 일부 소포체에서 기능하는 효소는 소포체 위의 리보솜에서 단백질 합성을 완료한 후 골지체로 이동하여 변형된 다음 소포체로 되돌아온 단백질이다.

과연 단백질은 어떻게 자기가 있어야 할 세포 내 위치를 찾아갈 수 있을까? 그것을 설명하는 것이 '신호서열 이론'이다. 어떤 단백질은 자기가 배송되어야 할 세포 내 위치를 나타내는 짧은 아미노산 서열로 이루어진 신호서열을 가지고 있다. 예를 들어 KDEL 신호서열은 소포체 위의 리보솜에서 합성된 후 골지체를 거쳐 추가 변형 과정을 거친 다음 소포체로 되돌아오는 단백질이 가지고 있는 신호서열이다. 또한 NLS는 세포질에 독립적으로 존재하는 리보솜에서 합성되어 세포핵으로 들어가는 단백질이 가지고 있는 신호서열이고 NES는 반대로 세포핵 안에 존재하다가 세포질로 나오는 단백질이 가지고 있는 신호서열이다. 그리고 세포질에 독립적으로 존재하는 리보솜에서 만들어진 단백질을 미토콘드리아로 수송하기 위한 신호서열인 MTS도 있다.

이러한 신호서열 이론을 증명하는 여러 실험이 수행되었다. ㉠KDEL 신호서열을 인위적으로 붙여준 단백질은 원래 있어야 할 곳 대신 소포체에 위치하는 것으로 관찰되어 KDEL이 소포체로의 단백질 수송을 결정하는 신호서열이라는 결론이 내려졌다. ㉡소포체에 부착한 리보솜에서 만들어진 어떤 단백질이 특정한 신호서열이 있어서 세포 밖으로 분비되는 것인지, 아니면 그 단백질이 신호서열을 전혀 가지고 있지 않아서 세포 밖으로 분비되는 것인지 확인하는 실험도 수행되었는데 세포의 종류에 따라 각기 다르다는 결론이 내려졌다. ㉢세포 내 특정 장소로 가기 위한 신호서열을 가지고 있지 않은 단백질이 어떻게 특정 장소로 이동하는지를 확인하는 실험을 한 결과 특정 장소로 수송하기 위한 신호서열을 가지고 있는 단백질과의 결합을 통해 신호서열이 지정하는 특정 장소로 이동할 수 있다는 결론을 얻었다.

윗글의 내용과 일치하지 않는 것은?

① 세포막에서 수용체 역할을 하는 단백질은 소포체 위의 리보솜에서 합성된 것이다.
② 세포질 안에서 사용되는 단백질은 세포질에 독립적으로 존재하는 리보솜에서 합성된 것이다.
③ 골지체에서 변형된 후 소포체로 돌아온 단백질은 소포체 위의 리보솜에서 합성된 것이다.
④ 세포핵으로 수송되는 단백질은 세포 밖으로 분비되는 단백질과 다른 곳에 위치한 리보솜에서 합성된 것이다.
⑤ 미토콘드리아로 수송되는 단백질과 세포막에 위치하는 단백질은 같은 곳에 위치한 리보솜에서 합성된 것이다.

08 **윗글을 바탕으로 추론한 것으로 적절하지 않은 것은?**

① KDEL 신호 서열을 가지고 있는 단백질은 NLS가 없을 것이다.
② KDEL 신호서열을 가지고 있는 소포체로 최종 수송된 단백질은 골지체에서 변형을 거쳤을 것이다.
③ NLS가 없는 세포핵 안에 존재하는 단백질은 NLS가 있는 다른 단백질과 결합하여 세포핵 안으로 수송되었을 것이다.
④ NLS가 있으나 NES가 없는 단백질은 합성 후 세포핵에 위치한 다음 NES가 있는 단백질과 결합하면 다시 세포핵 밖으로 나갈 수 있을 것이다.
⑤ NLS와 NES를 모두 가졌으나 세포 외부에서 발견되는 단백질은 세포질에 독립적으로 존재하는 리보솜에서 합성된 단백질과 결합하여 세포 외부로 이동하였을 것이다.

09 **㉠~㉢에 대한 평가로 적절한 것만을 <보기>에서 있는 대로 고른 것은?**

보 기

a. KDEL 신호서열이 있는 어떤 단백질의 KDEL 신호서열을 인위적으로 제거하면 소포체로 이동하지 않는다는 실험 결과는 ㉠의 결론을 강화한다.
b. NLS를 가진 어떤 단백질의 NLS를 인위적으로 제거하면 세포 밖으로 분비된다는 실험 결과는 ㉡의 결론을 강화한다.
c. MTS가 없는 어떤 단백질이 MTS가 있는 단백질과 결합하여 미토콘드리아에서 발견된다는 실험 결과는 ㉢의 결론을 강화한다.

① a   ② b   ③ a, c
④ b, c   ⑤ a, b, c

농업 중심의 사회를 벗어나면서 급속한 산업화와 도시화에 따른 갈등이 나타나고 있던 19세기 말 미국에서는 터너가 이끌었던 혁신주의 역사학 이 대두했다. 혁신주의 역사학의 특징은 역사의 핵심을 갈등이라고 본 점에 있다. 예컨대, 야만과 문명이 공존하는 프런티어야말로 미국 발전의 근원이라고 주장한 터너는 산업이 발달한 북부와 농업이 지배적인 남부 사이의 갈등을 강조했다. 혁신주의 역사가 베커는 미국혁명이 과세를 둘러싼 아메리카 식민지와 모국 간의 투쟁임과 동시에 상층 상인과 지주를 비롯한 보수적이고 봉건적인 식민지 유력자와 하층 수공업자 및 노동자 사이에서 벌어진 권력 다툼이었다는 사실을 밝혀냄으로써 이중혁명론을 제시했다. 혁신주의 역사학은 헌법을 금융업자, 상인 등으로 구성된 동산소유집단과 채무에 시달리던 소농 출신의 부동산 소유집단 사이의 싸움에서 전자가 승리하면서 만들어진 비민주적 문서로 파악하였다. 혁신주의 역사학은 1940년대까지 미국 역사학의 주류를 이루었다.

제2차 세계대전 이후에 나치 독일의 인권 탄압과 공산주의의 팽창에 놀란 보수적 미국인들은 혁신주의 역사학이 비판했던 미국적 가치, 즉 사유재산의 신성시, 개인주의, 경제적 자유주의에 대해 재평가하기 시작했다. 게다가 냉전질서에서 미국의 정체성을 보존하기 위해서는 국민적 단결이 필요했다. 이러한 배경에서 합의사학 이 등장했는데, 그것의 특징은 미국사를 합의와 연속성의 시각에서 이해했다는 점이다. 혁신주의 역사가는 보수적인 유산자들과 하층민 간의 극적인 투쟁으로 미국혁명을 파악했으나, 합의사학을 대변하는 호프스태터는 미국적 가치를 공동이념으로 삼은 미국인들은 사회적 동질성을 유지하면서 갈등을 극소화했다고 주장했다. 이처럼 미국사는 기본적으로 혁명으로 인한 단절이나 중단 없이 연속성을 보여주었다는 데 합의사학은 주목하였다. 그러므로 미국혁명은 상당히 제한적인 것이라고 평가되었다. 하츠가 미국에는 봉건적 과거가 없다는 토크빌의 지적에 공감하면서 주장하듯이, 구세계의 봉건적 압제로부터 도피한 사람들은 자유롭게 태어난 사람들이기에 자유로운 세계를 만들기 위해 굳이 혁명을 일으킬 필요는 없었기 때문이다. 비어드와 같은 혁신주의 역사가가 헌법의 제정을 계급적인 갈등으로 파악했다면, 합의사학은 헌법 제정이 중산층의 합의를 통해 이루어졌다는 데 보다 많은 주의를 기울였다. 합의사학은 제헌의회에 참가한 대표들의 경제적 이해관계보다는 그들의 합의를 강조한 셈이다. 부어스틴은 미국인의 관대함과 타협의 정신을 프런티어에서 찾기도 했다. 개혁 사상에 대해 비판적인 태도를 유지하면서 미국의 자유주의적 전통과 국민적 합의를 강조한 합의사학은 50~60년대 미국 사학계를 주도했다.

1960년대 중반 이후 미국은 베트남전쟁과 민권운동으로 대변되는 이념적 격동기를 맞이했다. 이 같은 현실은 합의사학이 제시했던 미국의 밝은 과거상과 현재상에 대해 회의심을 갖게 했다. 합의사학과는 달리, 하지만 혁신주의 역사학과 마찬가지로 갈등과 빈곤에 주목한 경향이 등장했는데, 이를 신좌파 역사학 이라고 한다. 이러한 움직임을 선도한 역사가로는 외교사가 윌리엄스를 꼽을 수 있다. 합의사학은 정책 결정자들이 19세기 말엽 이후에는 제국주의적 팽창정책으로부터 거리를 두었다고 보면서 1898년 식민지를 둘러싼 미국-스페인 전쟁을 "거대한 일탈"이라고 규정했다. 윌리엄스는 이런 해석을 비판하며 정치인들이 국내의 분열을 호도하기 위해 혹은 자본의 이익을 위해 문호개방이라는 이름으로 해외 팽창정책을 주도했다고 주장했다. 하워드 진과 같은 신좌파 역사가는 혁신주의 역사학에 동조하면서 역사학을 이데올로기적 요구에도 부응해야 하는 학문으로 보았다. 하지만 혁신주의 역사학과 달리 신좌파 역사학은 역사를 물질적인 조건이나 계급 갈등으로 환원시키지는 않았다. 미국혁명과 헌법에 대한 연구에서 다수의 신좌파 역사가들은 유산계급과 무산계급 사이의 갈등 이외에도 민중의 역사와 권력관계에 주목했다. 흑인들의 민권운동과 소수민족인 아메리카 원주민, 여성, 빈민들의 운동을 배경으로 태동했던 신좌파 역사학은 이러한 피지배집단이 혁명전쟁과 헌법 제정 과정에서 행한 능동적인 행위를 복원하는 데 주의를 기울였다.

10 윗글의 내용과 일치하지 <u>않는</u> 것은?

① 19세기 후반 미국은 농업 중심의 사회에서 산업화 사회로의 이행이 진행되고 있었다.
② 19세기 말 국외로 세력을 확장하려는 미국의 정책은 스페인과 무력 충돌을 일으켰다.
③ 제2차 세계대전 직후에 보수 성향의 미국인들은 미국의 전통적 가치를 부활시키고자 했다.
④ 베트남전쟁은 미국인들이 경제적 자유주의에 대한 보편적 합의를 이루는 역사적 계기가 되었다.
⑤ 1960년대 이후 미국에서는 다양한 소수집단과 관련된 연구가 대두하였다.

11 윗글을 바탕으로 추론한 것으로 가장 적절한 것은?

① 터너는 부어스틴과 마찬가지로 프런티어가 미국 역사 발전에서 긍정적인 역할을 하였다고 볼 것이다.
② 베커는 하츠와 달리, 혁신주의적 개혁을 위한 국민적 합의가 미국사의 원동력이라고 볼 것이다.
③ 호프스태터는 유력 세력이 혁명에서 승리함으로써 갈등이 극소화되었다고 볼 것이다.
④ 윌리엄스는 19세기 말 미국의 국제적 영향력 행사를 예외적 현상으로 파악할 것이다.
⑤ 하워드 진은 윌리엄스와 마찬가지로 역사적 분석범위를 넓히면서 역사학의 정치화를 경계했을 것이다.

12 윗글을 바탕으로 <보기>를 평가한 것으로 적절하지 <u>않은</u> 것은?

보 기

영국이 시행한 인지세법 등에 맞서 1774년 식민지 대표들이 필라델피아에 모여 제1차 대륙회의를 개최하면서 영국에 대한 조직적인 저항이 시작되었다. 당시 식민지 뉴욕의 정치는 상층 상인과 지주들과 같은 유력자들이 장악하고 있었는데, 독립전쟁은 하층 수공업자와 노동자 출신의 급진주의자들이 정치의 장으로 들어가도록 문을 열어 주었다. 독립전쟁은 1781년 뉴욕 요크타운 전투에서 영국군이 패배하면서 막을 내리게 되었다. 전쟁 이후 미국은 1787년 필라델피아에 모여 헌법의 제정을 논의하기에 이르렀다. 당시 가장 중요한 전제는, 강력하지만 동시에 주정부의 권리를 침해하지 않는 연방정부를 수립하는 것이었다. 필라델피아 제헌의회에는 해밀턴, 매디슨 등 소위 연방주의자와 제퍼슨 등의 반연방주의자 간의 대립이 있었고, 현상적으로는 연방주의자들의 승리로 볼 만했다.

① 혁신주의 역사학자라면, 필라델피아 제헌의회는 새로운 헌법에 의해 경제적 이익을 받을 수 있는 집단이 지배하고 있었다는 사실을 덧붙이려 하겠군.
② 합의사학자라면, 제1차 대륙회의와 요크타운 전투에 대해 봉건적 체제를 타파하는 시민혁명에서 미국의 가치와 동질성이 실현되는 과정이었다고 파악하겠군.
③ 합의사학자라면, 제퍼슨, 매디슨, 해밀턴 사이의 차이를 과장하지 않고, 헌법 제정에 대하여 연방주의자들의 승리라기보다는 정치적 합의를 도출한 사건으로 보겠군.
④ 신좌파 역사학자라면, 독립전쟁 당시 하층민들의 급진주의적 정치에서 여성이 차지한 역할을 새롭게 규명할 필요성을 제기하겠군.
⑤ 혁신주의 역사학자나 신좌파 역사학자라면, 독립혁명에서 식민지 뉴욕의 상층 부르주아지와 하층 수공업자들의 대립을 주요하게 취급하는 데 대하여 반대하지 않겠군.

나이의 정치적 효과를 분석하는 데 있어 가장 중요한 쟁점은 생애주기 효과(A), 기간 효과(P), 코호트 효과(C)를 구분하는 것이다. APC 효과의 관점에서 보면, 개인이 특정 시점에 갖는 정치 성향은 그가 속한 코호트, 조사 시점의 정치 사회 환경, 그리고 나이가 들며 변화해 가는 생애주기 효과에 의해 종합적으로 구성된다.

우선 생애주기 효과는 "나이가 들수록 보수화된다."는 가설에 기반한다. 생애주기 효과가 말하는 보수화에는 비단 정치적 보수화뿐만 아니라 인지적 경직성과 권위주의적 성향의 증가도 포함된다. 트루엣은 약 30,000명의 버지니아 주민들을 대상으로 생애 주기별 보수주의 점수를 측정하면서 50세 이후에는 보수화 성향이 지속되는 것을 확인하였다. 그에 따르면 성별, 거주지별, 교육 수준별로 약간의 차이는 있지만 20~30대에는 낮은 보수주의 점수가 안정적으로 이어지는 반면, 30~40대를 거치면서 이 점수가 급격히 높아지며, 50세 이후부터 생애주기의 끝까지 높은 보수주의 점수가 유지된다.

다음으로 기간 효과는 특정 조사 시점의 영향을 받아 나타나는 차이를 의미한다. 즉, 특정 시점에 발생한 역사적 사건이나 급격한 사회변동이 전 연령 집단의 사고방식이나 인식에 포괄적, 보편적 영향을 미치는 효과이다. 특정 시기의 사회화 과정이나 일부 세대에서 나타나는 효과가 아니라, 1987년 민주화나 1997년 IMF 구제금융 사례처럼 전 세대가 공유하는 경험에 따른 태도 변화를 지칭한다.

그리고 코호트 효과는 정치사회화가 주로 이루어지는 청년기에 유권자들이 특정한 역사적 경험을 공유하면서 유사한 정치적 성향을 형성하고 그 독특성이 해당 연령 집단을 중심으로 이후에도 유지되는 현상을 의미한다. 이렇게 형성된 정치 세대, 즉 코호트란 유사한 정치적 태도를 보이고 이념 성향을 공유하는 연령 집단을 의미한다. 정치사회화 과정에서 형성된 정치적 세대 의식은 나이가 들면서 완고성이 증가하여 큰 변화 없이 지속되게 된다. 이는 중장년보다 성년 초기 시점이 사회 변화나 역사적 사건들로부터 영향을 받기 더 쉽다는 사실을 전제로 한다. 예컨대, 영국에서 2차 세계대전 이후 노동당 지지 성향이 강한 진보적 코호트가 등장하였다면 1980년대에는 대처 총리 집권기의 영향을 받아 보수적 코호트가 형성되었다는 연구들이 존재한다. 한편 국내 선행 연구에 따르면, 한국전쟁 직후 등장한 소위 전후세대는 여타 코호트 집단에 비해 권위주의적 성향과 보수적 정치 성향이 더 강하다고 알려져 있으며, 한국 민주

화 운동의 대명사라 할 수 있는 86세대나 탈권위를 유행시켰던 X세대의 경우 나이가 들어서도 보수화되는 경향이 상대적으로 완만한 것으로 나타났다.

이 세 효과는 개념적으로는 쉽게 구분되지만, 경험적으로는 이들을 구별하기 어렵다. 세 개념 자체가 밀접하게 연관되어 있고, 독립적으로 개별 효과를 측정할 지표 역시 충분히 갖고 있지 않기 때문이다. 이러한 근본적 제약 속에서 나이 관련 변수들이 만들어내는 합성 효과를 구별하는 것이 지금까지 사회과학적 세대 연구의 핵심 과제였고 이를 해결하기 위한 다양한 연구 방법들이 고안되었다. APC의 합성 효과를 구분해 개별 효과를 비교하기 위해서는 동일 코호트의 시간 흐름에 따른 태도 차이를 측정하는 종단면 디자인, 동일 시점에서 정치 세대 간의 태도 차이를 측정하는 횡단면 디자인, 다른 시점의 동일 연령대 집단의 태도 차이를 측정하는 시차 연구 디자인의 조합이 필요하다.

일반적으로 연령 집단은 조사 당시 나이, 기간 효과는 조사 연도, 코호트는 출생 연도와 같은 변수들로 측정된다. 그러나 연구의 난관은 우리가 혼재된 나이 효과를 구별하는 데 있어 식별 문제에 직면하게 된다는 것이다. 즉, 셋 중 두 정보로부터 다른 항의 값이 자동 도출되므로, 3개의 미지수(효괏값)와 3개의 정보(변수)가 있는 듯 보이지만, 실제로는 정보 하나가 부족한 셈이 된다. 위의 연구 디자인을 적용하여 APC 효과를 통제된 하나의 개별 효과와 나머지 두 개가 이루는 합성 효과로 나누어 파악할 수는 있지만, 3개의 개별 효괏값으로 명확하게 구분해 내기 어렵다. 이러한 한계가 나이와 정치 성향의 관계에 대한 경험적 연구를 오랜 기간 가로막아 왔다. 기술적으로 완전한 극복 방안은 없으며, 불완전하나마 여러 가지 수단을 통해 이 관계를 엿볼 수 있었을 뿐이다. 대부분 추정 모형에 일정한 제약을 가해서 문제를 피해 갔다. 부가정보를 이용해 세 효과 중 하나를 제외하거나, 아니면 한 효과가 고정되도록 설정하여 개입을 통제하는 방식으로 이 문제에서 벗어날 수 있다. 그 밖에도 세 변수 중 하나를 다른 대리변수로 대체하는 방법도 있다. 하지만 이러한 방법 모두 임기응변일 뿐이고, 매우 특수한 조건에서만 활용 가능해 주의가 필요하다.

13 윗글의 내용과 일치하지 <u>않는</u> 것은?

① 조사 시기와 조사 당시 연령을 알면 코호트 집단을 특정할 수 있다.

② 트루엣의 연구에 따르면 생애주기 효과는 개인의 사회경제적 배경과는 무관하다.

③ 식별 문제의 해결을 위한 방편으로 추정 모형에 제약 조건을 적용하기도 한다.

④ 문제 해결을 위해 세 변수 중 하나를 다른 대리변수로 대체하는 방법을 사용하기도 한다.

⑤ 나이와 정치 성향과의 관계 연구에서 APC의 개별 효과를 각각 구분해 내는 방법은 아직 없다.

14 윗글을 바탕으로 추론한 것으로 적절한 것만을 <보기>에서 있는 대로 고른 것은?

┌─ 보 기 ─────────────────────────────┐

ㄱ. 한국 유권자들을 대상으로 2022년 7월 24일에 정치의식 조사를 실시한다면, X세대의 권위주의 성향 점수가 한국 전후 세대보다 평균적으로 낮게 나올 것이다.

ㄴ. 1980년대에 50대였던 영국 전후 세대와 비교해 2010년대에 같은 50대가 된 대처 세대가 평균적으로 더 진보적 정치 성향을 드러내는 조사 결과가 존재한다면, 기간 효과가 주요하게 작용했다고 판단해 볼 수 있다.

ㄷ. 영국의 대처 세대가 30대 때였던 1990년도 조사에서보다 50대가 되어선 2010년 조사에서 이념적으로 덜 보수적이라는 결과가 나왔다면, 2010년 조사 당시 영국의 다른 정치 코호트들 또한 진보적 분위기의 시대적 영향을 받았을 수 있다.

└──────────────────────────────────┘

① ㄱ   ② ㄷ   ③ ㄱ, ㄴ

④ ㄴ, ㄷ   ⑤ ㄱ, ㄴ, ㄷ

15 윗글을 바탕으로 <보기>의 내용을 이해한 것으로 가장 적절한 것은?

┌─ 보 기 ─────────────────────────────┐

아래 그립은 나이의 정치적 효과를 측정하기 위한 연구 디자인을 도식화한 것이다. 조사는 t1, t2의 시점에 이루어졌다. A(t1)와 B(t1)는 각각 t1 기준 청년 코호트와 중년 코호트를 나타내며, 시간이 경과한 t2에는 각각 중년기와 노년기에 이르게 된다.

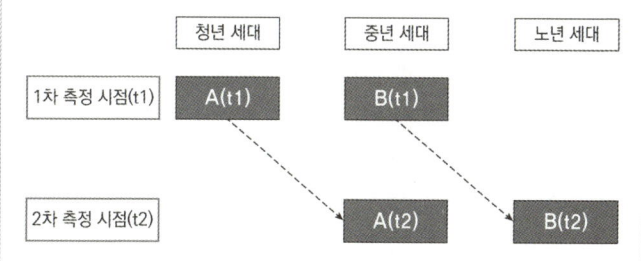

└──────────────────────────────────┘

① A(t1)와 A(t2)의 차이는 코호트를 고정한 채 도출해 낸, 기간 효과와 코호트 효과의 합성 효과이다.

② A(t1)와 B(t1)의 차이는 동일 시간대의 다른 코호트 간 차이를 측정하는 종단면적 연구 디자인을 적용하여 알 수 있다.

③ A(t2)와 B(t2)의 차이는 조사 시점을 고정하여 얻은 코호트 간 차이로서 생애주기 효과의 개입이 통제되고 있다.

④ B(t1)와 A(t2)의 차이는 다른 시점의 동일 연령대 집단의 태도 차이를 비교하는 시차 연구 디자인을 적용하여 알 수 있지만, 기간 효과와 코호트 효과를 구분하기 어렵다.

⑤ B(t1)와 B(t2)의 차이는 동일 연령대 집단의 태도 차이를 측정하는 시차 연구 디자인을 적용하여 알 수 있다.

(가)

1960년대 근대화 담론은 해방과 분단으로 공고화된 민족주의를 경제성장의 동력으로 동원한다. 민족주의에 기반한 근대화를 비판하는 것이 용인되지 않았던 분위기에서, 김자림의 희곡 「이민선」(1964)은 이민과 여성을 매개로 시대의 단층을 드러낸다.

당시 브라질 영농 이민은 경제성장뿐 아니라 인구 억제를 위해 산업화 과정에서 도태된 국민들을 겨냥하고 있었다. 「이민선」의 중심 서사를 이루는 창수네 일가를 살펴보자. 창수에게 브라질은 사탕무를 심어 부를 일구는 미래다. 해방을 맞아 귀국하던 감격을 잊지 못하는 창수댁은 이민으로 고향을 떠나야 하는 회한에서 쉽게 벗어나지 못한다. 아들 만세는 농업에는 관심이 없고 이민을 통해 예술로 "세계 속에 한국을 이해시키는 정신적 지주"가 되기를 바란다. 딸 소라는 성인임에도 원숭이 인형을 들고 다니며 유년기의 감상에서 벗어나지 못한 인물로, 이민을 '속일 줄도 속을 줄도 모르는 그대로의' 존재인 인형의 고향에 가는 여정으로 생각한다. 창수의 처남 덕보는 제대 후 실업자로 있다가 속이고 미워하는 아수라장 같은 이 땅에 지쳐 이민을 결심한다. 이민단의 다른 가족도 사정이 있다. 득찬은 실업 상태를 견디다 못해 아내와 자식, 아버지와 동생까지 데리고 왔다. 월남민 피양댁은 이민을 위해 깡패 물개와 복덕방 영감을 끌어들여 가족을 급조하고 돈으로 좌지우지한다. 피양댁의 친딸 보비도 이민단에 동참하나 조국에서 추방되는 듯하여 소극적이다.

세 일가가 부산에 도착해 이민을 축하하는 파티까지 열었지만, 창수네 일가는 빚보증 때문에, 피양댁 일가는 물개에 얽힌 투서 때문에 이민선을 타지 못하고 보름 가량을 보낸다. 그동안 보비는 만세의 포부에 감동하고 그의 연인이자 이민의 지지자가 된다. 창수는 피양댁의 요구대로 헐값에 땅을 팔려 하나 무산되었다. 이민선이 출항하기 전날, 창수는 다른 해결의 실마리를 찾았고, 소라는 그녀를 백치로 여기던 물개에게 겁탈당한 뒤 바다에 투신한다. 이에 이민을 포기하려 했던 만세는 이상을 포기하지 말라는 보비의 독려로 의지를 회복하지만, 창수댁은 이민선 탑승 직전 소라의 버려진 인형을 발견하고 착란을 일으켜 지금을 해방 후 귀국하던 날로 안다. 애국가의 주악 소리를 배경으로 창수 일가는 착란 상태의 창수댁을 부축하여 승선한다.

「이민선」은 근대화를 이민으로 은유하면서도 여성에 대한 억압과 배제의 모습을 출항하는 이민선의 얼룩처럼 남겨둔다. 개인들의 합의를 유보한 채 미래의 환상을 내세워 이민을 이끌어가는 남성들의 강박이 암시되는 것이다. 여성인물들은 전쟁을 거치며 요구되었던 가정과 국가에 헌신하는 '좋은' 여성의 상과, 비난의 대상이던 성적 만족과 이익을 좇다 파멸하는 '나쁜' 여성의 상 사이의 다양한 빛깔로 남아 있다. 그럼에도 작품에서 여성인물들은 자기 안에 잠재된 사회·역사적 비판의 가능성을 충분히 펼치지는 못했다. 창수댁의 정신 착란이나 소라의 인형 등이 얼룩처럼 남지만 이민선은 가족을 태우고 출항한다. 바로 여기에서 여성인물을 통해 당대를 문제시하면서도, 한편으로 그에 대한 회의를 접어두고 근대화 논리에 수긍하는 여성 극작가의 모순된 정체성을 읽을 수 있다.

(나)

[부산에 도착한 첫날 밤 세 가족은 파티를 연다.]

창수댁: (한쪽이 터진 트렁크를 들고) 여보, 이것 좀 보세요. 뚜껑을 덮으니까 또 터지겠죠. (돌아보지 않는 창수를 보고) 아니 여보, 당신은 남의 것을 보듯 거들떠보지도 않는구려. (창수, 외면하고 서 있다.)

창수: 인젠 제에발 그 구질구질한 짐짝을 끌구 다니지 말자구 했잖소. [······] 바다 깊이 때 묻은 과거를 수장해 버리란 말요. 새로운 옷을 입으려거든 낡은 것을 미련 없이 벗어버려야 하는 거야.

창수댁: (트렁크를 뺏으며) 안 돼요. 하나두 버릴 수 없어요. 이것들은 지난 세월을 말해 주는 웃음과 울음과 한숨이 섞여 부서진 감정의 파편들이에요.

창수: (끌어 올리며) 지지리 못난 여편네야. (점점 흥분된 어조로) 우리는 내일 새벽 떠나는 거야. 우리의 이민선 쨍카호를 타고 신천지를 향해 저 푸른 바다를 뚫구 나가는 거야. 예수가 죽음에서 부활하듯이 우리도 다시 사는 거야. (돌아보며) 그러니 그 구질구질한 과거는 저 바다에 처 넣으란 말이야. (광적인 몸부림으로) 자 여러분 술, (컵을 들고) 이 번쩍이는 소망에 행운이 있으라.

모두: (술잔을 쳐들고) 브라보!

창수댁: 만세야, 이 노끈으로 같이 얽어매 보자. 손을 빌어라.

득찬: 자 누구든지 나와 춤을 춰요, 소리두 하구.

영찬: 내 소리 한 마디 하겠어요.

모두: 여 - (좋아라 박수를 친다.)

영찬, 장타령*을 하며 신나게 엉덩이춤을 춘다. 모두들 손뼉으로 박지를 맞춘다.

창수:여보게들, 우리 이다음엔 상파울루 제일가는 호텔에서 만나세. 거기서 우린 샴페인을 펑펑 터뜨리구 갓 구운 칠면조 고기를 뜯으면서 우리들의 성공담을 신나게 지껄여 보세나, 하하…….

일동, 왁자지껄 웃어 댄다.

덕보:(불쑥 튀어나오더니 목멘 소리로) 그, 그만들 하슈, 그만. (괴로운 듯 머리를 움켜쥐며) 제에발 부탁이오. [……] 그렇지 않아도 우린 거, 거지 떼……. (영찬, 천천히 일어선다.)
모두:뭐?
덕보:(고개를 쳐들며) 유쾌한 거지 떼지 뭡니까?

　　　　　　　　　　　　　　-김자림, 「이민선」-

* 장타령:동냥하는 사람이 돌아다니며 구걸을 할 때 부르는 노래

16 윗글의 내용에 대한 이해로 적절하지 <u>않은</u> 것은?

① 만세는 이민선에 오를 때까지 적극적인 이민 의지로 일관한 반면, 보비는 이민에 소극적인 태도를 지녔다가 변화한다.
② 창수는 브라질에 대한 환상을 바탕으로 이민의 현실을 낙관하는 반면, 덕보는 이민의 현실을 비판적으로 본다.
③ 덕보는 사회의 비정함을 비관하며 이민에 접근하는 반면, 소라는 순수함을 동경하며 이민에 접근한다.
④ 창수는 경제적인 성공이 이민의 목표인 반면, 만세는 예술을 통한 국위 선양이 이민의 목표이다.
⑤ 피양댁은 이민을 위해 가족을 새로 구성하는 반면, 득찬은 기존의 가족 관계를 유지한다.

17 여성인물을 형상화하는 극작가의 관점을 추론한 것으로 적절하지 <u>않은</u> 것은?

① 경제적 이해타산을 중시했던 피양댁을 통해 남성중심적 근대화가 요구하는 '좋은' 여성상을 형상화한다.
② 물개에게 폭력을 당한 소라를 통해 남성중심적 근대화에서 희생되는 전후 여성의 현실을 형상화한다.
③ 이민을 함께 하지 못하게 된 소라를 통해 성장 지향의 근대화에서 낙오된 전후 여성의 일면을 형상화한다.
④ 민족적 열정을 지닌 남성 주체와 관계를 맺고 있는 보비를 통해 근대화의 논리에 젖어드는 전후 여성의 양상을 형상화한다.
⑤ 정신 착란에 빠진 채 이민선에 타게 되는 창수댁을 통해 근대화 과정에 강제로 참여할 수밖에 없었던 전후 여성의 모습을 형상화한다.

18 (가)를 바탕으로 (나)를 감상할 때 가장 적절한 것은?

① '한쪽이 터진 트렁크'는 과거의 경험에 대한 등장인물들의 유사한 태도를 보여주는군.
② '바다'는 등장인물이 육체적 죽음을 극복하고 정신의 재생을 꿈꾸는 공간이군.
③ '이민선'은 격정적인 기억 속의 '신천지'로 등장인물을 인도하는 상징이군.
④ '노끈'은 등장인물의 파편화된 기억을 원래대로 복원하려는 의지를 보여주는군.
⑤ '장타령'은 낙관적인 기대에 부푼 등장인물들이 현재의 처지를 환기하도록 하는 계기이군.

제도의 선택에 대한 설명에는, 합리적인 주체인 사회 구성원들이 사회 전체적으로 가장 이익이 되는 제도를 채택한다고 보는 효율성 시각과 이데올로기 · 경로의존성 · 정치적 과정 등으로 인해 효율적 제도의 선택이 일반적이지 않다고 보는 시각이 있다. 효율성 시각은 어떤 제도가 채택되고 지속될 때는 그만한 이유가 있을 것이라는 직관적 호소력을 갖지만, 전통적으로는 특정한 제도가 한 사회에 가장 이익이 되는 이유를 제시하는 설명에 그치고 체계적인 모델을 제시하지는 못했다고 할 수 있다. 이런 난점들을 극복하려는 제도가능곡선 모델은, 해결하려는 문제에 따라 동일한 사회에서 다른 제도가 채택되거나 또는 동일한 문제를 해결하기 위해 사회에 따라 다른 제도가 선택되는 이유를 효율성 시각에서도 설명할 수 있게 해준다.

바람직한 제도에 대한 전통적인 생각은 시장과 정부 가운데 어느 것을 선택해야 할 것인가를 중심으로 이루어졌다. 그러나 제도가능곡선 모델은 자유방임에 따른 무질서의 비용과 국가 개입에 따른 독재의 비용을 통제하는 데에는 기본적으로 상충관계가 존재한다는 점에 착안한다. 힘세고 교활한 이웃이 개인의 안전과 재산권을 침해할 가능성을 줄이려면 국가 개입에 의한 개인의 자유 침해 가능성이 증가하는 것이 일반적이라는 것이다. 이런 상충관계에 주목하여 이 모델은 무질서로 인한 사회적 비용(무질서 비용)과 독재로 인한 사회적 비용(독재 비용)을 합한 총비용을 최소화하는 제도를 효율적 제도라고 본다.

가로축과 세로축이 각각 독재 비용과 무질서 비용을 나타내는 평면에서 특정한 하나의 문제를 해결하기 위한 여러 제도들을 국가 개입 정도 순으로 배열한 곡선을 생각해 보자. 이 곡선의 한 점은 어떤 제도를 국가 개입의 증가 없이 도달할 수 있는 최소한의 무질서 비용으로 나타낸 것이다. 이 곡선은 한 사회의 제도적 가능성, 즉 국가 개입을 점진적으로 증가시키는 제도의 변화를 통해 얼마나 많은 무질서를 감소시킬 수 있는지를 나타내므로 ㉠제도가능곡선이라 부를 수 있다. 이때 무질서 비용과 독재 비용을 합한 총비용의 일정한 수준을 나타내는 기울기 -1의 직선과 제도가능곡선의 접점에 해당하는 제도가 선택되는 것이 효율적 제도의 선택이다. 이 모델은 기본적으로 이 곡선이 원점 방향으로 볼록한 모양이라고 가정한다.

제도가능곡선 위의 점들 가운데 대표적인 제도들을 공적인 통제의 정도에 따라 순서대로 나열하자면 1) 각자의 이익을 추구하는 경제주체들의 동기, 즉 시장의 규율에 맡기는 사적 질서, 2) 피해자가 가해자에게 소(訴)를 제기하여 일반적인 민법 원칙에 따라 법원에서 문제를 해결하는 민사소송, 3) 경제주체들이 해서는 안 될 것과 해야 할 것, 위반 시 처벌을 구체적으로 명기한 규제법을 규제당국이 집행하는 정부 규제, 4) 민간 경제주체의 특정 행위를 금지하고 국가가 그 행위를 담당하는 국유화 등을 들 수 있다. 이 네 가지는 대표적인 제도들이고 현실적으로는 이들이 혼합된 제도도 가능하다.

무질서와 독재로 인한 사회적 총비용의 수준은 곡선의 모양보다 위치에 의해 더 크게 영향을 받는데, 그 위치를 결정하는 것은 구성원들 사이에 갈등을 해결하고 협력을 달성할 수 있는 한 사회의 능력, 즉 시민적 자본이다. 따라서 불평등이 강화되거나 갈등 해결 능력이 약화되는 역사적 변화를 경험하면 이 곡선이 원점에서 멀어지는 방향으로 이동한다. 이러한 능력이 일종의 제약조건이라면, 어떤 제도가 효율적일 것인지는 제도가능곡선의 모양에 의해 결정된다. 그런데 동일한 문제를 해결하기 위한 제도가능곡선이라 하더라도 그 모양은 국가나 산업마다 다르기 때문에 같은 문제를 해결하기 위한 제도가 국가와 산업에 따라 다를 수 있다. 예컨대 국가 개입이 동일한 정도로 증가했을 때, 개입의 효과가 큰 정부를 가진 국가(A)는 그렇지 않은 국가(B)에 비해 무질서 비용이 더 많이 감소한다. 그러므로 전자가 후자에 비해 곡선의 모양이 더 가파르고 곡선상의 더 오른쪽에서 접점이 형성된다.

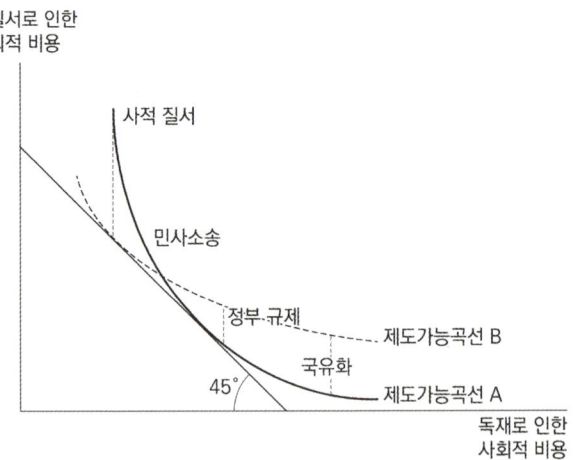

제도가능곡선 모델의 제안자들은 효율적 제도가 선택되지 않는 경우도 많다는 것을 인정한다. 그러나 자생적인 제도 변화의 이해를 위해서는 효율성의 개념을 재정립한 제도가능곡선 모델을 통해 효율성 시각에서 제도의 선택에 대해 체계적인 설명을 제시하는 것이 중요하다고 본다.

19 윗글의 내용과 일치하는 것은?

① 제도가능곡선 모델은 시장과 정부를 이분법적으로 파악하는 전통에서 탈피하여 제도의 선택을 이해한다.
② 제도가능곡선 모델에 따르면 어떤 제도가 효율적인지는 문제의 특성이 아니라 사회의 특성에 의해 결정된다.
③ 제도가능곡선 모델 제안자들은 항상 효율적 제도가 선택된다고 보아 효율적 제도의 선택에 대한 설명에 집중한다.
④ 제도가능곡선 모델은 특정한 제도가 선택되는 이유를 설명하지만, 제도가 채택되는 일반적인 체계에 대한 설명을 제시하지는 않는다.
⑤ 제도가능곡선 모델은 효율성 시각에 속하지만, 사회 전체적으로 가장 이익이 되는 제도가 선택된다고 설명하지는 않는다는 점에서 효율성 개념을 재정립한다.

20 ㉠에 대한 선명을 바탕으로 추론한 것으로 적절하지 <u>않은</u> 것은?

① 민사소송과 정부 규제가 혼합된 제도가 효율적 제도라면, 민사소송이나 정부 규제는 이 제도보다 무질서 비용과 독재 비용을 합한 값이 더 클 수밖에 없다.
② 시민적 자본이 풍부한 사회에서 비효율적인 제도보다 시민적 자본의 수준이 낮은 사회에서 효율적인 제도가 무질서와 독재로 인한 사회적 총비용이 더 클 수 있다.
③ 정부에 대한 언론의 감시 및 비판 기능이 잘 작동하여 개인의 자유에 대한 침해 가능성이 낮은 사회는 그렇지 않은 사회보다 곡선상의 더 왼쪽에 위치한 제도가 효율적이다.
④ 교도소 운영을 국가가 아니라 민간이 맡았을 때 재소자의 권리가 유린되거나 처우가 불공평해질 위험이 너무 커진다면 곡선이 가팔라서 접점이 곡선의 오른쪽에서 형성되기 쉽다.
⑤ 경제주체들이 교활하게 사적 이익을 추구함으로써 평판이 나빠져 장기적인 이익이 줄어들 것을 염려해 스스로 바람직한 행위를 선택할 가능성이 큰 산업의 경우에는 접점이 곡선의 왼쪽에서 형성되기 쉽다.

21 제도가능곡선 모델을 바탕으로 <보기>에 대해 반응한 것으로 적절하지 <u>않은</u> 것은?

보 기

19세기 후반에 미국에서는 새롭게 발달한 철도회사와 대기업들이 고객과 노동자들에게 피해를 주고 경쟁자들의 진입을 막으며 소송이 일어나면 값비싼 변호사를 고용하거나 판사를 매수하는 일이 다반사로 일어났다. 이에 대한 대응으로 19세기 말~20세기 초에 진행된 진보주의 운동으로 인해 규제국가가 탄생하였다. 소송 당사자들 사이에 불평등이 심하지 않았던 때에는 민사소송이 담당했던 독과점, 철도 요금 책정, 작업장 안전, 식품 및 의약품의 안전성 등과 같은 많은 문제들에 대한 사회적 통제를, 연방정부와 주정부의 규제당국들이 담당하게 된 것이다.

① 철도회사와 대기업이 발달하면서 제도가능곡선이 원점에 더 가까워지는 방향으로 이동했군.
② 철도회사와 대기업이 발달하기 전에는 많은 문제의 해결을 민사소송에 의존하는 것이 효율적이었군.
③ 규제국가의 탄생으로 인해 무질서 비용과 독재 비용을 합한 사회적 총비용이 19세기 후반보다 줄었군.
④ 규제국가는 많은 문제에서 제도가능곡선의 모양과 위치가 변화한 것에 대응하여 효율적 제도를 선택한 결과였군.
⑤ 철도회사와 대기업이 발달한 이후에 소송 당사자들 사이의 불평등과 사법부의 부패가 심해짐에 따라 제도가능곡선의 모양이 더욱 가팔라졌군.

헤겔에게서 '낭만'은 일차적으로는 예술의 형식과 역사 및 장르를 유형학적으로 단계화하는 미학적 맥락에서 등장하지만, 그 실질적 내용 면에서는 ㉠그의 정신철학 전체의 핵심을 적확하게 드러내는 개념이라 할 수 있다. 이 개념은 그 명칭이 주는 익숙함으로 인해 종종 오해를 불러일으킨다. 따라서 정확한 이해를 위해서는 이 개념을 '낭만적인 것'이라는 범주로 좀 더 엄밀하게 규정하고, 이것이 특히 예술적 내지 사상적 노선으로 공인된 '낭만주의'와 어떤 관계를 지니는지를 밝혀야 한다. 주목할 것은, '낭만적인 것'이 일차적으로 그 단어적 인접성에서 보이듯이 낭만주의를 하나의 하위범주로 포괄하지만, 궁극적으로는 낭만주의와 대립 관계를 보이기까지 한다는 점이다.

이성주의의 가장 강한 형태의 판본을 구축하려는 헤겔의 관점에서 볼 때 무한한 상상력과 감수성이 핵심인 낭만주의는 응당 극복되어야 할 전형적인 지적 미성숙의 상태이다. 그런데 흥미롭게도 그는 인간 지성이 정점에 이른 단계에 대해서도, 즉 엄밀한 개념에 의거하여 최고도의 사유를 수행하는 사변적 이성 및 그러한 이성의 활동장인 철학까지도 종종 '낭만적'이라고 부를 뿐 아니라, 사변적 이성과 철학을 가장 완전한 의미에서 '낭만적인 것'이라고 평가한다. '낭만적인 것'의 정점은 낭만주의의 대척인 이성적 사변인 반면, 낭만주의는 그 명칭이 무색하게 오히려 '낭만적인 것'의 저급한 미완 단계로 평가되는 것이다.

이러한 착종된 용어법을 이해하기 위해서는 그가 몇몇 지점에서 '낭만적인 것'을 '기독교적인 것'과 같은 의미로 사용하고 있다는 점에 유의해야 한다. '낭만적인 것'과 낭만주의의 관계에서와 유사하게, '기독교적인 것'은 비록 언어적으로 종교적 색채를 풍기기는 하지만, 제도화된 신앙 및 교리 체계로서의 기독교를 넘어서는 정신철학적 범주이다. 그에 따르면 정신의 가장 저급한 단계는 객체에 대한 주체의 의존성이 가장 지배적인 감각적 지각의 단계이며, 가장 고급한 단계는 그러한 대상 의존성을 완전히 극복한 정신적 주체의 순수하고 내면적인 재귀적 작동인 '반성', 즉 이성적 사유이다. 이는 절대자, 곧 '신'이 어떤 인격체가 아니라 세계의 근본적 존재 구조 내지 원리로서의 '이성'이라고 보는 그의 절대적 관념론에 의거한다. 절대자 그 자체가 완전한 이성적 구조, 즉 개념의 엄밀하고도 완전한 자기 운동 체계이므로, 그것에 호응하는 인간 지성의 형식 역시 개념적 사유 능력인 이성이어야 한다는 것이다. 여기서 '기독교

적인 것'이란, 어떤 물리적 대상을 매개로 절대자와 만나려는 원시적 지성성을 극복하여 순수한 내면적 정신성을 성취하는 지성의 단계를 통칭한다. 따라서 가장 완전한 의미에서 '기독교적인 것'은 순수한 개념적 반성을 통해 진리를 인식하는 철학에서 달성된다. 반면 기독교는 자연적 대상의 숭배 또는 매개를 넘어섰다는 점에서 '기독교적인 것'이기는 하지만, 개념적 반성을 필요조건으로 하는 지성의 완전한 순수 내면성에는 미치지 못하기에, '기독교적인 것'의 불완전한 단계로 평가된다. 이상을 근거로 할 때 '기독교적인 것'은 '내면적 지성성'으로 바꾸어 부를 때 그 본질적 의미가 제대로 드러난다. 내면적 지성성에는 여러 단계가 있고 그 완전한 단계는 개념적 사유를 통한 철학인 한에서, '기독교적인 것'은 '기독교'와 단순 등치될 수 없는 것이다.

'기독교적인 것'을 이렇게 이해할 때 '낭만적인 것'과 낭만주의의 관계가 밝혀진다. 감성과 상상력의 무제한적 발산, 즉 '가슴속의 모든 것을 표출할 수 있는 자유'를 지향하는 낭만주의가 주어진 경험 세계를 넘어서는 지적 주체의 내면적 작동을 중심 원리로 하는 것은 분명하기에 낭만주의는 의심할 바 없이 '낭만적인 것'의 하나이다. 그러나 낭만주의가 달성하는 정신의 내면성은 개념적 반성성에 의거한 철학적 사유의 내면성에는 아직 이르지 못한 열등한 것이며, 이에 낭만주의는 '낭만적인 것'의 완전한 전형이 될 수 없다. 진정으로 '낭만적인 것'은 철학적 사유에서 비로소 성취된다.

22 헤겔의 관점을 이해한 것으로 가장 적절한 것은?

① '낭만주의'와 '기독교'는 서로 바꾸어 쓸 수 있는 동의어이다.
② '기독교'는 정신적 작동 방식의 측면에서 '낭만적인 것'에 속한다.
③ '낭만주의'와 '기독교'는 모두 완전한 형태의 내면적 지성성을 획득한다.
④ 최고도의 '기독교적인 것'은 예술사조로서의 '낭만주의'를 통해 성취된다.
⑤ '낭만적인 것'과 '기독교적인 것'은 모든 단계에서 순수한 개념적 반성을 통해 수행된다.

23 ㉠에 대해 추론한 것으로 가장 적절한 것은?

① 정신의 재귀적 작동은 신앙과 예술의 영역에서 최고도로 이루어진다고 생각할 것이다.
② 참된 인식의 수행 방식은 인식의 궁극적 대상의 존재 구조에 대응해야 한다고 생각할 것이다.
③ 개념의 연쇄를 통한 논리적 추론보다는 구체적 현실에 대한 체험을 인식의 출처로 평가할 것이다.
④ 절대적 진리에 대한 최고의 인식은 인격화된 절대자의 존재를 증명하는 데서 이루어진다고 여길 것이다.
⑤ 구체적 경험보다는 정신 내면의 자유로운 상상력의 작동에서 최고의 지적 탁월성이 달성된다고 여길 것이다.

23 윗글을 바탕으로 <보기>를 해석한 것으로 가장 적절한 것은?

보 기

헤겔은 회화를 '낭만적' 예술 장르로 분류한다. 이는 일반적 장르 구분 관행과 큰 차이를 보이는 것으로서, 통상 건축·조각과 함께 조형예술 영역에 편성되던 회화를 음악·시문학과 동일한 장르군으로 위치 이동시킨 것이다. 그는 특히 17세기의 네덜란드 장르화를 높이 평가한다. 장르화에는 위대한 정신성, 즉 자연의 위협을 극복하고 외세의 침공을 격퇴하고 종교와 사상의 자유를 위해 투쟁하는 등의 역사적 과정을 통해 형성되고 강화된 네덜란드인들 고유의 자기 확신과 자유 지향성이 평범한 일상의 사실적 묘사 속에 깊이 스며듦으로써 '인간적인 것 그 자체'가 형상화되고 있다고 보기 때문이다. 이에 따라 양식적으로 사실주의 미술의 하나로 분류되는 네덜란드 장르화가 그에게서는 '낭만적인 것'으로 기술된다.

① 어떤 예술 장르를 '낭만적'이라고 부르는 것은 예술이 철학적 사변의 한계를 넘어섬으로써 '낭만적인 것'을 더욱 높이 추동시킨다는 생각에서 비롯된다.
② 네덜란드 장르화에서 '인간적인 것 그 자체'가 형상화된다는 진술은 인간의 본질을 세속의 미시적 현실에서 찾아야 한다는 인식의 전환을 사상적 모태로 한다.
③ 양식상 사실주의로 분류되는 장르화를 '낭만적인 것'으로 부르는 것은 일상의 사실적 묘사 속에 기독교의 교리가 확고부동한 삶의 규범으로 함축되어 있다는 판단에서 비롯된다.
④ 회화를 '낭만적' 장르로 분류하는 방식은 회화적 표현이 근본적으로 주체의 정신적 내면성에 의거한다는 점에서 건축·조각보다는 음악·시문학과 더 동질적이라는 생각을 근거로 한다.
⑤ 네덜란드 장르화를 '낭만적인 것'으로 설명하는 것은 상상력의 무제한적 발산을 추구하는 낭만주의의 미적 전략이 이 부류의 회화 작품에 가장 모범적으로 작용하고 있다는 평가에 바탕을 둔다.

블랙홀 쌍성계와 같은 천체에서 발생한 중력파가 지구를 지나가는 동안, 지구 위에서는 중력파의 진행 방향과 수직인 방향으로 공간이 수축 팽창하는 변형이 시간에 따라 반복적으로 일어난다.

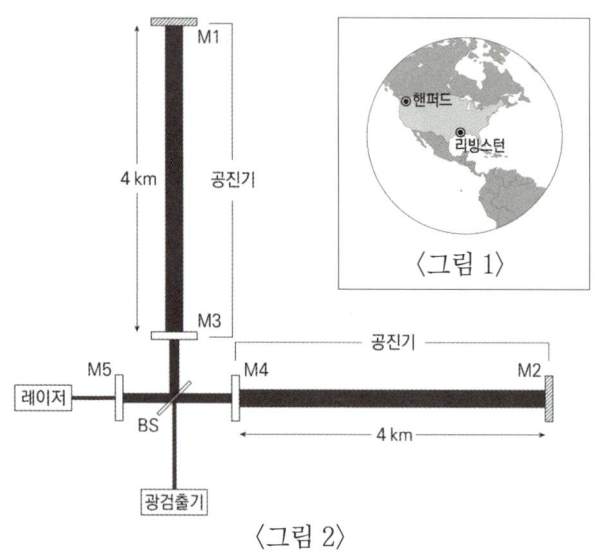

〈그림 1〉

〈그림 2〉

최초로 중력파를 검출한 '라이고(LIGO)'는 〈그림 1〉과 같이 미국 핸퍼드와 리빙스턴에 위치하며, 〈그림 2〉와 같은 레이저 간섭계를 사용한다. 레이저에서 나온 빛은 빔가르개(BS)에 의해 두 개의 경로로 나뉘고 각 경로의 끝에 있는 거울(M1, M2)에 의해 반사되어 되돌아와 다시 BS에 의해 각각 두 갈래로 나뉘며 광검출기에서 서로 중첩된다. 두 경로 사이에 미세한 길이 차이가 발생하면 중첩된 빛의 세기에 차이가 발생하는데, 간섭계가 놓인 면을 중력파가 통과하며 공간의 수축과 팽창이 반복되면 빛이 지나는 두 경로의 길이 차가 시간에 따라 변화하고 광검출기에서 측정되는 빛의 세기가 그에 따라 변화한다. 이를 측정하면 중력파의 세기와 진동수를 알아낼 수 있다.

중력파는 공간을 일정한 비율로 변형시키므로 간섭계의 경로 길이를 되도록 크게 하는 것이 길이의 변화량을 크게 할 수 있어 유리하지만 약 4km가 건설할 수 있는 한계이다. 이를 극복하기 위해 라이고에서는 기본적인 간섭계에 두 개의 거울(M3, M4)을 추가하여 '공진기'를 구성하고 각 공진기의 두 거울 사이를 빛이 여러 번 왕복하도록 함으로써 유효 경로 길이를 늘리는 방법을 사용하였다. 〈그림 2〉에서 M1과 M3, M2와 M4 사이에 공진기가 형성되고, M1과 M2의 반사율은 100%인 반면 M3, M4는 약 1%의 투과율을 갖도록 하여 빛이 출입할

수 있도록 하였다. 이 경우 공진기 밖으로 나온 빛은 두 거울 사이를 수백 번 왕복한 셈이고 따라서 유효 길이가 1,000km 이상에 이른다. 하지만 유효 길이의 변화량은 여전히 원자 크기의 십만분의 일 정도에 불과한데, 어떻게 중력파의 검출이 가능하였던 것일까?

원자의 크기보다도 한참 작은 미세한 길이 변화의 측정이 가능한 이유는 여러 번 측정하여 평균을 취하면 측정값의 정확도를 향상할 수 있다는 사실에 있다. 간섭계는 결국 광검출기에서 빛의 세기를 측정하는 것인데 양자 물리에서 빛은 '광자'라고 부르는 입자로 여겨지며 이때 빛의 세기는 광자의 개수에 비례한다. 즉, 광검출기는 광자의 개수를 측정하는 것이며 측정할 때마다 무작위로 달라지는 광자 개수의 요동이 간섭신호의 잡음으로 나타나게 되는데 이를 '산탄 잡음'이라고 한다. 빛의 세기 측정에서 신호의 크기는 광자의 개수 N에 비례하고, 광자 개수의 요동에 의한 잡음은 N의 제곱근($\sqrt{N}$)에 비례한다. 따라서 '신호대잡음비(신호크기/잡음크기)'는 $\sqrt{N}$에 비례하여 증가한다. 예를 들어 광자의 개수가 1개일 때에 비해 100개일 때, 신호는 100배 증가하지만 잡음은 10배만 증가하므로 신호대잡음비는 10배 증가하게 된다. 따라서 광자의 개수를 늘리면 산탄 잡음에 의한 신호대잡음비를 증가시킬 수 있는데 공진기는 그 안에 레이저 빛을 가둠으로써 간섭계 내부의 광자 개수를 증가시키는 역할도 한다. 하지만 이 정도로는 원하는 신호대잡음비를 얻기에 부족하고 레이저의 출력을 높이는 데에 한계가 있다. 이를 해결하기 위해 〈그림 2〉에서와 같이 BS에서 레이저 쪽으로 되돌아가는 빛을 반사하여 다시 간섭계로 보내는 출력 재활용 거울(M5)을 설치하여 간섭계에 사용되는 유효 레이저 출력을 원하는 수준으로 높인다.

빛의 입자적 성질은 간섭신호에 '복사압 잡음'이라고 불리는 또 다른 잡음을 일으키는데, 광자가 거울에 충돌하며 '복사압'이라는 힘을 작용하여 거울이 미세하게 움직이기 때문이다. 광자 개수의 요동이 거울의 요동과 그에 따른 간섭계 경로 길이의 요동을 유발하여 간섭신호의 잡음으로 나타나는데, 거울의 질량이 클수록 거울의 요동이 작아진다. 그러므로 복사압 잡음에 의한 신호대잡음비는 광자 개수의 요동이 작을수록, 거울의 질량이 클수록 커진다. 또한 거울의 요동은 힘이 작용하는 시간이 길수록 더 커지므로 복사압 잡음에 의한 신호대잡음비는 진동수가 작을수록 급격히 감소하며, 산탄 잡음에 의한 신호대잡음비는 진동수가 클수록 완만히 감소한다. 따라서 두 잡음의 합으로 결정되는 신호대잡음비가 가장 크게 되는 진동수 대역이 존재하며, 중력파의 진동

수가 이 영역에 들어올 때 중력파가 검출될 확률이 가장
높다.

25 윗글의 내용과 일치하지 <u>않는</u> 것은?

① 중력파는 레이저 간섭계의 경로 길이 변화로 감지한다.
② 공진기는 간섭계 내부에서 빛의 세기를 증가시키는 역할
을 한다.
③ 산탄 잡음에 의한 신호대잡음비는 레이저 출력이 클수록
작아진다.
④ 복사압 잡음은 광자 개수의 요동 때문에 발생한다.
⑤ 복사압 잡음에 의한 신호대잡음비는 진동수가 클수록 커
진다.

26 윗글을 바탕으로 추론한 것으로 적절한 것만을 <보기>
에서 있는 대로 고른 것은?

> **보기**
>
> ㄱ. 중력파가 검출될 때, 광검출기에서 측정되는 빛의 세기는
> 일정하다.
> ㄴ. 출력 재활용 거울의 반사율을 감소시키면 간섭신호에서
> 복사압 잡음이 감소한다.
> ㄷ. 각 공전기를 구성하는 두 거울 사이의 거리를 늘리면 중력
> 파에 의한 경로 길이 변화량이 늘어난다.

① ㄱ　　　　　② ㄴ　　　　　③ ㄷ
④ ㄱ, ㄴ　　　⑤ ㄱ, ㄷ

27 <보기>에서 특정한 물리량 에 해당하는 것만을 있
는 대로 고른 것은?

> **보기**
>
> 다음 그래프는 어떤 중력파검출기의 민감도(1/신호대잡음
> 비)를 진동수에 따라 나타낸 것이다. 여기서 신호대잡음비는
> 산탄 잡음과 복사압 잡음 모두에 의한 것이다. 특정한 물리량
> 을 증가시킴으로써 현재 실선으로 나타난 민감도를 점선과 같
> 은 민감도로 개선하고자 한다.
>
>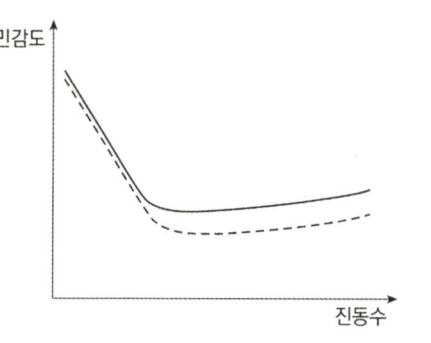
>
> ㄱ. 거울의 질량
> ㄴ. 레이저의 출력
> ㄷ. 출력 재활용 거울의 투과율

① ㄱ　　　　　② ㄷ　　　　　③ ㄱ, ㄴ
④ ㄴ, ㄷ　　　⑤ ㄱ, ㄴ, ㄷ

벤야민은 폭력이 모든 합법적 권력의 탄생과 구성 과정에 개입함을, 그리고 그것이 금지하고 처벌하는 방식뿐만 아니라 법 자체를 제정하고 부과하며 유지하는 방식으로도 작동함을 밝히고자 했다. 「폭력 비판을 위하여」에서 그는 목적의 정의로움과 수단의 정당성에 대한 ㉠자연법론과 ㉡법실증주의의 입장 차이를 논의의 출발점으로 삼았다.

벤야민에 따르면, 고전적인 자연법론은 법 창출과 존속의 근거를 신이나 자연, 혹은 이성과 같은 형이상학적이고 외부적인 실체의 권위로부터 구한다. 또한 합당한 자격을 부여받은 외적 실체의 정당한 목적을 위해 사용되는 폭력은 문제가 되지 않는다고 본다. 반면 법실증주의는 폭력을 수단으로 사용하기 위한 절차적 정당성이 확보되었는지 여부에 주목한다. 벤야민은 자연법론보다는 법실증주의가 폭력 비판의 가설적 토대로 더 적합하다고 판단했다. 근본규범으로 전제된 헌법으로부터 법 효력의 근거를 도출하는 법실증주의는 법체계의 자기정초적 성격을 강조함으로써 법 제정 과정의 폭력을 읽어 낼 단서를 제공해 주어, 폭력 보존의 계보에 대한 비판적 탐색을 가능케 하기 때문이다.

그렇지만 벤야민은 법실증주의가 목적과 수단의 관계에 대한 잘못된 전제를 자연법론과 공유한다고 보았다. 정당화된 수단이 목적의 정당성을 보증한다고 보는 경우든 정당한 목적을 통해 수단이 정당화될 수 있다고 보는 경우든, 목적과 수단의 상호지지적 관계를 전제로 폭력의 정당성을 판단한다. 그러나 법의 관심은 이러저러한 목적 혹은 수단을 평가하는 데 있는 것이 아니라 법의 폭력 자체를 수호하는 데 있다고 파악했다. 또한 법이 스스로 저지르는 폭력만을 정당한 '강제력'으로 상정하고 다른 모든 형태의 폭력적인 것들은 '폭력'으로 치부하는 문제에 관해 양편 모두 충분한 관심을 두지 않아 왔음을 지적했다.

벤야민은 자연법과 법실증주의가 감추어 온 법의 내재적 폭력성을 설명하기 위해 법정립적 폭력과 법보존적 폭력을 새롭게 개념화했다. 전자의 사례로 무정부적 위력이나 전쟁 등을, 후자의 사례로 행형제도와 경찰제도 등을 제시한 점에서 이들이 각각 근대 국가의 입법 권력과 행정 권력에 대응하는 한정된 개념으로 사용되었다고 보기 어렵다. 법정립적 폭력은 법 목적을 위한 강제력이 정당화된 폭력의 위치를 독점하는 과정을 보여준다. 여기서 폭력은 법 제정의 수단으로 복무하지만, 목적한 바가 법으로 정립되는 순간 퇴각하는 것이 아니라 자신의 도구적 성격을 넘어서 힘 자체가 된다. 그렇기에 법과 폭력의 관계는 목적과 수단의 관계 또는 선후 관계로 편입될 수 없다. 한편 법보존적 폭력은 이미 만들어진 법을 확인하고 적용하고자 하는, 그리고 이로써 법의 규율 대상에 대한 구속력을 유지하고자 하는 반복적이고 제도화된 노력들이다. 법은 구속적인 것으로 확언됨으로써 보존되며, 그 보존을 통한 재확언이 다시금 법을 구속하는 것이다. 더 나아가 그는 법 정립과 법 보존의 이러한 순환 회로를 신화적 폭력이라 명명하면서 그것을 신적 폭력과 구별 짓는다. 신적 폭력은 법을 허물어뜨리는 순수하고 직접적인 폭력이다. 벤야민은 이것이 신화적 폭력의 순환 회로를 폭파하고 새로운 질서로 나아가게끔 하는 적극적 동력임을 주장한다.

출간 당시엔 크게 주목받지 못한 「폭력 비판을 위하여」가 반세기 넘게 지나 법과 폭력의 관계를 규명하려는 연구자들의 관심을 끌게 된 데에는 데리다의 비판적 독해가 주요한 계기를 제공했다. 데리다는 「법의 힘」에서 합법화된 폭력을 소급적으로 정립하는 법의 발화수반적 힘을 분석했다. 그는 법 언어 행위를 통해 적법한 권력과 부정의한 폭력 사이의 경계가 비로소 그어진다고 설명했다. 또한 법보존적 폭력은 법정립적 폭력에 이미 내재되어 있다고 보았다. 정립은 자기보존적인 반복에 대한 요구를 내포하며, 자신이 정립했다고 주장하는 것을 보존하기 위해 재정립되어야 하기 때문이다. 더 나아가 그는 법을 정립하고 보존하는 신화적 폭력과 법을 허물어뜨리는 신적 폭력이 뚜렷이 구분될 수 없으며, 만일 후자를 벤야민이 지지했던 방식으로 이해할 경우 자칫 메시아주의로 귀결되거나 전체주의에 복무하는 것으로 해석될 여지가 있음을 지적했다.

28 윗글의 내용과 일치하는 것은?

① 벤야민은 법정립적 폭력을 신화적 폭력에, 법보존적 폭력을 신적 폭력에 각각 속하는 것으로 규정한다.
② 벤야민은 신적 폭력이 도래함으로써 법 정립과 법 보존의 순환 회로가 더 강고해질 수 있음을 우려한다.
③ 벤야민은 법의 수단으로 사용되는 폭력은 자신의 목적을 달성하는 순간 힘을 상실하여 소거된다고 주장한다.
④ 데리다는 폭력의 적법성이 법 언어 행위를 통해 사후적으로 정립되지 않는다고 본다.
⑤ 데리다는 법을 보존하기 위한 반복적이고 제도화된 폭력들이 법정립적 폭력에 포함되어 있다고 이해한다.

29 윗글을 바탕으로 ㉠과 ㉡을 이해한 것으로 적절하지 않은 것은?

① ㉠은 정당성 판단의 준거가 될 법적 권위를 법 바깥에서 구한다.
② ㉡은 수단의 절차적 정당화 여부에 따라 법의 폭력성을 판단해야 한다고 주장한다.
③ ㉠과 ㉡은 목적이나 수단 중 어느 한쪽이 정당화되면 다른 쪽의 정당성도 보증된다고 전제한다.
④ ㉠보다 ㉡이 법의 정립과 보존 과정에 내재된 폭력을 발견하는 데 더 유용하다.
⑤ ㉠과 달리 ㉡은 법적으로 승인된 폭력이 자신을 법 바깥의 폭력들과 차등화하는 문제에 주목한다.

30 윗글을 바탕으로 <보기>를 평가한 것으로 가장 적절한 것은?

> **보기**
>
> A : 민주적 정치체제에서 법 제정 권력을 다룰 때, 논의 대상은 의회의 입법권으로 좁혀져야 한다. 정치적 자유의 행사를 통해 구성된 권력이 아닌 강제적 힘에 의해 정초된 법은 처음부터 불법이다. 따라서 국가법이 제정되고 유지되는 과정에 폭력이 난입할 여지는 없다.
>
> B : 국가법은 불법체류자 등을 법적 보호로부터 배제하는 동시에 바로 그 배제를 통해 규율 대상으로 포획한다. 이때 법과 폭력은 안과 바깥이 구분되지 않는 '뫼비우스의 띠' 안에서 무한히 순환한다. 우리는 더 나은, 혹은 덜 나쁜 법의 정립을 입법권의 자장 안에서 고민하기보다는 신화적 폭력을 넘어서 국가법 자체를 탈정립할 신적 폭력을 지지할 필요가 있다.

① A는 법 정립 과정에 폭력이 개입하지 않는다고 본 데서, 벤야민과 관점을 같이한다.
② A는 적법한 강제력과 적법하지 않은 폭력이 처음부터 다른 기원을 가진다고 주장한 데서, 벤야민과는 견해를 달리하고 데리다와는 견해를 같이한다.
③ B는 법과 폭력의 순환 고리를 끊어낼 순수하고 직접적인 폭력을 지지한 데서, 벤야민과 입장을 같이한다.
④ B는 신적 폭력과 신화적 폭력의 구분을 전제한 데서, 벤야민과는 견해를 달리하고 데리다와는 견해를 같이한다.
⑤ A와 B는 모두 법 정립 권력을 입법 권력에만 한정 지은 데서, 벤야민과 입장을 같이한다.